中华人民共和国

江西日史

第六卷

（1990～1994）

中华人民共和国日史编辑委员会
江西编辑室 编

名誉主编：孙家正　李金华　张文彬
　　　　　张承钧　李永田

主　　编：孙用和　蒋仲平　魏丕植
　　　　　管志仁　沈谦芳

副主编：符　伟　杨德保　廖世槐
　　　　罗益昌　张翊华

人民出版社

目 录

第六卷

CONTENTS

1990 年

概　要

本年是"七五"计划的最后一年。"七五"时期，全省经济和社会发展水平较之"六五"时期有新的提高。到年底，已完成和超额完成"七五"计划规定的主要任务，实现了国民经济和社会的持续发展。全省国内生产总值为426.23亿元，工农业生产总值为680.99亿元，财政收入40.62亿元，三者5年间年增长率分别为7.3%、10.5%和13.9%。主要工农业产品产量均有较大增长，有的增长一倍以上，结束了食油、棉花等产品长期靠外省调进的历史，猪肉放开供应，部分农副食品和主要工业原料作物开始出现剩余。有81个大中型项目或单项工程建成投产，进一步扩大了工业生产能力和提高了企业技术水平，培植了一批有竞争力的优势产品。新建、改建公路71条、共计1653公里，武九铁路等投入营运，交通、能源的瓶颈制约得到比较明显的缓解。城乡居民收入增加，人民生活明显改善。本年江西省经济工作总要求是：继续实行紧缩信贷、紧缩财政的政策，努力增加农产品供给，增加能源和适销工业品生产，提高经济效益，降低物价上涨幅度，实现市场稳定、经济稳定和社会稳定。国民经济和社会发展的主要目标是：工农业总产值比1989年增长6.3%，农业总产值增长4%，工业总产值增长7%，财政收入力争增收4亿元。

优先发展教育　江西省第九次党代会进一步强调，"要把教育放在优先发展的战略地位"。本年的教育工作总目标是抓好一个重点、两项任务、三项建设、四项改革。一个重点是：大力加强基础教育。两项任务是：纠正十年来的最大失误，加强各类学校的思想政治教育，维护安定团结的政治局面；认真贯彻党的十三届五中全会关于进一步治理整顿和深化改革的方针，促进教育事业持续、稳定、协调发展，努力提高教育质量。三项建设是：师资队伍建设、基础条件建设、教材建设。四项改革是：教育管理体制改革、农村教育综合改革、教育内部管理改革、招生分配制度改革。教育地位的显著提高和加强，促进教育事业走上了蓬勃发展的道路。

开展科技兴农活动　全省科学技术会议提出当前科技工作的首要任务是大力推动农村和企业的科技进步，抓好"科技兴农"和"科技兴企"，为经济建设服务。全省开始实施科技兴农"1296"工程，即大面积推广12类先进的农业科技成果，抓好9个大型综合开发示范项目，重点组织6个方面的农业科技攻关项目。同时，将"星火"计划、万人科技承包、百点示范活动纳入科技兴农活动一并进行。其后又相继实施了发展"三高"（高产、高质、高效）农业、特色农业，开展"良种年"，推广旱床育秧、耕作改制等六大"轻型"农业技术。5月，省政府发布《关于大力开展科技兴农的决定》，要求各级政府牢固树立科技兴农的战略思想,下大气力抓好几项关键性的措施。省人事厅制定新措施鼓励专业人员投身"科技兴农"。

农垦经济的发展 江西省第九次党代会进一步确定全省经济发展思路为:把江西经济建立在现代农业的基础上,打一场农业开发总体战,加快基础产业和基础设施建设,推进农业工业化。农垦经济在农业开发总体战中进一步得到发展。发展农垦经济,既是总体战中与乡镇企业同样被重视的内容,也与乡企一并在总体战中居有重要的地位。经过总体战的前三个战役,全省农垦系统1990年实现总产值25亿元,其中工业产值18.83亿元,超过省政府对农垦系统下达的到本年工农业总产值16亿元的目标,成为全省发展最为迅速的经济领域之一。

山江湖工程 省政府与上海大学合作进行宏观规划和实地考察,并在借鉴美国、墨西哥、意大利有关做法的基础上,完成了《江西省山江湖开发治理总体规划(纲要)》。《纲要》首次提出"立足生态,着眼经济,综合开发,全面治理"的指导思想,使山江湖工程在内容上表现为生态与经济、社会协调发展的系统工程,在规模上则扩展到全省的区域范围。完整意义上的山江湖工程概念和规划至此正式形成。6月,联合国开发计划署与江西省人民政府签订援助山江湖开发治理项目协定书,分两阶段无偿投入360万美元,这是该署在中国实施的第一个综合援助项目,也是江西首次接受该署的无偿帮助。

其他重要事件 省政府发布《关于进一步完善企业承包经营责任制意见的通知》,对承包形式、限期、合同内容、指标系统等作出明确规定,并要求严格考核,兑现承包合同,引入风险机制,深化企业内部配套改革。江西实行国有企业职工养老保险费统筹制度,成为全国第二个实现省级统筹的省份。江西省"扫黄"工作会议召开。首届中国瓷都景德镇国际陶瓷节在景德镇举行。江西音乐舞蹈节举行。江西省首届少数民族体育运动会举行。

全省本年主要经济指标情况 国民生产总值426.23亿元,比上年增长4.9%;国民收入361.4亿元,增长4.5%;地方财政收入40.6亿元,增长8.4%。第一产业产值达175.96亿元,比上年增长6.4%;粮食总产量331.64亿斤,比上年增长4.3%;第二产业产值133.56亿元,比上年增长2.5%;第三产业产值119.10亿元,比上年增长5.2%。农业总产值255.24亿元,比上年增长6.5%;工业总产值425.75亿元,比上年增长6.4%。进出口贸易总额达6.31亿美元。其中,出口5.61亿美元,比上年增长8.9%。社会商品零售总额为181.7亿元,比上年增长0.1%,全社会零售物价总水平比上年上升1.3%。年末全省总人口3810.64万人,人口自然增长率17.05‰。

1990

1月

January

公元 1990 年 1 月							农历庚午年【马】						
日	一	二	三	四	五	六	日	一	二	三	四	五	六
1 元旦	**2** 初六	**3** 初七	**4** 腊八节	**5** 小寒	**6** 初十		**7** 十一	**8** 十二	**9** 十三	**10** 十四	**11** 十五	**12** 十六	**13** 十七
14 十八	**15** 十九	**16** 二十	**17** 廿一	**18** 廿二	**19** 廿三	**20** 大寒	**21** 廿五	**22** 廿六	**23** 廿七	**24** 廿八	**25** 廿九	**26** 三十	**27** 春节
28 初二	**29** 初三	**30** 初四	**31** 初五										

1 日 据有关部门统计，至今全省有 82 个村人均纯收入超过 1200 元，其中有 21 个村超过 1400 元。最高的是南昌市郊区贤湖村，农民人均纯收入 1760 元。工农业总产值最高的是南昌市郊区的顺外村，达 9019 万元，人均 3.6 万元。

1 日 根据中国人民银行、邮电部决定，自 1990 年 1 月 1 日起，江西省邮政储蓄存款改由邮电部门自办，吸收的邮政储蓄存款转存人民银行。

2 日 《江西日报》报道，井冈山市跨入全国 100 个农村电气化县的行列。经国家水利部委托省计委和省水利厅组织专家、工程技术人员实地考核验收，颁发合格证。

2 日 "赣杭构造火山岩成矿带轴成矿规律及成矿预测"（简称"赣杭带"）最近获国家科技进步一等奖。

3 日 吉水县大力推广测土配方施肥技术，促使农作物连年增产，被列为全国优化配方施肥重点县。

3 日 江西卫生部门自 1973 年以来先后派遣 11 批 20 支援外医疗队赴突尼斯和乍得。据统计，江西省医疗队在突尼斯和乍得累计治疗病人近 400 万人次。其中门诊病人 350 多万人次，收治住院病人 30 余万人次，成功施行大、小手术 15 万多例，抢救危重病人 2 万多人次。

3 日 全省征兵工作会议在余江县召开，会期 3 天。会议要求全省各地以保证兵员质量为核心，协力抓好征兵。省征兵工作领导小组组长蒋祝平到会讲话。会上宣布了省政府、省军区《关于授予余江县"征兵工作先进县"的荣誉称号的决定》和省征兵领导小组《关于表彰一九八九年征兵工作先进单位的通报》。

4 日 江西水箱厂发明的《窗片式散热片制造工艺及加工设备》被授予全国专利发明创造优秀奖。

4 日 省政府决定以出口为导向，实行贸工农一体开发，建设桑蚕丝绸基地。省政府最近成立桑蚕丝绸建设领导小组，负责工程建设、政策措施的督促、检查和协调。

5 日 在 1989 年底开幕的全国工业版画展中，新余钢铁厂"艺术角"业余美术作者的 30 幅版画入选，其中获 1 枚金牌、3 枚银牌、6 枚铜牌。

5 日 以做艺术纸花而闻名全国的永修县文

城工艺美术厂厂长郭庭宽，应国家体委第十一届亚运会筹备委员会美术装潢小组的邀请，最近到北京为亚运会设计有关纸花图形。

5日 1990年新干县神政桥乡粮食总产比1989年增产73万余公斤，全年交售给国家的商品粮达1200万公斤，比1989年多交售50万公斤，连续12年户均卖粮超万斤，居江西省之冠，被国家授予"中国乡镇之星"称号。

5日 省长吴官正在赣南农村、工厂进行调查研究后指出，赣南试验区要继续坚持和丰富改革开放中取得的经验，继续推进改革试验区建设。

5日 江西首届水产加工产品展销展览会开幕，有30多个单位参展，展出产品400余种。

5日 《江西日报》报道，1989年度全省粮食合同订购任务和议购指导计划提前一个季度全面完成。全省共收购贸易粮食36.3亿公斤，其中订购粮20亿公斤，占省下达任务的100.1%；议购粮16.3亿公斤，占省下达计划的108.4%，与1988年同期相比，平、议价粮分别多入库0.9亿公斤和6.1亿公斤。

5日 国务院在南昌召开议价粮收购现场办公会议。会议要求积极工作，完成议价粮收购计划，并决定从江西、安徽、湖南、湖北、江苏5省再购议价大米9亿公斤。会议强调，这次再购的大米，粮权归国务院，任何单位及个人不得动用，各地必须尽快落实到库，切实把粮食保管好，确保中央及时调拨。商业部副部长何济海参加会议，国务院副秘书长白美清出席会议并讲话。

5日 为期3天的省妇联七届二次执委会召开。会议传达了江泽民总书记等中央领导同志接见全国妇联六届二次执委会部分执委时的讲话和全国妇联六届二次执委会议精神，听取了省妇联主任段火梅作的工作报告。省委副书记、省长吴官正等领导到会并讲话。会议向1989年"鸭鸭杯"巾帼奖和标兵奖的获得者颁发了奖品和证书。

5日 七届全国人大代表南昌地区视察组对江西省1989年国民经济计划的执行情况、工农业生产、治理整顿和廉政建设情况及教育、科技、文化、卫生事业的发展情况等进行视察。视察组由省人大主任许勤、副主任王泽民带队。省长吴官正听取视察情况介绍，并与视察组进行座谈，省人大副主任王泽民等赴高安县视察。视察活动于17日结束。

6日 国务院副秘书长、全国黄金地质工作领导小组组长白美清自即日起至11日在江西视察，副省长钱家铭主持汇报会并陪同视察金山金矿、德兴铜矿和九江市。

7日 全国农副土特产产品在北京展销。万年贡米、四特酒、修水"宁红"名茶、南丰蜜橘、广昌莲子、赣县沙田柚等江西特产参展。

四特酒在北京展销

7日 在北京举行的全国轻工新产品评展中，景德镇陶瓷企业申报参评的8项新产品获奖。

7日 《江西日报》报道，丰城市又发现一大煤田，面积为80平方公里，预计煤炭储量为8000万吨。

8日 共青团江西省委举行十四届四次全会，传达学习共青团中央十三届二中全会精神，通过了《团省委关于加强团的自身建设的决定》，听取了团省委副书记温新华作的工作报告。

8日 江西医学院首例近视眼角膜放射性切开手术喜获成功，患者视力从0.1恢复到1.5。

8日 南昌铁路分局11名教育工作者获国家、省、部级荣誉称号。其中，叶忠光、童兆麟、武玉枝、曾仲连为"全国优秀教育工作者"，陈孟英、庆玉宝、丁孝松、王雪珠、朱自诚为"江西省教育先进工作者"。

8日 1990年，南昌手表厂坚持以市场为导向，积极挖潜改造，生产适销对路的产品，全年手表产量首次突破百万大关，达101万只，跨入钟表工业大型企业。

9日 省政府发出通知，要求全省各地继续搞好粮食收购，更好地搞活粮食流通。通知提出，要进一步放开粮贸市场，扩大粮食交易范围和数量。以县为单位，农户与生产单位完成订购任务后剩余的粮食，允许上市出售，允许工商行业、饲料加工业、饲养业与饲养专业户、饮食专业户等用粮单位上市采购确属自用的粮食。粮食集贸市场成交的粮食价格随行就市。通知强调，认真组织好省间与县间粮食贸易，搞活经营，促进销售。并规定大米、稻谷由粮食部门统一经营，其他任何部门、单位和个人都不得经营和上村、户收购。

9日 国务院办公厅副秘书长、黄金生产领导小组组长白美清视察德兴铜矿，对该矿伴生金生产作了重要指示，同意在发展黄金专项贷款中为该矿另加5000万元贷款。

9日 各民主党派省委、省工商联联合召开江西省加强思想政治工作暨表彰先进集体、先进个人大会。会议讨论关于加强思想政治工作的意见。会后，各民主党派省委会联合发出《关于加强和改进思想政治工作的意见》。大会组织经验交流，并表彰全省各民主党派先进集体134人、先进个人524人，为先进集体、个人颁发荣誉证书。会议于11日结束。

10日 省政府举行新闻发布会。会上公布了1989年全省主要经济指标完成情况。全省工农业总产值突破400亿大关，比1988年增加31.48亿元；地方财政收入达到37.48亿元，比1988年增加5.18亿元；农民人均纯收入达588.64元，比1988年净增70.48元；全年国民生产总值为370.34亿元，比1988年增长6.5%；国民收入309.17亿元，增长6.1%，社会总产值增长率7.2%，工农业总产值完成405.48亿元，完成年计划的100.6%，同比增长7.9%；农业

总产值116.85亿元，增长5.4%，粮食产量达156.29亿公斤，增长3.1%，超过历史最高水平的1987年。工业总产值288.98亿元，增长9.4%，完成年计划的100.9%。全省城乡固定资产投资完成66.65亿元，比1988年下降14.7%。

10日 省政府以赣发1号文批转省水土保持委员会《关于加强水土保持促进农业开发的报告》。要求各级政府对水土保持和综合治理经常研究部署，督促检查，推进农业综合开发。

10日 1989年度国家优质产品评选最近揭晓，江西12项工业产品获奖，其中金牌2项、银牌10项。获金牌的企业和产品是：国营九九九厂的金三角牌4.5－6.5MB系列彩电用压电陶瓷器件，国营四三二一厂的天乐牌（1）288型铝电解电容器。

10日 由江西中年教师沈家和发明的国家专利产品——沈氏血液循环仪，最近经景德镇市东华教学仪器厂试产成功，并通过省级技术鉴定。

11日 "江西野生动物"摄影作品评选结果于1989年底揭晓：《白鹤家族》获金奖（作者：李新华）；《奔鹿》、《鄱湖之鹤》获银奖；《黄腹角雉》、《穿山甲》、《河鹿》获铜奖。

11日 铁道部公安局发布日前命令，给"10·3"围捕持枪歹徒战斗中临危不惧、生擒罪犯的民警陈良山记一等功。上海铁路局公安局给景德镇站公安派出所记集体三等功。该所所长吴亚平、民警孔飞分别记三等功。

11日 省水文总站首创一种新型的天然河道坑测器。水利部已将这种坑测器列为天然河道泥沙运动规律的科研项目。目前，省水文总站用此种坑测器负责对中、美等国推沙条样器野外坑测效益进行测定。

12日 肖克上将为宜丰一中题写"江西宜丰一中"校名。

12日 为期两天的省社会科学研究规划工作会、省社联第四届五次理事会议在南昌召开。会议提出制定社会科学研究规划，应充分发扬民主，坚持群众路线，采取集体或个人申报、单位初审、专家评审、领导审批的办法进行。

12日 为期4天的全省专员、市长、县长会议召开，研究部署治理整顿、深化改革。会议

确定1990年全省国民经济和社会发展的主要指标是：工农业总产值比上年增长6.3%；农业总产值增长4%，力争5%；工业总产值增长7%，力争8%；财政收入力争增加4亿元。并提出全省经济发展总要求是：继续实行紧缩需求、紧缩信贷、紧缩财政的政策，努力增加农产品供给，增加能源和适销工业品生产，提高经济效益，降低物价上涨幅度，实现市场稳定、经济稳定和社会稳定。吴官正作《一切为了经济的发展和人民生活的改善》的讲话，强调在治理整顿中求得经济稳定发展；在深化改革上做好工作；在加强农业这个基础上取得新突破；切实改进作风，进一步密切党同人民群众的血肉联系；大力加强党的建设，确保经济发展和社会安定。

13日 公安部日前发布命令，给弋阳县消防中队记集体三等功。

13日 省人事厅、省教委、省财政厅发出《江西省关于提高中小学班主任津贴标准的实施细则》。

13日 吉水县汽车运输公司的一辆大客车行驶到新干县境内105国道1844公里700米处时撞毁桥栏，翻入沂江河中，造成死亡18人、伤42人、车辆报废的特大交通事故。

13日 南昌市工人文化宫电影院提前50天实现经济效益过百万，获"全国电影发行放映先进集体"称号。

13日 省委、省政府召开第四次江西省清房工作会议。会议提出先集中精兵强将，查处大要案，防止走过场：一是把领导力量集中到对大案要案的查处上，建立严格的领导责任制直接过问一批大要案件的清查情况并审查处理结论；二是清房力量要集中优势兵力，突破大要案件；三是省廉政检查组继续赴各地市，专门督察大案、要案的查处情况；四是加强清房队伍的建设。

14日 在北京举行的第十一届亚运会国际体育邮展选拔赛上，南昌铁路分局离休干部沈重的《汉城体坛盛会》获银奖；南昌市第三中学学生彭曦远的《五花八门的球》、南丰县太和镇司前村农民严国泉的《喜看农民夺桂冠》获铜奖。

14日 省出版事业管理局计算机室助理研究员邹振权研制的计算机病毒处理系统——滕王阁系统，在南昌顺利通过省级鉴定。国家科委、中国人工智能学会、中科院科学与应用研究中心、国防科工委、机电部等单位的计算机界的权威们一致认为该系统使用安全，适用型广，操作简便，具有很大的实用价值，并建议向全国推广使用。

邹振权（中）在向参加鉴定会的专家们介绍研制计算机病毒自动处理系统的构思

15日 在《江西省实施〈中华人民共和国土地管理法〉的办法》颁发施行3周年之际，省政府决定从1990年起，每年的元月15日定为土地管理法宣传日。省人大常委会主任许勤发表《依法管好用好土地》的电视讲话。

15日 经省教委目前检查验收，波阳县农村15周岁至40周岁的青壮年无盲率为88.03%，达到国务院要求的标准。

15日 江西省扫"六害"（六害：卖淫嫖娼、制作贩卖传播淫秽物品、拐卖妇女儿童、私种吸食贩运毒品、聚众赌博和利用封建迷信骗财害人等"六害"）领导小组举行新闻发布会，提出要认真落实综合治理的各项措施，巩固发展扫除"六害"的斗争成果，把查禁"六害"纳入精神文明建设。同时提出，犯有"六害"违法犯罪人员必须在本月31日前自首坦白，争取宽大处理。

15日 中日友好纪念碑钟塔在赣州市南门广场东园落成。2月21日上午，举行了落成典礼。赣州市副市长陈钟熹和日本日中友好老人协会访华团团长小盐稻为钟塔揭幕。这座钟塔由日本访华旅行团、日中友好老人协会捐资兴建。

15日 省委召开地市委组织部长会议，要求切实加强党组织和领导班子建设，从各个方面从严治党，提高党的战斗力；全面准确地贯彻干部"四化"方针，坚持德才兼备的原则，加强领导班子建设，确保各级领导权掌握在忠诚于马克思主义的人手里；切实加强组织部门的自身建设。

16日 全省计划会议召开。会议传达全国计划会议精神，分析了江西1989年国民经济和社会发展计划的执行情况，明确了1990年治理整顿和深化改革的任务，初步确定了1990年全省国民经济和发展计划草案。蒋祝平副省长到会讲话。

16日 省政府召开省直有关单位负责人会议，研究部署国家下达的油茶低产林改造工程项目有关问题，并决定成立以副省长张逢雨为组长的省油茶低改工程领导小组。

16日 德兴县泗洲镇铜材线缆厂生产的大长度光亮无氧铜杆和高精度铜线，最近获江西省产品"优胜奖"。

16日 全省农村工作和农业开发经验交流会在南昌县召开，会期4天。吴官正作《举江西省之力，加强江西经济大厦的基础》的讲话，要求从战略的高度进一步加深对农业基础地位的认识；从四面八方加强对农业的支援；从农业内部增活力挖潜力；从多方面加强对农业的领导，"农业要上去，干部要下去"。会议表彰了宁都县政府等18个县（区）先进单位、省农科院水稻研究所等185个先进集体、刘兴伟等131个典型农户，并分别颁发奖旗、奖状，奖励化肥。

17日 省文联举行为期3天的工作会议。会议要求组织作家艺术家努力学习马列主义、毛泽东思想、《邓小平论文艺》，深入反对资产阶级自由化，清理文艺领域的各种错误观点，安排他们深入社会生活，以强烈的社会责任感和历史史命感，创作出更多更好的体现时代旋律和民族特色的优秀作品。

17日 江西省一例患有先天性肺动脉瓣狭窄的患者近日在江西医学院第二附属医院进行经皮球束肺动脉瓣成形术获得成功。

18日 省总工会八届三次全委扩大会议结束，会议提出，认真落实全心全意依靠工人阶级的指导思想，充分发挥工人阶级在维护社会稳定的主力军作用。会议传达了全国总工会十一届二次执委会议精神，部署了1990年江西省工会工作的主要任务，并选举刘金标为省总工会主席。

18日 全省财政工作会议确定1990年预算支出除支农、科教支出略有增长、预算内基建和技改支出保持现有规模、保证价格补贴和调整工资翘尾外，其他支出将一律压缩5%。省长吴官正在会上强调，要进一步树立全局观念，坚决实行压缩的财政政策，真正做到"生财有道，取之有度，用之合理"。

18日 省政府批准成立江西省中等学校招生委员会。

18日 省地矿局审查批准由赣西地调队、赣南地调队、赣西北队、第二物探队合作完成的《江西省煤炭资源远景调查报告》。

18日 在北京召开的全国国防军工木材节约代用会上，南昌飞机制造公司被评为"全国国防军工木代用先进单位"。

19日 新余钢铁厂工人文化宫影剧院最近被国家广播电影电视局授予"全国电影发行发映先进单位"。

19日 省委召开常委会议，研究组织党政机关干部下基层问题。会议决定，各级党政机关的干部要有组织、有计划、有目的地分期分批组成各种形式的工作小组和调研小组到基层，到工厂、到农村、到学校、到街道，调查研究、了解民情、联系群众、多做实事、切实加强同人民群众的联系。

19日 省廉政建设领导小组下发《关于严格查处违纪吃喝，防止吃喝风回潮的通报》。

19日 省委发出《关于在江西省干部中开展学习马克思主义哲学的通知》。

19日 由省军区政治部编著、国防大学出版社出版的《国防后备军概论》一书，被列为我国国防教育系列丛书。

20日 江西省第三次"双学双比"竞赛活

动协调会召开。副省长张逢雨强调，"双学双比"要紧紧围绕农业开发总体目标，扎扎实实推向深入。

20日　省编委以赣发（1990）16号文批准省水利厅增设水政处。2月26日至27日，全省第一次水政工作会议在南昌召开，省水利厅厅长钟积贤就全面实施水法，转变职能和深化水利改革作了报告。

21日　国营八三四厂生产的"华声牌"HD-IB型电子按键电话机最近被评为国家优质产品，荣获全国电话机行业质量奖——国家银质奖。

22日　在第九届全国新闻摄影作品评选中，江西共有6幅作品入选，江西第二化肥厂孙玉辉拍摄的《避风港》获银牌奖。

22日　伊朗空军代表团一行3人，来南昌飞机制造公司参观考察。

22日　景德镇市华意电器总公司在轻工业部组织的全国轻工售后服务优秀企业评选活动中，日前被评为售后服务先进企业，是江西省冰箱、洗衣机、电风扇、钟表、钢琴、自行车六大行业中唯一受表彰企业。

23日　省科学技术奖励大会在南昌召开。吴官正代表省委、省政府在大会上讲话指出，当前科技工作的主要任务是抓好"科技兴农"和"科技兴企"，使科技工作切实为经济建设服务，为调整产业结构和产品结构服务。大会为获得1989年度省级科技进步奖、省级星火奖一、二等奖共31个项目授奖，对获1989年度国家科技奖的16项优秀成果的主要完成单位给予嘉奖。

省领导向获奖者颁奖

23日　日前，江西在全国气象科普评奖活动中获四项奖：省气象学会科普工作委员会被评为先进集体；省气象局洪积良同志被评为先进个人；省气象局唐其煌同志的《气象科学的新殿堂》被评为优秀短篇科普作品二等奖；江西省学生气象知识电视决赛被评为电视录像片二等奖。

23日　江西第二造纸厂日前成功地研制出BI-10微米硼低损耗电容器纸。

25日　上高、新建、南昌3县商品瘦肉型猪基地建设通过省首批验收。5月16日至18日，省农办、农牧渔业厅在东乡县召开商品瘦肉型猪基地建设工作会议，总结经验，部署工作；表彰上高、东乡、南康、石城四个基地建设先进单位，给南昌、临川、宜春等16个县（市）颁发基地建设合格证。

25日　湖口县汽车运输公司的一辆公共汽车在途经文桥乡转弯路段时，车内突然爆炸，车上43人全部烧伤，近日经湖口县人民医院医治救护，43名病人转危为安。

25日　春节前有302名台胞来赣与亲人一起欢度20世纪90年代的第一个新春佳节。

26日　林业部在宜春市召开全国油茶低改现场会议，推广经验。参加会议的有湖南、广东、浙江、广西、福建、湖北、江西等省。宜春市油茶面积、产量居全国县市之首，单产油茶为全国平均单产的两倍。

27日　全国政协副主席、水电部顾问钱正英来鹰潭视察。

29日　在北京举行的第五届全国优秀农产品展销会上，江西代表团被评为"特别优秀奖"。

29日　省长吴官正自即日起至2月1日先后到九江市彭泽县泉山乡双贺村、芙蓉乡王联村、芙蓉农场、棉船乡全村和金洲村，调查了解农户生活情况，油菜和棉花生产情况，发展村级集体经济和农业推广运用科学技术情况，深入研究加快发展棉花生产的设想和政策、措施。

30日　江西宾馆最近被评为"三星级宾馆"。

30日　根据省编委发出的《关于省劳动教养管理单位有关问题的通知》。省劳动教养管理局与省劳动改造管理局正式分开，成为单独建制的县级行政单位，隶属司法厅领导，核定行政编制共40名。

30日 全省自北向南先后下了一场雨雪。北部最低气温普遍下降到 −6℃ ~ −9℃，南部下降到 −2℃ ~ −4℃。余江最低气温为 −11.7℃，南昌市最低气温为 −6.8℃。有20多个县出现了冰冻。

31日 由景德镇市国贸厂副厂长、高级工程师邓希平发明的"陶瓷彩虹釉"，经国家科委核准公布获1989年度国家发明四等奖。

本月 由长春兽医大学有关专家主持，南昌警犬基地叶俊华等人参加完成的"犬细小病毒弱毒的分离、鉴定和免疫研究"科研项目通过鉴定，获1990年中国人民解放军科技进步二等奖。

本月 中国有色总公司决定将江西有色勘探公司更名为江西地质勘查局。

本月 由省文学艺术研究所、江西人民出版社古籍编辑部联合主编的《江西历代文学艺术家大全》一书出版发行，全书共收入江西历代文学家、艺术家1296人。

本月 萍乡矿务局六六一厂生产的乳化炸药通过中国统配煤矿总公司鉴定，被认为具有国内先进水平。

本月 省政府与国家黄金管理局签订黄金储量承包合同，把德兴金山矿田列为国家黄金"八九二"重点勘查工程，承包储量40吨，国家拨给黄金勘查基金3800万元。

本月 应江西—ESEC中美特殊高等教育研究中心的邀请，美中教育交流服务机构残疾人教育康复部主任格德里到江西省讲学。

1990
2月
February

公元 1990 年 2 月							农历庚午年【马】					
日	一	二	三	四	五	六	日	一	二	三	四	五	六
				1 初六	**2** 初七	**3** 初八	**4** 立春	**5** 初十	**6** 十一	**7** 十二	**8** 十三	**9** 十四	**10** 元宵节
11 十六	**12** 十七	**13** 十八	**14** 十九	**15** 二十	**16** 廿一	**17** 廿二	**18** 廿三	**19** 雨水	**20** 廿五	**21** 廿六	**22** 廿七	**23** 廿八	**24** 廿九
25 二月大	**26** 初二	**27** 初三	**28** 初四										

1 日　省总工会、团省委、省妇联分别召开会议，认真学习中共中央关于加强和改善党对工会、共青团、妇联工作领导的通知。

2 日　日前，景德镇市陶瓷壁画厂为装饰重建的滕王阁成功制作大型陶瓷壁画《吹箫引凤图》和《西山待渡图》。

3 日　公安部部长王芳最近签署命令：授予鹰潭铁路公安分处鹰潭站派出所所长张国良为全国公安基层优秀派出所所长的荣誉称号。

3 日　应日本香川县高松市政府和议会的邀请，南昌市政府代表团一行 5 人在市长程安东率领下，前往高松市进行友好访问，对南昌与高松市在经济、科技、文化教育等方面的广泛合作和交流进行考察。

4 日　上饶县部分地区最近出现乱砍滥伐现象。省林业厅领导在答记者问时指出，中央（1987）20 号文件明确指出现行的国营、集体和林业专业户、联合体经营山林等形式都要稳定。林业"三定"政策不会变。

4 日　赣州地区汽车运输公司 111 车队大客车司机郑祥旺违反操作规程，在途经于都县 323 国道 104 公里 360 米处翻入左侧河中，造成 14 人死亡、14 人重伤、22 人轻伤的特大交通事故，直接经济损失达 16 万元。

5 日　省政府发出《贯彻国务院批转人事部、国家计委、财政部〈一九八九年调整国家机关、事业单位工作人员工资实施方案〉的通知》。

6 日　省普法工作领导小组召开全体会议，学习贯彻江泽民总书记、李鹏总理关于深入普及法律常识、宣传法律知识的重要指示，传达全国司法厅（局）长会议精神，研究部署 1990 年的普法工作。

7 日　铜鼓县成立全国第一个县级林业摄影协会。

7 日　副省长陈癸尊最近到景德镇市考察计划生育工作时强调，1990 年全省计划生育工作要抓好四项工作：一是宣传教育工作，使全省育龄人群受教育面达到 90% 以上；二是要把计划生育网点建立起来；三是加强专干队伍、专业技术人员队伍以及协会会员队伍的建设；四是加强科学管理，完善制度，使计划生育工作走上经常化、制度化、科学化的轨道。

7 日 省政府批准省气象局建设气象卫星遥感监测系统。

7 日 省委转发中央通知：黄璜调任宁夏自治区党委书记，不再担任副省长。

7 日 为贯彻中央转发全国人大常委会党组《关于全国县乡人民代表大会换届选举工作若干问题的请求报告的通知》精神，省人大常委会副主任王泽民、裴德安与机关部门负责同志分别到江西省部分县市调查了解有关情况。调查工作于 30 日结束。

8 日 省卫生厅最近决定设立首批省级医院性病监测点，它们是江西医学院、江医一附院、江医二附院、省儿童医院、省妇产医院、省肿瘤医院、省交通厅职工医院、省建职工医院、江纺职工医院、南昌三三四医院。

8 日 省委召开省直单位负责干部大会，传达江泽民同志在全国统战部长座谈会上关于加强党的统战工作的重要讲话，并贯彻落实中共中央《关于坚持和完善共产党领导的多党合作和政治协商制度的意见》。

8 日 省政府召开电话会议，部署春季计划生育工作。会议要求各地从现在开始到春播前，务必完成四项手术年任务的 40% 以上。会议强调，计划生育实行一票否决权。

8 日 民盟江西省委会发出《关于认真学习、贯彻中共中央〈关于坚持和完善中国共产党领导的多党合作和政治协商制度的意见〉的通知》。

9 日 省政府下发《关于保质保量完成一九九〇年江西省造林任务的通知》。次日，省党政

省、市领导同机关干部 200 余人在新建县溪霞乡桃花岭义务植树造林

军负责人吴官正、蒋祝平等率领省、市机关干部 200 余人，来到新建县溪霞乡义务植树造林。

9 日 各民主党派省委会常委和机关部（处）长以上干部，出席省委统战部举行的传达报告会。报告会学习贯彻中央《关于坚持和完善中国共产党领导的多党合作和政治协商制度的意见》，传达 1 月全国统战部长座谈会精神，提出要高举社会主义、爱国主义旗帜，进一步加强统战工作。

10 日 江西省第一座以电养航的昌江渠化水运工程鱼山枢纽电站建成发电，同时，在鱼山枢纽兴建一座装机为 2530 千瓦的水力发电站，年发电量为 1000 万度，电费收入可达 50 万元。

10 日 新华社在地方设立的全国第一块新闻快讯屏正式在南昌揭幕开播。省市领导、新华社代表出席南昌屏幕启屏开播仪式。

11 日 中纪委副书记陈作霖到江西视察调研，并就党风建设、廉政建设和纪检工作先后到南昌、抚州、吉安、赣州等地市调查研究。

12 日 《江西日报》报道，1989 年，在马来西亚举行的博览会上，江西省陶瓷工业公司应邀参展的景德镇青花、粉彩、珍珠、颜色釉、雕塑、薄胎等传统名瓷备受青睐。6 天间，景德镇参展日用瓷和陈设瓷征购一空，并与马来西亚客商签订了一批订货单。

13 日 省地矿局已找到十多处大中型银矿，银矿储量跃居全国榜首。

13 日 省政法系统召开廉政建设经验交流会，总结经验、表彰先进、部署新的任务。省委常委、省委政法领导小组组长王昭荣到会讲话，强调政法部门要保持廉洁。大会为先进单位和个人颁奖。

13 日 省政府在南昌召开全省对外经济贸易工作会议。会议提出 1990 年全省出口创汇目标是 5.36 亿美元。

13 日 全省召开银行行长会议，会议要求团结协作、增强信心、稳定金融、促进全省经济持续发展。会议指出，1990 年金融工作要继续坚决贯彻"从紧"方针，严格控制货币信贷总量，提高资金使用效益；继续稳定和增加存款，加快

货币回笼；压缩成品资金，减少相互拖欠；进一步整顿金融秩序。

14日 在不久前北京举办的北海荷花艺术

列入"名荷"金榜的广昌白莲

会上，广昌县白莲研究所培育的8个莲种被作为全国唯一的白莲品种，列上"名荷"的金榜。广昌是白莲的故乡，1989年秋，广昌县白莲研究所从数百个杂交组合中，培育出162粒"85－4"良种，结束了1300多年来广昌白莲亩产不到50公斤的历史。此后，又培育出高产早熟的"85－5"白莲新品种，并研究成功白莲—晚稻—绿肥一田三熟制以及莲副产品的综合利用。

14日 省电力工作会议召开。会议确定，1990年全省电网发电计划为99亿度，力争完成101亿度（不含电网外小机组）。完成大中型项目基建投资41992万元，确保万安水电站于1990年第三季度投产运行。

15日 省委、省政府发出《关于在江西省开展稳定落实农村政策大检查的通知》，指出稳定党在农村各项政策，是农村稳定的根本保证。检查内容包括：（一）稳定完善家庭联产承包责任制的情况；（二）农副产品收购、流通政策的落实情况；（三）农民负担的情况；（四）增加农业投入的情况。

15日 省直机关和各地市纷纷组织党政机关干部下基层，了解情况，为群众办实事。截至当日，省直机关已经下去和已安排下乡下厂的干部有2000余人，其中地厅级干部380余人。

15日 省委常委集中两天时间组织学习马

克思主义哲学。省委常委要重点掌握辩证唯物主义和历史唯物主义的基本理论观点。每一个基本理论观点为一个专题，每个专题学习一个月。

15日 省七届人大常委会第十三次会议在南昌举行。会议通过《关于召开江西省第七届人民代表大会第三次会议的决定》；审议省政府的《江西省计划生育暂行条例（草案）》，听取省政府关于本省1989年税收，财务、物价大检查工作情况的汇报；听取省地矿局关于全省执行矿产资源法规情况的汇报；听取省文化厅关于当前本省文化工作情况的汇报；通过关于接受黄璜请求辞去副省长职务的决议和有关人事任免名单。

16日 对外经济贸易部、农业部最近联合颁布命名证书。授予进贤县李渡出口花炮厂、万载县黄茅、株潭出口花炮厂为第一批"贸工农"联合出口商品生产基地企业。这三家企业产品远销30多个国家和地区。万载县黄茅乡1989年与

黄茅乡锦江包装公司包装车间的工人在生产编织袋

万载县锦江包装有限公司生产车间

港商合资，建立了中外合资锦江包装有限公司，年产编织袋和水泥袋各1000万条，上交税利350万元。1989年产品50%出口香港。

16日　美国辉煌旅行社、新加坡春城旅行社、郭那士旅行社、台湾协泰旅行社、冈山旅行社、世霸旅行社、香港华大旅行社、恒贡旅行社以及广东省中国旅行社、湖南职工旅行社、广东民航等十多家旅游客商组成的考察团抵赣，并专程赴鹰潭考察、洽谈组团业务。

17日　省政协召开主席（扩大）会议，认真学习和座谈《中共中央关于坚持和完善中国共产党领导的多党合作和政治协商制度的意见》。

17日　全省已建立地方经营性基本建设资金5.95亿元。基金主要用于关系江西国民经济全局的重要农业基地开发，重要的能源、原材料工业项目，交通运输、邮电通信骨干设施，轻纺工业项目及新兴产业项目等。

18日　省政府在于都县召开江西省第二次沼气工作会议，要求在两年内普及省柴节煤灶。

18日　14英寸黑白显像管在井冈山半导体厂试制成功，设计能力为年产10万只。

19日　省国际金融学会在南昌成立，副省长孙希岳任名誉会长。该会以"理论联系实际，为发展经济服务，为领导决策服务"为宗旨，努力探讨全省国际金融工作的发展战略，研究改革开放和治理整顿中出现的新情况和新问题。

19日　《江西日报》报道，江西中医学院杨卓寅教授经过两年多的调查、搜集和考证，发现江西盱江（今名抚河）流域为历代名医辈出之地。现已查明仅宋、元、明、清四代，盱江流域各县、市，有传略可考的医学家达200余人，医学著作约100余种，形成在祖国医学中占有重要地位的"盱江医学"。盱江医学的特点是，人物众多，医学理论渊博，实践经验丰富，著作涉及内、难、金匮、草药医学基础理论和内、外、妇、儿、骨伤、五官等临床医学等各个方面，卷帙浩繁，博大精深。

19日　全省监察工作会议确定，1990年上半年着力抓好以下四件事：监察违纪建房中的大案要案；查处执法监督部门中的大案要案；清理整顿公司中的大案要案；严查有令不行、有禁不止的行为。

19日　为期5天的1990年全省化工工作会议在南昌市召开。会议议题为，传达贯彻全国化工厅局长会议精神，贯彻党的十三届五中全会精神，研究治理整顿、深化改革和开展学吉化活动。会议评选江西第二化肥厂等25家企、事业单位为1989年目标管理先进单位。

20日　《江西日报》报道，国家森林防火总指挥部决定授予158个单位为"全国森林防火先进单位"。江西省被授予"全国森林防火先进单位"称号的是：省森林防火指挥部办公室、婺源县政府和黎川县政府。被授予"全国森林防火模范"称号的是：戴炳生、陈小燕。

20日　江西省选手、武警总队战士王雪华在全国电子计算机汉字输入技术选拔赛上，使用"前三末一"汉字输入技术，取得简体连续、离散及总分平均值三个第一，近日被国家授予优秀操作员称号。"前三末一"汉字输入方案发明者、汉字编码专家、江西电子计算机厂主任工程师万仁芳被国家授予优秀领队和教练员称号。

21日　省总工会、团省委、省妇联联合召开江西省"双增双节"电话会议，动员全省广大干部和职工广泛、深入地开展"双增双节"运动。会议强调，1990年双增双节的重点是加强管理，狠抓销售，扭亏为盈，提高质量，降低消耗，全面完成1990年的国民经济计划。

21日　江西省跨入文物大省行列，国家文物局致电省文化厅表示祝贺。江西文物考古的重大成果有：1986年在广昌县龙溪发现的距今1亿至7000万年的甲龙类恐龙化石；1988年在瑞昌县铜岭铜矿遗址上发掘出土的木铲、陶鬲、青铜钺、孔雀石；1989年出土的打制石器；江西省首次发现的南宋精美丝织品；1988年在景德镇御窑厂遗址出土的大批明代永乐、宣德等年间的官窑瓷；1989年9月在新干县大洋洲出土的商周青铜器等稀世珍品500余件；1989年底江西文物考古研究所在新余市拾年山遗址发现的一批南方地区罕见的有规律排列的新石器晚期墓葬。

22日　省政府发布《关于进一步完善企业

承包经营责任制意见的通知》，对承包形式、限期、合同内容、指标系统等作出规定，并要求严格考核，兑现承包合同，引入风险机制，深化企业内部配套改革。

23 日 省委决定，为进一步推进清房工作，严防走过场，将向各地、市继续派出工作组。检查各地、市、县是否掌握了一批大案要案名单，是否建立了领导责任制，是否落实了查处大案要案的措施。省委副书记、省长吴官正讲话，强调对查处的违纪建私房中的大案要案，不管涉及谁都要一查到底，该怎么处理就怎么处理，决不手软。

23 日 黎川县抓紧建立、完善和落实多种护林防火责任制，强化火源管理，成效显著。最近被评为江西省 1987 年至 1989 年度护林防火先进县，并受到国务院护林防火指挥部的赞扬。

23 日 南昌硬质合金厂日前通过国家级出口微型钻产品质量检验和工厂必备条件评审验收。产品经国家检测中心抽样检查，均达到一等品水平。

23 日 新余钢铁厂最近建成一条具有国内先进水平的大规格钢丝生产线，标志着新钢已成为我国南方的钢丝生产基地。

25 日 省公安局长会议召开，提出公安工作当前要抓好三件事：（一）千方百计地维护政治和社会的稳定；（二）积极做好治理整顿、深化改革中的法律服务和法律保障；（三）加强公安、武警队伍建设，保证公安、武警队伍在政治上永远合格。

25 日 省地矿局印发《关于办理国营矿山、集体矿山和个体采矿变更采矿登记手续、换领采矿许可证和采矿许可证注销的有关规定的通知》。

25 日 中国针灸学会最近决定 1991 年的"无（微）创痛针灸"国际学术会议在江西召开。江西医学院魏综教授发表的《试论发展针灸战略》，被列为重点论文。

25 日 为期 3 天的江西省纪检工作会议在南昌召开，会议确定 1990 年工作任务是：严肃党的政治纪律，维护党的集中统一；认真查处党内违纪案件，坚决惩治腐败；协助党委加强党风和廉政建设；进一步加强纪检机关的自身建设。

25 日 为期 4 天的全省教育工作会议在南昌召开。会议确定 1990 年教育工作总目标是抓

1990 年抚州市一中考取科大少年班的学生合影

好两项任务、一个重点、三项建设、四项改革。两项任务是：纠正十年来的失误，加强各级各类学校的思想政治教育，维护安定团结的政治局面；认真贯彻党的十三届五中全会关于进一步治理整顿和深化改革的方针，促进教育事业持续、稳定、协调地发展，努力提高教育质量。一个重点是：大力加强基础教育。三项建设是：师资队伍建设、加紧条件建设、教材建设。四项改革是：教育管理体制改革、农村教育综合改革、教育内部管理改革、招生分配制度改革。

26 日 省科委主任杨淳朴等向省人大教科文卫委员会汇报 1989 年度工作情况及 1990 年工作安排计划时，首次提出江西科技成果战线"科技兴农"的"1296 工程"方案。"1296 工程"，

新干县组织科技干部下农村搞科技兴农集团承包，高级农艺师在罗家坊村向农民介绍"402"药剂浸种消毒的知识

即大面积推广的 12 类农业科技成果，抓好 9 个大型综合开发示范项目，重点组织 6 个方面的农业科研攻关。5 月 9 日，江西省人民政府作出《关于大力开展科技兴农的决定》。省科委提出的"科技兴农 1296 工程"及 1990 年应抓的"十大工程"被列为决定的中心内容。

26 日 江西农业银行、省粮食局、省商业厅联合发出通知，1990 年全省的粮食预购定金发放，推行"钱物结合"发放办法，即同供方挂钩化肥结合起来，由往年发现金改为发实物给农户。

26 日 副省长陈癸尊率省、市、县血防调查组到共青垦殖场调查研究，现场办公。经省政府批准将永修县管辖的葫芦墩以北的 2300 亩水面划归共青垦殖场管理和使用，有利于搞好血防工作。

27 日 世界银行同意恢复给中国的一笔总额为 6000 万美元的无息贷款，用于中国的江西省发展农业。

27 日 省文学院两年来专业作家的文学创作有 8 名专业作家创作长篇小说 6 篇，中短篇小说集、报告文学集 10 余部，电视剧 5 部，近 300 多万字的文学作品。其中有许多作品在全国性文学评奖中获奖。

28 日 江西电视台首次播放反映全国法院系统劳动模范、上饶县人民法院院长蒋如泉事迹的电视片《人民法官的情怀》。

28 日 省委宣传部、省教委发出《关于加强和改进江西省中小学德育工作的通知》。

本月 省垦管局委托江西财经学院在共青、蚕桑、红星、大茅山、井冈山、黄岗山、翠雷山和南昌举办财会大专"专业证书"班，学制一年半。半脱产学习全部课程，考试合格由江西财经学院颁发大学专科证书。

本月 省政府发出《关于调整部分减免税问题的通知》，对全省 1985 年以来的部分减免税规定作出调整。

本月 南昌市学生石峰参加文化部少儿司、全国少儿文化委员会、国家教委艺术教育委员会、中央电视台少儿部、中国教育报、中国文化报等 8 家举办的"全国少年儿童绘画、书法、摄影大选赛"，获总分第一名和最佳奖。

本月 江西省国际金融学会成立。

本月 上饶市美术矿工程师丁阳发明创造的无机工艺大理石生产工艺获专利权，并被列入国家专利技术开发公司重点开发项目。

本月 江西省三电办决定从 2 月开始对计划用电实行"一调二优三保证"措施。一调：调整产业和产品结构；二优：择优供电和优化用电；三保证：确保重点企业、城乡人民生活和农业排涝抗旱用电。

1990

3月 March

公元 1990 年 3 月							农历庚午年【马】					
日	一	二	三	四	五	六	日	一	二	三	四	五	六
				1 初五	**2** 初六	**3** 初七	**4** 初八	**5** 初九	**6** 惊蛰	**7** 十一	**8** 妇女节	**9** 十三	**10** 十四
11 十五	**12** 十六	**13** 十七	**14** 十八	**15** 十九	**16** 二十	**17** 廿一	**18** 廿二	**19** 廿三	**20** 廿四	**21** 春分	**22** 廿六	**23** 廿七	**24** 廿八
25 廿九	**26** 三十	**27** 三月小	**28** 初二	**29** 初三	**30** 初四	**31** 初五							

1日 省精神文明建设委员会、省委宣传部、省军区政治部、省教委、省总工会、团省委、省妇联近日联合发出通知，决定从 1990 年 3 月起在全省城乡掀起一个学雷锋、树新风的新高潮深入、持久地开展向雷锋学习活动。

1日 省政府召开经济体制改革会议在南昌结束。会议提出，在稳定经济、稳定社会的前提下，有计划地推进各项改革试点。企业改革要坚持和完善承包经营责任制，坚持和完善厂长（经理）负责制，并在部分重点企业实行"双向承包"试点。坚持深化农村内部改革，稳定完善家庭联产承包责任制。整顿流通秩序，继续搞活流通领域。会议要求要继续抓好赣州地区改革试点区和 18 个扩权县的综合改革试点。

1日 联合国儿童基金会驻华办事处区域项目负责人韩丁女士及高级项目官员帕克先生一行抵达南昌。联合国儿童基金会无偿援助江西 100 万美元，用于井冈山、万安和上犹老区发展妇幼保健、教育事业。

1日 《人民日报》发表了《内联农户，外联市场》的湘鄂赣改革农产品流通体制的调查报告。湘鄂赣三省的一些县、市通过适当的经济组织形式，把农产品生产者与农产品大市场连通起来，建立相对稳定的流通渠道，让农民"两脚不出门，产品销四方"，架起内联农户、外联市场的"桥梁"。三省这种经济形式主要有三种：一是农商联营，建立专业生产合作社。二是厂村挂钩，建立农业生产、加工一体化的"工农共同体"。三是农民自办购销组织。

1日 省第四劳改支队罪犯肖瑞梅在服刑期间利用业务时间设计出的"刑罪棋"、"能兼作太阳伞的蚊帐架"等 10 余种生活娱乐用品，最近由中国专利局审定受理。

2日 省委最近发出通知，要求各地深入开展形势和任务教育，动员全省人民坚定信念、群策群力、克服困难、促进经济发展。

2日 省政府组织全省备耕检查团，分赴各地市，开展备耕生产检查，动员组织干部群众从思想上、组织上、物资上、措施上做好各项准备工作夺取 1990 年农业丰收。

2日 吉安市发生一起食用青皮鱼中毒事件，23 人中毒。

2日　省司法厅在省政法干校分三批举办专职律师政治理论培训班，参加培训的专职律师486名，占专职律师总数92.7%。

2日　省经贸厅组织的"江西省出口商品小型洽谈会"在香港举办。江西由陈八荣率领，粮油食品、纺织、针棉织品、畜产、丝绸、省进出口6家进出口公司一行15人组成。洽谈会共接待客商200多家，300多人次，对外成交总金额1475万美元。

2日　赣东北—浙东南金银矿类型及成矿预测科研项目获1989年"七五"国家重点科技攻关项目阶段成果奖。国家计委，国家科委、财政部和江西有色地质勘查局联合颁发了国家科技攻关荣誉证书。

2日　邮电部公布了全国30个省会电信局1989年电报投递质量指标名次，江西南昌电信局获第二名。

3日　省、市妇联在南昌市八一大道举办万名女性学雷锋三八奉献日活动。服务项目有理发、缝纫、销售、发行、宣传等项内容。

3日　省政府发布《关于加快扫盲工作步伐的通知》，并成立省政府扫盲工作领导小组。根据1988年教育部门对农村人口文化状况的普查，江西农村15周岁至40周岁文盲、半文盲有123万余人，占同龄人口的10%。通知要求，1991年前，4个尚未实现基本扫除文盲的县（区）基本达标，1995年前，已基本扫除文盲的县（区）15岁至40岁中的非文盲率达95%，2000年前，基本扫除青壮年文盲。

3日　江西有色地质勘探四队近日在景德镇的东北又探明一处中型砂金矿。

3日　全国果菜、茶叶、副食品交流会在南昌召开。100多个生产厂家的数10万个品种参展，合同成交总金额35亿多元。

4日　省政府召开全省企业技术进步工作会议，为25位厂长（经理）颁发"江西省技术进步先进企业"奖，同时为12个新获国家金、银产品奖以及18个省质量管理奖的企业和先进单位颁奖。会议确定，"八五"期间全省技术进步工作重点以名、优、特、新拳头产品为龙头，抓好"四、三、二、一"技术进步工程，即40个拳头产品、30项新技术推广项目、20个龙头的新产品开发、10个主要拳头产品的系列化改造，重点抓好100个骨干企业，培养和建设技术进步的"省级队"。

5日　省政府税收、财务、物价大检查办公室发出《贯彻落实〈国务院办公厅进一步清理检查（小金库）的通知〉的通知》。

5日　晚上7时45分，南昌柴油机厂俱乐部主楼外楼梯休息平台突然倒塌，造成8人死亡、6人重伤、25人轻伤的重大伤亡事故。据南昌市人民检察院鉴定书认定，休息平台板倒塌的主要原因是：板根部受力主筋位置安装错误（悬臂板应主筋在上，实际在下），同时板的主筋数量、板根部厚度、混凝土强度均未达到设计要求；平台板拉杆、主柱、扶手跌落，施工中任意变更设计，导致无可靠连接；施工过程检查不严。该工程由江西省为民建筑事务所设计，南昌市东湖区董家窑基建队施工。

5日　南昌洪婺名茶开发公司生产的"花茶"、"绿茶"系列产品，被第十一届亚运会组委认定为本届亚运会标志产品。

5日　为期6天的江西省出口商品大型洽谈会在香港举行，进出口成交额达1475万美元。到会客户190家、300多人次，其中新客户近50家。

5日　3月5日省委发出贯彻执行中共中央《关于加强和改善党对工会、共青团、妇联工作领导的通知》的意见。

6日　省农村工作办公室与省司法厅联合下发《关于搞好农业承包合同公证工作的通知》，规定农村承包专业户、开发户、联合体所签订的经济合同，应根据需要和自愿的原则向公证机关申请公证。

6日　在全国农村妇女"双学双比"竞赛活动协调小组评定中，吉安地区被评为全国农村妇女"双学双比"竞赛活动先进协调小组，定南县历市镇进坑村陈祥娣、泰和县马市镇黄六妹、乐平县金鹅山乡王有凤和吉水县八都镇胡丽华被评为全国"双学双比"竞赛活动先进女能手。

6日 国家计委在德兴铜矿现场办公3天，对生产供电、原燃料、大型设备交货及备品备体外汇指标、资金等问题进行协调，确保3万吨选矿工程年底投产。

德兴铜矿第三期工程正在加紧建设。图为大山选矿厂安装的起重型高能液压圆锥矿石破碎机

德兴铜矿从美国引进的直径5.5×8.5米球磨机

8日 在南昌的全国政协委员、省政协委员结束在新余市、丰城市、永修县、崇仁县、新干县的视察。副省长钱家铭听取视察组的汇报和调查研究后提出的意见、建议。

8日 民盟江西省第八届委员会举行第三次全体会议，学习中央《关于坚持和完善中国共产党领导的多党合作和政治协商制度的意见》，传达民盟第六届中央委员会第二次全体会议精神，讨论贯彻意见。省委副书记蒋祝平到会讲话。会议于10日结束。

9日 应中国有色金属进出口公司的邀请，芬兰奥托昆普公司工程部地区市场推广经理约翰·瑞兰德先生近日到贵溪冶炼厂参观访问。

10日 江西组织、干部、人事部（处）长会议召开，贯彻落实全国省区党委组织部长会议精神，要求进一步深入考察好县以上领导干部，确保党和国家的各级领导权牢牢掌握在忠于马克思主义的人手里。省委副书记、副省长蒋祝平讲话强调，要抓好组织建设、抓好各级领导班子的思想建设和作风建设。确定所有县处级以上领导干部每年脱产学习不少于一个月。

11日 新建的南昌耐火材料厂一座120米高温隧道窑，点火烘窑。该窑窑底采用压力平衡措施，具有窑温窑压自动控制功能。

11日 江西钢厂钢研所、冶金部钢铁研究总院、扬州工具二厂3家联合研制的"剖层机带刀"，通过冶金部、轻工业部鉴定。

11日 铜鼓县港口乡英朝村渣家组发现一棵有200多年历史的六爪分枝香榧树，树高约30米，六爪分枝平均直径达36厘米至42厘米。

12日 省司法厅制定《江西省乡镇法律服务工作实施方案》。

14日 全省首届草食畜禽系列产品展销会揭幕。占地1500平方米的展品有380多个品种。吴官正、蒋祝平等参观了预展。

14日 横峰县钽铌矿生产出的铌铁合金被国家冶金工业部评为国家重量级产品。

15日 省政府召开电话会议，动员部署查处伪劣商品工作。要求各有关部门通力合作，充分运用法律的、经济的、行政的手段，三管齐下，使伪劣商品断源，截流，把伪劣商品拒之于流通领域的大门之外。

15日 吉林化学公司事迹报告团一行31人抵达南昌。16日，在江西艺术剧院进行首场报告会，省有关部门及企业的1100多人参加报告会。报告团还到南昌、新余、九江等地进行演讲、讲座和事迹展览。

15日 省政府与世界银行签订"吉湖农业综合开发项目"。

15日 全省烟花出口工作会议在宜春召开，会议表彰10个出口烟花厂家，对获1989年"经贸部科技进步奖"四等奖的万载、潭埠、萍乡、四海出口烟花厂颁发奖状和荣誉证书。

15日 省委召开常委会议，传达学习中共中央十三届六中全会会议精神，省委书记毛致用主持会议并讲话。会议提出，要认真学习好中央关于加强党同人民群众联系的决定，提高认识，统一思想，自觉行动，突出重点，讲究实效，把贯彻中央决定和做好当前工作紧密结合起来，不失时机地把经济工作搞上去。

15日 在副省长钱家铭的主持下，由省经委牵头，省物资、冶金、电力、煤炭4个系统下属的59家企业和28家企业开户银行及中心支行行长一起清理"三角债"。3天时间共清理拖欠贷款4.44亿元。

16日 国家农业综合开发领导小组将油茶、低产林改造列为农业综合开发重点工程，第一期启动工程面积为100万亩，分配给江西25万亩。

16日 省人大常委会召开"关于在江西省范围内开展执行《中华人民共和国土地管理法》情况检查"电话会议。

16日 省革命老根据地建设委员会、省财政厅颁发《江西省老区发展基金管理试行办法》。

16日 省公路局路史办公室编写的《江西公路史》第一册，由人民交通出版社出版发行。

17日 全国17个救护基地之一的中国统配煤矿总公司军事化矿山救护队江西基地在丰城矿务局建成并投入使用。

17日 省一九五地质大队、五〇四地质大队五〇四钻机党支部，近日被中组部、国家能源工业部分别授予"先进基层党组织"、"先进集体"称号。

17日 由中国农机化报社、中央人民广播电台、国家内燃机拖拉机检测中心、全国用户委员会、农机质量管理协会等六个单位举办的全国单缸柴油机双"十佳"评选活动结束。九江动力厂生产的S195型柴油机获全国金马奖。

九江动力机厂

18日 省地矿局物探大队近日在赣州市发现一个比较富集、埋藏浅的独立的中型银矿。

19日 副省长蒋祝平、钱家铭受省长吴官正委托，带领省计委、经委、教委、财政、民政、交通、税务等部门领导一行12人，就驻赣部队和民兵预备役建设方面的问题，到省军区现场办公。

19日 江西光学仪器总厂生产的凤凰205型135彩视取景照相机，被机电部批准为部级优秀产品。

19日 《赣州市地名志》经省地名志优秀成果评选小组审阅评议，获得江西省地名志优秀成果一等奖。

19日 玉山县三清山罐头厂工程师汪玛瑞发明了吸烟净化滤毒器。目前被国家专利局受理。该发明填补了国内一项空白。

20日 省政府决定，除执行国务院规定棉花收购价每50公斤从236.4元提高到300元外，从1990年起，在以县为单位完成合同订购油脂任务的前提下棉籽收购全部放开；棉花预购定金利息补贴由原来交售一担皮棉补贴0.6元提高到0.7元，棉花技术改进费由原每担1级至4级皮棉征收0.3元技改费提高到0.5元；由农业银行安排，每亩棉田贷款 40 元至 60 元；从 1990 年开始，每年安排 1000 万元左右的棉田水利建设经费，暂定 3 年。

20 日 省委书记毛致用到鹰潭调查农村工作。

20 日 九江市中医院 29 岁青年医生胡晓斌独立完成的《按摩手法集锦》一书，由中医古籍出版社出版发行。

21 日 全省商业局长会议强调，按照"稳定、搞活、开拓"的要求，切实安排好城乡市场，搞好商品扩销，充分发挥国营商业的主渠道作用，促进全省经济的发展和社会稳定。

21 日 省政府召开红壤开发项目工作会，会期为 3 天，研究 1990 年项目建设计划。红壤开发项目是江西省第一个利用世界银行贷款的农

参加红壤开发项目工作会议的代表在红壤改良利用与开发现场

业综合开发项目，自 1986 年 9 月在崇仁、临川、省畜牧良种场等 6 县两场全面实施。到 1989 年年底，上山专业户达 8266 户，开垦红壤荒山 25.12 万亩，均完成协议规定任务的 84%。

21 日 省垦管局召开全省农垦系统农业生产工作座谈会，红星、武夷山、恒湖等场和农垦学校在会上分别介绍建设"吨粮田"和依靠科技兴农的经验。

22 日 省政府发出《关于进一步完善企业承包经营责任制的意见的通知》，要求企业在新订承包合同时，上缴国家财政部分要有所增长。

22 日 新余市林业局近日在珠珊林场人工用笋竹林中，捕捉到一只体重 1.85 公斤的银星母竹鼠和 4 只小银星竹鼠。

23 日 省政府下发《江西省节能产品管理暂行办法》。

23 日 全国矿产储量委员会批准由江西有色勘探一队完成的德兴县银山九区大型铜硫矿区地质勘探报告。

23 日 于都等地乡村遭特大冰雹袭击，造成人员和财产重大损失。

24 日 由德·维乐彬主席率领的法中委员会代表团抵达南昌，开始为期 4 天的访问。副省长孙希岳会见并宴请维乐彬主席一行。

24 日 省政府批转省计委、省经委、省经贸厅《关于加快江西省利用外资工作报告》，要求各级政府和有关部门加强对外资的借、用、还方面的管理，解决外资工作中出现的各种问题；制定规划，改善环境，多渠道引进外资，提高外资项目的经济效益。

24 日 德国德中委员会代表团到江西进行友好访问，副省长孙希岳会见客人。

25 日 全省新闻工作座谈会召开，学习江泽民、李瑞环关于新闻工作的重要讲话，并对加强和改进党对新闻工作的领导、贯彻新闻工作方针等问题进行讨论。省委领导作《认真学习和贯彻党的新闻工作方针，切实加强和改进党对新闻工作的领导》的讲话。

25 日 国家旅游局、国家教委、中国旅游报、庐山风景名胜区管理局、高等教育出版社联合兴办"庐山杯全国中等旅游学校知识技能竞赛"，5 月 27 日进行决赛。

25 日 江西医学院第二附属医院放射科医生余万霞，利用 CT 断层扫描设备及其存储的资料开展脑血管发病时间规律的研究，并与浙江医科大学讲师金观源合写有关论文。美国纽约医学院科技出版社将这一科研成果正式编入《时间生物学临床应用》一书。

25 日 3 月 25 日在莲花县塞山村磨刀岭捕获一只国家一级重点保护动物——云豹，该豹形似虎，身圆尾长，约 20 公斤，毛呈现黄褐色和黑色云斑，吼声大，目光凶。

26 日 南昌市实行由环卫部门收取人行道门前清扫保洁费，每年每平方米 1 元。

26日 省党委秘书长、办公室主任会议在南昌召开。会议传达了全国省、区、市党委秘书长座谈会精神，要求切实改进机关作风。吴官正代表省委到会讲话，要求各级党委对办公室一是政治上要充分信任；二是放手让办公室尽职尽责，充分发挥主动性和创造性；三是要善于使用办公室干部，用其所长，合理使用办公室工作提高到一个新的水平。会议于29日结束。

27日 凌晨，江西木柴厂发生重大火灾。包装车间全部烧毁，烧毁厂房面积2800平方米。

27日 丰城市博物馆收集到宋代吉州窑绿釉瓷枕。此枕呈圆角五边形，后高前低，长26厘米，宽20厘米，高6.5厘米至8.5厘米。半瓷胎，施绿釉，枕面绘饰清晰的蕉叶纹，四周满饰圆圈点纹，枕底印有"刘家印号"长条形印记。

27日 全省高校党委宣传部长会议召开，会议要求切实加强和改进思想政治工作，进一步稳定高校局势。

28日 会昌县中医院副院长李建平撰写的《香附覆花汤治疗外伤性气血胸》论文，被选入中国大型医学工具书《中国中医秘方大全》。

30日 《江西日报》报道，自1989年至1990年1月，经国家文物局批准，省文物考古研究所对向吉铁路工程沿线的丰城、樟树市境内的古文化遗址和古墓群有重点地进行了抢救性发掘和清理，总计发掘面积近2500平方米，出土了石、陶、青瓷、铜、铁器等一批商周至明清的珍贵文物标本。

30日 九江师专副教授张正治与他人合著的《不残辑——中国古今残疾文艺家评传》一书，由华夏出版社出版发行。民政部部长崔乃夫为该书撰写了序言，著名篆刻家王十川题写了书名。

31日 南昌市老福山地下贸易中心工程获国家优秀人防工程三等奖、南京军区二等奖和省优秀人防工程设计一等奖。

31日 为期3天的全省政法工作会议在南昌召开。省委副书记、省长吴官正讲话指出，保持稳定是当前压倒一切的政治任务。政治稳定是前提、经济稳定是基础、社会稳定是保障。会议要求全省政法工作要抓好三件大事：一是竭尽全力维护社会稳定；二是积极为治理整顿、深化改革和经济建设提供法律服务和法律保证；三是进一步加强政法队伍建设。

本月 宜黄县小水电通过验收，达到农村初级电气化标准。这是国务院1983年安排全国100个初级电气化试点县江西7个试点县的最后一个。至此，江西省首批实现农村初级电气化县九个：奉新、婺源、德兴、大余、靖安、宜丰、全南、宜黄、井冈山市。

本月 新洲垦殖场被农业部列为全国优质棉基地之一。

本月 余江二中初一（3）班刘彬在由中国少工委举办的"中国好儿童"、"中国好少年"评选活动获好少年孝敬奖。

1990
4月
April

公元 1990 年 4 月							农历庚午年【马】						
日	一	二	三	四	五	六	日	一	二	三	四	五	六
1 初六	**2** 初七	**3** 初八	**4** 初九	**5** 清明	**6** 十一	**7** 十二	**8** 十三	**9** 十四	**10** 十五	**11** 十六	**12** 十七	**13** 十八	**14** 十九
15 二十	**16** 廿一	**17** 廿二	**18** 廿三	**19** 廿四	**20** 谷雨	**21** 廿六	**22** 廿七	**23** 廿八	**24** 廿九	**25** 四月小	**26** 初二	**27** 初三	**28** 初四
29 初五	**30** 初六												

1 日　省基本路线教育座谈会在九江市召开。省委常委、宣传部长王太华就当前国际国内形势和深入进行基本路线教育问题讲话。会议指出，进行党的基本路线教育，一定要坚持"两个基本点"的统一；要同推动各项工作，解决实际问题有机地结合起来。座谈会于 3 日结束。

1 日　江西新开通南昌飞往厦门到常州、南昌飞往宁波到青岛二条新航线，同时恢复南昌经武汉到西安的季节性航班。

1 日　九江港外贸码头正式交付使用。九江港外贸码头是省"七五"重点工程建设项目，总投资为 5693 万元，于 1986 年 9 月开工。新建的码头一次可靠泊两艘 5000 吨级海轮，设计年吞吐能力 70 万吨。

九江外贸码头

九江外贸码头交付使用剪彩

正在装卸的进出口繁忙的九江外贸码头

2日 江西在职地厅级和县处级干部读书班在省委党校开学。

2日 中央宣传部、司法部作出《关于表彰全民普及法律常识先进集体和先进个人的决定》。江西受表彰的先进集体有：临川县、瑞昌县、万年县、省普法办公室、抚州地区普法工作领导小组、江西钢厂、高安县第二中学、新余钢铁厂、萍乡安源煤矿、中国工商银行江西省分行、宜春市柏木乡等20个单位；先进个人有邹昌瑞等27人。

2日 寻乌工商银行干部潘开祥，连续5次获全国金融劳动模范称号。

2日 中国古陶研究会、省博物馆、高安县政府等10家在高安县联合召开中国首届"元代青花瓷学术讨论会"。会议围绕高安元代窖藏青花瓷器，探讨青花瓷烧造历史、工艺、官、民窑青花瓷及青花瓷外销等问题展开研讨。来自全国14个省市的专家学者130余人参加会议。

元代青花牡丹纹瓶

3日 赣南安远中北部13个乡镇、赣县梅林镇梅林村分别遭受龙卷风、特大暴雨袭击。

4日 在庐山南麓秀峰风景区附近的占家崖发现一棵罕见的罗汉松，胸围直径180厘米，树冠遮荫面积400余平方米。

5日 江西棉纺织印染厂在《中国纺织报》

江西棉纺织印染厂生产的各色花布

上公布的"全国纺织系统1990年50家利税大户"名单中，居第十位。

5日 省老建委召开全体委员、特约顾问会议，会议确定按"五定"（定点、定项目、定资金、定目标、定扶持方式）原则，先抓好100个空壳村发展村级集体经济示范，再稳步推进。会议提出要坚持不懈地抓紧抓好20世纪90年代的老区扶贫工作，尽心尽职为老区的建设办实事办好事。指出扶贫机构要加强，扶贫至少要干到2000年。对老区和贫困地区的各项优惠政策，继续坚持不变。要求真正做到认识上坚定不移、政策上坚持不变、工作上坚持不懈、作风上扎扎实实。

5日 中国科学院院长周光召一行4人在副省长陈癸尊陪同下，考察了中科院与江西省山江湖办合作建立的刘家站红壤生态实验站、千烟洲红壤丘陵综合开发试验站。7日，省长吴官正会见周光召一行。

6日 省政府在南昌召开电话会议，部署深入开展"双增双节"竞赛活动。省委、省政府决定成立江西省"双增双节"社会主义劳动竞赛委员会，进一步推动和组织职工深入持久地开展以"双增双节"为主要内容的社会主义劳动竞赛。实行"双增双节"目标管理。

7日 省市领导和干部群众30万余人在洪都大道等处清运垃圾、打扫卫生，拉开爱国卫生运动月活动的序幕。

7日 我国自行设计、制造的第一台大型程控构架钻铣镗组合机床在江西省机床工具公司研制成功，起运北京。该组合机床由10台机床组成，总重130吨，是国内机床行业制造的最大组合机床。

8日 景德镇华意电器总公司引进澳大利亚无氟压缩机技术及关键设备合同签字仪式在北京举行，机电部部长何光远，澳大利亚驻华大使参加签字仪式，该项目引进新开发的无氟利昂冰箱压缩机新技术是电冰箱的更新换代产品。

8日 为期4天的1990年全国射击冠军赛在广东举行。江西运动员获1金、2银、1铜。叶青以690环获女子小口径步枪60发卧射第一名。奖牌数位居全国第七。

8日 江西体坛评出40年双"十佳"。最佳运动员是：许艳梅、熊国宝、毕忠、龚国华、肖洁萍、童非、钱萍、李金兰、李杰、陈驰；最佳教练是：张健、陈观珍、包新农、熊吉生、张伟、宋岚、李志学、欧阳蕊、吴长松、管春林。

跳水世界冠军许艳梅

羽毛球世界冠军熊国宝

羽毛球世界冠军钱萍

体操世界冠军童非

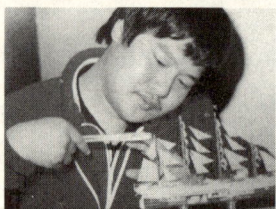
航海模型世界冠军李杰

9日 省政府召开会议，讨论《政府工作报告》。省长吴官正主持会议并讲话，要求集中精力抓好1990年的经济工作，不失时机地把全省轻工业生产搞上去。一要积极开展对外贸易；二要积极利用外资和引进生产技术；三要重视办好现有的"三资"企业；四要加强经济技术合作，促进企业间的横向联合。

9日 全省功率最大的推轮在江西造船厂建成出厂交付使用。该船功率为540马力，可以长年航行于长江水域。

9日 省政协六届常委会第九次会议在南昌市举行。会议听取关于政协第七届全国委员会第三次会议精神的传达报告，协商讨论省政府的《政府工作报告》（征求意见稿），通过《关于召开政协江西省第六届委员会第三次会议的决定》，讨论会议准备工作，通过增补六届委员会委员名单和人事事项。会议于11日闭幕。

9日 1990年，景德镇市八九七厂生产的各类可变电容器出口创汇净汇和累计创汇均居全国同行业首位。

10日 江西国药厂研制的盐酸克林霉素、硫酸丁胺卡那霉素注射液、对乙酰氨基酚溶液3个产品均为省经委公布的1989年度优秀新产品。

11日 江西首次推出计算机赋词标引技术。

11日 省旅游工作会议在南昌召开，会议要求恢复和发展江西旅游业。副省长张逢雨到会讲话。会议于13日结束。

12日 省经委、省体改委、省企业管理协会、省企业家协会在南昌召开大会，授予万载橡胶厂等23个企业为1989年度企业管理优秀单位，授予洪大城等17位同志为优秀企业家称号，授予陆平等34位同志为优秀厂长（经理）称号。

12日 经国家气象局批准，江西省农业气象中心正式成立，中心与省气象科学研究所合署办公。

12日 省委宣传部、省民政厅、省妇联等十个单位联合发出通知，要求各地在四、五月间开展一次大规模的宣传《婚姻法》活动。

12日 省司法厅批复同意南昌市东湖区、西湖区成立公证处。

12日 由日本主办的第十五回神奈川国际版画大展开幕。江西的版画家作品为：谢为的《松花》、《渔歌》，龚声的《声谷》、《冬林》，陈一文的《晚炊正黄昏》、《放蜂》，刘沐华的《装点关山》，刘维琪的《正月里》和罗合年的《葑田客》。

12日 日本国会众议员、岐阜县社会党委员长渡边嘉藏一行6人，自即日起至15日在南昌参观访问，进行经济技术合作考察，与省轻工业产品进出口公司进行洽谈。

13日 省高级法院受最高人民法院委托，授予上饶县人民法院院长蒋如泉"全国法院模范法官"称号。

13日 国家轻工部发布全国啤酒分级检测结果，吉安啤酒厂10度黄啤酒被评为A级产品。

14日 省委八届十次全体会议在南昌召开。会议传达、学习和贯彻党的十三届六中全会精

中共江西省委八届十次全体会议大会会场

神，审议并通过了《中共江西省委关于力争今明两年在密切党群关系方面取得明显进步的意见》和《关于召开中国共产党江西省第九次代表大会的决议》。省委书记毛致用作《振奋精神，团结奋进，努力实现江西省政治经济和社会的进一步稳定发展》的讲话，强调用整风精神学习和贯彻六中全会决定，把进一步密切党群关系作为全面加强党的建设、保证党和国家长治久安的重大措施，在贯彻落实上下硬功夫，下苦功夫，下细功夫。吴官正在报告中讲了四个问题：（一）进一步认真学习，深刻领会六中全会基本精神；（二）用整风精神贯彻落实中央《决定》，力争今明两年在密切党群关系方面取得明显进步；（三）振奋精神，克服困难，不失时机地把国民经济搞上去；（四）坚定信心，团结奋进，努力实现政治和社会的进一步稳定发展。会议于 17 日结束。

14 日 省儿童保健工作会议近日在南昌召开。会议决定全省各乡卫生院必须配有儿保专职（或兼职）医师，村卫生室必须有一名乡医承担儿童保健工作。

15 日 南昌客车整备场开通使用。内铺设轨枕板股道、灯桥照明、装吊设施及水管道等，有利于客车车辆检修、整备及客车洗刷等。

15 日 首届亚洲妇女绘画大赛展近日在省博物馆展出，江西师大幼儿园教师彭乐天的图画《小鸡》获三等奖。

15 日 在为期 3 天的 1990 年全国赛艇冠军赛在南昌举行，江西运动员谢一凡获男子 1 万米单人艇和男子 2000 米单人艇冠军。

15 日 省七届人大常委会十四次会议在南昌举行。会议原则通过省人大常委会工作报告（草案），决定提请省七届人大第三次会议审议；通过省七届人民代表大会第三次会议建议议程，决定提请省七届人大三次会议预备会议审议；通过省人大常委会代表资格审查委员会关于补选省七届人大代表资格的审查报告。同时，还通过有关人事任免名单。会议结束前，省人大常委会主任许勤就为贯彻中共十三届六中全会精神，进一步加强党同人民群众联系的问题讲话。会议于 18 日结束。

16 日 江西 70 多名诗人在抚州市举行 1990 年"谷雨诗会"暨 30 周年纪念大会。纪念大会于 18 日结束。

16 日 中共中央政治局常委、书记处书记、中纪委书记乔石考察九江、景德镇、南昌等地的工厂和农村。乔石指出，密切联系群众是保持社会稳定的关键，是我们党的优良传统；当前压倒一切的任务是稳定；强调加强基层党政组织建设十分重要（20 日，乔石到红星垦殖场、江西棉纺织印染厂视察，并询问养牛专业户装

乔石在省长吴官正陪同下考察九江港

红武劳动致富的情况。他对近几年江西所取得的成绩表示赞许）。

乔石在九江视察两个文明建设

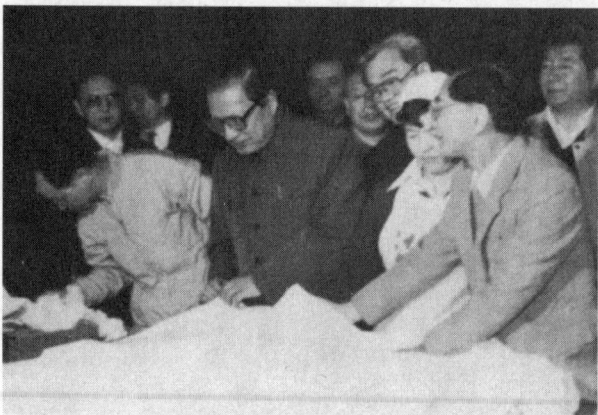

乔石在江西棉纺织印染厂调查生产情况

17日 省委最近批转省委宣传部和省委党史委《关于在江西省广泛深入开展革命传统教育的意见》。

17日 省顾委、省纪委分别召开全体会议，贯彻党的十三届六中全会《决定》和省委《关于力争今明两年在密切党群关系方面取得明显进步的意见》。

17日 玉山县七一水库加固扩建工程，最近获全国第四次优秀设计评比银质奖。

18日 瑞金县重修云龙桥，国家副主席王震题词"瑞金云龙桥重修纪念"。云龙桥始建于清代康熙丁丑年间（1697年），石拱，长176米。1965年开始崩塌，1987年由97名离、退休同志牵头集资13.2万元（含港、台胞捐助）重修。

18日 国家环保局与日本国际协力事业团在北京签署中日合作"鄱阳湖水质保护调查计划"项目实施细则，该项目属中日科技合作项目。

18日 上海企业家艺术家赴江西经济文化考察团一行30人，与江西企业界、文化艺术界朋友进行了对口交流活动，最后达成大小20项合作意向。考察团于24日离开江西。

19日 省政府批转省人民银行《关于进一步加强企业集资管理的报告》。

19日 省社联、省社科学会、省世界历史暨国际关系学会在南昌共同举行苏联和东欧问题座谈会。在南昌的高等院校、科研机构的专家、学者和省市委宣传部共25人出席会议。会议围绕苏联与东欧当前的形势、变化的原因、教训以及我们的对策进行座谈。

19日 省政协第六届委员会第三次会议在南昌市举行。会议听取和审议六届委员会《常务委员会工作报告》。会议期间，省政府领导和有关部门负责人同委员们协商座谈。会议补选六届委员会副主席，并通过有关文件。会议于24日闭幕。

省政协六届三次会议开幕式

20日 省政府办公厅发出《转发省教委等部门〈关于进一步加强领导，多渠道筹集资金继续改善中小学条件若干问题的意见报告〉的通知》。

20日 江西第一个企业有线电视台——贵溪冶炼厂有线电视台建成开播，除转播中央电视台、江西电视台节目外，每周自办节目两次，每次120分钟。

20日 中国企业家协会、中国企业管理协会与江西省企业管理协会、企业家协会在南昌联合召开企业帮带工作会议。拉开了江西、湖南、安徽3省企业帮带工作的帷幕。中国企业管理协会会长袁宝华同志为会议发来贺信。会议于21日结束。

21日 省七届人大三次会议在南昌举行，为期7天。省长吴官正作政府工作报告，报告分三部分：（一）过去一年治理整顿和深化改革的回顾；（二）在推进治理整顿和深化改革中做好1990年工作；（三）从政治上保证

吴官正在省七届人大三次会议上作政府工作报告

治理整顿和深化改革的顺利进行。会议通过了关于省政府工作报告的决议；通过了关于江西省1989年国民经济和社会发展计划执行结果和1990年国民经济与社会发展计划草案的决议；通过了关于江西省1989年财政决算和1990年财政预算的决议；通过了关于省人大常委会工作报告的决议；通过了省高级人民法院工作报告的决议和省人民检察院工作报告的决议。会议选举王国

省七届人大三次会议开幕式

本、王仲发为省人大常委会副主任。大会共收到代表新提议案42件。会议于27日结束。

21日 根据国发〔1990〕25号文件《国务院批转国家计委、国务院生产委员会关于对234户重点骨干企业试行"双保"办法报告的通知》，江铜被列为全国重点骨干"双保"企业。

23日 省委党校召开建校40周年庆祝大会。

23日 第十一届亚运会组委会与南昌飞机制造公司签订合同决定，洪都"125"摩托车有使用亚运会标志的权力，南昌飞机制造公司向亚运会赞助30辆并提供70辆洪都"125"摩托车作为交通先导车。

23日 九江市庐山区蟹苗站生产的首批蟹苗通过了鉴定验收。每只抱卵蟹的产卵量达8两，平均成活率达32.5%，首批产苗13公斤计200万尾。

养殖户在繁殖蟹苗

23日 全省工业品展销会在南昌举行。展销会共举办5天，参加展销会的有2000多个厂家，参展品种6000多种，组织货源20亿元，客户5000多人赴会洽谈生意，商品总成交额达5.3亿多元。

24日 江西工业大学土建系郑泉水等人完成的《杆、板、壳大变形新理论研究》课题通过省级评审。

24日 中央电视台、江西电视台、新余电视台联合摄制的电视艺术片《大山的奉献——井冈抒怀》在北京举行首映式新闻发布会。该片以颂扬井冈山老区人民无私奉献精神为主，反映井冈山老区的变化和风貌。中顾委常委余秋里、王首道观看该片，并给予赞扬。

24 日 省政府发布《江西省人民政府关于加强血吸虫病防治工作的决定》，规定防治的奋

余江县血防人员在平定乡普查晚期血吸虫病人

波阳县血防站派出的 20 名医防工作者前往重点灾区莲湖乡洪家日草坪喷洒药水灭螺

斗目标：先用三年时间打一场血吸虫病综合防治歼灭战；再用五年时间力争把血吸虫病疫情控制住；以愚公移山精神，坚持长期作战。省政府决定 1990 年至 1991 年安排 300 万血防专项经费。

24 日 香港王氏港建集团主席王忠桐先生率领访赣团一行 6 人，在景德镇市、南昌市参观访问。

26 日 峡江县橡胶水坝近日在大西头水电站一次冲水试验成功。该座水坝宽 60 米、高 3.2 米。由于采用先进技术，节约资金 77 万元。该坝是以发电为主，灌溉为辅的水电设施。建成后对发展乡镇企业、缓解能源将起到

橡胶水坝进行冲水试验

一定作用。

27 日 省人大常委会召开省、市、县、区人大常委会主任会议，传达江泽民总书记和李鹏总理的有关讲话精神。省人大常委会主任许勤就坚持和完善人民代表大会制度，进一步做好人大工作讲话，要求人大工作必须坚持党的领导；必须加强社会主义民主和法制建设；必须坚持民主集中制原则；必须努力实现人大工作程序化、制度化，为人大及其常委会依法开展工作、行使职权提供依据和方便；必须加强同人大代表和人民群众的联系，使人民代表大会成为联系群众、反映民意、解决矛盾的主渠道。

27 日 贵溪银矿第一期银露岭工程破土动工投资 5000 万元。

27 日 第七十九届巴黎国际博览会在巴黎凡尔赛展览园举行。江西团由贸促会牵头，陶瓷、丝绸、服装、针织 4 家进出口公司参加，共成交 206 万美元。

27 日 省审计局派出审计组赴深圳对江西境外企业香港华赣公司与其子公司进行审计。5 月 5 日至 6 月 28 日，省审计局再次派出审计组直接赴香港对该公司进行审计。

29 日 江西电视台录制的电视剧《一生中的九秒》，获第十届全国电视剧"飞天奖"短剧小品三等奖。

29 日 南昌电信局等三个企业获全国先进企业；江西钢厂炼钢分厂电炉车间 5 号电炉乙班等八个先进班组和黄启厚等 27 名先进个人获中华全国总工会颁发的"五一劳动奖状"和"五一劳动奖章"。

本月 国务委员、国防部长、国家人防委主任秦基伟为江西省人防指挥通信枢纽题写"江西人防"。该工程是江西省人防办重点工程。1990 年建成并投入使用的江西人防指挥通信枢纽，连同地下室共 8 层，总面积 2800

江西人防大楼

平方米。大楼内除有完备的人防有线、无线通信系统外，还设有住宿、餐饮、娱乐等综合服务设施。

本月 全国妇联副主席、书记处第一书记黄启璪一行来江西到共青、九江、新余、景德镇、南昌等地考察妇女工作。

本月 省属农垦企事业职改工作全面结束。评出高、中、初级职称人员共6899人，占职工总数9.7%。其中高级职称人员142人，占2.1%；中级职称人员942人，占13.6%；初级人员5185人，占84.3%。

本月 江西省最大的利用世界银行贷款项目——吉湖项目协议生效。项目使用外汇6000万美元，在吉泰盆地和鄱阳湖区建立农、牧、副、林、茶、禽、果生产加工基地，总投资达4.45亿元。

1990

5月
May

公元 1990 年 5 月						农历庚午年【马】						
日	一	二	三	四	五	六	日	一	二	三	四	五	六
		1 劳动节	**2** 初八	**3** 初九	**4** 青年节	**5** 十一	**6** 立夏	**7** 十三	**8** 十四	**9** 十五	**10** 十六	**11** 十七	**12** 十八
13 十九	**14** 二十	**15** 廿一	**16** 廿二	**17** 廿三	**18** 廿四	**19** 廿五	**20** 廿六	**21** 小满	**22** 廿八	**23** 廿九	**24** 五月大	**25** 初二	**26** 初三
27 初四	**28** 端午节	**29** 初六	**30** 初七	**31** 初八									

1 日 全省第一个直辖县级市瑞昌市成立。瑞昌市成立后，为便于行政管理，省政府决定委托九江市代管。从 1991 年起，由省实行计划单列。

古老赤乌城　今日瑞昌市

2 日 省委武装委员会召开全体成员会议，部署 1990 年民兵预备役工作任务：以城市民兵为重点，搞好民兵组织落实。

3 日 省第七届人大常委会召开第三次会议，省人大常委会副主任王泽民作报告，内容为：（一）旗帜鲜明地反对动乱，维护宪法、法律的尊严和社会的稳定；（二）围绕党的中心工作，依法行使职权；（三）重视基础工作，广泛加强联系；（四）组织指导县乡两级人民代表大会换届选举工作；（五）加强地方人大工作的理论研究和宣传工作；（六）加强自身建设，积极改进工作。

3 日 团省委、省教委在江西师范大学礼堂举行"人生奋斗"报告会。省市 16 所大专院校 1500 多名青年教师和大学生聆听共产党员、庐山图书馆馆长徐效钢等 3 位所作的报告。

3 日 全省优秀青年教师表彰大会在南昌召开。王光荣、雷小刚等 60 名青年教师受到省委宣传部、省教委、省教育工会联合表彰。省委副书记、省长吴官正出席会议并讲话，希望广大青年教师始终坚持坚定正确的政治方向，继续热爱教育事业，增强为社会主义培养接班人的政治责任感，积极参与社会实践，不断从劳动人民身上吸取精神营养,树立无产阶级世界观、人生观。适应教育事业发展和改革开放的要求,勤奋学习,刻苦钻研,勇攀科学文化高峰。5月14日,受表彰的青年教师组成省"青年教师的足迹"报告团离昌赴各地巡回报告。

3日 省自然科学基金委员会召开成立大会。下设省自然科学基金会,基金会下设农学基础、医学基础、数学、物理学、化学5个学科组,资助基础理论研究,促进多出成果、早出人才,为江西经济建设、科学研究积蓄后劲。

3日 彭泽县双合村油菜种植,依靠科学种田,油菜籽总产达326万斤,全村油菜籽收入26万元,人均180元;全村交售商品油8.9万斤,人均81.7斤。省委书记毛致用致信双合村党支部,称赞该村为江西进一步提高土地利用率,实现食油自给做出了榜样。

3日 经省政府批准,江西第九个供电局——吉安供电局正式挂牌成立。

4日 省首届青年社会科学工作者优秀科研成果奖揭晓,共评出优秀科研成果奖66项,其中专著11本、论文52篇、调查报告3篇。

4日 中顾委常委陈丕显抵达江西,在大余、信丰、南康、赣州、吉安、南昌等地考察,强调要用党的光荣历史教育人民、教育青年、教育全党。此次考察时间为17天,于21日结束。

陈丕显在南昌参观南昌新四军军部旧址

4日 全省军民结合工作会议在南昌召开,为期4天。会议提出从现在起到2000年分两步走:第一步到1995年,基本建立军民结合型体制,具有稳定的军民两套生产本领和开发能力;第二步从1996年到2000年,建立起军民稳定协调发展的体制,主要经济指标达到并争取超过江西省平均水平,主要产品生产技术、质量指标达到国际20世纪80年代末、90年代初的水平。

5日 九江开通经南京至上海的航班。

5日 中国红十字会总会近日向景德镇市、南昌市、新余市、吉安市、瑞昌市、萍乡市湘东区等单位和景德镇市卫生局长市红十字会副会长方明等30人授予"一九八九年度全国红十字会工作先进集体和先进会员"。

5日 南昌市进顺饮料厂获省优新产品奖的保健饮料"甘茶蔓",进入第十一届亚运会。

5日 铜鼓县实验化工厂、上海化工研究院、陕西电冰箱厂三家联合研制的"冰箱蓄冷器"通过省级鉴定。

5日 为期3天的全国第七次企业管理报刊主编联席会议在南昌召开。中顾委委员、中国企业家管理协会会长袁宝华到会讲话。

6日 江西获1989年度全国思想政治工作优秀企业称号的单位有:江西棉纺织印染厂、江西省景德镇市瓷用原料化工厂;全国优秀企业思想政治工作者为:江西第二化肥厂党委书记郭祖梁、江西水泥厂党委书记吴景才;上饶客车厂获研究会工作奖。

6日 瑞昌市的黄金储量居江西前列。位于该市的洋鸡山金矿,是全省最大的金矿。至"八五"期末,该市可实现年产黄金2万两的目标,成为江西省的"黄金城"。

6日 赣州钴冶炼厂大余分厂砷钴矿生产工艺流程改造工程竣工,电炉正式投料生产。

7日 省政府召开全体会议,部署当前经济工作。省政府决定,1990年的工作重点是:扎扎实实抓好科技兴农;进一步扩大对外开放,搞好外引内联,积极吸引和利用外资。省长吴官正讲话,强调当前必须抓好六项工作:(一)千方百计夺取农业丰收;(二)打好农业开发总体战第三战役;(三)下最大决心完成工业生产任务;(四)进一步扩大对外开放,搞好外引内联,积极吸引和利用外资;(五)扎扎实实抓好重点建设和技术改造;(六)切实安排好人民群众生活。

会上，吴官正同志宣布，舒圣佑、程安东为省政府党组成员、省长助理。

7日 国家教委检查组对抚州、吉安、九江、景德镇等八个地市的108所中小学进行五项督导检查。对全省中小学生在贯彻《中共中央关于改革和加强中小学德育工作的通知》的落实情况、教育经费增长改革和教师待遇的落实情况、中小学校危房改造情况、制止中小学生流失情况、纠正中小学乱收费情况等进行检查。省长吴官正看望检查组全体成员。

7日 国家教委对永丰县农村学校卫生工作进行考核验收。所考核的22个项目全部达标，成为江西省第一个农村学校卫生达标县。考核工作于9日结束。

8日 贵溪县鱼塘乡干部刘才茂，先后将散失在民间的张天师的"道教铜境"、龙虎山的"龙虎观"匾额——"龙虎天关"。两件珍贵文物收交国家。

8日 省社科院、省科学技术协会、省农业银行和省乡企局联合举办"江西省乡镇企业改革与发展战略研讨会"。副省长孙希岳作报告。农业部顾问肖鹏，白栋材、赵增益、傅雨田等老同志应邀到会。会后编辑出版《乡镇企业改革与发展》一书。

8日 日本滑坡学会副会长、广岛大学教授栃木省二考察泰和县水土保持状况。考察工作于10日结束。

8日 省长吴官正先后到金溪、临川、上饶、武宁、修水、铜鼓、宜春、上高、波阳等县调查研究，重点了解实施鹅鸭工程、蚕桑工程、发展多种经营、发展农副产品和矿产品的深加工等情况，并与当地共商富民、富乡、富县措施。

9日 澳大利亚嘉士德澳华集团有限公司执行董事、中国和亚太地区总裁董军抵南昌，赴庐山考察和洽谈合作事项。副省长孙希岳会见董军并进行会谈。

9日 省政府成立江西省科技兴农领导小组。省长吴官正为组长，分管科技、农业的副省长、副秘书长及省科委主任为副组长，有关委、办、厅、局负责人共25人组成。

9日 在上犹县金盆乡焦坑村的鹅岭大理山上发现特大古杉树，高21米，树胸围5.65米，树龄已有300年以上，是当前赣南原始森林中发现的唯一特大古杉树。

10日 国营彭泽县十岭养猪场最近被国家计委列为"对外出口创汇基地"，国家投资150多万元，扩大再生产，提高创汇能力。

10日 省委、省政府召开电话会议，部署集中开展严厉打击严重刑事犯罪活动、整治社会治安总体战。省委副书记、副省长蒋祝平讲话。要求切实加强领导，动员依靠社会力量，坚持打防结合，标本兼治，维护江西政治、经济和社会基本稳定。同日，省委、省政府严厉打击严重刑事犯罪、整治社会治安总体战领导小组组织九个工作组，分赴各地、市、检查督促进一步开展"严打"总体战工作。14日，省委、省政府批转省政法委《关于在江西省集中开展严厉打击刑事犯罪，整治社会治安总体战的工作方案》。

10日 联合国开发计划署驻华副代表陆武德及经贸部中国国际经济技术交流中心龙永图一行3人到江西考察。副省长张逢雨、省长助理程安东分别会见客人，并就联合国开发计划署援助的"山江湖开发治理"项目及新意向合作项目交换了意见。

10日 日前，佛教净土宗祖庙——庐山东林寺举行大雄宝殿落成庆典法会。复建的大雄宝殿占地753平方米，殿高21米，为仿宋重檐歇山顶式，造型宏伟壮观。

11日 省政府发出通知，全面整顿盐业生产和食盐市场。通知指出，对食盐生产经营实行指令性计划管理，并由省盐业主管部门统一安排、统一分配、调拨。未经批准，任何单位和个人均不得从事食盐的生产、经营活动。

11日 《江西日报》报道，国务院召开5省血防工作会议以来，截至5月上旬，江西省共突击查螺1234870亩，灭螺134604亩；查病759910人，治疗104866人，其中晚期病人809例。

11日 省政府决定：授予万载县农业银行罗城营业所朱惠荣、丁小华为"省治安模范"称号，表彰她们在1989年11月28日凌晨同盗窃金库的犯罪分子展开搏斗，保卫了国家财产安全的英雄模范行为。

11日 全国部分革命老区第二次精神文明建设座谈会在井冈山市召开。会议向全国老区发出了《发扬革命传统，建设好老区的倡议书》。中顾委委员邓力群、曾志、冯纪新出席了会议，他们对老区人民给予了鼓励，提出了要求，寄予了希望。井冈山市委书记刘积福在大会上作题为《继承和发扬光荣革命传统建设井冈山特色的社会主义精神文明》的发言。会议期间，代表们参观考察了茨坪革命旧居旧址群、拿山乡、井冈山综合垦殖场，井冈山造纸厂等地。

出席大会的各级领导与井冈山市的干部群众合影

全国部分革命老区第二次精神文明建设座谈会大会会场

11日 全省第一条电气化铁路鹰厦线鹰潭至邵武段建成开通。1993年12月26日鹰厦电气化铁路全线开通。

12日 北京民族文化宫举办全国部分革命老区摄影展览，江西省瑞金县展出《长征第一桥》、《丰碑》等8幅作品。

12日 兴国县梅窖乡三僚村廖屋有一株九尾大古杉，基下部周长7.1米，高21米，在离地面10米处同时长有大小长短、形状都十分相似的九枝尾。每枝尾成塔状，远看犹如塔林，人称"九尾树"。据资料记载，该树有1000多年的历史。该树有一种宜人的檀香气味，树叶可入药。

12日 省儿童医院保健科主治医师涂育平与南昌市一建公司科研科干部涂翼民共同研制的输液磁控阻流电子报警器获国家专利。

12日 江西有色地质勘探队查明了一座大型原生金矿——金山金矿。这是当前江西省发现的最大原生金矿，金山矿田已正式列入国家黄金地质储量承包规划。在1989年，江西省独立金矿采金量首次突破万两，由全国第十七位上升到第十五位。

12日 《中国专家人名辞典》编委会江西工作部在南昌宣布成立。《中国专家人名辞典》是我国第一部系统介绍全世界各个专业中级（含）以上专业技术人才的大型工具书。全国政协副主席、中国科学院院长卢嘉锡任名誉总编辑。

13日 省计划生育工作会议在抚州召开。会议提出，以农村为重点，以人口计划为目标，切实加强领导，在"抓基层，打基础；抓后进，促平衡；抓管理，上质量"等方面下功夫，把全省出生人数控制在73万以内，人口出生率控制在19.56‰以内。

14日 上饶客车厂生产出我国第一辆发动机后置式大客车，在国际客车招标中，一举中标。在国内汽车博览会上，上饶客车多次获设计优秀奖和造型优秀奖。

14日 省机械工业研究设计院承担国家"七五"科技攻关子课题"钢结硬质合金激光切割"通过部级鉴定。

14日 在国家教委召开的第二届高教物理教学仪器优秀研究成果评选会上，宜春师专物理系讲师黎敏仁、王啸研制成功的示波器用SZF-I型记忆单元获三等奖。

15日 全国中医内科学会第二届疑难医学研讨会在南昌召开。来自全国16个省、市、自治区中医界代表共60余人出席会议。会议总结了治疗艾滋病、脑萎缩、癫狂病等疑难病的经验，展示了我国近几年来在中医中药治疗疑难病方面的新成就。研讨会于17日结束。

16日　省政府发布《关于大力开展科技兴农的决定》，要求各级政府牢固树立科技兴农的战略思想，下大气力抓好几项关键性的措施。决定分六项：（一）切实提高科技兴农重要性的认识，深入做好宣传发动工作；（二）动员全省科技力量，组织实施科技兴农"1296"工程（大面积推广12类先进的农业科技成果，抓好九个大型综合开发示范项目，重点组织六个方面的农业科技攻关）；（三）建立健全农技推广体系，拓宽科技流向生产的渠道；（四）多方面筹措资金，增加农业科技投入；（五）实行农科教三结合，提高广大农民的科技文化技术素质；（六）切实加强领导，抓好社会各方面对科技兴农的协同工作。

16日　省政府就科技兴农举行新闻发布会，宣布江西动员科技力量，实施"1296"工程。（一）用综合技术改造低产田200万亩；（二）推广双季稻杂优和吨粮田模式栽培技术；（三）抓好40万亩杂交稻就地制种；（四）推广应用测土配方施肥和优化配方施肥1500万亩至2000万亩；（五）推广棉花高产栽培技术10万亩；（六）推广养猪生产适用技术；（七）推广蚕桑新技术5万亩；（八）继续开展万人技术承包活动。

16日　电视剧《三清山上的蓝宝石》（上、下集）在上饶市开拍。

16日　由省政协文史资料研究委员会编辑的《红土地的曙光》，由中国文史出版社出版。该书从多角度再现了40年前解放江西的立体画卷。

17日　林业科技工作者在奉新县溜头乡东庄村上东庄村民小组发现奇特的毛竹林，面积达30亩。竹干大都呈"S"形，有的扭曲成两个"S"。

17日　法国 UPI 公司董事、东南亚地区总裁格林一行6人，来南昌参观考察和洽谈。

奉新县发现的扭曲成"S"形的毛竹

17日　省人大常委会与省政府举行检查《土地管理法》执行情况的联席会议，听取全省执行《土地管理法》情况检查的汇报后，决定组织6个检查组，分赴全省各地就《土地管理法》执行情况进行抽查。

18日　阿联酋空军作战部部长哈米力将军和参谋沙黑因先生、阿里先生3人在南昌飞机制造公司参观考察。

18日　省防总在九江县召开沿江滨湖地区防汛工作会议。强调各项工作要抓细抓实，力争抗洪主动权，做好抗御可能发大水的准备。副省长兼防汛总指挥张逢雨到会讲话。

18日　交通银行南昌支行举行开业典礼，宣布正式营业。副省长孙希岳到会祝贺。

18日　国家重点企业贵溪冶炼厂富氧技改工程日前基本建成。

19日　全国总工会劳模报告团第三分团一

全国总工会劳模报告团抵达南昌，省领导和群众一同前往火车站迎接

行8人抵南昌，在全国总工会书记处书记张国祥团长、中国教育工会全国委员会副主席范立祥副团长的率领下，来赣传经送宝。21日在南昌八一礼堂举行首场报告会。吴官正、王太华等省领导与2400名干部和群众认真听取了报告。

19日　《江西日报》报道，全省1990年春季粮油作物喜获丰收。春粮实收面积197.7万亩，总产11068.5万公斤，比1989年增长15%，油菜籽预计实收面积760余万亩，总产可达750多万担，比历史最高年增产92%，提前一年实现省委、省政府提出的"三年内基本解决食油自给"的奋斗目标。

19日　苏联乌拉尔柯尔维科夫的科技代表团到共青垦殖场访问，并参观羽绒厂、羽毛厂、酒厂、服装研究所等单位。

20日　在第三次全国供电系统优秀服务经验交流和表彰会上，赣西供电局被评为"全国供电系统优秀服务先进单位"。

20日　中国有色总公司在德兴铜矿召开为期6天的进口设备配件国产化会议。参加会议的有全国各地科研院所和生产企业共30家。

20日　以日本国香川县高松市副市长天野辉男为团长的高松市代表团一行11人，来南昌参观访问。访问于27日结束。

21日　省劳改局和省专利管理局联合发出《江西省在押犯人专利管理暂行规定》的通知。

21日　在全国伤残人田径、游泳锦标赛上，江西运动员夺得16枚金牌。抚州地区的聋哑运动员王国泉一人独得100米自由泳、100米仰泳、100米蝶泳和200米混合泳4枚金牌。

21日　参加在北京召开的"亚洲及太平洋地区铀矿技术委员会会议"的孟加拉、加拿大、法国、联邦德国、印度、印度尼西亚、伊朗、日本、马来西亚、巴基斯坦、菲律宾、瑞典、美国、苏联、越南、韩国16个国家和地区的专家及其夫人共34人来赣，到乐安二六一大队、七二一矿和华东地质学院参观考察。

21日　江西拖拉机制造厂生产的390台"丰收－180"拖拉机出口苏联。截至5月30日，1990年"丰收－180"拖拉机已出口712台，为1989年全年的2倍多，居我国轮式拖拉机出口的第一位。"丰收－180"拖拉机首次成为国家主席出访馈赠礼品。

首批出口苏联1200台"丰收－180"拖拉机陆续下线，分批待运

22日　国家主席杨尚昆首次出访拉美五国所带的礼品中，有江西拖拉机制造厂生产的"丰收－180"拖拉机及其配套农机具。

22日　省高级法院在上饶市召开第二次刑事审判工作研讨会。会议贯彻第十五次全国法院工作会议精神和中央、省委关于开展"严打"两个电话会议精神，进一步明确刑事审判的方针、任务，对刑事审判中经常遇到的十多个新的具体问题进行深入探讨，并形成《第二次江西省刑事审判工作会议纪要》。

23日　江西省体育馆举行落成典礼。该工程由南昌有色冶金设计，省建筑工程总公司承包

江西省体育馆

施工，是江西省第一座现代化多功能体育馆。该馆总建筑面积18620平方米，设有观众座位8000席。建筑平面呈长八边形，东西长84.32米，南北宽74.6米。结构上采用空间曲线大跨度钢筋混凝土拱悬吊两块平板网架，跨度88米，矢高51米的钢筋混凝土大拱采用"假载法"施工新技术。该施工工艺获省科技进步二等奖，获建设部科技进步三等奖，并获建设部颁发的"全国施工新技术优秀项目"称号。

23日　省人事厅制定新措施，鼓励专业人员投身"科技兴农"。新措施包括：对要求调入生产第一线的农技人员要优先安排；对已在农林部门和县乡工作的农林院校的大中专毕业生及专业技术人员，如无正当理由，不得改行从事其他工作；保证农技人员不得少于3/4的时间从事农技推广工作；优先解决夫妻两地分

居；允许提供有偿技术服务；争取在三五年内全省都配备县长科技助理，试行选派乡长科技助理。

23日 省、市文艺界举行纪念毛泽东《在延安文艺座谈会上的讲话》发表48周年座谈会，省委常委、宣传部长王太华到会勉励广大文艺工作者，以强烈的责任感和使命感，创作更多更好的讴歌时代的好作品。

24日 由中国排协委托江西排协承办的江西共青城"鸭鸭杯"国际女排四强赛在新落成的江西体育馆举行。中国女排获冠军，日本队、古巴队、中国二队分别获第二、第三、第四名（28

国际女排邀请赛入场式

中国队与日本队进行决赛，中国队以3:0胜日本队，获得第一名

日，中国女排二队在邓若曾、孙晋芳的带领下，偕同江西女排一行近40人到共青城参观、表演）。

24日 歌颂革命历史胜地井冈山的电视音乐艺术片《大山的奉献》首映式在京举行。

24日 省政府发出《关于表彰江西省劳动模范的决定》和《关于表彰在农村基层连续工作30年以上国家干部的决定》。次日，召开表彰大会。表彰蒲鹏程等106名省劳动模范和陈盛财等27名在基层连续工作30年以上的国家干部先进代表。

24日 《江西新时期十年文学作品选》丛书共七卷11册由百花洲文艺出版社出版。

24日 美国国际人民交流协会人民使者部残疾康复代表团一行12人，来赣参观访问。访问活动于27日结束。

27日 江西住房制度改革工作会议在铅山县结束。会议指出住房制度改革必须坚定不移、坚持不懈，积极稳妥、扎扎实实地推进。

27日 自3月至5月，国家旅游局、国家教委、中国旅游报、庐山风景名胜区管理局、高等教育出版社联合举办"庐山杯全国中等旅游学校知识技能竞赛"，当日举行决赛。

29日 由江西电影制片厂、江西电视台、江西大学当代文学研究所联合拍摄，反映当年井冈山斗争的3集电视连续剧《井冈之子》观摩会在南昌举行。

29日 南昌罐头啤酒厂5万吨啤酒生产线建成投产。

29日 南昌市文联作家周毅如，根据自己澳门系列小说改编的澳门系列电视剧中的第一部《澳门轶事》，最近由中央电视台中国电视剧制作中心在澳门完成实地拍摄。

29日 由省工商联副秘书长梅俊文陪同，全国工商联会员部部长周文仁和江健、贾凤珍来江西，先后在景德镇、赣州、兴国、南昌、宜丰、高安等地进行调研。

30日 省委常委、省政法委书记王昭荣最近在全省司法行政系统先进表彰会上强调，1990年全省司法行政工作应着重抓好四点：（一）竭尽全力维护社会稳定；（二）继续抓好普法工作；

（三）积极为治理整顿和深化改革提供法律服务；

（四）加强司法行政队伍的建设。

30日 《江西日报》刊登中央顾问委员会主任陈云题词"向英雄少年赖宁学习"。

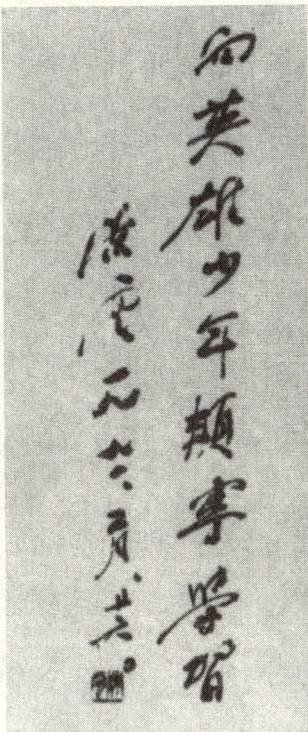

陈云的题词："向英雄少年赖宁学习"

31日 省委召开常委会议，研究部署积极利用外资，加速全省经济发展的问题。会议强调，把引进外资、台资，振兴江西经济，作为全省一个时期内对外开放的重要战略目标。会议专题研究乡镇企业发展问题。会议要求各地进一步提高认识，振奋精神、加强领导、落实政策、促进乡镇企业稳定协调发展。

31日 省政府召开电话会议，会议要求各级政府采取果断措施，依靠各方面力量，坚决制止乱收费乱摊派的行为。做到边清理、边纠正、边见效，建立健全制度，加强收费管理。

31日 至本月底，省检察机关共受理群众举报的案件线索35039件，属检察机关管辖的21468件，占总数52.8%，其中贪污受贿14482件，占41.3%；国家工作人员9768人，占被举报人数27.9%；管钱、管物、管审批权的6679人，占19.1%。

31日 华东六省一市工商联第四届商品交易会在福建省福州市召开。江西省工商联交易会代表团，由省工商联和省经委联合组团，各地、市设12个分团，代表313人，交易人员476人，共计789人，交易总额11955万元。

31日 省科技工作会议在南昌召开。会议传达全国科技工作会议精神，总结近几年全省科技工作的经验，并就全省近期科技工作作出了部署。省长吴官正作《依靠科技进步，振兴江西经济》的讲话。副省长陈癸尊作《坚持"面向"、"依靠"方针，注重改革发展结合，为推动各条战线的科技进步而努力奋斗》的报告，报告指出当前科技工作的首要任务是大力推动农村和企业的科技进步；农业科技进步要搞活县一级、充实乡一级、建立村一级，力争2年至3年内形成新的县、乡、村、组四级农业技术推广网络；企业科技进步要建立考核制度、完善领导体制、开发体系、奖励基金、人才培训体系等。

本月 中央顾委常委陈丕显，中顾委委员、中国企业管理协会会长、全国职工思想政治工作研究会会长袁宝华视察西华山钨矿。

袁宝华视察江西铜业公司

本月 省长吴官正在省政府全体会议上讲话："凡是重点工程的生产性建筑和设备安装都要由一级施工企业承担，确保工程质量。今后重点工程的招标投标，由省重点办进行监督检查，对重点工程建设明确责任，实行目标管理"。

本月 南昌柴油机厂获1988年至1989年度

南昌柴油机厂生产的柴油机

"全国设备管理优秀单位"称号，该机厂曾在1984年至1987年度获同样称号。

本月 鹰潭市刘家站选育的花生新品种"辐7-28"和省农垦学校选育的水稻新品种"农垦7号"，通过省级审定，正式定名为"赣花一号"和"赣早籼13号"。

本月 寻乌县澄江镇为满足广大港澳同胞、海外侨胞的需求，于1990年5月办起了加工"澄江蜜李"的蜜饯厂。澄江蜜李是落叶佳果，曾列为贡品。

本月 荡坪钨矿宝石牌白钨精矿第二次蝉联国家金质奖，浒坑钨矿金顶牌、铁山垅钨矿铁山牌、赣州有色金属冶炼厂环球牌黑钨精矿第三次蝉联银质奖。南昌硬质合金厂生产的仲钨酸铵蝉联国家金质奖，赣州钴冶炼厂和赣州钨钼材料厂生产的仲钨酸铵获国家银质奖。

本月 萍乡矿务局与煤科总院上海分院等单位合作研制的MAG-1型多用自控瓦斯排放器在青山矿试用成功。

本月 江西省安装公司与日本东京富士电工有限会社合资经营的江西富昌电气有限公司在南昌成立。

本月 江西省"七五"重点建设工程——凤凰DC303K单镜头反光照相机生产线竣工。江西光学仪器厂将形成年产10万架凤凰DC303K单镜头反光照相机、5万只变焦镜头的生产能力，产值达1.2亿元，是一项使我国照相机工业上水平、上等级的工程。

凤凰DC303K单镜头反光照相机

1990

6月
June

公元 1990 年 6 月							农历庚午年【马】						
日	一	二	三	四	五	六	日	一	二	三	四	五	六
					1 儿童节	**2** 初十	**3** 十一	**4** 十二	**5** 十三	**6** 芒种	**7** 十五	**8** 十六	**9** 十七
10 十八	**11** 十九	**12** 二十	**13** 廿一	**14** 廿二	**15** 廿三	**16** 廿四	**17** 廿五	**18** 廿六	**19** 廿七	**20** 廿八	**21** 廿九	**22** 夏至	**23** 闰五月
24 初二	**25** 初三	**26** 初四	**27** 初五	**28** 初六	**29** 初七	**30** 初八							

1 日　省、市举行"希望之星"联欢节暨南昌少年军校成立大会。杨成武、张爱萍、王平、孙毅等上将题词。杨成武题写了校名，张爱萍的题词是"少年立壮志，保家卫国防"；王平的题词是"继承红军光荣传统，办好南昌少年军校"；孙毅的题词是"少年必须打好基础，继承发扬光荣传统"。

3 日　首届全国企业技术进步宣传工作座谈会在南昌召开，会议于 5 日结束。国家计委副主任盛树仁出席会议并讲话。会议期间，代表们实地考察了江西省部分企业。

4 日　省司法厅批复同意上饶市、抚州市、吉安市公证处开办涉外公证业务。

5 日　江西现有森林景观和风景名胜资源于一体的森林公园 20 余个，面积近 20 万亩。

5 日　省长吴官正会见抵昌的香港永善集团总裁黄力山先生。

5 日　省社联、省历史学会和省世界史暨国际关系学会联合在南昌举办"鸦片战争 150 周年、八国联军侵华 90 周年学术研讨会"。60 名省内高校、社科系统史学界专家、学者和省、市宣传部门的负责人与会。会议围绕爱国主义和社会主义中心议题开展讨论。省委常委、宣传部长王太华到会讲话。

5 日　省法学会劳改法研究会在庐山主办"1990 年华东片劳改法学学术研讨会"。来自华东地区的代表 44 人与会，研讨会围绕"当前劳改机关如何发挥专政职能"及"分管分教、分类改造的理论与实施"两课题进行学术交流。

6 日　省政府最近发出《关于整顿治理江西省运输市场的通知》。

6 日　中央电视台派出摄影组抵鹰潭拍摄系统介绍悬棺的《千古之谜》专题片。

6 日　省卫生厅制发《江西省劳动卫生、放射卫生、职业病防治工作分级管理规定》。

6 日　中国对俄罗斯、东欧国家经济贸易洽谈会在哈尔滨市举行，会期 9 天。省经贸厅和各专业进出口公司送展 15 大类 500 多个名优新品种。共签订合同协议 6 项，总额达 3117 万瑞士法郎。

7 日　为期 3 天的省高校党建工作会议在南昌召开。

8日　省林业厅在南昌召开为期3天的江西长江防护林建设工作会议。被列入长江防护林第一期工程建设的兴国、赣县、于都、南康、瑞金、横峰、广丰、南城、金溪、进贤10县和有关地市以及省直有关部门50多人出席会议。

建设中的赣南长江中上游防护林工程

9日　联合国开发计划署援助江西"山江湖综合治理开发"第一阶段项目文件在北京签字，援助金额为60万美元。该项目分两个阶段，总援助金额投入360万美元。15日，该署援助江西山江湖开发治理项目议定书正式在北京签字换文生效。

9日　全国农业税收结算汇审工作会议在鹰潭市举行。来自全国29个省市自治区及14个计划单列市的代表出席会议。财政部农业税征管局局长吴建武，省财政厅副厅长杜兴帮到会讲话。会议于14日结束。

10日　江西羽毛球运动员刘军以2：0战胜广州选手林了雄，获全国羽毛球甲级联赛冠军。

11日　以雷锋、好八连为榜样的南京军区先进事迹报告团在南昌作两天报告。省委常委、省军区司令员张传诗主持报告会。

11日　全国测向、空模、跳伞比赛中，江西测向队获一个冠军、一个亚军，积分26分，排名第一。运动员张星辉获男子全能第一。

11日　纺织工业部部长吴文英来江西考察。先后到南昌、抚州、景德镇、九江考察了纺织、

农垦、军工、劳改四个系统22个纺织企业，听取了省纺织工业局的工作汇报。

吴文英在抚州第二棉纺织厂考察

纺织工业部部长吴文英视察江西涤纶厂

12日　副省长陈癸尊最近在省爱卫会第六次委员会议上讲话强调，农村改厕不仅仅是一项卫生建设，同时是精神文明建设的重要内容。要求用5年或更长一点时间，力争得到全面解决。江西约有3000万农村人口，600万户，农村户厕十分简陋，影响农民的身体健康，成为制约农业发展和农民致富的一个重要因素。

12日　《江西日报》报道，中国农业银行从世界银行引进两亿美元农村信贷项目贷款，江西省从中引进3000万美元，加上江西省农行配套资金，合计投资2.8亿元，将投向上饶、宜春、赣州、九江、吉安、抚州、南昌、萍乡八个地市36个县（市、区），支持茶叶、笋用林、柑橘、水禽、蚕桑、黄桃、刺梨、藠头共八个种植业、养殖业和加工业系列项目。

12日　江西省城市集体商业联合会成立。

12 日 为期 3 天的江西 1990 年"新苗杯"武术比赛在横峰县举行。九江市、宜春地区分获集体基本功一、二名；九江市、南昌市、宜春地区分获团体总分一、二、三名。

12 日 省七届人大常委会十五次会议举行。会议通过了《江西省计划生育条例》、《江西省实施〈中华人民共和国集会游行示威法〉办法》、《江西省保护和发展邮电通信条例》。同时，还通过了有关人事任免名单。决定任命孙瑞林为省政府秘书长；梁文星为省劳动厅厅长；张佩奇为省煤炭工业厅厅长；免去了张逢雨兼任的省政府秘书长职务；免去王仲发的省审计局局长职务；免去张钦才的省煤炭工业厅厅长职务。会议于 16 日结束。

12 日 省高级人民法院召开江西省告诉申诉工作会议，会期 5 天。参加会议的有各中级人民法院告诉申诉审判庭、刑事审判庭和部分基层人民法院告诉申诉审判庭庭长。会议就告申庭机构设置、职责范围、解决上访老户和 1983 年 8 月"严打"以来的刑事申诉等问题进行研究。

13 日 省政府向各地（市）县政府发出紧急通知，要求各地加强领导，确保夺取抗洪斗争的胜利。通知指出：（一）全力以赴，充分做好迎战大洪水的准备；（二）强化领导责任制，加强指挥调度；（三）采取有力措施，积极做好排涝工作；（四）坚持日夜值班，保证联络畅通。15 日，省防汛指挥部召开紧急会议，要求各级领导要到第一线去，组织领导，依靠群众的力量，夺取防汛抗洪的胜利。

13 日 省编委下发《关于江西省医药总公司加挂"江西省医药管理局"牌子的通知》。为加强江西省医药行业的管理，同意在江西省医药总公司的基础上增挂"江西省医药管理局"的牌子。

13 日 江西省城市建设档案馆成立。

14 日 江西发展边际市场、搞活县级经济经验交流会在鹰潭市召开。会议总结交流 18 个县（区）扩权以来的经验，研究进一步深化改革，加强横向联合，搞活边际市场，推动区域经济发展。会议要求树立"大市场、大买卖、大流通"的观念，挤进外向型经济流通领域，使边际市场真正成为振兴经济的"启动点"和"突破口"。省长吴官正作《坚持改革开放，发展边际贸易》的讲话。

15 日 彭泽县黄岭乡芳湖村发现北宋天圣年间（1023～1031）铸造的一面铜镜，完好无损，直径 24 厘米，重 2.8 公斤，背面雕有"海兽葡萄"图案。

15 日 省税务工作会议召开。会议要求认清当前经济形势，统一思想、振奋精神，完成 1990 年的各项税收任务。

15 日 江西运动员许艳梅在北京举行的中国跳水公开赛上获得冠军。

15 日 省教委发出《关于开展九年制义务教育课程、教材试验工作的通知》。

15 日 由人民日报、中央人民广播电台、光明日报、经济日报、工人日报、中华英才画报等新闻单位的记者组成的"长江万里行"新闻采访团到达共青垦殖场，采访经济改革的成绩、经验及外向型经济发展和职工生活情况。

15 日 江西召开普法工作会议，要求 8 月份以前确保第一个五年普法任务完成，积极做好第二个五年普法准备。"二五"普法围绕深入宣传学习宪法以及同治理整顿有关的 16 个法律、法规，以保证国家政局的长期稳定和经济持续、稳定、协调发展。

16 日 井冈山市成立"井冈山精神研究会"，并创办会刊《井冈山精神研究》。

16 日 省司法厅、省高院、省检察院、省公安厅联合公布《关于严厉打击在押罪犯在服刑期间违法犯罪活动的联合通告》。

17 日 在省长吴官正主持召开的省政府有关

纺织工业部部长吴文英与省市有关领导的合影

部门、部分地市纺织主管部门领导参加的会议上，纺织工业部部长吴文英就发展江西纺织工业讲话。

17日 国务院血防调研检查组一行14人，在副省长陈癸尊陪同下，到彭泽、湖口、都昌、余干四县考察。23日，省长吴官正、副省长陈癸尊听取检查组通报检查情况。

血防调研检查组在余干县血防站考察

18日 江西六二〇单位及省内航天企业举行成立20周年纪念大会，有18个航天科研项目达到国内或国际先进水平。

18日 婺源县清华镇洪村最近发现清代道光年间的"公议茶规石碑"。碑长130厘米，宽60厘米，镶嵌在洪村祠堂墙中。碑文记载了当时全村茶农对茶叶流通管理方面所制定的"货价高低公品公买务要前后如一，主家买卖容不得私情背卖"等民约规定。

19日 近日，省煤炭安全工作会议在南昌召开。会议要求煤矿要经过两到三年的治理整顿，实现煤矿安全生产的根本好转，使百万吨死亡率低于全国平均水平，采矿秩序纳入正规化和法制化轨道，杜绝滥采乱挖。

20日 江西锅炉厂承担的低携带率循环流化床技术在SHF30-1.25型锅炉上的应用研究项目，通过省级鉴定。该项目采用清华大学研究的平面流分离器等新技术，在燃烧低热值Ⅱ类低质烟煤时，出力为每小时30吨，热效率86%。

20日 从艺30多年的抚州民间雕刻艺人张艺火，将自己精心创作的三幅木雕画赠送亚运会。

这三幅分别是《勇攀世界高峰》、《马到成功》、《永恒的友谊》。这三幅画长120米，宽81米。

21日 省委常委组织学习马克思主义哲学关于"历史的观点"。坚持以经济建设为中心，全面贯彻党的基本路线，把建设有中国特色的社会主义的伟大事业推向前进。1990年以来，截至6月，全省10万多名干部参加了各种类型的学习马克思主义哲学读书班。

22日 21时，余江县遭受特大暴风雨袭击。

22日 景德镇市陶瓷工业科学研究所为第十一届亚洲运动会生产的"瓷熊猫"纪念品送往北京亚运会纪念品展销馆。

22日 鹰潭木材防腐厂经十年研究将水溶性复合防腐剂CCA应用于防腐矿用木材，延长使用寿命4倍以上。

23日 省长吴官正会见法国赛诺菲国营集团中国分公司总经理雷彬先生。

23日 南昌粮油机械厂开发的SY0.5型提压手动售油器（50g~0.5kg）日前获全国同类产品中唯一的商业部部优产品；研制的国内先进的新型谷糙分离设备——MGCZ系列重力谷糙分离机，填补了江西省一项空白。

23日 在北京举办的"中国妇女儿童用品四十年博览会"上，江西针织总厂的涤纶交织菠萝绽系列针织杉获金奖。

24日 党和国家领导人李瑞环、李铁映、刘华清、王炳乾、廖汉生、李德生、司马义·艾买提参观中国妇儿用品博览会江西馆。

26日 在北京民族文化宫举办的"全国引进国外智力及外国专家工作成果展览会"上，江西展团展出16项成果。李瑞环、杨成武、秦基伟等领导参观江西展馆。

26日 省长吴官正会见来江西参观采访的日本共同社记者有吉叔裕、森保裕两人。

26日 省财政厅发出通知，为鼓励财政收入达到5000万元以上的县市继续发展生产，收入稳定增长，给予一次财政性支持，即由省财政厅借给100万或300万元生产发展资金，该款使用期限为一年半。

27日 省蚕桑工程工作会议在永新县召开。会议提出从1990年冬1991年春开始，今后5年平均每年开发新桑园8万亩。到1992年，第一期工程完成后，全省桑园总面积可达25万亩，生产蚕茧20万担；到1995年，第二期工程完成后，全省桑园总面积可达50万亩，生产蚕茧50万担。会议要求，把蚕桑业建成为江西省一大支柱产业。

女青年在精心喂蚕

蚕桑地

27日 省委宣传部、省党史办等单位召开井冈山精神研讨会。中顾委常委陈丕显、肖克送来题词，省委书记毛致用、省委常委宣传部长王太华、中顾委委员白栋材、省顾委主任赵增益等

出席会议。研讨会就井冈山精神的内涵、历史作用、社会影响以及在新的历史条件下继承和发扬井冈山精神的意义等问题进行探讨。

27日 在最近由中国健康教育协会召开的全国卫生报刊工作会上，南昌市卫生局主办的《家庭医生报》被评为全国优秀卫生报刊。

27日 宜春地区审计局、宁都县审计局被授予全国审计机关先进集体称号；崇仁县审计局干部刘宝林被授予劳动模范称号。

27日 全国初中生"明天杯"学雷锋、学赖宁系列活动竞赛上，江西万年县梓埠中学陈洪波等10名同学获知识竞赛一等奖。

27日 世界卫生组织顾问、美国专家温格尔博士来赣，赴宁都梅红镇利坑乡进行预防保健考察。确认该县研究的"预防流脑新疫苗"科技成果为世界性推广项目。

28日 《江西日报》报道，1990年1月至5月，江西新批准台资企业7家，总投资366.27万美元，从1988年3月全省第一家台资企业开办至今，全省台资企业已有13家，项目总投资额为546.27万美元。

28日 江西省陶瓷研究所日前与南朝鲜、新加坡达成展销协议；为美国设计的"故宫"、"熊猫"、"长城"系列彩盘获美方高度评价。该所1989年获国家级、部级、省厅级奖共39项。

28日 九江隐形眼镜厂产品畅销十多个省、市、自治区，其产品先后获省优秀新产品奖、全国科技重大发明二等奖。南斯拉夫国际博览会荣誉奖。

29日 省委组织部、省委宣传部、省人事厅最近联合发出通知，决定从1990年下半年开始，在各级党政机关干部中，普遍开展一次以全心全意为人民服务为核心的党政干部职业道德教育。

29日 江西规模最大的生产赤霉素的专业厂——核工业新华生物化学制品厂在新干县华东地勘局二六三大队建成投产。该厂生产的"瑞雪牌"赤霉素质量达到出口标准。

29日 省武警总队在南昌指挥学校举行机动部队军事训练汇报表演。武警总部司令员周玉书少将、参谋长金仁燮少将出席检阅。省市领导有毛致用、吴官正等参加检阅。

武警江西省总队机动部队军事训练汇报表演在南昌举行

29日 省重点建设工作会议结束。1990年全省确定重点建设项目49项，其中投产项目19项。会议要求凡是有重点项目的地市，都要有一名专员、市长负责重点建设。省长吴官正到会并讲话。

30日 省委召开常委会议，进一步研究部署廉政建设工作。会议提出把1989年省委、省政府提出的九件事一抓到底，不能动摇，同时下决心解决"文山会海"问题，严格小汽车管理，纠正某些职能部门和行业不正之风。

30日 以韩大光为团长的新加坡职业道士团12人抵鹰潭龙虎山拜谒正一天师祖庭，祈法传授度牒。

30日 1990年上半年，共青垦殖场羽绒厂开拓边境贸易，向苏联出口羽绒服14万多件，价值2300万元。

30日 江西100个县（市、区）党委、人大、政府、政协于1990年陆续届满。1990年6月底，如期召开了新一届党代会、人代会，选举产生了新的县（市、区）领导班子。

本月 上饶客车厂达到国家安全级企业标准，成为继江西省机械行业江西制氧机厂之后的第二家国家安全级企业。该厂综合管理评价、危险性评价和作业、环境评价3项累计得分839.75分，达到国家安全级企业标准。

本月 江西实行国有企业职工养老保险费江西省统筹制度，成为全国第二个实现省级统筹的省份，得到李鹏总理的肯定。

本月 赣南建筑工程总公司获国家建设部颁发的对外承包工程资质证书，成为全省首家获得这一资质证书的国营施工企业。

本月 红星乳品厂生产的"培力"牌全脂加糖奶粉，江西巧克力食品厂生产的"培力"牌奶油巧克力、夹心巧克力，经国家技术监督局和国家各部组成的评奖委员会审定，在全国妇联、轻工部、商业部等单位同北京市政府联合举办的"中国妇女儿童用品四十年"博览会上获银奖。

本月 九江长江大桥首次运用高负荷架梁用走行式双层吊索塔架。该吊索塔内索承力1200吨，外索承力800吨，是架桥关键设备，能实现整跨162米至180米全悬臂安装。该桥还采用三跨连续柔性拱、钢性桁结构。国际著名桥梁专家西林通过参观认为这支架梁队伍堪称一流。

双层吊索塔架在九江长江公路铁路两用特大桥架桥施工

1990

7月
July

公元 1990 年 7 月							农历庚午年【马】						
日	一	二	三	四	五	六	日	一	二	三	四	五	六
1 建党节	**2** 初十	**3** 十一	**4** 十二	**5** 十三	**6** 十四	**7** 小暑	**8** 十六	**9** 十七	**10** 十八	**11** 十九	**12** 二十	**13** 廿一	**14** 廿二
15 廿三	**16** 廿四	**17** 廿五	**18** 廿六	**19** 廿七	**20** 廿八	**21** 廿九	**22** 六月小	**23** 大暑	**24** 初三	**25** 初四	**26** 初五	**27** 初六	**28** 初七
29 初八	**30** 初九	**31** 初十											

1日 《江西政协报》创刊,全国政协副主席王任重题写报名。《江西政协报》是省政协委员会的机关报,四开四版,每周一期。

1日 全省14万普查人员从零时开始第四次全国人口普查登记。为保证高质量完成登记工作,省人口普查领导小组派出七个检查组下基层指导普查登记工作,至9日提前一天完成任务。

1日 省委组织部和省文联党组联合举办的"先锋颂摄影作品展览"在南昌揭幕并举行颁奖仪式。省委领导向获奖单位和作者颁发奖旗、奖杯和证书并参观了展览。

1日 省地矿局"八五"计划和十年规划设想编制完成。

1日 井冈山革命精神图片展览在广州农民运动讲习所旧址等地展出,展览时间为两个月。

2日 日前,江西口腔医院交付使用,正式开诊。该医院总建筑面积为9261平方米,楼高12层。

2日 "海峡两岸贸易投资研讨会"在北京举行。省经贸厅、省经委与省政府驻北京办事处组团参加研讨会。江西代表共接触台胞200多人,与33位台商就20多个投资和贸易项目举行洽谈。

3日 为期3天的省医药卫生科技工作会议在南昌召开。会议作出《关于推动医药卫生科技进步的决定》,表彰了科技工作先进集体和个人。会议期间,举办了江西医药卫生技术创新成果展览,参展项目107个。

4日 省人大常委会副主任王国本赴峡江县就烤烟生产的收购情况、乡镇人大主席团工作情况作专题调查。

江西省最大的烟叶复烤厂

4日 省高院召开中级法院院长和办公室主任会议，会期3天。会议传达贯彻最高人民法院在长沙召开的信息会议精神。省法院院长李迎讲话强调，要强化信息意识，建立信息网络，加强信息手段的现代化建设。

5日 省政府召开常务会议，听取省政府代表团赴福建访问的考察汇报，讨论省政府《关于进一步鼓励台湾同胞投资的规定（草案）》，研究进一步加快江西利用外资、台资的措施。省政府代表团在闽期间，签署了《江西省人民政府、福建省人民政府关于进一步加强合作的协议书》，签订意向性协议1份，达成意向性项目19项。

6日 省检察院印发《关于继续深入开展打击贪污贿赂犯罪活动的通知》，要求各级党委和有关部门的密切配合下，振奋精神，努力工作，深入实际，力争在办案数量、质量和社会效果上有新的进展。

6日 于都县贡江镇窑塘村八八届农业函授大学养殖系学员李有福，学以致用。1988年、1989年，家庭总收入分别达到14700元和16200元。他的事迹近日被中央电视台拍摄成电视，在全国播放。

6日 省统战工作会议在南昌召开。会议贯彻江泽民总书记的讲话精神和全国统战部工作会议精神。省委书记毛致用作《江西省各级党组织都要重视做好统战工作》的讲话，省党政领导出席会议。中央统战部副部长万绍芬出席会议。会议强调要着力抓好六项工作：（一）广泛深入地进行统战理论和统战政策的宣传；（二）各级党委要加强对统战工作的领导；（三）进一步协调统战工作各方面的关系，统一认识，服从全局；（四）抓紧做好选配党外人士担任政府及有关部门领导职务的工作；（五）支持和帮助民主党派加强自身建设；（六）切实加强统战部门的建设。

7日 省委召开地（市）委党校校长会议，贯彻落实全国党校校长会议精神，省委书记毛致用在会上作《努力把江西省各级党校办得更好》的讲话。该讲话分三部分：（一）必须看到，加强党校工作，既是历史经验的启示，又是形势发展的需要；（二）必须明确，进一步办好党校的关键就在于坚持理论联系实际；（三）必须强调，各级党委

应切实加强对党校工作的领导。会议于9日结束。

8日 省政府召开电话会议，部署下半年经济工作。会议动员全省经济战线职工群众，振奋精神，艰苦奋斗，全面完成全省国民经济计划。会议要求以扩大销售为突破口，搞活流通和生产，用足、用活、用好现有销售政策。只要不违法乱纪，不贪污受贿，不中饱私囊，不损害消费者和国家利益，有利于经济发展的，就应该放手地干，不要左顾右盼，坐失良机。

8日 九江化纤厂年产两万吨粘胶短纤维工程破土开工。该重点工程总投资为2.67亿元。

8日 中国建筑工程公司江西分公司和萍乡矿务局联合承建阿尔及利亚1.4万公顷灌溉工程。该工程由两条引水干管（分别使用石棉水泥管和预应力钢筋混凝土管）分三片泵送，管线铺设施工要穿越27条河流（沟）、5道铁路线、27条公路线，另有配套附房1.8万平方米，泵房井室混凝土总量达8200立方米，合同金额13788万美元。该项目尚在实施之中，项目负责人为易家全，派出人员有65人。

8日 省政府在吉安市召开为期3天的全省荒山造林大会。会议要求加快荒山造林步伐，确保江西7年消灭荒山，力争20世纪末实现绿化江西的目标。

9日 公安部新闻发言人宣布，经国务院批准，丰城市、樟树市、铜鼓县、遂川县、靖安县、宁冈县、新干县、永新县、泰和县、永丰县、南城县、黎川县、广昌县、金溪县、东乡县、瑞金县、石城县、兴国县、安远县、上犹县、崇义县被列为对外国人开放的市、县。

9日 省政府决定，通报表彰奖励1989年全省交售粮油20个先进县（市）、50个先进乡、100名交售粮油模范以及一个省属国营农垦场，并奖给一定数量的化肥指标。

9日 省整顿医药市场工作会议在南昌召开。会议要求所有医药经营企业都要首先经由医药市场整顿办审查，论定资格，然后按审批程序审核批准，方可营业。

10日 南昌柴油机厂工人傅平和南昌市工业交通研究设计院助理工程师傅敏华发明的"预

应力张拉器"获专利技术。国家科委成果管理办公室在庐山举办"预应力张拉器专利技术推广学习班"，辽宁、陕西、湖南、大连等省市的 20 家大型企业的 46 名工程技术人员参加学习。

10 日 星子县委在"七一"前夕为革命遗址立石竖碑。

10 日 九江师专被国家教委授予 1990 年"全国高等学校后勤工作先进集体"称号。

11 日 红十军创建 60 周年纪念大会在乐平召开。徐向前、杨得志、余秋里等题词，毛致用、吴官正出席大会。

11 日 省委书记毛致用，省委副书记、省长吴官正在景德镇市召集邻近七县（婺源、都昌、余干、波阳、万年、浮梁、乐平）县委书记座谈会，着重强调，发展农村经济一定要从本地实际出发，主要通过开发利用本地资源，开拓新的生产领域来壮大集体经济。要以大办绿色企业和农副产品加工运销业为重点，层层落实发展规划、起步资金和优惠政策。

11 日 鹰潭新建成的现代大型眼镜批发专业市场开业。该市场于 1987 年 5 月动工，1990 年 5 月竣工，耗资 780 万元。市场占地面积 30 余亩，营业房 124 套，住宅 189 套，建筑面积 2.3 万平方米，可容纳近万人进行营业活动。

11 日 江西农业大学被农业部授予"先进生产单位"称号。

11 日 由澳中友好协会主席布鲁·约翰逊率领的澳大利亚中国友好协会领导人代表团一行 11 人，来赣参观访问。

12 日 江西第五机床厂生产的 KR 系列开放式喷射呼吸机获全国医药卫生科技成果展览会优秀奖。

12 日 由丁世弼等编绘的《老一辈无产阶级革命家青少年时代》系列连环画册，日前由江西美术出版社出版。

12 日 省垦管局召开省属单位工作会议，传达全国国营农场农业工作会议、"八五"规划会议、农垦农工商工作会议文件。

13 日 南昌市少年宫书法班学员涂竟、俞若娟最近在第三届"双龙杯"全国少年儿童书画大赛中获优秀作品奖，罗珊珊等 8 人获佳作奖。

13 日 江西气体压缩机厂厂长陈子光、总工程师汤振武一行 5 人前往泰国，帮助泰国实业有限公司兴建年产 2000 吨柠檬酸厂。

13 日 省政府举行利用外资、台资新闻发布会，省长吴官正讲话。会议公布了《江西省鼓励台湾同胞投资的规定》，同时成立省政府利用外资领导小组。经过考察论证，确定 100 个外商、台商投资重点合作项目，并予以公布。为方便台胞来赣，在省会南昌正式设立台湾会馆，并对台胞开放。

14 日 世界银行贷款江西造林项目已定。副省长陈癸尊代表省政府与林业部在北京签订执行协议。该项目部署在安远、信丰、会昌、遂川、永丰、吉水、乐安、宜黄、资溪、德安、婺源、浮梁、铜鼓、分宜、修水、萍乡等 17 个县市的 65 个国营林场和 8 个乡办林场，以及中国林科院大岗山实验局。世行分 7 年共贷款 1.41 亿元，占项目总资金的 60%；地方配套 0.96 亿元，占 40%。要求在 1991 年至 1994 年共营造 142.5 万亩速生丰产用材林。

森林覆盖率达 45% 的萍乡二类森林资源栋梁材

14 日 地市委书记、专员、市长会议召开。会议分析 1990 年上半年的经济形势，部署下半年经济工作，指出要牢固树立以经济建设为中心的指导思想，真正做到方方面面都自觉服从、服务于这个中心。要进一步治理整顿，深化改革，扩大开放，依靠群众，排难而进，齐心协力把全省经济搞上去。会议提出坚持把农业放在经济工作首位，部署全省农业开发总体战第三战役实施方案。方案确定：在保证粮食总产稳定增长的同时，积极发展多种经营，尤其发展工业原料生产；以市场为导向，搞好农副产品深加工，着力开发能够出口创汇的名、特、优、稀拳头产品；推广农业科技成果，改造"三低"（低产田、低产园、低产鱼塘），实现一巩固（巩固已开发项目），二提高（提高商品率、提高经济效益），三突破（工业原料生产有突破、产品精深加工上有突破、农村产业结构调整上有突破），四增加（产值增加、收入增加、创汇增加、财政增加）。会议确定指标任务：粮食总产力争 165 亿公斤，棉花 140 万担，油菜籽力争 1000 万担，甘蔗 4000 万担，烟叶 50 万担，茶叶 42 万担，蚕桑 8 万~10 万担，生猪存栏 1450 万头，鹅鸭饲养量 5000 万羽，水产品 640 万担，造林力争 500 万亩，专修水利完成土石方 1.5 亿立方米，乡镇企业总产值争取达到 165 亿元，农垦企业总产值争取达到 28 亿元。

14 日 为期 10 天的华东九报头条新闻竞赛评比会先后在庐山、井冈山举行。会议评选出一等奖作品 6 篇；二等奖作品 14 篇；三等奖作品 25 篇。省领导毛致用、吴官正等看望与会代表。

15 日 省政府召开会议，表彰宜春行署等 21 个 1989 年度目标管理先进单位和省财政厅等

七个在目标管理中作出特殊贡献的部门。

15 日 省老干局、省文化厅、省建材局、省电视台联合摄制的电视剧《明天的大厦》（上下集）在江西水泥厂拍摄完毕。

16 日 《江西日报》报道，省环保局组建的九江珍稀濒危植物种资源库在庐山建成。有 288 种珍稀植物获得有效保护，其中属国家一、二、三级重点保护植物有 68 种，占全国保护植物的 17.48%。

庐山植物园

16 日 全省廉政工作会议召开。会议决定，在经济管理部门、监督部门、公用事业部门和政法部门所属基层所、站，切实实行"两公开一监督"，纠正行业不正之风，严格小汽车管理；精简会议和文件。

16 日 联合国人口项目专家罗米先生（菲律宾籍）来赣，举办计划生育宣传监督评估规划培训班。学习班于 21 日结束。

17 日 省长助理程安东会见了沃中友好领导人代表团一行 11 人。代表团在江西参观了景德镇，游览了庐山，访问了顺外村等处。

18 日 省政府办公厅印发赣府厅字 324 号《关于江西盐矿上收省轻工业厅管理的通知》。

19 日 省政协第六届常委会第十一次会议在南昌市举行。会议听取和讨论关于全国、江西省统战工作会议精神的传达报告；听取关于全省地市委书记、专员、市长会议精神的传达报告；审议通过《关于政治协商，民主监督的暂行实施办法》。

20日　省委宣传部、省教委、省劳动厅、共青团江西省委发出《江西省学校共青团工作条例》。

20日　省政府发布《江西省防汛工作暂行规定》，重申由建设部门负责城市防洪工程的管理。

20日　省政府第七十七次常务会议批准省司法厅起草的《江西省预防民间纠纷激化有功集体和个人的奖励办法（试行）》。

20日　赣西地区第一座调峰电站——龙潭水电站开工兴建。

20日　南昌市一建公司工人涂翼民4年3项发明获国家专利，经国家科委推荐被编入《中国当代发明家辞典》。发明有"发电机拼叉装置"和"建筑电器圆木开槽机"等。

23日　进贤县文港乡从事毛笔生产的单位、专业户最近正在赶制参加亚运会的各种毛笔。

23日　中国国际信托投资公司副董事长、香港嘉华银行和中行实业银行董事长金德琴到共青垦殖场考察。

24日　奉新县甘坊乡出土大批古钱币。经鉴定，出土的1万多枚钱币最早为西汉时期的半两钱，时间跨越近2000年，一直到金朝时期的正隆元宝。这批古钱大部分保存完好，钱币文路清晰可辨。

24日　省政府办公厅赣府厅发72号文件批准保留的轻工业厅属公司有：省盐业公司、省二轻工业供销公司、省轻工物资供销公司、省皮革塑料工业公司、省服装鞋帽工业公司、省轻工业对外经济技术合作公司、省工艺美术工业公司、省造纸工业公司。

24日　国家档案局批准省档案科研所"江西档案霉菌分类"课题立项。

24日　全国人大常务会副委员长廖汉生为南昌市卫生局主办《家庭医生报》题词"把卫生科学知识送进千家万户"。

25日　省政府召开常务会议，同日，省委、省政府召开紧急电话会议，布置当前抗旱工作。号召全省人民振奋精神，抗旱夺丰收。决定拿出4000吨平价油，3000吨化肥用于抗旱，同时保证25万千瓦抗旱用电。省委书记毛致用在电话会议上强调，全省上下迅速行动起来，集中力量，抓好当前抗旱工作，确保省委、省政府提出的种植面积不减少，生产投入不下降，支农工作不放松，增产增收的双重目标不动摇等"四个不变"目标的实现。

25日　受中国广告协会委员会、中国报业协会广告委员会委托，由九江日报社承办的全国"庐山杯优秀广告论文评选会"召开。参加评选会的有来自全国20个省市自治区的32家报纸代表，共评选出9篇获奖广告学术论文。

25日　日前，九江浔阳区光华时装厂生产的"丑小鸭"牌系列童装参加"中国妇女儿童用品四十年"博览会获银奖。

26日　南昌县向塘镇蔬菜村基干民兵姜国金经过十多年钻研，发明一种生肖棋，获国家专利和发明奖。

26日　进贤县捉牛岗垦殖场遭受百年不遇的龙卷风袭击，损失惨重，省垦管局派慰问小组前往慰问。

26日　全国武警部队第二届好新闻评选中，江西武警总队两篇稿件获奖。其中二支队政治处报道员张清凤的特写《江总书记与武警战士》获一等奖；另一篇由总队司令部秘书谢振林和机动支队宣传股长刘爱民撰写的通讯《再造武魂》获二等奖。

28日　赣州地区博物馆最近在会昌县小密乡小密村发现一批古脊椎动物化石，另有少量残缺骨骼及角化石。经中国科学院古脊椎动物与古人类研究所鉴定，出土化石的组合性质属于华南常见的大熊猫——剑齿象动物群，地质年代为更新世中晚期，距今13万年左右。化石中有无颈鬃豪猪、西藏黑熊、虎、剑齿象、水鹿、羊、鸟等种类。

29日　全国爱卫会最近表彰江西省6个先进单位和22个先进个人。6个先进单位是赣州市解放路居委会、九江县沙河镇、景德镇昌河飞机制造厂、萍乡市卫校、江西省肿瘤医院和江西省委机关。

29日　德兴山区发现近万亩绞股蓝珍贵植

物，被列为国家星火计划新开发的重点项目。绞股蓝被誉为神奇的"仙草"和南方"人草"。

29日 从4月至今的三个月时间，赣州动物园一对丹顶鹤连续产出两窝鹤蛋，并成功地孵出4只丹顶鹤。这在我国丹顶鹤人工饲养、自然孵化繁殖史上还是第一例。

30日 国家档案局下达的重点科研项目，省经委下达的新产品试制项目"档案包装用无酸纸"在永丰造纸厂通过省级鉴定。

30日 由中国国际贸易促进委员会和日本贸易振兴会联合主办的"中国出口商品展览会"在日本东京池袋阳光城举行。江西分团由省贸促会牵头，九个公司20人参加，共成交158.33万美元。

30日 全省召开为期3天的省公安处、局长会议，提出坚决贯彻"稳定压倒一切"的方针，依法采取必要措施，严厉打击严重刑事犯罪，强化治安管理和安全防范，确保亚运安全和社会治安的持续稳定。

31日 省政府印发《关于贯彻执行〈中华人民共和国乡村集体所有制条例〉促进乡镇企业更大发展的通知》。

31日 樟树市文联副主席陈正元版画作品《欢乐的小司》在1990年6月意大利比耶那举办的第十一届国际版画大展中展出。

本月 德兴铜矿从美国引进长1237米的钢芯胶带运输机。

正在工作的钢芯胶带运输机

本月 对南昌、景德镇、九江、萍乡、新余、鹰潭、庐山、赣州、吉安、宜春、上饶、抚州、井冈山、丰城、樟树、瑞昌16城市的创三优进行了总评。检查评比前，王太华同志在预备会上讲话。

创三优评比会现场

本月 庐山游客剧增，至20日已突破10万人次，每天住宿3万人，每晚临时加铺1000多床，中小学教室也腾出用于接待。

本月 庐山垦殖场在庐山北麓兴建"中国华裔陵园"，安葬华裔、华侨、港澳台同胞的遗骨。

本月 邓小平为省政协第六届委员会文史资料研究委员会与高安县政协合作编辑的《吴有训》一书题写书名，由中国文史出版社出版发行。

本月 江西铜业通信系统经过增容改造和引进设备技术，实现国内外长途直拨，成为全国有色系统第一家以全自动方式进入国家邮电公网的企业。

本月 省粮油食品进出口公司被授予"江西省级先进企业"的称号；同年，又被经贸部授予"全国经贸系统企业管理先进单位"称号；经贸部、铁道部授予其"供应港澳鲜活冷冻商品三趟快车先进单位"称号。

本月 江西盐矿第二期年产 30 万吨真空制

盐扩建工程，最近正式列入国家"八五"期间重点建设项目。

真空制盐车间

1990

8月

August

公元 1990 年 8 月							农历庚午年【马】					
日	一	二	三	四	五	六	日	一	二	三	四	五	六
			1 建军节	**2** 十二	**3** 十三	**4** 十四	**5** 十五	**6** 十六	**7** 十七	**8** 立秋	**9** 十九	**10** 二十	**11** 廿一
12 廿二	**13** 廿三	**14** 廿四	**15** 廿五	**16** 廿六	**17** 廿七	**18** 廿八	**19** 廿九	**20** 七月大	**21** 初二	**22** 初三	**23** 处暑	**24** 初五	**25** 初六
26 初七	**27** 初八	**28** 初九	**29** 初十	**30** 十一	**31** 十二							

1 日 江西省纪念解放区邮票发行 60 周年邮票首发式暨邮展开幕式在省博物馆举行。江西是第一枚解放区邮票和第一个赤色邮局的诞生地。

1 日 以特区为模式创办的赣州市经济技术开发区拉开建设序幕，开发区工程总指挥部成立。

1 日 为期 4 天的全国青年赛艇锦标赛在南昌举行。江西队夺得五枚银牌一枚铜牌，团体总分名列第二。

1 日 省重点煤矿学习石圪节精神会议在庐山召开。省长吴官正和中国统配煤矿总公司副总经理濮洪九到会讲话。会议要求必须坚持"艰苦奋斗，勤俭办矿"的方针。像石圪节那样自力更生，精打细算，开拓进取，团结一致，同甘共苦，多作贡献。会议于 13 日结束。

3 日 奉新县被确定为全国第一个"微机在猕猴桃综合开发应用推广"试点县。该项目总投资 300 万元，分五年实施完成。当前由国务院电子系统推广应用办批准实施。

7 日 省高级人民法院作出向永新县人民法院助理审判员王跃学习的决定：给 5 月 30 日因见义勇为、制止犯罪行为而终身致残的王跃记一等功 1 次，申报晋升 1 级工资，并在全省法院干警中开展向王跃学习的活动。

8 日 在国务院召开的全国夏季粮油生产先进单位电话表彰会上，江西省被评为省、自治区、市一级全国夏油生产先进单位；九江市、上饶地区、宜春地区、吉安地区、赣州地区、抚州地区、南昌市、景德镇市、鹰潭市、新余市被评为全国地市一级的夏油生产先进单位。

9 日 省政府召开电话会议，具体部署当前经济工作。要求全省上下增强信心，再鼓干劲，抢种、抢管、抗旱一起抓，努力实现"四个不变"（种植面积不减少，生产投入不下降，支农工作不放松，增产增收的双重目标不动摇）的目标。

10 日 南昌作者姜志强的摄影黑白作品《家庭作业》、九江作者万心华的作品《小书法家》双双在第十五届亚太地区 1990 国际识字年摄影比赛中获奖。

10 日 省体校上饶运动班女子曲棍球队，代表江西参加在山东省平度市举行的全国"曙光杯"曲棍球赛，获女子冠军。

11日 省烟草公司，决定向亚运会供应"瓷都""赣叶"两种名优卷烟共50大箱。

14日 赣州地区林科所黑荆树栽培利用项目（国家星火项目）建成栲胶厂投产，该厂具有一条年产500吨的中试生产线。

14日 省七届人大常委会第十六次会议在南昌举行。会议一致通过《江西省人大常委会关于批准调查一九九〇年江西省财政收入预算的决定》、《江西省人民代表大会常务委员会关于批准〈南昌市机关团体企业事业单位治安保卫工作条例〉的决定》。同时通过有关人事任免名单。会议通过决定任命舒惠国为省农牧渔业厅厅长，决定免去王希仁的省农牧渔业厅厅长的职务。省人民检察院检察长王树衡在省七届人大常委会第十六次会议上作《认真查处"侵权"、"渎职"犯罪案件，努力为稳定大局服务》的书面发言；汇报江西省各级检察机关积极查处这两类案件的情况；提出了查办大要案件，搞好综合治理的措施。会议于18日结束。

14日 "江西省出口商品洽谈会"在澳门举办，省政府副秘书长舒惠国、省经贸厅副厅长卢德荣、中行南昌分行副行长王美珊等一行42人参加洽谈会。18家进出口公司参加，参展样品17大类230多个品种，总成交额1756万美元。

15日 省委、省政府决定自1991年1月1日恢复省供销社，为正厅级单位，编制102人。

15日 江西清理整顿书报刊及音像市场领导小组派出五个联合检查组，自即日至25日分赴赣州、抚州、宜春、萍乡、上饶、鹰潭、九江、景德镇、吉安等地市检查督促"扫黄"工作。检查组对各地1989年"扫黄"和1990年打击"黄毒"回潮，严惩制黄，贩黄和非法出版犯罪活动以及繁荣社会主义文化市场等方面，进行深入细致调查。

16日 省地、市纪委书记、省直单位纪检组长会议在南昌召开。会议提出，大力推进党风和廉政建设，坚持不懈与腐败现象作斗争，为江西政治、经济的进一步稳定和发展创造良好环境。会议要求，当前要重点查处以权谋私、贪污受贿、敲诈勒索、私分公款公物、官僚主义、失职渎职、违反政治纪律和干部人事纪律等方面的案件，特别是县以上领导干部的大案要案。

16日 江西出席全国青年联合会七届一次委员会和全国学联第二十一次代表大会的24名代表启程赴京，26日返回南昌。

16日 九江炼油厂重整加氢精制装置竣工，设计能力为年产15万吨催化重整系统和年产40万吨柴油加氢精制系统。投料一次成功。

九江炼油厂外景

17日 江西省供销合作社集团公司成立。

17日 全国十大名茶之一的庐山云雾茶日前在国优复评中，通过了理论检测和评审，再次获国家银质奖。

17日 由新闻战线编辑部和全国县市报研究会筹委会联合举办的"怎样办好县市报"有奖征文在北京揭晓。赣中报社副总编辑简秋雄获一等奖。赣中报社副总编辑叶乐阳获征文二等奖。

18日 《江西日报》报道，江西根据国务院有关文件精神，在总结经验的基础上，决定在全省城市（包括县城）推行上市生猪"定点屠宰、集中检验、统一纳税、分散经营"的办法。

18日 林业部决定，授予为保护国家森林资源作出了积极贡献的铅山县葛仙山林场护林站站长王步林"护林英雄"称号。

18 日 江西"两系"杂交水稻品种间组合选育的研究进入大田制种的试验示范阶段，获得成功。经省农科院、吉安、宁都、永丰等地的现场考察和实地测产验收，对比试验一般比"三系"杂交稻增产 5%～10%。

19 日 省人大工作座谈会在南昌召开。会议认真学习中共十三届六中全会决定和江泽民有关讲话精神，就坚持和依靠党的领导、坚持和完善人民代表大会制度、进一步做好人大工作进行讨论，王仲发、裴德安副主任分别介绍赴西北、东北考察的情况，省人大主任许勤在会讲话。会议于 22 日结束。

19 日 苏联驻华商务全权代表斯毛列波佐夫（原苏联农机制造部副部长）和苏联农机进出口总公司代表巴尔阔夫，对江西拖拉机制造厂进行考察，洽谈"丰收 180 型"拖拉机出口苏联事项。考察至 23 日结束。

20 日 省委常委、宣传部长王太华代表省委、省政府看望受到中宣部、公安部表彰的江西省七位见义勇为先进代表。他们是安义县长埠乡农民凌宗浩、长埠乡农民（烈士）龚声辉、安义县石鼻中学学生魏江华、景德镇市万能达瓷厂工人孙康民、赣县公安联防员黄健、铅山县葛仙山林场护林员王步林、中国民航南昌独立飞行中队乘务员张丽萍（女）。

20 日 1990 年全国律师资格统考在南昌举行。江西有 2400 多人参加考试，在各地区（市）设 387 个考场，其中南昌市设考场 23 个，应考人员 700 多人。本年统考试题有 30 多门课题，涉及 100 多个法规。

20 日 国家计委、国务院生产委确定江西铜矿为 685 个关系国家经济命脉的重点骨干企业生产调度管理信息系统重点采集单位之一，企业序号为 360005。

20 日 在由北京人民广播电台主办的第三届全国广播歌曲大奖赛上，朱墨作词、延声作曲的歌曲《山民》榜上有名。

20 日 南昌市少年宫少儿合唱团应中国唱片总公司广州分公司邀请录制的本届亚运会首盒少儿歌曲磁带"亚运娃哈哈"在内地和港澳地区发行。

20 日 湖南省农业厅组织 10 人代表团专程到江西省临川、崇仁等县进行为期 5 天的红壤开发考察。

22 日 为期 2 天的全省棉花收购工作会议召开。会议指出：继续贯彻执行国务院关于棉花由供销社统一收购、统一经营、不开放棉花市场、不搞价格双轨制的规定；除供销社以外（良种繁殖区的棉花委托良种场收购），任何单位和个人不得收购和经营棉花；同时必须关闭棉花交易市场；对倒卖棉花的单位和个体商贩要坚决查处，给以经济处罚。

23 日 省民航局转发中国民航局颁发的嘉奖令：决定授予刘毓峰"中国民航模范乘务员"称号，记一等功，晋升两级工资，号召广大职工向刘毓峰学习舍己为人精神。

23 日 以斯里兰卡空军司令员古纳瓦德纳将军为团长的斯里兰卡空军代表团一行 3 人，来南昌飞机制造公司参观考察。26 日结束考察。

24 日 省政府最近正式公布革命老根据地乡、镇、场（所、库）重新核定结果：核定为革命老根据地（包括苏区、游击区）的乡、镇及乡以上一级的场、所、库共 1449 个（其中乡镇 1361 个，占江西省乡镇建制总数的 74.8%；乡以上一级国营集体垦殖场、农场、农科所、水库管理局 88 个）。这些地区 1986 年末人口 2169.9 万人，占江西人口总数的 61.8%；面积为 1304.5 万公顷，占江西面积的 78.1%；有革命烈士 250713 名，占江西烈士总数的 98%。

24 日 8 时 26 分，江西万安水电站正式下闸蓄水。8 月底，万安水电站库区水位将达到 82.5 高程，保证一号机 9 月底充水和发电顺利进行。

24 日 国家旅游局批准江西宾馆为三星级旅游涉外饭店。江西宾馆是江西省第一家三星级饭店。同时还评定南昌宾馆（北楼）、赣南宾馆（二号、九号楼）、景德镇宾馆、九江南湖宾馆（一号楼）、庐山大厦、鹰潭华侨饭店（三部）、贵冶宾馆（一部）、九江实华宾馆（二部）为二星级旅游涉外宾馆。

24 日 省工商局、省乡企局联合转发国家工商局、农业部《关于发布〈乡村集体所有制企业审批和登记暂行规定〉的通知》，要求清理好"假集体"企业。

24 日 省政府召开常务会议，研究当前经济工作急需解决的问题。关于搞活粮食经营问题：做好粮食收购工作的同时，要为国家多买粮、多调粮、多销粮，扩大稻米转化，搞活粮食流通；关于发展棉花生产问题：1991 年到 1993 年，棉花种植面积再扩大 100 万亩，达到 220 万亩，总产 250 万担；关于发展烤烟和加快烟厂技术改造问题：1991 年全省烤烟力争达到 40 万担；关于工业企业扭亏增盈问题：要下最大决定，立足自己努力，背水一战，统筹考虑，对症下药，千方百计扭转被动局面；关于发展甘蔗生产问题：从 1991 年开始，用 3 年时间，将甘蔗种植面积增加到 58 万亩，工业蔗 200 万吨，产糖 20 万吨；关于扩大出口创汇问题：提出"既要扩大出口，又要降低换汇成本"，1991 年争取完成出口创汇 5.5 亿美元。

25 日 省乡企局、省人事厅联合印发《江西省乡镇企业系统领导干部岗位培训规划》。按"统一规划、分级培训"的原则，从 1990 年开始，4 年内对全省 4500 名乡企办主任以上的行政干部实施岗位培训，学习农业部乡镇企业司统一编写的 5 门课程。

25 日 全国摩托艇锦标赛上，江西运动员彭林武获"B 组"OB 级男子 10 公里环圈赛冠军，破全国纪录。

25 日 截至当日的统计：全省收购入库稻谷 172817 万公斤，其中订购入库 148711 万公斤，占年订购任务的 74.4%；议购入库 24104 万公斤，较 1989 年同期多入库 10947 万公斤。宜春、上饶、抚州、赣州、吉安、萍乡、新余、景德镇、鹰潭 9 地市已完成或超额完成夏粮订购任务。

26 日 省副省长孙希岳在全省清理整顿公路检查站会议上宣布，省政府批准撤除 1200 个公路检查站，保留 400 个检查站，设在国道上的只有 20 个左右，其余都将分布在各县和重点林区。

26 日 匈牙利商业信贷银行一行 3 人到共青垦殖场考察。

26 日 省民政厅《关于加强居委会建设的报告》经江西省人民政府批转各地执行。居委会办公地点和居委会干部退养问题开始解决。

27 日 美国土壤学家得克萨斯州大学教授威尔丁博士夫妇和美籍华人焦相如先生夫妇一行 4 人，到红星垦殖场参观考察红壤开发项目。

27 日 省委、省政府召开电话会议，要求各地深入开展"严打"斗争，进一步促进江西社会治安的持续稳定。省长吴官正到会讲话，要求对严重刑事犯罪分子，要毫不手软地严厉打击，依法从重从快惩处。

27 日 省政府发布《江西省集体矿山企业和个体采矿矿产资源监督管理暂行办法》，自发布之日起施行。

28 日 方志敏烈士遗著《可爱的中国》在北京人民大会堂再版发行。杨得志、余秋里、彭冲、陈慕华、洪学智等领导，总政治部、共青团中央的负责同志出席再版发行式，再版发行的《可爱的中国》一书，是进行爱国主义和革命传统教育，振奋民族精神的好教材。

29 日 省政府召开全民企、事业职工退休费用统筹实施会议。确定全省全民所有制企业、事业单位职工退休费用实行全省统筹，成为全国第一个实现由县统筹向省级统筹过渡的省份。劳动部副部长李沛瑶率 17 个省市劳动厅（局）长到会祝贺，并在南昌举行有关会议，向全国推广江西省这一经验。

29 日 省政府召开第二次通信工作会议，会期两天。会议研究制定"八五"邮电通信发展规划。到 1995 年末，全省电话机总数达到 50.87 万部，长途电路 6360 条；实现全省市内电话自动化；全省中央通信企业邮电业务收入达到 4 亿元；兴建邮电生产用房 23 万平方米及一批建设项目。

30 日 省委、省政府召开全省加强廉政建设、纠正行业不正之风电话会议。会议认真贯彻国务院电话会议精神，动员和依靠群众同行业不正之风和各种腐败现象作坚决斗争。吴官正讲话强调，加强廉政建设，纠正行业不正之风，要在重点行业以及一些危害性大、群众反映强烈的重点问题上取得突破；特别是经常同人民群众打交道的执法部门、监督部门、经济管理部门和公用事业单位，要限期拿出治理方案和整顿措施，一件一件抓落实；加强廉政建设，纠正行业不正之风领导干部和领导机关要做表率。

30日 最高人民检察院召开电话会议，表彰全国检察系统惩治贪污、贿赂分子的先进集体和先进个人。江西宜春市检察院和安义县检察院检察长占美金、上饶县检察院章加江受到通令嘉奖，瑞昌市、崇仁县、萍乡市城关区检察院和永新县检察院王声贤、赣州市检察院陈经林、新余市渝水区检察院刘俊成等分别被授予先进集体和先进个人称号。

30日 《江西医药》主编王贤才编撰的综合性大型医学辞书《美中医学辞海》，获全国优秀图书一等奖。

31日 省政府日前召开专题研究、支持跟进浦东开发、开放的常务会议，省长吴官正指出：江西与上海一向有着密切的经济往来，发挥江西的资源优势，支持上海浦东加快开发，带动江西经济的繁荣和振兴，既是我们的热切愿望，也是我们的共同职责。

31日 农业部农垦局在北京召开"绿色食品"新闻发布会，江西省井冈山垦殖场茶厂生产的"佳乐牌"井冈山翠绿茶获"绿色食品"称号。

31日 全省农村扫盲成绩显著。截至月底，1990年全省参加扫盲学习的已达18万余人，经部分地市验收，脱盲的有4.4万人。

31日 广昌博物馆在一次重点文物复查中，发现宋代文学家曾巩成套族谱。广昌县与曾巩家乡南丰县山水相连，生活在这里的曾氏后裔保存有多种版本的曾巩族谱。这次发现的曾巩成套世系源流族谱就有道光、同治、光绪、民国四个版本，且史料翔实、源流清晰，图文并茂。

31日 第四届中国图书奖发奖大会在北京隆重举行。江西人民出版社出版的《中国行政监察》、江西少儿出版社出版的《一百个中国孩子的梦》获中国图书奖二等奖。

本月 美国洛神支那电影制片厂一行8人游赣，并专程赴南城县麻姑山拍摄风光。

本月 最高人民检察院副检察长张思卿在省检察院反映的"南昌市青云谱区检察干部依法执行公务，遭到非法围攻"材料上批示："先平息事态，要追究妨害执行公务的主要责任人员"。事件及时平息，主要责任者由公安机关依法处理。

本月 省科委会同有关厅局从6月份开始对江西300余个科研机构、大专院校、大中企业进行调查，经有关专家反复论证，提出全省发展高新技术产业的基本设想及建立"南昌—九江高新技术工业走廊"的初步方案。

本月 中国乒乓球队总教练（领队）许绍发和中国青年乒乓球队教练尹霄到共青垦殖场参观访问，传授球艺。许绍发与共青羽绒厂达成为中国乒乓球健儿赞助160件"鸭鸭牌"羽绒服的协议。

本月 省文物考古研究所发掘吉安市天玉乡石坑村临江窑遗址，发掘面积24.68平方米，出土各类瓷器及残片16719件，揭示马蹄形窑2座，作坊遗址1处。翌年秋冬继续发掘。该窑址规模宏大，布局合理，为研究吉州窑系瓷业生产提供了珍贵资料。

本月 省政府办公厅发出通知，规定省产自行车、电冰箱、彩色电视机、黑白电视机、收录机、收音机、棉布、照相机、手表、电风扇、日用瓷器、肥皂、洗衣粉、涤棉布14种商品，6月至12月免征营业税。

本月 由国家计委委托中国科学院主持召开"江西省赣江流域自然资源综合科学考察成果鉴定会"在北京召开。赣江流域综合科学考察，由省政府与中国科学院联合组成，于1985年4月以来，历时3年，完成了有史以来的范围最大的资源考察任务。由考察成果汇编成《赣江流域自然资源开发战略研究》、《赣江流域丘陵自然资源开发治理》和《赣江流域综合开发治理策略》等，为江西省编制经济发展总体规划提供了科学依据。

1990

9月

September

公元 1990 年 9 月							农历庚午年【马】					
日	一	二	三	四	五	六	日	一	二	三	四	五	六
						1 十三	**2** 十四	**3** 十五	**4** 十六	**5** 十七	**6** 十八	**7** 十九	**8** 白露
9 廿一	**10** 廿二	**11** 廿三	**12** 廿四	**13** 廿五	**14** 廿六	**15** 廿七	**16** 廿八	**17** 廿九	**18** 三十	**19** 八月小	**20** 初二	**21** 初三	**22** 初四
23 秋分	**24** 初六	**25** 初七	**26** 初八	**27** 初九	**28** 初十	**29** 十一	**30** 十二						

1日 "亚运之光"火炬传递交接仪式在南昌举行。省委书记毛致用接过福建省副省长刘金美传来的"亚运之光"火炬，然后再将火炬传递给团省委副书记温新华。"亚运之光"火炬将经

熊熊"亚运之光"火炬在八一起义纪念塔下传递

毛致用书记从福建省副省长刘金美（女）手中接过"亚运之光"火炬

英雄城人民喜迎"亚运圣火"的盛况

火炬传递交接仪式在井冈山市举行

丰城、樟树、新干、吉水、吉安、永新等县市传到井冈山、新余，然后进入浙江省杭州市。省长吴官正在交接仪式上致词。

1日　在第三届北京国际图书博览会上，江西省出版局组织所属7家出版社挑选了230多种精版图书参展。中共中央政治局常委李瑞环到江西书展台参观时，对《〈史记〉故事精选连环画》看了后说：“好、好，谢谢，向你们表示祝贺”。该书在北京展出，即引起轰动，首都图书发行所发行1万套。台湾和韩国也与江西签订版权贸易。（10月25日，《〈史记〉故事精选连环画》获“全国知识少儿读物编辑奖”）。

1日　萍乡城关区检察院获最高人民检察院授予的“全国检察系统惩治贪污、贿赂先进集体”称号。

3日　省人大常委会举办的县人大常委会主任进修班在省委党校开学，省人大主任许勤在开学典礼上讲话，副主任王仲发出席。

4日　省开发草食禽协会在南昌召开会议，部署实施鹅鸭工程第一期工程，在建的和这次会议安排的项目共达80个，年产能力达3500万羽，是鹅鸭工程的基础工程。

5日　国家机械电子工业部主持的关于鹰潭龙虎山“悬棺研究”科学技术成果鉴定会在上海召开。

5日　江西有85种期刊参加了首届全国期刊展览。《有色冶金设计与研究》获期刊整体设计一等奖。《中国陶瓷》获整体设计和印刷质量三等奖。

5日　1990年8月，鹰潭站公安派出所获中华全国铁路总工会颁发的1990年度火车头奖杯。

5日　吉安地区体委副主任涂世剑被国际乒联授予“乒乓球国际裁判员”称号，并被指定为第十一届亚运会乒乓球赛执法官。

5日　联邦德国专家威尔纳·格里希和夫人来赣，进行技术管理咨询。咨询工作于10月19日结束。

6日　省委书记毛致用在专员市长会议上讲话指出，要大力发展棉花、甘蔗、烤烟、大麦等工业原料作物，逐步实现省内工业用棉、用烟、用蔗、用麦自给。各级领导要紧紧抓住思想发动要充分；生产布局要合理；政策措施要落实；技术推广要加强；各级服务要跟上。

6日　副省长孙希岳受省委、省政府委托率省直有关部门负责同志专程赴沪，学习上海改革开放和调整产业结构经验，考察浦东开发开放的情况，洽谈江西资源优势和上海经济优势互补的问题，为江西省代表团正式出访上海做前期准备工作。上海市委书记、市长朱镕基等领导会见了孙希岳同志一行。此次学习于12日结束。

7日　新华社江西分社举行“税务战线的光华”摄影展览，省领导吴官正等参观影展。

7日　《江西日报》报道，全省已探明的铜矿储量占全国现有铜矿总储量的20.8%。现已探明大型铜矿6处，中型铜矿4处，小型铜矿26处，已建成大型铜矿两座，中小型铜矿各3座。

8日　《江西日报》报道，全省认真贯彻“坚持标准，保证质量，改善结构，慎重发展”的十六字方针，积极做好发展党员工作。省八届党代会以来共发展新党员19.5万人。

8日　日前，在河北唐山市举行的全国镀锌低碳钢丝质量测试评比会上，宜春市钢材厂生产的“袁州牌”1.6mm、3.5mm两个规格镀锌低碳钢丝获全国第一。

8日　省、市部分优秀教育工作者举行座谈会，热烈庆祝20世纪90年代第一个教师节。省长吴官正到会讲话，指出教育事业要坚持坚定正确的政治方向，切实把教育工作放在学校一切工作首位；要落实教育的战略地位，各级领导和全社会都要关心和支持教育事业；教育工作者要做到教书育人、管理育人、服务育人，提高自身素质。

8日 日本《每日新闻》发表评论员荒井中男赴赣后撰写的文章《鲜为人知的观光宝地——江西》，称景德镇是吸引力最大的地方。

10日 省政府召开电话会议，要求各地、各部门迅速开展税收财务物价大检查。

10日 党和国家领导人秦基伟、刘华清、余秋里、倪志福、陈慕华、王汉斌、康克清、王光英等亲临亚运会购物中心江西展厅参观。

10日 江西一批项目获农业部1990年农牧渔业丰收奖：彭泽县15万亩棉花综合增产技术；永修、新建两县水稻综合增产技术；丰城市12万亩水稻综合丰产技术；铅山县10万亩水稻中产变高产；抚州地区绿肥（红花草）大面积丰产技术；省优良肉鹅品种推广和改造低产茶园，提高茶叶品质综合技术。

10日 省政府在赣州市召开分管农业的副专员、副市长会议。会议部署"加强领导，发动群众，大干'三冬'，迅速掀起冬季农业开发热潮"。会议指出，1990年"三冬"冬种面积要达到3000万亩，覆盖率达到80%；水利完成土石方1.5亿立方米以上，新增有效灌溉面积15万亩，新增旱涝保收面积20万亩，改造低产田200万亩，造林410万亩。

10日 500件书写有阿拉伯文"古兰经"词句的特种工艺瓷器由南昌运往北京，这批瓷器将在亚运村穆斯林用品专柜展销。

11日 武警水电二总队十支队支队长王宗兴在万安水电站施工中大胆管理，严格要求，带领支队全体官兵出色地完成了上级交给的各项任务，被国家机关工委批准为"优秀共产党员"。

11日 省政府召开工业生产座谈会，要求振奋精神，眼睛向内，排难而进，不失时机地把重点转移到调整产业结构和提高经济效益上来，千方百计确保1990年工业生产计划的完成。会议就抓好1990后几个月的工业生产问题强调各级领导要用极大的精力，研究经济工作，尤其是要抓好工业生产；要进一步深化改革，从改革上来寻找出路；要把困难和解决困难的办法如实向党委汇报，向职工讲清楚，使大家都了解困难，增强危机感和紧迫感，树立与困难作斗争的勇气，群策群力，战胜困难。

12日 南昌铁路分局向十一届亚运会捐款6万余元。中央电视台在"新闻联播"节目中播放了捐款仪式实况。

12日 全省深化农村教育改革暨进一步改善中小学办学条件工作会议在南昌召开。会议认为，农村教育应以大力巩固普及小学教育为重点；以实施小学阶段的义务教育为主要目标，积极地、有步骤地推进9年义务教育。会议于15日结束。

13日 省政府办公厅发出《关于省人民政府决策咨询委员会设立法律顾问组的通知》，法律顾问组成员有：组长范佑先、副组长高登霄、邹德基，组员汤忠赞、肖敏、朱黎明、刘化时、谢庆演。上述人员同时聘任为省人民政府决策咨询委员会委员。

13日 九江港外贸码头通过交通部验收，工程质量优良，全面投入生产。工程于1986年8月15日试桩动工，至1990年8月竣工。码头为桩基板梁式结构，总长271.3米，宽82米，仓库和库场面积分别为15187平方米和8860平方米。可同时停靠两艘5000吨海轮或4艘1500吨级甲驳作业。年吞吐量60万吨，投资5693万元。由九江港务管理局、交通部第二航务工程勘察设计院和交通部二航三公司设计施工。

13日 以联邦德国黑森州经济技术部部长施密特为团长的双方黑森州经济代表团一行19人来江西进行友好访问。副省长蒋祝平、省长助理程安东、省经贸厅副厅长陈八荣、贸促会江西分会副会长杨友春等人会见代表团，签署了《访问纪要》及《关于南昌市技术培训中心第二期工程协议书》。访问于15日结束。

14日 中国航空公司南昌分公司在江西成立。东航南昌分公司担负着南昌到北京、上海、广州、厦门、西安、宁波等十余条国内航线的运输飞行和全国各地执行播种造林、除草灭虫、航空摄影等专业飞行。

14日 省政府印发《江西省加强民事纠纷调解工作暂行规定》、《江西省加强刑满释放、解除劳教人员安置帮教工作暂行规定》。

14日 国家建材局批准江西水泥厂、九江玻璃纤维厂为建材行业国家二级企业。

15 日 全南县化工厂龙源坝松香车间生产的松香，日前经上级鉴定全部达到国家特级产品标准。

15 日 省妇联组织 31 个市县参加由全国妇联、国家统计局组织的中国妇女社会地位调查。

15 日 江西省国有资产管理局成立，归省财政厅领导。

15 日 省农牧渔业贸易中心捐送给北京第十一届亚运会的 2000 公斤寻乌无核蜜橘，送往北京。随车同运的还有该中心捐送给亚运会的 100 公斤广昌白莲、首批 500 羽武山鸡等。

15 日 江西省有六家企业晋升 1989 年度国家二级企业，它们是南昌旋耕机厂、赣东北轴瓦厂、南昌齿轮厂、江西锅炉厂、宜春电机厂、江西气体压缩机厂。

16 日 省职工文艺汇演在南昌揭幕。省党政领导出席开幕式并观看首场演出。这次汇演有宜春等 10 个地市，18 个基层代表队，近 800 人参加。

16 日 省教委发出《关于在江西省高校深入开展校风建设活动的意见》。

16 日 乐平县金鹅山乡生产的"绞股兰"茶，运至北京，参加亚运会展销。绞股兰又名"南方人参"。

17 日 省民政厅组织工作组在江西永丰县富溪乡的龙潭、罗富、浪田三个村开展贯彻《中华人民共和国村民委员会组织法（试行）》试点工作。

17 日 邮电部授予南昌电信局市话五分局机线班班长刘剑荣和景德镇市邮电局装移机组组长王景华为"全国市话服务标兵"称号。

17 日 第二届国际地洼构造与成矿学术讨论会在庐山召开，著名地质学家陈国达教授到会作学术报告。

18 日 国家地矿部、省政府发出《关于开展向"献身护法的矿产卫士"周庆梓同志学习的决定》，并在北京和南昌两个中心会场召开电话会议，号召全国地矿系统和江西广大干部群众广泛开展向周庆梓学习的活动，宣布授予勇斗歹徒、以身殉职的武宁县矿产资源管理局副股长周庆梓"献身护法的矿产卫士"和"革命烈士"称号。

18 日 省重点工程—江西合成洗涤剂厂 4.5 万吨洗衣粉车间扩建改造工程试产成功，标志着该厂已基本跨入全国大型先进洗涤剂厂行列。该项目于 1988 年动工，主要工程项目有：洗涤剂生产大楼，建筑面积 9596 平方米；煤气站，建筑面积 1106 平方米；理化检测科研楼，面积 1730 平方米。土建总投资 600 万元。

19 日 受能源部委托，中国电力企业联合会秘书长陈望祥一行来江西，与省政府领导会商组建中国华中电力联合公司事宜，副省长钱家铭和省政府办公厅、省计委、经委、电力、物价局的负责人参加了会谈。会上，陈秘书长明确表示：江西是长江流域的一个省，葛洲坝水电厂的电，江西理应分享。

20 日 南昌钢铁厂青年工人周燕南驯养的信鸽以 1099.73 米/分的成绩，夺得亚运会信鸽竞赛冠军。

21 日 中国共产党江西省第九次代表大会召开。省委书记毛致用作《坚持党的基本路线，团结奋斗，振兴江西》的工作报告，《报告》分

吴官正在致开幕词　　　毛致用在作报告

四部分：（一）五年工作的回顾和今后的基本任务；（二）千方百计确保经济的持续稳定协调发展；（三）大力推进社会主义精神文明和民主法制建设；（四）聚精会神地抓好党的建设。大会通过了《关于中共江西省第八届委员会报告的决议》、《关于中共江西省顾问委员会工作报告的决议》、《关于中共江西省纪律检查委员会工作报告的决议》。选举产生了中共江西省第九届委员会、省纪检委和省顾问小组副组长、成员。刘仲候、王书枫为省顾问小组副组长。26 日，在省委九届一次会议上，毛致用当选为省委书记，吴官正、刘方仁、蒋祝平为副书记，毛致用、吴官正、刘方仁、蒋祝平、卢秀珍、王太华、马世昌、张传

中共江西省第九次代表大会会场

诗、朱治宏为常委；在省纪检委第一次会议上，朱治宏当选为书记，颜先进、汤源泉为副书记。会议确定江西省经济发展的初步目标为：到1995年，国民生产总值达到520亿元，平均每年递增5.6%；工农业总产值达910亿元，平均每年递增6.6%，其中工业递增7.6%，农业递增4%，第三产业净产值年递增7%；财政收入达到60亿元，平均每年递增7.5%；平均值人口自然增长率控制在15‰左右。会议于25日结束。

22日 第十一届亚运会在北京举行。江西21名运动员参加中国亚运代表团，他们是：龚国

夺得男子4人单浆无舵手金牌的王跃东

夺得男子轻量级双人双桨金牌的谢一凡

华、毕忠、张彤、陈冬梅、熊国宝、罗小兵、余建华、李玉钧、淡新华、胡立国、文琦、叶金

萍、王跃东、谢一凡、彭江、张伟、毛俊生、邹清华、姜荣、柳军、许艳梅。江西省健儿在亚运会上共取得金牌7枚，银牌5枚、铜牌1枚，为江西运动员在历届亚运会上所获奖牌总数最多的一次。其中金牌数超过历届的总和。10月22日，省政府召开表彰会，授予许艳梅、熊国宝、毕忠、谢一凡、王跃东、姜荣省劳动模范称号。

22日 全省最大的水产专业码头在南昌竣工，并投入使用。该码头占地2600平方米，一次可停泊活水仓渔船200多艘，可年吞吐各种水产品近4500吨。

22日 省检察院、省税务局联合发布打击偷税、抗税违法犯罪的通告，督促这类人员坦白交待，争取从宽处理。

22日 省教委发出《关于江西省农林中专和农职业中学深化教育改革、做好科技兴农工作的实施意见》。

22日 江西省利用外资办公室和中国银行南昌分行联合举办利用外资和国际金融高级研讨班，参加研讨班的有各地、市主管外资工作的专员、市长、秘书长、外资办主任、计委主任、中国银行南昌支行行长及有关厅局负责人共60余人。邀请全国经济、金融专家、学者、高级管理人员，系统地讲授利用外资与经济发展的情况。

23日 江西有色地质勘探二队最近在赣南找到一处以钨和锡为主，伴生钼、铜、锌的特大型隐伏矿床。

24日 联邦德国东亚研究院董事鲍尔·拉伯先生一行6人来赣，参加中德联合研究院董事会年会。会议于10月5日结束。

26日 巴基斯坦国防部军工生产辅助秘书瑞亚兹少将一行8人，来南昌飞机制造公司进行5天考察，考察K-8项目。

26日 由日本国高松市市长胁信男率领的高松市代表团一行17人，来南昌参观访问。南昌市代市长蒋仲平与胁信男签署南昌市与高松市结为友好城市议定书。访问于10月3日结束。

27 日 毕忠在亚运会链球比赛中，以 71.30 米的成绩夺取冠军，并打破 71.14 米的亚运会纪录。

毕忠在亚运会链球比赛中破亚运会纪录

28 日 江西有色金属、稀土开发利用展览开展。展览共分五部分：资源、钨和钽铌、铜业、稀土、铀。

29 日 江西省预防医学会成立。该学会下设卫生事业管理、卫生防疫管理、劳动卫生与职业病、流行病学等十多个专科学会。

30 日 大（冶）沙（沙河街）铁路通过国家验收，交付运营。南昌开往北京的特快列车经过此线，可减少 9 小时旅程。

30 日 经省加强企业领导小组 1990 年 9 月 5 日会议审查并经省政府批准，省粮油食品进出口公司、南昌市纺织品进出口公司、上饶羽绒厂、上饶茶厂四个企业，为省经贸系统 1989 年度省级先进企业。

30 日 10 月 1 日是中华人民共和国国旗法正式施行之日。江西省市党政军领导和南昌市区的大、中、小学生，部队院校、武警部队官兵 1.2 万余人，在南昌人民广场隆重举行升国旗仪式。

1 万多人在南昌人民广场隆重举行升国旗仪式

本月 国营长林机械厂开发研制成功 FT 系列齿条式、链条式 30°、35°自动扶梯，是国内自行设计制造的最大高度自动扶梯，通过部级鉴定。

本月 铁道部大桥工程局五处在梁家渡抚河大桥工地上自行制造 40 米长的钢筋混凝土梁，并顺利架上大桥。创造了国内首次在施工现场制造大梁的纪录。

本月 中国有色金属公司南昌公司与鹰潭市政府达成的合资开发贵溪银矿工程动工兴建。

1990

10月
October

公元 1990 年 10 月 · 农历庚午年【马】													
日	一	二	三	四	五	六	日	一	二	三	四	五	六
	1 国庆节	**2** 十四	**3** 中秋节	**4** 十六	**5** 十七	**6** 十八	**7** 十九	**8** 寒露	**9** 廿一	**10** 廿二	**11** 廿三	**12** 廿四	**13** 廿五
14 廿六	**15** 廿七	**16** 廿八	**17** 廿九	**18** 九月大	**19** 初二	**20** 初三	**21** 初四	**22** 初五	**23** 初六	**24** 霜降	**25** 初八	**26** 重阳节	**27** 初十
28 十一	**29** 十二	**30** 十三	**31** 十四										

1 日　江西省第十二届艺术节暨江西《傩乡杯》摄影面雕制作展开幕。参展作品 3400 幅。

1 日　南昌市开工兴建青云水厂，规模为日供水 40 万吨，分两期建设，第一期工程为日供水 20 万吨。

1 日　唐宋八大文学家之一的曾巩纪念馆在南丰县竣工，对外开放。

3 日　景德镇人民瓷厂烧制成 4 只高达 3 米的

景德镇人民瓷厂烧制的特大瓷雕龙船

超大件青花瓶。景德镇红星瓷厂烧制成功一艘长 1.1 米、高 0.7 米，在国内外尚属首例的特大瓷雕龙船。龙船底层是茶房、书房和餐厅，上层是大

小两座古亭，《红楼梦》中近百个人物栩栩如生。

3 日　埃及空军司令部肖克力少将夫妇来南昌飞机制造公司参观考察。

5 日　国家体改委、建设部下发《关于继续在部分城市建筑行业管理试点意见》，肯定自 1985 年以来，南昌等四个城市在试行全国建筑业行业管理方面取得的较好的效果，并确定南昌为全国 19 个继续实行建筑行业管理试点的城市之一。

5 日　农田水利基本建设会议在南昌召开。会议提出：全党动员，全民动手，加强领导，大办水利，苦干五年，解决 1000 万亩农田的灌溉问题，使全省水利面貌有一个明显改变。

5 日　省七届人大常委会委员分别到各地视察工作。视察的主要内容为：（一）关于江西省纠正行业不正之风，加强廉政建设的情况；（二）全省司法系统执行大检查情况；（三）各地贯彻执行《江西省计划生育条例》的情况。

5 日　美国芝加哥大学地球物理系教授齐格勒等一行来江西进行近一个月的考察。考察内容为研究华南古地理演化过程。省地质学会邀请齐格勒教授、金玉玕研究员等 4 人作学术报告。

6日 景德镇市名标建成。全国政协主席李先念、国家副主席王震和原全国人大委员会彭真分别题词。

6日 日本冈山县少年儿童书画展览在省文联影协展览室举行。于12日结束。共展出书画作品300多幅（条）。

7日 全国人口与计划生育基础知识教育汇报会在江西万载具召开。国家计生委主任彭珮云、省长吴官正、副省长孙希岳出席会议并讲话。汇报会于12日结束。

8日 九江市同南昌市、抚州地区，就合作种棉达成协议。1991年九江市为南昌承担5万亩、抚州地区承担3万亩棉花扩种任务。南昌、抚州除将省政府规定的各项优惠条件，全部转给九江市外，每担皮棉付给九江市100元的价格补贴。

8日 华东协作网建材局长会议在江西水泥厂召开，国家建材局副局长张人为、华东各省、市建材局代表20余人参加了会议，期间代表们参加了首届中国瓷都——景德镇陶瓷艺术节有关活动。

9日 卫生部组织的以中国预防医学科学院寄生虫病研究所研究员史宗俊为组长的专家组一行6人，来江西省进行基本消灭丝虫病抽查复核。并赴高安、南城、进贤、宜黄县进行抽查复核工作。19日，卫生部卫生防疫司副司长王钊在"江西基本消灭丝虫病总结表彰大会"上代表卫生部宣布"江西省达到国家规定的基本消灭丝虫病标准"。并给江西省卫生防疫站颁发了奖状和10万元奖金。

9日 中央政治局常委、国务院总理李鹏在毛致用、吴官正陪同下，先后考察南昌、赣州、吉安等地，强调今后10年仍要把农业放在发展

李鹏在万安县窑头供销社了解市场情况

的首位，要把粮食收购、储存作为一件大事来抓。当前企业技术改造要充分重视引进国外先进技术、生产线和生产工艺；要推进住房制度改革，改善居民住房条件；要积极帮助贫困户发展生产，推动扶贫工作从救济型向开发型方面发展；江西是具有光荣革命传统的老区，40年来特别是党的十一届三中全会以来，工农业生产和人民生活都发生了显著变化，对全国也作出了贡献。

10日 省委书记毛致用、省长吴官正陪同

李鹏在江西汽车制造厂考察

李鹏与赣州电视台工作人员合影

江西汽车制造厂总装车间

64

国务院总理李鹏视察采取"技贸结合"方式引进日本技术设备产生显著经济效益的江西汽车制造厂。李鹏总理详细询问技术引进项目情况，并亲自驾驶"江铃"汽车。

10 日 景德镇市具有中国传统特色的楼阁建筑——龙珠阁重建竣工，建筑面积 1102 平方米，投资 320 万元。

10 日 全国中青年鼠类生物学暨防治学术会议在贵溪县召开。来自全国各省市自治区的 103 名代表参加了这次会议。

11 日 江西省举办首届中国瓷都——景德镇国际陶瓷节。全国政协主席李先念题字："中国瓷都景德镇"；彭真题字"瓷都景德镇"；王震题字"中国瓷都景德镇"；薄一波题字"朝天阁重放光辉、景德镇名扬四海"。为陶瓷节题字的还有余秋里、陈丕显、肖克、洪学智、杨成武

等。全国政协原副主席杨成武在开幕式上讲话，毛致用、吴官正等领导致贺电贺信。陶瓷节产品成交总额 2.1 亿多元，其中出口 500 余万美元；签订经济技术合作项目、引进外资 1700 多万美元。先后有日本等 18 个国家和地区及港澳台同胞、华侨共 500 多来宾、国内宾客 3000 余人参加。

首届中国瓷都——景德镇国际陶瓷节开幕式

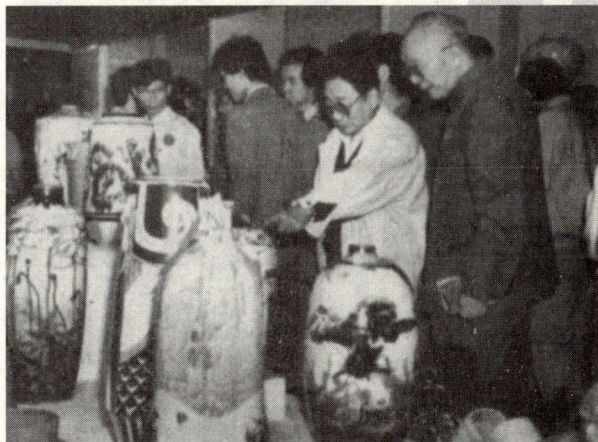

嘉宾们在参观陶瓷精品

11 日 省政府最近发出通知，要求各级政府积极采取措施，搞活农村商品流通，经常研究农村市场出现的新情况新问题，千方百计增加农民收入，扩大农村商品购买力。强化供销社在搞活农村商品流通中的主导地位和主渠道作用。

12 日 为期 5 天的"第二届全国人口社会学研讨会"在南昌召开。副省长陈癸尊出席开幕式，并就人口社会学在科学理论体系中的地位、中国人口出生率的控制、人口发展与社会发展相互关系等发表讲话。

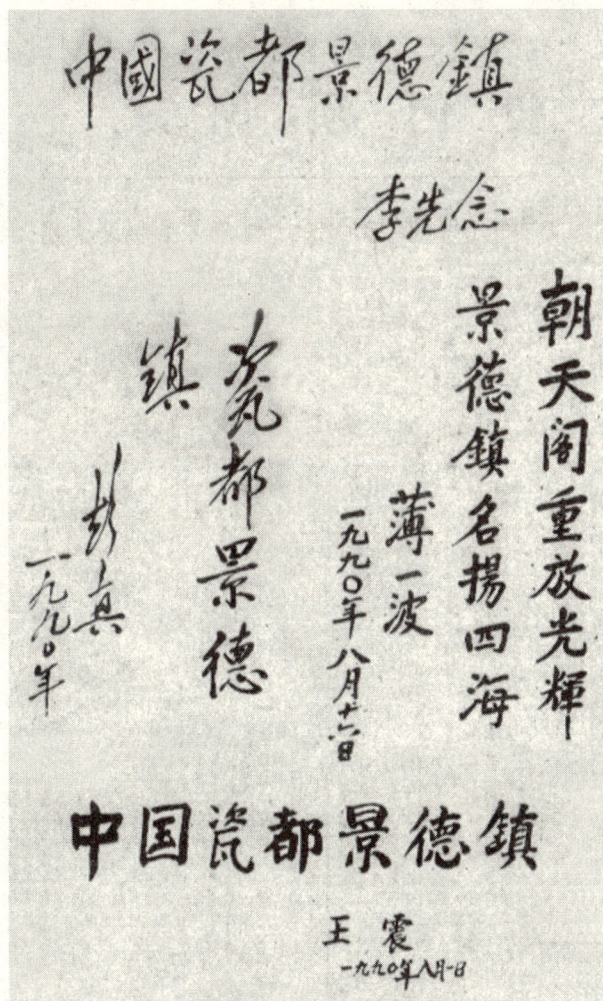

国家领导人为祝贺景德镇陶瓷艺术节开幕的题词

12日 中央政治局常委、国务院总理李鹏视察赣州稀土有限公司。他在考察赣州木材厂时题词，勉励职工"开发新产品，不断前进！"在深入遂川县珠田乡南坑村贫困户谢检秀家时，发现10岁男孩郭秀生患病无钱医治，当即掏出200元钱交其母，并嘱咐县政府设法为孩子治病。

李鹏在遂川农民家中询问小孩的病情

12日 《江西日报》转广昌讯，近年来，广昌县博物馆陆续发现一大批出土的明万历青花瓷盘。这批瓷盘的上限为万历元年（1573），下限为南明弘光元年（1645）。墓主身份大多为平民百姓，也有达官贵人。器物造型平整，胎细器薄，但多有裂痕，足底粘沙。釉质嫩白，青花色泽淡雅。

13日 江西景德镇国际陶瓷精品赛揭晓。景德镇地区（包括部属陶研所和陶瓷学院）获金杯奖两个，一、二、三等奖77个，获创作奖58个。

13日 省司法厅在省第五劳改支队举行劳改劳教工作新闻发布会。出席会议的有省委政法委、省司法厅、省劳改局、省劳改劳教局、中央驻省以及省、市部分新闻单位的新闻工作者共30余人。会议就劳改劳教工作的简况、办事制度、办事程序以及纠正行业不正之风，搞好廉政建设，加强"两公开一监督"（罪犯减刑、假释的条件公开，罪犯减刑、假释的名单公开；干警、罪犯对减刑、假释共同监督）等向政法界新闻界作了介绍。

13日 全国第四届微循环学术交流会在南昌召开。江西省的专家、学者共发表论文14篇，口头报告7篇，展版报告10篇。

14日 在1990年全国赛艇锦标赛上，江西选手沈春华、付丽、吴翠锦、赵苏英获女子轻量级银牌。

14日 中央政治局常委、国务院总理李鹏视察红声器材厂和江西电线电缆总厂，并为江西电线电缆总厂题写厂名。

14日 鹰潭市召开2000多人的群众大会，授予舍己救人而光荣牺牲的小学生刘东"赖宁式的好少年"称号。

15日 省委宣传部、江西日报社、省广播电视厅、省出版事业管理局联合举办的江西省新闻出版首届研讨班开学。中央党校研究员沈宝祥、新华社记者林枫、中宣部出版局副局长袁亮分别作辅导报告，丁志矩应邀到研讨班作关于"新闻出版职业道德"发言。

15日 世界银行检查团一行5人来赣，对吉湖农业综合开发项目执行情况进行检查。检查工作进行了10天，至24日结束。

15日 江西著名中国画山水画家程其勉画展在省文联摄影家协会展开幕。

16日 省委召开地市委书记、专员、市长会议，认真贯彻落实李鹏总理考察江西时的重要讲话精神。与会者认为，总理在讲话中对江西提出的希望和要求，完全符合江西的实际。表示要振奋精神，坚定信心，战胜困难，开拓进取，加倍努力搞好各项工作特别是经济工作，不辜负党中央、国务院的殷切期望。

16日 南昌硅酸盐制品厂投资500万元，建成年产球面轴瓦1000吨生产线，并成立南昌建材轴瓦厂。

17日 全省最先进的医药制剂大楼日前在永丰县制药二厂落成。该项目为省重点技术改造项目，工程投资970万元。工艺流程、生产设备和检测手段均属国内先进水平。投产后，年产值达6000万元以上，年利税达1000万元。

17日 罗马尼亚木偶剧团在江西艺术剧院演出。

17日 原全国政协副主席杨成武、国家计划生育委员会主任彭珮云、国务委员张劲夫、农业部副部长刘江先后到共青垦殖场视察。

17日 全国工业品以工代赈计划会议在井

冈山召开。会议宣布，从 1990 年至 1992 年，国家拿出价值 15 亿元的工业品以工代赈扶助贫困地区。省计委副主任樊祥熙向大会介绍典型经验。从 1984 年到 1989 年，国家安排江西以工代赈金额 17.6314 亿元，累计完成工程量价 1.77 亿元。1990 年到 1992 年，以工代赈计划重点放在贫困落后地区，特别是边远山区，主要用于修建乡村道路、桥梁，解决群众饮水问题。

17 日　亚洲开发银行"红土壤开发试验技术援助项目"考察团一行两人来赣，对红土壤地区开发进行为期 4 天的实地考察。

17 日　由副省长孙希岳和省人大常委会副主任王国本分别率领的江西省经济代表团分赴新疆、宁夏、陕西和黑龙江、内蒙古考察学习。主要学习兄弟省（区）扩大对外开放、发展横向经济联合与协作方面的经验，考察中苏、中蒙边境贸易，探索开展对苏、对蒙贸易的途径，与西北和东北有关省（区）洽谈经济技术合作项目。于 23 日结束考察回赣。

18 日　省委宣传部、省公安厅在南昌召开表彰大会，表彰龚声辉、凌宗浩等 52 位见义勇为与犯罪分子作斗争的先进分子。省委副书记、省长吴官正等为代表颁发奖状和证书。

18 日　省地矿局提交的《关于南岭地区离子型稀土资源远景调查研究报告》通过评审验收，获地质矿产部 1992 年科技成果二等奖。

19 日　为期 12 天的江西音乐舞蹈艺术节在艺术剧院举行。期间 17 个演出队 500 多名演员，演出新近创作的音乐舞蹈节目 8 台，大型民族舞蹈和大型歌剧各 1 台。

20 日　江西扶贫支柱产业"八五"开发规划提出：老区建设从 1991 年起转入经济开发新阶段，重点是改变扶持方式，大力发展支柱产业，由单纯生产原料向加工业延伸，由扶持贫困户发展家庭经营为主转到以扶持发展集体经济、完善双层经营为主，使贫困地区从自给、半自给经济逐步向商品经济过渡。

20 日　浙赣复线抚河大桥架通。梁家渡抚河铁路桥是国家重点工程浙赣复线建设中向塘至贵溪的控制性工程。铁路桥全长 1370 米。

20 日　原全国政协副主席杨成武参加中国瓷都——景德镇国际陶瓷节活动后，在南昌看望了省军区和省武警部队官兵、机关干部和离退休老同志；在九江参观了九江炼油厂、九江毛纺厂、华浔服装公司和共青垦殖场。

20 日　省粮食局、省物价局联合发出通知，正式下达全省晚籼稻（包括杂优晚稻）议购指导价，凡符合中等质量标准的，每 50 公斤 36 元，并要求各收购点公开挂牌敞开收购。做到不限收，不拒收，但要防止购过头粮。

20 日　省政府发出《关于在政府工作中发挥工会、共青团、妇联民主参与、民主监督作用的通知》。

20 日　省委书记毛致用、省长吴官正率省直有关部门负责人，深入鄱阳湖区实地考察。先后深入都昌、余干、波阳、星子、九江、湖口、永修等县与沿途地、市、县、乡、村的干部进行广泛接触和多次座谈，共商开发利用鄱阳湖良计，共探发展湖区经济良策。他们指出，鄱阳湖区形势好、潜力大，实行综合开发治理大有可为。并强调，对鄱阳湖要综合治理，要治山治水治虫有机结合，要下决心调整产业结构；要重视科学技术普及推广；要坚持两个文明建设一起抓，通过党的基本路线教育，有个稳定的社会秩序。

毛致用、吴官正视察鄱阳湖区血吸虫病防治工作

21 日　南昌新昌铅制品厂开发研制成无毒无缝铅火锅，螺口背带水壶，暖壶牛奶锅 3 项新产品。

21 日　中国地市报学术研讨会第四次年会

在宜春举行。会议由赣中报社主办，广泛深入探讨办好地市报纸问题。中央和地市报新闻单位160余人出席会议。

21日 为期3天的全国第四次麻风病防治工作会议在南昌召开。卫生部副部长何界生、副省长陈癸尊出席会议并讲话。江西有21个县达到基本消灭麻风病指标，31个县达到控制指标，26个县达到基本控制指标。

21日 在为期5天的1990年全国皮划艇锦标赛上，江西运动员袁小清获女子5000米冠军。

22日 省政府最近召开全省烟叶生产工作会议。会议要求，1991年的收购计划达到40万担，力争达到45万担。会议提出，1991年工作重点要转到抓质量、抓单产上来。会上，省政府对完成了责任状各项指标的六个县政府和烤烟收购量达3000担以上的34个乡镇进行了表彰，并颁发奖状。

22日 应中国国际贸易促进委员会江西省分会的邀请，日本岐阜县经济代表团一行20人对江西进行友好访问。访问期间，省长助理周愁平、省经贸厅副厅长周泽喜、贸促会江西分会副会长杨友春等会见代表团。

22日 日本药商内田输约株式会社衣田丙雄太郎等4人专程参加樟树第二十一次全国药材交流会。这是首批参加药交的外国商人。

22日 省高级人民法院召开行政审判工作会议，会期4天，共有40人出席。会议传达贯彻全国行政审判工作会议精神，讨论院长李迎所作《提高认识，增强信心，大胆地积极地开展行政审判工作》讲话，交流行政审判工作经验，修改《庭审细则》、《法律文书格式》。

22日 为期5天的全国油茶低改项目建设现场会在宜春召开。湖南、广东、浙江、广西、福建、湖北、江西7省（区）有关单位出席会议。

23日 南昌洪婺名茶开发公司开发的"中国茶礼"系列产品在广州举办的1990年中国旅游购物节上，获全国旅游商品"天马"金奖。

23日 省重点工程南（南昌）—浔（九江）铁路线技改工程——"两站一桥"主体工程完工。

24日 省检察院检察长王树衡在省七届人大常委会第十七次会议上作《关于江西省检察机关两年来开展举报工作情况的汇报》。从1988年7月起江西有114个检察院建立举报中心，共受理举报案件线索33650件，涉嫌国家工作人员14407人。属检察机关管辖的有22078件，其中贪污贿赂线索15117件，"侵权"、"渎职"案件线索2698件，立案侦查1849件。

24日 国家档案局第一号令颁布施行《中华人民共和国档案法实施办法》。省档案局制发《关于认真学习切实实行〈中华人民共和国档案法实施办法〉的通知》。

24日 赣南省亲联谊投资贸易恳谈会举行。为期4天期间共签订独资、合资、合作项目23个，签约金额1.8036亿美元，引进资金9530.74万美元。来自10个国家和地区的60余名侨商、台商参加了恳谈会。

25日 省委、省政府召开庆祝"敬老日"座谈会，并委派省老龄委主任方影走访慰问了省直和南昌市的16名85岁以上的高龄老人。

25日 在1990年全国游泳锦标赛上，江西选手王跃煌获100米蝶泳冠军，200米蝶泳亚军。

26日 省税务局发出《关于县（市）税务局减免乡镇企业所得税审批权限的通知》。

26日 为期3天的1990年全国青年技巧锦标赛在萍乡举行。江西运动员获得女子双人项目三块金牌。

27日 省委、省政府召开电话会议，部署继续深入开展"严打"、整治社会治安的总体战。省委副书记蒋祝平讲话，要求把总体战各项工作落到实处，要有措施，抓落实，始终坚持打防并举，标本兼治，打好、打胜总体战。对严重刑事犯罪分子，要依法坚决打击，该重判的要坚决重判，决不手软。对轻微违法犯罪人员，要立足挽救、帮教、防止扩大打击面。

27日 国家重点建设工程贵溪化肥厂建成投产。

27日 省旅游局、景德镇市政府联合在澳门举办景德镇中国工艺美术大师教授名家名作暨江西旅游展。香港霍英东先生赠送花篮与花牌。

30日 南昌市珠宝街发生特大火灾，受灾居民83户。22辆消防车、近200名消防官兵赶赴现场灭火，四个小时后，大火全部扑灭。省市领导先后深入现场组织指挥灭火和慰问灾民。

30日 在中共党史上具有重大意义的罗坊会议召开60周年之际，新余市举行纪念活动。1930年10月25日至30日，毛泽东在新余罗坊主持召开红一方面军总前委和江西省行委联席会议，史称"罗坊会议"。

30日 省委书记毛致用深入高安县、宜丰县实地调查了解秋玉米生产时强调指出：江西不仅可以扩种玉米，而且可以创高产，发展玉米生产，实行玉米、饲料、养殖业系列开发，要下决心认认真真，扎扎实实地抓，面积要扩大，而且要高产。搞通收购加工渠道，多办一些饲料加工厂，逐步形成商品生产的优势产业。

30日 省棉花研究所选育的"赣棉6号"通过技术鉴定。当前已引种到彭泽、丰城等多个重点产棉县市和河南、湖北、安徽、江苏等省市。该品种具有丰产性能好、纤维品质好、农艺综合性好等特征。

31日 在1990年全国步枪移动靶射击赛中，江西队获步枪团体总分第一名。姜荣与新疆运动员以598环相同成绩打破男子小口径自选步枪60发卧射全国纪录。刘人青获女子小口径标准步枪3×20比赛第一名。

31日 省卫生厅制发《江西省卫生厅关于加强廉政建设、纠正行业不正之风的若干规定》，并向全社会公开张贴7000份布告，广泛接受群众监督。卫生部将该规定转发到全国各省、市宣传推广。

31日 赣州地区、福建龙岩地区、广东梅州地区积极开展经济技术协作，开展多形式、多层次、多领域、多内容的横向联合。到本月底，三地（市）区签订经济技术协作项目32个，交流人才140人，交流商品额2339万元，物资协作6681万元。

本月 景德镇艺术瓷厂制成1件超级粉彩"万件"瓶和1只特大型薄胎斗笠碗。万件瓶呈敞口凤尾形，瓶高2.6米，腹围2.15米，其主饰为粉彩传统《六合同春图》；斗笠碗口径为87厘米。景德镇红旗瓷厂制成1只高118厘米的影青刻花特大型薄胎皮灯，灯体高70厘米，围径170厘米，装饰采用半刀泥技法刻成6条形态各异婉若游龙的金鱼。

本月 省科委编制出《江西省"八五"科技攻关计划》。

本月 省司法厅成立行政复议和应诉工作委员会，厅长范佑先任主任，副厅长高葵霄、巫贤德、钱世驯、张重良、汤忠赞、游牧光、刘伟民、高美华任委员。同时制定《江西省司法行政机关行政复议和应诉工作细则（试行）》。

本月 经全国卫生城市检查团检查，赣州市被评为全国卫生城。

本月 在"1989年中国500家最大工业企业及行业50家评价"中，七〇一厂位居为本行业最大经营规模第三十七位。

本月 文化部少儿司、全国少儿文化艺术委员会、全国青少年宫协会、中国少儿活动中心、中国书法家协会展览部、中少报、中儿报、文化部少儿艺术基金委员会、全国妇联儿童部、南昌市少年宫等10个单位在南昌市少年宫举办的"滕王阁杯全国少年儿童书法大奖赛"中，徐田等6人获一等奖，张坚等13人获二等奖，卢淑慧等21人获三等奖。陈维等26人获优秀奖，赵定群、陈国康、漆伯麟3人获优秀老师奖。南昌市少年宫获优秀组织奖。

本月 省政府决定将省服装鞋帽工业公司、省服装鞋帽研究所划归省纺织工业局领导。

1990

11月 November

公元 1990 年 11月							农历庚午年【马】					
日	一	二	三	四	五	六	日	一	二	三	四	五	六
				1 十五	2 十六	3 十七	4 十八	5 十九	6 二十	7 立冬	8 廿二	9 廿三	10 廿四
11 廿五	12 廿六	13 廿七	14 廿八	15 廿九	16 三十	17 十月大	18 初二	19 初三	20 初四	21 初五	22 小雪	23 初七	24 初八
25 初九	26 初十	27 十一	28 十二	29 十三	30 十四								

1日 共青团中央和国务院贫困地区经济开发领导小组召开表彰会，授予共青团兴国县委红旗单位称号。

1日 全国建材职工教育会议在庐山召开。

1日 中国生态经济学会第二届理事会年会暨学术讨论会在抚州召开。与会学者对江西省山江湖整体开发与治理的研究并付诸实施十分赞赏。会议期间，与会的100多名专家学者和其他代表，参观了抚州地区四个不同类型的生态经济模式点。

2日 《江西日报》报道，自1983年设立国家级候鸟自然保护区后，入鄱阳湖的候鸟从1983年的几千只，增加到1989年的60万只。1990年10月入湖候鸟达180多种80多万只。仅珍禽就达26种4万多只，其中白鹤、白头鹤、白鹳、黑鹳、大鸨等国家一类保护珍禽3331只。

2日 据统计，在"七五"期间（1986年至1990年9月底），江西共抢救国家重点档案116574卷，"八五"期间，尚有36万余卷重点档案需要抢救。

2日 联合国儿童基金会、经贸部国际司在井冈山市联合召开"儿童基金会第四周期基础服务项目主任讲习会"，省长助理周慭平参加开幕式并致词。

2日 省长办公会议决定，从1990年度机关、事业单位2‰的升级奖励指标中拨出300个名额，奖励在科技兴农和农业开发总体战中做出突出贡献的县及县以下党政机关、事业单位的工作人员、科技人员。并决定设立"星火奖"，分省和地、市两级，省级星火奖每年评审一次，分为四等，奖金分别为4000元、2000元、1000元和500元，同时发给奖状证书。

2日 我国最大的陶瓷壁画近日在景德镇制作成功。这幅《江天万里图》面积为223.72平方米，由一万多块瓷砖制作而成。由景德镇陶瓷壁画厂工艺美术师潘凯声、李松设计制作。

2日 省政府发出《关于大力促进乡镇企业持续稳定协调发展若干问题的通知》，强调要继续实行优惠，保护乡镇企业合法权益，健全和充实乡镇企业管理机构。

2日 苏联安东诺夫飞机设计局副总设计师

斯米尔诺夫夫妇，来南昌飞机制造公司进行为期8天的参观访问并讲学。

3日　中国农业工程研究设计院与红星垦殖场联合研究《红星垦殖场综合发展战略研究》课题，通过专家鉴定该课题运用系统动力学模型，研究企业发展。

3日　杂交水稻新组合——"献优63"在萍乡通过省级鉴定。"献优63"是由萍乡市农业科技工作者颜龙安、钱怀璞等6人历时6年，将改造后的"献党一号"不育系和"明恢63"杂交选育而成。同时，籼粳中间型晚稻新品种"B228"在上饶地区农科所选育成功。

颜龙安在潜心搞科研

3日　中国电影第十届"金鸡奖"揭晓，由江西电影制片厂摄制的故事片《童年在瑞金》获最佳导演处女作奖。该片曾于10月获"辽宁首届少年儿童电影节"的"蓓蕾奖"。《童年在瑞金》是1989年底摄制完成的，主创人员都是近些年毕业的大学生和研究生，平均年龄30岁。导演黄军是北京电影学院暨中国电影艺术研究中心88届硕士研究生。

4日　省儿童医院副教授徐本源主持研究的"小儿后天性肛前瘘直肠内修补术"，获第四十届世界尤里卡博览会金奖。

4日　纪念爱国词人辛弃疾诞辰850周年学术讨论会在上饶开幕，海内外专家100余人就开创辛弃疾和辛词研究新局面进行交流和研讨。这次学术讨论会由中华诗词学会、中国社科院文学研究所、北京大学、复旦大学和上饶市、铅山县

人民政府等33个单位联合发起，由上饶地区诗词学会承办。

4日　世界银行公路代表团诺干比先生来南

南昌大桥西岸基础工程正式开工建设

昌，对南九公路和南昌大桥项目执行情况进行检查。检查工作于13日结束。

5日　省乡企局、省计委、省公安厅、省粮食局下达乡镇企业干部"农转非"指标1000名。此后，每年解决"农转非"指标1000名。

派出所公告"农转非"名单

6日　省长吴官正、副省长钱家铭等领导接见1990年获国家质量奖企业的19位代表。1990年，江西共有18项产品获奖，其中金质奖7项，银质奖11项，获奖总数与天津并列全国第九位。

6日　南昌郊区湖坊乡、彭泽县棉船乡、新干县神政桥乡入选"中国乡镇百颗星"。

6日　在"南昌—九江"公路工程建设中，省考古研究所先后复查了永修、九江两县30余

处遗址，并对戴家山等三处遗址作抢救性发掘，出土一批商代文化遗物，盆钵鼎、卷缘鬲、折肩罐、曲腹盆以及错乱云雷纹，叶脉纹陶片等。这批遗物在河南二里头和二里冈都是常见之物，可见江南的早商文化与中原早商文化同步发展。

6日 省地矿局等单位共同完成的"七五"重点科技攻关项目《花岗岩区1:5万单元——超单元填图方法研究》通过评审验收，该成果在S型花岗岩填图方法研究方面达到国际先进水平。

7日 省社联评出江西省第四次（1987.11.1～1989.12.31）优秀社会研究成果奖112项，其中荣誉奖6项，一等奖7项，二等奖21项，三等奖78项。

7日 《江西日报》报道，据中国统计局关于1990年人口普查主要数据的公报公布，江西省1990年人口普查总人口为37710281人，比1982年第三次人口普查增长13.64%，1990年人口密度为每平方公里226人，比1982年人口普查增加27人；市镇总人口占总人口的比重为20.4%。1989年7月1日至1990年6月30日出生人口为914610人，死亡人口为246403人，平均每天出生2506人，死亡675人。人口自然增长率17.88‰。

7日 以生产"英雄"牌奶粉闻名的江西乳品厂，全员劳动生产率、资金利税率等八项指标达国标，最近通过验收，分别获省先进企业和国家二级企业称号。

9日 冶金部副部长黎明、宝钢总厂党委书记朱尔沛一行5人，由副省长钱家铭等陪同，先后视察新余钢铁厂、江西钢厂、江西耐火材料厂、南昌钢铁厂、洪都钢厂、吉安钢厂和九江钢厂。

9日 江西中医学院附属中医院骨伤科主任、副教授许鸿照和骨伤医师温贤成研制成功新型骨伤科医疗器械——多功能双爪固定器。

9日 省委、省政府在宜春召开村级建设工作会议，传达全国村级建设工作座谈会精神，总结江西村级建设工作经验，部署全面加强村级建设的工作。省委书记毛致用就抓好后进村党支部

的整顿讲话指出，整顿后进支部要有的放矢，具体问题具体对待。要"多换思想少换人"，着重于思想整顿，要选准选好支部书记。在部署今冬明春农村基本路线教育工作时，组成强有力的工作组，重点深入后进支部所在村。力争用二三年时间，使现有的后进支部真正改变面貌，以提高整个农村党组织建设的水平。1990年，全省有4000多个村依法进行换届选举。并确定16个示范乡镇、853个示范村。

10日 南昌铁路分局鹰潭站客运员熊云清在候车棚检查危险爆炸品时，与犯罪分子搏斗，壮烈牺牲。11日，铁道部长李森茂指示："以部名义向熊云清家属表示深切哀悼"。12月4日，经省政府批准，追认熊云清为革命烈士。14日，铁道部和省委、省政府、省军区在南昌铁路文化宫召开熊云清烈士命名表彰大会，铁道部和省领导韩杼滨、蔡庆华、吴官正、张玉江等参加大会。

10日 省文化厅厅长在新闻发布会上宣布：1989年9月20日在新干县大洋洲发现的商代大墓铜器群，是我国江南考古的一项重大突破，对江南的文明史必将重新认识和评价，也为我国青铜器文化的研究揭开了新的篇章。为表彰江西文物保护和新干商墓、瑞昌铜矿遗址和德安墓三项重大考古发掘，国家文物局和江西省政府决定对7个先进集体和49位先进个人进行表彰。

10日 全国人大常委、全国人大民族委员会副主任委员李学智等一行8人，在江西进行为期9天的考察散居少数民族工作。

11日 赣、湘、鄂联合推销"一江（长江）、两湖（鄱阳湖、洞庭湖）、三名楼（滕王阁、岳阳楼、黄鹤楼）"旅游线路联系会议在南昌召开。

11日 七届全国人大常委会委员、全国总工会副主席王厚德一行3人，在江西视察廉政工作。视察工作于18日结束。主要视察贯彻实施行政诉讼、纠正行业不正之风、廉政建设、社会治安等情况。

12日 省委书记毛致用从分宜县乘船进入江口水库，调查了解渔业生产情况，指出：江西

水库资源丰富，生产潜力大，综合开发，发展渔业生产大有可为，争取在不长的时间内，把江西建成全国淡水鱼重点商品生产基地。

12日 以南昌师范附属小学校长刘伯森为团长的江西省南师附小师生访问团一行16人结束对日本岐阜县的为期7天的访问。该团是应日本岐阜县养老郡养老町教育委员会教育长小足斡雄先生的邀请对日本的回访。

13日 九江动力厂生产的庐山牌S195L-1型柴油机出口孟加拉国。

13日 南京军区司令员固辉到南昌陆军学院检查指导工作。指出要争创一流院校，培养高素质人才。

13日 省政府发布《江西省城镇人工煤气安全管理暂行规定》。

13日 《当代中国》丛书中的《当代中国的江西》，经省委和《当代中国》丛书编委会审查，即将出版，向国内外发行。该书是一部反映江西省从1949年到1985年间社会主义革命和建设的历史著作。

13日 闽、浙、赣、皖毗邻九地市（上饶、赣州、丽水、金华、南平、黄山、景德镇、鹰潭、衢州）横向经济联合第五次联席会议在浙江省丽水市举行。会议本着"创新、求深、务实"的精神和"互助、互惠、互利"的原则，就不断扩大对外贸易，积极开展资金横向融通问题进行了讨论。

14日 首次参加比利时布鲁塞尔三十九届尤里卡世界发明博展会的江西省五项发明，获四枚金牌、一枚铜牌。它们是景德镇建国瓷厂邓希

省领导与从第三十九届尤里卡世界发明展及第五届全国发明展载誉归来的江西科技人员的合影

平发明的"陶瓷彩虹釉"、宜春市赣西化工厂葛亮发明的"891—耐高温环氧丙烯酸树脂"、占小玲发明的"混合柴油"等。

14日 全省国营垦殖场工作会议在南昌召开。会议提出全省农垦系统"八五"期间的奋斗目标，到1995年，全省农垦企业总产值力争达50亿元，利税3亿元。出口商品总产值10亿元。会议重申，垦殖场的山水田路均属国家所有，任何单位和个人不得随意侵占。场乡合一的垦殖场原则上要政企分开，逐步过渡。

16日 国家重点工程——万安水电站，首

装机容量达400兆瓦的万安水电厂

台10万千瓦发电机组经过72小时的试运行，并网发电，投入生产。万安水电站是一座以发电为主，兼有防洪、航运、灌溉和水产养殖等综合效益的大型水利枢纽工程。总库容22.16亿立方米，设计装机容量50万千瓦，河床式厂房长197米，宽72米，高64米。枢纽单级船闸最大设计水头32.5米，下闸人字门高36.25米，单扇门重320吨，船闸长175米，宽14米，槛上水深2.5米。大坝施工期间，国务院总理李鹏到工地视察并题词"开发赣江，为革命老区造福"。

16日 省政府召开电话会议，要求各地加强领导，集中力量，迅速掀起农田水利冬修高潮。要求各地：第一，抓紧时机上足劳力，确保大办水利规模；第二，领导上岗到位，真正落实责任；第三，在切实抓规模、抓进度的同时，切实抓好质量，抓好效益；第四，各行各业，各个部门要支持大搞农田水利建设；第五，进一步搞好统筹兼顾，全面抓好冬季生产。

16 日 省医药管理局、省卫生厅、省工商行政管理局先后联合发出《江西省整顿医市场通知》第一、二号文件。对不具备从事药品批发业务资格的190家予以取缔。其中：无证无照违法经营的28家；被取缔的128家；主动停止药品批发业务的34家。

17 日 洪都钢厂首次为外商生产17吨出口无缝钢管。

18 日 江西省城市建设技工学校成立。

19 日 号称"东南亚第一家的中国画廊"的三清山、鄱湖鹤、鸳鸯湖旅游风光摄影艺术展览在深圳开幕，展出彩色照片150余幅。

19 日 江西南蓝无链自行车厂生产"兰宝"牌无链自行车日前已成为市场畅销商品。"兰宝"牌无链自行车是该厂用齿轮传动装置来取代链条传动装置研制生产出来的，样式新颖美观，传动安全可靠，整车重量减轻，骑行轻快省力，维修保养方便等特点。

19 日 第十一届亚运会体育美术展览会期间，国际奥委会主席萨马兰奇先生在展出的575件作品中挑选了26件为国际奥委会的收藏品，收藏于国际奥委会奥林匹克博物馆。其中江西省文艺学校青年教师陈勇新作《和平友谊的使者》的宣传画，被国际奥委会收藏。

19 日 省经贸厅组织20余人在北京参加由中国外商投资企业协会等3家单位主办的"中外经济技术投资合作项目洽谈展示会"。

20 日 江西省赣剧团应邀进京参加第二届中国戏剧节和第八届戏剧"梅花奖"演出。中央政治局常委李瑞环观看演出后接见赣剧团演员说："我第一次看江西的戏，很不错，很有意境"。21日起，《荆钗记》在首都公演4场，获优秀演出奖、优秀剧目奖、剧目推荐者奖。陈俐、李维德还应中国剧协艺委会和中国艺术研究院戏研所的邀请在京作专场折子戏演出，剧目有《盗草》、《拒诏扑火》、《书馆夜读》、《选马出征》、《南柯梦寻》、《思亲罢宴》等。

20 日 省政府召开引进国外智力工作会议，省委副书记蒋祝平出席会议并讲话指出，全省引智工作主要围绕五方面开展：农业总体开发和科技兴农；能源、交通、通信建设；重点企业的技术改造和重大技术引进项目；重大技术攻关项目和某些缺门科学以及急待开发的新兴科技领域；社会发展方面重大项目。

21 日 全省技术改造工作会议近日召开。会议指出，坚定不移地依靠科技进步，挖掘企业内部潜力，是江西发展工业、振兴经济的根本途径，"八五"技改的重点是抓好产值大、利税高的十大重点产品，如汽车、卷烟、酿酒、糖、开发羽绒新产品、扩大彩电产量、提高电冰箱质量、继续抓好陶瓷改造、发展酒精和造纸深加工等。

21 日 省委、省政府召开电话会议，全面部署清理和制止"三乱"。决定成立制止"三乱"领导小组，专门负责此项工作，这次清理和整顿分四个阶段进行：1990年11月至1991年春节前为学习动员和自查阶段；1991年3月至6月底为重点检查阶段；1991年7月至10月底，为建立健全制度，加强管理阶段；1991年11月至12月底为总结验收阶段。

21 日 余干县博物馆在该县华林岗乡邹源村发现南宋宝庆元年理宗皇帝赐给邹孟卿的敕文，敕文为黄色丝，上织云雷纹，长98公分，宽30公分。其中有皇帝真体墨字共471字。10月底县博物馆通过鉴定予以收藏。

22 日 省军区政委张玉江少将专程前往鹰潭火车站，看望11月10日晚与非法携带手榴弹的杀人潜逃犯英勇搏斗，壮烈牺牲的熊云清的亲属。25日，全国总工会授予熊云清"保卫国家和人民生命财产安全的优秀客运员"称号，颁发"五一"劳动奖章。12月7日，省委追认熊云清为正式党员。12月14日，省委、省政府、铁道部和省军区联合召开大会，分别授予熊云清烈士"人民卫士"和"全国铁路模范客运员"光荣称号。

22 日 省政府印发《江西省三资企业管理暂行规定》。规定明确中方合资合作者的政府主管部门是合资、合作企业的主管部门，外资企业的主管部门是省经贸厅。主管部门对外资企业负有依法指导、帮助的责任，并保证和促进其健康发展。

22日 由江泽民总书记题写片名,一部反映红军长征壮丽史诗的电视连续剧《特殊连队》在江西瑞金开拍。

22日 南昌至向塘数字光缆通信工程段正式动工,铺设G口TS03-8XBIL型8芯单模长波光缆一条,线路全长29.193公里。

22日 赣县财政局发现一张票面为贰元的中华苏维埃共和国经济建设公债券。公债券长20厘米,宽15厘米,用淡黄色的纸张印刷;中间的圆形公章是由镰刀、铁锤、麦穗组成的图案。

22日 全省"扫黄"工作会议在南昌召开。会议提出,今冬明春要在全省范围内组织一次"扫黄"集中行动,把"扫黄"斗争进一步引向深入。会议要求,进一步提高认识,牢固树立长期斗争的思想;各地要组织几次突击检查,全面清理书报刊、文化娱乐和音像市场;要顺藤摸瓜,深挖、深查、摧毁制黄贩黄及非法出版的地下团伙和地下窝点。

22日 省委书记毛致用先后到永丰、兴国、于都、瑞金、石城、宁都、广昌7县调查了解老区建设情况。毛致用指出,务必再接再厉,抓紧抓实,认真贯彻落实江总书记、李鹏总理视察江西省时对扶贫工作的指示精神,努力把扶贫开发工作做得更好一些。强调在扶贫开发中,计划生育绝不能放松,要坚持两项工作一起抓。同时,要同民政社会保障工作紧密结合。

23日 南昌电信局长途营业科长话营业班QC小组和电报科QC小组,最近分别获"1990年全国优秀质量管理小组"称号。

23日 由空军九江疗养院副主任医师吴家林、技师徐志焕研制的KNY咽鼓管功能检测仪获军队科技进步二等奖、国家发明四等奖,并获国家专利。

25日 江西有9512人参加由国家统计局、人事部首次联合组织的全国统计员考试。经考试合格的人员由国家人事部颁发"统计员资格证",全国有效。

25日 全省新时期电影创作50部总结座谈会在金溪县召开。自党的十一届三中全会以来,江西省在省级以上的刊物发表了近300部电影文学剧本,其中50部故事片搬上银幕,16项获国内外大奖。1990年江西有7部电影拍成或正在拍摄,其中1部获"金鸡奖"最佳导演处女作奖。

25日 日本三大商社三井金属、日本钇和冈谷钢机株式会社共同组成的日本稀土友好代表团一行15人来赣,参加"中日稀土友好贸易十周年庆典"活动,并洽谈龙南、寻乌稀土精矿合作计划。29日离赣。

25日 江西省有14件服刑人员作品入选全国首届服刑人员书法绘画工艺美术作品展览,获一、二、三等奖各1件。

25日 省经贸厅副厅长陈八荣率4家公司组成的推销小组赴美国、加拿大访问。

26日 九江市由1.5万名各级干部组成的5个系列的数百个工作组,先后分赴各乡村、城镇(街道)、企业、学校、机关,全方位地开展党的基本路线教育,帮助基层抓好"双文明"建设。

28日 江西省一家跨地区、跨行业、跨所有制的综合功能型企业集团——江西果喜实业(集团)公司成立。中顾委委员、中国企业管理协会会长袁宝华发来贺词:弘扬中华文化,发展国民经济。省长吴官正电话祝贺,希望他们"在改革开放中不断作出新的成绩,为江西的经济发展作出新的贡献"。省人大常委会主任许勤发来贺词:开拓前进,为国为民。

28日 省妇产医院杨学志教授为项目负责人的"子宫颈癌前阶段阻断研究"通过部级鉴定。

28日 省粮食、税务、工商、农行、建行、城建、邮电、交通、电力、卫生、公安等12个厅局单位,坚持以严谨、严密、严格、严肃的精神,建立切实可行的廉政制度,使之具有科学性、可行性和严肃性。廉政制度从办事内容、目的、政策,到办事程序、结果,以及违章处罚、查处程序等,都规定得具体、明确,对应该公开的事情均一一"列队",并通过广播、张榜等形式向群众公开。中共中央办公厅向全国转发他们的经验。

29日 省政协组织在赣的全国政协委员和

省政协委员对治理整顿、深入改革、国民经济计划的执行、扩大对外开放、纠正行业不正之风、社会综合治理等情况进行视察。

29 日 澳大利亚嘉士德公司副总裁董军到江西访问，省经贸厅副厅长许以国会见客人。双方就贸易方面的问题达成协议。

30 日 省高级法院、省检察院、省公安厅、省司法厅联合发出《关于敦促犯罪分子投案自首的联合通告》。重申惩办与宽大、坦白从宽、抗拒从严的一贯政策，给犯罪分子一个悔改自新的机会。

30 日 省纪检工作座谈会在南昌闭会。会议强调，要继续抓紧违纪案件的查处工作。当前要集中力量查处党员干部在经济领域中的违纪违法案件。要狠抓大案要案，重点查处贪污贿赂、敲诈勒索、搞权钱交易以及严重官僚主义、失职渎职给国家经济建设造成重大损失的案件。

30 日 省政府派出 11 个清房检查验收组分赴各地市进行检查验收。要求各地检查验收组把好清房质量关，防止走过场，善始善终搞好清房工作，取信于民。

30 日 省直机关工委举办省直机关开展"三基"（马克思主义基本理论、党的基本路线、党的基本知识）竞赛。

30 日 南昌市热心实业有限公司、高安县新街陶瓷厂获中央宣传部、农业部授予的"全国乡镇企业思想政治工作先进单位"称号。

30 日 经国务院批准的江西第二化肥厂为贵溪化肥厂配套建设生产 8 万吨合成氨扩建工程动工。该工程利用 2000 万美元国外商业贷款，自筹和社会集资 3490 万元，建成后，每年可为贵溪化肥厂提供液氨 5.4 万吨，尿素产量可达 13 万吨。

江西第二化肥厂的扩建工程开工

本月 根据国家统计局规定，从 1990 年开始，江西省早稻、秋粮及全年粮食产量以抽样调查数据为定案数，对外使用及编辑《江西统计年鉴》均用抽样调查数据。

本月 省妇产医院教授杨学志主持研究的"中药三品一条枪治疗皮肤癌（瘢痕癌）疗效观察"，通过省级鉴定。

1990

12月
December

公元 1990 年 12 月							农历庚午年【马】					
日	一	二	三	四	五	六	日	一	二	三	四	五	六
						1 十五	**2** 十六	**3** 十七	**4** 十八	**5** 十九	**6** 二十	**7** 大雪	**8** 廿二
9 廿三	**10** 廿四	**11** 廿五	**12** 廿六	**13** 廿七	**14** 廿八	**15** 廿九	**16** 三十	**17** 十一月大	**18** 初二	**19** 初三	**20** 初四	**21** 初五	**22** 冬至
23 初七	**24** 初八	**25** 初九	**26** 初十	**27** 十一	**28** 十二	**29** 十三	**30** 十四	**31** 十五					

1 日 首届鹰潭经贸旅游活动周和中国龙虎山道教文化活动周在鹰潭举行,省长助理周慇平率队参加。美国、日本、新加坡、香港、台湾的205名旅客和国内人士近1000人参加了活动。此次活动于7日结束。

2 日 在南昌市召开的南昌市第六届委员会第一次会议上,选举马世昌为市委书记,蒋仲平、史骏飞、徐祖松为副书记。市纪律检查委员会选举王志昂为书记。

3 日 省委、省政府为压缩平价粮食销售,调整部分定量口粮标准,人均调减1.5公斤,限令从1991年1月1日起按调整后口粮标准供应粮食。

3 日 由江西冲剪机床厂生产的水解氢氧发生器,最近首次推向市场。

4 日 近日,在第二届国际包装技术展览会和中国包装技术十年成就展览会上,江西建筑材料厂研制的高强工业机电包装材料戈威板以其新颖、经济、质轻、高强、实用等特点,被评为1990年北京国际包装技术银奖。

5 日 世界银行"红壤项目二期"调查团在为期5天的由信贷专家德士潘先生率领信贷、水土保持、林业、水利、畜牧等方面专家一行6人,先后到崇仁、临川、东乡、金溪、进贤、贵溪县和红星垦殖场,省畜牧良种场红壤项目区进行实地考察。

5 日 经中央批准,胡耀邦的骨灰安葬到共青垦殖场富华山。中央政治局常委乔石护送骨灰到北京机场,中央书记处候补书记温家宝和中央办公厅、老干部局、警卫局、秘书局等领导及其夫人李昭率全家和胡耀邦生前身边工作人员一行61人护送到共青垦殖场。省委书记毛致用、省长吴官正等领导到机场迎接。

5 日 江西第二化肥厂研究成功的新产品"长效尿素",肥效能保持120天。增产6%~20%,可节约尿素15%~20%。

6 日 省政府"果业工程"汇报会议决定:从1991年开始,用五年时间分"四区"(城市工矿区、风景旅游区、丘陵河滩区、山区)、"七带"(赣南脐橙带、南丰蜜橘带、赣东北椪柑带、昌赣公路甜柚带、浙赣线鲜梨带、昌九公路(木奈)李带、赣北猕猴桃带)扩大水果面积100

万亩。

7 日 在由国家教委、国家人事部共同举办的首届全国留学回国人员科技成果展览会上，江西有 32 人获得省、部级科技成果奖，11 人获得国家级进步奖，两人被授予"全国有突出贡献的中青年专家"的称号。这次进京参观者有 20 世纪 50 年代留学的老专家老学者，也有中青年专家和科技工作者，最年轻的只有 28 岁。

7 月 江西首条白板纸生产线在弋阳旭光造纸厂投产，第一批产品投放全国 12 个省、市。

7 日 参加中国科学院南京土壤研究所召开的"亚太地区国际红壤开发治理研讨会"的印度尼西亚、菲律宾、孟加拉、西沙摩亚、泰国、斯里兰卡、马来西亚、斐济、智利、印度等国家的专家们到江西鹰潭、南昌、吉安、泰和、赣州、兴国等地进行野外参观考察。

8 日 江西、湖北、湖南、河南、广西、安徽、陕西等省市在武汉召开农林特产税征管协管会。凡省、市间运销、过境的农林特产产品，检查人员只限于检查外销（运）证上统一开列的农林特产税品目、数量、起至销往地点、在途有效时间 4 项内容。

8 日 经省政府批准，全省第一家省级粮食批发市场——九江粮食批发市场开业。该市场作为全省对内对外粮食交易场所，由九江市和省粮食局负责管理。

8 日 江西首届少数民族传统体育运动会在进贤县举办。来自江西省回、满、瑶、朝鲜、苗、畲、水、蒙、僮、维、藏、傣、土、侗、彝、锡伯、撒尼 17 个少数民族的 200 多名运动员，参加抢花炮、射弩和武术表演三个项目比赛。运动会召开了 8 天。南昌队以 6∶5 夺得"抢花炮"冠军；景德镇队的李媛以立射 91 环、跪射 82 环，双项双轮总成绩 173 环连中三元；南昌队的关袁鸿获男子射弩立射和总成绩第一；九江马福君、上饶赵玉勋、宜春的李勇和尧春明分获拳术、器械、对练武术表演金牌。

9 日 省政府召开省血防工作会议，传达全国血防工作会议精神，研究部署江西省综合治理血吸虫病的"八五"规划、今冬及明年的血防工作。会议指出，《江西省综合治理血吸虫病"八五"规划》和《鄱阳湖区农业开发综合治理血吸虫病"八五"规划》，各地要尽早落实规划，组织实施，搞好综合治理。今后血防工作的重点要放在疫情严重的江湖洲滩地区、山丘地区、疫区进行综合治理。

10 日 省政府召开工交生产电话会议，动员江西省经济战线广大干部职工群众更好地完成 1990 年工交生产任务，部署 1991 年一季度工作。1991 年工交生产的要求是，以调整结构、提高经济效益为中心，广泛开展"质量、品种、效益年"活动，进一步启动市场，搞活流通，加快科技进步，保护工业生产的适度增长。具体奋斗目标是，工交总产值全年增长速度保 6 增 8，一季度完成年计划的 23%～24%；销售收入高于 1990 年四季度水平，产成品资金低于 1990 年一季度水平，实现利润与 1990 年同期比增长 10%；减亏不少于 10%。

10 日 省委、省政府作出《关于表彰江西省普法工作先进集体、先进个人的决定》，对 1985 年以来在普及法律常识教育中成绩突出的 99 个先进集体和 30 名先进个人予以表彰。另外，省普法领导小组表彰江西省普法先进个人 270 名。

10 日 省人大常委会在南昌召开立法工作会议。人大副主任王国本对江西立法情况进行小结；法工委主任胡德祖就起草编制 1991 年至 1992 年的立法规划（草案）的情况作了说明；省政府秘书长孙瑞林汇报省政府行政立法工作情况；省高院、省公安厅、省邮电管理局和南昌市人大常委会法制委员会的负责同志分别汇报本部门、地方的立法与执行情况。

10 日 在天津举行的第五届全国发明展览会上，江西省 22 个项目 13 个获奖；江西首次参展布鲁塞尔第三十九届尤里卡世界发明博览会的 5 个项目全部获奖——"四金一铜"，同时获两枚骑士勋章。省长吴官正等接见了获得这两次发明展览会的人员。

10 日 全国先进文化馆、站经验交流暨表彰会在北京举行。江西省于都县、上饶市、进贤县三个文化馆和兴国县背镇文化站、上高县泗溪乡文化中心站、萍乡市高坑文化站、瑞昌市码头镇中心文化站、婺源县甲路乡文化中心站、宜黄县东陂乡文化宫、永丰县潭城乡文化宫被评为全国先进文化馆、文化站。

12 日 全国妇联日前授予在第十一届亚运会上获金牌的中国女运动队全国"三八"红旗集体。江西跳水名将许艳梅被授予全国"三八"红旗手称号。

12 日 忠于职守、勤奋工作、带领全科同志破案 30 多起为国家挽回经济损失 100 多万元的赣州市工商银行保卫科长袁足桂,被中国工商银行授予"工行卫士"的称号。

13 日 江西省 1990 年度科技进步奖,经过第二届省评审委员会评审,共计 108 项科技成果获奖,其中一等奖 1 项、二等奖 16 项、三等奖 91 项。其中 12 项优秀科技成果获 1990 年度国家科学技术奖。

13 日 省政府在南昌召开对外经济贸易工作会议。会议由省政府副秘书长何一清主持,省委副书记、省长吴官正,省委副书记、副省长蒋祝平,副省长孙希岳到会作重要讲话。

14 日 江西省"七五"计划的 5 年间,国民生产总值、国民收入、社会总产值、工农业总产值已超额完成"七五"计划指标值,5 年平均年增长率分别达到 7.2%、7.7%、10.3% 和 10.3%;财政收入 5 年翻一番,平均增长 15.2%;5 年间,全省工业生产年均增长 13%,农业生产平均增长 4.9%;社会固定资产投资平均每年以15.2% 的速度增长;社会商品零售总额平均每年增长 13.1%;城镇居民生活费收入平均每年增长 15.1%;农民人均纯收入平均每年增长 8.4%。

14 日 全省第七次法制宣传教育工作会议在南昌召开。会议检查总结全省普及法律常识五年规划完成情况和基本经验。研究部署第二个五年法制宣传教育的各项任务。会议确定,第二个五年普法工作指导思想是:紧紧围绕中心工作,组织全体公民深入学习《宪法》,有针对性地学习有关基本法律知识,有计划、有步骤、分部门、分层次地普及法律知识,坚持学法用法相结合,促进各项事业的依法管理,把各项工作纳入法制的轨道。维护江西政治、经济和社会的稳定发展。

14 日 宜春工程机械厂试制成功 CY - ZL40E 型装载机,国产化率达 60%,通过机电部和美国卡特彼勒公司的考核验收,达到该公司质量标准,可替代进口。宜春工程机械厂自 1986 年 12 月引进美国卡特彼勒公司 936E 型轮式装载机技术以来,技术引进投资 207 万美元,配套技术改造投资 1385 万元。

宜春机械厂工人在调试产品保证质量

14 日 省建筑科研所完成的《微破损测试混凝土强度技术研究》课题,通过技术鉴定。该研究成果符合省内实际情况的地方测强公式及其相关的修正系数。

15 日 省第一家生产造纸铜网的厂——国营恒丰铜网厂正式投产。该厂总投资为 390 万元,选购国内较先进的机械设备 30 余台套,可形成年产量 10 万平方米造纸铜网和工业过滤铜网。造纸铜网是造纸的易损件。江西造纸厂家多、需要量大,历年从外省购入,该厂正式投产,江西这一项产品可以满足供应,解决需要。

16 日 省第七次法制宣传教育工作会议举

宜春在开展农村普法工作

行授奖大会。会上宣布了江西受中宣部和司法部表彰的 20 个先进集体、27 名先进个人名单。江西 2080 万普法对象中有 1980 万人学完了"十法一条例",基本完成了五年规划的要求。99 个普法工作先进集体及 30 名先进个人受到表彰。

17 日 江西省"七五"期间全面实施"34560"技改工程,即 30 个拳头产品、40 个创税大户、50 个出口创汇企业和 60 个骨干企业的技术改造,全面提高了企业装备水平,开发了一批高技术附加值的新产品,发展了一批名、优、特拳头产品,培植了一批利税大户和出口创汇企业,产品结构和产业结构在技术改造中得到调整。

17 日 省政府召开全体会议,对全省 1990 年以来的工作进行了初步总结。会议强调 1991 年必须抓好八项工作:第一,继续抓好粮食生产,下更大力气发展多种经营,推动农村产业结构的调整;第二,大力发展林果业生产,实现高效益绿化的要求;第三,下大决心进行技术改造,提高企业的经济素质和经济效益;第四,切实加快重点工程建设,增强经济发展后劲;第五,千方百计启动市场,搞活流通,促进生产;第六,继续把发展科技、教育放在突出的位置来抓,努力促进社会主义精神文明建设;第七,继续坚定不移地推进改革开放;第八,转变机关作风,改进领导工作。

17 日 省长吴官正率省直有关部门的负责人,听取南昌市政府关于工业技术改造情况和规划的汇报后强调:南昌市"八五"期间要把主要精力放在对现有企业技术改造上,增强发展后劲,优化产业结构,促进经济发展,繁荣英雄城。以使产品尽快占领市场,扩大市场。

17 日 省科学院应用物理研究所副研究员李剑白等研制成功"GZ－02 型电脑测色配色仪"。该仪器采用积分球作为光散色器和 C－T 型单色仪,应用电脑处理数据,测色程序自动化,具有测色配色功能。

17 日 为期 3 天的江西对外宣传工作会议在南昌召开。会议传达学习了中央领导在全国宣传工作会议上的讲话精神,总结江西对外宣传工作,并就进一步开创全省外宣工作的新局面进行探讨和部署。省委书记毛致用,副书记、省长吴官正出席会议并讲话。

17 日 省对外宣传研究会成立,张会村任会长。研究会聘请王太华、孙希岳、张逢雨为顾问。

17 日 省地矿局物化探大队工程师朱细创经过几年野外工作实践,在江西境内发现了一种新的找金指示植物——米花柴,最高含量达 68PPb。据了解,米花柴具有吸收金元素能力,这一发现在国内尚属首次。

江西境内发现的找金指示植物——米花柴

17日 省七届人大常委会第十八次会议举行。会议通过了《江西省征收排污费办法》、《江西省农民负担管理条例》、《江西省山林权属争议调解处理办法》、《江西省人大常委会关于加强江西省各级人民法院执行工作的决定》4个条例决定；通过有关人事任免名单。

18日 江西举办首届工业品面向农村市场订货展销会。展销会共有参展商品7700余个品种，可供货源7亿多元。订货展销会成交总额2.55亿元。

19日 江西采矿机械厂生产的KY250牙轮钻机获国家金质奖章。省政府发给该厂奖金3万元，批准该厂给每个职工晋升半级工资。

19日 由上海交通大学系统工程研究所与江西山江湖办公室历时三年合作完成的《江西山江湖开发治理宏观战略》课题在沪通过国家鉴定。

19日 金溪县化工建材试验厂和江西省建筑科研所共同完成的"改性塑料/焦油弹性防水涂料"的研究，通过技术鉴定。产品经八个工程3万余平方米的屋面防水工程应用，效果良好。

19日 省政府、省军区召开拥军优属、拥政爱民工作会议。省委书记毛致用作《发扬光荣的井冈山革命传统，努力把江西省"双拥"工作提高到一个新的水平》的讲话。吴官正、蒋祝平、张佳清等出席。会议宣布：省政府、省军区授予兴国县政府、南昌市西湖区政府等四个单位为拥军优属模范单位；解放军第九十四医院，某部火箭炮营等三个单位为拥政爱民模范单位。授予拥军模范、模范烈军属各一人，爱民模范二人。表彰"双拥"工作做出显著成绩的地方单位32个、军队单位28个，地方先进个人26名，军队先进个人13名。

19日 全国扫盲工作协调小组派出检查组，到江西重点检查了九江、宜春、新干、万载等县市的扫盲工作。检查工作于23日结束。

20日 省政府专题研究食品工业发展会召开。会议强调："八五"期间，江西必须把食品工业作为第一大产业来建设，搞好发展食品工业规划，对看准了的产品、要上水平、上规模，提高竞争能力，占领市场，开拓和扩大市场，增强竞争能力，促进产品产业结构的调整和经济效益的提高。

20日 省检察院检察长王树衡在省七届人大常委会第十八次会议上作关于江西省检察机关打击贪污贿赂犯罪。集中力量查处大要案件的汇报，共立案侦查1432件，其中贪污822件，贿赂610件；立案侦查重大、特大经济犯罪案件和县处级干部经济犯罪案445件。挽回经济损失2977万余元。

20日 共青垦殖场羽绒厂"鸭鸭牌"商标通过国际商标注册，得到马德里协议国际商标法的保护。

20日 省政府颁布《江西省公路养路费收管理办法》，规定自1991年起开始实行。

20日 江西省以工代赈工作会议在抚州市召开。会议安排了江西1990年至1992年以工代赈项目计划，其中国家安排江西以工代赈工业品金额为8000万元，江西共安排建设项目98项，增加了小型农田水利、水土保护和农田基本建设等内容。实施范围由原来的22个贫困县扩大到56个；可直接受益的地、市九个，县（市）58个。

21日 彭泽县棉船乡的棉花生产1990年实现新突破，成为年产棉10万担的产棉乡，省长吴官正致电祝贺。

彭泽棉花丰收，棉农们正在摘新棉

21日 井冈山垦殖场承担的国家星火计划

项目"毛竹资源开发及其系列产品加工",通过国家验收。

21日 省政府召开植树造林电话会议。会议号召全省各地加强领导,发扬成绩,再鼓干劲,集中力量,高标准、高质量完成1991年度植树造林任务。省长吴官正讲话,要求下更大力气发展林业生产,使江西大地青山常在,绿水长流。省委、省政府提出的"7年荒山造林3000亩,本世纪末基本绿化江西大地"的目标,务必坚决实现。要把发展果业生产,实施"果业工程"列为今后5年至10年造林绿化的一项重要内容,努力实现省政府提出的五年时间增加100万亩果树面积。

22日 省编委下发《关于地市医药公司加挂医药管理局牌子通知》,同意11个地、市和9个县级市医药公司加挂医药管理局的牌子,机构级别、人员编制和经费渠道均不变。

22日 在全国城市卫生检查评比中,赣州市被评为全国县级卫生城市。

24日 江西省招标投标办公室成立。办公室由省建设厅负责人兼任主任,由省计委、省建设厅、省建行各派一人任副主任。各地、市应相应成立招标投标办公室。

25日 江西"七五"重点工程——萍乡矿务局白源煤矿通过验收正式移交生产。这是江南近20年来投产最大的一座现代化矿井。煤种以焦煤为主,年产45万吨。

25日 新余钢铁厂档案管理通过国家一级档案标准考核评定,成为档案管理国家一级单位。

26日 南昌卫生检疫所成立。

26日 南昌手表厂生产的"庐山"牌机械手表,在全国36家手表质量行业检测中9项指标全部达标,被评为A级表。

28日 省政府召开全省计划生育工作会议,会议分析全省人口形势,研究和部署江西今后计划生育工作。并强调,要把工作重点放到大力加强基层建设和基础工作上来;要抓紧《江西省计划生育条例》的贯彻落实,从1991年起,要把《条例》纳入普法教育内容;要着力做好抓后进促平衡发展工作。会议于29日结束。

28日 在1990年经国务院批准的县改市的行政区划中,德兴县设立德兴市(县级)。

29日 江西《可爱的家乡》丛书分县单册开始出版,星子、南昌、上高、东乡等13个县单册开始发行。

30日 由中国医学科学院同江西国药厂历时17年研制的金水宝胶囊被德国友人乔·森先生誉为"中国的象征"。金水宝胶囊是国内首创类虫草药物。自1987年试生产以来,先后在上海华山医院等100多家大中型医院临床使用。在防治慢性支气管炎、高脂血症、冠心病、脑血管疾病、动脉粥样硬化、性功能低下及抗衰老等方面具有较大应用价值。

30日 永丰县在龙冈乡隆重集会,纪念中央苏区第一次反"围剿"胜利60周年。省、地有关部门领导、老红军等参加纪念会。会后,与会代表向革命纪念塔敬献了花圈,参观了革命纪念馆。

31日 省药物研究所研制成功的抗类风湿关节炎、骨关节炎新药——萘丁美酮通过技术鉴定。

31日 至1990年底,省地矿局"七五"计划中探明金、银、铅、锌、铜、锡、钨、高岭土、硫铁矿9种矿产储量任务全部完成。此外还有26种矿产新增储量。

31日 中美合作制造的具有世界先进水平的大型球磨机(Φ5.5×8.5米,台日处理矿石7500吨),空负荷试车在德铜获得成功。

本月 1990年38岁的泰和公路段养路工吴新沙被交通部授予"十佳"养路工称号。他是在全国首次公路养护"双十佳"评选中获得这一称号的。

本月 江西大学新闻传播研究所制定出《江西苏区报刊简表》。该表列有报刊名称、出版地点、创刊时间、停刊时间、出版机关、版式、馆藏情况和文字记载等12项,著录1929年至1934年江西苏区县一级以上报纸达203种。

本月 赣南农药厂研制成功卫生香型"杀螟松",在第四届全国发明展览会上获铜牌奖。

本月 江西省有 25 种化工产品被评为国家、部、省级优质产品。其中贵溪冶炼厂生产的硫酸获国家金牌奖；前卫化工厂、南昌造漆厂生产的 C06－铁红环氧酯底漆、萍乡铬黄厂生产的中铬黄被评为部优产品；另有 11 种化工产品经复评为省优产品。

本月 江西省地质调配大队工程师肖春庚五年获得 15 项专利，成为全省获得非职业发明专利权最多的人。他的事迹被编入《中国发明家》专集和《中国当代发明家辞典》。

本月 江西手扶拖拉机厂制造的东风－12 型手扶拖拉机作为国家礼品赠送贝宁国。

本月 江西省机械行业从 1982 年国家对机电产品实行生产许可证制度以来，共有 118 家企业取得 28 大类产品的 320 张生产许可证。并有五个锅炉厂和十一个压力容器制造厂，取得了机电部和劳动部发放的生产许可证。另外还有 24 个机械企业获得出口产品质量许可证 38 张。

本月 全省十个县（市）达卫生部颁发的基本消灭疟疾标准，其他县（市）基本控制疟疾在 1/10000 以下。

本月 江西省广播电视中心大楼竣工交付使用。电视中心大楼具有拍摄复录、加工合成、实况转播、接收传送广播电视节目等多种功能。

江西广播电视中心大楼外景

本 年

本年 余干县政协干部易文广参加"金马杯"全国书画艺友邀请展，荣获蜡油书法"创新奖"。蜡书是以蜡代墨，纸字白内透明、古朴庄重、立体感强，具有新颖独特的艺术美感。蜡书工具简单、操作方便，既有墨笔书法的传统特点，又有墨笔书写不可代替的特殊效果。

本年 省教委制发的《关于巩固提高小学教育普及水平检测指示要求》，更进一步明确地把体现教育质量的小学教育"毕业及格率"列入检测指示的"四率之一"。

本年 省政府把小学、初中适龄儿童、少年的入学率、巩固率列入各级政府的管理目标。

本年 1987 年至 1990 年，江西农业大学园艺系副教授杨子琦等从中国农科院生防室引进智利小植缓螨（简称智利螨），对叶螨进行防治试验获得成功。

本年 九江县新洲垦殖场万亩棉花亩产皮棉

136.75 公斤，获全国农垦系统 1990 年陆地棉最高单产奖。

本年 玉山县怀玉山垦殖场梅花鹿场，现有梅花鹿 150 头，年割茸两次 25 公斤以上。

本年 江西汽车制造厂被批准晋升为国家二级企业，在机电部系统机械企业销售收入的前 100 名企业中排名第十六位。

本年 江西省行政区域划分为 5 个地区、6 个地级市、10 个县级市、74 个县和 15 个市辖区。

本年 省地矿环境队完成了《江西省肿瘤病与地质环境关系研究》等 3 项"七五"江西重点科研项目。

本年 《信丰县志》、《武宁县志》、《崇仁县志》、《瑞昌县志》、《星子县志》、《石城县志》、《大余县志》、《新干县志》、《宜春市志》、《铅山县志》、《南昌县志》、《安义县志》、《上高县志》、《定南县志》已编撰完稿,大部分县志已出版。

本年 抚州造纸厂基本建成并进入试产阶段。该厂厂区占地面积1000亩,总建筑面积77310平方米,其中生产区52770平方米。

本年 赣南医学院教授童兢亚在省内首次分离出霍乱肠毒素。

本年 根据省社会科学研究规划领导小组和省委宣传部联合通知,江西省1991年至1993年社会科学研究规划项目开始制定执行,共有项目244项,重点项目38项。江西省有4项社会科学研究课题,被列入1990年底全国社会科学规划项目。

本年 省政府制定《江西国民经济和社会发展十年规划和"八五"计划》,预测2000年煤炭消费量为3948.41万吨,比1990年消费量2302.16万吨增长71.4%,省内煤炭产量规划为2300万吨,比1990年增长13.4%,自给率不到60%。因此,要求今后必须坚持"积极开发省内煤炭资源和从省外增调煤炭并举"的方针。

本年 中宣部、国家计委、全国总工会联合授予南昌铁路局"全国思想政治工作优秀企业"称号。

本年 南昌市液化石油气公司下罗储罐站建成,月储能力1200吨,投资840万元。

本年 南昌市飞机制造公司液化石油气站被建设部授予本年度"安全先进储罐站"称号。

本年 省政府办公厅转发省建设厅、省劳动厅、省公安厅《关于江西省液化石油气储罐厂(站)检查整顿情况的报告》,要求各地结合实际,认真研究落实,抓紧抓好液化石油气安全使用和管理工作,坚决杜绝各类事故的发生。

本年 红星农牧公司连续三年获国家农牧渔业部和省政府的奖励,良种比率比省级先进企业标准高出6.24个百分点。1990年生猪出口10744头,创汇125.7万美元。

本年 江西省16周岁以上的人口2524万,从1985年底到1990年底,五年时间共发身份证2470万份,发证率达97.89%。

本年 年底,经省环境监测中心站、省环保科研所四年的共同努力,省重点科研项目——《江西省土壤环境背景值研究》取得成功,并通过专家鉴定。该研究覆盖面积大,布局合理,采集样品多;各种数理统计方法综合研究等总体方面以及对土壤环境背景值进行大规模系统的研究,将为江西省的环境管理提供科学的依据。

本年 据统计,到年底,江西省国营林场、采育林场、垦殖林场等,人工造林保存面积达1100多万亩,占全省人工林保存面积的30%;森林年生长480多万立方米,占年生长量的30%。国营林场商品材面积已占江西省用材林基础面积的60%,他们每年为江西提供40%的商品材。江西省有400多个国营林场,1990年创社会总产值9亿多元。

本年 江西省英模有:(一)全国劳模、萍乡矿务局安源煤矿采掘一区采煤大王杨和平;(二)江西省环卫工作先进工作者秦自莲;(三)江西省劳模、东乡县珀乡红壤开发专业户徐道远;(四)全国劳模、余江工艺雕刻长厂长叶星七;(五)全国中小学德育先进工作者陈国珍;(六)离休老红军罗友林;(七)中国作家协会理事、江西分会副主席陈世旭;(八)全国商业劳模、九江市第二粮油食品店主任姚金花;(九)江西省劳模、新余纺织厂简捻车间挡车工彭小英;(十)二级劳模、江西省武警二支队司令部参谋郑万寿。

本年 全省实有出口创汇乡镇企业487家,完成出口交货值达3.0251亿元,其中直接出口1.8278亿元,间接出口1.1973亿元。

本年 全年"七五"期间江西黄金工业累计投资7970万元,建成独立金矿11座,形成数万两黄金的年生产能力,年递增率为34%。1990年,江西黄金产量居全国第九位。九江市和瑞昌市分别进入全国地方产金万两地市和县市行列。

1991 年

概　要

　　本年是执行"八五"计划的第一年。治理整顿的主要任务基本完成，为实行"八五"计划创造了一个良好的开端。1月召开的全省经济工作会议传达贯彻了全国计划会议和财政工作会议精神，研究部署了1991年的经济工作，安排1991年国民经济和社会发展计划以及财政预算。会议提出本年全省经济工作的主要任务是：坚定不移地贯彻执行党的"一个中心，两个基本点"的基本路线，继续推进治理整顿和深化改革，以调整经济结构为重点，继续实施农业开发总体战，打好工业调整攻坚战，大力开拓和启动市场，进一步加强重点建设，促进经济的正常循环和适度增长。2月召开的全省农村工作会议明确了本年农业发展的指导思想、任务、目标和措施。会议强调农业必须长期稳定发展的关键在于进一步保护和调动农民的积极性。要求各地广泛深入开展以农业为基础的再教育，确保农业摆在经济工作的首位，必须坚持稳定农村政策，继续深化农村改革。省政府印发《江西省农业开发总体战略要点（1991~2000）》，提出组织全社会力量，对农业实行综合、立体、系列开发，大幅度增加农产品的总量尤其是轻工业所需的农产品原料，强化工农两大产业的紧密联系，走农业工业化的路子。3月，省七届人大四次会议审议批准了《江西省国民经济和社会发展十年规划和"八五"计划纲要》。《江西省一九九一年经济体制改革工作的要点》将深化企业改革、开拓发展城乡市场、推进区域综合改革和积极推行住房、社会保障、公费医疗制度改革等作为当年的改革重点。12月，省七届人大常委会第二十五次会议通过并批准执行《山江湖工程规划纲要》，指出"山江湖开发治理是振兴江西的宏伟工程，也是江西长期的基本建设任务"，要求全省上下群策群力，有计划、有步骤地努力实施。

　　赣州经济开发区　赣州地区利用外资项目117项，办"三资"企业82家，批准"三来一补"项目54个，开辟了黄金岭、金鸡岭等经济技术开发区。赣南的开放和发展，在全省产生了重要的影响。江西要充分利用全省的资源条件和特殊的经济区位，逐步形成沿海开放特区——赣州经济体制改革试验区——内地边际县区梯度推进的开放格局。

　　整章建制　全省治理"三乱"工作会议要求各地根据党中央和国务院的精神，除了继续搞好"三乱"工作的清理检查外，逐步转入审核处理和整章建制阶段。全面清理审核所有的收费、罚款、集资项目，并根据政策规定加以处理，使收费、罚款和集资管理，逐步走上法制化、规范化的轨道。

精神文明建设 省委党史委组织全省党史工作部门对散布省内的革命旧址、旧居、革命烈士纪念建筑物和重要战斗遗址作了访问调查，整理出 1258 处的文字资料，出版了《革命前辈战斗过的地方》一书。《红色故土丛书》、《江西革命烈士书信选》获得全国第三届优秀青年读物一等奖。

其他重要事件 国务院副总理朱镕基到南昌、九江、井冈山等地考察，要求江西省把经济工作真正转移到调整结构、提高经济效益的轨道上来。省委、省政府作出决定，将江西大学与江西工业大学合并成立南昌大学，从而改变江西四十多年来无全国重点大学，优秀学生严重外流的历史。江铃汽车集团公司成立。全省扶贫开发工作汇报会对在老区和贫困地区即将开展的百村"四一"工程示范进行部署。全省集市贸易市场已发展到 2508 个（其中城市贸易市场 350 个），专业批发市场 400 多个，多种流通渠道和大批贸易市场的建立，加快了全省商品流通。

全省本年主要经济指标情况 国民生产总值 475.54 亿元，国民收入 382.5 亿元，地方财政收入 44.8 亿元，分别比上年增长 7.9%、7% 和 10.3%。农业总产值 271.58 亿元，增长 6.1%；工业总产值 497.94 亿元，增长 14.9%。第一产业产值 183.27 亿元，增长 3.5%；多种经营的产值占农业总产值的比重由上年的 64.6% 上升到 67.1%；粮食总产量 325.14 亿公斤，减少 1.9%，仍为历史上的第二个高产年。第二产业产值 154.77 亿元，增长 11.8%；第三产业产值 141.33 亿元，比上年增长 12.1%。进出口贸易总额 7.06 亿美元（其中出口 6.1 亿美元，增长 8.6%），实际利用外资 0.97 亿美元，增长 88.2%。年末全省总人口 3864.64 万人，人口自然增长率 14.07‰。

1991
1月
January

公元 1991 年 1 月						农历辛末年【羊】						
日	一	二	三	四	五	六	日	一	二	三	四	五	六
		1 元旦	2 十七	3 十八	4 十九	5 二十	6 小寒	7 廿二	8 廿三	9 廿四	10 廿五	11 廿六	12 廿七
13 廿八	14 廿九	15 三十	16 十二月大	17 初二	18 初三	19 初四	20 大寒	21 初六	22 初七	23 腊八节	24 初九	25 初十	26 十一
27 十二	28 十三	29 十四	30 十五	31 十六								

1 日　赣州、九江地区 17 条人工电报电路最后顺利进入省自动转报中心——南昌电信局 256 路自动转报网。

1 日　《江西国土资源》及《江西省国土资源地图集》正式面世。它由省国土开发整治委员会和省计委主持，召集各方面专家、学者、技术人员经过四年的努力编纂而成，大量调查和汇集了江西省土地、生物、矿产、经济以及社会等各个方面的资源现状，突出地阐述了江西具有全国优势的有色、稀有、稀土及贵金属等矿产资源，以及它们的分布规律、区域特点。这项重大科研成果于元旦前夕在南昌通过鉴定。

2 日　在全国司法行政系统先进集体、先进工作者表彰大会上，江西省第一劳改支队珠湖制药厂被授予"全国司法行政系统先进集体"的称号；江西省第二监狱监狱长康昭衡、上犹县东山镇司法助理员幸垂亮被授予"全国司法行政系统劳动模范"的称号；

高安县司法局局长徐炳生、江西省第四劳改支队一大队一中队中队长黄林根、江西省第一劳教所二大队副大队长陈建明被授予"全国司法行政系统先进工作者"的称号。

2 日　在天津结束的全国村镇建设表彰会上，宁都县青塘镇继 1989 年被评为全国村镇建

青塘镇

设文明集镇后，又获得国家建设部颁发的"全国村镇建设先进单位"奖旗。

4 日　《江西日报》报道，"七五"期间，江西有 1284 万农民结束了饮用不卫生水的历史，

使江西省农村饮用卫生水的人口总数达到2459万，占江西省农村人口总数的81.66%。

5日 由省航运局研制的小型船舶含油污水处理装置通过鉴定。

6日 经国家教委评审，江西高校获4项国家教委社会科学第二批青年基金项目，总经费为1.9万元。

6日 省政府常务会议作出决定：将新余钢铁厂、江西钢厂和铁坑铁矿合并成立江西新余钢铁总厂。新成立的江西新余钢铁总厂隶属省冶金总公司的直属企业。总厂对生产经营统一规划，统一核算，统一领导，统一管理。冶金部致电祝贺新余钢铁总厂成立。

7日 《江西日报》报道，"七五"期间，江西粮食生产依靠增加投入以及各项先进的农业科学技术，走出了徘徊的局面。"七五"后期，粮食产量持续增长，总产量突破了1650万吨（330亿斤）。"七五"期间，年均生产量为1561.2万吨，比"六五"时期年均增产117万吨。

7日 江西省第三次归侨、侨眷代表大会在南昌举行。来自全省各地各条战线的221名归侨、侨眷代表出席了会议。大会总结了江西省归侨、侨眷工作所取得的成绩，制定了新的工作计划。大会通过了关于第二届委员会工作报告的决议，通过了关于《江西省归国华侨联合会工作细则》（修改草案）的决议。选举产生了省侨联第三届委员会，选举包章日为省侨联主席，蔡高清、林信泉、李佛铨、陈文华、曹文峰、雷冲、翁爱梅为副主席，林富强为秘书长。

7日 景德镇新型陶瓷材料实验所与解放军某部联合研制汽车尾气净化消声器获得成功。汽车尾气净化消声器是江西"七五"重点科研项目。该产品经北京市环境监测中心进行跟踪监测，达到国家标准。

8日 在北京举行的全国数据录入人员技术竞赛活动中，江西参赛的录入员获"团体优秀奖"，吉安地区赵莹英获个人赛特等奖。

8日 南昌市少年宫国画班8名学员的作品入选《中国儿童画赴欧洲展》。他们是：万晓波《春游》、李宁《嬉戏》、陈超《宁静》、蒋智昕《世界儿童爱和平》、黄霁《生活多美好》、陈开《和平鸽》、张熠《瞧这一家子》、陈莉《春江水暖》。另有陈辉的作品《亚运之光》，将在《中国少年儿童造型艺术展览》中参展。

8日 波阳县博物馆考古工作者在该县古南乡发现的元代瓷窑群以及储量丰富的瓷土矿。

9日 江西大学食品科学系研制出食品防腐保鲜剂——尼泊金丙酯。产品质量达到食品添加剂国家标准GB8851-88和毒理学要求。

9日 在武汉召开的全国轻工系统第四届民族用品先进企业评选会上，景德镇市新华瓷厂获"全国民族用品先进企业"称号。

9日 38岁的德兴县人民医院外科主任徐利华，撰写的三篇学术论文《未浓缩滤过的腹水静脉回输治疗顽固性腹水》、《游离指甲床再植》和《消炎利胆汤治疗胆道术后综合症》，获得全国优秀论文一等奖。

9日 省委组织部、省委宣传部、省直机关

江西省第三次归侨、侨眷代表大会全体代表合影

工委、省教委党组召开江西省高校党建工作汇报会。30多所高校的党委书记参加了会议。会议总结、交流了半年来江西高校贯彻落实全国、江西省高校党建工作会议精神的情况，认真分析了高校党建工作中存在的问题，提出各高校党委一定要保持清醒的头脑，从国际国内形势和全局的战略高度进一步对加强高校党建工作，扎扎实实地抓好高校的党建。会议还强调高校的一切工作，尤其是党的建设，要紧紧围绕培养社会主义事业接班人这个根本任务来开展。会议于10日结束。

11日 中共中央办公厅秘书局主办的《秘书工作》杂志社江西通联站在南昌成立。

11日 中国和巴基斯坦合作研制的K-8教练机首飞仪式在南昌飞机制造公司机场举行。这是我国第一次和外国合作研制飞机成功。是一种为满足20世纪90年代培训飞行员的需要而研制的新一代基础教练机，采用了20世纪80年代的新技术、新规范和新标准，选用了先进的涡轮风扇发动机、座舱显示系统、空调系统和救生系统，具有速度范围宽、座舱舒适、视界好、续航时间长、使用维护安全可靠、费用低等特点。国防科工委副主任谢光中将、航空航天部部长林宗棠、航空航天部总设计师王昂、中国航空技术进出口总公司总经理孙肇卿、巴基斯坦空军第一副参谋长马苏德·哈蒂夫中将偕夫人、巴基斯坦军工生产部秘书阿克塔·哈桑·汗博士偕夫人等，以及美国、意大利客人从北京来南昌参加了首飞仪式。省长吴官正、副省长蒋祝平、南昌市市长蒋仲平参加了首飞仪式。

中、巴合作研制的K-8教练机首飞仪式在南昌举行，省、市和有关单位领导及外国朋友观看表演

11日 共青团江西省委十届五次全体会议在南昌召开。会议学习了党的十三届七中全会公报，传达了共青团十二届三中全会精神，总结了1990年的工作，部署了1991年的任务。团省委副书记温新华作题为《再接再厉，埋头苦干，把江西省团的工作推上一个新台阶》的报告。会议还邀请了"熊云清烈士事迹报告团"介绍熊云清烈士的事迹，通过了团省委《关于开展向熊云清同志学习活动的决定》。会议于13日结束。

11日 省妇联七届三次执委会在南昌召开。会议学习了党的十三届七中全会公报，传达了全国妇联六届三次执委会精神，总结了1990年的工作，部署了1991年的任务。省妇联主任段火梅作题为《团结和动员江西省妇女兴赣富民，为实现"八五"计划建功立业》的工作报告。会议还对获江西省第二届"黄鹂杯"重视妇女工作特别奖的单位和个人发了奖。省领导王书枫、王泽民、孙希岳，老同志危秀英等出席会议并颁奖。会议于14日结束。

12日 省政府举行座谈会，欢送地质矿产部第四届赣南老区经济开发工作团的全体人员。根据党中央、国务院关于帮助贫困地区人民尽快脱贫致富的战略决策，1987年地矿部决定把赣南老区作为扶贫工作的重点联系片，连续四年派出经济开发工作团，开展了以矿产资源（含地下水）勘查、开发和技术服务为主的老区扶贫工作。四年来，他们共安排了17个矿种76个项目，完成了13项水文地质勘查，建机井9口，在建机井3口。同时，还完成了覆盖全地区、面积近4.7万平方公里的彩红外片摄影任务。

13日 在广州召开的第二届国际专利及新技术、新产品展览会上，上饶市丁阳发发明的"无明工艺大理石"专利项目获银质奖。

13日 《江西日报》报道，"七五"期间，江西省交通基础设施建设以"改造出省通道，改善主要运输干线，缓和运输紧张状况"为指导方针，相继新建、续建、改建了一批公路、水路运输基础设施，初步形成以国道和赣江航道为骨架，省道和饶、抚、修、信等河流为支线，县乡道路和中小河流为支线的交通网。5年间，江西用于公路建设方面的资金达151463.18万元，新建、改建公路71条，公路里程比1985年增加1443公里，新、续、改建26个汽车站，江西省已有99.9%的乡镇（场）通了公路；水路运输方面，对江西省736公里航道进行了轻型或重型的疏浚整治，新、续建港口码头项目4个，共改造汽车2382辆，船舶460艘。

13日　全国政协副主席钱正英由政协全国文教委员会副主任、原教育部副部长黄辛白、水利部长江水利委员会主任魏廷琤等陪同视察南昌、万年、景德镇、余干、鹰潭、广昌、赣州、兴国、万安、吉安、井冈山、峡江等地，重点考察了鄱阳湖区万年县的梓埠联圩、余干县康山大堤、兴国县的水土流失治理情况，以及万安电站和峡江水利枢纽坝址，并就江西的浅丘地区、鄱阳湖水面开发及能源的战略布局提出了自己的意见。视察活动于23日结束。

14日　江西省拥军优属、拥政爱民工作领导小组成立。省委副书记、常务副省长蒋祝平任组长，省军区副政委楼仲南少将任副组长，省委、省政府、省军区等26个有关部委厅局的主要领导为委员。下设拥军优属、拥政爱民办公室，分别设在省民政厅、省军区政治部内，负责处理江西省拥军优属、拥政爱民活动日常事务和军地协调工作。

15日　《江西日报》报道，"七五"期间江西省化学工业生产建设取得可喜成绩。1990年系统内化工总产值完成10.2亿元，比1985年增长62%，年平均增长10%以上，高于全国化工的平均增长水平，增长率比"六五"期间提高4.8个百分点。5年累计完成化工总产值44.8亿元，为"六五"的1.6倍，累计增加产值17亿元；累计实现利税7亿多元，为"六五"的2.1倍，年均增长11.8%。

15日　高安县兰坊乡一起非法印刷发行小学语文、数学教材和试题共108种出版物的大案被查处。

15日　在中国记协第四届理事会上，江西

有10名优秀新闻工作者和一家先进新闻集体受到表彰，这10名全国优秀新闻工作者是：毛士博、尤近胡、刘水金、许庚远、邵华、周金广、姜东南、黄敬捷、程关森、裴强健。先进集体是：南昌市家庭医生报社。

15日　江西省台胞第四次代表会议在南昌召开。会议实事求是地评估了上届理事会3年来的工作，并根据我国社会主义建设发展和两岸关系变化的新形势，提出了省台联今后一个时期的工作要求。会议强调要进一步动员居住在江西省的台湾同胞，为实现祖国和平统一和中华民族的振兴而努力奋斗。会议经过充分酝酿协商，民主选举产生了省台联四届理事会理事27人，常务理事8人，兼职副会长2人，石四皓、何大欣分别当选为会长、副会长兼秘书长。会议于17日结束。

15日　省陶瓷出口公司与印度尼西亚展览公司合作，在雅加达合作举办"中国景德镇陶瓷展销"。投入展销的9000多件（套）展品90%现场销售，金额达60万美元。同时，还与印尼客户签订了35万美元成交合同。

16日　省委、省政府召开电话会议，部署深入开展"严打"斗争、打击拐卖妇女儿童犯罪、查禁卖淫嫖娼活动和做好春节期间的安全保卫工作。会议要求采取更有力的措施，继续深入开展"严打"斗争，推进社会治安综合治理进程。

16日　省军区党委五届二十五次全委会和军政工作会议在南昌召开。会议认真学习了党的十三届七中全会有关文件，传达了南京军区七届二十一次全委会精神。会议要求所属部队和广大民兵预备役人员发扬鼓实劲、讲实效、求实绩的作风，以党的建设为主线，保证部队的高度稳定和集中统一，紧紧围绕十年规划和"八五"计划，抓好部队与民兵预备役工作，为振兴江西经济作出贡献。会议于19日结束。

18日　省委、省政府发出《关于扶持少数民族地区发展经济文化事业的意见》的通知，对少数民族地区实行倾斜政策：（一）多渠道拨出资金支援少数民族办学。（二）大学招生优先照顾。（三）鼓励毕业生到少数民族聚居的地方工作。（四）对志愿到少数民族地区工作的知识分子，工作满5年以上，其家属子女是农村户口的，可以"农转非"，民办教师转正，在同等条件下优先安排。

18日 省委九届二次全体会议在南昌举行。会议传达了党的十三届七中全会精神，认真学习讨论了《中共中央关于制定国民经济和社会发展十年规划和"八五"计划的建议》。其中第十二条为"进一步大力发展乡镇企业"。乡（镇）办企业要适当向集镇集中，村及村以下企业应尽可能实行"一村一品"，以形成规模增强竞争能力。吴官正就江西省十年规划和"八五"计划纲要草案作了说明。会议原则同意了这个"纲要草案"。会议号召全省各级党组织、共产党员和广大干部群众积极行动起来，振奋精神，同心同德，埋头苦干，开拓前进，为实现第二步战略目标、全面振兴江西而努力奋斗。会议于22日结束。

19日 宁都县山坝乡大布村农民罗从金、罗长生创作的"金瓶牡丹"和"福禄同春"等剪纸作品被首届中国民间剪纸大奖赛筹备委员会选中，在北京当代美术馆展出，并将参加3月份在景德镇召开的江西首届民间剪纸展览会。

21日 赣南老区近十年来坚持改革开放，实行特殊政策，保证了经济持续发展。当前，已有98%的特困户解决了温饱问题，农民人均纯收入达540元。据统计，近几年全区乡镇企业引进项目300多个，引进资金4000多万元，引进人才890多人，企业数量增长10倍，从业人数增长1.7倍，实现总收入增长9倍。赣南农副产品的商品率由10年前的31%上升到55.7%；农民人均纯收入比10年前增加四倍多。

22日 省纪律检查委员会第二次全体会议在南昌举行。省委常委、省纪委书记朱治宏主持会议。会议学习、贯彻了党的十三届七中全会、中纪委七次全会和省委九届二次全会的精神，研

中共江西省委九届二次全体会议会场

19日 省退伍安置工作电话会议在南昌召开。为确保1991年城镇安置任务的顺利完成，会议要求各地：确保退伍安置计划的落实，拓宽退伍军人安置的渠道，让退伍军人及时上岗工作，要保持退伍安置工作的清正廉洁。

究了进一步加强党的纪律检查工作等方面的问题，要求各级纪检机关和纪检干部以良好的党风党纪保证党的十三届七中全会和省委九届二次全会精神的贯彻落实，保证江西省十年规划和"八五"计划的顺利实施。

22 日 我国最大的球磨机在德兴铜矿大山选矿厂无负荷试车成功。

22 日 宜春地区汽车运输公司宜春汽车客运站被交通部授予全国"文明车站"称号。

23 日 省林业厅决定成立省林业厅行政复议应诉委员会，由 13 人组成，副厅长张廷杰为主任委员，厅办公室主任左传宗为副主任委员。

23 日 江西儿童医院小儿外科专家徐本源副主任医师等设计的"小儿肛前瘘直肠内修补术"被全国 12 个省市的 18 家医院采用，并于第四次全国小儿外科学术会议通过鉴定。

24 日 江西省对台工作会议在南昌举行，省党政军领导出席了会议，各地、市、县委负责人，地、市台办主任，省直有关单位和部分中央驻省企事业单位负责人共 180 多人参加会议。省委常委、宣传部长王太华主持会议。省委副书记、副省长蒋祝平传达全国对台工作会议精神。会议指出早日解决台湾问题，实现祖国和平统一，是全党全国 20 世纪 90 年代的重大政治任务，这对加快祖国和平统一进程具有重大意义。当前，要进一步统一思想，增强信心，落实贯彻措施，把对台工作推向一个新阶段。会议于 26 日结束。

24 日 全国国际旅游市场开发工作会议在南昌召开。国家旅游局副局长程文栋到会。会后，代表们分别考察了南昌、景德镇、鹰潭、九江、庐山以及吉安、井冈山等旅游景点。会议于 26 日结束。

25 日 江西青年篆刻作者、宜春公路分局干部邹水根的篆刻作品《迁想妙得》，日前在由台湾治印专业杂志《印林》主办的命题竞赛中获优选特等奖。

25 日 全国总工会在北京举行熊云清烈士事迹报告会。全总机关干部听取了南昌铁路分局熊云清事迹报告团的报告。26 日，全国人大常委会副委员长、全国总工会主席倪志福和其他领导人接见了熊云清烈士事迹报告团全体成员。

25 日 江西省地市委统战部长会议召开。会议提出，1991 年江西省的统战工作要以党的基本路线为指针，以党的十三届七中全会精神为动力，紧紧围绕党的工作重心，力争在八个方面有新突破：一要抓好统战宣传，力争在广度、深度上有新突破；二要抓好党外人士的安排，力争在地厅级干部的安排上有新突破；三要帮助民主党派搞好自身建设，力争在改善组织结构和机关作风方面有新突破；四要抓好海外经济统战工作，力争在引进技术、资金方面有新突破；五要抓好网络建设，力争在基层统战组织、人员配备上有新突破；六要抓好制度建设，力争在参政议政、民主协商、对口联系等几个主要制度建设方面有新突破；七要抓好民族、宗教工作，力争在帮助少数民族脱贫致富，贯彻宗教"三自"原则方面有新突破；八要动脑筋、办实事，力争在改善工作条件上有新突破。

25 日 苏联哈萨克共和国动力电气化部锅炉燃烧技术专家组一行 7 人，来江西考察电厂锅炉燃用劣质煤和除尘技术。他们先后参观考察了南昌、九江两个火力发电厂以及电力设计、调度、科研、职工培训、电力修造等单位。考察于 30 日结束。

26 日 省体委在上饶铅山召开江西省竞赛工作会议，确定第八届省运动会的竞赛方案。第八届省运会设 21 个比赛项目和 5 个表演项目，设金牌数共 469 枚。其中地、市组设金牌 425 枚，系统组设金牌 44 枚。

28 日 江西省经济工作会议在南昌举行。各地、市、计划单列市主管经济工作的专员、市长、各计委主任、经委主任，省政府各部门负责人，省委、省顾问小组、省纪委、省人大常委会、省政协有关部门负责人以及省财政工作会议代表参加了会议。会议传达贯彻了全国计划会议和财政工作会议精神，研究部署了 1991 年的经济工作，安排了 1991 年国民经济和社会发展计划以及财政预算。会议提出 1991 年江西省经济工作的主要任务是，坚定不移地贯彻执行党的"一个中心，两个基本点"的基本路线，继续推进治理整顿和深化改革，以调整经济结构为重点，继续实施农业开发总体战，打好工业调整提高攻坚战，大力开拓和启动市场，进一步加强重点建设，促进经济的正常循环和适度增长。会议于 2 月 1 日结束。

29 日 在贵阳举行的共青团全国宣传部长会议上确定，1991 年在上海党的一大会址、井冈山、遵义、延安等革命历史圣地建立一批青少年革命传统教育基地。其中，定于 1991 年 5 月动工兴建的井冈山青少年活动营地投资 50 万元。

29 日 全国审计工作会议在南昌召开，1990 年江西省各级审计机关共审计了 12575 个单位，查出各类违法金额 4.457 亿元，其中应上缴财政 9228 万元，已上缴 8430 万元。

29 日 团省委、省乡企局在南昌市召开表彰会及青年乡镇企业家首届年会。授予邹德庆等 10 人"江西省明星青年乡镇企业家"称号，授予敖南先等 40 人"江西省优秀青年乡镇企业厂长（经理）"称号。会议于 30 日结束。

30 日 江西省地市委组织部长会议在南昌举行。出席这次会议的有各地市委组织部长、省直厅局级单位负责人和组织、干部、人事处长共 250 多人。省委组织部长卢秀珍在会上作题为《认真贯彻落实全国组织部长会议精神，努力开创江西省组织工作新局面》的报告。会议指出，1991 年全省组织工作总的指导思想是：按照中央组织部和省委的部署，认真贯彻落实党的十三届七中全会和省委九届二次全会精神，始终把确保各级领导权掌握在忠诚于马克思主义的人手里，作为一项根本任务，重点抓好领导班子建设，特别是思想作风建设，全面提高党组织战斗力和党员、干部队伍素质，为使"八五"计划一开始就能顺利推行，提供坚实可靠的组织保证。会议于 2 月 1 日结束。

31 日 南昌飞机制造公司为美国某公司试制的飞机进气道唇口获得成功。

31 日 省政协第六届常委会第十三次会议在南昌市举行。会议听取和讨论关于中共十三届七中全会和省委九届二次全体会议精神的传达报告，一致拥护《中共中央关于制定国民经济和社会发展十年规划和"八五"计划的建议》，赞同《江西省国民经济和社会发展十年规划和"八五"计划纲要草案》。会议协商讨论省政府的《政府工作报告》（征求意见稿），通过《关于召开政协江西省第六届委员会第四次会议的决定》，通过关于省政协组成单位"归国华侨界"改为"江西省归国华侨联合会"的决定，通过关于同意 13 名省政协委员辞职的决定和增补六届委员会委员名单。会议于 2 月 4 日闭幕。

本月 大型传记丛书《中国优秀农民企业家——曾荣苟》由经济管理出版社出版发行。农业部部长何康为该书撰写前言，省长吴官正作序。

本月 江西平板玻璃厂水晶分厂第三次扩建，投资 1700 万元，建设年产人造水晶 18 吨生产线。

本月 经国务院批准，江西省"八五"期间年森林采伐限额总量为 1200.6 万立方米（其中国营林场 113.2 万立方米）、毛竹 3622 万根。按森林资源消耗结构分项指标为：商品材 402 万立方米，农民自用材 221.6 万立方米，培植业用材 39.6 万立方米，生活烧材 529.2 万立方米，其他用材 8.2 万立方米。从 1991 年开始，对江西省森林资源采伐消耗实行全额管理。

本月 奉新县冯川丝绸厂与南朝鲜客商签订一次订货额达 115 万元的丝绸出口合同。

本月 江西省考古发掘队在靖安县水口乡郑家坳墓葬群遗址发掘清理出 24 座墓穴。

1991

2月
February

公元1991年2月							农历辛未年【羊】						
日	一	二	三	四	五	六	日	一	二	三	四	五	六
					1 十七	**2** 十八	**3** 十九	**4** 立春	**5** 廿一	**6** 廿二	**7** 廿三	**8** 廿四	**9** 廿五
10 廿六	**11** 廿七	**12** 廿八	**13** 廿九	**14** 三十	**15** 春节	**16** 初二	**17** 初三	**18** 初四	**19** 雨水	**20** 初六	**21** 初七	**22** 初八	**23** 初九
24 初十	**25** 十一	**26** 十二	**27** 十三	**28** 十四									

1日 《信息日报》迎春座谈会在省政府驻京办事处举行。参加座谈会的有原中顾委委员、解放军总政治部副主任、现中央纪委常委郭林祥上将,中宣部秘书长沈一之,中宣部新闻局局长王福如以及中直机关20多个部委、北京市政府有关部门、新闻单位的领导,特约记者和特约通讯员。

2日 省七届人大常委会第十九次会议在南昌举行。会议审议通过了《江西省统计管理条例》;通过了关于召开江西省第七届人民代表大会第四次会议的决定;通过了关于在江西省公民中继续开展法制宣传教育的决定;通过了省政府、省高级人民法院提请的人事任免名单。会议于5日闭幕。

3日 全省农村工作会议在南昌举行。来自各地和省直的200多人出席了会议。大会讨论了1991年江西省农业具体目标,听取了18个县(区)的经验介绍和8个部门的发言,明确了1991年农业发展的指导思想、任务、目标和措施。会议强调要树立农业必须长期稳定发展,关键在于进一步保护和调动农民的积极性。会议要

求各地广泛深入开展以农业为基础的再教育,确保农业摆在经济工作的首位;必须坚持稳定农村政策,继续深化农村改革,再接再厉,为夺取1991年的农业丰收而加倍努力。

4日 省农资供应工作会议在南昌结束。会议传达了全国农资供应工作会议精神,总结交流了1990年江西农资供应工作的经验,对1991年农资商品供应作出了安排。会议要求,农资供应应继续坚持治理整顿,深化改革,以搞好农资商品供应为中心,进一步完善农资专营,支援农业生产与开发。

5日 在国家监察部和人事部表彰大会上,宜春地区监察局被授予"全国监察系统先进集体"称号。修水县监察局干部傅承贵被评为全国监察系统模范工作者。上饶地区监察局局长江厚全、南昌市郊区监察局局长张火星、高安县监察局局长杨细保、安福县监察局局长王继初、信丰县监察局局长谢声荣被评为全国监察系统先进工作者。

5日 国家黄金管理局给瑞昌市黄金公司颁发"黄金万两杯"(1990年,瑞昌市产金量

10594 两，列全国万两黄金县（市、镇）的第三十名，成为江西省第一颗金星）。

5 日 省、地、市广播电视局长会议在南昌举行。会议主题是以扩大广播电视覆盖、提高宣传质量、丰富节目内容为工作重点，围绕"团结鼓劲，建设江西"做好宣传。

5 日 江西各级银行行长和保险公司经理会在南昌举行。各地、市、县的人民银行、工商银行、农业银行、建设银行、中国银行、交通银行行长和保险公司、信托投资公司经理1200余人出席了会议。会议确定1991年金融工作的任务是：贯彻货币信贷方针，保持货币稳定，支持经济适度增长，把重点放在优化贷款结构、盘活资金存量、加强内部管理上。会议于9日结束。

6 日 省政府授予高安县、南昌市郊区"乡镇企业成绩突出县（区）"奖牌。

7 日 "七五"期间，江西省体育共有3人5次破5项世界纪录，2人2次平2项世界纪录，6人4次破4项亚洲纪录，获得12项世界冠军。在国际国内重大比赛中，获金牌159枚，银牌150枚，铜牌157枚。在第十一届亚运会上，获7枚金牌。

7 日 江西省清理整顿党政机关干部在城镇违纪建私房的工作，在省委、省政府的统一领导和部署下，历时一年零十个月，基本完成任务。据统计，江西省共查出10028名干部有不同程度的违章违纪违法建私房问题，核算出违纪建私房干部应退缴各种补罚款4432.5万元，人均1428.55元。受到党纪、政纪、法纪处理的共有127人，占违章违纪违法建私房干部人数的4.26%。其中地厅级干部2人，县处级干部45人，科级干部253人。没收、拆除和征收的私房共196幢，3886名建私房干部退交出私房。

10 日 赣县田村镇庙前小学刘宝山、沙地小学未本发、茅店小学丁瑞发3名少先队员获团中央、全国少工委授予的"全国赖宁式好少年"称号。江口小学李美庆等50名少先队员由团省委授予"赖宁式好少年"称号。

10 日 江西省竞赛工作会议确定，1991年将承办和举办62项体育竞赛，其中举办省运会的竞赛28项，省运会以外的全省性比赛21项，承办全国比赛13项。

11 日 萍乡市万龙山电扇厂生产的"飞碟"牌系列电器是江西省名牌产品。除原有系列吊扇、换气扇以及轴流风机等产品外，成功地开发了台扇、落地扇和旋转式石英电取暖器等产品并投放市场。

12 日 江西省中小学危房改造和校园"六配套"建设共筹集资金3.56亿元，竣工面积272.57万平方米，危房比例由1989年的2%下降到0.62%，818个乡镇的9463所学校实现校园"六配套"，占江西省乡镇44.2%，已全面完成省政府下达的"四大目标"，受到国家教委、财政部、国家计委、农业部联合表彰和奖励。

12 日 美国国际钢铁工业有限公司在江西省投资的独资企业——江西国际钢铁工业有限公司向省建行贷款300万美元的签字仪式在南昌举行。美国国际钢铁有限公司副总裁、江西国际钢铁有限公司董事长乔治·圣地亚哥先生，省政府孙希岳副省长及有关部门负责人出席了贷款签字仪式。该公司的设立旨在通过对废钢渣的处理达到回收钢铁、治理污染的目的。建设规模为年处理钢渣50万吨，总投资475万美元，美方直接投资175万美元，向省建行申请外汇贷款300万美元。

13 日 久经考验的忠诚的共产主义战士、中国共产党的优秀党员、杰出的军事指挥员、中共中央顾问委员会委员、原福州军区司令员江拥辉在沈阳病逝，终年74岁。江拥辉，瑞金县人，1931年加入中国共青团，1933年参加中国工农红军，1935年加入中国共产党。历任通信员、特派员、营长、团长、师长、军参谋长、军长、旅大警备区司令员、沈阳军区副司令员等职，是中国共产党第九、十、十一、十二届中央委员，第十三届中央顾问委员会委员。1955年被授予少将军衔。

17 日 安福县洲湖中学32岁的青年物理教师朱发根潜心钻研技术，获得四项国家发明专利。这四项专利分别是："组合数理学具"、"隔离绝缘测电笔"、"无药（电）纱窗驱蚊扣"、

"FZ-三型锁控防盗报警器"。

20 日 德兴县人民医院外科医师徐茅撰写的《头皮松懈术治疗头皮粘连性头痛 12 例报告》一文,在第三届全国医药卫生学术论文大奖赛中获一等奖。

20 日 团省委发出通知,在团员青年中广泛开展"学雷锋,学英模"活动。通知指出,团省委决定 1991 年 3 月为江西省团组织学雷锋活动月,要求各级团组织组织团员青年广泛开展各种便民、利民、为民活动,学雷锋送温暖和爱岗创优等活动。通知强调,1991 年的学雷锋、学英模活动要继续围绕着"学雷锋精神,做四有青年"这个主题进行。

21 日 鹰潭市白蚁研究所蚁药厂生产的"CA-八五复合防蚁剂"、"鹰-八四灭蚁诱饵剂"在泰国召开的国际博览会上获新技术银牌奖。

21 日 全国"数风流人物还看今朝"新闻摄影大赛在江西设立分赛区。这次摄影比赛设特等奖、金牌奖、银牌奖、铜牌奖、优秀奖和组织奖 60 余个。

21 日 省政府举行旅游新闻发布会,宣布 1991 年将陆续举办 10 项国际旅游宣传活动:江西省首届旅游商品展销会、江西省与日本岐阜县建立友好关系三周年庆祝活动、中国瓷都景德镇第二届国际陶瓷节、中国龙虎山第二届文化活动周、中国井冈山经贸洽谈会暨旅游活动周、中国药都樟树首届国际中药节、中国鄱阳湖珍禽观赏月、1991 年庐山杯国际悬挂滑翔表演赛、首届农业考古国际学术讨论会、首届梅关古驿道赏梅节。

22 日 江西省陶瓷工业公司 1991 年 1 月份与 1990 年同期比较,产值增长 17.8%,日用瓷质量一级品率提高 4.8 个百分点,销售收入增长 63%,实现利润增长 21%。

22 日 南昌市航海模型队 13 日至 18 日在苏联敖德萨参加中苏友谊赛,有 11 艘模型参加了三个级别的比赛全部获奖。其中有 8 艘模型获金牌。运动员徐宇制作的"密苏里号"战列舰以 96.66 分成绩获 C_4 级冠军,并获四个级别的最高分。

22 日 共青团中央作出决定,授予南昌铁路分局鹰潭车站客运服务员熊云清"模范共青团员"的荣誉称号,号召全国团员、青年向熊云清学习。

22 日 九江国营第五七二七厂投资 2000 万元。从西德、法国引进的无碱玻璃纤维生产线试产成功。

23 日 省政府召开工交、财贸部门主要负责人会议。省长吴官正到会讲话,副省长钱家铭、省长助理舒圣佑出席会议。会议强调,1991 年江西省各地市、各经济管理部门要加快改革步伐,打好工业调整、提高的攻坚战,扎扎实实地开展"质量、品种、效益年"活动,使主要经济效益指标都能有明显改善,尤其是在扭亏增盈上取得实实在在的成效。

23 日 省政府森林防火总指挥部、省计划委员会、省财政厅、省控制社会集团购买力办公室、省公安厅、省交通厅、省物资局、省林业厅联合发出《关于印发〈江西省森林消防专用车辆配置方案〉的通知》。

24 日 下午 3 时,南昌市乐化岭背突发山火。省军区、南昌陆院、省武警总队调动部队官兵和民兵预备役人员数千人、投入扑火山火的战斗(大火于 25 日凌晨被扑灭)。

24 日 省纪检工作会议在南昌举行。会议总结了 1990 年省纪检工作的成绩和经验,研究和部署了 1991 年全省纪检工作任务。吴官正在会上作了题为《纪检工作要坚持为党的基本路线服务》的讲话,指出,纪检工作作为党的工作的一个重要组成部分,必须保证党的基本路线的贯彻执行,服从和服务于党的基本路线,真正成为推动和促进经济建设的重要力量。会议于 26 日结束。

26 日 省委宣传部在南昌召开地、市委宣传部长会议。参加会议的有各地、市委宣传部长、省直宣传系统各单位负责人,省直工委,省工、青、妇宣传部长,省经委和省直有关厅局政治部(处)负责人,本科院校党委宣传部长等 80 余人。会议传达了全国宣传部长会议精神,部署了 1991 年的宣传工作。会议提出,江西省宣传思想战线的各级领导和广大干部要用党的十三届七中全会精神认清形势，振奋精神，全面贯彻中央和省委确定的各项宣传方针和工作要求，深入进行党的基本路线教育，大力加强经济建设和改革开放的宣传，持续开展坚持四项基本原则，反对资产阶级自由化的教育和斗争，致力于团结、鼓励、稳定、发展，为推进江西的现代化建设和改革开放创造良好的思想政治条件和社会舆论环境。会议于 28 日结束。

27 日 宜丰县与中国科学院遗传研究所合作，进行首次航天育种试验（用"农垦 58"粳稻种放入国家于 1988 年 8 月发射的人造卫星，绕地球 8 圈后取回，经过三代繁殖，其后代出现可喜的变异，有的已表现明显的高产优势）。

27 日 中国人民银行全国调查统计工作会议在南昌召开。来自全国 44 个省、自治区、直辖市、计划单列城市的人民银行行长及有关单位代表参加了会议。中国人民银行副行长陈元到会并讲话。这次会议旨在统一思想，进一步强化调统工作职能，研究新形势下加强调查统计工作的途径和措施，部署 1991 年金融调查统计工作任务。

27 日 省政府批转省林业厅《关于贯彻国务院同意林业部〈关于各省、自治区、直辖市"八五"期间年森林采伐限额审核意见的报告〉的通知》。

27 日 鹰潭铁路公安处刑侦科于万和获由铁道部公安局授予的"全国铁路公安系统廉政爱民先进个人"称号。

27 日 江西省社会治安综合治理工作会议在南昌举行。会议传达了全国社会治安综合治理工作会议精神，部署了江西省 1991 年的社会治安综合治理工作和政法工作。会议提出 1991 年江西省政法战线的主要任务是：以党的十三届七中全会精神和省委九届二次全会精神为指针，以经济建设为中心，以社会治安综合治理为重点，坚持一手抓政法各项工作任务，一手抓政法队伍的建设，保持良好的社会秩序，不断维护和巩固社会的稳定，为江西省的经济建设和改革开放创造良好的社会环境，提供有效的法律服务和法律保障。会议于 3 月 2 日结束。

28 日 江西省 1990 年度先进表彰大会在南昌举行。赣州市人民法院等六个单位、曹一贵等 15 位同志分别被荣记集体和个人二等功，宜春地区中级人民法院等 16 个单位被授予"江西省法院先进工作者"的称号。

28 日 中顾委常委康世恩在江西考察工作。随同康世恩来赣的有原石油部副部长、现中国石油天然气总公司总地质师阎敦实和石油部的一批专家。考察期间，康世恩指出江西是 20 世纪 90 年代油气勘探开放的一个重要地区，"八五"期间，中国石油天然气总公司要同江西一道，稳步进行勘探开发工作。考察活动于 3 月 3 日结束。

本月 永修县农民在"八五"计划第一年，投入 2000 万元用于发展农业生产。投资额比 1990 年增加 10%。农民与县财政投入比例由"七五"计划初的 5:1，上升到"八五"初的 10:1。

本月 江西省农业大学、冈山市等九个单位被中宣部、国家教委、团中央评为全国"1990 年社会实践活动先进单位"。1990 年暑假期间江西有 5 万余大学生参加，"兴赣富民、实践成才"为主题的社会实践活动，占在校生的 90% 以上。

本月 省政协常委会决定省侨联为省政协的组成单位，这标志着侨联组织已成为参政议政团体。

本月 省七届人大常委第十九次会议通过《江西省统计管理条例》，同年 5 月 1 日正式实施。

本月 历时三年的江西省森林植物产地检疫和疫情调查基本完成。调查结果表明，江西省森林植物检疫对象共有松针褐斑病、毛竹枯梢病、泡桐丛枝病、枣疯病、松梢枯病、板栗疫病、杨树溃疡病、杨树根癌病、油桐枯萎病、紫穗槐豆象 9 病 1 虫。其中松针褐斑病发生面积为 1.112 万公顷，分布 59 个县（市、区）；毛竹枯梢病发生面积 1.07 万公顷，分布 28 个县（市、区）。

本月 九江市一百多个储蓄所全面实行承包，截至 2 月 2 日，储蓄余额突破 6 亿元大关，取得了超计划、超历史、超目标的好成绩。

本月 南昌百货大楼获全国执行物价政策法规最佳商店。

1991

3月
March

公元 1991 年 3 月							农历辛未年【羊】						
日	一	二	三	四	五	六	日	一	二	三	四	五	六
					1 元宵节	**2** 十六	**3** 十七	**4** 十八	**5** 十九	**6** 惊蛰	**7** 廿一	**8** 妇女节	**9** 廿三
10 廿四	**11** 廿五	**12** 廿六	**13** 廿七	**14** 廿八	**15** 廿九	**16** 二月大	**17** 初二	**18** 初三	**19** 初四	**20** 初五	**21** 春分	**22** 初七	**23** 初八
24 初九	**25** 初十	**26** 十一	**27** 十二	**28** 十三	**29** 十四	**30** 十五	**31** 十六						

2 日 江西省第一座珍稀动物繁殖基地在赣州兴建。第一期工程全部竣工，首批国家一类保护动物——丹顶鹤春节前夕迁居基地。繁殖基地占地面积 500 多平方米，总投资 10 万元，它的建成将为加快珍稀动物在人工饲养条件下的繁殖速度以及对珍稀动物的研究保护创造良好条件。

2 日 由江西造船厂建造的尖头蜗尾型 540 马力监督艇竣工，交付长江航政管理局宜昌港航监督局使用。这艘由华中理工大学设计、江西造船厂首次承担施工试制的新型船舶，适宜于在三峡丁级航段，长江 A、B 级航区航行。该船有良好的快速性、操纵性、适航性和稳定性。

2 日 江西省宗教工作会议在南昌举行。国务院宗教事务局局长任务之莅会并讲话。会议传达贯彻了全国宗教工作会议精神，学习了《中共中央、国务院关于进一步做好宗教工作若干问题的通知》，分析了形势，提高了认识，统一了思想，确定了江西今后宗教工作的方针和任务。会议要求各地要教育广大干部正确对待宗教问题，提高对宗教工作的认识；要全面正确地贯彻执行党对宗教问题的基本政策，加强对宗教事物的管

理，要加强党和政府对宗教工作的领导。会议于 3 日结束。

2 日 江西省监察工作会议在南昌举行。会议总结了 1990 年开展执法监察的经验，部署了 1991 年工作，表彰了一批先进单位和个人。省长吴官正到会讲话并同王泽民、杨永峰等领导向先进集体和个人颁奖。据统计，1990 年江西省共受理举报、信访 28419 件次，其中立案查处各类案件 1605 件，已结案 1600 件；给予政纪处分的 1567 人，其中地厅级干部 5 人，县处级干部 45 人，移交司法机关处理的 56 人，收缴违纪金额 846.56 万元。会议于 4 日结束。

4 日 省统计局正式发布 1990 年国民经济和社会发展统计公报。公报显示，1990 年全省国民生产总值 425.6 亿元，比 1990 年增长 5.3%，国民收入 361.4 亿元，增长 4.5%，在比较困难和复杂的条件下，江西省经济继续朝好的方向发展，经济发展呈现五个鲜明特点：（一）总体经济实力得到增强。1990 年工农业总产值 677.2 亿元，比 1990 年增长 6.6%，地方财政收入 40.6 亿元，增长 8.4%。（二）农业又获全面丰收。

1990年农业总产值达255.2亿元,比1990年增长6.5%,1990年粮食总产量达165.82亿公斤,再创江西省粮食生产史新纪录。(三)工业生产呈现逐步回升的态势,在困境中保持了一定的增长速度。江西省工业总产值完成422.03亿元,比1990年增长6.6%,超过计划0.6%。(四)市场渐趋活跃,物价平稳,销售形势看好。江西省零售物价总水平仅比1990年上升1.3%,涨幅是20世纪80年代以来最低的一年。(五)城乡居民实际收入增加,城镇居民的年收入人均为1094.24元,扣除物价上涨因素,实际增长8.1%,农民家庭人均纯收入达579.61元,扣除商品性消费价格上涨因素,实际增长2.0%。

4日 省委宣传部、省军区政治部、省直机关工委、省精神文明建设活动办公室、省总工会、团省委、省妇联联合组织了熊云清事迹巡回报告团,在南昌八一礼堂举行了首场报告。省党、政、军领导与2400多名机关干部、工人、解放军官兵、武警战士、知识分子和大专院校师生代表一道出席了报告会。

4日 由中央电视台、江西电影制片厂联合摄制的6集电视连续剧《宁都兵暴》在宁都开机。

5日 《江西日报》报道,江西省各级经济技术协作部门围绕农业总体开发、调整经济结构,全方位、多渠道、多形式地开展横向经济联合。1990年全省共达成协作项目4548项,其中省际间2627项,占总数的57.76%,比1990年增长7%,合同项目投产率达83.6%;引进外省、市资金2.76亿元;引进了一批生产急需的原材料,推销了大批地方商品。

5日 1991华东出口商品交易会在上海举行。江西有31家有进出口经营权的外贸公司、工贸公司和大中型企业十三大类1200多个品种的样品参展,并准备了达6亿元的洽谈货单。

5日 省政协六届四次会议在南昌举行。出席会议的有委员627人,列席会议者213人。会议听取并审议了常委会工作报告和三次全会以来提案工作情况的报告;补选六届委员会常务委员,通过有关决议。会议共收到委员提案391

件。会议期间,省委、省政府领导和有关部门负责人同委员们协商座谈。省政协主席吴平在会上作《以建设江西为己任,为兴赣富民作贡献》的讲话,要求发挥政协优势,为江西十年规划和"八五"计划的实施献计出力。会议于10日结束。

7日 省人大七届四次会议在南昌举行,出席代表528名。大会选举王昭荣、钱家铭、胡东太为省七届人大常委会副主任;邵德为省人大常委会委员;舒圣佑、周势平、舒惠国为副省长。会议通过《关于江西省人民政府工作报告的决议》、《关于江西省国民经济和社会发展十年规划和"八五"计划纲要的决议》、《关于江西省一九九〇年国民经济和社会发展计划执行情况和一九九一年计划的决议》、《关于江西省一九九〇年财政预算执行情况和一九九一年财政预算的决议》、《关于江西省人大常委会工作报告的决议》、《关于江西省高级人民法院工作报告的决议》、《关于江西省人民检察院工作报告的决议》;接受蒋祝平、钱家铭、张逢雨辞去副省长职务的请求。会议于13日结束。

省七届人大四次会议会场

8日 由九江玻璃纤维厂一织布车间保全工涂伟林研制的与自行车配套可以载人装物的厢式自行车挂斗获国家专利。

8日 在中华全国总工会女职工委员会召开的纪念"三八"国际劳动妇女节,学先进树标兵大会上,江西新余钢铁总厂高级工程师冉素芸获

"全国先进女职工标兵"称号。

8日 部分省市区纠正行业不正之风座谈会在南昌举行。国务院秘书长罗干、中纪委副书记陈作霖、监察部部长尉健行和北京、天津、河北、辽宁、上海、江西、湖北、湖南、广东、四川、贵州、陕西、新疆以及公安部、铁道部、国家工商行政管理局、国家税务局的负责人出席了会议，国务院副秘书长李世忠、国务院纠正行业不正之风办公室主任、监察部副部长徐青分别主持了会议。会议认真贯彻党的十三届七中全会精神，总结交流前一阶段纠正行业不正之风工作的经验，就研究进一步开展这一工作的方法，使纠正行业不正之风的工作取得阶段性明显成效等方面的问题进行了讨论。会议于10日结束。

8日 第三次全国邮电监察工作会议在南昌召开。会议以党的十三届七中全会精神为指导，回顾总结了1990年邮电行政监察工作，交流了经验，研究确定了纪念邮电行政监察工作任务，表彰了江西省邮电管理局监察室等9个邮电监察工作先进集体和38名邮电监察工作先进工作者。邮电部长杨泰芳、省长吴官正出席会议并讲话。会议于11日结束。

8日 南昌市园林管理处两百多盆江西省特有的花卉盆景在香港沙田参加花卉展览。参展品种包括金边瑞香、带果佛手、二乔玉兰、绣花针、长寿花、五针杉等。

9日 由九江仪表厂与天津车船研究所联合研制的磁罗导航系统获1990年度中国人民解放军科学技术进步一等奖。

9日 南昌煤气工程建成。总投资1.28亿元，南昌煤气气源厂一期工程全部投产后，日产煤气量17万立方米，可供电5万户约20.4万人的日常生活用气。

10日 新华金属制品有限公司按国际标准生产的主导产品——高强度低松弛预应力钢绞线，已接到国际最著名的四大预应力工程公司中3家的订购单。1990年该公司产品80%以上销往国外，出口创汇292万美元。

10日 江西省跳水学校的南昌运动员徐佳、新余运动员谢媛、萍乡运动员梁海亮作为第二十

六届奥运会苗子入选国家少年跳水集训队。

12日 全国绿化委员会、林业部、人事部授予赣州地区林业局等19个单位为全国造林绿化先进单位称号；江进桥、周炳云、赵斌、丁光宗、何天士、杨昌泉、易发来、李钦武、邹满贤、梁国民10人为全国造林绿化劳动模范称号。

13日 有色金属总公司和国家劳动部确定江铜为高级技师评聘试点企业。9月，该公司开展高级技师评聘试点工作；1992年11月5日，该公司首批评聘了8名高级技师。

14日 全国建材财务工作会议在南昌召开。

14日 第八届"中国戏剧"梅花评选中，青年旦角演员陈俐获全国第八届戏剧"梅花奖"。陈俐曾多次在江西省、全国的重大演出中获奖。陈俐应中国戏剧家协会艺委会和中国艺术研究院戏研所联合邀请，参加这届梅花奖的推荐演出，并主演了《盗草》、《书馆夜读》、《选马出征》三个赣剧折子戏。

14日 江西省高教工作会议在江西农大召开，省委宣传部、省教委、省有关部门和各类高校负责人共100余人参加了会议。会议传达贯彻了国家教委1991年工作会议精神；总结了江西省"七五"期间的高教工作；表彰了先进单位；讨论并确定了1991年江西省高教工作的总体安排，即继续围绕全面贯彻执行党的教育方针，坚持社会主义办学方向，加强党的领导，加强思想政治工作，巩固和发展安定团结的政治局面，培养社会主义建设者和接班人这个中心任务，进一步抓好充实整顿高校，建设良好校风，推进教学、科研、生产（社会实践）"三结合"，全面提高教育质量和办学效益。会议于16日结束。

15日 共青团省委、省劳动厅、省总工会、省机械厅、省纺织局、省建设厅、省商业厅7家单位联合召开江西省青工技术比武总结表彰暨动员大会。省政府授予28人为"江西省技术尖兵"称号；授予20人为"江西省技术能手称号"；授予5家单位为"尊重人才的技术单位"；授予18人为"江西省新长征突击手"称号。会议号召江西广大青年职工努力向青工技术尖兵和能手学习，珍惜青春年华，勤学苦练过硬技术，多创一

流成绩，为江西工业调整提高攻坚战建功立业。截至 1990 年底，11 个地市普遍开展了选拔赛，各行各业举办各项比赛 360 次，涉及 10 多个行业的 140 多个工种，有 40 多万青工参加了技术练兵比武活动，参赛青工中涌现出 3000 多名技术能手，6000 多名青工分别获奖。

15 日 江西省老区建设委员会全体委员及特约顾问会议宣布：到 1990 年底，全省特困户温饱问题得到基本解决，老区建设已转入以脱贫致富为主要目标的经济开发新阶段。

15 日 南昌有色冶金设计研究院设计的我国第一座垃圾卫生填埋场在杭州通过高工初验投入使用。

16 日 江西日报社、省林业厅发出通知，决定举办绿化江西大地青岗杯征文竞赛，以纪念开展全民义务植树活动 10 周年。至 10 月，征集江西省社会各界稿件 1000 多篇，刊登在《江西日报》上的有 31 篇，其中 10 篇获奖：一等奖 1 篇，二等奖 3 篇，三等奖 6 篇。

16 日 国际审评团成员、英国拯救儿童委员会医学顾问苏里范先生深入资溪县焦溪村农家检查儿童疫苗接种情况。联合国儿童基金会、世界卫生组织和卫生部对地处江西边远老区的资溪县计划免疫工作进行全面审评。经审评，该县计划免疫已经达到国际标准。

16 日 全国六城市"沿着党的足迹走，誓做革命接班人"红领巾传递活动，由浙江嘉兴起程，当天抵达南昌。交接仪式上，宣读了国务院总理李鹏为这次活动的题词："为培养革命事业接班人而开展活动"。交接仪式在南昌八一起义纪念馆举行。1400 名少先队员参加了交接活动。

16 日 江西省党史工作会议在南昌召开。会议总结了 1990 年的党史工作，研究了江西省党史工作五年规划，讨论学习了贯彻党的十三届七中全会精神，搞好党史宣传教育和加强党史队伍思想作风建设问题。各地、市、县（区）委党史办主任以及省直有关单位党史工作的负责人共 140 多人参加了会议。中央党史研究室科研局副局长胡丹出席了会议并讲话。毛致用、吴官正、卢秀珍等省领导出席了会议。会议于 17 日结束。

18 日 江西省冶金工作会议在新余召开。会议总结了 1990 年的工作；提出"八五"计划的基本任务，即"八五"期间，江西冶金总公司对省财政实行总承包，上缴利税以 2.2 亿元为基数，前三年递增 2%，后两年递增 4%；会议要求江西省冶金系统 11 万职工振奋精神、团结鼓劲、拼搏进取，打好优质、低耗、增效、扭亏攻坚战，实现 1991 年减亏 50%。

18 日 中央组织部研究室召开的全国省、区、市和计划单列市党委组织部研究室主任会议在九江市举行。会议围绕党的十三届七中全会精神，根据党在现阶段的中心任务和组织部门所担负的职责，就如何做好党委组织部门的调查研究工作进行了认真讨论。中组部研究室主任刘俊林，副主任周长年，省委常委、组织部长卢秀珍，副部长吴志清及九江市委有关领导出席了会议。会议于 22 日结束。

19 日 省中医药界首次举行拜师会。会上，21 名中青年中医分别向他们的 13 名指导老师举行了拜师仪式。

19 日 江西省医药总公司组织中药资源普查发现天然药物 2129 个物种，分属 322 个科，其中植物类 219 个科 1959 个品种，动物类 95 个科 155 个品种，矿物类 15 个品种，采集各种标本近 6 万份。组织编写的 150 万字的《中国中药资源——江西分册》获江西省科学技术进步二等奖。

19 日 省政府发出《关于贯彻〈国务院加强野生动物保护严厉打击违法犯罪活动规定〉的通知》。决定每年 11 月为江西省保护野生动物"宣传月"。

19 日 省军区在吉安召开坚持党管武装教育现场会。会议要求对江西省人民武装部系统和广大民兵预备役人员在和平时期要通过广泛宣传，不断强化党管武装观念，毫不动摇地坚持军队和地方双重领导制度，把党管武装各项规定真正落到实处。省委宣传部、省军区政治部联合下发通知，对江西省人民武装部系统广泛深入地开展好党管武装的宣传教育作了具体部署，南京军区政治部副主任缪国亮参加现场会并讲话。会议于 20 日结束。

20 日 中国东方航空公司江西分公司在南昌正式成立。该分公司拥有 3 架安 24 型、4 架运 7 型和 4 架运 5 型飞机。每周始发 36 条航线，57 个航班。

20 日 经国家质量奖审定委员会重新评定，新余钢铁总厂生产的 72、76 两个牌号高炉锰铁再次获"国家银质奖"。高炉锰铁是江西新余钢铁总厂的拳头产品之一，1985 年获"国家银质奖"，成为我国高炉锰铁产品中的第一个国优产品。

20 日 江西省首家从事债券业务的金融机构——江西省证券公司在南昌正式开业。

20 日 省政府发出关于增设调整部分公路检查站的通知。至 1991 年底，江西省有木材检查站 325 个，检查人员 2797 人。

21 日 江西省 1991 年重点技改项目——南昌钢铁厂 1 号高炉工程全面开工。高炉设计年生产能力为 12 万吨，竣工后将新增产值达 3500 万元。

21 日 省林业厅转发林业部关于发布《国家重点保护野生动物驯养繁殖许可证管理办法》的通知。

21 日 省高级人民法院、省人民检察院、省林业厅、省公安厅、省工商行政管理局联合转发最高人民法院等 5 家《关于严厉打击非法捕杀、收购、倒卖、走私野生动物的通知》。

22 日 省政府在南昌召开江西省精神文明建设活动工作会议。会议确定 1991 年精神文明建设活动的主要内容是：以"五爱""四有"为基本要求；以争做文明公民为整个活动的中心。会议强调今后精神文明建设的重点是加强思想道德建设，尤其是要抓好职业道德和社会公德的建设。会上，省政府向江西省 33 位市长、县长和区长颁发了创"三优"建文明城竞赛优胜奖状，同时与各地市签订了新的年度竞赛责任书。

22 日 江西省首次统计员资格考试结果揭晓，江西省参加考试 8722 人，考试合格 6715 人，合格率 76.98%，国家人事部、国家统计局组织检查验收，认定有效。

22 日 中共江西铜业委员会书记程金鹏一行 7 人访美，考察铜堆浸萃取、电积技术，并与玛格玛公司签署结为姐妹公司的备忘录。于 4 月 7 日返赣。

23 日 由江西中医学院针灸骨伤系青年教师陈日新、康明非研制的具有国内先进水平的针灸教学试验测试仪——"阻抗式胃运动检测仪"年初通过专家鉴定，获国家专利。

23 日 江西省考古工作者最近在吉安市天玉乡发现一处吉州窑系大型作坊遗址。据考证，天玉窑始烧于五代，经宋、元至明代中期熄火，迄今已有 1000 余年的历史。吉州窑于晚唐创烧，其"天目碗"素有"世之神器"的称誉。天玉窑遗址中出土了大量釉色、纹样丰富的瓷器碎片，可还原的器皿达 200 余件。发掘迹象表明，整个作坊分布在近 3000 平方米的范围内。多处遗迹，如残墙垣、品字型淘塘、蓄泥池、凉坯台及马蹄型窑床等均用青灰砖、卵石和大片石砌叠而成。它们从高到低，错落有致，流程规范，布局合理，再现了宋应星《天工开物》所记载宋、元以来采石制瓷的全过程。如此规模的作坊遗址在以往一些古代名窑中均未发现。专家认为它是一处罕见的综合性制瓷作坊遗址。

木叶纹天目碗

23 日 省民政局长会议召开。会议提出今后民政工作突出的任务是：突出一个"农"字，把民政工作深入到农村经济发展中去，提高民政对象的生活水平，实现共同富裕。会议于 26 日结束。

24日 在赫尔辛基举行的芬兰羽毛球公开赛中，江西省羽毛球名将刘军在男子单打决赛中获冠军。

26日 全国盐业会议在南昌召开。来自全国各省（市）区轻工、盐业部门的代表及轻工业部、国家计委、中国盐业总公司等有关方面的领导出席了会议。会议认真贯彻《中共中央关于制定国民经济和社会发展十年规划和"八五"计划的建议》和全国轻工业厅局长会议精神，总结交流了"七五"盐业发展的经验，分析了形势，统一了认识，明确了"八五"盐业的发展思路目标和工作任务，布置了1991年的工作。

27日 景德镇市土地局采用国际最先进的GPS全球定位系统对市区地籍调查控制网进行卫星定位取得成功，其精度高于传统测量方法。它为景德镇市制定"八五"计划和十年发展规划，加快瓷都的建设提供了精确的数据和决策依据。

27日 由江西冲剪机床厂试制的水解氢氧焊割机，通过省级鉴定。水解氢氧焊割机是利用水电解获得廉价、清洁、高效、节能的氢氧混合气体，用于金属和非金属预热、焊割的特种加工设备，在金属加工、车船制造、电子电机、制药及首饰、装修等行业应用范围很广，具有作业方便、无污染、安全可靠、加工质量高、节能显著等优点。

28日 赣州市"三八"粮店把学雷锋与优质服务结合起来，获国家商业部、全国商业企业协会颁发的"首届全国商业企业优秀班组"称号。

28日 由深圳蓝藻公司赞助，江西中医药研究所研制开发的强化锌、强化铁螺旋藻营养保健系列食品。通过江西省内10位医药、化学、食品等方面的专家鉴定。

28日 全国妇联、林业部授予浮梁县江多云、乐安县鹏洲乡邹菊花、南康县龙回乡曹云兰、靖安县双溪镇余国香4人"全国三八绿色奖章"。

28日 江西省优秀省柴灶评选会议在临川县举行。在42个灶中硬柴、软柴和商品灶三个系列评出了17名一、二、三等奖。有三个热效率超过50%，最高达59.4%，突破过去热效率最高不超过50%的界限，出现柴、煤、草三用、两用或多功能灶，大大节省了森林资源。

29日 江西省有色总公司批准《贵溪冶炼厂铜电解控潜工程项目建议书》，电解铜生产能力由目前的7.5万吨扩大到15万吨。同年12月26日，该公司批准初步设计，投资总额为3945万元，并开工建设；1992年11月16日，第一阶段工程竣工，形成年产10万吨电解铜的生产能力。

贵溪冶炼厂现代化的电解车间主厂房

29日 1990年商业部优质茶叶评选揭晓，婺源茶厂的"山江牌"茗眉特级、南昌茶厂的"春蕾牌"珠兰花茶特级、宁都县的"小布岩牌"小布岩特级、上饶茶厂的"长春牌"雪珍茉莉、奉新县茶厂的"长山牌"天工茶特级被评为商业部优质产品。

30日 省政府、冶金工业部联合行文，印发《江西省地方钢铁工业"八五"发展计划商谈纪要》。

31日 国家体委分别表彰了在第十一届亚运会上作出突出贡献的单位和完成第十一届亚运会项目布局任务的单位。江西省获亚运会突出贡献奖，国家体委主任伍绍祖，副主任袁伟民、徐寅生向受表彰的单位颁发了奖杯、铜匾和奖金。

31 日 截至月底，省地矿局赣西地质调查大队在宜春市境内的雅山岩体中发现和详查了四个中型瓷用优质高岭土矿床，探明矿石储量在 1000 万吨以上。

本月 江西第一个省级开发区——南昌高新技术产业开发区设立（1992 年 12 月经国务院批准为国家级开发区）。

本月 省乡镇企业局召开乡镇企业质量工作会议，下达全面质量管理达标验收企业 200 个计划。同年，经农业部审核，184 家企业获农业部《全面质量管理达标证书》（至 1994 年末，江西有 935 家乡镇企业获达标证书）。

本月 省政府第 100 次常务会讨论通过《江西省图书报刊市场管理暂行规定》。

本月 横峰县城郊松林出现蚧壳虫危害马尾松现象。发生面积 66 公顷，分布在九都、上窑口、笔架山等地。经中国科学院动物研究所专家鉴定，蚧壳虫为同翅目盾蚧科的橙褐园盾蚧。据史料记载，橙褐园盾蚧分布在我国江苏、浙江、湖南、湖北、广东、福建以及台湾，在江西属首次发现。

本月 我国最大的铜矿山德兴铜矿 1991 年头两个月的产量比 1990 年同期增长 97.7%，由 1990 年同期亏损 177 万元转为盈利 858 万元。

本月 经中共中央对台办审定，由华艺出版社出版的《新时期对台工作》一书，本月起在全国发行。该书是江西省委对台办和湖南省委对台办合作编撰的，是一本全面论述中共对台工作的专著。

本月 波阳县柘港乡二脑村年仅 7 岁的儿童张国明被破格录取为波阳县第二中学初中一年级的学生，本月底他在全县奥林匹克数学竞赛中获第二名。

本月 由波阳人民集资 800 多万元建设的景德镇至波阳田畈街长 40 公里的 110 千伏输电线路和容量为 1.6 万千伏安的田畈街变电站工程竣工，开始送电，为解决波阳北部 19 个乡的用电和 49 万亩良田的电力排灌发挥重大作用。

波阳县电网

本月 由《初中生学习指导》杂志社举办的"勤奋杯"全国中学数学邀请赛于本月底揭晓。这次邀请赛共有 29 个省市自治区的 125792 名初中生参加。丰城市第三中学初一〈一〉班学生邹少怀获初一组一等奖。丰城三中还获得这次邀请赛的"集体奖"。

1991
4月
April

公元1991年4月							农历辛未年【羊】						
日	一	二	三	四	五	六	日	一	二	三	四	五	六
	1 十七	**2** 十八	**3** 十九	**4** 二十	**5** 清明	**6** 廿二	**7** 廿三	**8** 廿四	**9** 廿五	**10** 廿六	**11** 廿七	**12** 廿八	**13** 廿九
14 三十	**15** 三月小	**16** 初二	**17** 初三	**18** 初四	**19** 初五	**20** 谷雨	**21** 初七	**22** 初八	**23** 初九	**24** 初十	**25** 十一	**26** 十二	**27** 十三
28 十四	**29** 十五	**30** 十六											

1日 东航江西分公司新辟南昌至温州航线，首航成功。

1日 在"爱鸟周"活动10周年之际。省林业厅、南昌市教育委员会、南昌市第一中学等单位，在南昌市一中联合举行江西省第十届"爱鸟周"宣传、演讲暨知识竞赛活动。南昌、九江、抚州、上饶、鹰潭和万年、修水、永修、星子、新建等地（市）、县林业局，省属各自然保护区，也都开展了形式多样、内容丰富的爱鸟宣传活动。活动于7日结束。

2日 列入国家重大高新产品试制项目的PX－Ⅰ型日用陶瓷盘类成型干燥生产线通过部级技术鉴定。该生产线是九江船舶工业公司在吸收英国C型生产线的基础上，经国产化设计和部分改进后试制成功的我国第一条盘类成型干燥生产线。具有结构紧凑、占地面积小、易于干燥、速度快、能耗低、机械化程度比较高等优点。

2日 江西第一家铁路集装箱联营集散站——青云谱集散站投入营运。它的建立对推动江西运输组织化程度的提高和集装箱运输的发展，保证货物安全，节省包装费用，减少货损货差，提高运输效率和经济效益，加速货物及资金流通，促进经济发展起重要作用。

2日 省长途汽车运输公司开通南昌—深圳客班车，途经赣州、龙南、中村、连平、河源、惠州，全程1020公里。

2日 江西财贸专员市长会议召开。会议提出，在当前工业企业产成品大量积压，国营供销商业流通主渠道的某些环节受阻，市场销售不景气的情况下，江西各地要以抓好流通为突破口，坚持在深化改革中形成上下左右关心流通、支持流通、发展流通的合力，下决心推进流通领域的体制改革，逐步解决流通领域深层次的矛盾，理顺工商关系、商商关系、主渠道和多渠道的关系，充分发挥供销商业流通主渠道作用，促进江西省经济发展的良性循环，加快步伐，振兴江西经济。会议于4日结束。

3日 省政协第六届委员会法制社团工作委员会组织3个调查组，分别前往九江、景德镇、抚州、赣州等地，调查打击拐卖妇女儿童犯罪和查禁取缔卖淫嫖娼情况。调查活动于18日结束。

3日 省委书记毛致用在九江调查了解工业企

业情况。在调查过程中，毛致用着重就搞活企业特别是大中型企业的问题，同当地部分企业负责人交换意见，并深入车间、班组、工地看望工人群众，听取他们的意见和要求。他强调国营工业企业特别是大中型企业，是国民经济的重要支柱，是财政收入的主要来源，要在江西省进一步形成加强工业、搞活企业的大气候。调查活动于8日结束。

4日　国家计委审计组近日抵达江西铜矿，对重点工程项目进行全面审计工作。

5日　江西第一次集中颁发身份证工作告一段落有16周岁以上（属于发证年龄）的人口有2524万，从1985年底到1990年底，五年间共发证2470万份，发证率达97.89%。

5日　省政府通报表彰植树造林成绩卓著的7个先进地市。1990年江西省植树造林合格面积423万亩，比1989年增长20%，全年森林赤字下降近100万立方米。赣州、宜春、萍乡、新余、南昌、上饶、鹰潭7个地市超额完成了责任状规定的造林任务，其中萍乡市完成造林目标值的187.6%，赣州地区完成造林目标的131.9%，宜春地区完成造林目标的149%。

6日　在第五届全国发明展览会上，临川实验化工厂与大连理工大学化工学院联合研制、生产的新型植物生长剂"多元液体复合肥"获金牌奖。

6日　省地质勘探部门在遂川县境内找到一个具有开发利用价值的砂金矿床。该矿品位较高、埋藏浅、占用农田少、开采条件较理想。

6日　盘古山钨矿被全国绿化委员会、林业部、人事部授予"全国造林绿化先进单位"称号。

被国务院环境保护委员会授予"环境保护先进单位"的盘古山钨矿

7日　共青团中央、全国绿化委员会、林业部发出决定，表彰铜鼓县丰田乡南溪村林业专业户谢义兴等370个全国青年绿化祖国突击手。

7日　玉山县政协常委、县工人俱乐部主任黄暖裳创作的广播剧《孺子牛与马二爷》近日在上海举行的1990年全国第三届"白玉兰"杯广播剧剧本大奖赛暨广播剧剧本研讨会上，荣获剧本创作奖。该剧以清新的笔调，热情地讴歌了人民教师教书育人，甘为"红烛"的献身精神。

8日　省委、省政府召开工业生产电话会议。省委书记毛致用作《要千方百计搞活企业特别是大中型企业》的讲话。会议要求江西各地继续推进治理整顿和深化改革，以扭亏增盈为主攻方向，大力扩大销售，努力盘活资金，千方百计提高经济效益，保证工业生产适度增长，切实打好工业调整提高攻坚战第一战役。

8日　中华全国总工会书记处会议决定授予江西鹰潭火车站客运二班——"熊云清班"、"五一劳动奖状"。

8日　省计委印发《江西省重点工程建设项目〈建筑安装招标投标的规定〉》。

8日　全国妇联副主席、书记处书记杨衍银于当日至14日在井冈山、泰和、赣州、抚州、景德镇、九江、共青城、南昌等地考察妇女工作。期间，她与省地市妇联干部进行座谈，要求妇女立足本职，因地制宜，在"双学双比"和"八五"巾帼建功活动中争先创优。

9日　省编委、省林业厅发出《关于基层林业工作站机构设置和人员编制的通知》。江西共设置乡镇林业工作站1140个，核定事业编制5230名（含现已建的站和人员编制）。省林业厅下设"江西省林业工作总站"，相当于副处级事业单位。

9日　江西省首届出版科学论文研讨会暨出版科研论文评奖授奖会在南昌举行。为期两天，于10日结束。

10日　省编委、省广电厅联合发出《关于乡镇广播电视站机构设置和人员编制的通知》，规定乡镇广电站为基层事业单位、股级机构，实行县市区广播电视主管部门与乡镇人民政府双重领导，按照每乡镇设 1 座站的原则，江西共设 1839 座广电站，核实事业编制 5860 名，经费由县、乡政府解决。

10 日 国家长江防护林办公室、林业部在进贤县召开长江中上游防护林建设一期工程九省长防办专职主任座谈会。座谈会于 15 日结束。

11 日～12 日 中国卫生科教音像出版社《中国血吸虫病防治》电视录像摄制组在余江拍片。该县送瘟神纪念馆、排涝电站、白塔河新渠坝田园风貌等摄入镜头。

12 日 江西省军队专业干部安置工作会议在南昌召开。会议传达了全国军队转业干部安置工作会议精神，部署了 1991 年军队转业干部的安置任务。会议指出，1991 年军转干部安置工作，要继续深入贯彻为保证军队稳定和社会安定团结服务的指导思想。会议要求各级组织、人事、军转部门要突出抓好四项工作：一是想方设法安排好师团职转业干部；二是抓紧研究和解决转业干部的住房问题；三是提高转业干部培训质量；四是加强对军转安置工作的舆论宣传，以极大的政治热情和高度责任感，圆满地完成 1991 年军转安置工作。

12 日 政府颁发《江西省林业行政处罚程序暂行规定》，自公布之日起施行。

12 日 武警部队政委徐寿增中将率领总部机关工作组，对江西总队机关和 5 个支队、8 个中队以及医院进行考察。徐寿增指出，驻老区的武警部队一定要继承和发扬井冈山革命精神，加强武警部队建设，做党和人民的忠诚卫士。考察于 18 日结束。

13 日 由省地矿局水文地质大队承担的、旨在为江西省红壤地区农业开发服务的部管重点项目——"中国红壤项目江西缺水地区下水勘察"报告，通过评审。

13 日 江西省重点工程——赣江制药厂维生素 C 扩建工程顺利竣工投产。工程总投资 4300 多万元，建筑面积 2.5 万平方米，设计能力为年产维生素 C 原粉 600 吨，产品绝大部分用于出口。

14 日 省人事局长会议结束。会议提出，人事工作要坚持改革的方向，紧紧围绕经济建设这个中心，切实加强人事管理和宏观控制，努力搞好服务。会议要求抓好四项改革：（一）研究江西省机构改革的基本思路和框架；（二）推进干部人事制度改革，继续宣传国家公务员制度和加强培训，抓好《国家行政机关工作人员回避暂行规定》的推行，继续研讨企事业单位人事制度改革，并在录聘用干部、干部调配及农垦、集体、乡镇企业干部的管理中积极贯彻改革的精神；（三）对工资制度改革进行一些基本的调查研究，提出解决有关问题的办法；（四）继续搞好职称改革，稳步转入经常化。

14 日 国务委员、国家科委主任宋健先后到井冈山、南昌、九江、庐山等地考察。宋健在井冈山考察时指出："江西提出的以农业为基础，发展支柱产业，逐步向工业化过渡的经济发展战略是正确的。"国家科委决定派科技扶贫团来井冈山地区，帮助人民依靠科技发展经济，脱贫致富。在谈到怎样搞好井冈山地区科技扶贫工作时，宋健阐述了四点意见：一是用科学技术发展商品经济。二是要选准项目，开发支柱产业，提高成功率。三是要敞开山门，吸引外地的人才、资金、技术。有些开发项目要面向全国公开招标。四是学会使用贷款。

15 日 在全国邮电工作会议上，南昌电信局、南昌邮政局获"全国邮电局局风建设先进单位"称号。

15 日 在北京落下帷幕的"第二届北京国际博览会"上，宜春工程机械厂设计生产的 ZL30C 装载机首次获国家级博览会银牌产品奖。宜工 ZL30C 装载机曾以设计新颖、造型精湛、外观美观获省优、部优产品。

15 日 江西省肿瘤医院外二科主治大夫利用国内先进技术——"皮肤扩张器"先扩张前额皮肤，然后转移三叶血管蒂皮瓣，为患者成功地再造鼻翼。

15 日 第二届全国科学技术奖励工作研讨会在南昌召开。来自全国各地的科技奖励管理工作者和国家省部级科技奖励评审委员共 200 多人参加会议。国务委员兼国家科委主任宋健出席会议。会议表彰奖励了 123 名有突出成绩的科技奖励管理人员。宋健作《为建立有中国特色的科技奖励事业而奋斗》的工作报告和题为《科技奖励工作要为科技发展战略服务》的讲话。会议指出，科技奖励工作的根本目的和首要任务是为经济建设服务。会议要求大力奖励科技进步，提高科技的社会地位，进一步在全社会形成尊重科学，尊重人才的社会风气，让科技人才为国尽其才，使人民能享科技之利。会议于 18 日结束。

15 日 共青羽绒厂纳入首届《中国最大 500家企业》一书中。该书是由广州市社科院、市博利公关公司主持编辑出版的，书中较为详尽地向国内外工商界、广大读者介绍了共青人艰苦创业、坚韧不拔的开拓、进取的改革精神。

共青羽绒厂羽绒服生产线

16 日 全国硫酸厂际竞赛总结暨硫酸余热回收经验交流会在贵溪召开，来自全国 100 多个硫酸厂家的代表进行了经验交流。会议评选出江西铜业公司、贵溪冶炼厂等 26 个《全国硫酸厂际竞赛优胜单位》。

17 日 省青联第六届委员会第一次全体会议和省学联第五次代表大会在南昌举行。省青联六届一次全委会审议并通过了第五届常委会的工作报告；讨论、确定了在"八五"计划和今后十年中的工作任务；决定在江西广泛开展"青春献'八五'，奉献在江西"建功竞赛活动；选举李春燕为省青联六届委员会主席。省学联第五次代表大会通过了第四届委员会的工作报告；通过了

修改后的省学联章程；产生了第五届委员会，选举江西师大学生武向阳为第五届主席团第一执行主席。于 19 日结束。

17 日 省人大常委会副主任王泽民赴鹰潭市主持召开修改《地方组织法》和《选举法》征求意见座谈会。座谈会于 20 日结束。

18 日 海关总署署长戴杰近日对南昌和九江海关进行考察。戴杰指出，在对外开放不断扩大的新形势下，海关要适应形势，支持和促进各地对外开放。

19 日 江西省首届经济民警骨干集训班在南昌武警指挥学校顺利结业。来自 11 个地市的186 名学员参加了集训。

19 日 1991 年"金融杯"全国女子柔道锦标赛在萍乡举行。来自全国各省、市、自治区 35 个代表队的 310 名女子柔道选手，分八个级别参加了比赛。比赛于 21 日结束。

21 日 联合国儿童基金会、世界卫生组织和国家卫生部对江西省计划免疫工作进行联合评审，确认江西省以县为单位的儿童免疫接种率达到85% 的目标。

22 日 为纪念伟大的中国共产党创建 70 周年，江西画报社发行一套题为《为党旗增辉》的彩色新闻图片。整套彩色图片共 70 张。省委书记毛致用为该套图片题写了刊头。

22 日 省政府办公厅发出通知，要求各地严禁捕捉、销售青蛙。

23 日 团省委、省绿化委、省林业厅、省交通厅、省水利厅五单位推荐，由瑞金和福建长汀两县团组织开展的"瑞汀青年友谊林"被评为"七五"期间全国优秀青年绿化工程。

23 日 省乡企局、省经委、省科委、省科协、省农行和省专利管理局等单位在省科技活动中心联合举办江西省乡镇企业首届技术交易会。农业部乡镇企业司、中国科技大学等单位发来贺电、贺信。17 省（市、自治区）224 个单位、254 名非职务专利发明人展出技术项目 4200 余

条，4000多名乡企办主任、乡镇企业厂长（经理）参加交易会。供需双方签订意向协议1667份，其中93项难题招标全部揭标。期间，轻工、化工、建材、食品、机械和纺织6个行业的专家作了专题报告，10名专家在现场开展技术咨询。此外，还进行了技术难题招标。技术交易会于25日结束。

23日 省地、市、县委书记会议在南昌召开。各地、市、县，专员、市长、县长、地市乡镇企业局局长、计生委主任和省直各部门、大专

省地、市、县委书记会议会场

院校负责人等近300人参加会议。省委书记毛致用，省委副书记、省长吴官正，省委常委张逢雨，分别作了题为《着眼全局，把握时机，认真解决江西省经济和社会发展的突出问题》、《下最大决心，把乡镇企业搞上去，把人口增长幅度降下来》和《认真审势，明确任务，下决心把乡镇企业和计划生育两项重要工作搞上去》的讲话。会议指出，发展乡镇企业，搞好计划生育，都是属于全局性、长期性、战略性的重大问题，关系到20世纪末江西能否实现第二步战略目标，达到"小康"水平的重大任务。会议要求各地振奋精神，为发展乡镇企业升温加热，齐心协力，把人口增幅降下来。会上，11个地市的专员、市长签订了计划生育责任书。会议于26日结束。

24日 赣州钨钼材料厂被国家轻工业部评为"全国轻工业科技先进单位"，被国家计划委员会授予"1991年北京首届全国工业企业技术进步成就展览会荣誉奖"。

24日 江西省桥牌协会宣布成立。该协会将作为中国桥牌协会的团体成员，吸收全省各地市、大专院校、大型企业的桥牌协会参加，其会员按照中国桥牌协会章程中规定的权利和义务参加国际、全国、江西省组织的桥牌比赛和获得技术等级称号。

25日 第二届北京国际博览会结束，江西南蓝无链自行车厂生产的"兰宝"牌无链自行车系列产品，以其新颖美观的造型、先进可靠的传动装置获银奖。

25日 省建总公司成立江西省建筑工程物资供应公司。该公司是具有法人地位的经济实体，实行自主经营、自负盈亏。撤销原物资供应处。

25日 省林业厅发出《关于开展一九九一年江西省森林资源连续清查第三次复查工作的通知》，并随文下发工作方案和技术方案。

26日 江西省邀请省内史学界部分专家学者举行纪念太平天国运动140周年学术讨论会。与会学者认真总结和探讨了太平天国运动的经验教训，批评了近年来受自由化思潮影响而产生的一系列歪曲、否定农民革命成就的错误思想，强调以马克思主义为指导来总结分析农民革命运动。

26日 省人大常委会召开会议，学习讨论全国人大常委会委员长会议作出的《关于检查〈中华人民共和国义务教育法〉贯彻实施情况的决定》，研究部署江西对《义务教育法》贯彻实施情况的检查工作。省人大常委会副主任裴德安主持会议，主任许勤就检查提出具体要求。

27日 在国家教委举行的第三届全国自制教具评选会上，江西电机厂子弟学校教师余克坚制作的"快速组合立体几何教具"获一等奖。

27日 省教委在南昌召开工作会议，总结"七五"和1990年教育工作，表彰先进，研究制定江西省教育十年规划和"八五"计划，部署1991年的教育工作。会议向教育工作成绩优异的地、市、县颁了奖。并确定1991年总的工作任务是：以全面贯彻党的教育方针为中心，抓住提高教育质量和增强办学效益两个重点；搞好学校

标准化建设、师资队伍建设和条例法规建设；进行教育思想、内容、方法改革，管理体制改革，农村和城市教育综合改革，加强对外交流与合作；做好德育、实施义务教育、调整优化结构、制定十年规划和"八五"计划、促进增加教育投入等方面的工作。会议于 29 日结束。

27 日　省体制改革工作会议在南昌召开。各地市专员、市长、体改委主任，计划单列市市长、体改委主任，18 个扩权县县长、体改委主任，部分县市区体改委主任，省政府有关部门的负责人参加了会议。会议着重安排了 1991 年经济体制改革要做好的七项实事：（一）继续深化企业改革，重点搞活大中型企业；（二）开拓市场，搞活流通，培育和发展市场体系，完善市场机制；（三）把区、县和城市的综合改革推向一个新阶段；（四）进一步深化农村改革；（五）认真抓好住房、社会保障制度，公费医疗制度等重大改革的试点工作；（六）搞好计划、财政、金融、物价、劳动、人事等方面的改革；（七）切实加强对体改工作的领导。会议于 29 日结束。

27 日　省七届人大常委会第二十一次会议在南昌举行。会议通过《江西省人大常委会关于加强社会治安综合治理的决定》，通过人事任免名单。会议于 30 日结束。

28 日　南昌市煤气一期工程竣工投产。毛致用、吴官正等出席庆祝会。南昌市煤气工程包括气源厂和煤气输配管网两大部分。第一期工程总投资 17019 万元，于 1985 年 10 月破土动工，现已形成年产焦炭 28 万吨、日供煤气 17 万立方米。

29 日　1991 年全国皮划艇冠军赛在上海淀山湖水上运动场收奖。"江铃"皮划艇队刘庆兰在女子单人艇 500 米、1000 米决赛中均获冠军；她还获得女子 5000 米比赛的第三名和女子全能的第二名。

29 日　省科学院能源研究所和省医学院共同研制的"JAM－1 型脑电地形图仪"经专家鉴定，居国内领先水平。

29 日　省扶贫开发工作会议召开。会议部署了"八五"期间的扶贫开发工作，要求在"八五"期间，实现两个稳定：稳定地解决温饱问题；使特困户有稳定的经济收入来源。会议指出江西扶贫开发在解决绝大多数群众温饱的基础上，要转入以脱贫致富为主要目标的阶段，集中力量"攻坚"，同时提高贫困县、特困乡财政自立的水平，增强自我发展能力，为实现 20 世纪 90 年代的小康目标奠定基础。会议于 30 日结束。

30 日　在全国农村水电暨第二批农村电气化县工作会议上，江西有 16 个县被列为国家"八五"期间建设农村水电初级电气化县，它们是崇义县、铜鼓县、永丰县、铅山县、武宁县、萍乡市卢溪区、定南县、宁冈县、资溪县、上犹县、玉山县、广昌县、广丰县、黎川县、寻乌县、石城县。在全国第一批 109 个初级农村电气化达标县（市）中，江西有 9 个，即婺源县、德兴市、宜黄县、靖安县、奉新县、宜丰县、大余县、全南县、井冈山市。

30 日　江西省第一艘公安指挥艇在南昌首航成功。

30 日　在"1991 中国杭州国际茶文化节"上，浮梁县出口的千年贡茶——"仙芝"，首次参赛获金奖。

本月　国家旅游局局长刘毅考察井冈山。本月，国家旅游局将景德镇陶瓷研修苑项目列入旅游基本建设计划。

本月　江西省统计科学研究所和江西省统计信息咨询服务中心成立，均为处级事业单位。

本月　省委、省政府发出《关于搞活企业特别是国营大中型企业的意见》，进一步落实企业生产经营等 14 项自主权。

本月　黎川县从闽北地区引进水稻良种"119"、"78130"等曾一度成为水稻生产的当家品种，产生经济效益 5000 多万元；黎川培育的"红优 63"、"威优 49"等杂优良种，在福建栽培近百万亩。黎川的传统土特产秆菇、香菇，从福建引进食用菌栽培技术后，1990 年全县利用食用菌栽培各类菌菇 7.24 万公斤（干菇），创值192.3 万元，利税 83.5 万元。

本月　南昌市园林处首次赴港参展的花卉

"金边瑞香"和"佛手"，在 1991 年香港花卉展览会上获优异奖。在这次国际性的花卉展览上，有荷兰、哥伦比亚、新加坡等国家和地区及北京、广州、上海、山东、河南、江苏等 10 个省市参加。

本月 以反映苏区革命斗争为题材的《赣水苍茫闽山碧》百米画卷在赣州展出。这幅高 1 米、长 100 米的长卷国画，以赣南、闽西山水为背景，翔实地记载了从 1929 年至 1937 年毛泽东等老一辈无产阶级革命家在苏区革命斗争中的光辉业绩。

本月 南昌市第一医院血管外科吴志全等医务人员，在用分期动静脉转流术治疗 11 例 12 肢脉管炎肢体取得成功的基础上，首创一项静脉动脉化术，重建肢体血液循环手术一次完成，这是一项免除重症肢体缺血患者截肢痛苦的新医疗技术。成功地救治 51 例 85 肢。

本月 乐平县赣剧团编剧陈熠与裘之禅联合编著的《刘少奇同志的脚印》，在全国各地正式发行。

本月 素有"莲乡"美称的广昌县，被国家计委列为全国白莲出口生产基地。广昌县 10 年来每年出口白莲 150 吨左右，累计已出口白莲达 1831 吨，远销美国、加拿大、日本等国及港澳地区，成为江西的通芯白莲出口县。

本月 国际体操锦标赛在罗马尼亚举行，江西体操运动员林怀山夺得鞍马金牌，吊环、单杠银牌，双杠铜牌。

1991
5月
May

公元 1991 年 5 月							农历辛未年【羊】						
日	一	二	三	四	五	六	日	一	二	三	四	五	六
			1 劳动节	2 十八	3 十九	4 青年节	5 廿一	6 立夏	7 廿三	8 廿四	9 廿五	10 廿六	11 廿七
12 廿八	13 廿九	14 四月小	15 初二	16 初三	17 初四	18 初五	19 初六	20 初七	21 小满	22 初九	23 初十	24 十一	25 十二
26 十三	27 十四	28 十五	29 十六	30 十七	31 十八								

1 日　六〇二研究所由航空航天工业部授予"航空工业 40 年有重大贡献单位"称号。六〇二所创建于 1969 年底，先后研制直六、直七与 701 直升机。该所还与昌河飞机制造厂联合研制直八成功，现已交付使用。继直八研制后，六〇二所又自行为海军研制与改装成功我国第一架鱼叉机。

1 日　在全国总工会和国家计委召开的第一次"全国合理化建议工作会议暨表彰大会"上，国营红声器材厂获"全国合理化建议和技术改造先进集体"称号。

1 日　华东地质学院现代通讯系统研究室研制的 WDX – 2000 型双路全集成化中频、射频调制器通过部级鉴定。

1 日　全国中青年书法美术篆刻家们的近 500 件作品，在新余市傅抱石画院展出。

1 日　1991 年世界杯射击赛在南朝鲜汉城举行，来自美国、苏联、日本、法国、德国、瑞士和南朝鲜等国和地区的 50 多名选手参加。江西射手姜荣夺得男子步枪 60 发卧射冠军。

1 日　省长吴官正率省直有关部门的负责人及 11 个地市专员、市长等 22 人，赴广东学习考察，到广州、东莞、深圳、珠海、中山、顺德、佛山、湛江等地了解改革开放和经济发展等方面的情况与经验。于 16 日结束。

2 日　省文史研究馆着手编辑《新编全国文史笔记》江西分册，该册时限自清朝末年至全国解放前近百年。题材广泛，凡省市沿革、文化教育、地方胜迹、历史事件、人物轶事、戏剧曲艺、音乐舞蹈、琴棋书画、文史社团、社会生活、文物收藏、杂耍技艺、民情风俗等具有江西地方特色的史事，均在收集之中。

2 日　省计委转发《江西省南昌市化工原料厂年产一万吨白炭黑工程验收鉴定书》（该工程为国家重点工程，1986 年 12 月 28 日动工，1989 年建成投产，工程质量合格率 100%）。

3 日　江西省社会治安综合治理委员会成立并召开第一次会议。该委员会是省委、省政府领导综合治理社会治安的常设机构，朱治宏为主任，王昭荣、舒圣佑、全文甫为副主任，省委、省人大常委、省政府、以及省党政机关、人民团体和省军区、省武警总队共 34 个部门的负责人为委员。

3日 "全国乡镇百颗星"——南昌市郊区湖坊乡顺外村、热心村，被《乡镇企业》杂志社列为"中国乡镇企业十大百强"。

3日 德安县爱民乡新屋罗村发掘出一明代古墓。棺内为一半湿式女尸，皮肤有弹性，关节可活动，毛发齐全，完好无损。随葬的丝、棉织品共51件，全部文物达百余件。据出土的两方墓志记载，此女尸为桂熊氏，葬于明嘉庆十六年，距今450余年。

3日~12日 由文化部主办的第三届全国杂技比赛在武汉洪山体育馆举行。江西代表队夺得1金、1银、1铜、3尊、"雄狮"奖杯、创新奖。其中，《转动地圈》获"金狮"奖、创新奖，《晃梯顶碗》获"银狮"奖，《小跳板》获"铜狮"奖。

4日 德兴撤县设市挂牌。

6日 万安县个体户陈士奇近6年共向国家缴纳税款4.1万元，年年被评为省、地、县"文明经商户"。近日，国家税务局、共青团中央授予他"个体工商守法模范纳税户"称号。

7日 江西水泥厂等108家企业获国家级企业技术进步奖。

7日 江西省首期高校党员教授理论培训班在省委党校举行开学典礼。

7日 昆山苏晋杯"数风流人物还看今朝"全国新闻摄影大赛，在北京评出186幅（组）优秀作品。江西画报社郭佳胜的《宣传计划生育的铜锣大叔》获系列照片大奖。

7日 省委组织部在黎川县召开江西省部分县（市、区）委书记座谈会。来自江西22位县（市、区）委书记在会上分别介绍了农村基层党组织建设的经验，讨论研究了进一步贯彻全国和江西省基层党组织建设工作会议精神，以经济建设为中心，加强农村基层党组织建设的措施。会议要求各地重视党的基层组织建设，把各级领导班子的思想建设放在首位，对基层组织建设工作要从实际出发，实行分类指导，领导干部必须改进作风，深入调查研究，狠抓落实。会议于9日结束。

7日 《健康报》和全国11个省区市卫生部门的领导共120余人，于当日至14日来江西革命老区寻根考察，缅怀老一辈无产阶级革命家艰苦创业，英勇奋斗的业绩，接受生动的革命传统教育。在赣期间，《健康报》召开了创刊60周年全国记者会。卫生部副部长孙隆椿专程到会祝贺并讲话。《健康报》是1931年秋由当时的中央军委总卫生部创办的，旧址设在瑞金县叶坪乡朱坊村恩伯翁祠堂内，是革命根据地最早的专业性报纸。

《健康报》创刊60周年，全国记者在创刊地瑞金朱坊村恩伯翁祠旧址前合影

8日 中华全国新闻工作者协会在南昌召开全国新闻工作者协会秘书长会议。会议强调，继续贯彻落实中国记协第四届全国理事会精神，着重抓好新闻队伍培训，贯彻执行《中国新闻工作者职业道德准则》，开展"中国新闻奖"评选等。会议于11日结束。

9日 省委召开省直机关负责干部大会。省直机关在职的处以上干部参加了会议。大会动员省直机关进一步转变作风，狠抓落实，切实抓好1991年的争取经济稳定发展、加强党的建设、保持社会稳定三件大事。

9日 世界首创的DKG型机动车灯光自动控制器在九江问世，产品经公安部安全与电子产品质量检测中心检测合格，获国家专利。该产品由九江市庐山区汽车电子厂科研人员历时3年多研制成功，对近光有效距离达150米，属我国"八五"期间汽车电子发展重点产品。

10日 江西医学院举行建校70周年庆祝大会。宋任穷、谷牧、陈敏章为校庆题词。70年来，该校共培养和输送研究生、本科生及专科医学事业人才1.41万余人。

11日 省委、省政府召开省直有关部门负责人和在南昌市的10个大中型企业厂长座谈会，共商贯彻落实省委、省政府关于搞活企业特别是国营大中型企业的政策措施。省委书记毛致用到会讲话。

11日 省政府召开查处伪劣商品动员大会。会议强调要行政、法律、技术、经济、舆论手段五管齐下，以形成对伪劣商品经销者的威慑力量，使伪劣商品一断其源，二截其流。做到正常化、经常化、制度化。

11日 国家重点工程项目——鹰厦线电气化铁路工程鹰潭至邵武段147公里正式通车。

11日 在北京举行的CIP90国际包装展览会、中国包装10年成果展览会上，红星包装装潢印刷厂以纸代替马口铁生产的新型包装——复合罐系列产品获金奖，九江纸箱厂获"中国十年包装成果"金奖。

11日 省市1000余名护士在江西艺术剧院隆重集会，庆祝"5.12"国际护士节，纪念护理学和护士教育创始人南丁格尔诞生171周年。

11日 国际少年儿童航空绘画比赛国内评委会在京召开会议，选定9幅作品送交国际航联参赛。南昌工人文化宫少儿绘画班9岁的钱巧巧作的《伊卡鲁斯太空学校》获9岁至12岁年龄组银牌奖。

12日 江西汽车制造厂"七五"技改项目竣工投产。该项目新落成的总装生产线跨度201米，具有年产1.5万辆"江铃"车的生产能力。

12日 由中国硬笔书法家协会、湖南美术出版社联合主办的"马年中国硬笔书法大展赛"揭晓，宁都县法院青年干部曾春明的硬笔书法作品及上高县麻坊厂青年工人肖晔创作的硬笔书法作品《离骚》获一等奖，南昌教育学院中文系讲师黎传绪的作品获一等奖，龙南县工商银行干部郭英豪以及于都县博物馆青年干部华有忠的作品

获一等奖，获奖作品载入《1990年中国硬笔书法大展精品选》一书。

13日 省卫生厅发出关于《江西省级公费医疗制度改革试行办法》的通知，要求实行医疗费用以国家负担为主，单位和个人合理分担，建立医、患、管三方面相互联系的费用控制机制。

13日 省林业厅印发《江西省〈国家造林项目〉速生丰产用材林检查验收实施细则（试行）》。

13日 红星乳品厂生产的"培力牌全脂加糖奶粉"在中国保健食品协会和中国保健科学技术学会联合举办的"全国优质保健产品评选活动"中，获"全国优质保健产品"银奖。

14日 省委常委、副省长舒圣佑代表省委、省政府通过广播、电视向全省170万残疾人及其亲属慰问和祝愿，向全省残疾人事业工作者和关心、支持残疾人事业的社会各界表示感谢。

15日 闽、粤、湘、赣四省17县、市人大工作横向联系会在吉安市召开。会议"坚持党的领导，依法行使人大职权"为主要议题，开展交流和讨论。

15日 从德兴县山区搬迁至上饶市郊的江西光学仪器总厂新厂区，通过国家验收，并移交生产使用。

15日 省政府印发《关于在政府工作中加强同民主党派、工商联联系的制度的通知》。

16日 在广西桂林举行的"全国县级经协工作经验交流与政策研讨会"上评选的141个横向经济工作先进县中，江西有丰城、赣州、弋阳、宜春、永丰、定南、崇义7市县榜上有名。

18日 南昌飞机制造公司举行40周年庆典。航空航天工业部副部长何文治、国家劳动部副部长李沛瑶及省党政领导吴官正等出席会议（南昌飞机制造公司始建于1951年5月17日，40年来，共有33种科技成果获国家级奖，131项科技成果获部省级奖，生产了新中国第一架飞机、第一枚海防导弹、第一辆长江750摩托车，是一个拥有研究、设计、制造能力的综合性大型企业）。

20日 省委召开纪念早期江西党团组织主要创建人赵醒侬、袁玉冰、方志敏座谈会。省委领导毛致用、卢秀珍、白栋材等出席座谈会。会

议号召学习党的历史，继承和发扬光荣传统，建设有中国特色的社会主义、实现民族振兴。

20日 由广播电影电视部主办的全国第五届电视文艺"星光奖"在山东淄博揭晓并举行颁奖仪式，江西电视台、中央电视台联合摄制的电视戏曲专题艺术片《赣之韵》获二等奖。

21日 省政府和联合国开发计划署驻华代表处、联合国粮食和农业组织驻华代表处、国家

江西省山江湖开发治理总体规划纲要国际研讨会在北京召开

科委、中国国际经济技术交流中心联合在北京召开江西省山江湖开发治理总体规划纲要国际研讨会。出席会议的有国家计委副主任王春正、农业部副部长陈耀邦、林业部副部长徐有芳、水利部副部长张春园、中国科学院副院长李振声、国务院农业综合开发办公室副主任周清泉、农业部原副部长肖鹏等，吴官正表示江西大门将更加敞开，欢迎各方前来考察交流。

21日 赣州有色冶金研究所和中南工业大学联合研制的我国第一台新型高梯度磁选设备——立环脉动高梯度磁选机，获国家发明专利。

21日 万安县档案局发现明弘治十二年（1499），明孝宗朱祐樘的两件圣旨。圣旨上盖有二枚11.5公分见方的皇印——"敕命之宝"，保存完整。

22日 全国杉木速生丰产技术培训班近日在新余举行。来自云南、江西等11省的林业专家学者以及专业工作者共70多人在新余市中国林科院亚林实验中心，共同探讨杉木速生丰产技术。

23日 省社会科学院副院长、国家级有突出贡献的专家研究员陈文华的传记被收入于英国剑桥"国际名人传记中心"编辑出版的《世界名人辞典（第九版）》。陈文华从事考古工作30多年，自20世纪70年代以来致力于中国农业考古学的研究和创建工作，先后主办了《中国古代农业科技成就展览》和《农业考古》杂志，作学术报告200多场，出版学术论著200多万字，曾获得"江西省科研成果一等奖"和"江西省社会科学优秀著作一等奖"。1986年，应邀赴日本讲学，被称为"中国农业考古学研究第一人"；1990年，又应英国剑桥大学、伦敦大学和巴黎自然历史博物馆邀请赴英、法讲学。

23日 全国青年作家会议在北京召开。江西省李志川、邹忠良、周德生、相南翔、梁琴（女）、曾小春、程维、熊正良8名代表出席会议。

23日 一种便于携带、能对佩戴者24小时心电情况进行实时分析、统计、记录的携式动态心电监护仪，在江西南昌电子应用技术研究所研制成功，通过省级鉴定。

24日 国家和江西省有关部门的32位专家签署了启动验收鉴定书，万安电站一号机组通过验收。

24日 江西省科学院能源研究所与丰城市水泥制品厂共同研制的预应力离心混凝土管式空间杆系结构，通过鉴定。

24日 "美哉中华，爱我中华"大型科普美术摄影展在江西省科技活动中心举办。

江西省科技活动中心

25日　中国民航南昌售票处在江西饭店开张，承办全国各航空运输企业在南昌的客货运输业务，目前主要经营每周三、周日由中国南方航空公司波音737执行的3536航班的客货运输业务。

25日　江西省儿童医院余继英等人研究的人类骨髓细胞短期培养染色体制备技术在血液病诊断中的应用价值和张晓珍等人研究的人类外周血淋巴细胞染色体脆性位点的方法学研究与临床运用。这两项研究成果通过鉴定，并运用于临床。

25日　在摩纳哥举行的第三届国际杂技节上，代表中国出征的江西3名选手以他们合作表演的《晃梯顶碗》，夺得该杂技节最高奖——"金K奖"。

25日　全国政协副主席王任重到景德镇、南昌、井冈山视察。6月2日，接见省政协和地区联络处负责人，并进行座谈。视察于6月6日返京。

28日　省政府办公厅转发省农办、农牧渔业厅、水利厅联合制定的《关于江西省大水面渔业开发工程"八五"规划及实施方案》。

29日　全国党刊1990年度好稿评选日前在昆明揭晓，江西省有6篇稿件获奖，《江西党建》连载的长篇纪实通讯《漫漫风雨路》获一等奖；《做官·做事·做人》获二等奖；《和总书记同桌吃饭》、《加强廉政制度建设，真抓实干取信于民》、《红土地上十万颗滚烫的心》和《灰色的旋风》获三等奖。《人民日报》、《江西党建》杂志等7家党报党刊社为纪念建党70周年而举办的《在党支部书记的岗位上》征文评选也在昆明揭晓，江西有9篇作品获奖。

30日　中国残疾人联合会主席、党组书记邓朴方率领残疾人艺术团在江西艺术剧院作慰问演出。观看文艺演出的有：正在江西考察工作的全国政协副主席王任重、在南昌的中顾委秘书长李力安及省党政军领导。

中国残疾人艺术团在南昌进行首场演出，王任重及省党政军领导同演员们合影留念

30日　江西省港澳台经济研究会成立大会在南昌市召开，会期3天。港澳台经济研究会已发展团体会员单位45个，个人会员170名。

31日　赣西化工厂新建2000吨级的环氧树脂车间和合成综合车间一次性试机投产成功。

31日　省绿化委员会在南昌市召开全体成员（扩大）会议，改选调整省绿化委员会组成人员。副省长舒惠国任省绿化委员会主任，冯金茂、欧阳绍仪、周之骥、范小珊为副主任。

本月　省统计学会与中国统计学会联合举办大规模的统计分析与写作讲座班，来自全国各地的1200多名统计人员参加培训。

本月　江西少儿出版社在北京举行《革命英雄主义丛书》新闻发布会。

1991

6月

June

公元 1991 年 6 月　　农历辛未年【羊】

日	一	二	三	四	五	六	日	一	二	三	四	五	六
						1 儿童节	2 二十	3 廿一	4 廿二	5 廿三	6 芒种	7 廿五	8 廿六
9 廿七	10 廿八	11 廿九	12 五月大	13 初二	14 初三	15 初四	16 端午节	17 初六	18 初七	19 初八	20 初九	21 初十	22 夏至
23 十二	24 十三	25 十四	26 十五	27 十六	28 十七	29 十八	30 十九						

1 日　庐山博物馆与中国国际友谊博物馆联合举办的"国际礼品精品展"在庐山博物馆开展，展出珍贵礼品 137 件。其中有原美国总统尼克松访华时赠送给毛泽东的"天鹅挂盘"等。

1 日　江西省秘书学会正式成立。该学会由从事秘书研究和秘书专业工作者组成的群众性学术团体。

1 日　江西省首届服装模特大奖赛在江西体育馆风雨球场举行决赛。有 11 家单位参展，50 多名模特 129 件.（套）服装，参加决赛。"江西轻机杯十佳服装设计奖"分别由设计者杜立、邹为民、夏丽黎、鲍广伟、黄雪、帅松、万基兵、朱彩艳、徐永成、聂慧明和江纺南海服装厂、江西针织总厂等厂家夺得。徐蕾、吴平凡、潘海燕、姚颖、张青、陈芯、王效群、关小燕、孙敏、卢飞获"江西江窗杯十佳模特"称号。

2 日　在上海举办的华东优秀新闻摄影作品邀请赛评奖会上，参加江西日报"江西赞"摄影竞赛的作品《这危险，我上》（刘兵生摄）获一等奖。获二等奖的江西作品有《这是我儿子》（李青摄），《珍禽王国鄱阳湖》（李子青摄），获三等奖的有《江爷爷，我两岁半》（王绍业摄）。《山里有了直拨电话》（章金牛摄）和《儿子来迟了》（刘一兵摄）获优秀作品奖。

2 日　江西省华侨旅游公司成立。

2 日　江西省达标中心卫生院考核验收工作结束，有 136 所中心卫生院基本达到建设标准，占江西农村中心卫生院的 36.66%。

2 日　第五届中国新闻纪录电影展览周在抚州举行。该展览由中央新闻纪录制片厂、八一电影制片厂、省委宣传部、省军区政治部、省文化厅、省广播电视厅、省影协、省电影公司和抚州地委、抚州行署联合举办。展览活动于 8 日结束。

2 日　应省政府的邀请，国家能源部核电厂评审组一行 11 位专家，当日起至 11 日，对江西推荐的核电厂址进行了实地勘察，一致认为彭泽县帽子山具备建核电站的有利条件。

2 日　全国人大常委会副委员长廖汉生在湖北省人大常委会副主任石川陪同下，由武汉到达九江、南昌、景德镇等地视察工作。廖汉生副委员长在南昌期间，分别听取省委、省人大常委会和省政府负责人的汇报，还邀请部分在南昌的全国人大代表座谈。6月9日上午，副委员长廖汉生来到省人大常委会机关看望全体工作人员并合影留念。6月13日，廖汉生离赣抵达安徽省黄山市。

3日 南昌市第一医院与江西省医药总公司合作研制的XXQ-I型药液稀吸器通过鉴定。

3日 江西省纪念建党70周年学术讨论会在南昌举行。这次会议由省委宣传部、省委党史委、省委党校、江西日报社、省教委、省社科院、省社联、省中共党史学会联合举办。会议主题为"中国共产党的领导和社会主义道路是现代中国的历史选择"。大会共收到论文123篇，经评选，35篇论文获奖。学术讨论会于4日结束。

4日 萍乡市林业科研所繁育雷公藤成功。雷公藤是医药、化学工业的重要原料，其雷公藤繁殖栽培技术及开发利用研究课题是江西省"七五"、"八五"科研攻关项目。该所科技人员在全国率先研究繁育栽培雷公藤获得成功，相继攻克雷公藤大面积繁殖方法、栽培技术措施及其生物学特性、种群状态研究等难关。1991年栽植平均成活率达85%以上。

4日 华东六省一市台胞青年革命传统教育夏令营在江西省革命烈士纪念堂开营，活动进行了8天，除在南昌参观革命烈士纪念堂、八一起义纪念馆外，还到井冈山接受革命传统教育。

5日 18时30分开始，一股强大的龙卷风夹杂鸭蛋大小的冰雹袭击新建县的西山、石埠、生米乡和南昌县的富山、东新、塔城乡，持续40分钟，造成5人死亡，255人受伤，财产直接损失达1000多万元。其中受灾严重的新建县石埠乡死亡4人，重伤14人，倒塌房屋122幢，农作物受损面积4800多亩。南昌县农作物受灾面积达1万余亩。

5日 江西省"七五"重点建设项目——广丰县七星水库建成并正式开始发电。该水库大坝高71.1米，控制流域面积219平方公里，正常蓄水位339.5米高程，相应水面积3.86平方公里，总库容量9986万立方米，以发电为主，兼顾防洪、灌溉、水产等。

5日 江西省社会科学工作者第五次代表大会在南昌举行。省社联主席周銮书向大会作题为《团结、联合、民主、进取，为繁荣和发展江西的社会科学事业而奋斗》的工作报告。会议推举白栋材、赵增益、马继孔、傅雨田、谷霁光为省第五届社联名誉主席，选举周銮书为主席。会议还为第四次江西省社科优秀成果和"兴赣隆中对"优秀征文的获奖者颁奖。大会于7日结束。

5日 江西省荒山造林工作会议在会昌举行。来自各地、市的分管领导、林业局长和36个荒山大户县的县委书记、县长、林业局长出席会议。吴官正作题为《把江西省植树造林办成高效益的绿色事业》的重要讲话，舒惠国作题为《放手发动群众，切实加强领导，确保"八五"期间完成荒山造林任务》的工作报告，张逢雨作会议总结。会议要求各地认真总结经验，进一步提高认识，按照省委、省政府作出的7年消灭荒山、到20世纪末基本绿化江西的决定要求，加快植树造林绿化荒山的步伐，高标准、高质量、高水平地建设好以各种各样基地为主体的高效益的绿色事业。工作会议于7日结束。

6日 我国煤炭行业批量生产的第四条生产线——萍乡矿务局六六一厂自行设计生产的年产2000吨乳化炸药生产线正式验收投产。

7日 靖安县委决定追认为保卫国家木材与歹徒英勇搏斗，壮烈牺牲的共产党员董林生为优秀共产党员，并号召全县共产党员和干部职工向他学习。

7日 国家税务局、共青团中央联合举行全国"学先进、比贡献、争当税务系统青年标兵"活动电话表彰会。南昌洪都税务所陈晓南、乐平税务局徐海英、鹰潭税务局吴建平三人荣获"全国税务系统青年标兵"称号。吉安、景德镇、宜春三地市税务局和团委获此次全国"学比争"活动组织奖。

7日 江西省重点技术改造工程——前卫化工厂年产2000吨顺酐、1500吨苯酐项目通过验收投入生产。

7日 在保加利亚普罗夫迪夫市举行的第二届世界青年发明家成果展览会上，江西都昌能源研究所詹小玲发明的内燃机通用燃料获特别奖。

8 日 "九一"江西漆画展在中国工艺美术馆展出。江西工艺美术研究所有新创作的漆画作品参展，获得国家级优秀作品奖励。

8 日 江西省供销储运公司南昌储运站海关监管点在南昌正式成立。

9 日 《江西日报》发表中共中央总书记江泽民 1989 年 10 月视察井冈山时《学习、继承和发扬光荣的井冈山革命传统》的讲话。江泽民说，毛主席坚持井冈山的斗争，开创了以农村包围城市的革命道路，把革命引向了胜利，这是对马克思列宁主义的创造性发展，是很不容易的；井冈山的革命传统应该永放光芒；无论现在还是今后，我们都应该发扬井冈山精神，发扬长征精神，发扬延安精神，坚持理论同实践的统一，努力把建设有中国特色的社会主义事业不断推向前进；革命传统、革命精神是我们的传家宝，永远不能丢。

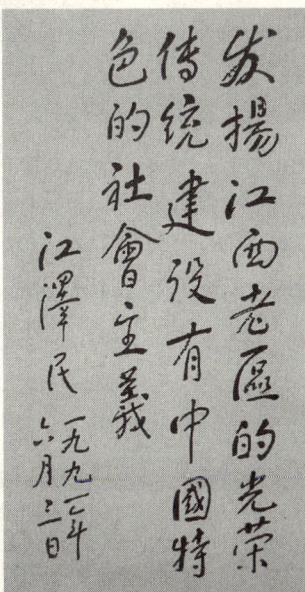

发扬江西老区的光荣传统建设有中国特色的社会主义

江泽民 一九九一年五月

江泽民的题词

9 日 截至当前，江西各级党史部门已完成党史资料征集、研究和党史的宣传教育等各类党史专题 1400 多个。

10 日 在唐代医学家孙思邈诞生 1410 周年之际，首届国际中药节在中国药都樟树举行。来自美、英、日本等 13 个国家和地区的 230 多位

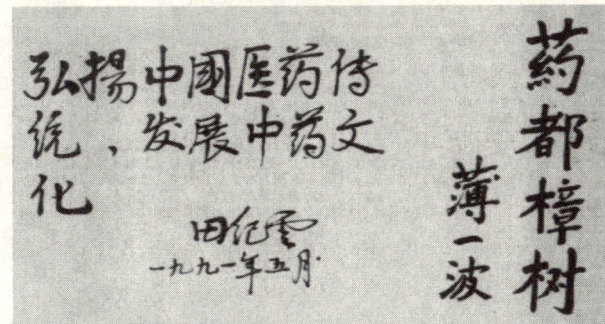

弘扬中国医药传统，发展中药文化

田纪云 一九九一年五月

药都樟树 薄一波

国家领导人田纪云、薄一波为樟树市首届国际中药节的题词

樟树市纪念孙思邈暨首届国际中药节大会

来宾和国内 27 个省区市的药业代表数百人参加了中药节的活动。田纪云、薄一波、刘澜涛、余秋里等数十位领导为中药节题词。中药节期间，以中药材为主的经贸成交额达 1.8 亿多元，签订中外合资项目 6 个，引进外资 1270 万元。活动历时 5 天。

10 日 省政府办公厅发出《关于设立省政府调解处理山林权属争议办公室及启用印章的通知》，该办公室设在省林业厅。

10 日 定南县镇田石墨矿经过 5 个多月的筹建试产成功。

10 日 江西省出版工作者第一次代表大会暨出版工作者协会成立大会在南昌举行。来自全省出版战线 279 个单位的 275 名代表出席会议。大会审议通过了有关工作报告和章程，选举产生了江西省出版工作者协会第一届理事会。于 11 日结束。

11 日 省文化厅举行省直文化系统优秀表演艺术成果表彰会，表彰近年来在全国和国际重大艺术活动中取得优异成绩的一批表演艺术成果。它们是：由赣剧团改编并演出，在第二届中国戏剧节上获优秀演出奖、优秀剧目奖、剧目推荐奖的古典名剧《荆钗记》；获第三届全国杂技比赛金狮奖、创新奖和中国杂技艺术家协会"特设创新奖"的《转动地圈》；获第三届全国杂技比赛银狮奖和摩纳哥基万尼斯第四届国际青少年杂技比赛金奖的《晃梯顶碗》；获第三届全国杂技比赛铜狮奖的《小跳板》；获第八届《中国戏剧》梅花奖的省赣剧团演员陈俐；获第十届电影

"金鸡奖"之最佳导演处女作奖的江西电影制片厂导演黄军；获意大利国际少儿杂技比赛"意大利文化部奖"的《顶技》；受到文化部表彰的省赣剧团。晚上，部分获奖剧（节）目在江西艺术剧院举行了汇报表演。省党政领导吴官正、陈癸尊、朱治宏、王太华等分别参加了表彰大会并观看了汇报演出。

11 日 省政府办公厅印发《关于印发江西省农业技术政策要点》。政策提出：（一）建立合理的农业技术结构；（二）加强主要作物和畜禽新品种的引进、选育和开发应用；（三）种植业逐步实行集约经营，建设高产、稳产田（地、园）；（四）发展林业，增加森林后备资源；（五）优化畜禽结构，提高生产率；（六）利用水域资源，全面发展水产业；（七）加强饲料产业体系建设；（八）改造产品的传统加工方式，深化农产品的开发利用；（九）用先进的技术设施装备农业，促进生产力的提高；（十）加强农业自然资源的保护和管理。

11 日 林业部公布 1991 年度部优秀工程勘察设计、优秀工程获奖项目，江西省林业勘察设计院负责设计的"江西省上高县上甘山林场水泥厂"获优秀工程设计奖三等奖；由省林业勘察设计院设计、永丰县施工的"水浆—红岭公路"获优质工程奖三等奖。

11 日 《江西日报》报道，江西省微循环学会副会长、省交通医院副主任医师刘智庆为第一作者：《高血压病的球结膜微循环变化》、《病窦综合症的微循环与血液流变学探讨》、《老年疣的微循环变化》三篇论文被第五届国际微循环大会选中。

11 日 江西省健康教育协会在南昌成立，副省长陈癸尊出席并讲话。

12 日 72 岁的老农民历时三载，三易其稿，撰写而终成 6 万字的《粮菜双丰收耕作诀窍》一书，由江西科技出版社出版发行。

12 日 省农科院科技情报所微机情报查询检索系统，与中国农科院文献信息中心资料库联网成功。

12 日 省委宣传部、省军区政治部联合举办的首期江西省国防教育骨干培训班在省行政学院结业。

12 日 省杂技团起程在日本歧埠县访问演出 70 多场。

13 日 省商业系统首届屠工技术比赛在高安县结束。来自江西各地市的 30 对选手参加了本届"杀猪一条龙"和"剁肉一刀准"的比赛，邓武松、陈海华获技术全能第一；程家珠在比赛中被誉为"剁肉状元"。

14 日 江西省预防医学会食品卫生专业委员会成立。

14 日 江西造船学会南昌技术咨询站与中国船舶工业总公司七〇四研究所联合设计，南昌长河船用器材厂试制的 YF－W10 型船舶油水分离器通过鉴定。

14 日 赣东北轴瓦厂工人技师王奕和研制轴瓦校准检验模获得成功，经机电部上海内燃机研究所测定：X2105 主轴瓦、连杆瓦校准检验模完全符合国际标准。

15 日 省林业厅、省交通厅、南昌铁路分局联合转发林业部、铁道部、交通部《关于实行凭证运输木材制度有关问题的通知》。

15 日 在苏联西伯利亚的勒拿河下游的雅库特地区，苏联鸟类专家发现并回收两只鄱阳湖环志白额雁，是鄱阳湖国家级自然保护区于 1990 年 3 月 8 日环志放飞的。

15 日 瑞士政府贷款局主任奥伯雷斯特一行抵达南昌，对使用该国政府贷款的南昌市扩容 8 万门市内程控电话项目进行两天考察和评估。

16 日 在抚州举行的国际茶文化节评比中，南昌茶厂生产的特级珠兰花茶以色泽翠绿、汤色明亮、滋味甘醇、香色高雅的特色夺得"中国文化名茶"称号。

16 日 华东铁路"忆传统、作表率、迎七一"火炬传递到南昌。由上海铁路局组织的这次迎"七一"火炬传递活动历时半月，从上海、嘉兴南湖开始，沿铁路干线向南昌、井冈山、福建古田、安徽大别山、江苏、雨花台等革命圣地、纪念地传递开发，鹰潭火车站客运值班员、"熊云清班"班长、共产党员赵孝利担任火炬手。

17日 上海消防科研所和江西消防车辆制造厂联合研制的 XFC5031TXFBP25 型水泵消防车通过技术鉴定和生产定型鉴定。

17日 南昌、都昌、万年、德兴、临川、新干、宁都、于都、丰城、宜丰、上高 11 市县近日被保险总公司授予"全国保险先进县"光荣称号。

18日 省七届人大常委会第二十二次会议在南昌举行。会议通过《江西省技术市场管理条例》和人事任免名单，决定增补胡东太为省七届人大常委会代表资格审查委员会副主任委员，通过关于接受陈俊山辞去省七届人大常委会委员职务的请求的决定。会议于 22 日结束。

19日 江西唯一特许灌装生产企业——南昌津美乐饮料公司正式成立。

19日 省委、省政府、省军区联合在南昌召开城市民兵工作"三落实"现场经验交流会。会议检阅 1986 年以来城市民兵工作的改革成果，交流各地经验。总参谋部代表、南京军区副司令员郭涛等应邀到会指导。省党政军领导出席了会议。会议要求各级党委、政府发挥好民兵队伍的作用，把兴赣强兵工作纳入当地的经济建设和社会发展规划，统一领导，统一部署，把民兵这支生力军练好、用好。会议于 22 日结束。

20日 省高新技术产业开发动员暨南昌高新技术产业开发区建区大会在南昌召开。会议由南昌市委、市政府、省科委联合举行，省市各级党政领导出席会议。吴官正作题为《办好高新技术产业开发区，促进科技成果的商品化和产业化》的讲话，提出高新技术开发区实际上是科技经济特区。办好开发区，不能墨守成规，必须好事好办，按"特区"办法建设好。

20日 联合国粮农组织专家、联合国开发计划署 CPR/88/085 "江西省山江湖开发"项目首席技术顾问戴维·兰和土地利用专家哈罗德一行 5 人，到丰城市杜市乡农田林网进行考察，他说："我跑了 30 多个国家，还是第一次看到这么个现场，这是个杰出的示范！"

21日 省技改工作调度会在南昌召开。会议指出，省政府决定在"八五"期间打一场工业调整提高攻坚战，调整提高的主要措施是技术改造。江西技术改造必须在利用外资上有一个大的突破，以缓解江西技术改造资金短缺的问题，并通过引进先进技术和设备，促进企业管理机制的改变，促进外向型经济的发展。

·21日 南昌宾馆车队队长高应峰研制成功三至六"巧板"。

21日 江西冲剪机床厂引进专利，研制开发的水解氢氧焊割机，继 1991 年 3 月通过省级鉴定后获全国首届国货精品博览会金奖和科技进步优秀奖。该产品已正式投入批量生产。前期试产的 63 台全部销出，销售收入达 91.35 万元。

22日 吉水县发现一棵稀世怪树，高约 20 米，树冠直径约 19 米，呈半开伞状，叶子青绿。林业部、北京林学院的专家、学者先后赶赴现场考察。尚未弄清属何类树种。专家认为，这棵树对于研究世界植物种类有重要价值。

22日 吉安地区、延安地区和解放军文艺出版社，在北京人民大会堂举行为纪念中国共产党诞辰 70 周年而编辑出版的报告文学集《今日摇篮与圣地》首发式。王平、杨得志、余秋里、刘澜涛、汪峰、邓力群等领导及首都新闻界、吉安和延安地区代表共 100 余人出席会议。

22日 省人大常委会召开部署《关于检查〈中华人民共和国森林法〉执行情况的决定》的组织实施工作会议。会议部署从 7 月至 10 月在江西范围内开展一次《中华人民共和国森林法》执行情况检查，并作出具体安排。

22日 江西省利用外资咨询服务中心正式成立。该中心将接受国内外公司、企业和其他经济组织或个人以及有关部门委托，提供资信调查、介绍客户、项目评估等 12 项服务。周慭平代表省政府要求该中心为全省各行各业吸引更多外资，及时、准确地提供国际市场行情和技术设备价格等多方面的咨询和服务。

22日 江西省井冈山精神研究会、江西省委党史委、江西人民出版社联合举行《井冈山精神教育丛书》和《红色故土丛书》首发式。

22日 省军区和省科委重点科研项目"计算机外设智能控制器"和"纵横制电话交换机智能控制器"研制成功，并通过技术鉴定。

22 日　国家语言文字工作委员会汉语拼音报主办的"第三次全国语言文字知识竞赛"揭晓，江西有 9 人获奖，其中抚州一中教师李景华、袁建中分别获二等奖和三等奖，学生陈钧、李文、杨帆获三等奖。抚州一中获该次竞赛的集体组织奖。

24 日　省林业厅、省保密局联合发出《关于转发〈林业工作中国家秘密及其密级具体范围的规定〉的通知》。

25 日　国家重点建设项目——九江炼油厂大化肥工程开工动员大会在九江举行。这套以渣油为原料的年产 30 万吨合成氨，52 万吨尿素的大化肥装置，由江西省石化总公司合资兴建，总投资 11.2 亿元，计划于 1995 年建成。

正在运筹和建设之中的九江炼油厂的新装置

九江炼油厂

25 日　江西省"七五"计划重点项目——赣南卷烟厂技改工程，竣工投产。省长助理张云川参加投产仪式。投产后，该厂的年生产能力由

11 万箱提高到 30 万箱。

25 日　中国银行南昌分行首次以国际商业贷款形式为江西第二化肥厂 8 万吨合成氨项目筹集贷款 2000 万美元，在江西南昌正式签订贷款协议。

25 日　省卫生厅、省物价局授予解放军九四医院、江西医学院第一附属医院、第二附属医院、赣南医学院附属医院、省交通厅职工医院、南昌飞机制造公司三三四医院、江西中医学院附属医院、江西省结核病防治所等 8 个医疗单位，为省直"医疗收费信得过先进单位"称号。

25 日　省政协六届常委会第十五次会议在南昌市举行。会议听取和讨论省有关部门《关于江西省乡镇企业发展情况的通报》和《关于农村卫生工作情况的通报》，通过人事事项。

25 日　在北京人民大会堂举行的全国第二届"我爱中国共产党"知识竞赛发奖大会上，高安县委组织部七个基层党委获竞赛组织奖。

26 日　省政府和南昌市政府联合召开干部大会，动员和部署南昌市实施两项房改规定。这两项房改规定是统一住房租金标准和新房新制度两个单项房改的暂行规定。舒圣佑强调要坚定不移、积极稳妥地推进住房制度改革，对省里三个房改暂行办法要按期出台，确保到位，不断完善，有效监控，防止走过场。

27 日　省人大常委会举行纪念中国共产党建党 70 周年座谈会，部分在南昌的七届全国人大代表和省七届人大代表就发扬党密切联系群众的优良传统作风，进一步发挥人大代表的作用问题进行座谈。

28 日　华东地区最大的"空中花园"在南昌落成。该花园位于南昌市物资贸易中心屋顶，面积达 1700 多平方米。园内栽种 60 多个品种的 3700 多株花木。

28 日　新余钢铁总厂锰铁高炉污水回收氰化钠工程建成投产。当日出产的第一批氰化钠经检测已达到国家质量标准。

28 日　1990 年中国 500 家工业企业评比揭晓，江西被列入的 10 家企业是：江西铜业公司，九江炼油厂，新余钢铁厂、江西钢厂（江钢、新钢 1991 年合并为江西新余钢铁总厂）、江西汽车

制造厂、南昌卷烟厂、南昌飞机制造公司、萍乡钢铁厂、江西棉纺织印染厂、南昌钢铁厂。这次排名由国务院发展研究中心、《管理世界》中国企业评价中心、国家统计局工交司联合组织,按企业1990年销售额排列定。

28日 省妇联与中国妇女报社共建《中国妇女报》江西记者站,孔庆芸任该站记者。1995年6月,中国妇女报社自建江西记者站,孔庆芸任站长。

28日 财政部驻省财政厅、中央企业财政驻厂员在南昌召开首次江西省中央企业财务工作会议。省财政厅、中央驻省企事业单位以及部分大中型重点企业的负责人和财务负责人参加会议,财政部派员参加。会议总结交流了中央企业财政驻厂员、机构和中央企业增进双向合作,加强企业财务管理的经验和做法,研究了在新形势下中央企业进一步深化改革、强化财务管理、改善经营状况,全面深入开展"质量、品种、效益年"活动的办法。

29日 省委隆重召开庆祝中国共产党成立70周年大会。省党政领导及各方面代表出席大会。

庆祝中国共产党成立70周年大会

省委书记毛致用在会上指出,我们在社会主义现代化建设的关键历史时期纪念党的生日,要继续坚持全心全意为人民服务的宗旨,发扬光大党的优良传统作风,进一步坚定共产主义理想和社会主义信念,继续全面贯彻党的"一个中心,两个基本点"的基本路线,更加广泛地动员和组织人民群众,在建设有中国特色的社会主义道路上奋勇前进。

本月 省统计局下发《关于查处统计违法案件试行办法》的通知,并具体地制定"统计法规文书",共18种。

本月 分宜县被国务院妇女儿童工作委员会确定为重点扶助县。

本月 江西省出版工作者第一次代表大会暨省出版工作者协会成立大会在南昌举行。

本月 省政府批准省建材工业学校办学规模为在校生640人,除招收高中毕业生外,同时招收初中毕业生,学制4年。

本月 景德镇市工艺美术公司与中国工艺品展销公司在北京联合举办"现代陶瓷艺术作品展"。期间,中国工艺美术馆挑选11件展品作为馆藏珍品。

本月 为纪念中央革命根据地创建60周年,由江西师范大学历史系文博班青年学员严帆编著的《中央革命根据地新闻出版史》一书,由江西高校出版社出版。该书是国内史学界第一部研究革命根据地新闻出版史的学术专著,20万字。

本月 玉山县临湖党校被评为"全国基层党校先进单位"。

1991
7月
July

公元 1991 年 7 月							农历辛未年【羊】						
日	一	二	三	四	五	六	日	一	二	三	四	五	六
1 建党节	**2** 廿一	**3** 廿二	**4** 廿三	**5** 廿四	**6** 廿五		**7** 廿六	**8** 小暑	**9** 廿八	**10** 廿九	**11** 三十	**12** 六月小	**13** 初二
14 初三	**15** 初四	**16** 初五	**17** 初六	**18** 初七	**19** 初八	**20** 初九	**21** 初十	**22** 十一	**23** 大暑	**24** 十三	**25** 十四	**26** 十五	**27** 十六
28 十七	**29** 十八	**30** 十九	**31** 二十										

1日 省科协、南昌市教委、省电化教育馆及江西大学生物系的有关负责人和专家走访进贤县侨属龚羽,并拍摄龚羽进行"进贤肉鸽杂交试验的全过程"。

1日 南昌市新华书店举行《毛泽东选集》新版首发仪式。

1日 江西省城镇住房制度改革作出重大部署。江西全面实施三个单项房改暂行办法,主要内容为"提高租金、超标加租、新房新制度"。在省房改工作会议上,各地的负责人及省直有关部门负责人研究贯彻执行事宜。省委常委、副省长舒圣佑要求各地做好思想工作,提高参与和支持的自觉性。省政府颁布的三个单项房改暂行办法是:《关于提高江西省城镇公有住宅租金标准的暂行办法》、《关于实行住公房超标准加收房租的暂行办法》和《关于实行新房新制度的暂行办法》。

1日 南昌市 1200 万平方米公有住房正式纳入房改轨道。

1日 江西会昌一中学生陈华在全国青少年"党在我心中"读书活动中荣获一等奖。

1日 南昌至德兴市直达邮路正式开通。在德兴市可以看到当天的江西日报,双方邮件传递时间比原来转经上饶加快两天。

1日 宜丰县史志办公室编纂的《黄埔精英——熊雄》一书,由南海出版公司出版发行。熊雄是我国无产阶级革命的先驱之一,是中国共产党早期从事军队政治工作的杰出领导人。该书收集了熊雄烈士的生平事迹、讲话和著作,以及聂荣臻、许德珩、阳翰笙、许光达、宋时轮、李逸民、陈奇涵等人的回忆文章。

3日 省长吴官正会见联合国粮农组织驻华代表汉斯·达尔先生,同他就江西省山江湖区开发项目交换了意见。省山江湖开发治理委员会顾问赵增益、联合国开发计划署江西省山江湖开发项目首席技术顾问戴维·兰和联合国协作项目土地资源专家蒂姆·哈罗德会见时在座。

3日 省委发出通知,要求各地认真学习江泽民《在庆祝中国共产党成立七十周年大会上的讲话》,并做到:(一)深刻领会讲话的精神实质,进一步明确学习的要求。(二)各级领导机关和领导干部要带头学习,作出表率。(三)切实加强对学习的组织领导。（四）坚持理论联系实际，讲求实效。

3日 省乡镇企业局印发《江西省乡镇企业现场管理基本标准（试行草案）》。该标准包括厂区环境、车间现场管理和库房现场管理三章共30条。9月12日，制定《江西省乡镇企业现场管理考核细则》。

4日 江西新余钢铁总厂三型钢厂吴洪攻克的"Φ250轧机机组改造"，二型钢厂刘佳庆设计的"Φ75管孔型改进"和一炼铁厂邹瑞玲的"锰铁2号烧结机成品矿的回收"的应用，分别在第三届全国青工"五小"智慧杯竞赛中获得一、三等奖和江西省第二届青工"五小"智慧杯二等奖。他们的成果在北京"首届中国青年科技成果博览会"上展出。

4日 江西省第六次羽绒工业工作会议暨省羽绒协会第五次年会在上饶羽绒厂召开。副省长舒惠国、省羽绒工业协会顾问赵增益出席会议并讲话。会议分析了当前羽绒工业的形势，明确提出大力提高产品附加价值，把江西省羽绒工业建设成以出口创汇为主的大产业。会议于6日结束。

4日 林业部有关专家学者30人组成的检查验收组于当日至6日，对鹰潭市马尾松毛虫综合防治试验进行鉴定。该市经过5年生产性综合防治试验，松毛虫发虫率、化学防治率、虫情控制率、松林郁闭度等主要指标都达到总体设计方案的目标，消灭了大发生年，实现了有虫不成灾，并挽回直接经济损失2874万元，为直接防治开支的28倍。鉴定验收组通过验收，评分为93.97分。

5日 省政府鄱阳湖综合科学考察领导小组办公室在江西省科学院举行总结表彰会。大型《鄱阳湖区综合考察和治理研究》。综合科学考察项目完成，继获1989年省科技进步二等奖后，获1990年度国家科技进步二等奖。

5日 江西江州造船厂与新加坡客商签订承建一艘230TEU集装箱船的合同，江州造船厂是中国船舶工业总公司所属的大型企业，该厂这次承建的这艘集装箱船，为货仓格导式全集装箱船。总长92.5米，宽17.6米，载重量为3550吨，可装载20尺标准集装箱230只。该船由中国船舶工业总公司所属中国船舶与海洋工程设计研究院按英国劳氏船级社规范设计，在劳氏船级社特别检验下建造并入级。

5日 宜春市三星鼓农民唢呐队应邀进京献艺，参加中央电视台主办的"农民晚会"，演奏宜春民间传统节目《福满门》。

5日 由江西火化设备研究所、冶金部南昌冶金设计院和江西火化机械厂联合研制的YQ-90新式火化炉，通过技术鉴定。

6日 省委宣传部、省司法厅召开省新闻单位法制宣传工作会议。省委常委、宣传部长王太华出席会议并讲话。会议传达了全国新闻单位法制宣传工作会议精神，总结交流了各新闻单位在第一个五年普法规划期间法制宣传工作经验，强调加强社会主义民主与法制的宣传，推动民主法制建设，创造改革开放良好环境。

6日 第一届新剧目"文华奖"评选在文化部结束。江西省赣剧团改编演出的古典剧《荆钗记》，继1990年参加中国第二届戏剧节获优秀演出奖、优秀剧目奖后，又获"文华新剧目大奖"。编剧黄文锡获"文华剧作奖"，主演涂玲慧获"文华表演奖"。

6日 省人大常委会在南昌就宣传、贯彻《中华人民共和国水土保持法》举行新闻发布会。副主任王仲作题为"学习宣传《水土保持法》，贯彻实施《水土保持法》"的讲话。

6日 国务委员李铁映和卫生部部长陈敏章、国家教委副主任柳斌等在省委副书记朱治宏陪同下，在吉安、井冈山、赣州、瑞金、抚州、南昌等11个市县考察江西教育、卫生事业。考察于11日结束。

8日 省防汛抗旱总指挥部召开紧急会议，分析水情、雨情，部署防汛抗旱，着重研究落实支援江苏、上海、安徽、浙江三省一市的抗灾抢险措施。省长吴官正、省军区司令员张传诗、副省长舒惠国等参加会议。据统计，截至当日上午，紧急调往上海、南京、安徽防洪一线的50万条防洪草袋陆续装运发车。

9日 匿迹多年的华南虎，在宜黄县新丰、东坡两乡的山林中重现踪迹。据考察分析，江西省幸存的华南虎不超过10只。江西成立华南虎调查领导办公室，抽调科技人员组成调查队，5月下旬，在新丰、东坡两地搜寻半个多月，发现华南虎的足印、挂爪印和滚卧的迹地。

9日 省政府发布《江西省森林限额采伐管理暂行办法》，自10月1日起施行。

9日 新华社报道，萍乡市最近在京举办傩文化展，并就傩文化的特点和历史渊源，邀请部分专家、学者进行座谈。据专家考证，江西萍乡一带是傩文化的发源地，傩艺在民间流传广泛。傩面具则用于傩仪、傩舞、傩戏。

9日 南昌钢铁厂一号高炉恢复改造工程竣工投产。该高炉1959年建成投产，1963年因工业调整而停产。改造后的一号高炉采用电子秤计量、微机上料等先进技术，提高生产能力。

9日 江西水泥厂引进国外先进技术，进行技术改造、技术开发被授予"七五"国家级企业技术进步奖。

9日 万安县宝山乡狮岩村在狮山爆破采石料时，在炸开表面2米多深的岩石中发现一批古脊椎动物化石。其中有齿、獠牙、门牙、股骨等化石，最大的一颗齿化石长4.5厘米，宽4厘米，厚1.6厘米，股骨直径3.3厘米。随化石出土有一段颜色白黄相间的手镯。

9日 反映江西苏区交通运输历史的专业性革命史书《江西苏区交通运输史》，由人民交通出版社出版。方志纯为该书作序。

9日 新余钢铁总厂厂长王忠宪所著的工作方法丛书《企业思想政治工作实践》第三集由北京广播学院出版社出版发行。中顾委委员王鹤寿题写书名。

9日 江西省第二林业学校由德兴市大茅山迁至南昌市北昌麦园。迁建工程初步设计方案审查会在南昌市召开。

12日 由国家教委和中国数学普及委员会联合举办的"1991年全国小学生奥林匹克数学竞赛"揭晓。高安县筠阳镇一小的8名参赛学生获奖。其中黄剑获一等奖，毛永康、傅凌丽获二等奖，卢玲玲等5名同学获三等奖。同时，该校夺得全国团体总分第一名。

12日 南昌陆军学院举行九一届学员毕业暨复旦大学九〇级军训结业典礼大会。中共中央政治局委员、国务委员兼国家教委主任李铁映，解放军总参谋长迟浩田，国家卫生部部长陈敏章，国家教委副主任柳斌，总参军训部部长胡长发，南京军区副司令员郭锡章，复旦大学党委书记钱冬生，南京军区参谋长张宗德，省党政军领导毛致用、吴官正、张传诗等参加了毕业典礼。李铁映、迟浩田分别讲话。

李铁映（左四）、迟浩田（右二）等领导在军训结业典礼上

12日 弋阳至菡潭复线铁路与既有的浙赣铁路并行工程全面竣工，全长8公里经上海铁路局南昌浙赣复线工程指挥部验收，质量合格，并于上午9时开通投入运营。

12日 公安部和团省委追授因追捕逃犯而光荣献身的萍乡市高坑派出所民警、共产党员张靖萍为"全国公安战线二级英雄模范"和"卫国安民青年英雄"称号。省政府批准张靖萍为革命烈士。省公安厅和萍乡市委、市政府先后作出决定，号召向张靖萍学习。萍乡市委、市政府召开了隆重的表彰命名大会。

12日 省教委、省计委、省劳动厅、人事厅、财政厅在南昌市联合召开江西省职业技术教育工作会。传达贯彻全国职业技术教育工作会议精神，讨论确定职业技术教育发展的工作方针和任务。国家教委副主任柳斌到会传达了中央政治局委员、国务委员兼国家教委主任李铁映在江西考察时的讲话精神，并对江西省教育提出了要求。陈癸尊在会上作题为《振奋精神，加强领导，加快发展江西省职业技术教育》的报告。会议结合江西省职业技术教育实际，提出"八五"期间发展职业技术教育的基本方针是：积极发展、巩固提高、注重实效。会议提出，争取通过十年努力，使江西省的职业技术教育形成从初级到高级，行业配套，结构合理，形式多样，能与其他教育相互沟通、协调发展的职业技术教育体系。

12日 中国井冈山经贸洽谈会暨旅游活动周在井冈山举行。在当日至15日期间，共签订经贸合同成交金额6.9亿元；签订利用外资项目6项，合资金额374万美元。

13日 省委、省政府、省军区授予婺源县人民武警部"模范人武部"称号命名大会在南昌举行。南京军区副司令员郭锡章，省党政军领导到会祝贺。

13日 在全国党史工作经验交流会上，江西4个集体和6人获奖。4个先进集体是：抚州和吉安地委党史工作办公室、赣州市委党史工作办公室、南昌县委党史工作办公室。6名先进个人是：余江县委党史工作办公室吴浩鹏、萍乡市委党史工作办公室杨放萍、新余市委党史工作办公室张振中、铜鼓县委党史工作办公室林兆福、景德镇市委党史工作办公室雷瑞华、湖口县委党史工作办公室谭志华。

14日 中国音乐家协会等16个单位联合举办的"庆祝中国共产党成立七十周年全国歌曲征集评奖"在北京揭晓，江西词曲作者创作的《飘香的祖国》、《花儿香歌儿美》、《希望在中国》、《沿着红军走过的山坡》获创作奖。

15日 《当代中国的江西》首发式在南昌举行。此书如实记载了江西自1949年至1985年间社会主义革命和建设的发展历程。

17日 合肥通用机械研究所与国营长林机械厂共同研制开发的陶瓷耐磨风机通过国家鉴定。

18日 江西省社会治安综合治理委员会举行第二次全体会议。会上，全文甫传达了中央社会治安综合治理委员会第二次全会精神；会议审议并原则通过了《江西省社会治安综合治理一九九一年至一九九五年规划纲要（草案）》。审议通过了《江西省社会治安综合治理委员会成员单位职责任务》，听取了省冶金厅、交通厅前段开展综合治理工作的情况介绍。会议要求各级综合治理委员会要充实力量把综合治理工作搞上去，促进江西政治、经济和社会的进一步稳定发展。

18日 省政府公布赣州、南昌、景德镇、九江等5市为江西省第一批历史文化名城。

19日 在全国职工"党在我心中"主题演讲比赛中，南昌飞机制造公司职工崔昊获全国职工优秀演讲员二等奖，弋阳县残联陈忠林、企业导报曾素萍、省政府第三保育院南湘获三等奖。

19日 江西省治理"三乱"工作会议在南昌召开。会议要求各地根据党中央和国务院的精神，除了继续搞好"三乱"工作的清理检查外，逐步转入审核处理和整章建制阶段。在这两个阶段，要全面清理审核所有的收费、罚款、集资项目，并根据政策规定加以处理，使收费、罚款和集资管理，逐步走上法制化、规范化的轨道。会议于21日结束。

20日 中国科协日前授予江西铜业公司德兴铜矿科协科技扶贫"金牛奖"。

20日 全国绿化委员会、林业部、人事部授予南昌市林业局为"全国治沙先进单位"，为刘思贤"全国治沙劳动模范"称号。

21日 江西省扶贫开发工作汇报会在上饶召开。会议对江西省在老区和贫困地区将开展的百村"四一"工程示范进行了部署。"四一"工程即：按照当地发展支柱产业的要求，办好一个经济开发项目；根据本村主要产业发展的需要，建立一个为集体和群众生产经营提供产前、产中、产后系列化服务的组织；组建一支以本村技术人员、农函大毕业生、军地两用人才和各类乡土能人为骨干的科技扶贫队伍；兴办一所科技文化夜校，建立起一个扫盲、实用技术培训、新技术新品种推广的"三位一体"的教学场所。

23日 省林业厅作出决定，授予为保护国家木材而壮烈殉职的青年党员董林生"林业卫士"称号，并号召全省林业系统学习和宣传董林生不畏强暴、忠于职守的英雄事迹。

23日 省总工会八届八次常委（扩大）会议召开。会议要求认真学习贯彻江泽民《在庆祝中国共产党成立七十周年大会上的讲话》精神，动员和组织职工积极投入到社会主义劳动竞赛中去，在深化改革、搞活企业特别是搞活大中型企业中，要全心全意依靠工人阶级，充分发挥工人阶级主力军作用，为两个文明建设作出贡献。会议于25日结束。

27日 省长吴官正会见即将离赣的联合国山江湖项目首席顾问戴维·兰和世界银行专家、农业工业化高级顾问戴维·伟。"山江湖开发"项目是联合国开发计划署援助江西的第一个项目，也是联合国开发计划署在中国实施的第一个综合性区域开发项目。

28日 由中华全国总工会、国家体委经济开发中心、中国龙舟协会联合举办的"1991年第一届'九龙杯'全国龙舟邀请赛"在北京十三陵水库举行。龙舟赛进行4天。高安县瓷厂女子龙舟队夺得600米、800米两个全国团体总分第一名。

高安龙舟赛

28日 省委、省政府召开紧急电话会议，进一步动员全省人民振奋精神，坚定信心，万众一心，斗志高昂投入抗旱救灾。省委召开常委会议，专门研究部署当前抗旱工作，要求各级领导机关把抗旱作为当前的中心任务，动员起来，全力以赴搞好抗旱，把灾害损失减到最低限度。

28日 江铃汽车集团正式成立。集团由核心层、紧密层、半紧密层和松散型的20多个企业组成，跨地区、跨行业、跨所有制。

30日 定南县人民医院副主任中医师任金全入选《中国当代中医名人志》。任金全学徒出身，1956年起一直从事中医临床，能运用中医理、法、方、药，确切地进行辨证论治。从1975年以来，先后发表论文12篇，其中《面神经麻痹治疗体会》一文获全国农村中西医优秀论文二等奖。

31日 峡江县利用本地二氧化硅含量高达99.5%的石英石资源，研制开发出连铸中间包绝热板。

31日 新余钢铁总厂生产的双金属带锯背部用冷轧钢带在1991年"全国火炬高新技术及产品展交会"上获金奖，系江西省54个参展项目3项金奖获得者之一。用该产品制造的双金属带锯，其锯切性能、使用寿命均达到国外同类产品水平。

31日 江西新闻摄影作者在全国"数风流人物还看今朝"新闻摄影大赛一等奖、二等奖。

本月 江西久晴无雨，出现建国以来最大的一次旱情。江西省卫生厅拨专款26万元支援灾区，并组织县以上医院开展抗旱救灾、捐款捐物和义诊活动。

本月 江西人民出版社在北京举行《邓小平现代军事理论与实践》出版座谈会，纪念中国人民解放军建军64周年。中央宣传部、军事科学院、中央党史研究室等党史界和军史界知名人士与会。江泽民、刘华清、杨尚昆、秦基伟分别题词。

本月 在吉安地区武功山林场社上分场垅上国外松（湿地松、火炬松）林内发现一种食针叶的大型幼虫，体长10厘米至12厘米，宽1.2厘米至1.5厘米。经省森林病虫害防治（检疫）站鉴定为波纹杂毛虫。该虫曾见于南昌、奉新、宜春等地，寄主植物主要是栎类和马尾松。

1991

8月

August

公元 1991 年 8 月　　农历辛未年【羊】

日	一	二	三	四	五	六	日	一	二	三	四	五	六
				1 建军节	2 廿二	3 廿三	4 廿四	5 廿五	6 廿六	7 廿七	8 立秋	9 廿九	10 七月小
11 初二	12 初三	13 初四	14 初五	15 初六	16 初七	17 初八	18 初九	19 初十	20 十一	21 十二	22 十三	23 十四	24 处暑
25 十六	26 十七	27 十八	28 十九	29 二十	30 廿一	31 廿二							

1 日　江西服装学院在南昌成立。该学院是民办公助创办的，设有服装设计、服装工艺等九个专业。

1 日　省长助理黄智权受省委书记毛致用、省长吴官正委托慰问省儿童医院医务人员，看望住院儿童，同时，宣布两项省政府决定："八五"期间为省儿童医院兴建一幢门诊大楼；拨 5 万元给儿童医院购置防暑降温和医疗急救用品。

1 日　江西省火炬计划工作会议召开。三年来，江西组织实施了 36 个国家级和省级火炬计划项目，投入资金近亿元。全部项目完成后，可新增产值 5.2 亿元，新增税利 1.3 亿元，节创外汇 2700 万美元。

1 日　南昌市取消猪肉票证，放开供应。

2 日　新华社江西分社报道，江西省 1991 年以来相继出台一系列经济改革新措施，以确保第二步战略目标的实现。这些新措施是：（一）完善并深化已经出台的改革方案。如对《农业综合开发总体战系列工程》、《赣州地区经济体制改革试验区》、《18 个县市综合改革扩权试点》等改革方案都制定了补充措施，强调要将各项优惠政策用够使足，以进一步巩固并扩大改革成果。（二）陆续出台一些改革方案。其中深化企业改革的有《关于搞活大中型企业的决定》、《组建景德镇陶瓷集团及"五十铃"汽车集团的规定》；改革流通体制的有《关于搞活供销社工作的通知》；改革科技体制的有《建立南昌高新技术开发区的决定》；配套改革措施有"城镇粮食定量调整"、"城市粮油调整"、"公费医疗改革"、"城市住房制度改革"等方案。（三）审议通过四个区域经济改革的基本设想。即"宜春地区农业工业化综合改革试验区"、"景德镇发展外向型经济城市"、"鹰潭市建成赣东大市场主体城市"、"九江市建成长江开放港口城市"的构想。

2 日　林业部批复同意兴建萍乡森林公园。

3 日　省长吴官正会见来访的日本五十铃公司副社长关和平一行 9 人。关和平一行是应江铃汽车集团的邀请，同江铃集团商谈新的合作事宜。日本五十铃公司向江西灾区捐赠兑换券一万元。

3 日　沙特阿拉伯王国石油资源部代表团一行 4 人到贵溪冶炼厂参观，了解中国有色金属总公司在地质、冶炼等方面的综合能力，讨论双方在铜矿的采选、冶炼等方面合作的可能性。

3 日 《江西省地图册》首次公开出版发行，图册为 32 开本。

3 日 九江港务管理局被批准为 1990 年度国家二级企业。

4 日 截至当日，江西省救灾捐赠款物已累计达到 1090 万元，其中捐款 730 万元，捐物折款 360 万元。

5 日 在浙江省舟山市举行的"全国少年田径分龄赛"上，大余中学高二学生张海以 1.89 米的成绩获跳高金牌。

6 日 江西省 6 名残疾职工获国家晋升工资奖励，他们是：庐山图书馆馆长徐敏钢（肢残），鹰潭市中医院康食科主任张健华（盲人），于都县粮食局工业股股长吴丽芬（女，肢残），吉安市印刷厂美工吴少伟（肢残），铅山县鹅湖雕刻工艺厂厂表张胜生（肢残），鹰潭市磷肥厂工人黄建平（肢残）。

7 日 1991 年全国太极拳、剑、推手比赛在北京举行。全国各省市及行业体协共 28 个队参加比赛。南昌白马庙制药厂队代表陈罡夺吴式太极拳第六名，男女陈式、男子吴式、杨式及 75 公斤级推手等五个项目进入前八名。

7 日 省卫生厅制定的《降低农村孕产妇死亡率有关规范管理办法》，提出推行农村住院分娩、围产保健管理三个"十"项措施及建立县级危急孕产妇抢救小组等办法。

7 日 《文学评论》杂志社、国家教委社科中心、《人民日报》文艺部、《文艺理论与批评》、《文艺报》社和江西省文联等 9 家单位联合召开的马克思主义文艺理论建设讨论会在庐山举行。全国各地的 40 余位文艺理论家、批评家认真学习江泽民 1991 年"七一"讲话精神，联系十多年来我国文艺理论战线的实际，就在意识形态领域里加强反"和平演变"的斗争；在批判资产阶级自由化的同时，加强马克思主义文艺理论的指导和建设，促进社会主义文艺繁荣等议题，进行了广泛深入的讨论，形成基本共识。讨论会于 11 日结束。

8 日 江西省第一家占地 1.1 万亩、总投资为 1308 万元的果园在泰和垦殖场开镐。主要种植沙田柚、椪柑、板栗等名优果树。

8 日 零时，江西省重点工程——浔景饶数字微波通信工程正式开通。该电路采用国产 480 路中容量数字微波通信系统，干线全长 371.4 公里，建有九个微波站点，电路经九江与南昌联网，设备电路实行微机集中监控管理。

8 日 省政府在深圳举行利用外资新闻发布会，美国、日本、菲律宾、香港、澳门、台湾等国家和地区的客商、知名人士、国内各界朋友及中央、香港、广东和本省十多家新闻单位的记者共 500 余人出席了会议。副省长周悫平向海内外朋友通报江西利用外资的情况，介绍江西的投资环境和优惠政策，发布了一批对外招商项目。期间，共签订合同、协议、意向性项目 114 个，引进外资 12828 万美元。其中有 29 个项目正式签订了合同，引进外资 2230 多万美元。新闻发布会于 11 日结束。

9 日 省委、省政府作出决策，建设以鹰潭为中心的赣东大市场。鹰潭市计划投资 5000 多万元建设一座容量大、功能全、效益好的赣东大市场。力争"八五"期间将鹰潭建成东南沿海与内地物资、商品交换的中转、集散、批发、运输、贸易中心。

9 日 中国发明协会会员、玉山县三清山罐头厂汪玛瑞发明的第六项成果，"万能药物按摩理疗器"获国家专利。

10 日 省政府召开电话会议，动员江西省工交战线广大干部职工，深化企业改革，扎扎实实开展"质量、品种、效益年"活动，以提高经济效益为中心，以扭亏增盈为主线，加紧清欠盘活资金，积极推进技术进步，切实转变经营机制，努力提质降耗，实现企业亏损下降、产成品资金占用下降、利润上升的目标。

10 日 省委常委和省顾问小组、省人大、省政协领导，集中两天时间认真学习江泽民"七一"重要讲话，并联系当前国际国内形势和江西省现代化建设的实际，进行了深入讨论。会议要求广大党员、干部和群众用《讲话》统一认识，指导实践，明确方向，提高拒腐防变自觉性，促进现代化建设。学习讨论于 11 日结束。

11 日 省文化厅、省广播电视厅、省妇联、团省委联合举办的江西省第三届少儿艺术节在井冈山市举行。艺术节以文艺演出为主，江西各地 600 名小演员组成的 15 个代表队，分 8 台展演了 190 余个音乐、舞蹈、戏剧、曲艺节目。期间还展出 300 余幅（件）少儿书法、绘画、摄影作品和工艺制品，并举办了故事演讲比赛。艺术节于 20 日结束。

12 日 省委、省政府在南昌召开江西省地市委书记、专员、市长会议，总结部署当前的经济工作，研究将农村社会主义思想教育引向深入的问题。毛致用、吴官正分别作了题为《在巩固深化提高上下功夫，全面完成农村社教三项任务》和《振奋精神，扎实工作，全面完成一九九一年的国民经济和社会发展计划》的讲话。会议于 14 日结束。

全省地市委书记、专员、市长会议

13 日 一股强大的龙卷风袭击临川县东馆乡刘村、桥下村一线，有 4 人受伤，倒塌房屋 118 间，农作物受灾面积 1300 亩，直接经济损失 90 多万元。

13 日 旱情刚刚缓解的金溪县双塘、合市、丛麓、三华湾、枫功五个乡镇，突然遭到夹着冰雹和暴雨的 11 级风暴的袭击，风暴持续 30 分钟左右。有 5856 户农户、26392 人受灾，186 栋共 477 间房屋倒塌，71 人受伤、2 人死亡，吹倒供电、通讯电杆 59 根和线路 30 多公里，毁坏农作物 2 万多亩，死伤牲畜 153 头。双塘镇投资 30 万元的名巢丝厂缫丝车间和锅炉房倒塌，干茧库和烘茧房顶被掀掉，部分干茧淋湿，一个 40 万公斤仓容的粮食仓库倒塌。

14 日 国营八一垦殖场职工巫光斌发明的"停电保护单连开关"获国家专利。

14 日 省七届人大常委会第二十三次会议在南昌举行。会议通过《江西省种畜种禽管理条例》、《关于批准江西省一九九〇年财政决算的决议》、人事任免名单。会议于 17 日结束。

15 日 省政府印发《江西省农业开发总体战要点》，要求"八五"期末消灭江西省荒山，20 世纪末绿化江西大地覆盖率提高到 44% 以上。

15 日 国营八四九〇厂新开发的产品"阻燃聚氯乙烯安装线"获"国家科技成果证书"，这项与彩电国产化配套的新产品，性能达到日本、美国等先进标准。1990 年，该新产品替代了进口产品，与青岛、四川、西安等地电视机厂彩电配套。

15 日 中央财政给江西安排 50% 的贴息。贷款金额 5700 万元，用以新建简易粮食仓库容量 7.86 亿斤，油缸容量 1000 万斤。仓库主要建在粮源充足、交通便利的生产粮区和粮食流通集散地。

15 日 江西名楼滕王阁水上乐园在天宿厅举行开业典礼大会。江西省市各级领导及各界来宾 200 多人到场祝贺。水上乐园位于赣江八一大桥上游的一块草洲中，占地面积 1000 多亩。整个乐园安排了骑马、骑骆驼、照相、镭射电视、电子游戏、门球、棋类、露天舞会等娱乐活动，设置了纳凉、住宿、音乐茶座、冷热餐饮等场所，还辟有游泳场、碰碰船、电瓶船等水上活动区域。

16 日 暑期，来自北京、上海、江西、浙江、湖南、江苏、福建、广东等十多个省市 100 多所大专院校的数千名学生走上井冈山，追寻红色足迹，学习革命传统，开展社会实践，并为老区建设开展咨询服务和献计献策活动。

16 日 江西省地震台网测定，当日 20 时 10 分，在大余至崇义县之间（北纬 25.5 度、东经 114.3 度）发生 3.7 级地震。

17 日 省政府发出紧急通知，要求各地切实抓好清理整顿乱设关卡工作。通知指出，1991 年入夏以来，一些地方重新出现在公路、水域上乱设关卡，乱收费、乱罚款的违法违纪现象。通知要求，这次清理整顿工作实行专员、市长、县长及各有关部门行政首长负责制，扎扎实实地抓好清理整顿工作，严肃处理清理整顿中查出的重要问题。

17 日 在大连第一届世界武术锦标赛"金益杯"中国散手擂台选拔赛上，省武警总队散手队队员廖小军、涂洪平分别获得 80 公斤、56 公斤级的银牌。

18 日 全国青年蹼泳锦标赛暨全国少年蹼泳邀请赛在南昌举行，比赛设有蹼泳、器泳和屏合潜泳三个项目共 40 枚金牌，有 14 个省市自治区 181 名蹼泳选手参加角逐。在青年女子组 4×100 米蹼泳接力赛中，以林建华、胡臻赟、邓玲琴、冯枣虞组成的江西队以 3 分 9 秒 3 夺得第一名。胡臻赟还获得女子 100 米蹼泳银牌，鄢泳获得青年男子 800 米蹼泳第三名。

18 日 临川县从 1987 年以来，生猪、牛类及家畜分别以 5.9%、4.9% 及 12.3% 的年平均数增长，被列为全国 100 个产肉大县之一。

19 日 高安县筠阳镇卫生院院长邹振环荣获"全国乡镇卫生院优秀院长"称号赴京出席全国首次乡镇卫生院优秀院长表彰及经验交流大会。

19 日 在第二次全国城市环境保护工作会议上，南昌市获全国重点城市环境综合整治考核第六名。

19 日 资溪县林业局编纂的《资溪林业志》由江西人民出版社出版发行。该书详尽地阐述了资溪林业发展的历史和现状。方志纯为该书题词。

20 日 中国瓷都景德镇陶瓷企业集团成立。该集团由以江西省陶瓷工业公司、省陶瓷进出口公司、省陶瓷销售公司、省陶瓷研究所为核心的 136 家企事业单位组成，共有职工 7 万余人，是以公有制为主体，采用股份制形式，以资产为联结纽带，实行集权与分权相适应的陶瓷贸工料、人财物、供产销"九统一"的多层次、多功能的经济联合体。

20 日 由中国科学技术史学会、中国农业历史学会、江西省社会科学院联合各家单位举办的首届农业考古国际学术讨论会在南昌、庐山举行。全国各地和美国、日本、香港、台湾的专家学者参加会议。

20 日 江西省预防医学流行病专业委员会成立。

20 日 国家教委副主任滕藤到家乡婺源视察。

21 日 省地矿局物化探大队在西藏发现洞嘎金矿区，矿区矿化面积达 5 平方公里这是西藏迄今为止发现的第一个岩金矿体。

21 日 从国外引进的汽车保修先进设备——汽车喷烘房，在省政府汽车修理厂安装竣工投产。

21 日 国家第一条莫能霉素工厂化生产线在金溪县动工兴建。

22 日 在全国选定 100 所中医医院作为"全国示范中医医院建设"中。江西省萍乡市中医医院、鹰潭市中医医院、新余市中医医院和宜春市中医医院被列为"全国示范中医医院建设单位"。

22 日 省政府批准并公布井冈山、瑞金、九江、赣州和吉安 5 市为江西省第一批省级历史文化名城。南昌、景德镇已经国务院先后公布为国家历史文化名城。

22 日 省纪委主办的《党风建设》杂志在全国公开发行。

22 日 南昌市麻风康复医疗中心在南昌皮肤病医院落成并投入使用。该中心是日本青峰县松绿神道大和山的信徒们节食筹款，以 WCRP 日本委员会和平开发基金运营委员会的名义提供建筑工程资金 4000 万日元，笹川良一纪念保健财团提供医疗器械资金 1000 万日元，于 1990 年 7 月动工兴建的。

22日 余干县皮划艇训练基地4名队员，在全国"通粤杯"少年赛艇比赛中获团体总分第二名。

23日 江西编制的《江西省发展粮食生产专项资金"八五"前三年规划和分年度实施计划》，财政部7月下旬发文要求全国各地以江西省的规划材料为范例编制规划材料。

24日 新余市物资贸易中心获国家物资部授予的"四好"优胜单位称号。

24日 省政府批准南昌市公安局洪都公安处干警邓斌为革命烈士。

25日 在香港举行的第三届国际残疾人职业技能比赛中，鹰潭市肢残青年胡跃刚和赣州市聋哑人周建祥分别夺木刻和标板广告美术的金牌和银牌。

25日 邮电部决定投资改造兴建南昌至福州，南昌至广州二条6000兆赫140mb/s（1920路）大容量数字微波电路。以缓解江西、广东、福建之间以及三省沟通全国的长途电话电路紧张的状况。

25日 经贸部组织的"全国经贸行业第三次外销员统考"在南昌举行。江西有648人应考。

26日 青山湖宾馆被全国旅游涉外馆店星级评定委员会评为三星级宾馆。

27日 省社联召开社会科学界部分知名人士座谈会。与会人员以江泽民"七一"重要讲话为指针，就当前如何抵御国内外敌对势力和平演变的问题进行了探讨。会议一致认为和平演变的局部得手绝不可能改变资本主义必然灭亡的历史命运，我们既要对和平演变问题保持高度警惕，又要对社会主义充满必胜的信心。

28日 全国工商联党组书记李定来江西省工商联视察工作，并就如何贯彻中央15号文件作出指示。

28日 九江市职工收藏协会和九江市工人文化宫联合举办的"首届中国超级火花精品展"，在九江市工人文化宫展厅举行。

29日 传达中国科协"四大"精神报告大会暨江西省科协三届二次全委（扩大）会议在南昌闭会。省党政军领导和各地市局主管领导、省科协委员、省级学会及地市县科协负责人等500余人参加会议，省科协主席欧阳锦堂作传达报告。省委书记毛致用作题为《切实加强和改善对科技工作的领导》的讲话。会议要求各地强化全党全民科技观念，加快经济建设战略转移。

29日 国家体委举办的全国少年儿童年龄组游泳比赛吉安市赛区降下帷幕，江西队获金牌1枚，银牌5枚，铜牌14枚，并被评为体育道德风尚奖。

29日 农业部科技进步奖评审会结束，江西省农业科学院育成的中华猕猴桃早、中、晚熟3个配套品种"早鲜、魁蜜、金丰"被评为科技进步二等奖。

30日 省政府外资办在南昌召开地市外资办会议。会议要求，各地市要进一步改善投资环境；切实选出一批产值大、效益好、有市场并能出口创汇的项目；认真做好可行性研究，提前落实好必要的配套条件；利用外资引进技术的起点要高，要着眼于引进一批20世纪80年代末、90年代初的技术设备。会议于31日结束。

本月 省出版事业管理局更名为江西省新闻出版局，江西人民出版社更名为江西省出版总社，并在江西省新闻出版局、江西省出版总社的基础上挂江西省版权局的牌子，实行三块牌子，一套人马。原江西人民出版社政治经济编辑部、古籍编辑部另外组成处级建制的江西人民出版社。

本月 永修县全国造林绿化劳动模范徐京发联合百余户农民自愿成立"京发林业合作社"。合作社制定了章程，对林业合作社的宗旨、办社原则、基本制度、奋斗目标、主要任务、分配原则以及组织形式、社员条件、护林管理、养老等都作出明确规定。

1991

9月

September

公元 1991 年 9 月							农历辛末年【羊】						
日	一	二	三	四	五	六	日	一	二	三	四	五	六
1 廿三	**2** 廿四	**3** 廿五	**4** 廿六	**5** 廿七	**6** 廿八	**7** 廿九	**8** 白露	**9** 初二	**10** 初三	**11** 初四	**12** 初五	**13** 初六	**14** 初七
15 初八	**16** 初九	**17** 初十	**18** 十一	**19** 十二	**20** 十三	**21** 十四	**22** 中秋节	**23** 秋分	**24** 十七	**25** 十八	**26** 十九	**27** 二十	**28** 廿一
29 廿二	**30** 廿三												

2 日 萍乡发电厂两台 12.5 万千瓦发电机组扩建工程开工。该工程总投资 3.5 亿元,预计年发电量 16 亿度。工程建成后将能充分利用当地丰富的煤炭资源,改变江西省西部电力供应紧张的状况,缓解江西省西煤东运、东电西调的矛盾。

2 日 省委副书记朱治宏于当日至 4 日,先后到江西大学、南昌航空工业学院和江西工业大学等高校看望师生员工,进行调查研究,并鼓励师生员工深入学习江泽民"七一"讲话,把高校办成反和平演变的重要阵地。

3 日 上饶县人民法院以违反危险物品管理规定肇事罪,分别判处重大泄毒惨案肇事者郑林平、谢启航有期徒刑 7 年和 6 年。该泄毒案致使附近居民 677 人中毒,其中重度中毒者 142 人,死亡 37 人,经济损失高达 260 余万元。

4 日 省科委、省科协、省农牧渔业厅、省气象局、江西日报社、洪婺名茶开发公司等 39 个单位联合主办的江西省第二届农业科普百花奖在南昌颁奖。江西省委书记毛致用为评奖题词"愿科技兴农之花开遍江西大地"。

4 日 省政府召开深入开展"质量、品种、效益年"活动座谈会,分析形势,交流经验,研究贯彻落实国务院电话会议的措施,部署今后四个月该项活动的具体目标和任务。省政府各有关部门的主要负责人参加会议。会议强调,1991 年开展"质量、品种、效益年"活动,必须坚定不移地实现三项目标:(一)认真组织清理好"三角债"工作,年内要清理约占江西省拖欠款的 1/3;(二)大力调整产品结构,坚决压缩积压产品,年底产成品资金等三项资金占用要低于 1990 年年底水平;(三)狠抓扭亏增盈,亏损额比 1990 年下降 30%,力争下降 50%,企业盈利增加。

4 日 中国外商投资企业协会评定新余市新华金属制品有限公司,为 1990 年度全国外商投资企业"双优"企业。

5 日 江西省棉花研究所选育成功的耐旱棉新品种"赣棉 8 号",通过省级技术鉴定。"赣棉8 号"是国家科委和省科委分别下达的"七五"攻关课题和陆地棉新品种选育重点项目。该品种是经过省棉花研究所一系列鉴定试验及江西省区试、全国大区联试而育成，具有耐旱、高产、耐病、纤维品质好等明显特点。

5日 铁道部第四勘测设计院勘测设计的吉安至赣州新建铁路开始全面勘测（探），预计在年底前后完成。该线段是北京、向塘至广州、香港九龙线的一部分，全长199公里，全部在江西省境内。

6日 华东地区党委秘书长联系会第一次会议在南昌举行。会议由江西省委办公厅主办。上海、浙江、福建、山东、安徽、江西等六省一市党委秘书长和办公厅主任，以及南京、宁波、青岛、厦门等计划单列市市委秘书长和办公厅主任出席会议，湖南、四川省委办公厅负责人应邀莅会。会议交流了各省市党委办公厅的基本情况及贯彻1991年全国省、自治区、市党委秘书长座谈会的主要情况和经验，交流了各省、市委办公厅工作的经验，研究和探讨了新时期党委办公厅工作中一些共同性的问题。会议于8日结束。

7日 江西省重点棉花产区之一的新余市渝水区，经国家计委和农业部审核批准，被列为全国"八五"期间的第一批优质棉花生产基地。这是继彭泽、九江县之后的江西省第三个全国优质棉基地建设单位。该项目总投资为360万元，主要建设有棉花原种场、良种棉加工厂、农业技术推广中心及良种繁殖区水利等。整个项目计划两年完成。建成投产后，每年可为国家提供优质商品棉18万担，优良棉种50万至75万公斤，年增产值1000万元。

8日 第十二届全国省际厂矿小学足球赛日前在昆明市降下帷幕。江西九江玻璃纤维厂子弟学校少儿足球队获第三名。

9日 景德镇为民瓷厂建成当今世界最先进的制瓷等静压成型，直接用干粉压制成瓷的高档日用陶瓷生产线投产。该生产线能年产600万件高档日用陶瓷，能适应多种日用陶瓷生产，我国日用陶瓷生产技术已进入国际先进行业。

9日 在刚刚结束的"第二届全国民族管弦乐——小型民乐合奏作品展播"中，江西省舟波、张翼合作创作的《赣江春》获三等奖；余东锋的《山乡情》获作品奖。

9日 在上海举行的1991对外技术交易会上，江西省对外签约7项，总金额达508万美元，项目涉及轻工、电子、机械、陶瓷等行业。

9日 江西省社会治安综合治理委员会召开电话会议，贯彻中央社会治安综合治理委员会9月3日电话会议精神，部署开展反盗窃斗争，以反盗窃为突破口，推进社会治安综合治理。省委副书记、省社会治安综合治理委员会主任朱治宏，省委常委、副省长、省社会治安综合治理委员会副主任舒圣佑出席会议并讲话。

10日 省委宣传部、省教委、省教育工会在南昌市举行大会，表彰一批教育战线先进集体和先进个人，庆祝我国第七个教师节。南昌地区高校、中专、中小学、幼儿园的教师代表和南昌师范、南昌幼儿师范的学生共2400多人参加了大会。

10日 全国医学美学与美容学术研讨会在庐山举行。

10日 由中国音协歌曲编辑部、中国文联出版公司、中国社会音乐研究会联合举办的"1991年全国未来词曲作家、演唱家大奖赛与讲座"活动在北京揭晓。江西瑞昌市业余词作者田信国一首《出风头》获一等奖，上饶地区群艺馆青年曲作者熊纬现场创作的歌曲《清明雨》获优秀创作奖（铜牌）。

10日 省煤炭、电力、冶金、物资、机械、国防、纺织、烟草和医药9大行业于当日至12日在南昌召开清理三角债会议，研究制定系统内部清理具体方案。省委常委、副省长舒圣佑到会并讲话。会议要求清欠必须做到"四防"，即防止新的固定资产投资缺口，防止新的企业亏损，防止新的产品积压，防止新的拖欠。煤炭、电力、冶金、物资、机械、国防和纺织7个行业付方确认承付债务44561万元，清理三角债达8亿多元。

11日 英国伦敦大学高级讲师莎拉艾来访，与江西省社科院研究人员交流了先秦史研究的有关问题。

11日 省体委、省青年桥协主办的"井冈山杯"桥牌邀请赛暨全国第二届青年桥牌锦标赛在井冈山举行。江西社会科学业余大学队获冠军，核工业部二六三地质勘探大队、南昌市工人文化宫桥牌俱乐部队分别获第二名、第三名。

12 日 省工商联组团和市、地工商分团，参加华东六省一市第五届"鲁交"（山东济南市）召开的商品交易会，签订合同 327 份，成交额 2783 万元。

13 日 省政府召开江西省清理"三角债"工作会议，传达贯彻全国清理"三角债"工作会议精神，部署江西省清欠任务。会议要求全省各地加强领导，迅速行动，年内完成清理 30 亿元的任务。会议于 15 日结束。

13 日 由国家体委主办的首届全国优秀运动义务教育文化知识竞赛在武汉市举行，江西代表队获团体总分第三名。

14 日 省政协在南昌召开常委协商座谈会，听取副省长舒圣佑关于《江西省当前经济情况和今后经济工作的安排》的通报，省长吴官正到会讲话，要求各级政府抓好四个方面的工作：一要依靠科技进步和提高劳动者素质，抓好技术改造；二要进一步调整产业结构；三要抓紧重点项目建设；四要加强思想政治工作。

14 日 1991 年全国摩托艇锦标赛在武汉市东湖举行。江西省江铃摩托艇队运动健将彭林武在 B 组 0B 级 10 公里环圈赛中以平均时速 110 公里的速度获冠军；王翠华在女子 B 组 0A 级 10 公里环圈赛中以平均时速 104 公里的速度获亚军。

16 日 由全国汉语拼音教学研究会等单位联合举办的"中华全国汉语拼音运用大奖赛"揭晓，抚州一中参赛的近 200 名师生有 126 人获奖，学生周剑智获中小学组一等奖，学生章芳获二等奖，学生陈虎等 8 人获三等奖。教师许传刚等 5 人、学生范洪伟等 69 人获四等奖，还有 42 名学生获鼓励奖。

16 日 江西省文化市场稽查队成立，省文化厅设文化市场管理处。

17 日 南昌地区大专院校、大中型企业、中等学校的青年团员和青年学生代表集会纪念"九一八"事变 60 周年。各界青年不忘国耻日，要在中国共产党领导下，坚定地走社会主义道路，振兴中华、振兴江西。纪念活动是由共青团南昌市市委组织。

17 日 曾经获得国家一级计量企业称号的南昌齿轮厂获国家技术监督局授予国家计量先进单位称号。

18 日 省委副书记朱治宏，省委常委、副省长舒圣佑，在南昌会见以总书记苏巴辛哈为团长的斯里兰卡、锡兰工会联合会代表团一行。

18 日 玉山县大型场建材厂研制成功的水磨式彩色玻璃砖，通过鉴定。该产品具有强度高、耐磨耐压耐碱等特点。

18 日 中国共产党江西省军区第六次代表大会举行。省军区党委副书记、司令员张传诗主持大会。省军区党委书记、政委张玉江作题为《坚定信念，团结奋斗，把我区部队和民兵预备役建设继续推向前进》的工作报告。副书记、副政委楼仲南作纪检工作报告。省委书记、军区第一政委毛致用讲话，要求认真贯彻新时期的建军原则，在全面提高部队战斗力上狠下功夫。会议并选举产生了第六届党委会和纪检会。会议于 20 日结束。

中国共产党江西省军区第六次代表大会开幕式

18 日 全国林木种实病虫害防治工作会议在庐山召开。会议总结交流"七五"期间林木种实病虫害防治工作经验，落实今后加强病虫害防治试验工作。会议于 21 日结束。

19 日 《江西日报》报道，萍乡市高级林业工程师欧阳贵明等人发现生长于萍乡、铜鼓一带的新虫种，经中国林业科学院确认为世界新虫种，学名定为马褂木叶蜂。

19 日 九江市 1990 年产金 1.5 万亩。该市探明的金矿资源在全国地（市）一级城市中居第二十二位。国家黄金管理局最近向该市颁发了荣誉证书。

19 日 在第二次全国城市环境保护工作会议上，国家环境保护局公布了 1990 年全国 32 个重点城市环境综合整治定量考核结果，南昌市从第十四名跃居第六名。

19 日 省妇联和广大妇女响应全国妇联号召，再向灾区群众送温暖，捐赠衣物 37980 件，价值 10 万余元，送往安徽省东至县。

19 日 1991 年全国皮划艇锦标赛在武汉市举行。江西省皮划艇选手叶建武获男子 1 万米单人划艇银牌；章渭清、黄建文、刘礼军、熊军等组成的 4 人皮艇获男子 1 万米第二名。

20 日 为纪念中华苏维埃中央革命根据地和湘赣、湘鄂赣、闽浙赣革命根据地创建 60 周年，邓小平、江泽民、李鹏、王震等中央领导分

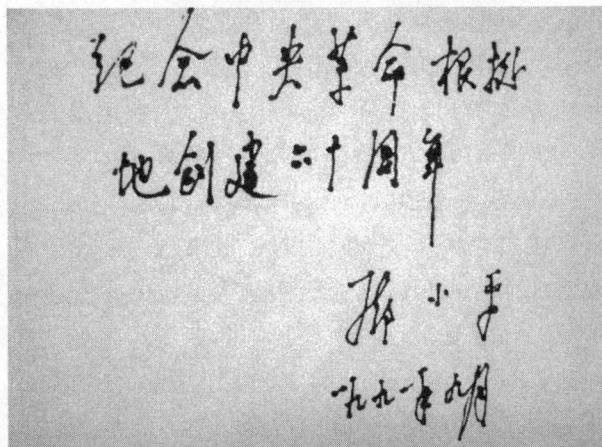

邓小平为纪念中央革命根据地创建 60 周年的题词

瑞金是中华苏维埃共和国中央政府所在地，图为苏区中央人民政府旧址

别题词。邓小平的题词是："纪念中央革命根据地创建六十周年"。江泽民的题词是："发扬江西老区的光荣传统，建设有中国特色的社会主义"。李鹏的题词是："发扬苏区革命传统，促进老区经济建设"。王震的题词是："井冈山红旗永远飘扬中华大地"。

20 日 江西巧克力食品厂开发的新产品"巧克力软糖"获"国家科技成果证书"。

20 日 江西桑海企业集团成立。

20 日 由江西八一无线电厂、南昌电视机厂和南昌无线电七厂合并组建的南昌广播电视总厂正式挂牌。

20 日 国家古天文史专家薄树人教授应邀对宜春尚存的鼓楼进行实地考察，确认该鼓楼是我国现存最早的古天文台。宜春市鼓楼建于宋嘉定年间，集测时、守时、授时 3 项工作为一台，是世界现存最早的专门从事时间工作的天文台。该天文台是江西省科技志天文章编写组、江西大学栾杏丽副教授在查阅大量古天文学资料时发现的。

21 日 省委、省政府在北京人民大会堂举行纪念中央革命根据地创建暨中央苏维埃共和国临时中央政府成立和湘赣革命根据地创建 60 周年座谈会。乔石、王震、李铁映、王平、江华、杨得志、肖克、余秋里、张爱萍、陈丕显、姬鹏飞、叶飞、康克清、邓力群、李聚奎等以及当年参加创建中央革命根据地和湘赣革命根据地斗争的在京老同志，中央有关部门的负责人共 200 多人出席了会议。省委书记毛致用主持会议，省长吴官正作题为《发扬革命优良传统，促进老区经济振兴》的汇报发言。国家副主席王震，中顾委常委肖克、张爱萍、陈丕显等先后讲话。

21 日 上高县文化馆青年傅宜强创作的摄影作品《爆竹声中》在"共青杯全国摄影大赛"中获一等奖。

22 日 省国有资产管理局近日在庐山举办首期国有资产评估培训班。

22 日 省委统战部、省文化厅、省广播电视厅主办的江西省首届少数民族文艺调演在南昌举行。江西 10 个代表队的畲、满、回、壮、蒙、

维、藏等 10 多个少数民族的演员参加了汇演。调演活动于 23 日结束。

23 日 由共青团中央宣传部和中国音乐家协会等单位在深圳举办的"全国青年卡拉 OK（民族歌曲）大奖赛"中，萍乡市采茶剧团王小红获二等奖，南昌市 24 中余晓芸获三等奖，团省委宣传部获竞赛活动优秀组织奖。

24 日 第二届全国城市运动会田径比赛在唐山举行。南昌队毕忠在男子链球比赛中以 72.64 米的成绩获冠军。南昌队选手闵春凤获女子铁饼冠军，成绩是 63.63 米。南昌选手钱跃明获古典式摔跤 62 公斤级冠军。

24 日 中国共产党早期优秀党员、江西党团组织的主要创始人赵醒侬烈士雕像近日在烈士故乡南丰县城落成。赵醒侬生于 1899 年，1922 年在上海加入中国共产党，曾任中国社会主义青年团南昌地方团第一届委员长，中共南昌支部第一任书记，1926 年 9 月 16 日被军阀杀害于南昌。新近落成的赵醒侬雕像以翠绿的橘树为背景，用白花岗岩雕塑而成。方志纯的题字镶嵌在大理石碑中。

25 日 省教委、省科委和联邦德国东亚研究院共同创办的江西 - OAI 联合研究院实验大楼竣工并投入运行。副省长陈癸尊，德国驻华大使的代表和香港、台湾的有关专家学者以及江西省、市有关部门、大专院校负责人共 100 多人出席竣工庆典。

25 日 南昌电信局以 90.5 分的高分获"全国邮电安全生产先进企业"奖。

25 日 省乡镇人大工作经验交流会在奉新县召开。省人大常委会副主任胡东太作题为《坚持和依靠党的领导，充分发挥乡镇人大作用，把江西省乡镇人大工作提高到一个新水平》的讲话。主任许勤出席会议并讲话。会议于 27 日结束。

26 日 省政协六届常委会第十六次会议在南昌市举行。会议听取和讨论省有关部门《关于搞活国营大中型企业的情况通报》，通过人事任免事项，与会人员还考察南昌市几家国营大中型企业。会议于 28 日结束。

26 日 美籍华裔学者黄先宗博士来南昌访问，作题为《中国酒的起源和发展历史》的学术报告。

26 日 国家"七五"重点通信项目——磁石双音频电子电话机在江西国营八三四厂研制成功。

26 日 武宁县船用器材厂设计、安装、试制的船用超载自动报警器投入使用。

26 日 南昌市校园燃料燃具厂生产的 LY 型液体燃料燃烧具，获第二届国际博览会优秀成果奖和国际铜奖，并开始投入批量生产。

27 日 省公安厅举行人民警察荣誉章颁发仪式，向现已退休的老同志授予人民警察荣誉章。20 位荣获一级金盾荣誉章，149 位荣获二级金盾荣誉章，343 位从事公安工作 30 年的退休干警荣获蓝盾荣誉章。

28 日 江西省华侨旅游商场成立。

28 日 南昌地区第 100 家外商投资企业——江西华雄塑胶制品有限公司开业。

28 日 赣州市城市规划管理处、吉安县城乡建设局和九江县城乡建设局，获国家建设部授予的"全国城市规划先进单位"称号。

29 日 国家一类保护植物——野生稻，在东乡县岗上积乡的丘陵山谷中被发现，中国农科院、江西省农科院和江西大学等单位的专家教授考证，该地有 5 处野生稻群落。东乡野生稻，是当前发现分布在我国最北的野生稻。它具有耐寒、耐旱、萌发早、分蘖力强等特点，地下根系发达，在缺肥的情况下，其蛋白质含量仍高于海南岛的野生稻。东乡野生稻为水稻制种、选育提供优良资源。

29 日 联合国开发计划署和中国政府合作，援助江西、山东二省培养经贸人才项目——国际经济贸易人才培训中心达成协议，在济南举行"项目文件"签字仪式。联合国开发计划署驻中国首席代表莫瑞、经贸部中国国际经济技术交流中心副主任龙永图分别在"项目文件"上签字。省经贸厅副厅长陈八荣、山东省经贸委副主任张群力代表实施机构在项目文件上签字。这一项目主要是培训地方经贸人才，包括省级各进出口公司，地、市、县外贸公司经理和业务骨干，具有进出口权的大中型企业，"三资"企业、外资项目（国际贷款、国外援助、国际合作）的经理厂长以及涉外经济部门的主要管理干部。

30 日 省政府举行国庆招待会，招待在南昌地区工作的外国专家和留学生。副省长周慭平在招待会上讲话。美国、法国、英国、意大利、南斯拉夫等 14 个国家和地区的外国朋友们欢聚一堂，共庆中华人民共和国 42 周岁生日。省政府表彰在赣做出优异成绩的外国专家。

30 日 省政府决定，省口岸办由九江移至南昌。对江西水、陆、空口岸进行统一管理。

30 日 江西省首次测绘工作会议在昌召开。会议总结了"七五"成绩，研究了"八五"及今后十年的任务和问题。

30 日 一种能在南方探明断层和控制 B4 煤层顶板深度且误差在 10 米之内的"运用浅层高频地震探索小构造研究"技术，在江西南昌通过省级鉴定。

本月 七〇一厂获冶金部授予的"七五"期间"全国冶金审计工作先进单位"。

本月 曾被德安县林业局于磨溪乡发现的每年结果两次的板栗树，经 1988 年开始人工培育双季板栗新品种，现在吴山乡、磨溪乡试种的 33.33 公顷双季板栗都已开花结果，培育双季板栗成功。经江西省、市有关科研单位鉴定，该新品种果大、表面光滑，每年 8 月和 10 月先后结果两次，是江西省板栗的优良品种。

本月 江西省从 4 月开始至本月，出现连续五个月的旱情，为 40 多年未遇的旱灾，人工造林平均死亡率达 30%，成活率在 85% 以下的面积占一半，需要次年补植的面积为 12 万公顷；飞机播种造林失效面积占 80%；育苗死亡率达 50% 的面积为 1630 公顷，占育苗面积的 50%，死苗率 100% 的面积达 489 公顷，占 15%。造成直接经济损失 13245 万元。

本月 省人大常委会、省政府、省政协联合召开江西省《义务教育法》执法检查第三次联席会议，听取省人大教科文卫委员会主任委员文汉光关于对江西省《义务教育法》贯彻实施情况的检查汇报。

1991

10月

October

公元 1991 年 10 月							农历辛未年【羊】						
日	一	二	三	四	五	六	日	一	二	三	四	五	六
		1 国庆节	**2** 廿五	**3** 廿六	**4** 廿七	**5** 廿八	**6** 廿九	**7** 三十	**8** 九月小	**9** 寒露	**10** 初三	**11** 初四	**12** 初五
13 初六	**14** 初七	**15** 初八	**16** 重阳节	**17** 初十	**18** 十一	**19** 十二	**20** 十三	**21** 十四	**22** 十五	**23** 十六	**24** 霜降	**25** 十八	**26** 十九
27 二十	**28** 廿一	**29** 廿二	**30** 廿三	**31** 廿四									

1 日　南昌市八一大道自行车、行人地下通道和双港立交桥等 7 项工程竣工暨沿江路立交桥开工典礼举行。省党政军领导视察工程并剪彩、奠基。

省市领导在观看立交桥模型

3 日　省政协第六届委员会法制社团工作委员会前往上饶地区、鹰潭市、抚州地区调查农村宗教活动和少数民族生产、生活情况。于 11 日结束。

3 日　江西省 9 家乡镇企业获国家经贸部、农业部授予的"创汇大户"称号，它们是万载黄茅出口花炮厂、进贤李渡出口花炮厂、万载株潭出口花炮厂、南昌洪婺名茶开发公司、江西洪城制药厂、南昌昌盛轻工业品联营有限公司、九江前进劳保用品厂、万载潭埠出口花炮厂、分宜松山钨矿。黄茅出口花炮厂等 3 家企业同时被命名为"贸工农"出口创汇基地企业。

3 日　省政府召开电话会议，动员部署 1991 年的税收、财务、物价大检查。

3 日　江西萍乡市排上福利厂试制生产的新型防水建筑材料——沥青玻璃布油毡，近日通过省级技术鉴定。

3 日　九江国营八〇六厂推出的我国稀土行业的第一台高酸稀土反萃液浓缩器。

3 日　龙虎山第二届文化活动周暨经贸洽谈会于当日至 9 日在鹰潭举行。参加的有日本、美国、新加坡、马来西亚等国及港、澳、台的经贸、道教界人士、旅游团体及省市领导，省内外经贸界、文化界、道教界、旅游界、新闻界人士共 1000 余人。活动周期间，与境外客商签订合资项目五个，内联经济协作项目 26 个，引进资金 2000 多万元，其中外资 160 多万美元。

4 日 鹰潭赣东大市场建设拉开帷幕。鹰潭市委、市政府举行赣东大市场建设新闻发布会，鹰潭市市长、赣东大市场建设委员会主任曾荣芳向 50 名中央、省、地新闻记者作通报，宣布建设赣东大市场的基本思路是：依托交通、流通优势，大力发展为大工业服务、为商品集散服务的第三产业，带动第一、第二产业，把鹰潭建成以赣东大市场为主体的城市。

5 日 省政府在南昌召开的江西省中小学校舍修建工作表彰大会，提出了发展教育事业走"人民办教育、教育为人民"的路子。

6 日 经贸部优质产品评选工作结束。省经贸厅申报评选的 11 个产品有 7 个获 1991 年度"经贸部优质产品"称号。这 7 项产品是：鸭鸭牌羽绒服、飞宇牌莫名式睡袋、飞宇牌羽绒被、上饶牌羽绒被、太阳牌莫名式睡袋、地球牌盐渍猪肠衣、中茶牌中国绿茶。

6 日 省委书记毛致用在新余钢铁总厂召开座谈会，就搞好大中型企业问题进行调查，强调要贯彻中央工作会议精神。省委办公厅和新余市委、市政府的负责人出席了调查座谈会。

7 日 经国家教委批准的全国首家大学与企业合办的高等学校——江西大学共青学院正式开学。该校是由江西大学与共青垦殖场合办的二级学院，面向全省统招统分，学制 3 年。

7 日 1991 年江西省秋季物资调剂交易会在江西物资交易中心开幕。

7 日 为期两天的由国际劳工局北京分局主办的国际矿山呼吸性粉尘监测技术高级研讨班在南昌举行。美国、日本和国内专家学者分别对此项工作进行论证。

7 日 为期 3 天的全国部分城市聋人思想政治工作经验交流会在南昌召开。参加会议的天津、广州、青岛等 6 个城市的代表介绍了本省、市的聋人工作情况和经验，就做好思想政治工作进行交流。

8 日 吉安地委、行署在永新县隆重举行纪念湘赣革命根据地创建 60 周年大会。国家副主席王震发来贺信。王首道、江华、肖克、余秋里、王恩茂和张铨秀、谭启龙等分别题词。中顾委常委肖克临会并讲话。省委书记毛致用，省委副书记、省长吴官正等，以及中顾委委员张铨秀、谭启龙和各界代表 1000 多人出席大会。

8 日 中美双方合作勘探开发江西波阳盆地石油合同的签字仪式在北京举行。中国石油天然气总公司总经理王涛和美国驻华大使芮效俭等出席了签字仪式。合同区位于江西波阳盆地，面积为 14423 平方公里。该合同采取勘探、开发、生产"一条龙"的风险石油合作方式，即勘探期由外方负责勘探的所有资金，承担全部勘探风险，由中外双方共同投资开发生产。

8 日 江西省第一支民办消防队在南昌市郊区热心村成立。

9 日 江西省节能工作先进表彰大会在南昌举行。51 个先进集体和 152 名先进个人分别获得全国或江西省节能奖。宜春地区经委能源科和南昌市经委节能中心被评为"全国节能先进单位"；江西省有 7 人被评为"全国节能先进个人"，有 100 人获"全国节能工作先进纪念奖"。

9 日 江西省各地市委社会主义思想教育领导小组负责人会议在南昌召开。会议交流了各地农村社教工作的部署、进展情况和工作经验，讨论了在农村社教中加强思想建设、基层组织建设和发展村级经济的问题。省社会主义思想教育领导小组的成员出席了会议。会议于 10 日结束。

9 日 以全国人大教科文卫委员会副主任委员刘冰为组长的全国人大《义务教育法》检查组一行 9 人，对江西贯彻实施《义务教育法》的情况进行检查。期间，听取省人大常委会和省政府的情况汇报，对南昌市和宜春、吉安地区的《义务教育法》实施情况进行了实地考察。

10 日 在《乡镇企业》杂志推出的 1990 年度"中国乡镇企业十大百强"中，南昌市郊区湖坊乡的顺外村和热心村，分别名列第四十二位和第六十二位。

10 日 江西省、市各界人士 1000 余人集会，纪念辛亥革命 80 周年。毛致用在会上讲话，他指出"辛亥革命是中国近代史上的一个伟大里程碑，革命先驱们前仆后继、不屈不挠的大无畏精神，永远值得我们学习和发扬。我们要研究和总结历史经验，继承和发扬革命传统，在建设有中国特色的社会主义道路上继续前进"。

10 日 江西省蚕桑工作会议结束。会议的中心议题是，发展蚕桑生产必须在注重规模的同时，注意提高质量，提高综合经济效益。会议要求各地必须重点抓好以下几方面工作：（一）要以更大的气概，扎扎实实的工作方法，把蚕桑生产抓紧抓好；（二）要依靠科技进步，提高蚕桑工程综合经济效益；（三）积极抓好蚕桑工程的基础设施建设，建立和健全配套生产体系。

10 日 在中央宣传部、国家计划生育委员会联合召开的全国计划生育宣传工作表彰会上，万载县、赣州市、南昌市西湖区、鹰潭市月湖区、樟树市阁山乡、井冈山市拿山乡、新余市渝水区良山镇、信丰县、景德镇昌江区、弋阳县南港口乡、永修县、东乡县圩乡 12 个先进单位和黄思德等 14 名先进个人受到表彰。

10 日 江西电视台、江西师范大学、北京国际汉字研究会联合录制的 4 集电视系列艺术片《神奇的汉字》在南昌市举行首映式。

10 日 一种能够使炉膛保持恒温的自动调温节煤炉盖由江西上饶县茶亭乡金属冲压器件厂开发成功。

11 日 美国威斯康星大学教授赵冈来江西省访问，与江西省社科院学者座谈中国历代粮食亩产问题。

11 日 在杭州召开的第四届全国照相机械产品博览会上，江西光学仪器厂总厂研制的凤凰 DC303ME 单镜头反光照相机和凤凰 602 自动相机获明星奖。

11 日 第二届中国瓷都景德镇国际陶瓷节当日至 15 日在景德镇举行。日本、德国、美国、英国、苏联、捷克等国家和港、澳、台地区的客商 100 多人，国内客商 2000 多人参加了陶瓷节的活动。期间，经济贸易成交总额达 2.5 亿多元，其中陶瓷成交额为 1.49 亿多元，出口瓷成交额达 380 多万美元。签订对外经济技术合作项目合同、意向书 10 个，引进资金 2800 多万元。

12 日 全国教育基建研究会在南昌成立，

来自全国的 61 名代表参加了成立大会。

12 日 江西省第一艘 294KW 尾滑道对拖渔轮在江西造船厂顺利下水。该船长 35 米，宽 7.2 米，载鱼量 50 吨，适用于我国沿海渔业从事拖底电网作业，主要捕捞海区为我国沿海Ⅱ类船区游渔场。

12 日 省委在南昌召开工作会议。传达、贯彻中央工作会议精神，讨论进一步搞好国营大中型企业的问题。会议要求全省上下团结一致，集中力量，按照中央工作会议精神，结合江西实际，齐心协力，克服困难，不断增强国营大中型企业活力和提高经济效益，把国营大中型企业和整个经济工作搞好。省委书记毛致用、省委副书记、省长吴官正在大会上分别传达了江泽民、李鹏在中央工作会议上的讲话。吴官正代表省委、省政府就贯彻落实中央工作会议精神提出了重要意见和要求。会议于 15 日结束。

12 日 江西省第八届运动会在南昌举行。全省 44 个代表团、1900 多个代表队、9000 多名运动员参加比赛。大会共设 21 个比赛项目，5 个表演项目。共有 3 人 6 次超 5 项、平 1 项世界纪录，3 人 7 次超 6 项亚洲纪录，1 人 1 次超全国纪录。运动会于 18 日结束。

江西省第八届运动会开幕式

13 日 省长吴官正会见了墨西哥驻中国特命全权大使纳瓦雷特先生及夫人，向客人介绍了江西的工农业情况，表达了与墨西哥加强合作的愿望。

14 日 江西省最大的 2500 吨油压机技术改造扩建工程在新余钢铁总厂竣工投产。使用 2500 吨油压机，可生产当前市场紧俏的直径 350 毫米、400 毫米、450 毫米的石墨电极，使石墨电极总成品率由 52% 提高到 60%，每年仅降低成本消耗一项就可获得经济效益 37.05 万元，还可增加石墨电极产量，获得经济效益 303.14 万元。

14 日 国内新兴的化工胶黏产品——液态密封胶，在宜春市红星化工厂试制成功。

15 日 江西省"八五"期间重点技改项目——江西造纸厂新闻系统技改工程全面动工。总投资为 1.13 亿元，其中中央投资占项目总投资的近 60%。

15 日 由国家体委举办的 1991 年度全国飞机跳伞锦标赛暨青年跳伞冠军赛在吉安市举行。北京、上海、四川、湖南、湖北、广东、云南、山东、河南、陕西、山西、江西、香港地区和空军部队的 150 余名男女跳伞运动员进行集体定点、个人定点、特技、全能及男子卡采伞等 9 个项目的比赛。在女子集体定点的角逐中，江西女队获第二名。黄小宁和区俊武还分别为江西队夺得女子个人定点和男子青年个人特技的两个第五名。在男子集体定点项目中，江西男队列第七位。

15 日 江西省医学科技情报中心在医学院成立。

15 日 南京军区江西交通战备汽车团、独立营授旗大会在南昌举行。省军区副司令员冯金茂少将出席大会并宣布任命。南京军区交通战备领导小组办公室负责人出席了会议。在各省市组建战备汽车团，是国家加强国防后备力量建设的新措施。江西交通战备团由各地市国营汽运公司的优秀民兵组成，是战时交通保障的重要力量，具有预备役性质的准军事组织。

15 日 江西九江发电厂自行设计制作、安装、调试的 670TIH 锅炉安全保护系统，在该厂 20 万千瓦机组的锅炉点火，投入使用。

15 日 全国旅游计划会议在南昌召开。会议于 19 日结束。会后，国家旅游局计划统计司司长孙钢一行考察江西的一些旅游景点。

16 日 全国人大代表、省劳模、永修县河桥村农民徐京发出席在曼谷举行的世界粮农组织颁奖大会并作发言。联合国世界粮农组织授予他"世界优秀林农"银质奖。

16 日 江西籍红军老战士李真将军个人书法展在江西省展览馆大厅举行开幕式。中顾委委员白栋材和老同志赵增益为展览剪彩，省委顾问小组、省纪委、省人大、省政府、省政协、省军区有关部门负责人，各界代表 300 多人出席开幕式并观看李真书法作品。

16 日 国务院副总理朱镕基到南昌、九江、井冈山等地视察，充分肯定江西省坚持贯彻以农业为基础的方针，抓紧农业结构调整的成绩，赞扬江西在多种经营、绿化荒山、改善企业外部环境、清理"三角债"、压缩滞销产品生产等方面"取得了实效"。他对"江铃"汽车的发展予以有力的支持。视察于 19 日结束。

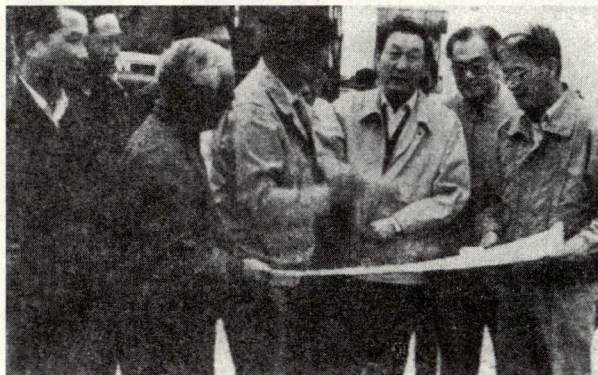

朱镕基视察九江长江大桥工地

16 日 鹰潭铁路新客站一期工程交付使用。新客站总投资 7000 多万元，车站有 3 个站台，可停靠列车 18 辆，5 趟列车可同时作业，日平均发送旅客两万人次。

16 日 在滕王阁落成两周年之际，其附属设施临江工程竣工剪彩。在展厅的龙墙上，新装饰的两幅长 12.5 米，高 4.4 米，由 4000 块瓷板组成的大型壁画揭幕观展，它与李唐王朝的升平气象和滕王阁歌舞兴阁的历史传统与大厅的仿古歌舞相映成趣。

16 日 全国报纸理论宣传研讨会在山东《大众日报》社召开。《江西日报》选送的三篇论文入选，即《苏区传统作风的历史借鉴》（作者：曾兴浦、王鹏）、《思想政治工作者劳动价值初探》（作者：包建新）、《说说实事求是的"求"》（作者：谷正雄）被评为 1990 年度优秀论文。

16 日 由首都 10 家新闻单位发起主办的 1991 年首届"新闻杯"国产汽车（马拉松）大

奖赛，在上海鸣枪出发，11月1日顺利抵达北京。这次大奖赛活动，沿着中国共产党的历史足迹，行程5000多公里，途经10个省市。参加本次大奖赛的有10家国内汽车企业。江西汽车制造厂、陕西飞机制造公司、贵州航天公司等生产的汽车获优胜奖。

16日 省七届人大常委会第二十四次会议在南昌举行。会议批准《南昌市实施〈中华人民共和国集会游行示威法〉若干规定》；通过任免人员名单。会议于19日结束。

17日 省政府近日发出《关于坚决制止抢购棉花、防止棉花价格大战的紧急通知》，要求各级政府坚决执行国务院关于棉花由供销社统一收购、统一经营，不放开市场，不搞价格双轨制的规定；各产棉区工商、供销、物价和公安部门要紧密配合，齐抓共管；教育棉农增强国家观念，积极把棉花卖给国家，制止个体收购棉花。

17日 全国首届中医药延缓衰老学术研讨会近日在庐山召开，全国各地120名代表出席会议。

18日 省教委、教育工会、陶行知研究会等五单位在江西师大召开伟大的人民教育家陶行知先生诞辰100周年纪念大会暨学术报告会。省政协、省委统战部、省教委、省民盟和在昌的部分高校领导及师生代表100余人参加了大会。会上交流论文30篇。

18日 省政府办公厅批复："江西省各地市盐务部门为本地区盐业行政主管部门，负责管理辖区内的盐业工作"。

18日 省志编纂工作第二次会议在南昌举行。《江西省志》定于1995年底以前完成。

19日 由北京有色冶金设计研究总院、江西铜业公司德兴铜矿和日本山井公司共同研究的"千吨低品位矿石细菌堆浸选铜试验"日前获得成功，产出电极铜产品达到国际一级标准。

20日 在国家"十五"科技攻关总结表彰大会上，由交通部二航局九江预制厂参与攻关并负责施工的"大直径"预应力管桩码头设计、建造成套技术获国家级优秀成果奖。

20日 零时，抚州程控电话正式割接开通，

至此，全省11个地、市所在地全部实现电话程控化。

20日 省建设厅中考教育评估工作领导小组成立。

21日 代表国家参加第三届中国吴桥国际杂技节的江西杂技节目《转动地圈》，在比赛中获最高奖——金狮奖。

20日 江西省农村基层妇女组织建设现场经验交流会在乐平县召开，会议于23日结束。

21日 樟树市第二十二次全国药材交流会召开，全国各地的客商约1.5万余人参加。本次药交会成交额达13亿元，比上届增长30%。会议于30日结束。

22日 应联合国粮农组织邀请，省长吴官正率团前往墨西哥和美国进行访问，就山江湖开发项目进行考察。

22日 江西省华侨实业贸易公司成立。

22日 省直各厅局机关和各大专院校的1200余名党员、干部和入党积极分子聚集一堂，认真听取省先进基层党组织、优秀共产党员和优秀领导干部先进事迹报告会。报告会由省直机关工委主持，省委组织、省直机关工委领导出席报告会。

22日 广东、广西、河南、湖南、湖北、海南、江苏、福建、江西九省（市）信访工作协作会在南昌召开。会议强调，在新形势下，进一步拓宽信访渠道，增强参政意识、民主监督意识、稳定和服务意识。加强基层建设，加强调查研究，切实转变作风，狠抓落实，使信访工作为实现十年规划和"八五"计划服务。协作会于24日结束。

22日 上饶市首届服装艺术节召开。英国，港、澳、台地区，国内纺织服装界的客商400余人参加。签订经贸合同180余份，商品成交总额达7570万元，其中纺织服装销售额占89%之多。服装艺术节活动于25日结束。

23日 省人大常委会召开《义务教育法》检查情况交流会，听取全国人大检查组对江西省检查情况的意见。省人大常委会主任许勤、副主任裴德安、副省长舒圣佑、省政协副主席金立强以及省人大、省政府、省政协有关方面负责人出席会议。

24日 江西江州造船厂为工程兵部队制造的

"COC230 型"排架桥获爱国科技技术进步二等奖。

24 日 国务院军队转业干部安置工作小组、人事部和解放军总政治部联合召开的全国模范军队转业干部表彰大会在首都北京胜利闭幕。江西省受表彰的模范军转干部是：九江玻璃纤维厂厂长邵伙军，铅山巷永平综合检查站站长汪大兴，瑞金县化工厂厂长何庆；先进军转工作者是：省人事厅军官转业安置处处长胡象征。

24 日 全国教育会、《人民教育》编辑部和省教委联合召开的全国教育期刊部分老编辑理论研讨会在南昌举行。

24 日 吉水文化馆发现该县谷村"凌云楼"古戏墙壁上，有大量诗文、字谜、戏画，有多处是著名徽班演出时留下的。

24 日 江西省第三届残疾人运动会在南昌举行。全省 11 个地市 170 名运动员参赛，比赛设五个项目、三个组（盲人、聋哑、截肢）、10 个级别。运动会于 26 日结束。

24 日 江西医学院和省公、检、法、司几家共同组织的省首届中日法医学术交流会在江西医学院召开。会议收到论文百余篇，反映近年来日本及省法医学的进展和新成就。会议于 26 日结束。

25 日 以佐藤英子为团长的日本冈山县女性海外研修团一行 18 人拜会江西省妇联，并与各界妇女代表进行友好交谈。

25 日 江西省乡镇财政工作会议在南昌召开。

26 日 省"八五"重点工程——江西化纤化工厂技改项目在乐平破土动工。总投资 1.1 亿元，年产涤纶 2800 吨。

26 日 江西省开展的宣传咨询全国人大常委会两个"决定"（《关于严禁卖淫嫖娼的决定》和《关于严惩拐卖、绑架妇女、儿童的犯罪分子的决定》）活动周拉开帷幕。省、市公安系统的女警官，省市检察院、法院的女法官，省市妇联干部在南昌市人民广场进行宣传。省人大常委会副主任王昭荣巡视活动情况，并接受记者采访。

26 日 省军转安置工作小组、省人事厅举行全国模范军转干部事迹报告会。

26 日 在国家教委评选 1989 年、1990 年全国教育好新闻揭晓会上，《江西日报》的《射步

亭小学与"雷锋团"鸿雁往来传佳话》（作者：崔龙弟）获好消息三等奖；《献血在校园》（作者：熊星南）获好通讯三等奖。

26 日 省人大常委会组成《森林法》检查组。19 位委员分别赴赣州、上饶、宜春地区和九江、萍乡、新余、景德镇、南昌市对《森林法》执法情况进行抽查和视察。视察工作于 11 月 11 日结束。

27 日 在全国交通系统两个文明建设表彰大会上，江西长途汽车运输公司获 1989 年至 1990 年度"交通系统两个文明建设先进单位"称号。

27 日 东乡县第二中学物理教师李信荣发明的自来墨毛笔获国家专利。

28 日 在由中国海外交流协会和国务院侨办举办的"当代中国侨乡"大型摄影展评选会上，江西获奖作品数居全国第二。刘学玉的《秋实》获一等奖，林秉亮的《红土地的脊梁》、盛志逊的《侨乡早市》、吴东双的《大地圆舞曲》获二等奖。

28 日 全国记协主办的首届"中国新闻奖"评选工作近日在南京举行。江西有 4 篇作品获三等奖：通讯《书记搬家》（刊 1990 年 3 月 10 日《江西日报》，作者：江建民），消息《钉螺首次遇天敌灰斑鸠"先头部队"飞抵鄱阳湖》（刊 1990 年 3 月 14 日《南昌晚报》，作者：郑云云、罗丁、肖江华），评论《无链自行车的喜和忧》（江西人民广播电台 1990 年 12 月 30 日播出，作者：梁勇）、新闻专题节目《忠魂长存天地间》（江西人民广播电台 1990 年 12 月 24 日播出，作者：朱燕之、袁燕德）。

29 日 省高校第四届科技成果汇报会在江西农业大学召开。省委宣传部、省教委、省科委等有关部门负责人、江西省高校科研战线的代表 100 余人参加了会议。成果汇报显示：一是承担科研课题逐年增加；二是科技兴农、科技兴企成效明显；三是校办事业有较大发展。

29 日 省政府召开江西省禁毒工作电话会议。副省长舒圣佑主持会议并讲话，省公安厅负责人在会上传达了全国禁毒工作会议精神并结合江西省实际情况，提出了进一步抓好禁毒工作的意见。

29 日 奉新县 7 岁儿童张之灵在第四届"双龙杯"全国少儿书画大赛中，其画作《到月球去》获金杯奖。

30 日 第七届全国人大常委会第二十二次会议审议批准了国务院、中央军委提出的《关于提请批准武汉、九江、芜湖港对外国籍船舶开放的议案》。

30 日 在 1991 年全国射击锦标赛成都赛区的比赛上，骆彬、柳军、熊健组成的江西队以 1731 环的总成绩获男子手枪速射团体冠军，骆彬获该项个人第四名，邓福星获男子手枪慢射个人第七名；在南京赛区上，李勤以 695 环的总成绩获女子 60 发卧射冠军，并和队友一起夺得女子步枪 3×20 团体亚军。

30 日 文化部在北京举行为期 4 天的全国文化系统先进表彰大会。萍乡市被评为"全国文化工作先进地区"，安源路矿工人运动纪念馆被评为"全国文化工作先进集体"。

31 日 有色金属总公司批复江西铜矿是总公司直接领导的大型联合企业，是具有法人地位的经济实体，对全公司的人、财、物、产、供、销，实行统一领导、统一管理、自主经营、独立核算、自负盈亏；注销公司所属六矿一厂的企业法人登记；把公司办成经营和利润中心，厂矿办成生产和成本中心，自 1992 年 1 月 1 日起，按此管理体制运行。

31 日 中国江西国际经济技术合作公司承建的赤道几内亚马拉博新医院竣工暨移交仪式在赤道几内亚首都马拉博举行。

31 日 在首届上海科技博览会上，抚州利群机械厂制造的超高速纺丝设备——PK5 超高速卷绕头获金奖。PK5 超高速卷绕头是国家"七五"攻关项目之一，该机具有纺丝速度快、产量高，出丝一等品率高的特点，该产品于 1991 年 3 月在该厂试制成功，并通过检测。

31 日 《江西省会计管理暂行办法》于 1991 年 10 月 31 日由省政府第 115 次常委会通过，自 1992 年 4 月 1 日起施行，该《办法》共六章 35 条，第一章：总则；第二章：会计核算；第三章：会计监督；第四章：会计管理机构、会计机构和会计人员；第五章：奖励和处罚；第六章：附则。

31 日 在北京召开的第二届李四光地质科学颁奖大会上，江西省地矿局调查研究大队高级工程师、全国人大代表李崇佑获其中的"李四光野外地质工作者"奖。李崇佑在野外地质工作 40 多年。

本月 清江制药厂被批准为国家二级企业。

本月 南昌酒厂新开发的产品"灌城酒"，获中国国际诗酒节"金爵杯"。诗人臧克家即兴泼墨：十里酒香口流涎，灌城佳酿人人夸，拼力研造居一流，名不虚传实业家。诗人艾青也挥毫命笔：灌城出南昌，天下美名扬。

本月 滕王阁重建工程和景德镇古窑瓷厂被国家旅游局评为全国旅游基建先进工程。

全国优秀旅游景点——南昌滕王阁

本月 省新闻出版局、百花洲文艺出版社与复旦大学中文系、复旦大学古籍整理研究所联合举办中国近代文学国际学术研讨会。参加复旦大学"中国近代文学国际学术研讨会"的 11 位港、台地区及其他外国代表抵赣考察访问。

1991

11月

November

November

公元 1991 年 11 月							农历辛未年【羊】						
日	一	二	三	四	五	六	日	一	二	三	四	五	六
					1 廿五	**2** 廿六	**3** 廿七	**4** 廿八	**5** 廿九	**6** 十月大	**7** 初二	**8** 立冬	**9** 初四
10 初五	**11** 初六	**12** 初七	**13** 初八	**14** 初九	**15** 初十	**16** 十一	**17** 十二	**18** 十三	**19** 十四	**20** 十五	**21** 十六	**22** 十七	**23** 小雪
24 十九	**25** 二十	**26** 廿一	**27** 廿二	**28** 廿三	**29** 廿四	**30** 廿五							

1 日　江西星火竹质复合材料厂研制的第四代织梭的新型梭子——竹材成型压模梭投入使用。压模梭呈玛瑙色，其优点多于木梭和尼龙梭。其生产技术开发项目获全国"星火计划"成果展览交易会银奖。

1 日　江西 6 家出版社以 600 种图书参加在广州举行的第四届全国书市。书市期间，江西版图书销售 20 万元，位居全国第六，订货 200 多万元，位居全国第二；订货上万册的图书有 15 种，上千册的有 80 种。

1 日　华东地区 10 家晚报记者在南昌进行为期一周的采访。采访团在南昌的采访结束后，即赴鹰潭市采访。

2 日　省政府在德兴市召开江西省乡镇企业工作会议。会议检查了各地市对 1991 年 4 月省委召开地、市、县委书记会议精神的落实情况，研究部署了 1992 年乡镇企业工作。会议要求各地完成和超额完成 1991 年乡镇企业的奋斗目标，力争在新的一年能有更快的步伐，取得更好的效益。

2 日　在北京召开"七五"全国星火计划成果博览会，江西的展览分 10 类共 68 块展板，展出近 100 个优秀项目，获金奖 28 个，银奖 41 个，优秀奖 34 个。江泽民、李鹏、乔石、李瑞环、温家宝等先后观看江西展览。博览会于 7 日结束。

2 日　全国艺术体操冠军赛在南昌圆满结束。湖南选手郭莎莎获 A 组（成年）的绳、圈、球、带四个项目的金牌和个人全能银牌，陕西运动员白梅获个人全能冠军，河北运动员刘建杰获 A 组中棒冠军。

3 日　江西农业大学附属中学初二（三）班学生李娜在 1991 年的国际少年书信写作比赛中获得国内大奖。比赛题目是"为什么我在今天给妈妈写信"。邮电部委托省市邮电局向李娜同学颁发了获奖证书、邮册和奖品。

3 日　江西省又有 11 家省级先进企业晋升国家二级企业，这些企业是：南昌飞机制造公司、九江港务局、江西汽车制造厂、南昌百货大楼、南昌市自来水公司、南昌日用化工总厂、向塘化肥厂、大茅山铜矿、奉新水电公司、上饶羽绒厂、清江制药厂。

3 日 省委、省政府、省军区联合召开的江西省双拥模范城（县）命名大会在南昌举行。全国双拥工作领导小组、民政部、总政治部、南京军区分别给大会发来贺信或贺电。南昌市、樟树市、上饶县被授予"双拥模范城（县）"称号，兴国县被授予"拥军优属模范县"称号。

3 日 省首届采茶戏观摩调演暨研讨会当日至 5 日在赣州市举行。南昌、抚州、萍乡、九江、吉安、宜春、赣州七个地市的九个专业采茶戏剧团参加演出。此次调演由省文化厅倡导、赣州地区文化局主办。共上演题材各异的剧目 17 个。研讨会还收到论文 22 篇，对采茶戏进行了专题性理论探讨。

4 日 国家"八五"重点工程——信江航运工程的建设已拉开帷幕，鹰潭界牌枢纽首期开工。首期工程总投资 1.3 亿元，计划 3 年半建成。将兴建高 30 多米的大坝一座，新建水电站的装机容量为 2 万千瓦。

4 日 农业部授予江西民营企业家曾荣苟"全国优秀乡镇企业家"称号，授予王槐月等 9 人"全国乡镇企业家"称号（1992 年 1 月 5 日至 9 日，曾荣苟、兰万林、谢抚州出席农业部在北京召开的表彰大会，曾荣苟作题为《发展村办企业，走共同富裕之路》的发言）。

4 日 江西省首次国有资产管理工作会议在南昌召开。会议强调，各级领导要进一步加强对国有资产管理工作的领导，迅速建立健全各级国有资产管理机构，使国有资产管理工作尽快走上正轨。会议于 5 日结束。

5 日 新华社江西分社举行建社 60 周年纪念大会。新华社的前身为红色中华社，1931 年 11 月 7 日创建于江西瑞金。

5 日 国家科委宣布全国被授予技术合同仲裁员资格的人员名单。在 1100 余名获此资格的人员中，江西有 87 人。这批取得该资格的人员经过国家科委严格审查，并通过了 1991 年 9 月中旬举行的全国统一考试，是由国家科委在 2000 多名报考者中择优授予的。

6 日 被列为 1990 年度国家级重点新产品试产项目的"2300 吨江海直过经济型货轮"，在江西江洲造船厂建成并通过鉴定。船长 83.1 米，型深 12.8 米，是在原"2300 吨沿海货轮"的基础上，经过优化设计改进的一种经济型的货轮。

6 日 纪念晏殊诞辰 1000 周年暨"二晏"学术研讨会当日至 8 日在临川举行。全国 50 余名专家、学者、作家参加会议。曾任宰相的晏殊是北宋初期政坛、文坛和教坛由低谷走向回升转折时期的重要人物。他的词"导宋词之先路"。他与儿子晏几道同属群星灿烂的北宋词坛的两颗巨星，世称"二晏"。

6 日 全国 100 多个大中城市的劳动安全卫生监察、检测部门的 200 余位代表相聚南昌，参加第二届全国劳动安全卫生检测站协作网会议。

7 日 上饶地委、行署在横峰县举行纪念中共赣东北省委、省苏维埃政府成立 60 周年大会。1927 年大革命失败后，以方志敏、邵式平、黄道等为代表的共产党人领导了著名的弋阳、横峰暴动，创建了赣东北根据地。1931 年 9 月，在横峰县葛源成立中共赣东北省委，同年 11 月，成立省苏维埃政府。中顾委委员汪东兴、省委副书记朱治宏和省地有关部门的负责人，老红军、老干部及各界代表共 1000 余人出席大会。中顾委委员汪东兴、饶守坤，老同志方志纯等分别为大会题词或发来贺电贺信。汪东兴在大会上讲话。朱治宏代表省委、省政府讲话。

7 日 中共华南分局扩大会议会址暨叶剑英住址纪念碑在赣州市赣南纺织漂染总厂院内落成，赣州市委举行揭碑仪式。纪念碑高 1.76 米、宽 1.9 米，水泥基座，镶嵌的大理石碑面记录了 1949 年叶剑英在赣州的历史。纪念碑背面用金字嵌入了由叶帅于 1958 年所作的诗句："革命根基在政权，政权争得只开端。春来花放人偏懒，惹得东风着意翻"。

7 日 国营江西赣江化肥厂以工业氯化钠、氯化钾为主要原料，采用盐水精制新工艺和深度电解法生产的高氯酸钾，在南昌通过了国防科工办的鉴定。

7 日 江西国家安全机关经过缜密侦察，破获一起台湾国民党特务案件，依法逮捕了潜伏在全南县的特务分子叶元远，审查了从台湾潜入江西进行特务活动的黄恒升，缴获了大量特务犯罪证据。

7 日 我国第一套从文化大视角对城市进行透视研究的大型丛书《城市文化》由江西人民出版社出版。

8 日 江西第三糖厂生产的甜菊糖近日在浙江杭州经国家食品质量监督检验测试中心全面质量检验，有关指标都符合国家标准，外观和理化指标得分 94.99 分。该厂梨花牌甜菊糖获 1991年第一届全国食品添加剂展示会"飞天奖"，甜菊糖质量在 1991 年度全国甜菊糖行优产品质量评比中被评为第二名。

8 日 江西省首家康复医学部在江西医学院附属医院近日挂牌对外开诊。康复医学是一门新兴的综合性医学科学，有"第三医学"之称。

9 日 1991 年全国女子举重冠军赛在河南郑州市落下帷幕。江西选手薛娟在 82.5 公斤比赛中，以挺举 145 公斤再次超世界纪录并获金牌；抓举成绩 110 公斤，获银牌；总成绩 255 公斤，获金牌。另一名选手沈玲玲在 52 公斤级比赛中，以抓举 82.5 公斤获银牌，超世界纪录；挺举107.5 公斤获铜牌，超亚洲纪录。

9 日 第二届南丰蜜橘节暨商交会于当日至13 日召开。江西省和北京、上海、吉林、黑龙江、内蒙古、江苏、湖北等 12 个省市自治区的1300 多名客商参加蜜橘节和商品交易会。

10 日 "熊云清烈士生平事迹陈列馆"在鹰潭火车站开馆。同日，两部描写熊云清生平事迹的电视片《心愿》、《熊云清》在鹰潭举行首映式。

10 日 江西省最大湖岸整治血防工程——星子县浆潭联圩灭螺整治工程开工。该工程主坝全长 11 公里。竣工后，可使 3 万多名疫区群众摆脱瘟神的侵扰，并可新增耕地 1.2 万亩，是结合农业开发综合治理血吸虫的多效益工程。工程开工前，省委书记毛致用、省长吴官正专程赴工地实地考察，并作重要指示。星子县委、县政府决定举全县之力，组织 147 个县直单位近千名干部，深入 100 个行政村的 1022 个村民小组，动员了 4 万多劳动力向瘟神宣战。

10 日 截至当日，江西省电子行业外向型企业八九七厂已创汇 1043 万美元，比 1990 年同期增长 105%，首次突破千万美元大关，成为全国电子元器件行业第一家创汇逾千万美元的企业。

11 日 一批中外古钱币在南城县建昌镇被发现。这批古钱币共计 15 种 26 枚，分别是北宋的"至道元宝"、"咸平元宝"、"皇宋通宝"、"熙宁通宝"、"元祐通宝"；南宋的"建炎通宝"、"淳熙元宝"、"淳祐元宝"；元代八思巴文"至元通宝"；日本铸造的"宽永通宝"；明末清初吴三桂之孙吴世璠于云南铸造的"洪化通宝"；耿精忠在福建铸造的"裕民通宝"；太平天国政权铸造的"太平天国"钱币以及中华苏维埃政府1932 年发行的面值贰角的银币。此外，还同时发现了清代各时期古钱币百枚。专家鉴定认为，这批古钱币大多为稀有古钱币，对研究当时的江西地区的历史、经济、文化、货币流通以及中日交流提供了重要的实物资料，颇具研究价值。

11 日 赣州地委、行署在瑞金县举行纪念中央革命根据地创建暨中华苏维埃共和国临时中央政府成立 60 周年大会。宣读了江泽民、邓小平、李鹏的题词。受中央委托专程与会的中顾委常委陈锡联，省党政军领导毛致用、吴官正等，全国政协委员钟辉、刘建华，中国人民对外友协会副会长陈昊苏，新华社香港分社副社长郑国雄，老同志赵增益、杨力以及老红军代表和省直有关部门负责人出席大会。陈锡联、毛致用分别讲话。

11 日 "七五"期间的省化工行业重点工程——赣东化工厂钛白粉工程投产。该工程于1988 年 7 月动工，工程总投资 2400 万元。一期工程设计能力为年产 BA01－01 颜料级钛白粉2000 吨，二期工程年产量 4000 吨。

12 日 在首届全国文化工作先进地区、先进集体和全国文化系统先进工作者表彰大会上，江西省受到大会表彰的先进地区有萍乡市、于都县；先进集体有波阳县赣剧团、安源路矿工人运动纪念馆、赣南画院、新赣县采茶剧团、九江市图书馆、江西省文艺学校宜春分校；获先进工作者称号的有王秀凡、毛秉权、余国三、曹达富、沙传美、熊秀秀、张柔柔、齐桂林等8位。

12日 外交部组织的我国驻外使节赴赣参观团一行41人,于当日至21日,由驻苏联大使王尽卿、驻瑞士大使丁原洪带领,由副省长周慤平及省外办有关负责人陪同,行程1700多公里,对江西7个地市的部分厂矿、农场、建设工程及革命旧址进行参观考察。

13日 省卫生厅发出《关于认真做好计划生育服务质量与管理工作》的通知,规定各地、市实行"节育手术技术合格证"考核制度。

13日 闽、浙、赣、皖4省毗邻的上饶、丽水、抚州、金华、黄山、南平、景德镇、鹰潭、衢州九地市横向经济联合第六次联席会议在抚州召开。九地市的横向经济联合与协作,逐步形成"九方联合,共谋振兴"的格局。这次会议修改了九地市的"联合章程",并研究了加强公安联防协作和设立九地市经济协作区的问题。

14日 国家税务局、全国总工会、共青团中央、全国妇联、中央电视台举办的"全国税法知识电视大赛"在北京结束。江西代表队在43个参赛代表队中夺亚军。

14日 电脑工具软件——RCOPY02,在江西科达通信电脑技术发展公司研制成功。

14日 1991年秋季全国百货商品交流会在江西展览馆开幕。全国30个省、市、自治区和14个计划单列市的百货公司、二级站、大型零售商场的经理和业务人员组成的会内代表共6000余人,另有各厂家组成的8000多人的会外代表,带着自家的产品纷纷在会外组馆,从而使这次交流会形成了会外有会的交易格局。参展的品种有化妆洗涤用品、搪铝制品、塑料、五金制品等7大类共5万多种,其中新品种5000多个,可供货源达50亿元。

14日 省政府召开省长办公会议,专题研究人防工作,并下发会议纪要。省政府决定"八五"期间安排人防工程建设费250万元,各市拨人防经费按市财政安排人防经费1:1比例分配下达。

14日 赣西化工厂生产的SEP-1硅环氧丙烯酸树脂和FE-35特种酚醛环氧树脂,获第四十届尤里卡世界发明博览会金奖,葛亮明获比利时国王颁发的个人最高荣誉奖——骑士勋章。

14日 1991年全国男子举重冠军赛在贵州省贵阳市举行。江西年仅16岁的举重运动健将彭勇勤在52公斤级比赛中,以抓举92.5公斤、挺举120公斤、总成绩212.5公斤获第三名。

15日 1991年全国体操锦标赛在上海市落下帷幕。江西省体操选手林怀山分别获鞍马、单杠、双杠、吊环的第二名、第三名、第四名;彭伟坤获吊环第八名;邵学群获女子全能第八名。经国际体操联合会批准的男女配套赛,在1991年全国体操赛上首次实行,江西省吴建军、邵学群获第二名。江西省男队获团体总分第七名。女队团体总分列第十二名。徐军和涂丽云达到国家级运动健将标准。

16日 在举办全国26个厂家7.7KW功率以下的小动力手拖拉机选型评比活动中,共评出五家优秀机型,江西牌TY-81型小动力手拖拉机获二等奖。

16日 亚运会期间,南昌飞机制造公司为大会提供的国家银牌产品——洪都125摩托车,将组成白色豪华型摩托车的先导车队开道。这种新型摩托车是南飞公司1986年引进国外技术研制生产的拳头产品,已开发出工商、税务、森林消防、公安等洪都125系列专用车。该公司生产的长江750摩托车获国家银牌,有20多种型号,年销量占全国三轮摩托车总数的60%左右。洪都125摩托车在1990年全国首届两轮摩托车行业新产品"金马奖"评比中获一等奖。

17日 第四届全国少数民族传统体育运动会在南京胜利闭幕。江西选手获两个第四名、一个第七名。

17日 省人大常委会在南昌举行宣传贯彻《中华人民共和国进出口植物检疫法》新闻发布会。省人大常委会副主任钱家铭讲话。

18日 省林业厅在南昌举办"江西省自然保护区建设展览"。自20世纪80年代初以来,江西省已建立各种类型的自然保护区、森林公园56个,面积18万多公顷,占江西省总面积的

1.1%。保护区有高等植物约 4000 个，约占全国植物的 1/5；野生动物约 500 多种；另有许多古老、珍贵的稀有物种。

18 日 江苏省委、省政府向江西省委、省政府发来电报，感谢江西省 1991 年对江苏抗洪救灾斗争给予的大力支援。

18 日 国家重点攻关项目——磁石双音多频电子电话机最近在国营八三四厂研制成功。它的成功解决了普通自动电话网交换至电话机之间通讯距离的难题。

18 日 江西省考古研究所、厦门大学人类学系和广丰县文物管理所联合，在广丰县玉都镇前山村蛇山头新石器时代晚期文化遗址的发掘工作告一段落。整个遗址面积约 1 万平方米，共出土器物 400 余件，其中石镞最多，石斧、石（石奔）次之。陶器主要有鼎、豆、壶、罐、瓮等，还有 14 座较小墓葬。

19 日 赣江造纸厂青工石晓红 1991 年夏天首次参加全国书画大赛的 3 幅作品（国画）先后获中国云南"石林碑"书画大赛优秀奖，"井冈杯"全国书画赛展三等奖和中华"侨乡杯"书画楹联赛三等奖。

19 日 江西省森林资源连续清查第三次复查总结表彰会在九江市召开。省林业厅副厅长周拯南出席会议并作总结报告。复查结果是：江西有林地面积 6727700 公顷，比 1988 年第二次复查结果增加 735300 公顷；按有林地计算的森林覆盖率为 40.3%，比 1988 年增加 4.4%，跃居全国第二位；活立木蓄积量为 245909900 立方米，比 1988 年增加 3718000 立方米，摘掉了长期"赤字"的帽子；人工林面积为 1146500 公顷，比 1988 年增加 316500 公顷；人工林蓄积量为 33525100 立方米，比 1988 年增加 9811200 立方米；江西省林分净生长率为 5.97%，比 1988 年增长 0.82%。会议于 21 日结束。

20 日 《争鸣》杂志举行座谈会，纪念该刊创刊 30 周年和复刊 10 周年。《争鸣》是由江西省社会科学学会联合会主办的综合性社会科学期刊。创刊 30 年来，共发表文章近 2000 篇约 1000 万字，总计发行 60 余万册。所发表的文章有 50% 以上先后被《新华文摘》、《光明日报》等报刊转载、摘登、评论。与此同时还扶持了一批在学术界有影响的中青年学者。

20 日 建设部批准省建一公司为"全国先进施工企业"。

20 日 省人大常委会法制工作委员会主任胡德祖在南昌主持召开《中华人民共和国全国人民代表大会和地方各级人民代表大会代表法（草案）》征求意见座谈会。省人大主任许勤、副主任王泽民以及在南昌的部分全国、省、市、县人大代表出席座谈会。

20 日 应日本国岐阜县邀请，以陈癸尊为团长、卢秀珍为顾问的江西省政府代表团一行 5 人，对岐阜县进行了友好访问。代表团考察了该县的文化、教育、医疗、卫生、科技以及经贸等事业。考察于 27 日结束。

21 日 我国最大的钢筋混凝土水泵船在九江建成。水泵船全长 52 米，最大的供水量 28.8 万吨。

21 日 江西省先进纪检组织、优秀纪检干部表彰会在南昌召开。有 21 个先进纪检组织和 108 名优秀纪检干部受到表彰。

21 日 江西省华南虎考察队于当日至 12 月 1 日深入萍乡市芦溪区玉女山区实地查访后得出结论：这里是华南虎的繁殖地，存在一个华南虎家族。

22 日 中国银行总行和港澳中银集团代表团抵达南昌，对江西省进行考察访问。应邀来访的有中国银行董事长、行长王德衍，中国银行副董事长兼港澳管理处主任黄涤岩，中国银行海外行部总经理朱志成，盐业银行香港分行总经理潘北霖，中国银行香港分行副总经理卢重兴等。24 日，双方签署了《江西省人民政府与中国银行港澳中银集团会谈纪要》。

22 日 省教委和省电视台联合组织拍摄的《高校人杰录》颁奖大会在南昌举行。江西师大摄制的《时人终识余心乐》获一等奖，南昌航院摄制的《生命的光斑——记王凤翔教授》和江西农大摄制的《昆虫学家章士美》获二等奖。

23 日 江西人民出版社建社 40 周年（1951 年 11 月 23 日至 1991 年 11 月 23 日）。

23 日 由九江制药厂青年工程师、著名火花收藏研究者傅建华发起的全国性"首届中国十佳超级火花评选"活动于当日揭晓，27 个省、自治区的火花设计、收藏及研究者参加了投票。

23 日 省人大常委会在南昌市召开江西省《森林法》执行情况检查联席会议。这次历时 4 个半月的江西省《森林法》执法检查共派出工作组 5277 个，参加人员 39326 人，进行自查、互查和督查工作；省人大常委会派出 11 个工作组 72 人进行视察和抽查。共查处各类林业违法案件 11989 起，没收木材 5042 立方米，补交林业税费 137 万元；取缔无证经营和加工木材单位 1360 个，调处山林权属纠纷 500 余起、调处面积 3626 公顷。

24 日 省委常委、副省长舒圣佑受省委、省政府之托，带领省政府有关职能部门及金融单位的领导在赣州主持召开了省政府现场办公会议，与赣州地委、行署的负责同志一道围绕赣南经济体制改革试验区在深化改革中遇到的新情况和新问题，共商良策，并作出新部署。

24 日 全国杂交水稻顾问组年会在南昌召开。湖南、广西、北京等 10 多个省市的 30 多位农业专家，农业部原副部长刘锡庚和被誉为"杂交水稻之父"的袁隆平出席会议。江西省从 1976 年开始推广杂交水稻以来，16 年累计种植杂交水稻 2 亿亩，增产粮食 150 亿公斤，亩均增产 75 公斤以上，居全国第三位。会议于 26 日结束。

25 日 截至当日，江西完成清欠、压库、扭亏"三项"目标，提前完成全年清欠 30 亿元，共清理企业拖欠贷款 36.4 亿元。江西属全国"三项资金"占用下降的 3 个省之一。据统计，江西省在工商银行开户的国营工业企业"三项资金"为 63.4 亿元。

26 日 由川、鄂、湘、赣、皖、浙、苏、沪 8 省市社联联合、上海市社联主办的浦东开发与长江流域协调发展研讨会在上海召开。

26 日 省人大财经委主任委员刘铁锐主持召开省辖市人大常委会和地区联络处以及部分县人大财经工作座谈会，传达全国部分省、市、区第二次人大农村工作会议和华东地区第四次人大财经工作会议精神。省人大常委会主任许勤出席座谈会。座谈会于 28 日结束。

27 日 1991 年度江西省科学技术进步奖在于都县盘古山镇揭晓。共计 129 项优秀科技成果获奖，其中一等奖 3 项，二等奖 22 项，三等奖 104 项。约有 660 多名科技人员获奖。

27 日 江西省海外交流协会正式成立。周慭平当选为会长，李祖沛、李佑民、白天、刘志中、周文赫、蔡高清、王忠桐为副会长。

27 日 在第四十届布鲁塞尔尤里卡世界发明博览会上，江西参展的新发明、新工艺、新技术产品的 4 位发明人全部获奖。詹小玲研制发明的利用废料生产的廉价降凝剂、添加剂和节油剂获金奖。葛亮明发明的 FE－35 特种硅丙烯酸环氧树脂获金奖。徐本源发明的小儿后天性肛瘘直肠内修复术和吴志全发明的一期静脉动脉化重建肢体血液循环，分别获金奖和银奖。

28 日 江西省首届农牧渔业优质产品展销会在南昌举行。大会共陈列了 80 大类 677 个品种的优质产品。华东六省一市和宁夏的农业厅局长以及河南、广东及烟台的农业代表出席展销会。

28 日 中外合资企业江西意特利装饰建材有限公司，在南昌市蛟桥举行奠基仪式。副省长周慭平，南昌市委副书记、市长蒋仲平和香港锦龙贸易公司代表等剪彩。该中外合资企业，主要

中外合资意特利装饰建材有限公司的代表在与外商签约

生产石英砖等高级建筑装饰材料。

28日 南昌大桥建设急需的关键设备——钢导梁提前10天制造成功，全部发到南昌，导梁长33.3米，高5米，重170吨。

28日 省政府召开电话会议，贯彻落实《国务院关于切实抓好第四季度增收节支努力实现一九九一年国家预算任务的紧急通知》精神，部署进一步推动江西三大检查和治理"三乱"工作向纵深发展。会议要求，要坚决贯彻中央工作会议和全国电话会议精神，把增强国营大中型企业的活力，减轻企业和群众负担作为重点，切实解决重点、难点和一些深层次问题；要从坚持社会主义道路、防止和平演变的高度来认识治理"三乱"，打好1991年治理"三乱"攻坚战。

28日 由新余钢铁总厂、香港包荣有限公司、香港巍华矿业有限公司、江西省国际信托投资公司合作兴办的中外合作新余锰铁有限公司签字仪式在南昌宾馆举行。

29日 九江发电厂二期扩建工程的第一台20万千瓦国产水冷火力发电机组，并网发电。这台机组是当前全省单机容量最大的火力发电机组，也是国家能源部1991年装机1000万千瓦计

工人们正在加紧安装三号机组

划重点项目之一。该项目总投资4亿多元，扩建投产后，每年可为江西电网增发26亿千瓦时。现在，工程扩建进度顺利，安装活动进入高潮。

30日 华兴（江西）实业发展公司成立。

30日 省林业厅批复同意兴建宁都县翠微峰森林公园。

30日 江西省工艺品贸工联合集团在南昌成立。联合集团以省工艺品进出口公司为龙头，省内56家生产供货企业自愿参加，联合经营。

30日 省国防科技工业全行业提前1个月超额完成全年生产计划，其中产品产值比1990年增长28.3%；利润减亏幅度比1990年降低10%。

30日 江西省体工二大队在国内外重大比赛中共获奖牌33枚，其中金牌8枚，银牌14枚，铜牌11枚，1人一次超一项世界纪录。在举世瞩目的北京亚运会上，共获金牌3枚，银牌1枚，两个第四名。

30日 赣南卷烟厂是江西省重点厂家和国家税收大户。截至本月底，实现税金1.05亿元，"赣"牌卷烟和"国宝"牌卷烟在全国星火计划成果博览会上均获金奖。

30日 截至本月底，国营四三八〇厂出口创汇首次突破100万美元，并提前一个月完成全年创汇计划。

本月 省委、省政府决定江西省音像事业归口省新闻出版局统一管理和监督。

本月 江西省人口普查办进行1991年人口变动抽样调查工作。

本月 省统计局在新余试点的基础上研制《江西省农村统计套表》，与省农牧渔业厅、省水利厅、省林业厅、省乡镇企业局发文布置填报。同时建立农业增加值和农村经济增加值统计。

1991
12月
December

公元 1991 年 12 月							农历辛未年【羊】						
日	一	二	三	四	五	六	日	一	二	三	四	五	六
1 廿六	**2** 廿七	**3** 廿八	**4** 廿九	**5** 三十	**6** 十一月大	**7** 大雪	**8** 初三	**9** 初四	**10** 初五	**11** 初六	**12** 初七	**13** 初八	**14** 初九
15 初十	**16** 十一	**17** 十二	**18** 十三	**19** 十四	**20** 十五	**21** 十六	**22** 冬至	**23** 十八	**24** 十九	**25** 二十	**26** 廿一	**27** 廿二	**28** 廿三
29 廿四	**30** 廿五	**31** 廿六											

1 日　南昌硬质合金厂接受中国五金矿产进出口总公司函请同意加入，经国务院批准，以中国五矿进出口总公司为核心组建"中国五矿企业集团"。

2 日　明末文史家徐奋鹏所著《古今治统》一书手抄本在临川县山乡被发现。徐奋鹏是临川云山巷口人，他在《古今治统》一书中品评历代君主，是一部难能可贵的史评。此抄本已被有关专家确认为善本。

3 日　全国有近百万人参加的"全国华夏中学生作文首届大奖赛"揭晓，由 18 名学生组队参赛的临川县二中获集体奖。其中曾龙辉同学的作品《悟》获三等奖，另有 9 名同学的作品分别获优秀奖。

3 日　受国际戏剧研究中心及中国戏协邀请，江西省赣剧团在京参加亚洲传统戏剧国际研讨会展览演出。参加这次展演的传统戏剧共 6 台，赣剧折子戏《送饭·斩娥》是其中之一。展览演出于 7 日结束。

4 日　1991 年度江西省星火奖揭晓，共有 13 个优秀科技项目获奖，其中一等奖 2 项，二等奖 4 项，三等奖 7 项。吉安地区农科所、吉安地区农学会完成的"早稻板田育秧技术研究与示范推广"和景德镇市陶瓷原料总厂完成的"瓷土废尘、废渣在陶瓷原料中的应用"获一等奖。

4 日　南昌卷烟厂庆祝"七五"期间扩建技改工程投产，该厂 1991 年头 11 个月生产的 26.4 万箱卷烟全部销售一空，上缴利税 1.3 亿元。

南昌卷烟厂引进的德国 HAUNI 制丝生产线

4日 江西师大体育系教师余万平出席上海体育人类学研究会和日本体育科学学会人类学分科会联合在上海体院召开的"亚洲民族体育现状与未来"学术研讨会。他在会上报告了与省体委余万影合作的论文《镶嵌大众体育的明珠——对中华民族传统体育前景的思考》。

4日 德兴铜矿、永平铜矿和贵溪冶炼厂同时晋升为国家一级档案管理企业。

5日 遂川县枚江乡乡长刘绍遂获全国总工会授予的抗洪抢险"五一"劳动奖章。

5日 江西大学经济系增设社会保险专业，大专3年制，1991年已正式招收学生35名。

5日 九江市人民银行副行长杨华履所著的《方志敏》一书，继获江西省第四次优秀社会科学成果二等奖后，又获全国中共党史人物研究优秀成果奖。

5日 江西电影制片厂与中央电视台、连云港电视台联合摄制的5集电视连续剧《罪与罚》继1990年获全国"飞天奖"提名荣誉之后，又在长沙举行的全国电影制片厂第二届优秀电视剧评选中获中篇连续剧二等奖。

6日 江西省委九届三次全体（扩大）会议在南昌举行。会议传达、学习、讨论了党的十三届八中全会精神，研究部署了江西省农业和农村工作。省委书记毛致用作题为《把握时机，开拓前进，将农业和农村工作全面纳入奔小康轨道》的讲话。会议确定20世纪90年代农业和农村工

中共江西省委九届三次全体（扩大）会议会场

作总的目标是，在全面发展农村经济的基础上，使广大农民的生活从温饱达到小康水平。为此要求必须在三个方面有显著进步，农业综合生产能力和效益水平有一个新的提高；农村改革有一个新的进展；农村面貌有一个新的变化。会议于9日结束。

7日 全国重点工程铁路"中取华东"之战的浙赣复线江西境内贵溪至向塘段开通，交付南昌铁路分局运营。

7日 都昌县城东面3公里处打出一口水质极佳的矿泉水井。地矿部评审鉴定表明，该矿泉水每升水含偏硅酸29.25毫克，还含有18种有利于人体健康的微量元素，其中锗等微量元素具有防癌抗癌作用。

8日 龙南县政协委员、主治医师钟彦华在北京举行的世界针联国际针法灸疗现场交流会上向10多个国家的专家学者出示了他研制的多功能针灸器样品，并讲述其操作疗法、进行临床治疗验证。

9日 为期5天的江西省侨联经济工作学习研讨会结束。会议主要内容：（一）学习国务院及全国侨联关于发展侨联经济的有关文件；（二）传达学习全国侨联管理工作座谈会的有关文件及材料；（三）交流管理企业经验。参加研讨会的有各地（市）、县（区）侨联主管企业的领导共60人，其中特邀代表7人。

9日 在中国食品工业10年新成就展示评比会上，江西获"国优产品参展荣誉奖"10个，"新技术成果"7个，"优秀新产品奖"49个，共获奖牌奖杯66个，获奖总数在全国排列第五。

9日 林业部在南昌市召开全国林业公安基层基础工作交流会。出席会议的有各省（区、市）和计划单列市林业公安部门的代表共78人。会议于12日结束。

10日 团省委、省青联、江西日报社、江西人民广播电台、江西电视台和《江西青年报》联合举办的江西省首届十大杰出青年评选揭晓。他们是：张京生、陈俐、徐玲、熊大和、彭加和、徐效刚、李杰卫、钟田力、张果喜、龚循明。10人年龄均在40岁以内，最小者23岁。

11 日 省绿委在南昌召开大会，纪念全民义务植树 10 周年，进一步动员全省绿化江西。会议同时还表彰了 17 个造林绿化先进单位、112 个园林化单位、340 个绿化先进单位，138 人荣获"省绿化奖章"。

11 日 由全国游泳协会名誉主席薄一波题写的"中国游泳协会跳水学校"的校牌在南昌体校挂牌。

11 日 省委举行党外人士情况通报会。省委领导向各民主党派、工商联负责人和无党派人士代表通报了党的十三届八中全会和省委九届三次全体（扩大）会议的精神。

11 日 江西 20 余项优秀科技项目参加在北京开幕的 1991 年获国家科技奖暨优秀科技项目展览会。

11 日 江西省的 3 个水泥产品获国家质量认定。至此江西省共有 5 家水泥厂的 8 个水泥产品获国家水泥产品质量认证。获国家质量认证的厂家为江西水泥厂、庐山水泥厂、赣南水泥厂、赣南东方红水泥厂和德安水泥厂。

12 日 湖北省委、省政府致信江西省委、省政府，感谢江西对湖北抗洪救灾给予的无私支援。

12 日 省工商联副主委严平向机关全体人员传达省委、省政府办公厅电话会议精神，要求全体人员严格遵守国务院关于严禁利用公款请客送礼和乱发钱物的通知规定。

12 日 抚州棉纺织厂职工陈弗来编撰的《钢铁长城》专题邮集，在兰州举办的"九一年全国职工集邮展览"大会上荣获铜奖。

12 日 江西电视台拍摄的儿童木偶连续剧《小猴斗败大海怪》获首届中央政府奖——"金童"奖三等奖。

12 日 省七届人大常委会第二十五次会议在南昌举行。会议听取省教委副主任黄定元作关于江西省《义务教育法》执法检查情况的汇报、省林业厅厅长欧阳绍仪作关于江西省《森林法》执行情况检查的汇报、省科委副主任朱张才作关于江西省科技兴农情况的汇报、省环保局局长韩伟作关于江西省环保工作的情况汇报。会议还审

议省人大常委会关于召开江西省第七届人民代表大会第五次会议的决定（草案）。印发省人大内务司法委关于省七届人大四次会议代表提出的议案办理情况的报告，省人大常委会选举任免联络工作委员会关于省七届人大四次会议代表提出的建议、批评和意见办理情况的报告，省政府办公厅关于省七届人大四次会议代表提出的建议、批评和意见办理情况报告。会议通过《江西省保护老年人合法权益条例》，关于批准《南昌市城乡集市贸易市场管理条例》的决定，关于《江西省山、江、湖开发治理总体规划纲要》的决议，关于进一步贯彻实施《中华人民共和国义务教育法》的决定，关于进一步贯彻实施《中华人民共和国森林法》的决定，关于召开省第七届人民代表大会第五次会议的决定及人事任免名单。会议还通过省人大内务司法委、省人大常委会选举任免联络工作委员会、省政府办公厅关于省七届人大四次会议代表提出的议案、建议、批评和意见办理情况的汇报。会议结束时，省人大主任许勤讲话。会议于 18 日结束。

12 日 由新闻出版署和中国报业协会联合组织的全国报业经营管理先进集体、先进工作者、先进生产者表彰大会在北京结束。江西日报激光照排室、景德镇日报社经理部获"先进事迹"称号。授予"先进工作者"和"先进生产者"的有：江西日报社周冬水、谢超然；赣南日报社张心正、赣东日报社华典长；江西科技报社周晓钢；九江日报社陈泽富；赣中报社曾建平。

13 日 《江西省国土总体规划》通过国家评审组的鉴定。该规划经过各学科 300 多名专业人员，对江西省 11 个地市、80 多个县的土地、矿藏、人口等国土资源进行了大量的摸底调查，并经反复考察，历时五年编制而成。中国科学院、中国社科院和北京大学专家，副省长舒惠国等出席鉴定会。

13 日 应希腊共产党邀请，经中共中央批准，中央委员、省委书记毛致用于当日至 25 日，作为中国共产党的代表出访希腊，列席希腊共产党第十四次代表会议。

14 日 省政府发出《关于加强鄱阳湖渔政

管理工作的紧急通知》。《通知》指出，认真贯彻执行省政府（1986年）214号命令，加强鄱阳湖的渔政管理，是开发治理和保护鄱阳湖资源的重要措施。《通知》要求沿湖各地：（一）必须提高认识，树立全湖一盘棋思想，保护和增殖鄱阳湖资源。（二）严格依法管理，依法兴渔。（三）加强领导，认真建立和健全管理责任制。

14日 江西省送变电建设公司与施工的"葛洲坝—双河"Ⅱ回500千伏超高压输电线路获国家优质工程银质奖。

14日 临川县为稳定家庭联产承包责任制，全县401个村近日均成立经济合作社。村经济合作社享有集体经济法人地位，其成立后分别和4.5万户农民签订了土地承包合同，签订合同的农户数占农民总户数的37.5%。同时，以村小组为单位，划分责任田连片种植经济作物，使产业结构调整更趋合理，形成了区域种植、规模经营的新格局。该县还制定了土地承包管理条例，制定了土地有偿承包、劳动积累、外出劳务管理及农业发展基金等制度。

15日 江西省首届旅游产品展销会暨1992年江西旅游观光年活动在南昌举行。680多个供方企业代表，以及港、澳、台、海外侨胞和国内厂家客商近千人参加。共有15大类2843个品种的旅游商品参展。总成交额为境内成交1.717亿元，境外成交699.52万美元。活动于18日结束。

15日 南昌市顺外村社会总产值突破亿元大关，达1.1亿多元，成为江西省农村第一个"亿元村"。全村农民1991年可分红1000多万元，为社会安排了2000多名城镇青年就业。

15日 全国部分省市小学电教协作研讨会近日在分宜县召开。

16日 "中国鄱阳湖珍禽观赏月"在永修县吴城镇举办。

16日 省总工会举行新闻发布会，宣布《江西工人报》将于1992年元旦正式复刊。省委常委、宣传部长王太华出席发布会。《江西工人报》是省总工会的机关报，创刊于1950年3月，1961年4月停刊。

16日 被称为"扁担剧团"的新干县采茶剧团，1981年以来共演出2400场次，其中在农村2200场。获文化部、人事部授予的"全国文化工作先进集体"称号。

16日 国家环保局举办的全国环保戏剧小品调演比赛在北京举行，江西省环保局选送的参赛小品《换房》获一等奖。

16日 省委组织部、省委宣传部、省委党史资料征集委员会、省文化厅在南昌联合举行《〈中国共产党的七十年〉辅导讲座》录像片首发式。

16日 江西省首次专利技术、专利产品展览交易会在南昌举行。展出1000余项专利技术和60余项专利产品。活动于18日结束。

17日 展示古代采矿、冶炼历史和现代化钢铁生产技术及成果的专业性钢铁博物馆在新余市动工兴建。该馆建筑面积4000平方米，投资200万元，是我国当前建立的首座专题性并具地方特色的钢铁博物馆。

17日 南昌海关赣州工作组近日正式挂牌对外办理海关业务。

18日 持续农业和农村发展理论与实践课题研究及试验区工作座谈会在北京召开。会议确定在全国设立20个持续农业试验区，以加强在持续农业和农村发展方面的科研工作，推动农业、农村的持续发展。吉水县被列入全国20个持续农业试验区之一。

18日 省七届人大常委会第二十五次会议通过并批准执行《江西省山、江、湖开发治理总体规划（纲要）》，指出"山江湖开发治理是振兴江西的宏伟工程，也是江西长期的基本建设任务"。

19日 国家旅游局在珠海公布"中国旅游胜地四十佳"名单。该评选活动主要由海内外游客参加，共发出选票80万多张，收回选票48.2万多张。江西的庐山风景区和井冈山风景区获此殊荣。

19日 中国射击协会和中国体育报社联合举办的首次全国射击十佳运动员活动揭晓。江西运动员姜荣名列其中。这次参加评选的有首都20余家新闻单位的体育记者和中国射击协会的有关人士。

19日 经国家社会科学规划领导小组日前

批准，江西省有 12 个社会科学研究课题列入 1991 年度国家社会科学规划项目。

20 日 由中国区域经济学会、中国财经报社、中南财经大学和江西财经学院四家联合主办的全国学术研讨会"改革与发展"日前在江西财经学院召开。

20 日 农业部江西食用菌菌种场在省农科院菌种站建成，是集科研、生产、开发和培训于一体的综合性菌种场，是全国八大菌种场之一。

20 日 当日起至 1992 年 1 月 3 日，省外贸出口达 60394 万美元。1991 年是"八五"计划第一年，也是外贸实行自负盈亏的新体制，省委、省政府及各级党政领导、有关部门根据国贸 70 号文件，结合江西省实际，制定了 15 号文件等一系列配套新政策、新规定，为新体制的顺利运行和外贸扩大出口创造了有利条件。

21 日 省政府发出《关于坚决制止捕猎鄱阳湖珍禽候鸟的紧急通知》，决定每年 12 月至下年 3 月底严禁在保护区内捕猎。

21 日 国家科委、民政部、湖南省、江西省召开井冈山区科技脱贫开发工作会议。国务委员兼国家科委主任宋健、省长吴官正、国家科委副主任李效时、民政部副部长陈虹、湖南省副省长王克英，大别山区、陕北老区和广东、福建、浙江、江苏等沿海发达地区的代表，国务院 9 个部委和地处井冈山区的湘赣两省 10 县市负责人共 300 余人出席了会议。省委常委张逢雨介绍"七五"期间江西依靠科技进步，发展支柱产业，加快井冈山区脱贫致富步伐的经验和"八五"期间科技扶贫开发的奋斗目标及措施。宋健作题为《走科技开发之路，向小康目标迈进》的讲话，指出井冈山地区 20 世纪 90 年代的一个重要任务，就是把相当一部分农民引导到发展支柱产业中来，并在此过程中逐步提高组织大规模商品生产的知识水平和能力；解决目前经济状况与省内外经济发达地区差距较大的问题，进一步深化农村改革，促进农村经济结构调整，改变旧的劳动生产方式，依靠科技进步，在稳定家庭联产承包责任制的基础上，组织社会主义商品经济的大生产和规模经营。会议于 24 日结束。

23 日 赣州地区妇女保健院遗传室在对疑有遗传病的患者进行细胞遗传学检查中，查出两例细胞染色体结构异常核型，经湖南医科大学医学细胞遗传学国家培训中心鉴定，系世界首例异常细胞染色体核型。上述核型的发现，为国际异常染色体基因库提供了有价值的资料，也有助于今后遗传病的研究和防治。

23 日 省党风廉政建设工作会议召开。朱治宏、汤源泉、孙瑞林和省监察厅、省党风廉政建设领导小组成员等出席会议。会议要求各地区、各部门要认真检查对严禁用公款吃喝送礼等有关规定的执行情况，采取切实措施，抓住几个重点问题（一是制止吃喝风回潮；二是坚决纠正用公款送礼、滥发钱物等不正之风；三是进一步纠正行业不正之风），制定阶段性的目标，逐步推进，坚决刹住用公款吃喝送礼这几股歪风。会议于 24 日结束。

24 日 江西农村社会主义思想教育工作会议在南昌召开。省委社教领导小组成员，各地、市委社教领导小组组长和社教办主任、省直有关单位负责同志参加会议。会议强调，各级党委要切实加强对社教工作的领导，要把农村社教真正作为一项全局性的工作来抓，要坚持高标准，严防走过场。并要求着重解决好 3 个方面的问题：认真搞好清理农村财政工作；切实搞好社会治安，端正社会风气；切实减轻农民负担。会议于 25 日结束。

24 日 九江有色金属冶炼厂晶牌 FN60 - 04 高纯五氧化二铌，在国家优质产品评选中获金质

九江有色金属冶炼厂以生产钽铌冶炼加工产品为主

奖章，为我国钽铌行业赢得了第一枚国优金牌。

25日 当日起至29日，全省自北向南连日雨雪交加，南昌地区绝对低温达零下13.8℃。11个地、市，86个县（市）的162万亩柑橘，有73个县（市）125万亩遭不同程度冻害，其中冻死近50万亩，受三、四级冻害的占相当大的比例。

26日 丰城市财政收入超亿元后，省长吴官正向丰城市委书记周展南、市长周亚夫发贺电，勉励该市继续按照十年规划和"八五"计划的要求，再接再厉，以新的成绩迎接党的十四大的召开。

26日 《江西日报》刊登于都县粮食局工业股股长吴丽芳——全国残疾人自强模范的光荣事迹。

26日 江西地矿调研大队地质珠宝工艺厂生物化石矿物晶体标本收藏中心在赣南菜红盆地白垩纪地层中采获一块形体空前大的龟化石。

26日 省政协第六届常委会第十七次会议在南昌市举行。会议听取和讨论中共十三届八中全会和省委九届三次全体（扩大）会议精神的传达报告；听取和讨论《关于江西省农业和农村工作情况的通报》；通过《关于学习贯彻中共十三届八中全会和中共江西省委九届三次全体（扩大）会议精神的决议》；审议通过《提案工作条例》。会议于28日结束。

27日 省政府召开全体会议，总结1991年工作，部署1992年工作。会议要求全省上下振奋精神，勇于拼搏，开拓前进，扎实工作，创造优异成绩，迎接党的十四大召开。会议确定1992年国民经济发展的主要目标初步安排是：国民生产总值增长6%；工农业总产值增长6.5%，力争8%；财政收入增长5%，力争8%；出口创汇增长13.3%，并力争超过；零售物价总指数上升幅度控制在6%以内，各项经济效益指标都要有明显进步。

29日 省财政厅、省卫生厅联合发出《关于加强江西省大型医疗设备管理工作的通知》，要求购置设备统一管理、审批，实行"大型医疗设备使用证"等制度。

29日 江西省向有突出贡献的知识分子颁发证书。这次颁证对象是1991年国务院批准的江西88位有突出贡献的专家、学者、技术人员和1990年国务院批准的江西3名著名的学者、教授、专家。他们中年龄最小的30岁，年龄最大的85岁。省领导吴官正、朱治宏、卢秀珍、王太华等向他们颁发证书。

29日 井冈山茶厂手工制作的"佳乐"牌井冈山翠绿茶，在北京举行的"七五"全国星火计划成果博览会上获金奖。

29日 省林业厅颁发《江西省育林基金、更改资金管理暂行办法》。

30日 省政府决定，成立江西长江中上游防护林体系建设领导小组，副省长舒惠国任组长，省林业厅厅长欧阳绍仪、省政府副秘书长徐俊如任副组长，省有关厅、委负责人为成员；成立江西省油茶低产林改造项目建设领导小组，组长舒惠国，欧阳绍仪、徐俊如任副组长，省有关厅、委负责人为成员。两个领导小组办公室均设在省林业厅。

30日 鄱阳湖国家级自然保护区管理处召开新闻发布会，介绍该保护区建立10年来，采取了一系列切实有效的保护、管理措施，白鹤数量大增的情况。来保护区越冬的白鹤由10年前的450只发展到2700余只，增加5倍，占世界白鹤总数的98%。

30日 1991年被评为全国有色金属"功勋地质队"的江西省地勘二队，钻勘国内最深有色金属钻孔成功，并在这个1510米钻孔深部发现矿床，为银山矿找矿提供了可靠的依据。

30日 江西省青年学者、九江市中医院推拿医师胡晓斌主持研究撰写的《中国古代按摩医学成就》和《论文谷式力学疗法》两篇学术论文，入选最近在武汉召开的第一届国际按摩导引学术研讨会。

30日 三南公路泰和大桥正式通车。该桥是319国道上沟通湘南、赣南、闽南的大动脉，是江西省交通建设项目之一。桥全长830米，桥面宽12米，其中行车道9米，与105国道交叉点设有互通式立交桥。大桥及引道总投资为2600万元。

30 日　江西师范大学主办的《读写月报》近一年来获得四项奖励：《高考作文评分误差控制》获国家教委颁发的"课题宣传组二等奖"；《作文得失对比例析》获中国青少年写作研究会优秀论著二等奖；《看材料作文》获中国青少年写作研究会优秀论著鼓励奖；《读写月报》杂志在中国青少年写作研究会第一届学术年会上被评为优秀期刊。

30 日　在北京召开的全国民航精神文明建设表彰大会上，省民航局公安处作为江西省的代表获"全国民航先进单位"称号。

31 日　生产"草珊瑚含片"的江中制药厂已实现产值 1 亿元，利润 3000 万元，提前完成了 1991 年的计划任务，名列全国高等院校校办企业前茅。

江西中医学院制药厂大楼

31 日　江西科技奖励大会在省艺术剧院举行。评出省级科学技术奖励项目 142 项，获奖科技人员 720 名，获奖项目直接创经济效益 7 亿元。此外，还有获国家科技进步奖的 4 项，国家发明奖的 3 项，国家星火奖的 3 项。吴官正等领导同志向获奖者颁奖。

31 日　景德镇市木材厂人造板二次加工厂生产线建成投产。这条生产线的全套设备由上海人造板机械厂等单位研制、省林业勘察设计院负责工艺等项设计。其生产规模为年产 70 万平方米，产品幅面规格 4×8（米）。是江西一条功能较全、自动化程度较高的人造板二次加工生产线。

31 日　至年底，江西有乡村集体林场 12228 个，其中乡（镇）办场 1849 个，行政村办场 8863 个，村民小组办场 1516 个；经营林业用地面积 151.93 万公顷，占集体林业用地的 16.6%，其中有林地面积 133.54 万公顷，占集体有林地面积 23.3%，人工林面积 92.86 万公顷，占乡村集体人工林面积的 90% 以上。

本月　月初，万载县全县乡村外贸出口额突破 7000 万元，创汇 1480 万美元，产品远销日本、西班牙、美国等 20 多个国家和地区，连续 5 年创汇居江西各县之首。

本月　武宁县罐头厂与西班牙巴塞罗那市一家贸易公司签订 15 万元的"春笋"牌竹笋罐头合同。并启运巴塞罗那奥运会市场。

本月　省直和南昌市直单位通过公费医疗改革控制医疗经费的增长。据统计，省直单位实际支出比 1990 年同期下降 13.83%，月人均支出比 1990 年同期下降 13.41%。南昌市直单位实际支出比 1990 年同期下降了 40.58%，月人均支出比 1990 年同期下降了 42.57%。

本月　江西省杂技团转动地圈组一行 10 人，应邀赴德国慕尼黑作为期 39 天的演出。

本　年

本年　以生产电钻系列产品为主的赣东电动工具厂，首批 6500 台手电钻打入国际市场，验收合格。

本年　新余钢铁总厂共生产 72、76 牌号国优银牌高炉锰铁产品 7112 吨，其中出口 5000 多吨，创外汇 291.25 万美元。

本年　九江石化总厂原油加工量首次突破 180 万吨，实现利润 1.5 亿元。

本年　江西洪都钢厂提前一个月超额完成全年各项计划指标，实现利税 1540 多万元，其中利润 460 万元，成为当前江西属钢铁企业唯一盈利的厂家，并率先还清"三角债"。与此同时，全厂绿化覆盖率达到 26.03%，岗位粉尘合格率达 98%，废水、废渣排放达到国家规定标准，荣获冶金部"清洁工厂"和江西省"园林化工厂"称号。该厂已连续 4 年被评为"省级先进企业"。

本年 江西水泥厂属全国水泥生产重点企业，几年来，产品质量由省优发展到部优，成为国家二级企业。该厂生产的水泥已打入国际市场。1991 年出口水泥 14 万多吨，产品畅销东南亚地区，创汇 600 万美元。

江西水泥厂外景

本年 省政府确定的 30 个重点技术改造项目已全面完成计划，其中 20 项投产项目实现了当年竣工、当年见效，共实现产值 10.9 亿元、利税 4.4 亿元，10 项开工项目均已顺利进入实施阶段。

本年 省农垦系统总产值突破 30 亿元，其中工业产值 23 亿元，增 22.3%；产值、税、利分别比 1990 年增长 18.8%、14.6% 和 78%；出口创汇达 3.1 亿元，出口额、全员劳动生产率和职工人均收入分别增长 11%、13.2% 和 10%，超过"八五"期间计划年均递增率 6.3 个百分点。

本年 省烟草工商企业实现税利 3.658 亿元，比 1990 年增长 9.03%，全行业职工人均创利税近 6 万元。同时，聘请国内著名配方专家新开发出"国宝"、"南昌"等中高档卷烟。

本年 东乡、上高等 11 个国家级商品瘦肉型猪生产基地县（区）共出栏猪 359.67 万头，比 1990 年净增 32.09 万头，其中瘦肉型猪 312.4 万头，占出栏肉猪的 82.3%，创税收 2600 多万元。

本年 省供销社全系统收购农副土特产品达 8.5 亿元，较 1990 年增长 52.6%，增长幅度名列全国第一。

本年 年底，全省农村各企业单位和广大农民在农业银行、信用社的存款总额达 104.5 亿元。在农村存款构成中，农民储蓄存款总额为 78.2 亿元，占 75%；农民储蓄中的定期部分达 61 亿元，占 78%。

本年 南昌柴油机厂销售收入首次达亿元，利税达 1200 万元，与 1990 年相比，产值、销售收入、利税总额分别增长 4%、42.6% 和 45.6%。

本年 全省共完成造林 759 万亩，其中，人工造林和飞播造林面积约占全国的 1/10，在全国林业厅局长会上，江西省荣获林业部造林成绩优异奖。

本年 江西全年共批准利用外资项目 238 项，其中批准三资企业 162 家。合同外资金额 1.57 亿美元，实际使用外资 9676 万美元，利用外资项目出口创汇 4380 万美元。

本年 江西各县农民人均收入抽样调查结果的排序为：奉新、上高、南丰、宜丰、靖安、南城、峡江、樟树、丰城、临川 10 县（市）。10 县（市）农民人均纯收入为 830 元以上，人均纯收入平均 870.36 元，比江西省平均水平 702.53 元高 23.9%。未列入各县排序的市、区一级农民人均纯收入最高的南昌市郊区，达 1162 元。农民人均纯收入在 800 元至 830 元的有吉安市、上饶市和永修、德安、铜鼓、金溪、高安 5 县。

本年 江西省新建柏油路 426.5 公里，超出计划 45%，是"七五"期间年递增率的 4 倍，全年新建水泥路 206 公里，是"七五"期年递增率的 3.3 倍，占建国以来水泥路总里程的

45.9%，比全国平均水平高出 26%。据统计，3 年间江西省公路建设和养护共投资 12.85 亿元。新建一级公路 15.3 公里；新建改建省际出口路、城市出口路、国省道 19 条 635 公里，三级公路 32 条 430 公里；新建改建公路桥梁 71 座 2219 千米；改建县乡等级公路 65 条 568 公里。1990 年年末好路率达 71%。南昌—高坊岭一级公路的建成填补了江西无一级公路的空白，江西省二级公路由 396 公里增加到 1105 公里，三级公路由 780 公里增加到 2153 公里。高级和次高级路面由 3497 公里增加到 4614 公里，其中水泥混凝土路面由 138 公里增加到 439 公里，增加了 2.2 倍。江西省通车点路程由 31760 公里增加到 33203 公里，使江西省每百平方公里有公路 19.3 公里，高于全国平均数，99.8% 的乡镇和 85.5% 的村委会所在地通了公路。在征费方面，1991 年，省交通稽征部门征费突破 6 亿大关，超年计划的 3.76%，与 1990 年相比净增 1 亿元。

本年 江西省旅游行业全年共接待海外游客 60596 人次，比 1990 年同期增长 14.6%；创汇 554.10 万美元，比 1990 年增长 32.43%。一年来，省旅游局会同地、市、县和有关部门成功举办了"中国药都樟树首届国际中药节"、"中日友好活动月"、"井冈山经贸洽谈会暨旅游活动周"、"首届农业考古国际学术讨论会"等 8 项国际旅游宣传活动。参加活动的海外游客有 1158 人，国内游客和客商 17056 人，经贸成交额 13.98 亿元，引进外资 1434.7 万美元。先后派出 6 批 13 人次赴日本、泰国、法国、英国、澳大利亚、香港等国家和地区举办的国际性旅游博览会、展销会，推销旅游产品，邀请了 14 批 33 人次海外记者、作者和旅行商来赣采访、考察旅游路线。全年自联海外游客 3707 人，比 1990 年增长 37.14%。当前，已有 17 家一、二类旅行社经审查合格批准保留，三类旅行社达到 36 家，江西省星级饭店达到 15 家，旅游涉外定点单位达到 88 家。

本年 截至 1991 年，江西省自 1989 年起实施的重点科技推广计划项目 47 项。其中，工业 22 项、农业 25 项；总投入 3498 万元。项目完成

后，每年可新增产值 3.675 亿元。仅工业方面，可新增税利 2850 万元，节汇创汇 1235 万元。新余钢铁总厂采用"棒材轧后余热处理新工艺"，年可新增产值 6400 万元，新增利税 1000 万元；江西第二造纸厂采用"生产过程计算机自动监控系统"，收到了节能降耗、大幅度提高生产效率和产品质量的效果。水稻高产栽培模式及新品种、新组合推广到 9 个地市 33 个县，面积达 50 万亩左右。江西省渔牧立体养殖和"四化四改一早"生猪生产实用技术的推广达 40 个县，年增纯利 450 万元。永修县水改旱新棉区 8 万亩棉田，平均亩产 75 公斤，高的达 100 公斤以上。

本年 江西省粮油食品已成为出口创汇主力。省粮油食品进出口公司创纪录实现出口创汇 8356 万美元，占江西省外贸出口创汇总数的 1/7。大米、活猪、罐头、水竹笋、冷冻分割肉、芝麻、板鸭七大出口产品创汇均超过百万美元。传统出口商品活大猪良种率达 70% 以上，一年多创汇 85 万美元；进贤猪场按泰国正大集团模式饲养管理，从美国等地引进"迪卡"等最新猪种，采用先进配方饲料，良种猪比率高达 86%，是江西省第一家集约化经营的猪场，出口活猪 9460 头，每头猪售价高达 130 美元，全场出口创汇突破百万美元；出口大米每吨卖价提高 70 美元；水竹笋一年出口 5100 吨，每吨价格比 1990 年增加 200 美元。改进和提高出口粮油食品江西省增加创汇 300 万美元以上。

本年 经县（市、区）人民政府审查并报同级人大批准，江西省已有 1017 个乡（镇、场）正式宣布实现初等（5 年或 6 年）义务教育，97 个乡（镇、场）实现了初级中等义务教育，实现初等义务教育的县（市、区）已达 25 个。实现初等义务教育的乡（镇、场）数目已占江西省乡镇总数的 52.8%。

本年 丰城市粮食局出口大米 3018 万公斤，全局人均出口 1 万多公斤，出口大米合格率达 100%。

本年 江西拖拉机制造厂生产的部优、国家银牌产品"丰收－180"型拖拉机，驶向国际市场。全年共向前苏联、埃及、美国等 12 个国家

出口3600多台，创汇折合1700多万美元，出口量和创汇额均列全国轮式拖拉机之首，被机电部授予"七五"农机出口先进企业称号。该厂首次使用高档卧式加工中心，采用热芯壳芯工艺，使铸件和加工件质量跃上一个新台阶。"丰收－180"拖拉机1984年开始投产，已向世界五大洲40多个国家出口7000多台，曾三次作为国家礼品馈赠友好国家。

本年 江西省委制定出一套规章制度：认真督查新闻媒介的批评建议，把报刊舆论对地方工作的监督，转化为上级党委对下级党委工作的监督，一级抓一级，解决了一批与群众利益、社会稳定等相关的重要问题。据统计，省委办公厅督察处对《人民日报》、新华通讯社、中央人民广播电台等全国新闻单位反映的重要问题立项查办16件。当前，江西省各级党委办公厅（室）形成了一支有5700多人的专兼职督察工作队伍，每年都要办理报纸、电台反映本地工作中的重要问题。

本年 昌河飞机制造厂在全国汽车行业检查中，连续4年被评为一等品或免检产品，先后获部、省优质产品称号，畅销国内29个省市自治区。1991年实现工业总产值2.2亿元，利润1143万元，分别比1990年增长61.4%、110%和34.8%，实现税金700多万元。

本年 年底，江西省共有23个社会总产值亿元乡镇。这些亿元乡镇占江西省乡镇总数的1.25%，人口占江西省农村总人口的3.37%，社会总产值占江西省农村社会总产值的7.6%，乡镇企业产值占江西省乡镇企业总产值的12%，农民人均纯收入高出江西省平均水平25.7%。

副省长舒惠国在江西省乡镇企业产品展销会上视察

本年 万载县株潭明月出口花炮厂研制的无烟烟花投放市场，并运用这种新型药物研制成喷花、旋转、手持三大类共17个无烟系列烟花新产品，其中"凤凰花烛"、"含羞草"、"长寿果"、"金扇神火"4个品种在省级行业评比中荣获百花奖，出口供货额达100多万元。

本年 景德镇秋纹兰彩描金花瓶和50件青霞花瓶被国家旅游局评定为全国旅游优质产品。

本年 江西省旅游行业组织摄制佛教音乐风光片《天音》、录像片《鹤之王国》（英文版），制作《江西国际旅游活动贺年卡》、《江西旅游便览》等向国外广泛散发。

本年 永修农民徐京发于1991年成立江西省第一家林业合作社，被联合国世界粮农组织授予"世界优秀林农奖"。在国内有"中国林农第一人"之称，并连续三年被选为全国人大代表。

本年 《南城县志》、《德安县志》、《于都县志》、《赣县志》、《修水县志》、《奉新县志》、《景德镇市志（第一卷）》、《弋阳县志》、《余干县志》已定稿，大部分县志已出版。

本年 九江建材厂与香港鑫宝建材股份有限公司合资成立江西常鑫陶瓷有限公司。投资9707万元，从意大利引进具有20世纪90年代国际先进水平工艺设备，建设年产200万平方米玻化砖生产线。

本年 全国节能改造示范项目之一的德安水泥厂节能改造工程基本完成，立窑台时产量提高34.84%，煤耗下降8.25%，电耗下降7.6%，熟料标号提高10.54%。

本年 江西新华印刷厂印制的《工业革命220年》（邮集）、《瓷都明珠》（画册）、六年制小学教材《数学》（一）、初中教材《英语》（三）等6种产品获全国书画印刷质量优质奖。

本年 江西省共完成荒山造林38.93万公顷，飞机播种造林11.67万公顷，更新造林3.35万公顷；幼林抚育实际面积90.66万公顷；新增封山育林面积56.89万公顷，超过以往任何一年；四旁植树7248万株；生产木材247.44万立方米、竹材2911.20万根；生产胶合板10.47万立方米、纤维板 3.74 万立方米、刨花板 0.77 万立方米；松香产量 27946 吨、松节油 4482 吨。

本年 江西浮云酒厂精酿的"浮云"系列酒1991 年底在中国国际诗酒节上荣获"金爵杯"奖。

本年 江西国药厂 1991 年出口额占年收入的 40%，为国家创汇 743 万美元。

本年 经国家卫生部、国家中医药管理局、国家人事部批准，宜春地区卫生局、南昌家庭医生报、乐安县人民医院、景德镇市第一人民医院、江西医学院第一附属医院胸外科以及永丰县中医院 6 个单位被评为 1991 年度全国卫生系统先进集体；南城县徐家乡卫生院医生黄细献、鹰潭市人民医院主任医师欧阳筱玺、新余市人民医院副主任医师谭平凡、丰城市人民医院党总支书记朱炳根、南昌市第九医院主治医师何金秋、萍乡市湘东区志关卫生院党支部书记文艳梅、泰和县人民医院主治医师罗良炳、赣州市第一人民医院主任医师张连惠、九江市中医院副主任医师吴

景芳、江西省结核病防治所主治医师雷建平、乐平县中医院副主任医师吴少廷 11 人被评为本年度全国卫生系统模范个人。

本年 中外合资新华金属生产低松弛预应力钢绞线制品有限公司，产品远销德国、挪威、东南亚等几十个国家和地区，效益显著。1991 年实现纯利润 465 万元人民币，比 1990 年增长 40%。创汇 440 万元，比 1990 年增长 50.7%。

本年 由江西化纤厂和广西化纤研究所共同研制的中空粘胶纤维，在"七五"全国星火计划成果博览会上荣获金奖。

本年 滕王阁重建工程在全国第五届优秀设计评选中荣获国家级优秀工程设计铜质奖。

本年 1991 年是江西省中医药科技有 7 项成果获国家级和省、部级奖励，有 5 项课题通过了专家鉴定。南昌市中西医结合医院张大祥等完成的"血液循环动力学脉图检测技术与脉图仪"获国家发明三等奖。

概　要

1月，邓小平南巡途经江西，在新余、鹰潭车站会见省委书记毛致用、省长吴官正等领导。邓小平在听取了江西的情况汇报后作重要指示。要求江西胆子要大一点，思想放得更开一点，有机遇能跳还是要跳。2月，省委召开常委会议，结合江西实际，提出了思想更解放一点，胆子更大一点，放得更开一点，发展更快一点的"四个一点"工作方针，同时讨论批准了建设昌九工业走廊和在樟树市进行经济体制综合改革试点两项加快改革和发展的方案。指出必须进一步解放思想，转变观念，对外更加开放，对内更加放宽，对下更加放权，提高经济效益，实现超常规发展。在邓小平指示和中共十四大精神的指引下，解放思想，抓住机遇，深化改革，扩大开放，加快经济发展步伐，全省改革开放和现代化建设进入了新阶段。

思想解放　加快发展　6月，中共江西省代表会议形成了新形势下的总体发展框架和政策措施，在加快发展的认识、思路和办法上都有了更新更活的内容。会议提出要以"三个有利于"作为判断是非的标准，从四个方面更新观念，把思想解放推向新的阶段；着力突破对计划经济的认识误区，敢于大胆运用市场手段来发展商品经济，改变高度集中统一的办事习惯，主动让下面充分运用市场手段搞活经济；大胆打破唯上唯书不唯实的思想禁锢，敢于去干那些暂无明文规定或上面没有明确表态，但却是实际工作中亟须干的事；力求改变过去求稳的思维惯性，敢于"超常规发展"，充分体现"发展才是硬道理"的讲话精神。会议提出了实现全省经济"超常规增长"、"跳跃式发展"，"努力走出一条既有高的速度又有好的效益的发展路子来"的口号。确定"必须在90年代力争提前实现'八五'计划的十年规划纲要，力求经济增长速度高于全国平均水平，力图主要经济指标在全国排列位次前移"。会后，省委、省政府对落实会议各项内容分别作出具体部署，并于7月发出《进一步扩大对外开放加速经济发展的决定》，提出90年代全省国民生产总值年均递增9%~10%，提前三年左右实现第二步战略目标。

昌九工业走廊建设　在当年兴起的新一轮发展高潮中，昌九工业走廊的建设最引人注目。1月，省委、省政府正式提出《昌九工业走廊总体规划要点》，主张用30年左右时间，将南昌至九江区间建成江西省新型的工业带，整个建设沿南昌至九江之间的交通要道两侧展开，并以工业为主。省委、省政府将其定为90年代全省经济发展的一项重大战略部署，推进改革开放的一个重要步骤，随即作出了《昌九工业走廊总体规划》，并部署实施。为加快建设，省政府先后推出了《江西省关于鼓励开发建设昌九工业走廊的规定》、《江西省关于昌九工业走廊房地产经营管理规定》和《江西省关于鼓励外商投资昌九工业走廊的规定》等一系列优惠政策和措施。11月，经国务院批准，成立了国家级南昌高新技术产业开发区，景德镇和赣州也成立了省级高新开发区。

全方位对外开放　3月京九铁路正式立项，5月经国家计委、铁道部等30多个单位派出专家实地考察后确定了京九线的走向，并随即进入工程设计阶段。中央作出于1995年提前建成贯通江西南北的京九铁路和以上海浦东开发为龙头进一步开放长江沿岸的决策，并决定九江市为长江沿岸对外开放城市，省会南昌市享受沿海开放城市的政策，使江西对外开放的环境和条件得到重大改观。与此同时，沿海地区产业升级日趋加快，为江西提供了更多的机会。为此，省委、省政府提出了南北对接、东西推进、全方位开放格局的目标。其基本部署为：第一，抓好三个基点，即抓紧实施国家开放九江的重大部署，尽快将九江建设成长江中下游具有较强辐射力、吸引力和区域优势的开放城市和旅游城市；率先把南昌市建设成强辐射、多功能、高科技的内陆开放城市；将昌九工业走廊建设成外向型、技术密集型、效益型、工农结合、城乡一体的新兴工业带。第二，促进全方位开放，即景德镇与赣州地区、上饶地区、抚州地区等地从实际出发展开对外开放的布局，逐年提高外向型经济的比重。第三，把利用外资作为扩大对外开放的重点，形成全社会招商引资的大气候。进入本年，建立开放开发区被视为扩大对外开放和招商引资的标志性办法而推广开来，江西提出过各地市和有条件的县都要选择适当的地点，办好以外商投资为主体并有一定规模的开发区或自主、自费、自办开发开放区以至"小特区"，因此开发区的设立一时成为热潮。不久，"开发区热"中的一些问题也逐渐暴露。

科技事业　7月，省委、省政府作出了《关于大力推动科技进步的决定》，从方针、目标和政策上进一步落实"把发展科学技术放在经济和社会发展的首位"的"科技兴赣"方略。9月，省政府发出《江西省科技十年规划和"八五"计划纲要》，确定了大力推进传统行业的技术进步、围绕战略产品组织科技攻关、发展高新技术研究及生产三大基本目标，以及农业、传统工业、高新技术、社会发展、基础和应用研究五项科技工作重点。当年，省委、省政府提出发展"三高"农业并继续开展了"良种年"、科技兴农等活动。

普教与职教并行　全省普通高校中专招生工作会议确定招生计划，普通高校招生21848人，比1991年实际录取数增加1238人，其中委托培养生1238人、自费生124人，中专招高中毕业生约7000人。招生工作将采取几项新措施：（一）继续完善定向招生办法；（二）扩大委托培养；（三）文史、理工、外语生、省专以上各自愿，均采用计算机辅助录取；（四）强化公正、合理、准确选拔人才的手段和制度。本年全省各类职业学校已发展到513所，在校学生21万人，职业学校的在校生占整个高中阶段在校生总数的50%以上。职业教育和成人教育改变了长期以来中等教育结构单一的局面，基本上形成了普教与职教双轨并行的新局面。

体育事业蓬勃发展　江西体育健儿在国内外的重大赛事中取得佳绩：3月，江西省选手刘军在伦敦举行的全英羽毛球锦标赛上获得男单冠军。同月，在第三届全国残疾人运动会上，江西运动员夺得金牌20枚、银牌9枚、铜牌8枚和团体总分第六名的好成绩。4月，在华东六省一市体操比赛中，江西体操运动员吴建军获全能、鞍马、吊环、双杠4项第一名，徐军获自由体操第一名，邵学群、曹悦、彭茹亮分别获女子跳马、高低杠、自由体操第一名。5月，举重运动员杨磊在世界青年举重锦标赛上，以317.5公斤的总成绩获67.5公斤级比赛第一名。9月，在上海举行的全国游泳锦标赛上，罗萍获女子 400 米和 800 米的第三名和第二名。

省政府发布重要文件 省政府印发《九十年代江西儿童发展规划纲要》，提出 38 项措施。省政府下发《关于贯彻（1992）5 号文件放开发展第三产业的通知》，要求第三产业要快于工业的发展，在 20 世纪 90 年代基本建立起适应江西省情的、高度产业化和社会化的第三产业体系。省政府下发《关于大力发展畜牧业的决定》、《关于加快发展水产业的决定》、《关于治理"三乱"、切实减轻群众和企业负担的紧急通知》。

其他重要事件 全省先后放开绝大部分工业消费品价格，全部取消了粮棉油等商品计划供应票证。到年底，商品零售总额中 96% 以上、物资销售中 82% 以上均为市场调节价格。山江湖工程被国家列为中国区域持续发展的典型，选送至在巴西召开的世界环境与发展大会。九江港正式对外籍船舶开放。

全省本年主要经济指标情况 国民生产总值 571.01 亿元，比上年增长 15.4%。第一产业产值 200.81 亿元，增长 5.8%；农业占国民生产总值的比重由上年的 39.4% 下降为 36.1%；粮食总产量 313.2 亿斤，减产 3.7%；乡镇企业总产值 301.53 亿元，增长 51%。第二产业产值 199.4 亿元，增长 23%；全员劳动生产率为 6533.6 元 / 人·年。第三产业产值 172.34 亿元，比上年增长 19.2%。农业总产值 298.35 亿元，增长 6.6%；工业总产值 646.19 亿元，增长 24.9%。财政收入 49.39 亿元。固定资产投资完成 123.5 亿元，增长 35.6%。全年进出口贸易总额 9.02 亿美元（其中出口 7.75 亿美元，增长 27.1%）；利用外资 2.00 亿美元，增长 1.1 倍。年末全省总人口 3913.09 万人，人口自然增长率 12.46‰。

1992

1月

January

公元 1992 年1月							农历壬申年【猴】						
日	一	二	三	四	五	六	日	一	二	三	四	五	六
			1 元旦	2 廿八	3 廿九	4 三十	5 十二月大	6 小寒	7 初三	8 初四	9 初五	10 初六	11 初七
12 腊八节	13 初九	14 初十	15 十一	16 十二	17 十三	18 十四	19 十五	20 十六	21 大寒	22 十八	23 十九	24 二十	25 廿一
26 廿二	27 廿三	28 廿四	29 廿五	30 廿六	31 廿七								

1日 东乡县"舒同书法院"正式开院。书法院占地 10 亩,主体建筑占地 170 多平方米,分上下两层,砖木结构,具有民族风格。院内展出舒同真迹 170 多件。舒同是江西省东乡县人,曾任中国书法家协会第一任主席,现任书协名誉主席。他的书法自成一体,人称"舒体"。

2日 崇仁县修复宋代著名地理学家乐史墓。乐史墓坐落在崇仁县三山乡张家村的凤凰窠。1987 年经省政府批准,列为省级重点文物保护单位。乐史一生著作等身,其中《太平寰宇记》开创了我国方志的先河。

2日 高安县上游水库管理局最近获 1990 年度全国水利综合经营突出贡献奖。该库 1990 年综合经营收入 1158.2 万元,创利税 315.9 万元。

2日 1992 年首批海外(澳大利亚)游客抵达南昌,省旅游局举行欢迎仪式。

3日 江西省彭泽县棉船乡获"中国植棉第一乡"称号。棉船乡是江西省最北边的一个乡,第一次植棉 1.5 亩,仅收籽棉 22.5 公斤;而 1990 年在 3.4 万余亩棉地里收获皮棉 107667 担,以亩平均 157.5 公斤的产量在全国领先。

4日 《江西日报》报道,截至当前,江西批准台资项目 42 个,合同台资金额 1400 多万美元,全省已有台资企业 73 家,台商投资金额共达 2700 多万美元。

4日 全国妇联名誉主席康克清为江西省万安县罗塘乡女民兵题词:"团结奋斗,再接再厉"。

4日 省政府召开省长办公会议研究档案工作。会议指出,档案工作是一项重要的工作,各级政府必须加强对档案工作的领导,把档案事业列入国民经济和社会发展计划,帮助档案部门解决一些亟待解决的问题。并对省档案局兴建库房、抢救档案和表彰先进等问题作出决定。

4日 省人大常委会主任会议研究决定,于 4 日至 15 日安排在南昌的七届全国人大代表和部分省七届人大代表进行视察。视察前,视察组的全国人大代表和部分省人大代表听取财政厅关于江西省 1992 年计划财政完成情况及省计委、经委、农协关于工农业生产情况的汇报。

4日 省第一建筑公司、省水电工程局和南昌市第一建筑公司获"全国先进施工企业"称号。

5日 省政府召开全省"扫黄"工作电话会议。会议总结了自1990年全国"扫黄"工作会议后到1992年11月底的"扫黄"工作情况：全省收缴违禁书刊22.1万册，违禁录音带2.6万盒，取缔非法摊点400多个，类似非法出版案件89起。会议就深入"扫黄"，重点"打非"进行了部署。会议要求，全省各地必须在1992年春集中组织一次"扫黄"战役，严厉打击非法出版活动。这次集中"扫黄"战役的重点是：坚决打击假冒盗印违禁书刊及非法复录翻印音像制品的非法出版和诈骗犯罪活动；切实抓好县和县以下的印刷厂、集体、个体书店、音像摊点以及列车、轮船、车站、码头等环节的整顿清理，抑制非法出版和诈骗活动上抬的势头，制止非法出版物的蔓延，净化书报刊和音像市场，严惩非法出版和诈骗的犯罪分子。为此须做到以下几点；（一）广泛深入地进行思想教育，进一步提高对"扫黄"特别是"打非"重要意义的认识；（二）各地、各有关部门要按照省里的要求，结合各自的实际，精心部署，迅速开展今春的"扫黄"、"打非"工作；（三）充分发挥人民民主专政的威力，严厉打击非法出版的犯罪分子；（四）新闻出版、文化、广播电视、工商等部门，要紧密配合，相互支持，切实管好书报刊和音像市场；（五）对正式出版单位进行严格的管理；（六）进一步加强印刷行业的管理，坚决堵住非法出版"源头"；（七）进一步加强对集体、个体书刊发行单位的管理，堵塞非法出版物的发行渠道；（八）加强运输环节成批托运和邮寄出版物的管理；（九）充分发动群众，加强舆论宣传；（十）切实加强对"扫黄"、"打非"工作的领导。

5日 省人大常委会主任许勤、副主任裴德安、王仲发分别参加赣州、南昌、抚州视察组，与在南昌的七届全国人大代表和部分省人大代表对上述地区国民经济和计划财政完成情况以及工农业生产情况进行集体视察。副主任王泽民、钱家

铭、黄贤度、胡东太在其他地、市进行单独视察。视察工作于12日结束。

6日 全省地市委组织部长会议在南昌召开，省委常委、组织部部长卢秀珍在题为《认真扎实做好1992年的组织工作，创造优良成绩迎接党的十四大召开》的报告中，传达了全国省（区、市）党委组织部长会议的主要精神，简要回顾了过去一年全省的组织工作，提出了1992年组织工作5个方面的主要任务。会议于9日闭幕。

7日 农业部近日在北京召开的全国乡镇企业家表彰大会，江西的曾荣苟、王槐月、兰万林、李晓龙、林积新、武培林、胡敦廉、项勤星、徐大龙、谢抚州等11人被授予"全国优秀乡镇企业家"称号。

8日 江西水泥厂深化经营改革，拓宽销售渠道，开拓国外市场，1991年全年出口水泥14万多吨，产品畅销东南亚地区，为国家创汇600万美元。

8日 武宁县工商银行被省政府授予"省一级先进档案管理"称号。

9日 文天祥纪念馆在江西省吉安县开馆。该馆由主建筑"正气堂"和四个展厅组成，红墙黄瓦，绿树掩映，古色古香。书法家沙孟海手书"正气浩然"金字匾额高悬正气堂画檐间，厅内

吉安县文天祥纪念馆

里矗立着文天祥彩色坐像。文天祥 1236 年出生于该县富田乡，21 岁中状元。1283 年，当元军大举进犯，国难当头之时，他奋勇救国，慷慨就义。

9 日　团省委十届六次全委会在南昌市召开。会议的中心议题是学习贯彻党的十三届八中全会和省委九届三次全体（扩大）会议精神，总结 1992 年江西团的工作，部署 1992 年的任务。会议通过关于表彰首届江西十大杰出青年的决定，通过关于召开共青团江西省委第十一次代表大会的决议，通过关于团省委委员卸职确认案，为获得"江西十大杰出青年"荣誉称号的张京生、陈俐、徐玲、熊大和、彭加和、李杰卫、钟田力、徐效钢、张果喜、龚循丽颁奖。会议于 11 日结束。

10 日　国际计划生育协会联合会在中国八个县进行"计划生育与发展生产相结合"的项目试点，吉水县被定为项目试点县。项目实施时间为 5 年。

10 日　日前，全省出现历史上有气象记载的最低温，低温开始于 1991 年 12 月 31 日。赣北达零下 11℃ ~ 15.8℃，赣中达零下 7℃ ~ 10℃，寒潮过后又遇 5 日至 7 日的辐射霜冻，使桉、樟、油茶、果树等遭受冻害。江西省林业系统仅以橘、橙、柚为主的果树受冻害面积就达 17564 公顷，其中一级冻害面积 285 公顷，二级冻害面积 1688 公顷，三级冻害面积 6101 公顷，四级冻害面积 9490 公顷，造成直接经济损失 1.50 亿元，占全省冻害直接经济损失的 25%。

11 日　国道 320 线上饶境内东段新建的 40 公里水泥路面建成通车。

11 日　江西铜业公司银山矿中学教师鲁德孚发明的"立体几何学习工具盒"最近获国家专利，并在德兴投入批量生产。

11 日　江西南昌高新技术产业开发区被国家科委批准为省级高新技术产业开发区，成为中国第三十四个国家级高新技术产业开发区。目前申报要求进区的单位已达 160 家，共 185 个项目。经审查认定，进区注册的已有 51 家、74 个项目。1992 年完成技工贸总收入 3000 余万元，

实现利税 750 万元。

11 日　省卫生厅发出《关于乡村医生教育实施意见的通知》，决定在"八五"期间全面开展乡村医生系统化、正规化中等专业教育。

12 日　永丰县中医院获"全国先进中医院"称号。该院创办于 1986 年，当时设备简陋，现已成为医疗、教学、科研相结合的县级中医院，连续 4 年被评为省、地先进中医院。

12 日　省政府在南昌市召开全省经济工作会议，全面安排 1992 年的经济工作。会议要求：进一步加大改革分量，扩大对外开放，巩固和发展治理整顿的成果，继续保持经济总量平衡，依靠技术进步，把经济工作的重点转到调整结构和提高效益的轨道上来，量力而行，尽力而为，促进国民经济持续、稳定、协调发展和各项社会事业的进步。省委副书记舒圣佑到会讲话强调要着力抓好四项工作：一是在调整结构和提高效益上下硬功夫，促进全省国民经济的良性循环；二是在加强科学进步上要有大动作，促进全省经济素质的不断提高；三是在深化改革，扩大开放上做文章，促进全省经济持续、稳定、协调发展；四是在开源节流和增收节支上有新措施，继续保持财政收支平衡。会议于 16 日结束。

13 日　"江西省林业科技推广总站"加挂"江西省桉树科技推广站"的牌子。

14 日　德安县组织人力编撰《德安县计划生育志》，全志以德安明代以来人口发展史和建国以来开展计划生育的历程为主线，共分 11 章，45 个部分，记载德安从明朝洪武二十四年（1391 年）到 1990 年底的人口状况。

14 日　南昌广播电视总厂生产的 DB35H$_1$ – Q 熊猫牌黑白电视机以 97.2% 的总成绩获优等品质量综合评价，受到机电部表彰。

14 日　由鹰潭火车站党委书记沈长生撰写的《企业思想政治工作新探》一书，由上海学林出版社出版发行。

15 日　德兴铜矿 1991 年超额完成国家计划，生产铜精矿含铜量 48808 吨，含金量 2036 公斤，含银量 7003 公斤，实现工业总产值 5.18 亿元，均比 1990 年有大幅度增长；上缴利税超过 8100

万元；采剥总量、铜精矿含铜量、含银量、含金量、工业总产值均为全国同行业第一。

15日 省微波通信局获"中国企业职工思想政治工作研究工作奖"。

15日 经国家人事部批准，赣州地区种子站、省林业科学研究所、省陶瓷研究所、江西电渣熔铸研究所、景德镇市为民瓷厂、景德镇市无线电厂、省陶瓷工业公司、江西师范大学的8人被评选为1990年度（第四批）有突出贡献的中青年专家。

15日 由航空航天部二院二〇六所研制的全国第一条JSZ－1型硬胶囊自动生产线在弋阳县药用胶囊厂试产成功。该机生产率和合格率均达国际同类机型水平，打破了外国少数厂商在国际市场上的垄断。

15日 在江西成功破获1月13日鹰厦线476次列车发生的一起4名持枪歹徒行凶杀人的特大案件。经过46小时的战斗，击毙罪犯3名，击伤1名，缴获手枪4支，子弹100多发。省委、省政府向作战指挥部发出贺电，慰问、嘉奖参战人员。

16日 国家双拥工作领导小组、民政部和解放军总政治部，授予南昌市"双拥模范城"称号。

16日 江西、湖南两省在人民大会堂举行井冈山区科技脱贫开发汇报会。省委常委张逢雨在会上介绍了"七五"期间扶贫开发的成效和主要工作以及"八五"期间脱贫开发的奋斗目标。国务委员、国家科委主任宋健，中顾委副主任宋任穷，中顾委常委余秋里、王首道，民政部副部长陈虹等出席汇报会。

16日 九江石化总厂青年技术人员周泽龙发明的JJZ－2多功能打印自动"共享器"，获国家专利。

16日 首届大余梅关古驿道赏梅节开幕。大余是江西省的南大门，梅关素有"梅南第一关"之称，梅岭的梅花自古以来有"一路引来十路香"的特点。海内外1500余人参加赏梅节的各种活动。活动于20日结束。

17日 经国家商业部批准，江西省五交化公司、南昌市百货大楼等124家国营商业企业（含涉外商业企业）被列为经营进口录像机定点经营单位。

17日 刘伯坚烈士塑像、纪念碑揭幕仪式在大余县金莲山烈士陵园举行。国家主席杨尚昆为纪念碑题词"刘伯坚烈士永垂不朽"。刘伯坚1895年出生，1919年赴法国、比利时勤工俭学，1922年在巴黎加入中国共产党，曾担任中华苏维埃共和国中央执行委员会委员、中央军委秘书长、赣南军区政治部主任。1935年3月21日牺牲。参加揭幕仪式的有江西省、地县领导和干部群众代表500余人。刘伯坚烈士的部分亲属也参加了揭幕仪式。

17日 省政府颁布第九号令：为增强企业活力、促进全省经济发展，保障临时工的合法权益，根据国务院《全民所有制企业临时工管理暂行规定》，结合全省实际，制定《江西省全民所有制企业临时工管理实施细则》共26条。

17日 全省鹅鸭工程现场交流会在南昌县召开。会议作出要把畜禽水产业当作1992年振兴农村经济的又一个突破口的决策。与会同志交流情况，总结经验，研究进一步提高鹅鸭工程综合生产能力和综合经济效益，加速"小水禽向大产业"转变的措施；省委书记毛致用就搞好鹅鸭工程建设，提出了几点要求：（一）稳定牧业、渔业政策，进一步调动广大农民的积极性；（二）抓好科技攻关和成果推广应用，在增加单产、改进品质、提高效益上下功夫；（三）开发新的资源，开拓新的生产领域；（四）加强基础设施建设，增强发展后劲；（五）发展社会化服务体系，实施产前、产中、产后全程服务。省长吴官正在会上提出：（一）下更大决心，加快畜禽、水产业的发展，为农民致富开辟一条重要门路；（二）要认真解决产供销一体化、种养加一条龙的配套服务，促进畜禽、水产业的蓬勃发展；（三）坚持依靠科技进步，提高"鹅鸭工程"综合经济效益；（四）正确对待农村中先富起来的人，保护专业农户的合法权益。副省长舒惠国部署1992年的鹅鸭工程建设，要求各地加强领导、加强管理、推广先进适用技术、搞活流通、搞好鹅鸭工程，促进经济发展。会议期间，与会同志参观了南昌县、丰城市的鹅鸭工程现场。会议于 19 日结束。

18 日 弋阳县近日正式开通国际国内长途直拨电话，可直接拨打国际上 100 个国家和地区以及国内 900 多个城市。

18 日 1991 年度江西省科技奖励大会在南昌举行。共评出省级科学技术奖励项目 142 项，获奖科技人员有 720 名，获奖项目直接创经济效益 7 亿多元。此外，还有获国家科技进步奖的 4 项，国家发明奖的 3 项，国家星火奖的 3 项等受到表彰奖励。

19 日 江西省民俗学会召开成立大会，民主选举 21 人组成理事会。

20 日 由省计算机科研所与江西冷亚电线电缆有限公司共同研制成功的"通讯电缆自动测试系统"通过省科委鉴定。

21 日 商业部召开电话会议表彰全国粮油安全保管工作先进单位和先进工作者。江西受到表彰的先进工作者是：兰嗣竹、何友生、喻新、陈小毛、王复进、赵士杰；先进单位是：江西省粮油储运公司，高安县、宜丰县、南昌县、新余渝水区粮食局，临川县罗湖、瑞金县云石山、玉山县岩瑞、贵溪县新田粮管所，吉安县渡头转运站，景德镇凤凰山粮库，武宁县粮油直属库，萍乡市北站粮库，江西省樟树粮油公司储运站。

21 日 省人事局处长会议在南昌召开。会议总结了全省 1991 年的人事工作，研究部署 1992 年全省人事工作任务。会议提出，1992 年全省人事工作的指导思想和主要任务是以经济建设为中心，以服务于搞好大中型企业，加强农业和农村工作为重点，推进人事、机构、工资、职称"四项改革"，加强各项管理和服务。会议于 22 日结束。

22 日 南昌大桥控制性工程西引桥箱梁架设首次顶推获得成功。南昌大桥西引桥长 744 米，从 41 号到 26 号墩之间的 15 孔钢筋混凝土连续箱梁的架设采取先进的顶推施工法。箱梁宽 22.7 米，高 4.5 米，需要顶推的总长度为 721.5 米，单位重量每米为 60 吨，超过当前国内最大顶推力。

22 日 截至目前，全省已有 303 家国营商业企业和 1122 个基层供销社在经营范围、价格、分配、用工四个方面进行了改革，改革调动了职工的积极性，提高了企业的整体素质，增强了企业的服务功能，扩大了经营，丰富了市场，平抑了物价，经济效益明显提高，使企业逐步摆脱了困境。

23 日 据《江西日报》报道，在修水县黄沙港乡桥上村桃树坑挖出两个四肢齐全、五官清晰、阴阳两性各异的"人体"形何首乌。阴性何首乌"人"比阳性略矮

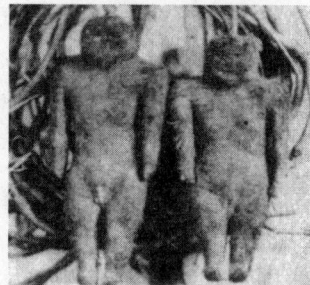

修水县发现人体形何首乌

半寸，五官分外清晰，小巧玲珑，通身长满茸毛，胸部与阴部峰壑分明；阳性魁梧，阳元显而易见。

23 日 省委、省政府确定全省 1992 年经济体制改革的重点是，选择一批企业试行转换经营机制，把企业推向市场。大力推进企业内部分配、人事和劳动制度改革，贯彻《企业法》，进一步落实企业自主权。当前已选定江西水泥厂、江西纺织厂、江西国药厂等 6 家企业。职工浮动工资的比重逐步加到 50% 以上，拉开分配档次，搞好优化组合，推行全员劳动合同制；建立技术上岗考核制度、下岗培训制度和厂内待业制度，妥善安排富余人员的出路，企业 10% 的除名人员交由社会安置。

24 日 党和国家领导人最近接见了全国 92 个地勘功勋单位，江西省核工业华东地质勘探局二六一大队、江西省地质矿产局赣西北地质大队、江西省地质矿产局地质矿产调查研究大队列全国地勘功勋榜。华东地勘局二六一大队提交了全国最大的柑山铀矿田，21 项科研成果获国家、江西省和核工业总公司的科技进步奖；江西省地矿局赣西北队在九江地区发现矿产 80 余种，探明 25 种，矿产潜在价值近千亿元，并与有关单位共同完成《长江中下游铜硫金银资源重大发现与个旧大厂锡——成矿条件，找矿方法及远景》成果，获 1987 年国家科技进步特等奖；20 世纪 80 年代荣膺"地质找矿有重大贡献单位"的省

地质矿产调研大队完成基础研究、应用研究项目135项，其中获全国科学大会奖3项，获部、省科技成果一、二等奖38项，并编制、编辑《江西省地质志》、《江西省区域矿产总结》及《江西省矿产图说明书》等。

24日 宜黄县林业局毛竹纸浆林培育获全国"七五"星火计划成果博览会银奖。新培育的52732亩毛竹纸浆林，立竹量由培育前的326.9万根增加到1082.7万根，获纯利1530.72万元，为总投资的17.3倍。

25日 江西省对外开放和对外宣传综合性刊物《开放与外宣》出版发行。创刊号刊登了省委书记毛致用、副省长周慤平等领导的题词。

26日 江西最大的互通式公路立交桥建成通车。立交桥位于新余市城市主干道——赣新路与上新、清萍两条省级公路的交汇处，占地5.4万平方米，桥面宽50米，桥道总长800米，共耗资850万元。

28日 省委、省政府正式提出《昌九工业走廊总体规划要点》。主张用30年左右时间，将南昌至九江区间建成全省新型的工业带。

30日 全省公路运输管理部门积极做好1992年春运工作，1月20日至1月30日共投入春运客车总数5800多辆，发运客运总班次14600多个，运送旅客514万多人，比1991年同期增长5%；并查获一批雷管、炸药、鞭炮、导火线等危险品，确保了春运安全。

30日 全省第一座采用当今世界先进技术的集约化养猪场在国营红星综合垦殖场建成。工

程总投资680万元，引进世界银行资金折合人民币618万元。设计要求年出栏1万头商品猪，1万头种猪，年产值达660万元，创汇140万美元，利税100万元以上。

30日 邓小平视察深圳、珠海后，沿浙赣

邓小平在鹰潭火车站会见江西党政主要领导

线经江西去上海，在新余车站短暂停留，下午在鹰潭站会见了省委书记毛致用、省长吴官正，在听取了江西的情况汇报后作了重要指示。

本月 江西瑞昌商代铜矿遗址被评为1992年全国十大考古发现之一。

本月 全省教育系统审计工作会议在南昌召开（江西省教育系统于1986年成立内审机构，开展对教育经费、中央和地方专项经费、基建投资以及校办企业等项目的审计，1992年审计金额达8亿多元）。

本月 生产"草珊瑚含片"的江中制药厂已实现产值1亿元，利润3000万元，均提前完成了1991年的计划任务，名列全国高等院校校办企业前茅。

1992
2月
February

日	一	二	三	四	五	六	日	一	二	三	四	五	六
						1 廿八	**2** 廿九	**3** 三十	**4** 立春 春节	**5** 初二	**6** 初三	**7** 初四	**8** 初五
9 初六	**10** 初七	**11** 初八	**12** 初九	**13** 初十	**14** 十一	**15** 十二	**16** 十三	**17** 十四	**18** 元宵节	**19** 雨水	**20** 十七	**21** 十八	**22** 十九
23 二十	**24** 廿一	**25** 廿二	**26** 廿三	**27** 廿四	**28** 廿五	**29** 廿六							

公元1992年2月　农历壬申年【猴】

2日 省政府作出《关于加强农村卫生工作的决定》，推出一系列新政策和新措施。新政策规定：从1992年至1995年，每年按农民1990年人均纯收入的0.3%~0.5%的比例，由乡（镇）政府统筹集资，用于乡镇卫生院的危房改造。

7日 省长吴官正针对农村一些地方出现哄抢和盗窃专业户，随意撕毁合同事件的现象，要求各级政府、各级干部从实现小康目标的高度，正确认识和对待先富起来的农民；对那些侵害农民权益的"土政策"要彻底废除；对违反政策，巧立名目的"吃大户"、"均贫富"等现象，受害者有权举报，有关部门应按党纪、政纪和法律予以处理。

10日 宜黄县蓝水供销社熊乾合最近被商业部授予"会计先进工作者"称号。

11日 由省经济体制改革委员会举办的江西省、市35家国营大中型企业厂长经理座谈会召开。会议强调转换企业经营机制，关键是搬掉"三铁"（铁饭碗、铁交椅、铁工资），推进改革，加快发展，根本扭转企业效益不高的局面。

11日 九江港外贸码头迎来江西1992年第一艘外贸轮"浔阳"号。该轮装载从日本进口的3152立方吨汽车散件，从外贸码头中转，运至江西汽车制造厂。

11日 江西省人民银行、工商银行、中国银行、农业银行、建设银行、交通银行行长及保险公司经理会议在南昌举行。会议的中心议题：增强改革开放意识及把经济搞上去的紧迫感和责任感，把金融工作的重点放到调整结构，提高效益上。省长吴官正在讲话中肯定了全省金融系统工作对稳定社会、发展经济所作出的努力；强调需进一步深化金融体制改革，继续抓好教育、清理、整顿队伍，促进江西经济的持续稳定发展。会议于11日结束。

13日 "厕所革命"在江西农村兴起，截至当前，全省新建、改建农村卫生厕所30万个，有效地改善了农村的环境卫生。高安县共投入200万元的厕改经费，其中县扶助9万元、乡村扶助5万元、群众自筹资金186万元；该县龙潭乡南炉廖村59户人家，现已有48户建了沼气厕所，达到清洁卫生、提高肥效、节约燃料、经济方便、生态平衡五重效益。

13日 新华社报道，江西过去长期靠从外省调进的众多经济作物，1991年大幅度增长，其中油脂、食糖、棉花、烟叶等已自给有余，并有部分外调。1991年各项工业原料作物大幅度增产，食糖自给有余，棉花总产增长60%多，年底已入库180万担，除自给外还交售国家20万担；烟叶收购突破60多万担，开始批量外调；蚕茧、玉米总产成倍增长。

13日 江西医学院第一附属医院妇产科易为民主任医师和省妇产医院李诚信教授成功地为一例子宫内膜癌症患者施行腹膜外盆腔淋巴结清扫和腹膜子宫广泛切除术。

14日 江西波阳船厂改建成功全省第一艘豪华快速浅水客轮"滕王阁21号"。改建后浅水客轮总长34.4米，型宽5.6米，吃水0.7米，载客222座，时速19.4公里。

14日 中美合作勘探开发鄱阳湖深层石油计划开始实施，这是开发江西能源、振兴江西经济的一个重大项目。由双方组成的鄱阳湖石油合同联合管理委员会在南昌成立。省长助理黄智权出席联管会第一次全体会议并讲话，要求省直各部门及勘探所涉及的地、市对该项工作给予大力支持，创造最好的工作条件，为江西早日打出石油作出贡献。

17日 省公安厅召开电话会议，部署打击"车匪路霸"的专项斗争。这次斗争的重点是公路干线和省、地、县结合部，案件多发路段，打击的重点对象是持械拦劫车辆、洗劫财物、杀死杀伤乘客和司乘人员等危害严重的现行犯罪分子以及占路为霸、敲诈勒索、流氓滋事等犯罪团伙。以破大案、打团伙、挖窝子为主，同时打击入室盗窃、抢劫、拦路抢劫等严重刑事犯罪分子。

17日 江西省外商投资企业协会在新加坡举办三资企业产品洽谈会。参加洽谈的7家三资企业和省进出口公司共接洽客户350多人次，签订出口合同530万美元。出口协议近2000万美元，投资合同项目三个，协议外资金额330万美元。洽谈会于21日结束。

19日 江西省赣洲地区星星摩托车齿轮集团在于都齿轮箱厂成立。这是一个以摩托车齿轮产品为龙头，打破地区行业界线，本着平等互利共担风险和按专业化协作的原则，由9家企业组成的企业群体。集团拥有固定资产2137万元，具有150万件摩托车齿轮和1000吨锻件的生产能力，"八五"期间将开创年产500万件摩托车齿轮的生产能力和6大系列多种车型的摩托车齿轮。

19日 玉山县政协委员、怀玉山活性炭厂厂长郑国炉获国家科委授予的"全国优秀星火企业家"称号。郑国炉于1968年试制活性炭首获成功，为江西省开辟了第一个活性炭生产基地，先后试制成功二十多个新产品，有两项填补了国内空白，3项获国家和国际专利，9项被评为省部级优质产品。

20日 省政协第六届常务委员会第十八次会议在南昌市举行。会议协商讨论省政府的《政府工作报告》（征求意见稿）；通过《关于召开政协江西省第六届委员会第五次会议的决定》，讨论会议准备工作。会议历时3天。

22日 省委、省政府在南昌召开推进改革开放加快经济发展动员大会。会议动员全省人民，进一步解放思想、把握时机，把全省的经济建设和各项工作做得更好。以优异成绩迎接党的十四大召开。省委副书记、省长吴官正作题为《推进改革，加快经济发展》的重要讲话。讲话主要内容为：（一）认清形势，把握机遇，不失时机地把改革开放推向前进；（二）思想更解放一点，胆子更大一点，政策放宽一点，使全省经济发展得更快一点；（三）毫不松懈地把全省的各项改革与发展任务落到实处。省委副书记朱治宏传达全省新近实施的《樟树市经济体制综合改革试点方案》、《昌九工业走廊总体规划要点》和《国营大中型工业企业转换经营机制结合改革试点》三个文件。

22日 省长吴官正颁布省政府第十号令：《江西省外商投资企业和外国企业地方所得税减免规定》。规定共7条，于1992年2月1日省人民政府第一百二十二次常委会议通过。

22日 全省成人招生工作会议在南昌结束。据悉：1992年全省下达成人招生计划为20924人，比1991年增加2967人。确定成人招生的几项新的改革措施，扩大社会招生面，在政策上向农村、乡镇、企业倾斜。从1992年起，职工大学的招生对象由原招收在职职工改为招收从业人员；凡是农业户籍的考生报考成人中专学校，均降低20分录取；凡农业户籍的高中毕业生报考农、林、水利、地质、煤炭等5类成人中专，可免试入学；对获省以上劳动模范称号的考生实施优惠录取办法，其成绩如未上录取分数线，可优先录入预科班学习。

23日 全省政法工作会议召开。会议要求，各级政法部门要认真贯彻从严治理的方针，进一步提高干警素质，努力把政治队伍建设好。会议提出，要把政法工作的根本出发点和落脚点放到为经济建设服务上来。1992年全省政法工作总要求是：以党的基本路线为指针，牢固树立为经济建设服务的思想，充分发挥政法机关的职能作用，继续抓好维护稳定、法律服务、队伍建设三件大事。出席会议的有省高级人民法院院长李迎，省人民检察院检察长王树衡，省人大常委会秘书长张振刚，省政府秘书长孙瑞林，省委政法委委员，省社会治安综合治理委员会成员及省政法各部门、省直各有关部门和各地市委主管政法工作的领导共90多人。会议于25日结束。

24日 省委书记毛致用在全省农村工作暨农业结构调整表彰大会上讲话。讲话从五个方面阐述农村经济发展面临的新机遇：进入20世纪90年代以来，国家的宏观经济环境相对宽松，为江西发展提供了有利的外部条件；江西粮食连年丰收，经济作物取得突破性进展，解决了全省经济发展中的紧迫矛盾，现在可以腾出手来，在更广阔的范围开拓发展门路；全省改革开放出现了新趋势，新的发展动机明显增强：一是农村内部的改革正在深化，双层经营体制逐步完善，有力地增强了农村自身的发展能力；二是随着指令性计划不断缩小，农产品购销进一步放开，市场机制的积极作用越来越得到利用；三是开放与引进外资步伐明显加快，三资企业越办越多，对外贸易在改革中较快发展；四是住房制度改革和基本建设投资体制改革，增加了对建筑材料和用工需要，有利于大批乡镇企业的发展；大多数地、市、县、区经济发展路子越来越明确，相当一部分地方业已形成各具特色的主导产业；农村经济

大步发展的典型不断涌现，进一步加快江西省迈大步奔小康的速度。

25日 乐平信鸽协会举行庆功会，给1991年参加全国信鸽大赛囊括江西省500公里级和南方6省联合举办的"南方杯"品评赛中的优胜鸽发奖。

25日 当日至28日，在林业部、中国自然基金会联合在北京召开的中国自然保护区优先领域研讨会上，江西武夷山自然保护区与福建武夷山自然保护区共同被评为中国40个具有国际保护意义的A级自然保护区之一。

江西省武夷山自然保护区内的孑遗植物——鹅掌楸

江西省武夷山野生的中华猕猴桃

25 日 省委社教领导小组讨论通过《江西省农村社会主义思想教育检查验收标准》，并发出通知要求各地结合实际，保证质量，全面完成"三项任务"和"四个一"的要求。该标准共 6 项内容 21 条：（一）思想教育工作广泛、深入、扎实（共 3 条）；（二）加强了以党支部为核心的村级组织建设（共 4 条）；（三）党的农村政策得到较好的落实，"统"、"分"结合的双层经营体制进一步稳定和完善（共 3 条）；（四）推动了农村的经济发展（共 4 条）；（五）群众反映强烈的突出问题得到解决（共 4 条）；（六）计划生育工作落实（共 3 条）。

26 日 武宁粮库获全国粮食储藏金杯奖。该粮库承担着全县粮食局承上启下的中转任务。针对全国性的粮食胀库问题，自 1990 年起首创露天堆垛、储量自 150 万公斤到 1991 年达 300 万公斤，连续 5 年被评为九江市文明粮库，连续 15 年粮食储量实现"四无"（无虫、无鼠、无雀、无事故），1991 年被评为省级文明粮库。

26 日 省进出口公司和共青羽绒厂密切配合，与俄罗斯首次易货项目获得成功。俄卡玛公司生产的卡玛斯牌全部到货，江西省与其易货 1 万多件羽绒服已运到俄方，总金额为 178 万美元，其中创汇 89 万美元。省进出口公司是经贸部批准的江西省唯一对原苏联、东欧国家有易货经营权的公司，该公司利用"哈交会"，派团组织出访，把独联体各国客户请进来等多种形式，开拓客户，建立贸易关系。

26 日 省委副书记张逢雨在全省农村工作暨农业结构调整表彰大会上作题为《深入贯彻"两会"精神，努力开创农业和农村工作的新局面》的总结讲话。讲话共分四个部分：（一）把贯彻落实"两会"精神，作为当前农业和农村工作的大事来抓；（二）正确认识形势，保持清醒头脑，努力争取 1992 年农业的更大发展；（三）把握工作重点，下决心继续调整结构和深化农村改革两个方面取得新的突破；（四）转变作风，狠抓落实，确保"两会"精神的深入贯彻和 1992 年各项工作任务圆满完成。

26 日 省委、省政府联合召开江西省民族工作会议。省委、省人大、省政协有关部门负责人和省直各部门、大专院校的主管负责人，各地市委暨统战部、行署、政府暨民族工作重点县、民族乡、民族村的负责人和 43 个民族的代表共四百余人出席了会议。舒圣佑传达江泽民、李鹏的重要讲话，会议提出，贯彻落实好中央民族工作会议精神，一是要认真学习、深刻领会江泽民、李鹏在这次会议上的重要讲话；二是要结合学习讲话，在江西各族干部和群众中进行马克思主义民族观和民族政策的教育，教育的重点是各级干部和广大青少年，重点区域是少数民族相对集中的县、乡、村；三是正确认识江西民族工作的形势，增强做好民族工作的责任感和紧迫感。会议于 27 日结束。

27 日 采用新材料、新工艺、单孔跨度达 130 米的有平衡重转体钢管混凝土刚架拱桥——太白桥，在德兴市与婺源县太白村交界的乐安河上合龙成功。该桥是德兴铜矿为答谢当地群众支援矿山建设而于 1989 年 6 月委托南昌冶金研究设计院土建室设计的。桥长 194 米，宽 9 米，高 24 米，其载重能力可容每辆载货 12 吨的两列卡车在桥上同时通过。

27 日 全国人大常委会法工委咨询组组长穆先秦、民法室副主任肖峋等人来江西调查国家赔偿问题。

28 日 全国职工技术交流服务机构——技术信息联络网在南昌组建。其主要功能是主持技术信息发布会，传递科技信息、技术市场动态等国内外技术信息资料，通过网络的信息服务工作推动新技术、新工艺、新产品、新材料的开发推广；组织信息工作培训、举办技术展览、技术巡回示范表演等。

28 日 萍乡矿务局 400 多名党员干部、安源矿 1000 多名党员和 200 多名积极要求入党的团员来到安源路矿工人俱乐部旧址，纪念中国共产党在中国产业工人中第一个党支部——安源路矿工人党支部成立 70 周年，局党委表彰了 24 个先进党支部，30 个先进党小组和一批优秀共产党员及党务工作者。

28 日 省政府发出通知，对 1992 年度棉花政策作如下规定：（一）合同订购内棉花，按国务院办公厅有关文件规定执行；（二）各地自定的价外优惠政策原则上取消，如确有必要保留或制定，一律自行消化，不得转嫁负担；（三）1992年全省棉花种植计划为200万亩；（四）超过省下达收购计划以外的棉花，棉麻公司要按国务院和省政府规定及时收购；（五）上述调整后的政策要迅速向棉农宣布，允许棉农调整种植计划；（六）1992年棉花各项优惠政策按国务院有关文件执行，即凡向棉农宣布的，都要按原规定向棉农兑现。

28日 省七届人大常委会第二十六次会议在南昌市召开。会议共有九项议程：审议省人大常委会工作报告，决定提请省七届人大五次会议审议；审议省七届人大五次会议议程，决定提请七届人大五次会议预备会议审议；审议省七届人大五次会议主席团和秘书长建议名单，决定提请省七届人大五次会议预备会议选举；审议提请省七届人大五次会议主席团会议审议决定的建议事项；审议省七届人大常委会代表资格审查委员会关于补选省七届人大代表的代表资格的审查报告；审议关于江西省第八届人民代表大会代表名额和选举问题的决定（草案）；听取省政府关于全省乡镇企业工作情况的汇报；听取省政府关于全省计划生育工作情况的汇报和人事任免；会议通过省人大常委会主任许勤、省长吴官正、省高级人民法院院长李迎、省人民检察院检察长王树衡分别向大会提请的人事任免名单。大会于3月2日闭幕。

28日 省人大常委会法工委主任胡德祖在省人大、省政府、省军区、省公安厅等单位召开调查有关国家赔偿问题的座谈会。全国人大常委会法工委咨询组组长穆先秦、民法室副主任肖峋、省人民政府秘书长孙瑞林等出席会议。

29日 由中国电视艺术委员会举办的全国首届法制题材电视剧"金剑杯"评选活动在北京揭晓。南昌电视台、南昌市人民检察院摄制的上集电视剧《起诉》获全国二等奖。该剧还在参加"首届全国专业题材电视剧研讨会"观摩活动中获优秀节目奖。

29日 南昌手表厂努力拓展国际市场，扩大产品出口。该厂日前获悉朝鲜需订购一批手表作为金日成主席生日礼品，赠送给有功人员，经过洽谈，签订了出口8.2万只整机手表出口合同，实现了江西省整机手表出口零的突破。

本月 永修县抓住关键环节，实行重点突破，积极参加昌九工业走廊建设。永修县南北长约40公里，占昌九工业走廊总长的1/3。该县制定了发展"三带"（京九铁路工业带、南浔公路果业带、修河沿岸经济作物带）、开发"三景"（吴城候鸟区风景、云山真如寺风景、柘林库区百岛公园风景）、建设"四区"（南山引资招商工业区、老城重点工商区、杨家岭化工工业区、江益食品工业区）、拓展"五业"（化工、轻纺、建材、食品、电子）的建设规划，决心把永修建成南昌的卫星城、赣北的新型经济开发区。并成立了江西省第一个县办投资公司，先后在汕头、上海、九江设办事处和联络机构。

建设昌九工业走廊的施工建筑队正在施工

本月 省卫生厅制发《江西省消灭脊髓灰质炎实施方案》，对江西省在1995年达到消灭脊髓灰质炎的目标作了具体部署。

本月 江西省涉外税收工作坚持维护国家权益、服务对外开放、尊重国际惯例，到1992年2月底共组织外税收入达1亿元。

1992

3月
March

公元1992年3月							农历壬申年【猴】						
日	一	二	三	四	五	六	日	一	二	三	四	五	六
1 廿七	**2** 廿八	**3** 廿九	**4** 二月大	**5** 惊蛰	**6** 初三	**7** 初四	**8** 妇女节	**9** 初六	**10** 初七	**11** 初八	**12** 初九	**13** 初十	**14** 十一
15 十二	**16** 十三	**17** 十四	**18** 十五	**19** 十六	**20** 春分	**21** 十八	**22** 十九	**23** 二十	**24** 廿一	**25** 廿二	**26** 廿三	**27** 廿四	**28** 廿五
29 廿六	**30** 廿七	**31** 廿八											

1日　省委召开常委会议，认真学习中央重要文件，深刻领会其精神实质。会议强调要更大胆地推进改革开放，更努力地加快经济发展。必须做到：（一）企业转换经营机制，1992年要搞100个大中型企业，上半年内大部分推开，坚决打破"三铁"；（二）千方百计增加对技术改造和重点建设项目的投入，今明两年下最大决心务必保证计划中的电站开工建设，加强主要公路建设；（三）国营商业零售企业全面实行"四开放"，国营批发商业企业也要着手试行"四开放"；（四）南昌、九江配合昌九工业走廊建设加快开放步伐，包括划出成片土地出租，吸引外商投资；（五）适应市场要求加快农村产业结构调整步伐，同时稳定发展粮食生产，对乡镇企业和城市集体企业继续坚持大提高、大发展的方针，积极鼓励个体、私营企业发展，兴办"三资"企业，把批准权下放一批给地市；（六）搞好樟树市经济体制综合改革试点，总结经验，大胆探索，推进江西省的经济体制改革。

2日　江西省南昌市墩子塘市场被国家技术监督局、国家工商行政管理局授予"全国计量先进集贸市场"称号。

2日　联合国无偿援助山江湖区域综合治理开发项目三方评审会当日至3日在南昌召开。该项目是从1990年6月开始的。在中国经贸部国际经济技术交流中心有关负责人陪同下，联合国计划开发署、联合国粮农组织驻京官员一行4人，对第一阶段工作及经费使用情况进行了详细了解，表示满意，对第二阶段项目执行的具体问题进行了详细讨论，准备按计划开始对第二阶段投资，技术方面准备在国际上帮助寻求新的援助。省长吴官正到会看望联合国官员，副省长舒惠国设宴款待联合国客人。

2日　省人大常委会颁布第二、三、四号公告，决定免去李惠的江西省人民代表大会常务委员会选举任免联络工作委员会副主任职务；决定任命丁鑫发为省公安厅厅长，免去孙树森的省公安厅厅长职务和邵长庚的省国防科工办主任职务；决定任命郭荣腊为吉安检察分院检察长，免去尹三桂该职务。

2日　省政府在南昌召开江西省血防、农村卫生、爱国卫生工作会议。会议决定加快医疗卫生改革步伐，深入开展爱国卫生运动，控制和消灭血吸虫病，改善农村医疗卫生工作条件，积极防治传染病和地方病。会议于 5 日结束。

3 日　省政协第六届委员会第五次会议在南昌市举行。出席会议的委员有 625 人，列席会议的有在赣全国政协委员，省政协机关和地、市、县、区政协负责人，省委统战部和地市委统战部负责人，省政府参事共 232 人。会议围绕进一步解放思想，加大改革力量，扩大对外开放，实现兴赣富民的主题，进行认真的协商讨论并提出意见和建议。省政协副主席戴执中作《江西省第六届委员会常务委员会工作报告》。会议听取和审议六届委员会《常务委员会工作报告》。与会委员列席省第七届人民代表大会第五次会议。会议期间，省委、省政府领导人和有关部门负责人同委员们协商座谈。会议于 7 日闭幕。

省政协第六届委员会第五次会议会场

3 日　全国商品粮基地县之一的南昌县连续 17 年保持"四无"（无虫、无鼠、无雀、无事故）粮仓县称号，荣获全国"安全保粮"金杯。

3 日　林业部通报表彰 1992 年全国平原绿化达标县（市），南昌县为平原绿化达标县。

3 日　省教委在南城县交流普及实验教学实

萍乡一中电教室

验室经验，奖励南城、南昌、宜丰、德安四县率先成为"中小学实验教学普及县"，表彰 200 名在中小学教育技术装备工作中的先进个人，讨论并制定江西中小学技术装备工作十年规划和"八五"要点。当前，江西省已有 231 所中学、3882 所小学实现了实验教学仪器配套。

4 日　省委、省政府召开检查 1991 年人口计划执行情况和布置 1992 年计划生育工作会议，落实 1992 年计划生育任务。副省长舒惠国通报 1991 年江西人口计划执行情况，1991 年江西人口出生率为 21.2‰，比计划低 2.47 个百分点；人口自然增长率为 14.07‰，比计划低 1.63 个百分点。11 个地市和两个单列市完成省政府人口控制计划。会议确定了 1992 年江西人口计划目标，人口出生率保证控制在 21.41‰ 以内，争取控制在 20‰ 以内；自然增长率保证控制在 15‰，争

联合国人口基金会官员在江西考察妇幼卫生合作项目

取控制在 14‰ 以内。会议表彰完成 1992 年人口计划的地市，省长吴官正与各地市专员市长签订了 1992 年人口计划目标责任书。

5 日 江西省第七届人民代表大会第五次会议在南昌举行，出席代表 527 人。省长吴官正作政府工作报告，报告共分两大部分。（一）回顾 1991 年的工作：1. 农业开发总体效果明显。结构调整有长足进步，粮食生产完成计划，经济作物获突破性进展，畜牧水产继续稳定增长，乡镇企业和农垦企业保持良好势头，治山治水、植树造林取得良好成绩；2. 工业调整提高经济效益明显好转，大中型企业的外部环境有所改善，企业内部改革继续深化，抓紧清欠、压库、促销、扭亏增盈，促进了工业增长，大中型企业生产回升加快；3. 重点建设进展顺利，经济发展后劲进一步增强；4. 加大企业改革力度，围绕搞好企业特别是国营大中型企业，出台了一批改革措施，利用外资大幅度增加；5. 国营商业放开搞活改革已推开，财政收支平衡，金融形势和物价保持稳定；6. 科技教育事业进一步发展，科技成果增多，科技扶贫工作更加深入；7. 计划生育工作得到高度重视，文化、卫生、体育及其他社会事业有新发展；8. 人民生活继续改善。（二）安排了 1992 年的工作：1. 进一步深化改革，扩大开放，增强国民经济的活力；2. 稳定和完善党在农村的各项基本政策，将农业和农村工作全面纳入奔小康的轨道；3. 打好工业调整、提高攻坚战第二战役，推进技术进步，发展优势产品，培植支柱产业；4. 重视科学技术，发展教育事业，把经济建设切实转移到依靠科技进步和提高劳动者素质上来；5. 拓宽流通渠道，搞活内外贸易，全面推开国营商业改革，加快市场建设，继续保持物价的稳定；6. 继续加强基础产业和基础设施建设，加快重点建设步伐，改善投资结构，切实提高投资效益；7. 尽更大努力增收节支，千方百计筹集和使用好各项资金，使财政金融工作更好地为改革和建设服务；8. 切实抓好计划生育工作，坚决控制人口过快增长，全面贯彻预防为主的方针，提高人民卫生健康水平和人口素质；9. 继续提高人民生活水平，积极改善城乡居民生活条件；10. 进

一步推进社会主义精神文明建设，搞好社会主义治安综合治理，加强廉政建设，改进机关作风。会议收到代表提案 16 件，建议、批评和意见 155 件，会议通过以上六个报告和《关于江西省第八届人民代表大会代表名额和选举问题的决定》，决定于 1993 年 1 月底召开省人大八届一次会议，代表名额为 645 名。会议于 9 日闭幕。

省第七届人民代表大会第五次会议会场

5 日 省长助理、省计划委员会主任黄智权在江西省第七届人大第五次会上作《关于江西省一九九一年国民经济和社会发展计划执行情况与一九九二年计划草案的报告》。该报告指出：1992 年是"八五"计划第一年，全省国民生产总值 458 亿元，工农业总产值 806.7 亿元，财政收入 44.8 亿元。1992 年计划草案安排的综合经济指标是：国民生产总值 505 亿元，工农业总产值 859 亿元，财政收入 46.2 亿元，出口商品总值 7 亿美元，社会商品零售总额 222 亿元，零售物价上涨幅度控制在 5.5% 以内，人口自然增长率控制在 15‰ 以上。

5 日 省财政厅厅长华桐在全省第七届人民代表大会第五次会上作《关于江西省一九九一年财政预算执行情况和一九九二年财政预算草案的报告》。报告主要内容是：1992 年江西省财政收入预算执行数为 44.81 亿元，支出预算执行数为 60.5 亿元；1992 年江西省财政支出预算安排和财政收入预算安排分别为 47.73 亿元和 46.2 亿元。1992 年国家分配全省国库推销 7.5 亿元。

5日 1992年中国华东出口商品交易会在上海举行，成交额达8588万美元，比上届净增3553万美元，增长70.56%；结识新老客户653家，推销新产品28个，推销库存商品190多万美元，开辟新市场约30个国家和地区。展会期间，省长吴官正来到上海展览中心和上海国际展览中心，参观上海、江苏、浙江等部分展览馆及三资企业馆，并参观江西展馆。吴官正要求与会者通过此次贸易会，更多地学习兄弟省市在发展经贸扩大创汇方面的好经验、好做法，尽快缩小与兄弟省市的差距。交易会于3月14日结束。

6日 省政协举行六届十九次常委会。省政协六届委员会现任常委107人，昨天到会的常委有67人。

8日 长江以南最大的室内集贸市场——新建县集贸中心正式使用。这座立体型、多功能的大型集贸中心于1988年1月动工兴建，于1992年2月中旬建成。集贸中心占地2.5万平方米，建筑面积1.9万平方米，总投资760万元，可同时容纳2万人进行贸易，市场分上下两层，一层由4个营业厅组成，营业厅内设有不同造型的货台1120个，南面和西面有56个门店环绕；二楼是门店，由165家经营户组成一个商品齐全的销售大世界。

新建县集贸中心

8日 省人大常委会副主任王昭荣在省第七届人民代表大会第五次会上作江西省人民代表大会常务委员会工作报告，报告回顾了1991年省人大四次会议以来的工作情况和1992年要着重解决的工作情况。1991年的工作主要是：（一）认真学习贯彻中国共产党的路线、方针、政策，加强常委会的思想建设；（二）结合全省实际、加强地方立法工作和法律实施监督；（三）围绕经济建设和人民群众关心的问题，加强工作监督；（四）加强同代表的联系，为代表履行职责服务，积极反映人民的意见和要求；（五）加强调查研究，提高工作质量。1992年要着重做好以下工作：（一）进一步提高对人大性质、地位、作用的认识，坚持和完善人民代表大会制度；（二）坚持以经济建设为中心，开展人大工作，促进江西省经济更快发展；（三）加强立法和对法律实施的检查监督；（四）维护社会稳定，为经济建设创造良好的社会环境；（五）做好1993年换届选举的准备工作；（六）进一步加强常委会自身建设。

8日 省高级人民法院院长李迎在省第七届人民代表大会第五次会议上作江西省高级人民法院工作报告。报告着重阐述了以下工作：（一）充分发挥人民民主专政的职能作用，严厉打击严重刑事犯罪，维护社会稳定。1991年，全省共受理一审刑事案件11081件，审结11136件（含旧存数），结案率100.4%，判决发生法律效力的案件人犯14252名，其分别比1991年下降10.2%、9.4%，结案率增长0.8%、15.6%；（二）坚持为改革开放和经济建设服务的指导思想，认真做好经济审判工作。1992年江西省法院共受理一审经济纠纷案件26993件，审结27850件（含旧存数），均比1991年下降30.9%；结案率103.1%，比1991年下降1.1%，诉讼标的总金额3.16亿元，比1991年上升3.1%；（三）依法保护公民的合法权益，维护社会的安定团结。1991年江西省法院共受理一审民事案件54413件，审结55093件（含旧存数），分别比1991年上升7.5%和6.2%；（四）坚持严肃执法，提高执法水平，1991年，全省各级法院共执行各类案件56871件，是历年来执行案件数量最多的一年；（五）大力加强法院自身建设，提高队伍素质，改善执法条件。

8日 省人民检察院检察长王树衡在省七届

人民代表大会第五次会议上作江西省人民检察院工作报告。报告主要是：（一）关于打击贪污、贿赂犯罪。1992 年全省共受理贪污贿赂案件 2490 件，立案侦查 1505 件，通过办案为国家和集体挽回经济损失 2346 万元；（二）关于严厉打击严重刑事犯罪。1991 年共受理公安机关提请批捕人犯 8705 件 16114 人，经审查批准逮捕 8186 件 14946 人，比 1990 年下降 9.8% 和 12.4%。其中特大重大案犯 2226 人；（三）关于查处"侵权"、渎职犯罪案件。共受理各类法纪案件 1451 件，立案侦查 518 件 690 人，比 1990 年上升 13.8% 和 23.2%。其中重特大案件 69 件，比 1990 年增加 32.7%；（四）关于监所、控告申诉和民事行政检察工作；（五）关于参与社会治安综合治理；（六）关于检察队伍自身建设。

9 日 省第七届人民代表大会第五次会议闭幕。主席团常务主席许勤主持大会，大会通过《关于江西省人民政府工作报告的决议》、《关于江西省一九九一年国民经济和社会发展计划执行情况与一九九二年计划草案的决议》、《关于江西省一九九一年财政预算执行情况和一九九二年财政预算的决议》、《关于江西省人大常委会工作报告的决议》、《关于江西省级人民法院工作报告的决议》、《关于江西省人民检察院工作报告的决议和关于江西省第八届人民代表大会代表名额和选举问题的决定》。

9 日 10 集电视连续剧《井冈英魂》在井冈山投入拍摄。《井冈英魂》以井冈山斗争为背景，描写井冈山的农民武装首领王佐在党的培养改造下，从绿林首领成长为一名红军优秀指挥员的传奇经历，热情讴歌了伟大的中国共产党和英雄的井冈山人民。该剧由中国音乐家音像出版社拍摄。

9 日 新华社报道，江西吉水县文联胡绍宇创作的陶瓷微刻珍品——在一只长 14.2 厘米、宽 13.8 厘米白瓷盘中刻下的《西厢记》全文（共 34300 字），最近在广州"中华百绝"博览会上展出，被国内外观众誉为"天下第一盘奇书"。

9 日 省统计局发表关于 1991 年国民经济和社会发展的统计公报。（一）全年农业总产值达 300 亿元，比 1990 年增长 5.5%。（二）全年工业总产值完成 506.72 亿元，比 1990 年增长 14.4%。（三）全省社会固定资产投资完成 88.07 亿元，比 1990 年增长 24.6%，全民所有制建筑施工企业完成总产值 15.46 亿元，比 1990 年增长 8.3%。（四）交通运输部门完成货物周转量和旅客周转量分别为 259.42 亿吨公里和 148.55 亿人公里，分别比 1990 年增长 7.54% 和 5.55%。全省邮电业务总量完成 3.63 亿元，比 1991 年增长 27.7%。（五）全省社会商业商品国内纯购进总额 156.2 亿元，比 1990 年增长 13.61%；全省物资系统销售各种生产资料 39.26 亿元，比 1990 年增长 25.2%。（六）1991 年进出口贸易总额达 70555 万美元。江西省签订省际、省内经济技术协作项目合同 4701 个；全年接待外宾、华侨和港、澳、台同胞共计 36989 人，比 1990 年增长 5.7%，全年旅游外汇收入 2905.04 万元（外汇券），比 1990 年增长 43.4%。（七）全年共出版各种图书、刊物、报纸 1296 种。发行图书、刊物 22751.08 万册，发行报纸 38945 万份。（八）全省共有各类医疗卫生机构 5632 处，各类卫生技术人员 11.79 万人；省体育健儿在各内比赛中获金牌 21 枚、银牌 30 枚、铜牌 36 枚，举办县级以上运动会 2519 次，参加人数 50 万人次。（九）全省城镇居民每人年纯收入 1190.62 元，比 1990 年增长 8.8%；农村人均纯收入 702.53 元，比 1990 年增加 32.62 元；城镇就业率增加，居民储蓄大幅度增长，环境保护事业有了较大发展。（十）全省总人口 3864.64 万人，比 1990 年增加 54 万人，人口出生率为 21.2‰，死亡率为 7.13‰，自然增长率为 14.07‰。

10 日 省人大常委会召开省辖市人大常委会、地区联络处主任座谈会，学习讨论中央有关加快改革开放的重要文件，研究联系实际开展人大理论研究和干部培训，以及 1992 年的执法检查和换届选举的准备工作。

11 日 在公安部召开的全国 100 个优秀县（市）公安局电话表彰大会上，江西省瑞昌市、新干县、樟树市公安局受到公安部命名表彰。

11 日　省政府最近批准鹰潭铁路公安分处资溪车站派出所民警屈正明、吉安地区汽车运输公司莲花分公司汽车驾驶员晏军生为革命烈士。1 月 13 日，从厦门开往鹰潭的 476 次客车停靠在资溪站时，发生一起枪战。屈正明在参加围捕歹徒的战斗中被歹徒开枪击中，光荣牺牲。2 月 1 日上午，晏军生驾驶一辆满载旅客的班车从莲花开往萍乡。途中晏抱起了歹徒放在车上引燃的炸药包从车内冲出，不幸牺牲，保住了车上的 28 名乘客和崭新的汽车。

11 日　省林业厅召开新闻发布会。全省从 1989 年起植树造林，造林面积核实率和造林合格率已达 99.6% 和 87.6%，大大高于全国平均水平。森林面积 3 年增加 1100 万亩，覆盖率跃居全国第二，结束了 30 多年的森林资源赤字。最近国家林业部授予江西造林成绩优异和控制森林资源消耗成绩显著两项绿化大奖。

11 日　国家体委主任伍绍祖、省长吴官正为南昌市体育中心揭幕。南昌市体育中心位于市城东青山湖风景区，占地面积 23.2 万平方米，工程分三期实施，20 世纪末完成。第一期北区以体育场（3 万观众席）、射击场为主；第二期中区以室内游泳馆、综合训练房为主；第三期南区以多功能体育馆（5 千观众席）为主。建成后，将成为一个能承担全国城市运动会、国际单项竞赛和开展群众性体育活动的中心。

11 日　省妇联召开全省妇女双学双比和巾帼建功活动表彰会。20 名巾帼建功精英奖获得者各晋升一级工资。

12 日　省政府召开利用外资项目联合审批会。省政府外资办、省计委、省经委、省经贸厅、省工商局、省口岸办、省商检局、中国银行江西分行、南昌海关、南昌市经贸局及项目单位的代表参加会议。会议审批江西共青皇冠木业有限公司、江西励昌电子有限公司、南昌浩融时装有限公司等三资企业项目 16 个，项目总投资 6117.66 万美元，合同外资金额 2143.97 万美元，其中昌九工业走廊范围内有项目 10 个，总投资 4035.4 万美元，外资额 1600 万美元，中国银行江西分行与江西金林业有限公司当场签订 100 万美元的贷款协议。

12 日　省建筑总公司根据建设部、省经委的规定，要求大、中型企业科级干部、小型企业领导在 1993 年以前持证上岗。

12 日　江西省百户乡镇审计调查工作全面铺开。

13 日　经国家水利部批准同意，寻乌斗晏电站开工，该电站被列入江西省重点建设项目之一，总投资 1.24 亿元，装机容量为 3.75 万千瓦，并得到广东平远、兴宁、龙川、梅县等县支持，预计可由广东引进资金 5000 亿元，第一台机组预计 1994 年建成发电。

13 日　1992 年江西省微波通讯电路建设有大发展，投资 5000 万元，建设电路 1000 公里，建成国家一级干线南昌—福州，南昌—韶关（广东）出省数字微电电路；省内南昌—高安、上饶—玉山、德兴—斋笼山（万年）、吉安—井冈山 6 条微波电路。本月中旬先期进行南昌—福州电路的设备安装。

13 日　南昌市滕王阁重建工程在参加 1992 年度全国第五届优秀工程设计评选中，获国家级优秀工程设计铜质奖。该工程是由南昌有色冶金设计研究院、江西省轻工业设计院、南昌市建筑设计院等单位负责设计的。

14 日　江西棉纺织印染厂、江西国药厂、江西手扶拖拉机厂、江西水泥厂、上饶客车厂和国营八四九〇厂六家企业转换经营机制综合改革试点工作全面铺开，各试点企业从自己的厂情出发，选择好转换经营机制的突破口，抓住有利时机，加速破除"三铁"，深化企业改革。

14 日　省委九届四次全体委员会在南昌举行，到会委员 42 人，候补委员 5 人，省顾问小组成员和省纪委委员列席会议。会议确定江西省出席中共十四大代表候选人的预备名单，决定在 1992 年 6 月召开中国共产党江西省代表会议，选举产生江西出席党代会的代表，全会号召江西各级党组织和广大共产党员，全面贯彻执行党的基本路线，努力把江西省的经济建设、党的建设和其他各项工作搞得更好，以改革和建设的优异成绩迎接党的十四大胜利召开。

14 日 1992 年全英羽毛球锦标赛在伦敦结束，中国队获 3 块金牌，2 块银牌，1 块铜牌。江西选手刘军获男单冠军。

14 日 省政府决定，从 1992 年 4 月 1 日起适当提高粮食的订购价格，每 50 公斤早籼稻谷（中等质量标准，下同）由 22.10 元调整为 24.50 元；晚籼和杂优晚稻谷分别由 22.80 元和 23.50 元，同调整为 27.50 元；粳稻谷由 26.50 元调整为 31.50 元；小麦由 24.50 元调整为 30.40 元。除此以外的其他各等级粮食，按现行等级差率做相应调整。糯稻退出国家订购，实行议价议销。

16 日 首次由北京新华书店总店及全国 30 多家省市新华书店组织的 1992 春季全国新华书店图书看样订货会（华东区）在南昌举行。供订购的样书有 1.9 万种，来自全国 31 个省市新华书店的代表团，共 1400 余名代表参加了订货会。

17 日 江西医学院第二附属医院心胸外科成功为一例复杂先天性心脏病患者施行高难度综合根治手术。

17 日 我国首家鱼病医院——江西省南昌市鱼病医院挂牌开业。

17 日 京九铁路正式立项。5 月，经国家计委、铁道部等 30 多个单位派出专家实地考察后确定京九线的走向。

18 日 江西省证券公司坚持"证券交易为社会主义经济建设服务"的宗旨，一方面开拓一级市场，增加证券上市品种，一方面与各兄弟单位统一协调证券上市交易价格，保证了证券市场的健康发展，已实现国库券转让 1.9 亿元，有力地打击了非法黑市交易，维护了社会主义证券的信誉。截至当日，累计实现交易金额 90734.6 万元，代理发行企业各种债券 22890 万元，拆入资金 26400 万元，实现利润 214.2 万元。目前，江西有九江、景德镇、上饶、吉安、南昌等八个地市设立了证券业务总代理处，初步形成一个证券业务代理网络。已将江西省中房、共青、华意等企业债券销往武汉、浙江、云南、重庆、安徽、陕西等省市，从外地组织引进资金 3100 万元。

19 日 江西省二级科研课题的骨髓移植治疗恶性肿瘤在景德镇市第三人民医院获得成功，从而填补了江西省医学上的一项空白。

19 日 安福县青年职工周新来的水墨国画《寒凝春华》，由福建画院选送日本东京参加"第五十二届国际文化交流展"，获优秀作品奖。

19 日 百花洲文艺出版社出版的《中国近代小说大系》在"在全国首届古籍整理图书评奖"活动中获"丛书奖"。

19 日 江西从 1992 年起建设南昌至九江 140 公里公路沿线的"工业走廊"。当前，南昌、九江两市与共青、昌北等地的工业产值占全省工业总产值的 30%，预计到 2000 年将增加到 440 亿元，占全省工业总产值的比重可上升至 40%，该"工业走廊"计划用 30 年时间建成。建成后，可改变全省的工业布局，为 21 世纪江西经济的发展打下坚实基础，并有力地促进华东地区的经济建设和对外开放。

19 日 省委发出《批转省委统战部〈关于做好我省新时期工商联工作的意见〉的通知》。

19 日 经省政府研究同意，省属庐山、井冈山、九连山、官山、武夷山、桃红岭梅花鹿保护区管理处的行政关系由省林业厅直接管理。党的关系仍由所在地党委代管。

19 日 第五次全国期刊管理工作会在南昌市青山湖宾馆举行，于 22 日结束。

20 日 省委领导在青山湖宾馆友谊厅会见朝鲜职业总同盟委员长许允一行，向客人介绍了江西省改革开放以来的成就和十年规划"八五"计划的主要内容，朝鲜客人是应中华全国总工会的邀请于 18 日到达江西省进行友好访问的。

21 日 省人大常委会法工委和省社会治安综合治理办公室联合召开修改《江西省社会治安综合治理条例（草稿修改稿）》座谈会。

21 日 第三届全国残疾人运动会在广州举行，江西运动员勇夺金牌 20 枚，银牌 9 枚，铜牌 8 枚，团体总分第六名。其中举重项目总分第一，游泳第六，田径第七，超 12 项全国最好成绩，5 人获体育道德风尚奖。28 日，江西代表团在省体育馆召开成绩汇报会。

23 日 南昌市豫章中学获国家绿化委员会、国家教委、广播电视部、团中央联合举办的全国中小学普及宣传绿化知识教育活动一等奖。

24 日 省妇联、省委宣传部等 10 个单位联合发起在全省城乡开展"家庭文明之春"宣传教育活动。5 月，活动组委会通过《江西日报》举办"恩威杯"江西省美好家庭评选活动。

26 日 彭泽县最近被评为"全国血防先进县"。自 1991 年冬到 1992 年春以来，九江市委、市政府结合农业开发，组织发动群众实施血防综合治理工程，全市实施综合治理工程 10 项，6 项被列为省计委的重点项目，完成土石方 872.9 万方，开新渠道填老沟 97 条，新修堤坝 37.4 公里，灭螺面积 3.3 万余亩，工程灭螺量达前 10 年总和。

26 日 由公安部科技局主持，通过了对省公安厅刑侦科所完成的《根据中国汉族女性胸骨形态变化推算年龄的研究》成果的技术鉴定。

28 日 世界羽毛球冠军熊国宝引进外资 30 万美元，在南昌开办中外合资江西国宝体育用品有限公司，并在南昌市扬子洲乡联民村动工兴建厂房，将于 1992 年 6 月底开工生产。公司总投资为 159 万元。

29 日 井冈山自然保护区建成百亩珍稀植物园。当前已有 108 种珍稀濒危植物在此得到保护，其中有国家一级保护树种珙桐、水杉以及国家二、三级保护树种观光木、红花木莲、乐东拟单性木兰、长柄双花木、穗花杉等。

29 日 修水县宁红保健茶，获第二十五届奥运会中国体育代表团专用保健品特别奖。

29 日 江西磷肥厂技师张兔生研制的"三相可变电抗起动器"及"无接点、无导线、低耗能指示灯"两项成果获国家专利权。

30 日 南昌钢铁厂试炼"沸腾钢"获成功。试炼 30 吨，合格率 100%，铁耗为每吨 1140 公斤，比冶炼镇静钢下降 40 公斤。

30 日 由省、市人行等 51 个分行参加的第三批全国电子联行试点行即采用现代化的电子计算机技术和卫星通信技术已正式开通。至此，江西省在建设全国异地资金划拨清算网络系统过程中已取得重大进展。

30 日 本月下旬以来，全省出现百年未遇的早汛。赣江水位全线超过警戒线，全省大部分县（市）受灾，受灾人口 1010.6 万人，农作物 1100.55 万亩，死亡 90 人，倒塌房屋 60615 间，冲毁各类小型水利工程 10432 座，圩堤和渠道总长度 235 公里，通讯、交通、工业企业等方面也遭到不同程度的灾害，经济损失达 19.68 亿元，为江西自建国以来所罕见。有 35 个县遭受严重洪灾，洪涝面积达 276.1 万亩，先后有 7.91 万人被洪水围困，直接经济损失 9867 万元。当前，共有 4 万名干部、87.4 万名群众奋战在抗洪第一线，省军区、省武警总队派快艇、冲锋舟和橡皮艇，协助当地营救水困群众，目前尚有 2.1 万群众没撤离出来。

31 日 南昌至深圳空中航线正式开通，每周二、五各飞行一班，当日返回，使用中国东方航空公司 BAE－146 型飞机。

31 日 国务院总理李鹏办公室给省长吴官正来电话："向灾区广大干部群众表示慰问，希望灾区人民在省人民政府领导下，继续努力，团结一致，做好工作，把洪涝灾害造成的损失减少到最低限度。"并转达田纪云副总理 30 日作出的重要指示：要告诉江西的同志，请他们着力抓好防汛工作，务求减少人民生命财产的损失。接到国务院来电指示和慰问后，省长吴官正立即召集省政府领导与省防汛指挥部负责人开会，研究落实国务院领导指示，部署江西省抗洪救灾工作。

31 日 省工商联经济联络处副处长章欢颐、赵晓芙陪同瑞士西莎尔到南昌橡胶二厂考察工作，对引进"防水卷材"技术、设备、资金和该厂橡胶制品出口进行意向性洽谈。

31 日 美籍华人、美国杰富利集团（中国）公司董事长、中国联谊会会长、江西海外交流协会名誉会长黄惠珍女士，美国杰富利集团（中国）公司总经理黄建仁先生一行 3 人抵达南昌。黄惠珍女士此次来南昌，是进一步洽谈与省政府领导及有关部门签订的关于相互之间开展经济合作友好往来"备忘录"中的项目。

31 日　1992 年一季度江西省新批利用外资金额 86 项，签约外资金额 3574 万美元。其中新三资企业 75 家，项目总投资 9930 万美元，合同外资金额 3364 万美元。三资企业实际引资 895 万美元，出口创汇 553 万美元，分别比 1991 年同期增长 5 倍和 53%。新批项目中，总投资超过 500 万美元的有 3 项，最大的项目总投资 999 万美元。台商投资继续增长，占总数的 20%。

本月　按国家统计局、国家计委、国家经贸委、财政部《关于修改〈改进工业评价考核指标实施方案〉的通知》，江西使用 6 项指标作为对工业经济效益进行综合评价考核的指标体系。

本月　江西省国民经济核算领导小组成立，省长助理黄智权任组长，省统计局局长黄启曦、省计委副主任王明善任副组长，省直有关部门负责人为成员。领导组织实施新国民经济核算体系和工业经济评价考核工作。

1992

4月
April

公元 1992 年 4 月							农历壬申年【猴】					
日	一	二	三	四	五	六	日	一	二	三	四	五	六
			1 廿九	**2** 三十	**3** 三月大	**4** 清明	**5** 初三	**6** 初四	**7** 初五	**8** 初六	**9** 初七	**10** 初八	**11** 初九
12 初十	**13** 十一	**14** 十二	**15** 十三	**16** 十四	**17** 十五	**18** 十六	**19** 十七	**20** 谷雨	**21** 十九	**22** 二十	**23** 廿一	**24** 廿二	**25** 廿三
26 廿四	**27** 廿五	**28** 廿六	**29** 廿七	**30** 廿八									

1日　省卫生厅下发《关于进一步加强城市医院支援农村卫生事业建设》的通知，提出城市医院支援农村卫生工作要经常化、制度化，并实行目标管理。

1日　江西在进行经济体制综合改革试点的樟树市和龙南、定南、全南 3 县试行粮油购销、价格全面放开。放开的主要内容是：取消国家粮油订购任务，改指令性计划为指导性计划；取消平价粮油上调任务；取消粮油订购"三挂钩"物资；农业税和水利费用由国营粮食企业代收；取消居民平价粮油供应，除人民解放军和武警部队仍按平价供应粮油外，一律改为市场价供应，对吃商品粮对象改暗补为明补。按照国家、企业、个人三者都负担一点的原则，给予职工（包括离退休人员）适当补贴。

2日　中国人民银行赣州分行筹办的江西省首家"钱币陈列馆"开馆展出，该馆筹办了"中国历代货币陈列"、"中国革命根据地货币史陈列"两个展览。中国钱币学会秘书长戴志强称："中央革命根据地货币史陈列，填补了我国中央苏区货币研究的一项空白"。

3日　《江西省鼓励扶持重点乡镇工业企业若干规定》经省政府第一百二十五次常务会议通过，予以发布施行。该规定共 15 条。

3日　在香港维多利亚公园举办的花卉展览会上，南昌园林处送展的"金边瑞香"和"佛手果"分获二、三等奖。

5日　近日，在江西贵溪县雷溪乡桂岭村吊岩山腰约 35 米高的天然岩洞中发现一具明末清初女性干尸，长约 1.4 米，小脚。同时发掘出残存的服装、灶笋、棺木彩画、银钗、裹脚布、绣花鞋等十多件陪葬品。

6日　《江西省盐业管理实施办法》经省政府第一百二十五次常务会议通过，当日发布。自 1992 年 5 月 1 日起施行。该《办法》共 28 条。

6日　江西省台胞、台属、台办干部表彰大会在南昌市召开，会议肯定了江西省对台工作的成绩，赞扬了台胞、台属、台办干部先进代表在改革开放、经济建设和促进祖国统一大业中发挥的模范带头作用。到 1991 年底，江西省引用台资项目 84 项，协议投资金额 3400 多万美元，累计接待台胞超过 10 万人次。

7 日 江西省普通高校中专招生工作会议召开，确定江西 1992 年招生计划，普通高校招生 21848 人，比 1991 年实际录取数增加 1238 人，其中招委托培养生 1238 人，自费生 124 人；中专招高中毕业生的约 7000 人。1992 年江西省招生工作将采取几项新措施：（一）继续完善定向招生办法。（二）扩大委托培养。（三）文史、理工、外语生、省专以上各志愿，均采用计算机辅助录取。（四）强化公正、合理、准确选拔人才的手段和制度。招生工作会议于 9 日结束。

8 日 省政府发出通知，原则批准南昌市政府提出的《昌北经济区建设规划要点》，要求南昌市组织实施，省直有关部门实行必要的政策倾斜，力争用十年左右的时间，把昌北建设成开放型、高起点、综合性的现代化经济区和新城区。经济区建设的总面积为 78.8 平方公里，由组团式工业区、交教科研区、商业金融区、旅游风景区、城郊型农业区 5 个功能区块组成。

8 日 江西省唯一的乡办牛场——永修县艾城牛场被列为中亚热带低山丘陵区草地畜牧业优化生产模式试验基地。

9 日 中国人民保险总公司紧急调拨 2000 万元赔款资金，用于江西灾区保险财产损失的经济补偿，并拨出 50 万元防灾资金支持灾区政府防灾救灾。

10 日 省人大常委会召开会议，传达贯彻七届全国人大五次会议精神，加快改革开放，解放和发展生产力，许勤主任主持会议，王泽民、王仲发就七届全国人大五次会议精神作了传达。

11 日 政协全国委员会科技委员会"科技兴农"调查组到赣，前往井冈山、吉安、湖口、九江等地调查科技兴农情况。于 20 日返京。

11 日 省政府发出关于继续加强扫除文盲工作的通知。通知要求各级政府和教育部门要进一步提高对扫盲工作的认识，把扫盲工作列入各级政府的目标管理，实行政府统一管理、教育部门负责的行政首长责任制，建立健全各有关部门齐抓共管、社会力量积极参与的工作制度，还要建立定期布置、检查验收和奖励制度，要把扫盲任务下达到村，落实到人，争取江西省扫除文盲

30 万人。

11 日 省人大内务司法委、省妇联联合会召开学习宣传贯彻《中华人民共和国妇女权益保障法》座谈会。

11 日 省农垦系统 1991 年出口活猪、味蛋、冻鸭、板鸭、罐头和特种水产等十多个品种，出口创汇达 660 多万美元，职工人均创利 1 万余元，名列全国农垦前茅，被省政府授予江西省利用外资先进单位。

11 日 江西省樟树制药厂的"大活络丸"、瑞金制药厂的"九华痔疮栓"、贵溪制药厂的"牛黄解毒片"、萍乡制制药厂的"风油精"、永丰制药厂的"肾宝"和"祛痰灵"、桑海制药厂的"牛黄蛇胆川贝液"和"复方丹参片"以及"维 C 银翘片"共 6 家企业的 9 个产品获全国信得过药品奖。

11 日 第二十四届亚洲成年和第六届亚洲青年男子举重赛在福建省体育馆举行。江西省运动员杨磊代表中国队参加 67.5 公斤级青年组比赛，以抓举 145 公斤、挺举 180 公斤，总成绩 325 公斤获 3 枚金牌。

11 日 在国家机电部行业评比中，余江县千斤顶厂以总分第八进入全国千斤顶行业十强。

12 日 由全国当代硬笔书法习字会主办的"党在我心中"全国硬笔书法大赛评选揭晓，抚州市青年朱建斌获一等奖。

13 日 全国三项康复办公室组派国家医疗队来九江市、上饶、赣州地区开展为期 1 个月的白内障复明手术。截至 20 日，这批专家已门诊 800 余人次，手术 100 多例。

13 日～15 日 国家教委在南昌召开全国硕士生录取工作会，会议确定了 1992 年硕士生录取最低分数线。1992 年全国报考硕士生人数为 114256 人，比 1991 年净增 21570 人，计划招收硕士生 27138 人，江西省 1992 年报考硕士生人数为 5136 人，比 1991 年增加 1241 人，计划在江西省招收硕士生 164 人，其中本省院校招 115 人。

14 日 一部集全国当代科技名人和科技成果之大成的大型工具书——《当代中国科技名人

成就大典》在南昌发行。该书由江西大学科研处等单位组织编撰，聘请中科院学部委员周培源、钱伟长、姜圣阶担任顾问，由福建科技出版社出版，著名物理学家周培源为该书题写了书名，书中收录了近7000名教授级科技名人和解放40多年来的科技成果，约500多万字。

14 日 省政府批转省乡企局《一九九二年江西省乡镇企业"321－15"工作目标实施意见》。意见要求，江西乡镇企业总产值和乡镇工业总产值增长速度达到30％；按农业人口计算，人均占有乡镇企业总产值增加200元；人均占有乡镇工业产值增加100元；农业人口平均每人从乡镇企业得到的纯收入增加15元。

14 日 省政府办公厅发出《关于设置水上检查站（船）的通知》。

14 日 "中国中小企业成果博览会"在北京隆重开幕。江西展馆展示了135项产品，其中获国际金银牌奖的9项，国家金银奖39项，国家专利和省优专利技术32项。

15 日 省委、省政府召开省直机关主要负责人会议，要求省直机关从现在起集中一个半月的时间，深入学习贯彻邓小平的重要谈话和中共中央政治局全体会议精神，进一步解放思想，转变职能，改进作风，推进江西的改革开放和经济发展。会议由省委常委、副省长舒圣佑主持。省委领导在会上指出：（一）江西省学习贯彻邓小平重要谈话和中央政治局全体会议精神以来的形势发展，对省直机关工作提出了新的要求：1. 要求省直机关进一步简政放权，服从和服务于改革和发展；2. 要求省直机关加强对改革的支持和协调，用配套政策促进改革和发展；3. 要求省直机关加强对改革的引导和参与，用改革的精神推进改革的深化。（二）省直机关要深入学习贯彻邓小平的重要谈话和中央政治局全体会议精神，进一步解放思想，清理规章，转变职能，改进作风。1. 进一步解放思想；2. 认真清理规章；3. 努力转变职能；4. 切实改进作风。（三）加强领导，雷厉风行，在狠抓落实上下功夫。1. 领导班子的思想一定要统一；2. 机关干部群众的思想一定要统一；3. 要把发动干部群众同组织专门工作班子结合起来；4. 要加强督促检查。

15 日 "长江中游开放—开发带"第一次研讨会在武昌召开，省社科院史忠良等作为发起单位之一的代表参加会议。

15 日 江西铜业公司副经理戚怀英、中国有色金属进出口总公司江西分公司江铜支公司经理万里云于4月15日至5月4日赴新加坡参加有色金属总公司举办的展销会，会上签订了进口紫杂铜1000吨的合同。

16 日 省红十字会、省卫生厅将来自全国各地支援灾区的7卡车救灾药品送到吉安、赣州等地。

16 日 省林学会青年科技工作委员会成立大会暨首届学术讨论会在南昌市召开。

17 日 南昌百货大楼召开全员劳动合同管理签约鉴证大会。该企业实行优化组合、竞争上岗、全员劳动合同管理。

17 日 全国"审计工作法制化、规范化、制度化"课题研讨会在九江市召开。

18 日 江西工业大学潘传康教授和江凤益讲师承担的省级科研项目——"半导体宽禁带Ⅱ－Ⅵ族超晶格结构研究"成果通过省教委主持的技术鉴定，中科院学部委员、博士生导师邹世昌等6位国内著名专家教授鉴定该成果属国内先进水平，部分成果达到国际先进水平。

18 日 省七届人大常委会第二十七次会议在南昌举行。省人大常委会主任许勤主持会议。会议应到159人，实到144人，合乎法定人数。会议议程为传达学习七届全国人大五次会议精神；审议《江西省社会治安综合治理条例》（草案）；听取省政府关于利用外资情况的汇报会；听取省政府关于"二五"普法情况的汇报；通过人事任免决定。

18 日 华东六省一市的体操比赛在南昌市举行。江西体操队运动健将吴建军一人获全能、鞍马、吊环、双杠4项第一名。徐军获自由体操第一名。邵学群、曹悦、彭茹亮分别获女子跳马、高低杠、自由体操第一名。比赛于23日结束。

20 日 江西省决定筹款3亿元用于电力建

设，资金主要来源于电力建设资金和实行新电价，筹集到的电建资金由省投资公司归口管理，划入省经营性基本建设基金内循环使用，专项用于电力建设。

20日 省政府发布施行《江西省村镇规划建设管理暂行办法》。该办法共分6章34条。

20日 江西乌石山铁矿以"一步法"工艺研制"镧基稀土硅铁含金"成功。该项新产品为国内首创，填补了我国镧系列稀土合金产品的空白。

21日 建设昌九工业走廊规划将南昌昌北、共青垦殖场和九江七里湖三块土地正式辟为利用外资开放开发区，总面积共有6.5平方公里。三个开发区电力增容、电话装机、生活服务征用土地全部减半收费。

21日 南昌市第一医院最近引进第一台国产彩色多普勒，用于诊断人体心血管疾病。

21日 由全国人大常委会法律委员会委员董玉昆、邓家泰、郭力文率领的全国人大常委会《矿产资源法》视察组抵昌，听取省人大常委会和省政府的汇报。

22日 江西靖安卫生防疫站医师吴康祥研制的"简易高压蒸汽灭菌锅"最近获国家实用型发明专利。

22日 无产阶级革命家、中国妇女运动卓越的领导人、中国人民政协第七届全国委员会副主席、中华全国妇女联合会名誉主席康克清同志，因病医治无效，于12时04分在北京逝世，终年81岁。康克清1911年9月7日出生于江西省万安县罗塘镇，1925年开始从事革命工作，1931年转为中共党员。先后担任红军总司令部直辖的女子义勇队队长、直属队政治指导员、中华苏维埃共和国临时中央政府执行委员会候补委员，红四方面军党校总支书记，八路军总司令部直属队组织股长、政治处主任、党总支书记、晋东南救国会名誉主任，中共中央妇委会委员，解放区战时儿童保育会代主任，全国妇联第一届至第五届常委，第三届副主席，第四、五届主席，第六届名誉主席，中国人民保卫儿童全国委员会主席，中国福利会名誉主席，宋庆龄基金会主席，中国儿童少年基金会会长，全国政协第五、六、七届副主席，中国共产党第七、八、九、十、十三次代表大会代表，第十一、十二届中共中央委员，全国人民代表大会第一届至第六届代表，第四、五届常务委员，全国政协第二、三届委员，第四届常务委员。

22日 江西新余钢铁总厂首建镁碳砖生产线，从而结束了江西长期从外省购进镁碳砖的局面。该生产线生产的镁碳砖各项指标均达到国家标准。

22日 以岐阜县副知事岩崎忠夫为团长的日本国岐阜县友好访问团对江西进行访问。省长吴官正授予代表团顾问古田好先生"江西省荣誉省民"称号。访问于24日结束。

22日 省七届人大常委会第二十七次会议在南昌举行，实际到会人数44人。这次会议传达学习七届全国人大五次会议精神；审议并通过《江西省社会治安综合治理条例》；听取省政府关于利用外资情况的汇报；听取省政府关于"二五"普法情况的汇报和有关人事任免。会议于25日结束。

23日 江西省鄱阳湖国家级自然保护区被联合国教科文组织列入"关于特别是作为水禽栖息地的国际重要湿地公约"的名册。这个公约是全球性政府间保护水禽及其栖息地的重要公约，鄱阳湖自然保护区加入公约后，得到国际支持与援助，推动湿地保护工作。

23日 江西省第一林业学校更名为江西省赣州林业学校，江西省第二林业学校更名为江西省南昌林业学校。

23日 大余县委、县政府在南昌举行新闻发布会，发布大余县正在着手修复牡丹亭的消息。牡丹亭为古南安府衙（今大余县城）后花园十景之最，1929年在兵燹中被毁。中国文联主席曹禺担任"牡丹亭基金会"名誉会长，著名的园林建筑专家陈从周教授担任总设计师，路秉杰教授担任副总设计师，整个修复工程投资1830万元。

23日 全国爱卫会农村改水、自来水建设考核检查团对江西省农村自来水建设情况进行考核检查，确认完成国家下达的"七五"农村改水、自来水建设任务指标，并决定发给奖金。

23 日 省人大常委会副主任王泽民陪同全国人大常委会《矿产资源法》视察组对赣州、井冈山、景德镇、丰城等地贯彻落实矿产资源法情况进行视察。省委、省人大常委会、省政府领导就江西省《矿产资源法》实施情况与全国人大常委会《矿产资源法》视察组进行座谈。视察于5月5日结束。

24 日 在省委召开第二次县域经济研讨会，会议就着眼全局，加快财政补贴县经济发展提出了几点意见：（一）加快财政补贴县经济发展；（二）进一步解放思想，开拓思路，把经济发展推上良性循环的轨道；（三）大胆的改革开放，最大限度地发挥政策的效应；（四）真抓实干，把加快县域经济发展的任务落到实处。

25 日 贵溪桥梁厂32米PPC混凝土梁获国家1992年QC成果金奖。

25 日 省七届人大常委会第二十七次会议通过《江西省社会治安综合治理条例》。

26 日 在北宋著名地理学家、文学家乐史的家谱——崇仁县三山乡乐家村《乐氏重修族谱》中，发现一篇北宋著名政治家、文学家王安石的佚文——《侍郎史公傅赞》，佚文全文442字，记述了乐史家世及其生平。

26 日 在全国电钻质量考评会上，南方电动工具厂生产的双重绝缘13毫米手电钻被评为全国一等品。同时，该厂还被评为"质量意识较强、质量职能健全和质量管理完善的企业"。

27 日 全国农民象棋赛在南昌县莲塘镇结束，江西选手俞华获铜牌。

28 日 省科协召开三届十二次常委会，会议决定设立"科技精英奖"和"青年科技奖"。"科技精英奖"每5年评选一次，每次不超过10名；"青年科技奖"每两年评选一次，每次不超过10名。

28 日 省民政厅收到美国旧金山州立大学中国学生学者联谊会寄来的500美元捐款和一封慰问信，支援江西省灾区。

28 日 浙江省社科院院长、研究员王风贤陪同日本"王阳明（王守仁）研究"学者风田武彦等15人，来江西考察王阳明的活动遗迹。

29 日 南昌有色冶金设计研究院研究设计的、柳州有色冶金机械厂制造的XJJ-5型球磨机换衬板机械手通过中国有色金属工业总公司的专家鉴定。

29 日 江西临川县二中被评为"全国先进体育传统项目学校"。

29 日 江西果喜教育奖励基金会成立。江西果喜实业（集团）公司董事长兼总经理张果喜在南昌向省政府捐款100万元，用于表彰省内有突出贡献的教师和教育工作者。副省长陈葵尊代表省政府接受捐款并向他颁发荣誉状。

30 日 自1991年9月23日至今，江西第一支国家标准32箱位集装箱运输船队——赣北航运公司赣货6212号、赣驳4001号一顶一机驳船组，共营运13个航次，完成重箱（22吨）289个，空箱（11吨）234个，集装箱运量8591吨，周转量4362774吨公里，总收入22.3万元。

本月 省建设厅、省财政厅、建设银行江西分行发出《关于建制镇自来水设施建设的通知》（截至1995年，地、市、县共筹集资金1.66亿元，加上省财政拨给的2000多万元补助资金，共投入资金1.8亿余元，建成建制镇自来水厂184个，新增日供水能力24.67万吨，用水人口93.5万人）。

本月 首次建立江西省社会发展水平综合评价统计制度。

本月 省统计局召开江西省儿童调查领导小组首次工作会议，对开展全国儿童基本情况抽样调查工作进行初步安排。

1992

5月
May

公元 1992 年 5 月							农历壬申年【猴】					
日	一	二	三	四	五	六	日	一	二	三	四	五	六
					1 劳动节	**2** 三十	**3** 四月小	**4** 青年节	**5** 立夏	**6** 初四	**7** 初五	**8** 初六	**9** 初七
10 初八	**11** 初九	**12** 初十	**13** 十一	**14** 十二	**15** 十三	**16** 十四	**17** 十五	**18** 十六	**19** 十七	**20** 十八	**21** 小满	**22** 二十	**23** 廿一
24 廿二	**25** 廿三	**26** 廿四	**27** 廿五	**28** 廿六	**29** 廿七	**30** 廿八	**31** 廿九						

1 日 江西已有 137 家试点企业正在进行转换经营机制综合改革。江西省深化企业改革的思路是：围绕调整结构、提高效益、发展经济，实行转换企业经营机制和转变政府部门职能并举。根据企业实际，采取不同类型，实行分类指导，实现企业自主经营、自负盈亏、自我约束、自我发展和企业能生能死、职工能进能出、干部能上能下、收入能高能低。这 137 家企业转换经营机制的类型有：一是依照国家赋予中外合资企业有关政策，综合改革试点；二是投入产出总承包综合改革试点；三是税利分流、税后还贷、税后承包综合改革试点；四是企业内部持股份制综合改革试点；五是"一厂两制"综合改革试点；六是"六自主"放开经营综合改革试点；七是全员资产经营承包综合改革试点。

1 日 南昌市万寿宫商城开业。新建成的万寿宫商城为仿宋建筑群，是室内拥有中央空调等现代化设备的楼层商场，占地面积 17492 平方米，总建筑面积近 10 万平方米，总投资 4000 余万元。

1 日 三清山南山登山公路（玉山县南山乡枫林村至南山乡外双溪）13.5 公里三级路改造工程建成通车。

1 日 "纪念中华苏维埃共和国邮政总局成立 60 周年大会"在人民邮电的诞生地——瑞金举行。陈丕显、杨成武、肖克、张爱萍、钟辉、杨泰芳、毛致用等分别题词。中国集邮公司专门发行邮资纪念封一枚。

1 日 公安部部长兼武警部队第一政委陶驷驹、武警部队司令员周玉书、政治委员徐寿增近日联合签署命令：给予武警鹰潭市支队机动中队战士肖兴华记一等功一次，给予武警抚州支队司令部副营职参谋杨平昌记二等功一次。

1 日 在马尼拉举行的亚洲第二次奥运会拳击资格赛上，江西省选手潘峰、百崇光、刘刚 3 人取得奥运会入场券。

2 日 泰国正大集团副总裁陈利强、助理副总裁翁炳文来顺外村就联合办饲料厂进行了实地考察和洽谈，双方达成协议：在昌九工业走廊合资兴办"南昌正大畜牧有限公司"，总投资为 3850 万元，年产饲料 18 万吨。协议规定，顺外村提供 120 亩土地，正大集团投资 1925 万元购置设备，合作经营35年。

2日　在北京结束的"全国青少年环境保护知识竞赛系列活动"中，江西代表队九江市的李钦和孙威分别获图画比赛一等奖；南昌市的刘琦获二等奖，李晶获讲故事比赛三等奖。

4日　共青团江西省第十一次代表大会在省

共青团江西第十一次代表大会在南昌召开，200多名少先队员手捧鲜花，向大会献花献词

军区大礼堂召开。581名团代表，代表162万共青团员出席大会。大会听取省委领导同志的讲话；听取和审议并通过共青团江西省第十届委员会的工作报告；选举产生共青团江西省第十一届委员会，选举黄建盛为团省委书记，舒国华、李春燕、陈为民为团省委副书记；表彰了一批先进基层团组织、优秀团干部和优秀团员。省委领导向大会表示祝贺。大会于7日结束。

4日　江铃汽车集团公司向江西省灾区捐款2000万元。

4日　江西师范大学美术系100余名青年师生，代表全校4000余名团员青年在一块70米长的布上作画，纪念建团70周年。中顾委委员白栋材题写了画卷的主题："伟大的党、光荣的共青团。"

4日　副省长周慈平在青山湖宾馆接见澳大利亚考察团一行3人。以魏德先生为团长的澳大利亚考察团对赣州地区信丰、南康两县进行"澳援系列扶贫"项目进行评估、考察。申报援款额为586万澳元，合人民币2460万元。援款为无偿使用。

4日　全国人大常委、原全国妇联副主席、书记处第一书记郭力文听取省妇联和省公、检、法、司、民政等有关单位对《妇女权益保障法》的宣传贯彻情况汇报。

4日　中国红十字会总会表彰了一批1992年抗洪救灾的先进集体和个人，江西有一个单位和五位同志受到表彰。

4日　皖赣铁路线上跨度最大的立交桥——乐平李家岭立交桥建成通车。乐平李家岭立交桥位于皖赣、乐德铁路与206国道、乐弋、乐德公路交汇处。全长955米，桥面宽14米，最大跨度54米，桥面离地高度9.22米。

5日　省工商联主委厉志成、经联处赵晓芙对南昌地区部分"三资"企业，华威食品有限公司、华建塑胶有限公司、华信皮革有限公司、昌特巾被有限公司、新世界通讯电子有限公司、中美合资南昌百事可乐有限公司、江西包装印刷有限公司以及进贤县文港、李渡"三资"企业进行调查，于11日结束。

6日　中港合资企业——景德镇华峰瓷业有限公司在景德镇成立。

6日~9日　"洪城大厦杯"全国武术锦标赛在南昌举行。江西选手吴强夺得1992年全国武术锦标赛套路团体赛（乙级赛区）的男子棍术金牌。李亚和刘艳芹分别获该项第三名、第五名。全国20个单位、31支男女代表队的152名运动员参加比赛。

6日　省妇联主任段火梅陪同全国妇联书记处书记康冷到共青、九江、庐山、湖口、景德镇、鹰潭、南昌、新余、分宜、萍乡等地考察妇女儿童工作。考察活动于14日结束。

7日　江西省首届乘用车辆展评会在南昌举行，14个厂家的40多辆各式乘用车在人民广场展示。展评会共评出设计奖12名，工艺和造型奖各11名。上饶客车厂获三项五个奖，富奇和上高特种汽车改装厂分别夺三项4个奖，昌河、南昌客车厂获三项奖，消防车辆厂得到两个奖。展评会于9日结束。

8日　省委、省政府召开各地、市分管农村工作书记会议，省委书记毛致用讲话。讲话内容为：（一）将人口增长比例降下来，关键是要把计划生育的目标和措施真正落到实处；（二）把乡镇企业搞上去，要尽量争取上得快一些；（三）走"三高"农业之路，问题是要在新的起点上脚踏实地迈大步。省长吴官正就计划生育、乡镇工作、"三高"农业的问题讲话：（一）乘势而上，扎实工作，全面完成江西省人口计划：1.加强领导，坚持各级党政一把手亲自抓，负总责；2.下大决心，花大力气加强基层建设和基础工作；3.充分发挥党团员和干部在计划生育中的模范作用；4.全社会都应重视和支持计划生育工作。（二）继续贯彻大发展、大提高方针，把乡镇企业更快更好地推向前进：1.再来一次思想动员；2.多渠道增加投入；3.全方位推进开放；4.积极开拓国内外市场；5.拓宽发展思路。（三）大力发展"三高"农业，实现农业发展新跨越：1.围绕农民增收、搞好农业综合开发，进一步调整农村产业结构；2.抓好农科教结合，搞好综合配套服务；3.立足服务生产，进一步搞活农产品。

8日　江西万平电子集团在景德镇正式成立。该集团以公有制为主体，以股份制为基础，以资产为主要纽带，以承包经营为主要形式，由跨地区、跨行业、跨所有制的62家企事业单位组成，到"八五"期末，工业产值可达3.5亿元，年销售收入2亿元，年税利2500万元，年出口创汇2500万美元。

8日　最高人民检察院在北京召开全国检察系统先进集体、先进个人表彰大会。宜春市人民检察院和萍乡市人民检察院检察长黄建生、樟树市人民检察院检察长刘泉根受到通令嘉奖；修水县人民检察院、上饶县人民检察院、萍乡市城关区人民检察院、南昌县人民检察院被授予"先进集体"称号；赣州分院刑事检察处处长李先禄、安福县检察院检察长汤冬根、都昌县检察院检察长王法贵、乐平县检察院副检察长俞桂模、萍乡市湘东区检察院经济检察科副科长熊初生、江西省检察院司机吴牛根被授予"先进个人"称号。

9日　湖口县啤酒厂生产的"女儿红"酒，获得在杭州举行的37国食品国际博览会金奖。

9日　江西省24家食品企业在南昌成立"江西省星火甘茶蔓饮料开发公司"。争取在两年之内把甘茶蔓饮料打到国外去，形成年产值上亿元的生产规模。

9日　破获"1.13"特大持枪杀人犯罪团伙案表彰大会在南昌召开。"1.13"案件是发生在1992年1月13日厦门开往鹰潭的476次列车上，4名歹徒持枪行凶杀人的特大案件。江西省公安干警、武警、民兵经过两天战斗于15日击毙3名、击伤1名歹徒，取得全胜。省长吴官正等出席大会，公安部、铁道部的代表也出席大会，公安部、铁道部、武警总部为大会发来了贺电。

10日　在1992年"波兰协会杯"国际皮划艇比赛中，江西省运动健将刘庆兰与队友配合默契，夺得了女子500米4人皮艇第一名和双人皮艇第四名。

11日　修水县瓷厂与景德镇陶瓷学院应用低膨胀陶瓷新工艺，联合研制生产具有国际先进水平，一次急冷温差380℃不爆裂的高耐热陶瓷炊餐具，在第三届国际陶瓷工业展览会成为外商抢手货，产品先后在国家和省专利产品展览会上获奖。列入国家重点新产品生产项目。

11日　国内第二代环幕摄影机在江西光学仪器总厂研制成功。这台环幕摄影机首次采用CCD摄像头取景，液晶显示，可用于航空拍摄。它由9台摄影机组成，360度、全方位同时拍摄，是当前国际领先的设备。

11日　省政府发出紧急通知，严禁各地乱设卡、乱检查、乱收费、乱罚款。省政府要求各地市及省公安、交通等有关部门要在本月20日前将执行结果报省政府。

11日　省政府批准万载县双桥乡出口花炮

厂职工为抢救落水儿童而英勇献身的女青年朱月英为革命烈士。

11日 省信访工作暨首次"双先"表彰会在南昌召开。在这次会议上受表彰的信访工作先进单位44个，单项先进集体15个；先进信访工作者148人。大会还向从事信访工作10年以上的218位同志颁发了荣誉证书。会议12日结束。

11日~16日 江西金三角企业家俱乐部在南昌市举办第二届书画展，展出一百余幅书画作品，大都来自各地大中型企业和机关团体。

12日 《江西日报》报道，江西参加房改的人数达352.86万人，其中参加3个单项改革的有211.31万人；参加房改的公有住房面积3582.87万平方米。省建设银行所属93个房地产信贷部筹集住房基金2.62亿元，其中三级住房基金2.38亿元；出售公有住房共41961套，计262.42万平方米，已回收售房预付款1.76亿元；集资建房、合作建房共1.8万余套，计107万平方米，筹集个人建房资金近1亿元，已经竣工的有21.4万平方米；实行3个单项改革的39个市县，年新增租金2704.08万元，到1991年底共收取住房保证金1039.8万元；实行超标加租面积22万平方米，退出公房、大房换小房、清理空关房、漏管房共4023套，近15万平方米。

12日 景德镇市光明瓷厂、焦化煤气厂等4家企业的5个技改项目相继开工，景德镇陶瓷基地技术改造系统工程进入实质性建设阶段。

景德镇市环境保护局协助市焦化煤气厂建设的酚氰废水处理场

12日 省政府发布实施《江西省关于鼓励开发昌九工业走廊的规定》。该规定共28条。

12日 南城县徐家乡电话全部进入全国自动网。成为江西省农村电话最早进入程控的乡镇之一。

14日 江西省旅游协会成立。

14日 新余市工商行政管理局渝水分局良山工商所，连续十年被评为省、市、区工商行政管理系统先进单位，1992年被评为全国工商行政管理系统先进单位。

14日 国家建材局在德安水泥厂召开机立窑综合节能改造示范线的验收会议，国家建材局生产管理司司长朱祖华、省建材局副局长万义铨参加验收会。此节能项目总投资201.25万元。

15日 省政府召开江西省建设工作会议。改革十多年来，江西省建筑业社会固定资产投资483.15亿元，1991年建筑行业总产值为25.8亿元。到1995年，总产值要达到32亿元。会议提出，进一步转变观念，务实创新，拓宽路子，多方筹措资金，促进江西省建设再来一个跳跃式发展。要以"房改"为契机，推进城市建设综合开发。

15日 江西已有民办科技实业171家，从业人员3000余人，其中科技人员占47%；累计创产值5000多万元，向国家上交税金500余万元，开发科技成果300余项。

15日 铜采能力全国第二、硫采能力全国第一的城门山铜硫矿的有关科研工作通过国家鉴定。该矿地处九江县境内，是规划中的昌九工业走廊10个开发点之一。据勘探，这里铜、硫储量分别高达165万吨和3700万吨。

15日 巴基斯坦空军参谋长法鲁克上将和夫人一行，抵达南昌参观访问。省委常委、省军区司令员张传诗，省军区参谋长仲清会见巴基斯坦贵宾。

15日 省物价部门制定的深化价格改革的11条措施付诸实施。新的价格改革措施规定：对原实行国家定价和国家指导价的彩色电视机、花布、色织布、维棉布、卫生衫裤、苎麻纺织品、各种毛线、各种鞋、省产名优酒、酒精、肥皂、火柴、麻袋等和粮油副产品的厂销价格，黄红麻、糯稻购销价格以及文艺演出、体育比赛、表演门票票价，电影录像带租价等25种市场消费品、农副产品价格和收费标准放开，实行市场调节，由生产和经营单位自主定价，将花色面条、机制米粉干价格直接下放到各县（市）物价局管理。

16日 遂川县天子地家畜良种场在平整土地时发现一批墓葬，经发掘，已清理出我国南北朝时期的拱形墓共11座。这批古墓葬为研究南北朝时期长江以南的经济、文化及生活习俗提供了实物资料。

16日 省政府、交通部在南昌召开晏军生同志英雄模范事迹表彰命名大会。会上宣读了中共交通部党组、交通部关于开展学习晏军生同志英雄模范事迹活动的通知。晏军生是2月1日为保护28名旅客的生命和国家财产安全而壮烈牺牲的。

16日 江西铜业公司与中国有色金属工业总公司签订1992年至1998年为期7年的"投入产出总承包"。承包总目标：实现矿产铜含量、电解铜能力、利税总额3个翻番。

17日 江西省治理"三乱"领导小组确定取消48项基建乱集资项目。

17日 抚州市少年体校举重班运动员秦广，在福州举行的全国举重锦标赛82.5公斤级比赛中，以抓举132.5公斤，打破了123公斤的江西省最高纪录。在挺举比赛中，以172.5公斤成绩打破167.5公斤的江西省成年最高纪录，并以305公斤的总成绩打破江西省290公斤的总成绩最高纪录。

18日 在全国田径锦标赛上，江西运动员毕忠以74.02米的成绩获链球决赛金牌，姜兴东夺第五名，成绩为66.74米。闵春凤以63.92米的成绩获女子铁饼第三名。

18日 全国钢材订货会在南昌开幕。全国

50个省、市、自治区和计划单列市，国家70多个部委办以及110多家钢铁企业的代表约8000人，会外代表6000余人参加这次订货会。

18日 江西东方力可生制药有限公司在南昌市郊湖坊村破土兴建。这个合资企业由江西东方制药厂和香港力生医药保健品有限公司合办，双方共投资439.63万美元，年产可达7000万元，年创利税800万元。

18日 威鑫制药有限公司举行开业典礼，副省长周慭平等参加开业仪式。

18日 1992江西出口商品展销会暨对外经济技术洽谈会在香港华润大厦隆重开幕。

18日 九江长江大桥合龙。九江长江大桥是长江上的铁路公路两用桥。

建成后的九江长江大桥

19日 江西省体操运动员邵学群在1992年全国体操冠军赛中获女子自由体操第一名。

19日 省长吴官正率团访问香港。吴官正与港澳中银集团和有关银行洽谈一批项目，并与香港华润（集团）公司、香港招商局、香港中旅集团和中羽公司，商谈进一步加强经济技术合作和贸易；会晤了新华社香港分社社长周南、中银副董事长、中银集团港澳管理处主任黄涤岩、香港贸易发展局总裁苏泽光先生、香港招商局副董事长袁庚、香港中旅集团总经理马志民、华润（集团）公司总经理朱友蓝等金融、工商界人士和江西同乡；考察了香港的证券市场、海空货运、高新技术开发、房地产开

发等第三产业，与黄涤岩主任签署了会谈纪要。双方对合资兴建年产200万平方米的常鑫瓷质砖有限公司、南昌新技术开发区等十个项目，签署了投资、融资2560万美元的合同意向书。访问于25日结束。

20日 省委领导会见了以乌干达全国工会组织副总书记卡津达女士为团长的乌干达工会代表团。

20日 江西省举重运动员杨磊代表中国青年队在保加利亚瓦尔那市举行的世界青年举重锦标赛上，以317.5公斤总成绩获67.5公斤级比赛第一名。

20日 省卫生厅举行"雷大贞医学教育奖学金"签字仪式暨新闻发布会，该奖学金系美籍华人王鸿滨捐资设立。

21日 江西电影制片厂与中央电视台合作，由江西电影制片创作并组织拍摄的8集电视连续剧《铁血共和》获1992年度"五个一工程"优秀电视剧奖。

22日 经国家地质科学工作者最近勘探表明，在德兴市南部有座特大型黑色花岗岩矿，其储量列华东、华南之最。

22日 省政府下达1992年第一批基本建设重点工程项目32项。这些项目年度投资计划总额20.6亿元。可新增年产值5.03亿元，年利税1.29亿元。

23日 省卫生厅、省人事厅颁发《关于定期下派卫生技术人员到农村医疗卫生单位工作的规定》。

23日 国家教委表彰在普通高校招生中做出突出成绩的151个先进集体和339名先进个人。江西农大招办、南昌冶院招办、吉安地区高招办和新余市高招办获先进集体奖；江西省高招办主任钟树荣等13人获先进个人奖。省高招办在高考作文阅卷中进行评分误差控制的改革试验获得"积极推进招生改革奖"。

23日 由南昌钢铁厂与冶金部钢研总院、华东交大以及江西采矿机械厂、南方电动工具厂等合作研究的新材料"含铌非调质钢"通过鉴定。参加鉴定的教授、专家认为，这种"含铌非调质钢"在国内是首创，性能、质量达到国际先进水平。

23日 为纪念毛泽东《在延安文艺座谈会上的讲话》发表50周年，省文化厅、省剧协主办第三届江西"玉茗花"戏剧节。此届戏剧节从江西各地、市选调了18台、大小共38个新剧目，22个代表队参加展演。共评出集体和单项奖305个。戏剧节于6月10日结束。

24日 赣州市青少年宫5岁小学员李玮创作的题为《我的动物世界》的彩笔画长卷被选中参加全国"百宫少儿书法、绘画优秀教学成果展"。该幅画卷长41米，宽70厘米。他的另一幅作品于3月20日在江西获一等奖。

27日 在中国职工思想政治工作研究会第七次年会上，南昌铁路分局、江西汽车制造厂、中国银行江西省赣州支行获1990年度"全国思想政治工作优秀企业"称号。

27日 上饶客车厂青年技术员程若峰、朱叶科、张翔、赵林设计研制的电力电讯油田工程车获国家计委、国家科委、中国科协、共青团中央联合颁发的"首届中国青年科技成果博览会"金奖证书。

28日 深圳市总工会与南昌市总工会在南昌举行两地建立友好城市工会的签字仪式。

28日 据省专利管理局统计：1991年江西省3种专利共申请825件，授权300件，较历史最高年分别增长37.3%和6.4%。1992年1月至2月，江西省申请专利129项，授权44项。自《专利法》实施以来，截至1991年，江西省共申请3种专利3110件，授权1134件，百项专利技术实施累计创产值9.23亿元，利税1.23亿元，创汇300万美元。

29日 全国融资洽谈交易会在南昌召开。参加交易的有18个省市工行及江西11个地市工行，当天成交60笔，拆入、拆出资金共6.5亿元，其中拆入江西省资金1.55亿元。

29日 全国人大常委会副委员长倪志福于本日至6月2日赴九江、庐山视察。

30日 九江市举办全国集邮家集邮邀请展览，并在浔阳楼召开"海峡两岸集邮座谈会"。

30 日 金溪蚕农饲养的"三眼蚕"获得国家发明二等奖。

31 日 第六届全国屈原杯龙舟赛、中国庐山杯国际龙舟邀请赛5月31日至6月5日在九江举行。这次邀请赛的主题是"团结、友谊、繁荣、发展"。党和国家领导人李铁映、倪志福、洪学智、叶选平,国家体委副主任、中国奥委会主席、国际奥委会副主席何振梁,中国农民体育协会主席肖鹏,澳大利亚驻华大使雷涛乐及夫人,原中国驻澳大利亚大使张再及夫人,省委、省政府、省人大、省政协、省军区领导同志等出席了开幕式。开幕式由"双杯"龙舟赛组织委员会主任、副省长周慤平主持。国内外34支龙舟代表队参赛,江西共青鸭鸭队获屈原杯女子600米和庐山杯女子1000米直道竞速两项冠军。同时举行了商品贸易交易会和文化艺术、陶瓷、珍禽标本等多项展览及晚会。参加商展的省内外单位1000多家,中外客商8600人,成交金额达15亿多元。

31 日 由南昌市职工子弟《小猕猴》书画之家和俄罗斯·萨夫诺沃市少儿艺术学校共同举办的少儿画展在南昌市展出。画展共展出作品四百多幅,其中《小猕猴》书画之家300多幅,有版画、中国画、书法等;萨夫诺沃市少儿艺术学校100幅,有版画、水彩画等。画展于6月8日结束。

31 日 截至月底,昌九工业走廊内新批迁入外商投资企业76家,比1991年同期增长3.8倍;新签外资合同金额3355万美元,比1991年同期增长5.2倍。1992年投资项目中外资金额增加,金额达44万美元,比1991年增长30%;外商履约加快,技术档次有所提高;出口型企业多,创汇能力明显增强。

本月 抚州棉纺织厂职工学校教师陈炜先研制的十多项科技成果,有三项获国家专利,其中,声控延时节电灯被评为省级专利技术银奖。他的发明被列入中国科技出版社出版的《中国现代发明家大辞典》。

本月 萍乡市城关区高坑镇、德兴市银城镇、新干县三湖镇、宜丰县天宝乡、广昌县盱江镇、浮梁县湘湖乡、新余市渝水区珠珊乡、南昌县塘南乡、宁都县刘坑乡、瑞昌市范镇乡、鹰潭市月湖区童家乡11个法律服务所被国家司法部授予"全国优秀法律服务所"称号。

本月 国务院将九江列为长江沿岸五大开放城市之一。

本月 江西人民出版社出版的《农村百事通》在人民大会堂举行创刊10周年汇报会。陈锡联、严济慈、王首道、王光荣应邀与会。

本月 江西省"江铃汽车"获1992年中国新产品新技术博览会金奖。1992年1月至5月,实现销售收入4.7亿元,利润1.1亿元,上缴国家利税4256.6万元,分别比1991年同期增长117.3%、135.6%和141.1%。

1992

6月

June

公元 1992 年 6 月							农历壬申年【猴】						
日	一	二	三	四	五	六	日	一	二	三	四	五	六
	1 儿童节	**2** 初二	**3** 初三	**4** 初四	**5** 芒种	**6** 初六	**7** 初七	**8** 初八	**9** 初九	**10** 初十	**11** 十一	**12** 十二	**13** 十三
14 十四	**15** 十五	**16** 十六	**17** 十七	**18** 十八	**19** 十九	**20** 二十	**21** 夏至	**22** 廿二	**23** 廿三	**24** 廿四	**25** 廿五	**26** 廿六	**27** 廿七
28 廿八	**29** 廿九	**30** 六月大											

1 日 江西省妇产医院陈贻训、周元等完成的"宫颈储备细胞癌变的免疫组化、超微结构和临床—病理研究"课题，通过鉴定。此项研究成果有利于宫颈癌变的早期发现、早期诊断和早期治疗。经省妇产医院、中国医科院肿瘤医院、山西省肿瘤医院应用，中国医科院药物研究所新合成的维胺酸治疗宫颈非典型增生 128 例，病变消失率为 68.4%，有效率达 79.8%。

1 日 应省政府邀请，日本冈山县以知事长野士郎为团长的友好访问团一行 61 人访赣。省长吴官正和副省长舒圣佑、周慈平会见并宴请了客人，中日友协会长孙平化及夫人参加会见。省人大主任许勤会见冈山县议会长熊本睦夫等 12 位议员。双方正式签署了《中国江西省与日本冈山县缔结友好省县关系协议书》，并在南昌人民公园栽下 10 棵从日本运来的白桃树。访问团还参观了南昌、九江和景德镇市。于 4 日结束（从 1984 年至今，江西省和南昌市先后与美国、日本等 5 个国家的 8 个州、共和国、市、县正式缔结友好关系。其他分别是：1984 年 3 月 22 日，江西省与原南斯拉夫马其顿共和国正式缔结友好省共和国关系；同日，南昌市与原南斯拉夫马其顿共和国首都斯科普里市正式缔结友好城市；1985 年 4 月 3 日，江西省与德国黑森州正式缔结友好省州关系；1986 年 7 月 10 日，江西省与美国犹他州正式缔结友好省州关系；1988

江西省与日本冈山县缔结友好省县关系协议书签字仪式

年 6 月 2 日，江西省与日本岐阜县正式缔结友好省县关系；同年 8 月 20 日，南昌市与墨西哥托卢卡市正式缔结友好关系；1990 年 9 月 26 日，南昌市与日本高松市正式缔结友好关系）。

1 日 全国政协副主席叶选平抵达江西，前往共青垦殖场、庐山、景德镇、婺源、南昌、赣州等地进行为期 8 天的考察。

2 日 在九江县新合乡文湾村发现我国近代著名记者黄远生家谱。据谱中文载：1179 年朱熹在庐山白鹿洞书院讲学时，与得意门生黄灏（远生族祖）主修的家谱作序两篇，序中阐述了他的自然科学思想和伦理道德观念。

全国四大书院之一的白鹿洞书院

2 日 1990 年以来，省民政厅立足省情，坚持改革，多层次、多渠道、多形式推动城市社会福利事业社会化、社区服务、创收积累三轮齐转，取得成效。当前，国家、集体、社会、个人兴办城镇福利事业单位、社区服务组织及设施网点共 8914 个。江西为城市老年人提供服务活动室、老龄公寓 1596 个，拥军优属服务组织及服务网点 3917 个，移风易俗理事会 768 个，康复工疗站和聋耳培训班等组织设施 50 个。

2 日 江西画报社大楼举行落成典礼。江西彩色图片中心引进了日本诺日土 QSS – 1201 彩扩系统。从按下键钮到出照片只需 8 分钟，并配有变焦镜头，可对照片款式进行多种选择。

2 日 邵逸夫先生第三批赠款工程项目颁奖仪式在上海复旦大学举行，江西师大计算机教学

楼工程获三等奖。江西师大计算机楼现已命名为"逸夫楼"，是香港知名人士邵逸夫爵士于 1988 年捐赠二百万港元资助、省配套建设投资兴建的工程项目。

2 日 国内的红教（喇嘛教"宁玛派"的俗称）道场，在庐山诺那塔院举行开光法会。诸山长老，檀越信士及台湾、香港和马来西亚嘉宾共 300 多人，庆祝诺那塔院修复落成。诺那塔院坐落在庐山的小天池，是藏密宁玛巴教第三十二代祖师、圆觉宗第五代心法传承祖师、清封金塘活佛第七世诺那呼图克图于 1936 年 3 月 22 日圆寂后的安葬地。塔院主要由诺那塔、莲师殿、诺那精舍组成。全国政协副主席、中国佛教协会会长赵朴初题写了"庐山诺那塔院"院名。

3 日 彭泽县被卫生部列为全国八个血防综合治理县之一。试点任务是：加强查病治病，控制血吸虫病；综合治理，破坏钉螺滋生环境；采取多种方法进行全员健康教育；改水改厕，改善农村卫生面貌；加强血防机构建设，提高服务能力。

3 日 我国首条齿轮激光焊焊接生产线在南昌齿轮厂建成并投入生产。该生产线集光、机、电、微机控制为一体，是中国科学院 10 项国家科研课题之一。

3 日 南昌育才实验厂试制生产的医用棉球机、医用纱布切割机和医用针头冲洗磨机，通过鉴定。

4 日 国家计委和能源部批准新余发电厂扩建两台 20 万千瓦燃煤机组。总投资为 7.4 亿元，由国家能源投资公司和江西各投资 40% 和 60%。1996 年全部建成投产。

5 日 全国环境保护先进企业表彰大会在北京人民大会堂召开，全国 103 家企业受到表彰。中央驻省企业江西铜业公司贵溪冶炼厂以及南昌柴油机厂、国营第八三四厂获表彰。

5 日 新余钢铁总厂在全国铁合金锰铁高炉企业等级炉评定中，五台高炉、电炉全部进级，其中锰铁高炉囊括全部特等、一等炉称号。

6日 省地矿局九一二大队提交的《江西省贵溪县鲍家银铅锌矿详查报告》获地矿部1991年找矿一等成果奖。

6日 中国国民党革命委员会江西省第八次代表大会开始举行。会议的主题是，认真学习、深刻领会邓小平视察南方的重要谈话和中共中央政治局全体会议精神。舒圣佑代表省委讲话，勉励江西省民盟组织，团结一切可以团结的力量，发挥自身优势，积极投身改革开放。

6日 江西、山西、陕西、甘肃、贵州、四川六省联合在南昌召开首次老区经济文化开发研讨会，全国政协常委胥光义出席会议，省长吴官正看望代表并讲话。

6日 在国家地震局、建设部联合发布经国务院批准的《中国地震烈度区划图（1990）》中，九江市以及九江、修水、瑞昌、星子、庐山、彭泽、湖口、瑞金、石城、安远、定南、龙南、全南、宁都、大余等市县列为六度设防区；寻乌、会昌两县为七度设防区。

6日 农业部乡镇企业司在井冈山市召开"全国中部地区乡镇企业发展战略研讨会"。此次会议按6项指标考核的综合水平，江西列入中部地区，总得分60分，排在中部地区十个省的末位。12日，省长吴官正听取省乡企局汇报后作出四点指示：请省乡企局将1月至5月份各地市县乡镇企业的经济指标排出名次，发给各级领导对比一下，力争增长速度达到50%；江西经济发展速度要略高于全国平均水平，乡镇企业是很重要的方面；在乡镇企业的第二轮大发展中，江西一定要有突破性前进；选准项目，增加投入；各级乡镇企业的管理机构、人员要稳定，机构变动要慎重。13日，省政府办公厅发出《关于认真贯彻省长吴官正对当前乡镇企业发展意见的紧急通知》。会议于8日结束。

7日 江西省卫生厅、省中医学院消息：近年来，江西先后向突尼斯等国派出13批医疗队15名针灸医生，累计治病400多万人次，接受日本、法国、丹麦、荷兰、原苏联、香港等11个国家和地区的30多名留学生、进修生来赣学习，

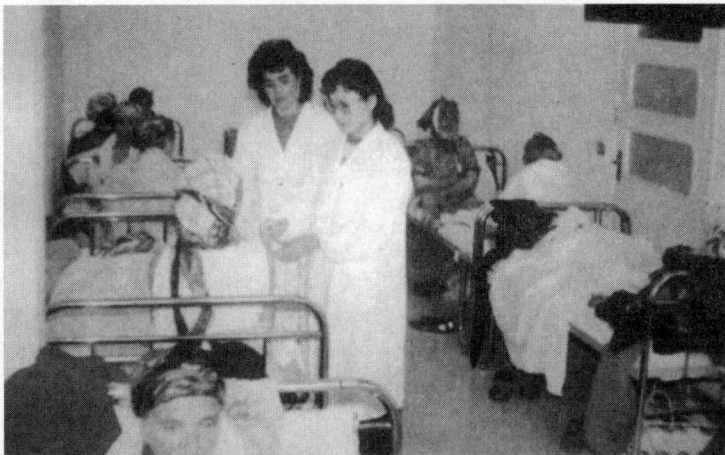

江西省第九批医疗队在突尼斯工作

10多种中成药打入国际市场。最近突尼斯政府卫生部长代表本国政府，授予江西省医疗队"国家卫生奖章"。

9日 由南昌市建设银行独家开发研制的NJC－8901计算机储蓄事后监督软件，获第二届全国电子信息应用展览会优秀项目奖。

9日 江西省国营七一三厂研制出400W短波自适应通讯系统发射机。

9日 南昌市委、市政府举行昌北开放开发区管理委员会成立大会，庆祝昌九工业走廊南端的重要起步区——昌北开发区，进入全面起步实施阶段。省委书记毛致用、省长吴官正为昌北开放开发区管委会牌揭幕。省党政军领导参加了大会。南昌市市长兼开放开发区管委会主任蒋仲平宣布开发建设计划：准备用10年左右的时间，新办"三资"企业200多个，新增产值66亿元，总产值力争超过80亿元，区内人口达30万人，把昌北建成开放型、高起点、综合性的现代化经济区和新城区。

9日 省委书记毛致用、省长吴官正和泰国正大集团执行副总裁李绍庆参加南昌正大畜禽有限公司奠基仪式（该公司于1992年8月7日动工兴建，1993年6月建成投产，设计能力为年产18万吨全价配合饲料）。

9日 省政协、省委统战部举行茶话会祝贺各民主党派代表大会胜利闭幕并选出新一届领导班子。省民革八大选举张华康为主任委员；民盟九大选举陈癸尊为主任委员；民建四大选举樊海

山为主任委员，沈翰卿为名誉主任委员；民进三大选举刘运来为主任委员，金立强为名誉主任委员；农工党七大选举沃祖全为主任委员，黄立圻为名誉主任委员；九三学社选举廖延雄为主任委员。

9日 省人大常委会召开主任扩大会议，听取省政府关于《企业法》执法检查进展情况的汇报。人大常委会主任许勤讲话强调：通过《企业法》执行情况的检查，加快企业技术改造步伐，增强产品竞争力。

9日 规划面积78.8平方公里的南昌市昌北开放开发区正式成立，接着，九江八里湖、共青、桑海、云山、星火、金牛、银三角开发区相继沿昌九走廊排开。它们与赣州黄金岭、抚州金巢、东乡红星、大茅山等开发区均为省级开发区。11月，经国务院批准，成立了国家级南昌高新技术产业开发区。

9日 当日至15日，由校长兼政委张震上将率领的国防大学210多名学员组成的赴赣见学团

张震上将（前排左一）一行乘专列到达南昌

在南昌、吉安、井冈山、宁冈和永新参观学习。见学团此次是专程前来中国人民解放军诞生地和井冈山革命根据地开展现场教学，着重学习党史、军史，学习井冈山斗争的经验。1985年正式命名的国防大学是我军培养高级干部的最高学府，前身为井冈山斗争时期的红军教导队、中央苏区的红军大学、延安时期的抗日军政大学。此后，国防大学每年均由校长带队来江西地区参观见学和进行革命传统教育活动。

10日 江铃汽车集团科技奖励基金捐赠仪式在江西省科技活动中心举行。江铃汽车集团是江西省依靠科技进步发展起来的明星企业集团。首批120万元奖励基金将购买江铃汽车集团的优先股股票，年收益率可达15%。每年度用于奖励的经费是基金的增值部分，可达18万元左右。当前，江铃科技奖励基金会暂设科技精美奖、科技贡献奖、青年科技奖3种奖励。由江铃科技评奖委员会负责评奖。

10日 文物工作者在江西省安福县山庄乡大智村境内，发现大面积明代岩刻群。该岩刻分布在大智村西和村南的山峦旁，共有刻石18处，计有楷书题赋40多幅，1万多字，总面积200多平方米。其中最大的"述德亭"刻石高4.5米、宽6.7米，阴刻6厘米大小的文字近3000字。经有关专家考证，该岩刻镌刻于明中叶天顺、成化年间，为礼部尚书彭华的功德刻石，由彭华同僚及部属题镌其故里。

10日 江西省1991年三大检查总结表彰大会在南昌召开。大会充分肯定了税收财务物价大检查取得的显著成效，截至4月底，全省共有6.5万余户企业和单位进行了自查，对3万余户企业和单位进行了重点检查，查出各种违纪金额3.04亿元，其中入库1.86亿元，已入库1.8亿元，入库率为96.05%，高出1991年8.1个百分点，高出全国平均水平2.8个百分点。会议于11日结束。

10日 "江铃汽车"荣获1992年中国新产品新技术博览会金奖。江铃汽车集团1991年实现利税1.89亿元，比1991年增长50%。1992年1月至5月，该厂实现销售收入4.7亿元，利润1.1亿元，上缴国家利税4256.6万元。

11日 省经委办与中国海外贸易总公司签约，组织江西省纺织、轻工、食品等行业价值1000万元的货源赴乌克兰共和国展销。7个地市、20个企业的71个品种的货物已于当日发往乌克兰。

11日 "江西省竹业综合开发公司"成立，全民所有制企业，隶属于省林业工业公司。

11日 由江西中医学院针灸骨伤系讲师、主治医师吕少平与江西电缆厂助理工程师胡文飞

共同设计的多功能组合式针灸器获国家专利。

11日 由联合国儿童基金援助，江西省妇联举办两期共300名家庭教育骨干培训班。培训班于21日结束。

12日 国务院口岸办等有关部门组成的验收组对九江口岸进行了全面验收，参加在九江市举行的验收签字仪式。出席签字仪式的有：国务院口岸办主任唐筱光、省长周慜平和口岸验收组及省市有关部门。九江港拥有码头44个，库场面积7.1万平方米，年通过能力达70万吨。其中供外贸、油品专用的码头可同时接纳5艘5000吨级海轮泊港作业。年吞吐量可达400万至450万吨。12年前，九江港开办了国轮对外贸易运输业务，已开辟直达日本、东南亚、香港等国家和地区的航线，成为具有现代化先进装卸设备的码头。

13日 共青垦殖场同代理发行企业债券的中国农业银行信托投资公司、中国农业银行江西省信托投资公司三方负责人签字仪式暨新闻发布会在北京人民大会堂举行。农业部副部长洪绂曾，省委常委、省委农村工作委员会书记张逢雨和国务院有关部门、金融界、新闻界200余人出席会议。共青垦殖场向省外发行企业债券1亿元。

15日 江西赛艇男队在上海"大集成"杯国际赛艇赛中获两枚金牌。

15日 国务院口岸办主任唐筱光率公安部、卫生部、农业部、海关总署、中国民航组成的验收组对南昌航空口岸进行验收，举行签字仪式，副省长周慜平参加签字仪式。1988年12月，省政府开通南昌至香港临时包机，三年多共飞行550架次。南昌航空口岸的通讯、导航、安全、供应服务及口岸检验等设施已适应正式飞行需要。

15日 省政府就广丰、玉山等9个县脊髓灰质炎暴发流行发出《关于控制脊髓灰质炎暴发流行的紧急通知》，要求各级政府采取有效措施，迅速控制和消灭疫情。

15日 江西省禁毒委员会成立，省人大常委会副主任王昭荣兼任省禁毒委员会主任。

15日～24日 中国哈尔滨第三届边境、地方经济贸易洽谈会召开，江西21个出口企业作为华东总团江西分团参加此次洽谈会。江西的羽绒制品、陶瓷、电子、轻工、食品、纺织、服装等十大类1000多种产品与独联体国家、捷克签订易货贸易和现汇贸易合同总额为1318万美元，结识新客户100余家，签订经济技术合作意向协议四个。

16日 省工商联召开全体干部职工大会，学习江泽民在中央党校的重要讲话《从中央到地方要落实邓小平谈话精神，把经济建设和改革开放搞得更快更好》。省工商联党组副书记严平作了部署。副主委梅俊文传达了全国工商联组织工作会议精神。

16日 省农业科教兴赣工作会议在南昌举行。会议动员全省农业科教工作者，全方位推进农科教三结合，加速江西"三高"农业的发展。会议要求：依靠科技进步使农业增长份额提高到35%；适用科技成果在农牧渔业应用上的覆盖率提高到60%，力争达到65%；实施农业教育"5115"规划；加强乡镇农业科教体系的建设；努力使江西高新技术研究和应用达到全国中等水平，会议于18日结束。

17日 中共江西省代表会议在南昌举行，实到代表375人。会议选举产生了出席中共十四大的代表，研究部署继续深入学习贯彻中央政治局全体会议和邓小平重要讲话精神。省长吴官正作关于出席十四大代表选举工作的报告，省委书记毛致用作题为《把解放思想同真抓实干结合起来，乘改革开放大潮使经济登上一个新台阶》的讲话。讲话共分五个部分：（一）"敢"字当头，把思想解放推向新阶段；（二）加快步伐，努力实现江西省经济的跳跃式发展；（三）大胆放活，把改革开放的步伐迈得更大一些；（四）坚持两手抓，两只手都要硬；（五）转变职能，转变作风，在务实上下硬功夫。会议于20日结束。

17日 省科协首届科技精英奖和青年科技奖评选揭晓。陆孝彭等9人获首届科技精英奖；应明生等10人获首届青年科技奖。这次评选由各级学会、地市科协推荐，省科协专家评审委员会从114名候选人中评出来的。他们在本月下旬召开的江西省科协第四次代表大会上受到表彰和奖励。

18 日　《江西日报》报道，九江市充分利用现有资源、技术条件，采取"四个一起上"的方针，调动各层次、各方面的积极性，组织各方加入走廊建设。"四个一起上"是：国营、集体、个体一起上；国营企业、农垦企业、乡镇企业一起上，使农垦企业和乡镇企业成为走廊建设的生力军；工业、流通、旅游一起上；内资、外资、合资一起上。当前，九江市已与20多个国家和地区建立商贸关系，出口商品达100多个品种，引进外资6000多万美元。

19 日　省政府办公厅要求各地、市、县对贯彻执行《江西省农民负担管理条例》进行检查。同月30日，省监察厅又颁发《江西省关于违反〈农民承担费用和劳务管理条例〉和〈江西省农民负担管理条例〉行政处理的暂行规定》。

19 日　九江发电厂获能源部安全文明生产"双达标"企业。

19 日　江西省中医药学会第三届会员代表大会于当日至20日召开。江西中医医疗、教育、科研机构已发展到103所，中医机构病床已增加到7424张，形成较完整的中医医教研体系，中医队伍发展到12900多名，其中医师以上职称的7900多人，平均每千人中有中医师0.21人。

20 日　"绞股蓝杯"全国羽毛球锦标赛（甲级）在萍乡市举行。

20 日　江西新余钢铁总厂第一炼钢厂打破该厂保持的矩形坯二机四流断面160×220毫米硅钢连浇51小时的全国纪录，创下了连浇83小时，产钢3024吨的新纪录。

22 日　省科协主持的科技工作者座谈会在省科技活动中心举行。省领导出席会议听取科技工作者代表对振兴江西省经济和发展科技事业的意见和建议，畅谈学习邓小平南巡重要讲话精神的体会，共商科技兴赣大计。毛致用在讲话中强调科技工作非常重要，必须对外更积极地引进，对内更大胆地搞活。

22 日　全国初级卫生保健审评组来江西进行抽样审评，宜黄、南城、南丰、高安四个为达标县；新建、兴国、瑞昌、资溪、贵溪和萍乡芦溪区六个为基本达标县（区）。

23 日　临川县一中获国家教委、中国科协授予"第一届全国青少年生物百项活动优秀奖"。

23 日　省政府颁布《关于进一步搞活农副产品流通的通告》。通告共分五条：（一）凡国家和省规定放开经营的农副产品，一律允许自由上市、自由成交、长途贩运；（二）对农林特产税、屠宰税和畜禽检疫费等，要严格实行由产地一次性征收，沿途关卡、交易场所一律不得收取；（三）未经省政府批准，任何地方和部门不得在公路、水路上设置各种检查站、卡，也不准搞临时流动检查；（四）对进城从事农副产品经营的农民，当地政府应责成有关部门在农贸市场或经批准设立的临时性场所，划出足够的经营场地，为其安排好摊位并提供服务；（五）对违反上述规定的，广大群众有权监督、举报。

23 日　国家环保局在南昌市召开全国城市环境监测网络试点工作会议。江西等7省（区），19市的40多名代表出席会议。

23 日　"江西省人大工作理论研究会"在南昌成立。省人大常委会主任许勤任名誉会长，张宇晴、李芳远等任顾问，钱家铭为会长。

24 日　江西省科学技术协会第四次代表大会在南昌举行，600多名代表出席。科协党组书记金祖光作题为《认真学习和贯彻邓小平同志南巡谈话精神，为促进我省经济建设转轨作贡献》的工作报告。会议通过工作报告和修改章程的决议，作出授予陆孝彭等9位同志"科技精英"称号等决定，向科协系统61个先进集体、3个先进单位、189名先进个人颁奖，选举金祖光为新一届科协主席。大会于26日结束。

24 日　省七届人大常委会第二十八次会议在南昌举行，实到代表45人，省人大常委会主任许勤主持会议。会议进行7项议程，听取省高级人民法院副院长李修源作关于江西省法院执行工作情况的汇报；通过关于修改《江西省乡镇集体矿山企业和个体采矿管理办法》的决定和关于进一步贯彻实施《中华人民共和国矿产资源法》的决定；通过关于批准江西省1991年财政决算的决议；通过省人大常委会主任许勤、省高级人民法院院长李迎和省人民检察院检察长王树衡提请的任免名单。会议于27日结束。

25日 国家交通部宣布,九江港自6月28日起正式对外国籍船舶开放。九江港现有6个5000吨级海轮泊位,是江西境内第一个对外国籍船舶开放的港口,是长江第7个对外国籍船舶开放的港口。7月20日,九江港为第一艘外轮洪都拉斯籍"金敬"号举行首航仪式。

25日 全国最大年产1万吨的彩色水泥生产线在上高县白水泥厂投产。该厂生产的"枫叶"牌装饰彩色水泥1991年通过部、省级鉴定。该产品生产工艺属国内首创,其色泽均匀度达到国际先进水平。

25日 江西省建筑工程总公司成立江西省房地产开发建设公司。

26日 由新华社、中央人民广播电台、经济日报社、江西省电视台、省电台、省委宣传部组成的中央、省新闻单位采访团,到上饶地区采访。

27日 江西1992年开始实行普通高中毕业会考制度,首次进行高中毕业历史、生物会考。根据会考方案,从1991年秋季入学的高一新生开始,普通高中全体学生均要参加毕业会考。国家教委、人事部、劳动部联合发文,明确要求今后招工、招干以会考成绩为依据,考试科目由江西统一命题和制定评分标准,统一施考。

29日 江西省"八五"期间的重点电力建设项目——东津水电站开工。东津水电站位于革命老区修水县境内的修河上游右岸东津支流上,建设规模为两台3万千瓦的水轮发电机组。

29日 南昌卫生检疫局成立。该局对外称"中华人民共和国南昌进口食品卫生监督检验所"属国境卫生检疫机关。其基本任务是依法进行国境卫生检疫查验、传染病监测控制、口岸卫生监督及卫生处理、进口食品卫生监督检验。

30日 省政府颁布《关于进一步治理公路、水路乱设卡、乱检查、乱收费、乱罚款的决定》。决定如下:(一)从1992年起,将治理"四乱"纳入各级地方政府和部门目标管理考评内容;(二)为确保江西省公路、水路运输畅通,从

1992年7月20日起,对江西省境内国道、省道、县道上已经省政府批准的335个公路检查站卡再行撤简135个;(三)从1992年7月20日起,全部撤除位于国道、省道上的检查站的拦车杠;(四)凡放开经营的农副土特产品,特别是鲜活商品的运销,在省内不受任何检查,保证畅通无阻。(五)公交部门除交通警察依法上路维护交通秩序和执行追捕逃犯等重要公务外,其他各警种一律不准在公路、水路查扣车(船)、收费、罚款;(六)交通部门除稽查征费和港航监督外,一律不准单独在公路、水路上进行检查;(七)各林业主管部门要强化对森林资源的源头管理,保护好林业资源,对木材检查站需进一步加强管理,对检查人员要经常进行培训、教育;(八)凡未经省政府批准而擅自设立的检查站、收费站均属非法。(九)各级政府和有关部门一律不准向执法单位、检查站下达罚款指标或实行规费收入上交包干、分成。(十)为保证本决定的贯彻落实,各级政府和省政府有关部门要立即制定实施方案,并于7月底前将实施方案报告省政府。

30日 省政协第六届常务委员会第二十次会议在南昌市举行。会议学习邓小平视察南方谈话和中共中央有关文件,听取和讨论省有关部门《关于江西省高新技术产业开发情况的通报》和《关于计划生育工作情况的通报》,审议通过《关于加快高新技术产业开发的建议案》。会议于7月3日闭幕。

30日 江西省各级工商行政管理部门开展打击制售"假冒伪劣"商品活动。上半年共检查

南昌市工商人员在销毁伪劣商品

各类企业 14 万余户，个体工商户 16 万余户，查获"假冒伪劣"商品 230 多种，价值 1.2 亿元，摧毁制假冒商品窝点 120 余处，查处万元以上大案 46 起。查获假冒名酒 40 万瓶，假冒名牌自行车 1.5 万辆，劣质食品 12 万公斤，假化肥 4 万多吨。南昌市工商系统在人民广场和主要街道举行假冒伪劣商品巡展和销毁活动。

30 日 上半年江西省农垦系统引进外资 1318 万美元，新批"三资"企业 20 家，每年可新增产值一亿多美元，新增利税 3000 万美元，新增出口创汇额 1000 万美元。40 家"三资"企业已签约或达成协议，兴办的"三资"企业超过了 1991 年全年的总和。

30 日 江西省城乡出现"保险热"。至本月底，江西种植业、养殖业保险总额达 73038 元，分别是 1991 年同期的 15 倍和 6 倍，各种财产总保额达 81 亿元，1 月至 5 月江西省各项保险业增长 89%。

本月 江西省赣中南农业综合开发第二期开发三年计划着手实施。1989 年 6 月至今的第一期开发项目区内改造中，低产田 350 万亩，开垦宜农荒地 39.8 万亩，造林 67 万亩；新增粮食 7 亿公斤、棉花 750 万公斤、油料 4500 万公斤、肉类 2000 万千克、糖料 990 万公斤、水产品 700 万公斤、水果 4830 万公斤。总效益达 8.5 亿元。第二期计划总投资 5.4 亿元，开发区的范围由原 21 县（市）7 场扩大到 25 个县（市）和 8 个垦殖场。至 1995 年，项目区主要农产品新增生产能力为：粮食 3.5 亿公斤、棉花 400 万公斤、油料 3000 万公斤。

本月 香港国际食品博览会举行。江西遂川狗牯脑茶厂出产的狗牯脑牌精制茶获金质奖。这是该茶继 1915 年获美国巴拿马国际博览会金质奖之后第二次获得国际金奖。狗牯脑茶始创于嘉庆元年（1796），已有两百多年历史。该茶树品种优良，制作精细，外形秀丽，色香味独特。1988 年 10 月曾获中国首届食品博览会金质奖。

本月 江西山江湖工程由国家列为中国区域持续发展的典型，选送至在巴西召开的世界环境与发展大会。

本月 江西省展开儿童情况抽样调查，调查时点为 1992 年 6 月 1 日零时，调查时间是 1992 年 6 月 1 日至 6 月 30 日。

本月 万年县森林病虫害防治站兴办江西省首家"森林医院"，实行咨询、诊断、开方、卖药"一条龙"服务。

1992

7月
July

公元 1992 年 7 月							农历壬申年【猴】					
日	一	二	三	四	五	六	日	一	二	三	四	五	六
			1 建党节	**2** 初三	**3** 初四	**4** 初五	**5** 初六	**6** 初七	**7** 小暑	**8** 初九	**9** 初十	**10** 十一	**11** 十二
12 十三	**13** 十四	**14** 十五	**15** 十六	**16** 十七	**17** 十八	**18** 十九	**19** 二十	**20** 廿一	**21** 廿二	**22** 大暑	**23** 廿四	**24** 廿五	**25** 廿六
26 廿七	**27** 廿八	**28** 廿九	**29** 三十	**30** 七月小	**31** 初二							

1 日 在湖南大庸市召开的全国中药 QC 成果发表会上，樟树制药厂"强化基础管理，提高整体素质，促进企业经济效益"活动成果和泰和制药厂乌鸡白凤口服液 QC 小组"运用 QC 手法，采取先进技术，提高新产品的试（研）制质量"活动成果均获优秀成果奖，抚州市医药公司饮片 QC 小组活动成果获先进成果奖。

2 日 永新县发现 240 余件苏区时期重要革命文物，其中部分属于国家级文物。这批文物包括 1930 年前后赣西南特委、江西省苏维埃政府、赣西行委和永新县委、县苏维埃政府的文件、通告、布告及这一时期苏区的标语、漫画、战斗捷报、剧本、红色歌谣和红军报名册等。这批文物是革命烈士、永新县苏维埃政府裁判部长金梁俚的家属保存下来的。对研究 1930 年前后赣西南苏区的革命斗争史，澄清党史研究中的一些模糊认识具有重要价值。

2 日 省政府在南昌市召开林业工作会议。会议强调：各地要进一步解放思想，深化改革，实行战略转移，加快高效益林产业建设。省委书记毛致用在会议上指出：林业是一件大事，一定要搞好，希望林业有个大发展。省长吴官正作题为《解放思想、深化改革，加快高效益林业产业的建设》的讲话。会上，经检查评比，鹰潭市、赣州地区、吉安地区获第一期林业建设目标责任状执行优胜单位称号；10 个地市获执行目标责任状基本奖；宜春地区获控制森林资源消耗成绩显著奖；会昌等 10 个县获 1989 年至 1991 年度造林先进县称号。会议于 5 日结束。

3 日 邓家埠水稻原种场被农业部批准升格为国家级原种场，成为全国 3 个原种场之一。

4 日 江西省国际经济技术合作联合体成立。联合体由中国江西国际经济技术合作公司牵头，对外开展承包工程、劳务合作、兴办境外企业和进出口贸易等多项业务的合作群体，由 17 家具有较强实力、有设计或施工能力和一定资金的成员单位组成。联合体开拓、承揽外经项目、融通资金、发展广泛深入合作，提高经济效益管理水平和培养外经人才劳务人员。

5 日 省委、省政府召开紧急会议，部署抗洪抢险工作，号召各级党委、政府和广大干部群众迅速行动起来，做好防大汛、抗大洪的准备。

省委书记毛致用主持会议并讲话，要求各级党委和政府思想上要高度重视，决不能麻痹松懈；组织上，各级领导成员都要动员起来，奔赴抗洪第一线，各地县都要有负责同志值班，部队、武警也要做好准备；物资上要做好充分准备。

5日 江西省农行近日发放救灾贷款6500万元，有力地支持了江西省农民抗灾自救，发展生产。新余市农行发放贷款200万元；上犹县18个乡镇农作物受灾面积9.6万亩，倒塌房屋3325间，该县农行系统发放救灾贷款80余万元。

6日 省政府办公厅批转省林业厅关于将铜鼓县、永丰县、崇义县、德兴市列为江西省林业综合改革试点县（市）的请示。

6日 宜春市工人文化宫家用电器维修站刘志剑研制成的电机电器自动保护器获国家发明专利。

7日 九江石化厂油品码头通过国家口岸办对外轮开放验收。

九江石化厂油品码头

7日 台湾震宇传播股份有限公司摄影团一行3人，当日起至11日来赣拍摄《神州风情》电视旅游风光片。

7日 台商卢先生投资800万美元，与萍乡市化工厂合资兴办的萍乡光华矿石气有限公司在萍乡市签约成立。该公司利用萍乡丰富的矿产资源生产电石出口，从中提取的醇气可解决萍乡市7万户居民的生活用气。

8日 进入7月以来，江西普降暴雨，洪涝成灾，受灾农田达950万亩，受灾人口约900万人。省政府发出《关于切实抓好抗洪救灾，确保1992年完成各项任务的紧急通知》。

8日 江西省利用外资新闻发布会暨外资项目洽谈会在深圳举行。来自境外的客商200多人以及深圳市领导、新闻界人士，省、地（市）县政府和企业界人士共500多人出席会议。会议由省长助理张云川主持，副省长周慼平讲话，介绍江西投资环境和对外商的优惠政策，广泛招商引资，扩大对外开放的重要举措，是8月中旬江西省在香港举办的大型出口商品展销会暨对外经济技术合作洽谈会的前奏曲。江西公布近500个对外招商项目，吸引境外客商200多人。会议于9日结束。

9日 南昌高等专科学校成立，由南昌职业大学转办而成。

9日 南昌工商银行研制和开发的银行会计、储蓄业务"共机共网"处理系统在第二届全国电子信息应用展览上获优秀项目奖。

10日 由江西江州造船厂制造的230TEU格栅式全集装箱船在瑞昌下巢湖下水。该集装箱总长92.5米，型宽17.6米，型深7.6米，总吨位约3430吨，装载标准集装箱230只。

10日 中国农业银行三级行向农垦企业联合贷款签字仪式在北京举行。省共青垦殖场获直接贷款4000万元。副省长孙希岳参加签字仪式并讲话，共青开放开发区管理委员会主任、共青垦殖场场长戚善宏在贷款协议上签字。

11日 都昌县周溪镇成为全国最大的珍珠核生产基地。该地生产加工的珍珠核约占全国珠核市场的70%，珍珠核生产加工增加了全镇人均收入，全镇珍珠核专业户已有10万元户40多户。该镇已组建珍珠核集团公司，向多品种深加工的方向发展。

11日 中国人民保险公司将支付1.5亿元救

灾理赔款，同时向灾区人民捐赠 100 万元，由江西省政府支配使用。

12 日　丰城市秀市乡楼前煤矿掘通陶沙一井老窑，引起穿水，导致 4 矿井被淹，死亡 26 人，仅龙溪煤矿巷道被淹经济损失达 1500 多万元。

12 日　九江开放开发区首批项目开工典礼在九江八里湖举行。省委书记毛致用和省委常委、组织部长卢秀珍等领导出席开工典礼。

12 日　吉安地区行署、省旅游局、省经贸厅在井冈山联合举办"1992 年中国井冈山经贸洽谈会暨旅游活动周"，成交额达 7 亿元。参加这次盛会的海内外、省内外、区内外代表共计 2000 余人，其中有意大利、新加坡、荷兰、香港、澳门、台湾等国家和地区的客商，引进外资 913.9 万美元，比 1991 年增加 1.44 倍。

14 日　上半年，江西国药厂完成产值 7136.97 万元，实现利税 550.29 万元，上缴利税 253.78 万元，分别比 1991 年同期增长 10.78%、9.16% 和 21.06%。

14 日　省政府批准昌九工业走廊新设三个开发区：桑海经济技术开发区、云山经济技术开发区、星火高新技术产业开发区。三个开发区都享受昌九工业走廊的优惠政策，享有投资 1000 万美元以下的外商投资项目审批权。三个开发区的建立，加快了引进资金、技术和人才的步伐。

14 日　应省长吴官正邀请，台湾中兴集团周音喜董事长一行来赣进行为期 7 天的考察访问。该集团与共青垦殖场举行江西金龙木业有限公司协议签字仪式以及台湾中兴集团访赣备忘录签字仪式，副省长舒圣佑出席签字仪式并讲话。江西金龙木业有限公司由中兴集团与共青垦殖场合资兴建。双方协议商定兴建年产 5 万立方米胶合板生产项目，该项目计划总投资 1600 万美元，中兴集团出资 51%，双方定于 8 月在香港正式签署合资合同和章程。访问于 20 日结束。

15 日　在南昌举办了为期 10 天的 CAD 演示会。填补了江西在 CAD 上的空白，让设计人员告别了铅笔橡皮的历史。

15 日　农业部部长刘中一在省委常委张逢雨、省农业厅厅长刘初浔等陪同下，到上饶地区考察洪涝灾害，检查、指导工作。考察于 17 日结束。

17 日　1992 年小学数学奥林匹克颁奖会上，临川县上顿洲镇二小学生饶明华获国家级一等奖。5 名学生获国家级二等奖，14 名小学生获国家级三等奖。

18 日　比利时针灸联合会主席普鲁诺·布兰卡马先生一行 10 人日前来到江西中医学院附属医院进行针灸实习。

外国留学生在江西中医学院学习针灸

19 日　国家林业、动物、文物专家学者和科技人员，在海拔 1800 多米高的三清山发现了国家级重点保护的"三珍"，包括三清"风雷塔"、"西华塔"、"飞仙台"、"仙石虎"、"三清福地"、"紫烟石"、"浮云桥"、"仙人架桥"、"仙龟石"、"炼丹炉"及明代修建的"演教殿"和"藏竹之所"等 200 多处国家级珍贵文物群和 3 株国家一级保护植物珍稀树种——香果树，最大的一株高达 14.35 米，围径 28.2 厘米，一年四季枝叶繁茂，芳香四溢；以及 18 种以上的国家重点保护珍稀动物，有黑熊、花豹、大龟儿、斑虎、猕猴、穿山甲、苏门羚、香狸、猪子等。

19日　江西新华印刷厂与台湾瑞铠企业有限公司合资的新华瑞铠企业有限公司在南昌举行合同、章程签字仪式。总投资达5384万元，合资企业注册资本为400万美元。该企业可提高江西包装、商标、产品的质量、档次和能力，引进的国际上最先进的工艺技术激光全息防伪印刷生产线，可提高江西名优产品在国际市场上的竞争能力。

20日　江西省私立育才中学成立。这是一所面向全省招生的私立中学。育才中学是由几位教学多年的老师集资兴办的全日制完全中学，按省市教育部门计划招收初一、高一新生，招生办法是：学生自愿报名，学校从参加初考、中考的考生中择优录取，并按国家统一教学大纲和教学计划开设课程，贯彻"精讲多练"的原则狠抓课堂教学工作。

20日　副省长陈癸尊会见并宴请由世界银行与联合国粮农组织专家、官员组成的红壤开发项目检查团。以韦德、霍格先生为团长的检查团，考察的是第一期世界银行贷款扶持的红壤开展项目竣工情况以及第二期红壤项目最终准备情况。

20日　省计委、省建设厅、省建行就建筑安装企业工程质量实行经济奖罚措施联合发文。经当地质量监督站核验工程质量达到优良的按工程结算造价2%奖给；经地市级评审委员会评审并报上级主管部门批准的优良工程，按工程结算造价3%奖给；经省级核定的优良工程，按工程结算造价5%奖给；经国家建设部核定的优良工程，按工程结算造价7%奖给。

20日　江西省野生生物宣传教育中心成立。

20日　江西省成人高、中等专业学校招生录取工作结束。参加录取的省内外学校293所，共录取新生20465名，完成1992年原招生计划的101%。

20日　第一艘来自洪都拉斯的外轮抵达九江港，这是九江港建国以来首次对外籍船舶开放。

21日　省地市委组织部长会议在南昌召开，集中研究和部署1993年全省县级领导班子换届工作。省委常委、组织部长卢秀珍强调：1993年的县级领导班子换届工作，是在改革开放、发展经济的大潮中进行的，搞好这次换届工作，对于加强领导班子建设，加快江西省经济发展的步伐，有重要的意义。省委书记毛致用出席会议并讲了四点意见：（一）要拓宽视野，广开才路，精心选拔，力争层层配备出坚持党的基本路线，能够把经济搞上去的好班子；（二）要贯彻大稳定、小调整的原则，保持各级党政一把手相对稳定，对有闯劲、能开拓、政绩突出的干部即使年龄大一点儿或有点儿毛病也要大胆使用，帮助他们在工作中改掉毛病；（三）要教育各级领导班子成员，正确对待换届选举；（四）在人事问题上，禁止搞非法组织活动和其他不正之风。会议于22日结束。

22日　一项填补了江西省制药行业产品空白的高科技、高效益生物工程——生化制剂项目在赣南制药厂破土动工。项目总投资为4200万元，其中澳大利亚森源投资有限公司出资180万美元。

23日　在中国社会经济调查所等单位举行的"全国国货精品最受消费者欢迎"调查活动中，江西南昌日用化工总厂生产的庐山牌草珊瑚药物牙膏，获"1992年消费者最满意奖"。

23日　江西省地质科学院研究所在江西彭泽县乐观乡境内洪山发现大型优秀大理石矿。

23日　江西红星机械厂与中国农机院呼和浩特牧机所联合研制开发的93KGY－0.5（Ⅰ）型氨化秸秆草饼压制设备通过国家级"星火计划"专家论证会鉴定，并获全国"星火计划"成果金奖。

23日　抚州市电子工艺厂厂长梅安富等人研制JFD－Ⅰ型集成电路反窃电遥测仪，通过技术鉴定。

23日　中国石油天然气总公司勘查项目经理部负责人在油气钻井成果评审验收会上表示：江西两口油气钻井将投入施工。江西省弋阳、吉安两口油气钻分别发现油气和盐层。位于弋阳盆地的弋评—井，罐装甲烷气含量一般在2000PPM以上，最高达2577PPM，具有较好的找油气前景；位于吉泰盆地的吉评一井，虽未见油气显示，但在井深 830.50 米～881.50 米见有 9 层 19 米厚高含量的卤水盐层，可望找到一个大盐田。

25 日 《江西日报》报道，兴国县广泛开展争当粮、蔗、橘、烟、猪、鹅、鱼、林、加工"十大王"竞赛活动，已有两万户农户制订了 1 年当上专业"大王"计划，其余 8 万农户正在制订 5 年内当上专业"大王"的实施规划。该县提出了"十大王"标准：粮食单产 550 公斤以上，年产粮食 1 万公斤以上的农户为粮食大王；交工业蔗 50 吨以上的农户为甘蔗大王；年出栏肉猪 80 头以上的农户为养猪大王等。"十大王"竞赛活动，促进了全县商品经济的发展。

25 日 江西拖拉机制造厂、中国机械进出口总公司、乌兹别克塔什干拖拉机厂在北京签署合资生产"丰收 – 180"型系列拖拉机的合同书。

27 日 省委副书记朱治宏、副省长周慈平会见美籍华人杨力宇先生。杨力宇祖籍江西宁冈，现为美国新泽西州江西贸易交流促进委员会主席。

28 日 经南昌市教委批准，由几位离退休老同志创办的南昌女子职业学校开始首届招生。这所民办的全日制中级职业学校，主要招收初中毕业生，学制三年。学习期满，文化考试合格者，发给中级职业学校毕业文凭。国家承认其学历及就业资格。

28 日 省人大常委会主任许勤会见日本岐阜县议会议员小川丰、渡边信行、安腾通干，双方就加强省人大与岐阜县议会之间的交流进行交谈。

28 日 省高招委全体会议召开。会议讨论确定 1992 年普通高校招生最低录取分数线是：重点及第一批：理工类 545 分，文史类 483 分，外语类 483 分（单科 80 分）；一般专科：理工类 531 分，文史类 477 分，外语类 470 分（单科 75 分）；省属专科：理工类 527 分，文史类 473 分，外语类 470 分（单科 70 分）。

30 日 5 月 8 日、5 月 11 日、7 月 30 日，江西医学院第一附属医院三项科技成果分别通过鉴定。该院自 1985 年以来通过鉴定的 11 项科技成果中，有两项属国际首创，一项达国际先进水平、6 项属国内领先、两项达国内先进水平。

31 日 省委、省政府作出《关于大力推动科技进步的决定》。决定要求：（一）切实把发展科学技术放在经济和社会发展的首位；（二）加大改革力度，进一步搞活科研机构；（三）充分调动科技人员的积极性和创造性；（四）进一步搞好农村科技工作；（五）大力推进企业技术进步；（六）有重点有步骤地发展高新技术产业；（七）加速科技成果转化为现实生产力的进程；（八）扩大对外开放，加强国际科技合作与交流；（九）多渠道增加全社会对科技的投入；（十）全党重视，切实加强对科技工作的领导。

31 日 今年前 7 个月，江西省批准三资企业 287 家，是 1991 年全年批准三资企业数的 1.76 倍；合同外资金额 1.65 亿美元，是 1991 年全年数的 1.2 倍。总投资达 4.7027 亿美元，平均每个项目投资 167 万美元。外商投资项目平均外资规模达 57.3 万美元，比 1991 年增长 85%。新批三资企业中，除港澳台客商的投资外，美国、日本、加拿大、新加坡、澳大利亚、泰国、奥地利、菲律宾等国家的投资均有增长，英国、澳大利亚在江西首次直接投资。

本月 在全国统计系统评先活动中，省统计局综合处和赣州地区统计局被国家统计局授予全国统计系统先进集体，景德镇市统计局文如昌被评为全国统计系统模范工作者，另有 6 人被评为先进工作者。

1992

8月
August

公元 1992 年 8 月							农历壬申年【猴】						
日	一	二	三	四	五	六	日	一	二	三	四	五	六
						1 建军节	**2** 初四	**3** 初五	**4** 初六	**5** 初七	**6** 初八	**7** 立秋	**8** 初十
9 十一	**10** 十二	**11** 十三	**12** 十四	**13** 十五	**14** 十六	**15** 十七	**16** 十八	**17** 十九	**18** 二十	**19** 廿一	**20** 廿二	**21** 廿三	**22** 廿四
23 处暑	**24** 廿六	**25** 廿七	**26** 廿八	**27** 廿九	**28** 八月小	**29** 初二	**30** 初三	**31** 初四					

1 日　南昌飞机制造公司创办少年军校。中顾委委员白栋材题写校名。参加少年军校学习的学员，要进行国防知识教育和队列、射击、步兵、高炮、通讯等训练。

1 日　赣新电视有限公司在吉安市举行庆祝成立 8 周年大会，该公司连获"全国外商投资双优企业"奖。

赣新电视有限公司彩电生产线

3 日　永丰县五味矿泉水被国家轻工部计划司列入国家 1993 年专项，投资 2450 万元，在现有年产 5000 吨生产能力的基础上，扩建年产 3 万吨的生产线。

3 日　国家审计署在庐山召开公共工程审计国际研讨会。奥地利、印度、日本、荷兰、菲律宾、新加坡、英国、美国及亚洲开发银行的政府审计官员和专家共 9 人及审计署特派办、各省、市、自治区审计局基建处负责人参加会议。会议于 8 日结束。

4 日　遂川县蚕具厂在江西省蚕茶研究所的协助下，成功地研制并生产出"天龙"牌塑料系列蚕具。

4 日　江西高校出版社出版了罗宗阳所著的《古代山水记探幽》。

5 日　经省政府批准，将铜鼓县、永丰县、崇义县、德兴市列为江西省林业综合改革试点县（市）。

5 日　江西省从 8 月 5 日起开展查处假劣药品活动（活动至 8 月 27 日结束，共查出不合格药品 1846 种价值 189142 元；罚款 191777 元；取缔非法游医药贩 62 起；查处无证经营药品案 22 起）。

6 日　省地质勘探队的有关专家在德兴市南部的绕二乡发现一座含有金、银、铜、铅、锌 5

种金属的混合矿体。

7日 抚州一中超常教育研究课题被列为江西省"八五"教育科研重点项目。该校92级超常班有10名不满15岁的学生被中国科技大学、上海交大等5所院校录取入学。

8日 在发掘清理赣州白塔地宫过程中，出土一块特大的铸铁元宝，属"压胜钱币"。出土的铁元宝重达76.5公斤，长66厘米，宽34厘米，厚21厘米，正面铸有"双流砥柱"四个大字。

8日 经国家社会科学规划领导小组批准，江西有两个项目列入国家"八五"社会科学规划重点课题，15个项目列入国家社科规划1992年度一般课题。

8日 江西省妇女儿童工作协调委员会成立，副省长陈癸尊任主任。下设办公室、妇女组和儿童组。同时撤销江西省儿童少年工作协调委员会。1994年3月，改为江西省妇女儿童工作委员会，副省长黄懋衡任主任。

10日 在国营黄岗山垦殖场五里分场的石灰岩中发现生产高精密光学仪器的原材料冰洲石、方解石伴生矿。

11日 江西大学德育美育教研室副教授吴云生、讲师王哲平主编的《现代美育指要》一书，已由百花洲文艺出版社出版。

12日 中国民航局在北京正式向南昌飞机制造公司颁发了农5A型飞机型号合格证书。并转入批量生产。

13日 江西省陶瓷工业公司国家用瓷办公室近日挂牌成立。

13日 前苏联鸟类专家在西伯利亚的勒拿河下游的雅库特地区，发现并收回一只鄱阳湖环志的白额雁，编号为200-2917，它是鄱阳湖国家级自然保护区"1991年中国鄱阳湖珍禽观赏月"开幕式环志后放飞的。

13日 国务院发出通告，决定进一步对外开放九江等五个长江沿岸城市，南昌等11个内陆地区省会城市，实行沿海开放城市的政策。

13日 国家计委批准建设九江石化总厂化肥工程，总投资15.26亿元，其中76887万元由日本海外协力基金贷款，其余部分由中国石化总公司和江西省承担。

九江石化总厂的生产装置

14日 由周懋平任团长，黄智权、张云川任副团长的江西省出口商品展销暨技术经济洽谈代表团离昌赴港。

14日 南昌罐头啤酒厂1991年开发生产的SSS绞股蓝健身饮料，在北京国优精品博览会上获金奖。

14日 在联合国儿童基金会赞助下，吉安、赣州地区分别在井冈山、上犹县举办为期9天的家教骨干培训班。培训班于22日结束。

14日 省七届人大常委会第二十九次会议在南昌举行。会议审议了《江西省实施〈中华人民共和国城市规划法〉办法（草案）》；审议并通过关于江西省县、乡两级人民代表选举时间的决定（草案）；听取省政府关于1992年上半年国民经济计划执行情况的汇报；听取并通过省政府关于实施《企业法》检查情况的汇报；听取省政府关于公安工作情况的汇报、省政府关于城建管理监察队伍治理整顿情况的汇报、省高级人民法院关于行政审判工作情况的汇报、省人民检察院关于认真查处"侵权"、渎职犯罪案件，积极为经济建设保驾护航的汇报、人事任免。会议于17日结束。

15日 省政府发出通知，建议1992年内在全省范围开展国有资产产权登记工作，该通知是为加强国有资产产权管理，防止国有资产流失，推进企业所有权和经营权适当分离，提高国有资产的营运效益，巩固和发展全民所有制而发布的。

15 日 省委、省政府召开省直机关主要负责干部会议。会议强调，要落实放权搞活各项措施，加快改革开放和经济建设步伐。毛致用在会上讲话，他强调在放权搞活中需解决的几个问题：（一）要继续换脑筋，在新的高度上形成共识；（二）要进一步调动和保护放权搞活的积极性；（三）搞好配套工作，加快放权搞活的步伐。从旧体制向新体制转换，是一个极其复杂的变革过程；（四）提高办事效率，狠抓放权搞活措施的落实。

15 日 赣州地区农机安全监理所最近被评为"全国农机安全监理先进单位"。

16 日 南昌桑海制药厂近年来开发的"惠尔春"口服液，在北京举办的首届中国营养保健品展示会上获金奖。

17 日 江西省出口商品展销会暨经济技术合作洽谈会在香港举办。"两会"期间，利用外资签约 325 项，外资额 8.09 亿美元。其中合同项目 270 项、外资额 1 亿美元；融资三个项目，资金 1.1 亿美元；协议项目 55 项、外资额 3.95 亿美元；进出口成交额 1.205 亿美元。洽谈会于 23 日结束。

江西省出口商品展销会暨对外经济技术洽谈会现场

17 日 江西电视台 30 集大型系列专题片《92 昌九工业走廊》近日开拍。该片用纪实手法，全景式展示昌九（南昌—九江）工业走廊建设的现状和未来。

18 日 根据国家民政部批复和省政府通知，莲花县正式由吉安地区划归萍乡市管辖。

18 日 《江西省县级以上人民政府行政复议工作规则》经 1992 年 7 月 25 日省人民政府第一百三十七次常务会议通过，并发布施行。该规则共 39 条。

19 日 上高县与中国非金属矿产公司协商投资 3000 万元，联合在蒙山开矿建厂。首期合作计划建成年产 10 万吨矿石开采规模和 5 万吨超细粉体与针状粉体产品的生产线，形成年产 15 万吨～20 万吨硅灰石的矿山和 10 万吨系列的加工厂，年产值超亿元。成为国家硅灰石矿系列产品生产基地。

19 日 省委召开地市委书记会议。会议要求全省上下深入学习贯彻邓小平南巡重要谈话和中央政治局全体会议精神。会议对江西 1992 年头七个月的工作进行了回顾总结，对今后几个月的工作提出了安排意见。毛致用主持会议并讲话指出，1992 年后几个月的工作应当在以下六个方面进一步加强：（一）要进一步解放思想，坚持实事求是的思想路线。（二）要进一步加强经济工作，协调各方形成更强大的抓经济工作的合力。（三）要进一步加大改革的力度，着力解决影响放开搞活的关键问题。（四）要进一步加快对外开放的步伐，大力促进外向型经济的发展。（五）要进一步加倍爱护人才、用好人才。为那些有真才实学、被群众公认是坚持改革开放路线并有政绩的人才提供用武之地和好的环境。（六）要进一步坚持两手抓、两手都要硬，确保改革开放和经济建设的顺利进行。

19 日 南昌市颁布实施的《南昌市企业职工基本养老金计发试行办法》日前获劳动部部长阮崇武的肯定，并决定向全国推广。试行办法规定，社会性养老金按照江西省 1990 年度社会月平均工资的 25% 计发，缴费性养老金以职工本人指数化月平均工资为基数，缴费每满一年发给 1.5%。

20 日 《江西省义务消防队组织办法》经 1992 年 7 月 25 日省人民政府第一百三十七次常务会

议通过，当日予发布施行。该办法共六章19条。

20日 上饶市中医院院长、中医主治医师胡德泉入选由香港长城文化出版公司出版的《中国中青年名中医列传》。

20日 省政府与商业部联合举办的全国商业文化与经济发展研讨会在庐山举行。全国各地一百多位专家出席会议。商业部部长胡平在研讨会上就"沿江发展战略与文化观念价值观念的变革"作专题报告。研讨会于24日结束。

20日 "92中国华东地区商品展览会"在莫斯科举行。江西7家进出口公司24人组成的交易分团，在展览会上推出了羽绒服、日用陶瓷、电子产品、大米、化妆品、纺织品等八大类产品，成交总额900多万美元，居华东各交易团成交数第三位。江西从独联体进口商品有汽车、钢材等。展览会于26日结束。

21日 港事顾问、香港电视广播有限公司董事长、香港邵氏影业公司董事长邵逸夫先生一行37人首次抵达庐山参观访问。

22日 江西第一个大型机械化粮库在南昌市昌北开发区举行奠基剪彩仪式。商业部部长胡平出席典礼并剪彩。昌北机械化粮库是国家计委和商业部统一安排的国家重点粮库建设项目，投资为3500万元，采用全套机械化作业和自动化控制、监测，仓库总容量为5000万公斤。粮库占地310亩，总建筑面积为4万平方米。

23日 鹰潭铁路公安分处破获一个境内外勾结、利用铁路贩运毒品的犯罪团伙，4名主要案犯全部落网。并收缴了海洛因3000克、赃款1.3万元以及玉器首饰等赃物。

23日 第二届"中国新闻奖"评比揭晓，记者刘益川和特约通讯员龚政和撰写的《杜市乡创建我国南方农田防护林新模式》获三等奖。

23日 江西南昌肉类联合加工厂设备技术科研制成功的揿键式新型水龙头获国家专利。

23日 民革上海、南京、重庆、武汉、九江、芜湖、黄石、岳阳8市首次横向联系会议召开，8市的领导和代表31人到会。交流经验，研究横向联系，为沿长江开放城市的经济发展服务。会议于27日结束。

24日 应日本岐阜县议会的邀请，省人大常委会主任许勤率领的省人大友好代表团，对日本岐阜进行访问。

24日 江西省50余位30岁左右的青年科技人员破格晋升为教授、副教授、高级工程师、高级农艺师和副研究员职务。这次破格晋升的对象，主要是有突出贡献的中青年专家和高教、科研、卫生、工程、农业五个系列30岁左右的青年专业技术人才。

24日 国内首套5000吨高级大型球磨机润滑系统人工高智能可编程序控制装置，在江西铜业公司德兴铜矿投入使用。这套装置是由南昌有色冶金设计研究院同江西铜业公司德兴铜矿联合开发成功的。

24日 社会科学工作者申报的一批重点课题获得国家资助。它们是：《我国社会主义现代化过程中的政治稳定研究》、《江西新干大洋洲商墓发掘报告》、《毛泽东政权思想研究》、《马克思主义决定论与当代社会主义实践》、《中国社会主义的历史命运》、《鲁迅的悲剧艺术论稿》、《铜岭矿冶遗址发掘研究报告》、《商品期货价格研究》、《中国收费研究》、《何物存在，及为何种存在？——哥本哈根学派量子实在观》、《本体论部分基本问题研究马克思东方社会理论初探》、《自然灾害的社会成因及其预警体系的研究》、《推进我国企业技术进步难点与对策》、《江河湖经济区开发开放战略》、《中国传统文化与马克思列宁主义的中国化》、《马克思主义与文艺心理学》及《苏区社会史》等，共获国家资助经费25.65万元。

24日 江西省赣剧团一行50人赴香港参加神州艺术节演出，著名演员涂玲慧领衔主演《窦娥冤》、《荆钗记》及传统折子戏《孟良搬兵》、《选马出征》等剧。演出活动于31日结束。

25日 全国青少年活动营地在井冈山茨坪开营。团中央书记处书记洛桑等为开营式剪彩并为"希望小学"奠基。井冈山市厦坪乡"希望小学江中楼"在厦坪乡中心小学奠基。

25日 江西省决策咨询法律事务所成立。该所由省公、检、法、司从事政法工作几十年的离休干部组成。实行独立核算、自负盈亏、自主经营、有偿服务。

26日 南昌铁路分局保密委员会、省电力局保密委员会、省政协办公厅文件销毁站、丰城市保密局、省委办公厅机要交通处、省公安厅四处6个单位和陈峰、帅四维、於新祥、徐俊生、钱菊华、肖声亮、王中孚、文秋盛、徐国良、余植、涂志东、黄胜富等12人，分别获全国保密工作先进集体和先进工作者称号。

26日 宜丰县潭山镇茜槽村发现一大型钾长石矿。

27日 江西省风景名胜工作座谈会闭幕。据初步普查，江西已发现风景名胜区、点400处，分布在73个县内。庐山、井冈山、龙虎山、三清山等四个为国家级风景名胜区。南昌、景德镇两个国家历史文化名城和45个省级风景名胜区。1991年江西共接待海外游客60596人次，创汇554.10万美元，接待国内游客850万人次，回笼货币4.25亿元。通过活动，引进外资4618万元，经贸成交额16亿元。

27日 联合国开发计划署高级项目官员朱涵杉女士，项目助理苗红军先生，到铅山县了解受灾情况。

28日 江西首家少数民族贸易开发公司在南昌开业。该公司广泛开展工业生产资料、少数民族特需用品、工艺美术品、农副产品、石油制品、建材、百货、五金交电、化工和日用杂货等经营活动。为自负盈亏、自主经营的企业。

28日 省妇产医院"农村围产期保健—高危妊娠筛查方法"被卫生部确定为全国第二批面向农村和基层推广的医药卫生技术项目之一。

29日 15时45分，江西省属花鼓山煤矿发生一起重大瓦斯爆炸事故，致使46名职工遇难，29名职工受伤。是因该矿山南井北翼一采区一二四工作面运输顺槽因切割眼排放瓦斯期间，电工带电检修一二四掘进头开关产生火花而引起的。事故发生后，省委、省政府极为重视，慰问遇难人员家属，成立了"8·29"事故调查组。

29日 省政府颁布实施《九十年代江西省儿童发展规划纲要》。

29日 宜春市钟厂工程师陈炳武创制的"金猴牌"可编入程序的走闹石英钟，获国家专利，并投入批量生产。

30日 国家医药管理局、中国石油化学医药工会联合举办"质量、品种、效益杯"劳动竞赛评比揭晓，江西制药厂被评为1991年"质量、品种、效益杯"竞赛优胜企业。

30日 南昌家电有限公司生产的齐洛瓦BCD-180A电冰箱，在北京举办的1990年国优精品博览会上获金奖。

30日 江中制药厂与中科院生物物理研究所联合开发的治疗心脑血管栓塞的新药——蚓激酶获卫生部许可证，并列入全省火炬计划。

30日 贵溪冶炼厂熔炼车间1号转炉在全部采用国产耐火砖的情况下，创炉龄242炉的最高纪录（转炉平均炉龄212炉）。

30日 第八届世界航海模型耐力锦标赛在瑞典尼切平市结束。20多个国家和地区的200多名运动员参加比赛。江西选手郭木文代表中国队在FSR-V15级比赛中获第三名，在FSR-V3.5级比赛中获得第七名。

本月 由中央电视台主办和各省电视台参加的全国电视观众调查在南昌、九江、赣州、宜春、铅山、泰和共计1100户居民家庭展开。

1992

9月

September

公元 1992 年 9 月							农历壬申年【猴】					
日	一	二	三	四	五	六	日	一	二	三	四	五	六
		1 初五	**2** 初六	**3** 初七	**4** 初八	**5** 初九	**6** 初十	**7** 白露	**8** 十二	**9** 十三	**10** 十四	**11** 中秋节	**12** 十六
13 十七	**14** 十八	**15** 十九	**16** 二十	**17** 廿一	**18** 廿二	**19** 廿三	**20** 廿四	**21** 廿五	**22** 廿六	**23** 秋分	**24** 廿八	**25** 廿九	**26** 九月大
27 初二	**28** 初三	**29** 初四	**30** 初五										

1 日　江西全面放开粮食销售。省委、省政府推出全面放开粮食销售价格的规定：（一）除人民解放军、武警部队外，取消城乡大居民平价粮食供应，全面放开粮食供应价格，国家不再给城镇居民增加新粮价补贴；（二）商品粮人口管理细则维持不变；（三）粮食财务管理体制维持不变；（四）1992 年粮食订购政策不变，收购价格不变，"三挂钩"政策不变；（五）粮食部门经营的原粮、成品粮及粮食制成品价格随行就市，由企业自行制定，报物价部门备案；以议价粮为原料的复制品，不得涨价或变相涨价；（六）各地库存的国家平价粮、专项储备粮、国务院市场调节粮等粮权属于中央，未经中央和省批准，任何单位和个人都不得动用；（七）加快粮食企业经营机制的转换；（八）搞好种植业结构的调整，加大优良粮的比重；积极发展粮食多渠道流通，组织农民进入粮食流通领域。

1 日　省政府发出通知，要求各级政府进一步加强政府法制工作。通知指出，各地、各部门在强化行政执法监督检查工作的同时，要抓紧建立和完善行政执法监督机制。要注意结合治理公路、水路交通的"四乱"，切实做好各类检查站卡和检查活动的清理整顿工作以及现场调解处理群众性纠纷械斗工作；要大力加强《企业法》和《条例》等法律、法规实施的监督检查工作，切实保障企业经营自主权的全方位落实。

1 日　临川二中高二学生王立伟、鹰潭市一中高二学生侯或经过全国高中化学班两轮的考试选拔，被国家教委试办的北京大学附属中学的高中理科试验班化学班录取。该班全国仅招 15 名至 20 名学生。

1 日　在全国第六届青少年发明创造和科学讨论会上，江西选手送评的论文获 1 金、6 银和 5 铜奖。

1 日　江西作者刘晓东主编的《中国当代经济学学者辞典》最近由上海社会科学院出版社出版。

2 日　省广电厅与省财政厅签订《关于广播电视厅财务收支大包干协议》。协议规定，省财政厅对省广电厅实行"核定财政拨款基数，收入全部纳入预算内管理，视同财政拨款，奖励与完成任务挂钩"的包干形式，一定三年不变，免征所得税和预算资金调节税、能源交通基金调节税。

2日　在国家重点风景名胜区三清山南麓的玉山县南山乡中篷、白石两村境内，发现特大溶洞群。25个大小不等的溶洞分布在5平方公里的范围内，其中最大的岩坞溶洞，深60米，最高处20米，宽40米，洞内有天然天窗、石柱、石花楼、石鼓、石像等20多种景物景观。

2日　在最近结束的1992年黄山全国专利、专有技术博览会上，波阳县鄱湖机械厂生产的"多功能抽气打气筒"获全国银牌奖。

2日　下午4时，全省首台自动柜员机在南昌市工行广场储蓄所开机使用。

3日　全国第四届报纸副刊优秀作品评选揭晓，全国248家报纸的1336篇作品参加评选，《江西日报》记者熊伟明的散文《井冈翠绿》获二等奖，该报获三等奖和优秀作品奖。

3日　江西省建筑工程监理公司成立。

3日　在"九一八"安源路矿罢工胜利70周年之际，安源路矿工人运动纪念馆经整修后开馆。展出的200多件实物，有80多件是首次展出的。新展出的原安源工人学校的《小学国语教科书》，是当前国内仅发现的一本。新陈列的资料中，还有早期工人运动中，安源党团组织派到苏联留学人员的名单。

萍乡市安源纪念馆

4日　《江西日报》报道，邓小平南巡谈话之后，各地把市场建设提到政府的重要议事日程上，统一规划，放宽政策，采取措施，狠抓落实，市场建设蓬勃发展，现有各类市场已达2550

占地面积8.2公顷，江南规模最大、设施最全、环境最优、档次最高的南昌农产品中心批发市场

多个，其中专业批发市场500余个。各类市场年成交额近80亿元，向国家缴纳税收1.2亿元。

5日　省新闻出版局计算机室和新闻出版署图书管理司共同开发的"全国图书出版选题计划计算机管理系统"，通过新闻出版署主持的部级鉴定。

5日　省人大常委会和省政府召开《江西省农民负担管理条例》执法检查第二次联席会议。会议要求进一步促进农民负担执法检查工作的深入开展，抓好《条例》和有关政策的贯彻落实，切实把不合理的农民负担减下来。副省长舒惠国在讲话中强调，减轻农民负担，要提高各级领导的认识，要严肃法纪，要坚持总量控制，定项限额的管理原则。

6日　在安福县武功山东麓的泰山乡文家村发现一处大流量天然矿泉。该矿泉可开发天然饮料和供温泉疗养。

6日　中国法学会表彰的全国法学会系统30个先进集体和73名先进个人，其中，波阳县法学会是全国唯一受表彰的县级法学会。

7日 省政府发布施行《江西省昌九工业走廊房地产开发经营管理规定》。该规定共45条。

7日 瑞金发现张闻天论文集——《中国经济之性质问题的研究》正式版本。该书为铅印32开本，是张闻天在苏区写下的唯一的经济研究专著。全书共5万字。收入3篇著作：《驳取消派理论家任暑、灵峰等中国经济论》、《取消派刘镜园的中国经济新论》、《论苏维埃经济发展前途》。

7日 吉水县乌江乡发现一处国内罕见的大流量优质天然矿泉。该矿泉水的游离二氧化碳，偏硅酸，矿化度、锂、锶、溴等含量都达到国家饮用天然矿泉水标准，含有20多种有益人体健康的元素，是一种多元型珍贵饮料矿泉水。

8日 由彭泽县人民医院麻醉科朱华成医师发明的气管导管套充气针，获国家专利。

10日 华东地勘局二六五大队在江西省东北部发现一座金矿，该矿产在古火山岩中，埋藏浅、矿体厚度大、分布集中、可以露采、矿冶性能好。

10日 全国政协副主席、民盟中央副主席、著名科学家钱伟长来江西考察。钱伟长先后考察了南昌、九江、景德镇和正在建设中的昌九工业走廊。他在考察时指出，要改善发展环境，加快开放开发。考察于20日结束。

省党政领导吴官正（左二）、舒惠国（右一）等看望钱伟长（右二）

10日 省政府发出《关于大力发展畜牧业的决定》。其主要内容为，充分认识畜牧业的战略地位，把畜牧业发展成为农村奔小康的商品经济大产业；依靠科技进步，坚持高起点发展；加强社会化服务体系建设，搞好全程服务；深化畜禽产品流通体制改革，搞活流通；增加投入，增强发展后劲。

10日 德兴市人民医院外科主任、副主任医师徐利华自1990年以来，先后4篇论文在全国医药卫生学术论文大奖赛中获一等奖。他的《小针刀分流术》等两篇论文获全国大赛二等奖。最近被录入《中国手术外科专家录》。

11日 国家铁路预应力混凝土简支梁架设史上跨度最大的50米跨度架桥机，在铁道部九江船舶修造厂试验成功，并通过鉴定。

12日 江西红星变性淀粉厂生产的变性淀粉系列获"1992年全国星火成果展示会"金奖。

13日 在上海市举行的1992年全国游泳锦标赛中，江西年仅14岁运动员罗萍在女子400米和800米比赛中以4分18秒03和8分52秒18的成绩分别获第三名和第二名，并打破4分31秒31和9分04秒71的两项省纪录。

15日 江西省拖拉机制造厂被国务院机电产品出口办公室、国家对外经济贸易部批准为全国农机行业首家出口基地企业。

15日 朱熹故里婺源县成立朱熹研究会。

15日 第五届华东地区优秀科技图书评选会在南昌召开。江西科技社的《土壤磁学》获一等奖。

16日 省委批准《江西日报》在1993年元旦扩版发行。广大读者将在每周一、三、五读到对开八版（每周二、四、六仍为对开四版，周日《星期刊》不变），扩版增设专栏《社会经纬》、《国际副刊》、《市场》、《读书》、《开放》、《文化广场》。该报自1949年6月7日创刊出版对开四版报纸，至今43年。扩版后的《江西日报》为八版，增设专版专栏，强化传播功能、服务功能、监督功能，增强指导性、知识性、可读性、趣味性。近期推出试刊。

17日 投资近五亿元的国家重点建设项

目——铁路"中取华东"战役鹰潭枢纽扩建改造工程全面完工。鹰潭客运站新站开通启用。

18日　萍乡市各界代表两千多人，在安源煤矿工人俱乐部举行纪念安源路矿工人大罢工胜利70周年的集会。省委书记毛致用、北京军区原顾问吴烈、刘少奇的夫人王光美等出席集会，省长吴官正讲话。会议强调弘扬安源路矿工人的光荣传统，争取改革开放经济建设的更大胜利。

18日　南昌市进出口公司与俄罗斯的首宗易货大米出口成交。1万吨大米经上海港发运直抵俄罗斯纳霍德卡港，为江西省开辟了一条用大米易货的出口渠道。南昌市1992年3月与俄罗斯达成易货大米出口6万吨的协定。

19日　国务院经济贸易办公室、国家计划委员会、国家统计局、人事部等6家联合下文批准江西63户工业企业为大型企业。其中江西铜业公司为特大型企业，南昌飞机制造公司、萍乡矿务局、七二一矿、七一九矿等为大一型企业；江西长江化工厂、江洲造船厂、昌河飞机制造厂、南昌供电局、九江石化总厂等为大二型企业。其他38户为大三型企业。

19日　林业部主办的国家长江防护林体系建设地区、县级领导干部专题研究班开学典礼在南昌市举行。长江流域12个省市的60名县级干部参加。

19日　《江西日报》报道，自1987年至今经过5年的引种和繁殖，九江珍稀濒危植物种质资源库已拥有珍稀濒危植物368种，分别占长江中下游对应保护植物的100%、58.4%和83.3%。在300亩土地上，该库分别辟有木兰、樟楠、松柏、山茶、藤木、收集等园。

19日　江西崇义县农民培育的一盆造型别致的盆景——雀梅，被一位港商以1700元的高价收购。1992年8月，该农民出售根雕、盆景艺术品100余件，获纯利1万多元。

19日　一只千年寿龟落户庐山铁佛寺，该龟身呈黑褐色，重9.3公斤，上壳正中被人刻"佛"字，下壳正中被人刻有"妙乐"二字，喜吃西瓜和面条，不吃肉食，它是由杭州佛教弟子送到铁佛寺的。

19日　南昌市政府召开表彰大会，表彰在森林火灾中舍生忘死，英勇救火的新建县司法局干部徐杰，授予他全国司法行政系统一级英雄模范称号，并颁发奖章和证书。

20日　1992年全国花样游泳锦标赛在上海市落下帷幕。江西铜业公司花样游泳队运动员何丽波与傅豫玲以166.573分获双人第三名。何丽波以167.165分获第四名，何丽波与王璐、李娟等6名队友，以161.563分摘取团体第六名。

20日　国家地矿部门在德兴市探明大储量花岗岩矿产，其色彩多样，总量达2.04亿立方米，其中特优品种黑色花岗岩150多万立方米，将军红、印度红达250多万立方米，芝麻白多达2亿立方米。

20日　中国船舶工业总公司江西江洲造船厂建造的1.6万吨自航自卸原油驳"翠洲"号在瑞昌市的江洲造船厂顺利下水。

21日　省政协六届二十一次常委会在南昌举行。会议的议程有三项：协商讨论加快发展第三产业问题；审议通过政协江西省第六届委员会常务委员会关于换届工作有关问题的决定以及人事问题；听取了省长助理张云川作发展江西省第三产业情况的通报。

21日　国家司法部在宜春举行庆功大会，宜春地区司法局荣立全国司法行政系统集体一等功。会上还宣读了省司法厅"关于开展向宜春地区司法局学习活动"的决定。

24日　纪念湘赣边界秋收起义65周年大会在铜鼓县城举行。当年参加秋收起义的老一辈无产阶级革命家、中顾委副主任宋任穷为纪念大会发来了贺电。参加纪念大会的有江西省、地、县有关单位负责人以及各界人士近700人。

24日　省赣剧团导演童薇薇应台北高瑾越剧团邀请，在台湾导演越剧《红楼梦》并客串薛宝钗一角。童薇薇是大陆第一位赴台的戏曲女导演。

25日　江西大学食品科学专家最近确认，生长在安远县北部长沙乡的珍珠花生（又名细籽花生）属国内珍稀花生品种。当前，该县已立项投资300多万元，兴办珍珠保健花生加工厂。

25日 在"澳赛特B₁"通讯卫星发射系统中，江西省景德镇三六无线电厂的CG42J、CG30DJ、3DG18BJ、2G711DJ四种产品被采用。机电部贺电称，该厂产品在系统中性能稳定、工作可靠，为确保发射任务的完成作出了贡献。

25日 德兴市龙头山南溪村的巨型葫芦石处发现一座含锗元素最高的大流量天然优质饮用（药用）锗矿泉。经测验，锗矿泉水中含有锗、矿化度、锶、锂等27种有益人体健康和防病的微量元素。

25日 省电力学校发生一起食物中毒事件。共有79名学生被送往江西人民医院进行紧急抢救和治疗，绝大多数中毒者已脱离危险。化验结果证实，中毒的学生食用了含有有机磷农药的青菜。

26日 省政协六届二十一次常委会在南昌市闭会。会议由省政协副主席杨永峰主持，会议通过了省政协六届委员会关于换届工作有关问题的决定和人事任免事项。

27日 省人大常委会召开全省县乡镇换届选举工作会议。人大常委会主任许勤主持会议，副主任王泽民、黄贤度、王国本、胡东太、各省辖市人大常委会主任、各地区联络处主任以及有关方面的负责人出席会议。会议具体研究部署1993年江西省的县乡换届选举工作。主任许勤和副主任胡东太分别讲话。于29日结束。

28日 全省重点建设项目——九江化工厂年产两万吨环氧丙烷工程正式破土动工。工程总投资2.59亿元。

29日 在首次覆盖全国68个城市的消费者评价汽车活动中，江西汽车制造厂生产的江铃牌JX1030DS型双排座轻型载货汽车，被评为"1992年消费者信得过汽车金奖"产品。

29日 著名医学家、医学教育学家黄家驷高1.5米的半身塑像在其故乡玉山县落成。黄家驷曾在1979年获世界杰出医学教育家荣誉奖，被列入世界十大医学教育家之首。

29日 省委召开江西省换届工作会议，传达贯彻全国省、区、市党委组织部长、统战部部长会议和中央领导重要讲话精神，研究部署1993年江西省人大、政协换届工作。省委统战部长、省政协副主席叶学龄主持，省委领导在会上讲话，卢秀珍、许勤、吴平等出席会议。

30日 江西省兴农企业集团正式成立，该企业集团由100家流通和生产企业组成，拥有固定资产3.78亿元，流动资金2.7亿余元。

本月 从2月至9月，江西省旅游局与江西省人民广播电台合作开辟设立《江西行》专题，播放江西旅游风光系列节目。

本月 江西省水泥厂电气车间工人研制的"水泥窑高温测量仪"获国家专利。

本月 省文化厅、省保险公司《关于农村放映人员养老保险办法》开始实施。

本月 在古巴哈瓦那举行的第六届世界杯田径赛上，江西选手闵春凤获女子铁饼铜牌。

1992

10月
October

公元 1992 年 10 月							农历壬申年【猴】						
日	一	二	三	四	五	六	日	一	二	三	四	五	六
				1 国庆节	**2** 初七	**3** 初八	**4** 重阳节	**5** 初十	**6** 十一	**7** 十二	**8** 寒露	**9** 十四	**10** 十五
11 十六	**12** 十七	**13** 十八	**14** 十九	**15** 二十	**16** 廿一	**17** 廿二	**18** 廿三	**19** 廿四	**20** 廿五	**21** 廿六	**22** 廿七	**23** 霜降	**24** 廿九
25 三十	**26** 十月小	**27** 初二	**28** 初三	**29** 初四	**30** 初五	**31** 初六							

1 日 南昌市三大市政工程：沿江北路改造、顺外立交桥、南京东路延伸工程胜利竣工。三大工程总投资近 9000 万元，均为 1992 年 6 月以后动工的。

5 日 宜黄县新丰乡青年民兵朱新华，获国防部授予的"全国预备役先进个人"称号。

6 日 由国家中医药管理局主办的首届全国中医药继续教育管理干部培训班，在江西中医学院开学。

6 日 省政府办公厅转发省林业厅、省财政厅《关于建立江西省造林绿化专项资金请示》。经省政府同意，从 1992 年起，在国务院批准下达江西省的木材采伐限额内，将省掌握的计划机动指标 19.3 万立方米商品木材作为专项指标，由省林业厅安排到国营林场，实行定点生产。生产这批专项木材的产品税、农林特产税、育林基金、林政管理费（含护林防火费）全部作为"造林绿化专项资金"，专项用于造林绿化。使用这项指标的时间暂

定 4 年。

7 日 上饶汽运公司玉山县分公司客车驾驶员杨饶民，被评为"全国红旗车"驾驶员。自 1987 年连续行车 318616 公里无事故，平均年创利润 2.5 万元。

7 日 在中国市场调查研究所和国家商业部商情测报中心联合举办的 1992 年全国大中型商场最畅销商品（白酒类）调查中，樟树四特酒厂

樟树四特酒厂

生产的"四特酒"被评为"全国最畅销商品"，名列全国白酒类第一名。

7日 以"弘扬井冈山精神，加快改革开放和现代化建设步伐"为主题的井冈山精神第二次研讨会在南昌召开。中顾委常委张爱萍、杨得志、肖克、王平、耿飚，全国政协原副主席杨成武、省委书记毛致用、中顾委委员白栋材分别为研讨会题词。出席会议的有来自北京、上海、山东、四川、陕西、贵州、辽宁和中国人民解放军有关单位及江西省党史界、宣传理论界、教育界人士共一百余人。省委宣传部长钟起煌强调，井冈山精神是我党极其宝贵的财富，是党领导人民取得革命和建设胜利的强大精神力量，弘扬井冈山精神，对于在新形势下，加快改革开放和经济发展的步伐，有着十分重要的现实意义。研讨会于8日结束。

井冈山精神第二次研讨会暨全体理事会召开

7日 第四届全国临床细胞学学术交流大会在庐山举行。

8日 第二届中国摄影艺术节在北京开幕。江西省摄影家协会会员、核工业南昌七二〇厂职工李瞻的作品《山泉叮咚》入选第六届国际摄影艺术展；作品《送女上大学》在中国青年"公元杯"彩色摄影大奖赛上夺得特等奖。他的《老区逢喜》在第四届全国"擎天柱"职工摄影展览中获特等奖。

8日 江西大茅山集团在南昌成立。大茅山集团原名大茅山综合垦殖场，现有集团成员企业45家，独立核算单位100多个，包括采矿、造纸、化工、机械、医药、电力、纺织、建材、服装、鞋帽等20多个行业，生产5000多种产品，其中有8个产品获省优部优称号，9个产品获省优秀新产品称号，有10多个产品远销20多个国家和地区，工业产值占总产值的92%。农业部副部长陈耀邦出席了新闻发布会并表示祝贺。

8日 截至当日，全省县以上农办经济实体已有517个，其中工业企业268个，商业企业249个，拥有固定资产产值2.5亿元。当前，江西省已建设农技推广中心38个，乡镇5站（农机、农技、畜牧、兽医、水产、农经）7178个，国家农技干部1.5万人，乡村农民技术员506万人，科技示范户35.6万户。

8日 江西省肝病诊断治疗中心成立。该诊断中心系南昌市第九医院分部，集中了江西30名诊治肝病的专家、教授。开设6个专科，重点治疗急慢性肝炎、乙型肝炎病毒携带者、肝部恶性肿瘤、肝炎后肝硬化、血吸虫性肝硬化等病症。

9日 省劳动厅推出《江西省动态调控的全民所有制企业弹性劳动工资计划实施办法》，全省分两步实施该办法，第一步从1992年起在11个地、市和部分部门进行试点，第二步，1993年向各有关部门和县、市推开。这项改革将逐步建立起"国家宏观调控，分级分类管理，企业自主用人和自主分配"的新机制。

9日 联合国儿童基金会援助项目——儿童彩色教材与读物江西印刷分中心开业。联合国儿童基金会无偿援助印刷中心价值55.7万美元的TP94米勒四色机一台，帮助提高儿童彩色教材和读物的生产能力及印刷质量。联合国儿童基金会教育项目官员法瑞德·拉赫曼（大使级）、阮昌君、邵柏栋及国家教委、经贸部、人民教育出版社和省市有关单位负责人出席开业典礼。

10日 建设银行江西省信托投资公司定于11月1日起代理省投资公司发行投资债券2.39亿元。双方在南昌举行"江西省地方投资公司债券"、"地方大化肥建设债券"、"地方电力建设债券"发行仪式。

10日 江西省新闻界、企业界、金融界联谊会代表团赴美国访问。代表团应美国 ASM 亚商机构企业的邀请，出席10月16日在美国波士顿召开的世界各地主要金融机构、银行家、经济专家、企业家、记者、编辑参加的世界银行家年会及展示会。

10日 第二届华东优秀新闻摄影作品邀请赛在安徽省安庆市评比揭晓，江西省作品《京九铁路开始铺轨》（李平摄）获一等奖；《唱出心声》（兰青摄）、《万安水电厂三号机组转子吊装就位》（周建新摄）获二等奖；《将军喜抱井冈娃》（万基耀摄）、《沐雪披红》（赖厚祥摄）、《为活人造坟》（林国光摄）获三等奖。

11日 全国农民体育积极分子表彰大会在湖北省孝感市举行，江西省新建县昌良乡党委书记余锡林、樟树市黄土岗乡农民黄春芽、南康县唐江镇文化站站长李太生、万载县株潭镇党委副书记杨学文、瑞昌市码头镇党委书记柯大成、黎川县日峰镇党委书记章海斌和万年县体委主任唐航海被授予"全国农民体育积极分子"称号。

11日 由南昌铁路旅行社经营的"庐山号"旅游特快专列开始运营，每日往返两次，设冷暖空调。

11日 以小城信子为团长的日本冈山县女性海外研修团一行19人来赣访问。

11日 第三届国际陶瓷节在景德镇市举行。此次艺术节，新增"三资"企业9家，合同外资金额636万美元；签订利用外资项目5项，利用外资额314万美元；陶瓷出口成交200万美元；内销成交额1020万元；总成交额达6.5亿元。此次陶瓷节于14日结束。

12日 出席党的十四大的2000多名代表和特邀代表开始分组讨论。江西代表、省委书记毛致用说，党的基本路线来之不易，在任何情况下都忘记不得；党的基本路线要管一百年，以任何理由都动摇不得；党的基本路线的实质是以经济建设为中心，在任何条件下都偏离不得；党的基本路线的内容是一个有机整体，用任何形式都割裂不得；贯彻党的基本路线要不断解放思想，在任何时候都僵化不得。

13日 省工商行政管理局、省消费者协会组织的首届江西省著名商标评选结果揭晓，萍乡国营万龙山电扇厂的"飞碟"牌电扇被评为江西省著名商标。

14日 江西省国家粮食储备库命名挂牌典礼在南昌横岗储备库举行。经国家粮食储备局批准，江西省这次命名的国家粮食库共35个，粮食储备总量居全国第三位，江南第一位，稻谷储备量居全国第一位。

14日 江西第三次通信工作会议结束。按照邮电部和省政府要求，省邮电局调整了"八五"通信建设计划，要求邮电通信主要指标在"八五"期间达到或接近全国水平，部分指标超过全国平均水平。调整后的主要目标是：固定资产投资39.8亿元，全省邮电业务总量达到11.43亿元。年均增长32%，新建长途通信数字传输线3500公里，省会到各地市实现两种以上传输方式；电话交换机增加150万门，电话普及率达2%~2.5%；江西各县基本实现电话交换程控化、长途传输数字化，并建设地市以上包括重点县的数据分组交换网；县以上开通无线寻呼，地市以上和部分重点县开通移动通信，并联网开办漫游业务；建设邮政地市以上邮区中心局，主要城市实现邮件装卸机械化、包裹分拣自动化等，人均用邮达到10件。

15日 根据原江西省委书记刘俊秀回忆录中"悲壮的西征"一节改编的6集电视连续剧《信念》近日在江西开拍。

16日 在"1992年北京国际发明展览会"上，江西省参展20个项目，有16项分获金、银、铜牌奖，江西省还被评为先进展团。获得金牌的项目是：江西省轻工业机械厂戴梦周发明的"薄板卷制罐纵缝对接焊的对接输送装置"、上饶恒化影像开发总公司程发安发明的一种以彩照为主而组合的工艺品。此外获奖的还有7枚银牌，7枚铜牌。

16日 为期5天的首届国际微量元素与食物学术讨论会在南昌闭幕。来自国内外的257名专家学者从医药、食品、生物、营养、土壤、化学、环保、地质、畜牧等不同学科研究领域，对微量元素与食物链这一课题进行了广泛探讨。

17 日 南昌市至万载县的邮路改为邮电部自办的邮路。至此，全省县以上邮路已全部实现自动化。

17 日 以国家税务局顾问王平武为组长，全国人大代表、原北京卫戍区副司令员何尚纯为顾问的国务院工作组一行 4 人到达南昌，对江西省三大检查工作进行指导帮助。

18 日 经省政府批准，江西省社科院以民间组织形式在庐山召开首届庐山金秋对俄贸易看样订货会。俄罗斯、白俄罗斯的 18 家有进出口贸易许可证的企业 19 位负责人，上海、浙江、广州、福建和香港等地的 70 多家企业负责人参加了订货会。

18 日 江西省首家股份制骨伤科医院——分宜县骨伤科医院开业。

19 日 江西省考古研究所和德安县博物馆日前在德安县米粮铺黄牛岭发掘出叠压着的商周两时期的祭祀台。台面平整，有红烧土层，上层大祭台为西周时期，下层小祭台为殷商时期。叠压在一起的两个时期的祭祀台非常罕见。

20 日 华东地区第二次省、市人大财经工作座谈会在南昌举行。会议重点研讨关于加强对农民负担管理实施监督和促进乡镇企业发展的问题。省人大常委会主任许勤到会讲话，副主任王泽民、王仲发参加会议，省政府副省长舒惠国介绍江西省农村经济发展情况。这次会议除华东六省一市的人大外，吉林、河北、山西、云南、广西、内蒙古、新疆等省区以及南京、宁波、南昌市人大常委会和人大农（财）经委负责人参加会议。会议于 22 日结束。

21 日 为纪念毛泽东诞辰 100 周年，由北京电影制片厂拍摄的重大革命历史题材影片《井冈山》在宁冈县开机。影片以纪实手法再现秋收起义至龙市会师这段初创井冈山革命根据地的艰苦岁月。该片于 12 月底完成，贺子珍的形象首次在银幕上与观众见面。

21 日 省建设厅印发《江西省建筑装饰工程招标投标管理暂行办法》。

22 日 省长吴官正颁布省政府第十八号令：《江西省外商投资企业用地管理办法》施行。该办法共 35 条。

22 日 北京举行的全国首届农业博览会宣布南康县选送的"龙回早熟柚"获金奖。

23 日 在首届中国长江三峡国际龙舟拉力赛上，江西共青鸭鸭队夺得女子组的冠军。

23 日 省建筑总公司印发《关于集体企业管理工作的几点意见》规定：（一）省建总公司所属各县级集体企业的主办单位为原帮助其开办的国营企业；其主管单位为省建总公司；（二）对县级集体企业的管理以主办单位为主。省建总公司各职能部门，根据各自的职责范围，对各集体企业业务指导，通过其主办单位的对口职能部门进行；（三）小集体企业谁主办谁管理，没有主办单位的由省建总公司劳资处管理。

23 日 全国第七届女知识分子联谊会横向联席会在南昌召开。省长吴官正到会讲话。于 28 日结束。

24 日 江西出席中共十四大的代表毛致用、吴官正、刘方仁、卢秀珍、马世昌、彭崀生、刘仲侯、许勤、吴平等，分批回到南昌。

25 日 在全国钢铁企业第七届优秀歌手大奖赛上，江西新余钢铁总厂职工王刚获美声唱法一等奖。

25 日 江西电视台对外部摄影的《武陵源》电视风光片，获全国电视风光片大奖赛第一名。

25 日 宁冈县会师瓷厂技改生产线新建喷雾干燥车间的屋顶在浇注混凝土时突然整体下塌，屋顶抹平泥面的 16 名工人中，14 人当场死亡，2 人重伤。

25 日 省七届人大常委会第三十次会议在南昌市举行。会议通过《江西省实施中华人民共和国城市规划法办法》和《江西省人大常委会关于进一步贯彻实施农民负担管理条例的决定》，通过《江西省人大常委会关于接受孙希岳辞去江西省人民政府副省长职务的请求的决定》，决定任命郑良玉为江西省人民政府副省长，通过其他人事任免名单。主任许勤在会议结束时，作题为《认真贯彻十四大精神，切实做好人大工作》的讲话。会议于 31 日结束。

26 日 由中国水产科学院渔业机械仪器研究所设计、湖口县造船厂制造的 135GT 尾拖网渔船通过省级鉴定。

26 日 省邮电部门利用比利时政府优惠贷款引进程控电话转贷协议在南昌签字。贷款额为 1421 万美元，用于九江、赣州、樟树等 18 个地市县及共青城的程控电话工程。引进比利时 BTM 公司生产的第一批设备已运抵九江海关，11 月 1 日开始安装调试。

27 日 省委九届六次全会举行，传达贯彻中共十四大精神，部署江西工作。毛致用、吴官正、朱治宏、舒圣佑、舒惠国等分别作传达报告

省委举行九届六次全体会议，传达落实十四大精神

和关于学习宣传十四大精神、培养选拔优秀干部、经济工作、农村工作的讲话。会议要求进一步解放思想，创造性地开展工作，强调"我们的各项工作，只要是推进经济建设和社会全面进步的，就要理直气壮地去做"。省顾问小组、省纪委也分别召开会议。28 日，省委发出《关于认真学习、宣传、贯彻党的十四大文件的通知》。会议于 28 日结束。

27 日 由弋阳县二轻局青年篆刻作者翁志强编刻而成的《邓小平革命足迹篆刻》一书，被中国革命博物馆收藏。

27 日 井冈山革命烈士陵园对外开放。新近完成的第二期工程由纪念堂的吊唁大厅、骨灰堂、75 块诗词碑和登山公路组成，并在雕塑园里增添了罗荣桓等同志的雕像。

27 日 鹰潭境内发生一起货物列车脱轨与另一旅客列车相撞的事故，直接造成 1 人死亡，4 节车厢损坏，1 台机车中度受损，1 台机车擦伤，2 人间接死于这场事故。28 日上午，事故轨道全部修复通车。

27 日 婺源县秋口茶厂推出的新产品保健"灵身茶"，在中国食品博览会上获银杯奖。

28 日 1992 年全国女子举重冠军赛在山东省泰安市落下帷幕。江西神力宝女子举重队 20 岁的薛娟，以抓举 115 公斤，挺举 145 公斤，总成绩 260 公斤获 82.5 公斤级 3 枚金牌；沈玲玲以抓举 82.5 公斤获第六名，挺举 112.5 公斤获第二名，总成绩 195 公斤获第三名。

28 日 万年县公安局破获一起 5 人组成的贩卖"台湾版"假人民币团伙案，涉及人员 20 余人，贩卖假币近万元，已缴获假币 1200 余元，有 6 人被收审。

28 日 在兴国发现一本土地革命时期由红军总政治部编印的《中国地理常识》。这本书是 1932 年 12 月付印、1933 年 8 月出版的石印教材（全书共 42 课，27 幅地图）。该书是当前史学界首次发现的苏维埃区域的印刷物，是研究苏区红色区域范围及革命形势发展变化情况的精品。

28 日 科威特政府贷款 1200 万美元用于江西省景德镇和赣州两机场扩建项目的签字仪式在南昌举行。

28 日 江西手扶拖拉机厂 1992 年第一万辆农用运输车开出生产线。该厂属全国农用运输车生产规模大、市场覆盖面广的企业。

28 日 香港金辉进出口公司与益丰矿泉水有限公司签订年内经销"金钠尔"天然五味矿泉水 220 吨的合同，并要求成为"金纳尔"天然五味矿泉水国外总经销，该矿泉水 5 月开发投放市场，10 月中旬，在国家旅游分局、轻工业部、商业部、纺织工业部联合举办的 1992 年中国旅游购物节上获"旅游商品天马奖"银奖，并与国内外经销单位签订年内供货量 1150 吨，成交额 871 万元。

28 日 江西参加农业部在北京主办的首届中国农业博览会的农产品，共获奖牌43枚，列全国第四位，其中金牌15枚，名列全国第二；银牌10枚，铜牌18枚，另获优良产品奖25种。

29 日 台湾中兴集团与江西五家合作单位分别签订意向书，台方投资总额达5000多万元人民币。这五个意向书签订的项目是：与江西棉纺织印染厂合资筹建针织、服装一条龙生产线；在江西丝绸厂新增年产150万米真丝绸生产能力；改造江西省展览馆成为既可承办国际国内大型展销会，又融购物中心、百货商场及配套性服务项目为一体的现代化展览经营场所；与景德镇市制酱厂合作经营或合资成立景兴酿造有限公司；就南昌商场经营现状及发展潜力等与南昌商场达成短期、中期、长期协作设想，力争用10年时间把南昌商场建成南昌市第一流的大型多功能商城。

29 日 1991年度中国规模最大的500家外商投资工业企业名次排定，江西省赣新电视有限公司年销售额2.0059亿元，排第七十五位；江西华丰塑胶企业有限公司以8039万元排第二百一十七位；江西赣建竹木工业有限公司以6909万元，排第二百五十八位。

29 日 国内首台多用途、全方位的电影电视拍摄工具SCS3400型摄影升降移动车，已由江西光学仪器总厂和上海电影制片厂联合研制成功。在上饶通过技术鉴定。

30 日 省政府批转省审计局对省政府驻广州、深圳办事处、深圳华赣企业公司及其所属子公司财务收支审计情况的报告。

31 日 江西省第一期赣中南农业综合开发项目通过国家验收。该项目1989年由国家批准在南昌、余干、高安、吉安、宁都、崇仁等21县（市）和七个县团级农垦场实施，3年中共改造中低产田350万亩，开垦宜农荒地39.8万亩，造林67万亩，获得总效益8.5亿元。

31 日 省委社教领导小组召开会议。会议强调：认真学习宣传贯彻党的十四大精神，是当前江西省的第一件大事，也是当前正在开展的农村社会主义思想教育的首要任务。各地要把学习宣传贯彻党的十四大精神贯穿到农村社教的各项工作中去，善始善终促进农村经济全面发展。

31 日 江铃集团与重庆汽车制造厂联合生产的493柴油发动机项目在南昌通过了国家级可行性评估。评估会由国务院经贸办组织。

31 日 全省重点煤矿和企事业单位加大三项制度改革力度，减人提效显活力。已精减各类人员1万余人从事第三产业。安置途径是：（一）大力发展多种经营和第三产业；（二）将供应、销售和生活福利等服务部门从企业划出，面向社会，独立核算、自主经营；（三）进入特区和国外市场承揽工程，搞劳务输出。

31 日 省委在南昌举行全省各民主党派、工商联负责人和无党派代表人士会议，传达党的十四大精神，通报省委九届六次全会的情况。

本月 截至本月，江西各级经贸部门出口创汇6.2152亿美元，完成年计划的88.79%，超过1991年全年出口创汇的1.95%，净增创汇1.3632亿美元。外商直接投资项目出口创汇达2623万美元。江西省利用外资669项，签约4.2655亿美元，进资1.1415亿美元。

本月 南昌市开通了"108"国际直拨受话人付费和信用卡电话业务。

本月 根据国家统计局、人事部的规定，在全省实行助理统计师专业技术职务以考代评制度，并开展首次考试。

1992

11月
November

公元 1992 年 11 月							农历壬申年【猴】						
日	一	二	三	四	五	六	日	一	二	三	四	五	六
1 初七	**2** 初八	**3** 初九	**4** 初十	**5** 十一	**6** 十二	**7** 立冬	**8** 十四	**9** 十五	**10** 十六	**11** 十七	**12** 十八	**13** 十九	**14** 二十
15 廿一	**16** 廿二	**17** 廿三	**18** 廿四	**19** 廿五	**20** 廿六	**21** 廿七	**22** 小雪	**23** 廿九	**24** 十一月大	**25** 初二	**26** 初三	**27** 初四	**28** 初五
29 初六	**30** 初七												

1 日 江西佛学院在庐山东林寺成立，即日起开始招生，1993 年农历二月初八正式开学。江西佛学院院长由庐山东林寺方丈释果一大师担任，副院长由云居山真如寺释一诚大师、九华山释圣辉大师担任。教务长由武宁凤凰山弥陀寺释法辉大师担任。首届面向全国招生 50 名。

1 日 省第七届人民代表大会第三十次会议决定：接受孙希岳辞去省政府副省长职务；任命郑良玉为江西省人民政府副省长；免去王样生的抚州地区中级人民法院院长职务，任命颜承荣为江西省抚州地区中级人民法院院长。

2 日 江西省人大常务会颁布第十六号公告：10 月 31 日通过的《江西省实施〈中华人民共和国城市规划法〉办法》即日起开始施行。该办法共 37 条。

2 日 韩国、台湾的朱熹后裔 40 人，前来婺源寻根和观光，并考察结合朱熹学术研究和风光游览为一体的旅游线路。朱熹为南宋理学家，婺源人。与其有关的古迹如虹井、朱熹手植杉树和题字的"廉泉"等，保存完好。

2 日 省长吴官正在江中制药厂高科技项目——"博洛克"投产剪彩仪式上宣布，同意江西中医学院奖励江中制药厂 300 万元。最近江中制药厂与中国科学院生物物理研究所共同研究开发治疗缺血性脑血管病的特效药品——"博洛克"，使江中制药厂在年产值 1.6 亿元的基础上，再增加 1 亿元。

江西江中制药厂

3 日 团省委、省青联、省青少年发展基金会、江西日报社、江西人民广播电台、江西电视台、江西青年报社等单位联合举办的"江西省第二届十大杰出青年"评选活动揭晓,上饶羽绒厂厂长王建华等 10 位青年当选。这次活动历时六个月,共收到有效选票 143206 张,创下评选活动的最高记录。

3 日 省人大常委会举行学习贯彻中共十四大精神,发挥人大代表作用座谈会。部分在南昌的全国人大代表和省人大代表纷纷发言,表达拥护中共十四大和贯彻落实大会精神的心声。

3 日 香港大环(集团)有限公司主席、深圳中华自行车(集团)股份有限价公司总经理施展熊一行 7 人当日起至 9 日在南昌、九江两市进行实地考察并参加南昌市首届对外经济贸易洽谈会。副省长舒圣佑、周熬平接见并宴请施展熊一行,欢迎他们来江西投资,加快与江西的经济合作。已签订了五个项目、投资 3 亿多元人民币的合同书。

4 日 共青羽绒厂被列入"1992 年中国 500 家最大工业企业及行业 50 家评价"排序。该厂在 1992 年全国缝纫行业 50 家最大经营规模工业企业中排第五名,在最佳经济效益工业企业中排第三名。

4 日 红星企业集团中学教师赖丰原研制成功的新型教学绘图仪获国家专利。

4 日 卫生部在杭州召开"2000 年人人享有卫生保健"规划试点阶段目标审评总结会议,江西省南城县被评为全国初级卫生保健达标先进县。

4 日 省委、省政府发出关于进一步治理"三乱"、切实减轻群众和企业负担的紧急通知,指出近年来治理乱收费、乱罚款、乱摊派集资取得一定成绩,但未从根本上得到解决,出现回潮和滋长蔓延现象;要求紧急行动起来,抓紧治理"三乱"。

5 日 国家第一部全面反映八一南昌起义的全景式纪实长卷《浴血的太阳》由江西省百花洲文艺出版社出版。

5 日 省地矿局赣西北大队在瑞昌市探明的一座储量达 300 吨的中型银矿,同时还探明一定规模的伴生金矿,这座银矿是 20 世纪 80 年代末发现的,已被确定为独立型中等规模银矿。

5 日 国家土地管理局授予盘古山钨矿全国土地复垦先进单位称号。近年来,该矿注重矿山复垦工作,改造废石堆近万平方米,用于开启生产场地和植被绿化,实行草、灌、乔结合,使昔日的"沙漠"披上"绿装"。

被誉为"清洁矿山"的盘古山钨矿碧波粼粼的游泳池

5 日 中美合作开发鄱阳湖石油作业拉开帷幕。首期地质勘探工作量约为 1400 公里,工期 3 年,测量 45 个测量点。

6 日 省经委、省计委等 6 部门联合下文,批准全省 230 户工业企业为中型企业,加上全国划分企业类型协调小组批准的 41 户大型工业企业(不含中央企业),省属大中型工业企业总数已达 271 户。

6 日 省长吴官正主持召开省长办公会议,听取省体改委、省经委关于江西省贯彻《全民所有制工业企业转换经营机制条例》的情况汇报,部署进一步加快落实《条例》的工作。副省长周熬平、省长助理张云川和省直有关部门负责人参加会议。吴官正强调:(一)在当前和今后一段时间,各级党政领导要以十四大精神为指针,把主要精力放到转换企业经营机制上来,把贯彻落实《条例》作为中心工作来抓,使《条例》赋予企业的各项生产经营自主权真正落实到实处;(二)加快政府转变职能的步伐;(三)狠抓企业转换经营机制,推动企业加快走向市场,坚定不移地深化企业内部三项制度改革,完善经营承包责任制,搞好利税分流、股份制和比照"三资"企业办法实行转换经营机制改革试点工作，总结推广试点经验。

6日 从事高新技术产业六载的新世界电子通信有限公司，与日本东芝株式会社、香港汇龙发展公司合作组装卫星接收机生产线在南昌开工。该公司已向国内外用户提供了数万套卫星地面接收设备，并连续3年被省政府和南昌市政府评为"外商投资企业先进单位"。

7日 省政府作出表彰一批先进乡（镇）人民政府和基层组织的决定。决定对近年来在坚持党的基本路线，推进社会主义物质文明和精神文明建设中取得优异成绩的21个乡（镇）人民政府、10个街道办事处，97个村民委员会，20个居民（家属）委员会分别授予"省级先进乡（镇）人民政府"、"省级先进街道办事处"、"省级先进村民委员会"和"省级先进居民委员会"称号。

7日 经国务院批准，同意撤销乐平县，设立乐平市（县级），由江西省直辖，以原乐平县的行政区域为乐平市的行政区域。至此，江西的县级市增至11个。

8日 曲江矿井在丰城矿务局破土动工。该井煤炭储量为9695万吨，设计能力为年产90万吨，服务年限为51年。国家投资2.3亿元，计划7年建成。该井被列为国家"八五"计划，是江西省1993年的重点建设工程。

8日 《江西日报》报道，江西省社会保障事业趋向产业化。各级民政部门兴办的福利业单位固定资产达1亿多元，福利企业224个，年创产值2.2亿元；各类社区服务组织及设施网点7109个，建成老人公寓、老人报务室、康复工疗站1646个；社会福利有奖募捐累计销售8300万元，筹集社会福利资金2500万元。农村社会养老保险已在七个县（市）先行试点。

8日 美国埃德沃考古学研究基金会主席理查德·S·麦克尼什博士一行开始对万年、乐平

等地的部分洞穴遗址进行考古调查。对探索和研究中国东南地区农业起源，尤其是大米的驯化过程具有重要的学术意义。中美合作双方将在南昌建立一座为中国南方研究农业起源的检测中心实验室。

8日 南昌市举办首届对外招商引资洽谈会，美、日、德、法、加、意等10多个国家和地区的外商580多人参加会议。会议期间签订合同和协议投资项目187个，总投资额为12亿美元，利用外资5.5亿美元。这次签约的投资项目投资规模大；投资重点开始转向基础设施建设和

在江南名楼滕王阁举行的南昌市首届对外招商引资洽谈会开幕式

南昌市首届对外招商引资洽谈会现场

基础产业以及企业的技术改造，中长期项目较多；投资合作领域扩大，已签约的第三产业占合同项目总数的43.2%。招商洽谈会于11日结束。

8日 抚州地区大力开掘"临川文化"，兴建汤显祖文化艺术中心，使文化资源变为文化产业。该中心建在临川（今抚州市）却家山，占地200亩，采用仿古园林模式，以"四梦村"为重点再现汤显祖的生平和"临川四梦"——《牡丹亭》、《南柯梦》、《邯郸记》、《紫钗记》。

8日 中国保健食品协会、省科委召开的"中国宁红茶学术研讨会"在北京国际会议中心举行。全国人大常委会副委员长严济慈,政协全国副主席洪学智、王光英、程思远等,18个省市及美、日、韩、马、香等地医药、茶叶、食品界专家近200人出席会议。宁红茶保健茶是江西修水茶厂的新产品,1991年在北京通过专家鉴定。已畅销国内30个省市和14个国家及地区,连续获国家"七五"星火成果金奖、中国优质保健品金奖等8块金牌,并被指定为第二十五届奥运会中国体育代表团专用保健品。研讨会从经济、技术、销售等方面为宁红茶的发展进行论证、研讨、咨询。

8日 澳门瑞纳(集团)公司董事长温瑞芬女士与省政府签订协议书:为纪念其父亲温玉成将军,帮助家乡发展教育事业,决定向省政府赠款5000万港元,用于建立温玉成教育基金和兴建温玉成大学。温瑞芬原籍兴国县,是中国人民解放军温玉成将军的女儿,港澳著名女企业家。

8日 安福县史志工作者发现一份清光绪二十九年(1903)在安福县出版的报纸《安福汇报》,是江西省县一级最早出版的报纸之一。

10日 江西台湾会馆在南昌开馆。1992年1月至9月,江西省引进台湾项目81个,计6322万美元,为1988年至1991年引进台资总和的两倍,该会馆的开馆,进一步促进了海峡两岸的交流,密切了台胞与江西的联系。

10日 日本净土宗、中日友好净土宗协会回赠青莲华大法会在庐山东林寺举行,日本15个寺庙的29位代表专程来赣参加法会。东林寺青莲华(即白莲)于公元1321年传入日本。

10日 省民航局电脑订票、售票系统开通并与中国国际航空公司签订电脑订座销售代理协议。16日,该局派人去广州与南方航空公司签订有关电脑订座、客货销售代理协议;并与西南、东北等全国各大航空公司签订此类协议。协议签订后,旅客在南昌就能一次性预订和购买从南昌至世界各地的机票。

10日 雷大贞医学奖学金首次颁奖大会在江西医学院召开,江西9所医学院校的49名学生获奖,并领取奖学金。这些学生都是1992年度每门功课在85分以上的品学兼优的学生。雷大贞医学教育奖学金是旅美华侨王鸿宾为纪念亡母雷大贞,鼓励青年努力学习而设立的。

10日 江西省首届旅游公关专业班在江西教育学院开学。学制两年。

10日 武宁煤矿贯彻落实《全民所有制工业企业转换经营机制条例》,实现产值300万元,利润90万元,被国家统配煤矿总公司推荐为全国550家经济效益最佳企业。

10日 省妇产医院李诚信教授等人关于"晚期卵巢癌双途径化疗的研究"通过鉴定。

10日~12日 省委常委认真学习党的十四大文件。参加学习的有省委常委、列席常委会的同志、副省长、省政府党组成员。与会者着重围绕建立社会主义市场经济体制问题开展讨论,交流学习体会。省委书记毛致用在讲话中提出当前三个方面的主要工作:(一)要围绕建立社会主义市场经济体制来换脑筋;(二)要按照社会主义市场经济发展的内在要求加大改革力度;(三)要把建立社会主义市场经济体制的各项工作真正抓实,要坚持从实际出发,立足实践。

11日 省科委、省林业厅联合在赣州市召开ABT生根粉研讨会,会议确定在"八五"期间江西省推广ABT生根粉的县市覆盖面争取达到85%,农林示范面积13.33万公顷。会议于13日结束。

11日 由国务院办公厅组织的专家记者调查组一行9人,到彭泽县指导血防工作。于14日结束。

12日 省卫生厅、省财政厅、省物价局、省人事厅联合发出《江西省医院分级管理办法实施(试行)》的通知。规定医院按功能和任务的不同,划分为一、二、三级,各级医院设甲、乙、丙三等,三级医院增设特等,共三级十等。

12日 在省中行举行的表彰大会上,赣州中行获中宣部、国家计委、全总联合授予的"全国思想政治工作优秀企业"称号。赣州中行成立12年来,各项人民币、贷款和各项外汇存、贷款年均增长率分别为74%、37%和154%、32%;利润年均增长率达80%；连续10余年杜绝了各类经济案件、违法乱纪案和重大差错事故的发生。

12日 横跨赣江两岸的丰城赣江大桥建成通车。该桥全长1207米，桥面净宽13米，高42.5米。该桥的建成通车，使横穿江西省的浙赣铁路、京九铁路与105国道、302国道互为对接。同时把丰城市正在开发建设的阁里杨经济开发区和即交付动工的丰城大型火力发电厂联成一体。

13日 修水县三都茶场生产的青健茶（神茶）、茉莉花茶、红心乌龙茶三种产品在1992年香港国际食品博览会上共获银质奖两个、特别奖一个。

13日 《江西日报》报道，江西各级纪委在支持保护改革，服务经济建设中进行新的探索，出现了"四个转变"。"四个转变"是：思想观念由单一服务向全方位服务转变；工作作风由被动服务向主动服务转变；工作方法由间接服务向直接服务转变；工作职能上由浅层服务向深层服务转变。

14日 全国种畜场和畜禽品种改良工作会议在南昌召开，与会人员参观了江西省畜禽生产基地。江西省畜牧良种场获国家授予的"推广优良种畜成绩显著的种畜场"和"全优秀畜禽养殖企业"称号。江西省115个种畜（禽）场又向社会提供良种猪3.75万头、禽500万种、牛羊4500头及大量的畜产品，产值达1.5亿元。

14日 民进江西省委会发起组织的江西省叶圣陶研究会成立并举行首次会员大会，民进中央副主席楚庄到会讲话。民进江西省委会名誉主委金立强任叶圣陶研究会会长。

14日 《江西日报》报道，江西省各级党组织不拘一格选拔人才，使一批坚持党的基本路线，工作政绩突出，群众信任的优秀中青年干部进入县以上领导班子。其中1990年以来进入地、厅领导班子的中青年干部有176人；在最近审批的100个县（市、区）换届班子中，45岁以下的县（市、区）委书记、县（市、区）长所占比例达到53.5%。

15日 丰城市物资部门实现销售额1.02亿元，实现利税180万元，成为江西省首家销售额超亿元的县物资企业。

16日 最近召开的江西省农民技术职称评定会议决定，农民技术人员职称评定与晋升工作要走向经常化、规范化、制度化。职称评定后，江西省2.5万余名具有职称的农民可享受相应的技术津贴，报考高中等农业院校可优先录取。

16日 国家"八五"重点工程，萍乡发电厂扩建工程配套项目之一的冷却塔PVC淋水填料生产线在萍乡市建成投产。

16日 工艺先进安全可靠、国内最大的"氧化砷"生产系统，在江西铜业公司贵溪冶炼厂投产。"氧化砷"俗称"砒霜"，为剧毒物品。贵溪冶炼厂"氧化砷"工程是该厂一期工程综合回收环境治理项目。该工程总投资4800万元，关键技术设备从日本引进，辅助设施国内配套，年产"氧化砷"1100吨。

16日 省重点建设项目年产1万吨烧碱工程，在江西化工厂（赣南农药厂）建成投产，该项目总投资3201万元，新建盐水、电解、蒸发、氯氢处理、液氯、盐酸六个工段。

16日~18日 为纪念民族英雄文天祥就义710周年，省社联、吉安地区社联和吉安县政府在文天祥的家乡吉安县联合主办文天祥国际学术讨论会。美国、韩国、新加坡、香港地区和省内外50余名学者向大会提交论文32篇。

17日 全国农村成人教育工作会议近日举行，吉安县教育局被授予"全国扫除文盲先进单位"称号。

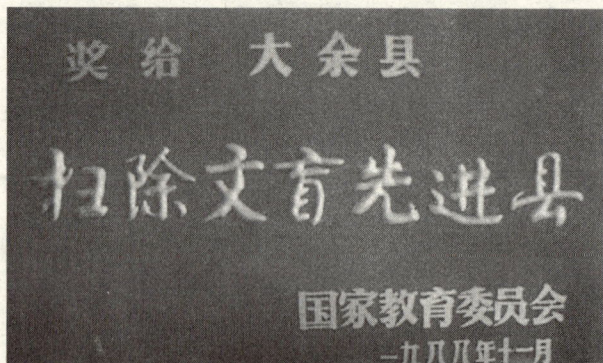

1988年大余县获得的"扫除文盲先进县"奖牌

17日 省经贸厅组织获得进出口经营权的江西棉纺织印染厂、景德镇陶瓷工业公司、共青垦殖场、江西国药厂、江西针织总厂、江西重型机械厂6家大型企业和上饶、宜春、九江、三地市享有进出口经营权的单位,研究落实进一步拓宽进出口贸易,并确定1993年出口创汇1.6亿美元的新目标。

17日 8月以来,南昌中国国际旅行社开拓美国旅游市场取得突破性进展,联系美国旅游团四个达71人,首次在美国直接组织客源。最近该社首次派员赴美介绍旅游线路,组织客源。据悉,有十个旅行团队的旅游活动在洽谈中。

17日 南昌市朝阳酿造厂酿造的"孔雀"

南昌朝阳酿造厂车间

南昌朝阳酿造厂

牌原汁酱油在1992年香港国际食品博览会上获一金一银两块奖牌,"孔雀"牌酱油获中国农业首届博览会金牌奖。

18日 江西省科技项目"电炼中碳钢喷粉埋弧冶炼工艺",最近在江西新余钢铁总厂通过省级鉴定。由江西省钢研所和上海钢铁工艺研究所承担的该项科研课题结果表明,该工艺应用于实际生产,每吨钢可节电50千瓦时,节约电极1

千克,降低生产成本18.61元;每炉钢可缩短冶炼时间20分钟至30分钟。

18日 江西省留学人员联谊会成立。省人大常委会副主任裴德安,省政协副主席陆孝彭、廖延雄等和140多名留学回国人员代表欢聚一堂。联谊会理事长由副省长陈癸尊担任,陆孝彭、廖迁雄、王凤翔任顾问。

18日 江西高等级路桥开发公司和台北共德营造工业股份有限公司,在江西宾馆签订合同,决定双方共同筹资,进行以建造湖口大桥为主体的各种项目合作。湖口大桥总投资额约为4亿元,采用世界先进的斜拉技术建造,计划1996年建成通车。届时,九江至景德镇等地的交通状况,将彻底得到改善。

18日 江西赣南保健药厂研制生产的宝力牌保健药枕通过鉴定。

18日 应中国银行江西省分行的邀请,由石下精工株式会社董事长田中泰造率领的日本企业家协会代表团来赣访问考察。代表团与江西省一些企业签订了五个合作意向书。考察活动于21日结束。

19日 中国国际旅行社九江支社、中国国际旅行社景德镇支社经国家旅游局批准为一类旅行社,同时改称:九江中国国际旅行社,景德镇中国国际旅行社。

19日 省政府第二批100多万元专款下拨13个建制镇,1992年共批准55个建制镇兴办自来水厂,520万专款已全部下达。当前,1个水厂已建成供水,29个水厂在兴建中。届时,加上原有自来水厂的18个镇,江西省有1/3建制镇的居民用上卫生的自来水。

20日 省七届人大五次会议代表共提出建议、批评和意见218件,其中交由省政府归口办理的207件,省人大常委会归口办理的11件。除一件因特殊原因尚未办完外,其他全部办理完毕,并及时答复代表。代表们感到满意或基本满意。

20日 中日合作项目《德兴铜矿矿山废水开发调查》,在北京签约。

20日 江西省计划生育保险日前进入全国

先进行列。省计生委、计生协会和保险公司在南昌联合召开会议，总结交流经验，表彰先进并研究部署今后一个时期的计生保险任务。省委常委张逢雨出席会议。副省长舒惠国讲话强调，各级党政领导对计划生育工作的重要性和建立计划生育社会保险的作用要有充分认识，切实加强领导，把计划生育保险作为政府的一项重要工作来抓，并纳入政府的目标管理。纯女户结扎率由1988年的2.5%上升到现在的27.5%。

21日 由乐安县林业公司绞股兰加工厂生产的绞股兰高级保健茶，在1992年香港国际食品博览会上获银奖。

乐安县绞股兰开发公司利用当地独特的绞股兰资源，依靠先进科技开发的甜、甘、苦三类袋泡茶畅销国内外

21日 赣县人民医院内科主治医生王渭居研制发明的新型医用导尿管，获国家专利。

23日 在北京举行的中国大学生实用科技发明赛成果展览暨技术交易会上，江西大学龙定华同学的"高灵敏掺杂酞菁铜薄膜 NO_2 气体传感器"和"多通道MOS型钾离子传感器及LFZ型测试仪"分别获三等奖和鼓励奖，南昌航空工业学院朱自力的《可编程足底按摩器》获鼓励奖。

23日 江西中医学院附属医院丁涛主任医师主编的《中草药不良反应及防治》一书，已由中国中医院出版社正式出版，全国新华书店发行。

23日 萍乡钢铁厂建材公司开发的新产品冷轧带肋螺纹钢筋通过省级鉴定。

24日 在北欧挪威首都奥斯陆举行的第二届国际全息生物学术讨论大会上，盘古山钨矿职工医院中医科主任、主治医师刘荣先宣读的《全息生物学在胃病诊治方面研究与应用》论文，编入英文世界版《第二届国际全息生物学学术讨论大会论文集》。

25日 南昌市有线电视站成立。到1993年年底，共架设北京西路、北京东路、二七路、青山路四条干线，终端户1.5万户；每天送出12套节目。

25日 中央国家机关团委代表中央国家机关60余名干部职工，于当日至26日，将60万元捐款送至江西省永新、宁冈两县，用于救助老区因贫困而失学的儿童，并分别举行希望小学奠基仪式。这两所小学分别坐落在永新县禾川镇和宁冈县茅坪乡，一期工程投资60万元，总建筑面积2350平方米，预计1993年7月完工。中国青少年发展基金会副秘书长郗杰英、中央国家机关团委书记李沛、共青团江西省委和吉安地委领导参加奠基仪式。

26日 第四届全国菊花展览最近在无锡市举行。南昌市园林处送展的菊花获"百种菊"大赛二等奖，悬崖菊、多头菊获单项二等奖，造型菊"滕阁秋风"和案头菊获三等奖。

27日 由鹰潭铁路第四工程公司承建，国家投资1600万元的东乡火车站改造配套工程全面完工，开通使用，全长133公里的浙赣线向塘西至贵溪铁路复线全面贯通。东乡火车站改造工程是浙赣铁路复线"中取华东"的组成部分，共耗时四年零五个月。

27日 抚州地区乡镇企业唯一破格晋升的高级技师、广昌盱江农机厂厂长游全琳发明的消烟节煤燃烧器具通过鉴定，并且获国家专利。

27日 应财政部邀请，世界银行检查组官员昂曼纽尔·戴寒尔瓦·巴利·普里一行，由中国林科院副院长洪菊生陪同，到江西省检查"国家造林项目"进展情况。于12月2日结束。

28日 江西省校建工作会议在高安县召开。1992年全省已集资29169万元，竣工房屋面积173.63万平方米，均超过年初制订的计划目标。

副省长陈癸尊要求各级领导要认真落实党的十四大提出的"必须把教育摆在优先发展的战略地位"，继续抓好领奖办学，使多渠道筹措教育经费的机制更加完善，为根本改善办学条件作出新贡献。会议于29日结束。

29日 宁都县人民医院中医师胡道清研制出"卷烟机压力喷胶、喷浆装置"获国家专利，该装置能减少卷烟原材料浪费，提高烟支质量和产量。

29日 江西有色冶炼加工厂研制成功HP659－1型黄铜拉花棒，具有机械性能好、易切削加工、表面附着力大、价格低廉等优点。

30日 国家监督局抽查了江西省30个企业生产的33种产品，抽样合格率为78.8%，比全国平均水平高出8.8个百分点，名列全国第八。

30日 江西省1992年度科技进步奖评审结果揭晓，121项优秀科技成果获奖，其中7项达到国际先进水平，36项居国内领先（或首创）水平，65项具有国内先进水平，7项居省内领先（或首创），6项属省内先进水平。一批在推动科学技术进步，振兴江西经济中作出重要贡献的单位和个人获殊荣。

30日 江西铜业公司被国务院有关部门认证为特大型企业，证书文号："特大型第00081"。这次大型企业的划分，由国务院经贸办、国家计委、国家统计局和财政部、劳动部、人事部共同组织、核实、审批。这次全国共有37个行业、部门的3519户工业企业被确认为大型工业企业，其中特大型企业123户。有色金属行业通过审批的大型企业有93户，其中特大型企业14户。

30日 "江西省林业工人技术培训考核基地"成立，该基地以省森林工业技工学校为依托，由省林业厅工人考核委员会领导。

30日 临川二中学生黄双调以210分的总成绩获1992年全国高中数学竞赛江西赛区第一名。这是该校继应园萍夺得1992年全国中学生物理竞赛江西赛区第一名（并列）和女生最高成绩特别奖，艾水香等5名同学夺得1992年全国化学竞赛江西赛区团体总分第一名之后的又一成果。临川二中创下了一所中学学生在同年的全国数理化竞赛中全面夺魁的新纪录。该校已在全国性的学科竞赛中荣获一等奖7人次，二等奖、三等奖82人次，省级奖46人次。该校还获国家体委和国家教委授予的"1991年度体育传统项目先进学校"称号。

本月 欧共体和我国政府签订协议，无偿提供约500万美元的物资，综合开发治理南昌沙化土地并开始实施。双方协议：欧共体组织派遣专家来赣实地开展工作并提供治沙设备、仪器等物资，南昌市提供1%～3%的配套资金。

本月 首届国际博览会名优酒评选在泰国曼谷举行，上高酒厂生产的"七宝山"牌老窖酒获国际名优酒金奖。厂长欧阳健获功勋金奖。

本月 一种由基层供销社与农民互惠互利，风险共担，利益均沾的经济联合体——专业生产合作社，在全省农村兴起。至本月底，全省由基层供销与农村建立的种养、加工、运输等各种类型的专业社已达2000多个，年提供商品额2亿多元，农民从中获取经济收入超过3000万元。

本月 德安煤矿机械厂厂长程运钿被国家民政部、中国人民解放军总政治部评为"全国军地两用人才先进个人"。

本月 在广州举行的第四届中国新技术新产品博览会上，赣南制药厂与北京红十字转移因子研究中心联合参展的注射用转移因子和转换因子口服液分别获金银奖。

1992

12月

December

公元 1992 年 12 月							农历壬申年【猴】						
日	一	二	三	四	五	六	日	一	二	三	四	五	六
	1 初八	2 初九	3 初十	4 十一	5 十二	6 十三	7 大雪	8 十五	9 十六	10 十七	11 十八	12 十九	
13 二十	14 廿一	15 廿二	16 廿三	17 廿四	18 廿五	19 廿六	20 廿七	21 冬至	22 廿九	23 三十	24 十二月大	25 初二	26 初三
27 初四	28 初五	29 初六	30 初七	31 腊八节									

1 日 德兴铜矿露天采矿一次穿孔爆破量达65 万吨，破全国纪录。

1 日 经国务院批准，龙南县、会昌县、宁都县、定南县、高安县列入对外国人开放地区。

1 日 南昌市烟草专卖局（公司）党委书记卓正付主编的江西省第一部烟草志《南昌烟草志》，由黄山人民出版社出版发行。该书为精装大 32 开本，计 18 万余字。

1 日 景德镇市陶瓷壁画厂由高级工艺美术师潘凯声、李松泉设计创作的反映儿童生活的大型陶瓷壁画《祖国的花朵—未来的希望》创作完成，由 2158 块瓷板组成，总面积为 49 平方米。

2 日 省农科院在本院举行钴－60 辐照装置安全运行 30 周年纪念会，会上宣布该院利用原子能高技术已经达到新水平。1991 年钴源经济效益达 11.02 元/居里，为全国平均水平的 1.9 倍，在全国农业系利用原子能的 20 个单位中名列前茅。

3 日 省政府在南昌召开地市专员、市长会议，分析当前经济形势，研究全面完成 1992 年经济工作的各项任务和 1993 年经济工作上新台阶问题。省长吴官正讲话强调：各地、各部门要坚持两手抓，两手都要硬，重视抓好精神文明建设，搞好社会治安综合治理，为改革开放和经济建设创造良好条件。各行署、省辖市专员、市长、财政局长、税务局长、人民银行行长和省政府各部门负责人参加会议。

3 日 驻九江空军某部举行庆功表彰大会，表彰飞行员王俊飞、周光排除空中特大险情。中央军委、空军通令，给王俊飞荣记一等功，并颁发"功勋飞行人员金质荣誉奖章"，飞行员周光荣立三等功。

4 日 全省农村劳务输出会议结束。江西决定对农民外出打工放宽政策，加强服务。劳务输出年收入达 10 亿元左右，成为全省农村经济的主要增长点。

4 日 滕王阁获全国"鲁班奖"，这是建筑最高奖。

4 日 省政府批准追认新余市建设银行电工厂储蓄所储蓄员阮建红为革命烈士。

4 日 省第一建筑工程公司，被建设部再次授予"全国建筑职工思想政治工作优秀企业"的称号。

5日 省委宣传部、省人大常委会办公厅、省普法办公室在南昌联合举行现行宪法制定和颁布10周年纪念日座谈会。省领导朱治宏等，在昌的部分全国人大代表、省人大代表及省直各部门、教育、科学、法律和新闻等社会各界人士150多人参加会议。会议由省人大常委会主任许勤主持。省委副书记朱治宏就更好地贯彻执行宪法和宪法颁布实施10年来所取得的成就发表讲话。副省长周慇平就坚持依法行政，使政府各项管理活动在法制轨道上运行发表意见，对那些以权谋私、违纪违法行为要进行严肃查处，决不允许任何人有超越宪法和法律的特权，坚决维护社会主义民主和法制的尊严。

6日 江西赣中实业总公司、香港美新实业有限公司、省工行信托投资公司合资成立中外合资港赣实业股份有限公司，省人大常委会副主任、省委政法委书记王昭荣，省政府秘书长孙瑞林，香港美新实业有限公司董事长翁浩及省公安厅、省工行的负责人出席签字仪式。

7日 江西解放军第九四医院研究的《流行性出血热患者胃组织损害，抗原定位及病毒分离研究》成果，在北京通过鉴定。

7日 江西省已建成开通地、县、乡级教育电视台71座，卫星地面接收站150座，放像点1624个，电视教育覆盖江西省1/2的面积和2/3的人口，80%县市建立教育电视台。

7日 省民政厅通告，婚姻登记机关办理结婚登记，一律按省核定的收费标准，只收取婚姻证件工本费（含手续费）6元，严禁搭车收费。从1993年1月1日起，办理结婚登记不得以任何名义代收各种押金、保险金和募捐集资，不得摊销有奖募捐奖券。凡违反上述规定的机关，将取消其婚姻登记机关的资格，收回婚姻登记专用章印鉴。

7日 省委、省政府决定在全省进一步推行计划生育"一票否决权"制度。制度规定：各级党政机关、群众团体以及企业事业单位，凡计划生育不合格的，当年一律不得评为综合性先进，凡是突破年度人口控制计划（出生率）的地方和出现计划外生育的单位，党政一把手和分管计划生育工作的领导当年不能评先评优，不得授予各种荣誉称号，不得提拔重用。

8日 中央军委主席江泽民最近签署命令，授予江西省张声煌等44位军队离退休干部中国人民解放军二级红星功勋荣誉章；授予赵德海等19位同志中国人民解放军独立功勋荣誉章；授予钟义宣等43位同志中国人民解放军胜利功勋荣誉章。

8日 经国家民航局和国家交通投资公司批准，九江马回岭机场建民航站。建站后的九江机场，由地方政府经营和管理，民航实施行业管理。

8日 上饶市投资1000万元重建的明代首辅夏言的后花园（白鸥园）对外开放。该园占地面积1.2万平方米，建筑群体面积2万平方米，已接待国内外游客40多万人次。夏言，江西广信府贵溪上清人，做了11年明朝首辅，于嘉靖二十二年（1543）归隐江西广信府，即在他的御赐府第宝泽楼西侧，修建亲笔提名的"白鸥园"。

8日 1992年度江西省"星火"奖在南昌市评选揭晓。这次获奖的共有15个优秀科技项目奖。其中，一等奖1项，即省杂交水稻制种协作完成的"杂交水稻大面积制种高产配套技术示范"，二等奖4项，三等奖10项。这些项目，其中有4项具有国内领先水平，5项达到国内先进水平，6项属省内先进水平。获奖项目实现累计新增利税1.25亿元，节约资金2241.22万元，培训人数达57.25万。

9日 省委、省政府、省军区最近命名表彰一批双拥模范城（县、区），授予九江市、新余市、鹰潭市、赣州市、井冈山市、抚州市、丰城市、德兴市、乐平市为"双拥模范城"称号；授予定南县、于都县、万安县、遂川县、宜丰县、黎川县、横峰县、修水县为"双拥模范县"称号；授予南昌市郊区、东湖区和萍乡市城关区"双拥模范区"称号。同时，命名表彰了170个双拥模范（先进）单位和个人。

9日 省政协办公厅在南昌市举行《江西政协报》扩版暨更名座谈会。该报从1993年1月1

日起，更名为《光华时报》，改为对开大报，拓宽报道面，增强可读性和知识性。同时，推出港、台、澳等专版。

9日 省建设厅和省建总公司首次联合召开省建设系统驻市部分企业党委书记座谈会，交流企业党委开展"一岗两责"、"党支部目标管理"、"政工班长"、"党员责任制"、"政工例会"、"班、组长台账"等活动的经验，探讨新形势下进一步改进和加强思想政治工作的途径和手段。研究1993年企业思想政治工作任务和措施。与会同志一致认为，要努力做好新时期的思想政治工作，为企业转换经营机制服务。座谈会于10日结束。

9日 应泰中友协的邀请，经全国友协安排，江西省对外友好协会顾问舒圣佑参加中国人民对外友好协会代表团对泰国进行友好访问。

10日 英勇救人、光荣牺牲的青年工人夏冰、赖华庆，被省政府批准为革命烈士。

10日 省建筑总公司印发《关于推行项目法施工的几点意见》，要求所属企业将实行以实现利润和国有资产保值增值为核心的考核标准，各企业根据自身的实际条件，在今后3年内采取有效的步骤，逐步实现全面推行项目法施工。

11日 江西省企业加快改革步伐座谈会结束。省长吴官正要求企业结合实际学习推广江中制药厂经验，主要从四个方面作了阐述：（一）解放思想，转换脑筋；（二）积极主动地转换经营机制；（三）拓宽发展思路，推进技术进步，培植拳头产品；（四）大力增产节约，节能降耗。副省长陈癸尊、省长助理张云川以及100家企业的厂长经理出席会议。

11日 省委九届七次全体（扩大）会议在南昌举行，350余人出席，讨论1993年改革开放和经济发展问题。毛致用作题为《抓住加快改革开放和建设这个主题，朝着新的台阶再迈一大步》的报告，共分三个部分：（一）围绕实现党的十四大提出的战略任务进一步解放思想，增强加快改革开放和现代化建设的自觉性。（二）迅速转入全面发展社会主义市场经济的轨道，着力抓好江西省改革开放和经济发展全局的几件大

事：1. 加快产品产业结构的调整，提高江西省经济在国内外市场的竞争能力；2. 加快企业经营机制的转换，把国有企业尽快推向市场；3. 加快培育市场体系，逐步建立畅通有序、全面开放的大市场；4. 加快全方位开放的步伐，建立适应国际国内两个市场的大开放格局；5. 加快科技进步，充分发挥科技的第一生产力作用；6. 加快政府职能转变，确保江西省经济尽快向市场经济过渡。（三）加强党的领导，牢牢掌握改革和建设的主动权。省委常委张逢雨等10人相继作大会发言，吴官正作1993年经济工作的部署。会议提出国民生产总值提前4年翻两番，主要经济指标提前两年实现原定"八五"计划的目标，并初步安排1993年国民生产总值增长10%~12%，农业总产值增长5%~7%，工业总产值增长15%~18%，第三产业增加值增长13%~15%，财政收入增长12%，农民人均纯收入增加70元以上，力争经济发展速度高于全国平均水平。会议于14日结束。

省委九届七次全体（扩大）会议

12日 中国人民保险总公司评选并通报近日表彰全国300个先进县（市、区），江西省21个县（市、区）获"全国保险先进县"称号。

13日 江西农业大学教授章士美主持的研究成果《西藏农业病虫及杂草》获国家教委科技进步一等奖。该书共记录西藏农业昆虫2165种，蜘蛛、螨类220种，病害种及杂草199种，其中昆虫新种781种，蜘蛛新种34种，全国新记录133种。我国著名昆虫专家、中国科学院学部委员周尧教授等评价该成果有些科属上填补了国内

空白，居国内领先水平，充实丰富了昆虫学科的内容，提供了一部很有价值的工具书。

13日 《江西日报〈星期刊〉》编辑部、江西日报公关事务所、江铃汽车集团联合举办的"92江西十大新闻评选活动"。设特等奖1名，一等奖2名，二等奖4名，三等奖8名，优胜奖1000名，凡获三等奖以上者，均发给获奖证书，赠阅一年《星期刊》，并邀请参加1992年江西十大新闻发布会。

14日 省长吴官正在省委九届七次全体（扩大）会议结束时就1993年的经济工作讲话。讲话共分6个部分：（一）努力发展当前的大好形势，确保国民经济持续增长；（二）围绕建立社会主义市场经济体制，加快改革开放步伐；（三）提高农业质量，优化工业结构，放手发展第三产业，增强国民经济的整体素质；（四）千方百计加大投入，大力加强基础设施建设；（五）面向经济建设主战场，重视科技进步，加快教育发展；（六）进一步加强和改善宏观调控，为改革开放、经济建设和社会发展创造良好的环境。

14日 应文化部和中国艺术研究院邀请，江西省京剧团晋京演出大型新编历史故事剧《贵人遗香》近日在首都艺术界、理论界、新闻界和观众中引起广泛关注和强烈反响。12月14日在北京首都剧场举行晋京演出新闻发布会上，江西省文化厅副厅长曾险峰介绍抓精品生产、弘扬民族文化的体会。

15日 九江市中医院胡晓斌医师的新著《跌打穴伤疗法》一书，近日在北京出版发行。全书计20余万字，插图80余幅，且附有100余个穴伤秘方。

15日 残疾人罗贤昊发明的音乐报警钥匙挂环、电动剃须刷牙组合用具和列车厕所自控门锁三项发明获国家专利。

15日 首届全国"繁荣出版好新闻"评选揭晓，50篇作品获奖，江西日报刘培松的《农村新华书店第一家》获三等奖。

16日 文化部、国家教委等6家单位联合主办的1992年全国少年儿童剧（录像）评比在北京揭晓。江西省九个参赛节目中，小品《小主人》获剧目一等奖；小品《值日生》、赣剧小品《娃娃鞋》获二等奖；《小鸟》、《春游前夜》等6个节目获三等奖。

16日 万安水电站第四台机组正式并网发电，这是江西省当前最大的水电站，4台10万千瓦机组全部发电。该工程投资16亿元，年发电量15.16亿度，它的建成投产，缓解了老区缺电状况。同时，22亿立方米的电站水库调蓄，减轻了赣抚平原的洪水威胁，枯水断航的赣江亦成为四季通航的黄金水道，还为两岸造就了30亩自流灌溉良田。李鹏、宋平等党和国家领导先后视察过这一工程。

万安水电站四台机组全部并网发电

17日 在江西省第一届"宣传人民代表大会制度好新闻"评选揭晓会上，《江西日报》有6篇作品获奖。通讯《架起蓝天与大地的彩虹》（作者练练）获一等奖；通讯《老表，你大胆地往前走》和《寸心报春晖》获二等奖。

17日 中国科协第三届青年科技奖评选揭晓，江西师大教育系讲师傅荣、赣西化工厂副厂长、高级工程师葛亮和省水产科研所助理研究员熊晓钧荣登金榜。

17日 省七届人大常委会第三十一次会议在南昌举行。会议共有8项议程。会议通过《江西省实施〈中华人民共和国义务教育法〉办法》、《江西省血吸虫病防治条例》、《江西省实施〈中华人民共和国水法〉办法》和省人大常委会关于召开江西省第八届人民代表大会第一次会议的决定以及有关人事任免名单。决定任命宋林祁为江西省人民防空办公室主任；决定免去郭亚民的江西省人民防空办公室主任职务；决定任命钟金安为江西省人民代表大会常务委员会吉安地区联络处副主任；决定任命饶俊达为江西省人民代表大会常务委员会抚州地区联络处副主任；决定任命吴林诠为江西省吉安地区中级人民法院院长；决定免去曾广庭的江西省吉安地区中级人民法院院长的职务；决定任命敖庆沸为江西省宜春地区中级人民法院院长，决定免去吴建疆的江西省宜春地区中级人民法院院长的职务；决定任命姚发野为江西省人民检察院宜春分院检察长；决定免去翟时达的江西省人民检察院宜春分院检察长职务。会议于20日闭幕。

18日 赣州创业工业（集团）公司宣告成立，投资230万元的7层"创业大厦"同时落成。

18日 林业部授予寻乌县南桥综合（木材）检查站、铜鼓县大槽口综合（木材）检查站"全国先进木材检查站"称号。

19日 江西师范大学正式成立艺术、体育、成人教育3所学院。艺术学院增设音乐表演、商标广告、影视创作专业；体育学院增收两年制防

江西师范大学语音教室

卫体育和健美体育专业，并创办江西师大体育学院少年业余体校，开设武术、体操、田径3个班，为省市体工队培养和输送高水平的竞技人才；成人教育学院1993年起设14个函授本科专业，10个函授专科专业，7个夜大专科专业，面向社会培养急需人才。

19日 经国家经贸部批准，继在美国塞班和赞比亚及1992年9月在日本设立办事处后，江西省国际经济技术合作公司驻博茨瓦纳、哥伦比亚办事处日前成立。

20日 由中央人民广播电台少儿部等单位主办的首届全国"新四通杯"校园新歌创作大赛，在杭州市举行颁奖大会。江西樟树制药厂青年职工阮志斌的《快活的下雨天》的歌词获大赛二等奖。

20日 江西省新华书店综合大楼落成。

22日 省基建重点工程调度汇报会召开，1992年全省基建重点工程35个项目1月至11月份完成投资17.2亿元，占年计划的80.4%，比1991年同期增长33.2%，工程进度比1991年快4.3个百分点，其中属能源、交通、水利、支农工业和重要原材料项目22项。

23日 九江大化肥工程开工典礼在九江市石化总厂举行。省委书记毛致用，省长吴官正，省委常委张逢雨，大化肥工程领导小组组长、省长助理黄智权、省有关部门和九江市负责人出席了开工典礼。这一国家重点工程由江西省和中国石化总公司合作合资，投资15亿元，占地119公顷，工程主要生产装置由合成氨和尿素两大装置组成，年产30万吨合成氨、52万吨尿素。

23日 省科技志办公室编撰的《江西省科学技术大事记》由江西科技出版社出版。《大事记》内容上起公元前3000年，下至1990年底，包括江西省古代、近现代、当代3大部分，所有行业选录了1655条大事，共21万字，书中记载的人物就达1058人。《大事记》有些地方对原有史料有新的发现和订正，是江西省第一部用编年体与纪事本末体相结合的方法编写的科技发展简史。

23日 省人大常委会公布施行《江西省实

施中华人民共和国水法》办法。该办法共 8 章 48 条，明确了政府水行政主管部门和有关部门在水资源管理上的职责分工，并对有关问题作了具体的法律规定。

23 日 由商业部粮食购销司和中国人民银行、国家审计署、国务院经贸办组成的检查组，到波阳县考察以粮食为主的农副产品收购和资金兑付情况。检查组肯定了波阳县想方设法扩大农副产品收购和千方百计兑现农副产品收购资金的做法。检查组指出：对农副产品收购和资金兑现中出现的问题，要分清责任，是哪个部门、哪个环节中出现的问题，就追究其责任，春节前必须无条件地兑现农民手中的"白条子"。

23 日 省人大常委会第二十号公告，颁布实施《江西省实施〈中华人民共和国义务教育法〉办法》的公告。该公告共 31 条。

23 日 省人大常委会颁布实施《江西省血吸虫病防治条例》的公告，该条例共 5 章 33 条，有总则、管理监督、预防、治疗、奖励处罚、附则。

23 日 航空航天部在京召开颁奖大会，江西省"强五"飞机总设计师陆孝彭等 10 位专家获国家航空金奖，每人奖金 10 万元。

24 日 据中科院紫金山天文台预告，当日可发生日偏食，我国东部地区能看到少见的带食日出景观。这次日偏食的时间是初亏 6 时 22 分，食甚 8 时 32 分，复圆 10 时 42 分。南昌日出 7 时 07 分，食甚 7 时 10 分，复圆 7 时 53 分。

25 日 江西铜业公司银山矿九区 170 米标高以上的四十余万吨岩石爆破开矿。九区铜硫矿工程是银山矿实现由铅锌矿矿山向金铜矿矿山过渡，是江西铜业公司形成年产 20 万吨铜规模的重要组成部分。设计生产能力为日产选原矿 1000 吨。整个基建工程于 1994 年建成并投入生产。

25 日 由亚洲地区日本、印度和我国的 3 位理事共同协议，经文化部批准，"亚洲艺术教育国际研讨会"在南昌举行，亚洲各国 130 多名代表出

席。这次会议，就亚洲国家和地区之间的艺术创作，艺术理论和艺术教育，尤其是美术教育方面进行了探讨和交流。会议于 28 日结束。

26 日 经国务院批准，南昌高新技术产业开发区被列为国家级高新技术产业开发区。该区是 1991 年 3 月由省政府批准成立的，1992 年 1 月被国家科委批准为省级开发区。开发区以高新技术为重点，扩大开发，加快发展，至 12 月中旬，共有 210 个单位提出入区申请，已批准进区企业 115 家，职工总数 1800 多人。现已完成科工贸总收入 1 亿多元，创汇 200 多万美元，经批准入区的 16 家三资企业引进外资 1864 万美元。

28 日 婺源县发现一处水量丰沛的矿泉，经地矿部上海市中心实验室净水协会测定，该矿泉水质与法国"伏维克"和"甘露"矿泉水近似，属于低矿化度、低钠、不含气矿泉水。

28 日 新余发电厂扩建工程破土动工。这项工程由国家能源投资公司和江西省联合投资 7.4 亿元，装机容量 40.3 万千瓦，计划 1994 年第一台机组发电，1995 年第一期工程建成投产后，年发电量可达 26 亿度。

28 日 中国农业银行江西省信托投资股份有限公司在南昌成立。该公司和活跃在昌九工业走廊上的农垦大军——共青垦殖场、桑海企业集团、云山企业集团等 58 家股东共同发起组成，国家股、法人股、个人股股份总额两亿元。省市领导及各界人士 300 多人同贺公司成立。

28 日 江西饭店二部大楼举行奠基典礼。江西饭店二部大楼是饭店与省建行房地产开发公

江西饭店夜景

司合作改造项目，建筑面积 4.8 万多平方米，总投资 1 亿元。该楼是一座集吃、住、行、娱乐、购物、商务为一体的综合性具有四星级标准的现代化饭店，设计高级客房 483 间（含有总统套房），设有中西餐厅、露天游泳池、桑拿浴、会议中心、购物中心、康乐中心、歌舞厅、地下停车场等服务设施。该工程预计 3 年建成。

29 日 省政府举行人民警察授衔仪式，省公安厅、南昌市公安局及省劳改局、劳教局的人民警察分别被授予三级警监。毛致用、吴官正、朱治宏等省领导出席并接见高中级警官代表。吴官正发表讲话强调，实行警衔制是进一步加强人民警察队伍的革命化、现代化、正规化建设的一项重要措施。在此之前，江西省已有 6 名二级警监被国务院授予警衔。

29 日 省长吴官正在国务院召开的农业电视电话会上发言，充分肯定江西农业和农村经济继续保持持续稳定发展势头。乡镇企业总产值预计可增长 50%，江西省农村社会总产值预计比 1991 年增加 111 亿元，农村人均纯收入可达 750 多元，讲话共分四个部分：（一）继续强化农业的基础地位；（二）切实保护农民的利益和生产积极性；（三）围绕增加农民收入，狠抓农业结构调整，引导农民适应市场；（四）进一步加强对农业和农村工作的领导，切实帮助农民办好一家一户办不了和办不好的事情。同时，对李鹏总理关于切实解决江西农民负担过重问题的指示，表示要认真执行，并采取坚决措施将农民负担降低到 1991 年纯收入的 5% 以内。

29 日 省侨联举行元旦聚会，侨联主席包章日主持会议，常务副主席蔡高清通报省侨联 1992 年工作情况，副省长周慈平到会讲话。他充分肯定侨联在经济建设中所作的贡献，特别是在引进外资，兴办实体，促进本身经济发展，从而带动江西省外向型经济发展方面取得很大成绩，并勉励侨联在新的一年中争取更大胜利。

30 日 我国第一部统一的税收征收管理法律——《中华人民共和国税收征收管理法》，1993 年 1 月 1 日起施行。省政府就此举行新闻发布会，要求各地认真学习、贯彻执行好该法，不断增强广大群众的法制观念和纳税意识，为改革开放和经济建设服务。

30 日 经国家建设部审定批准，上海铁路局南昌工程总公司获对外承包工程资质证书。在全国铁路施工企业中，当前只有 20 家大型施工企业获此资质。

31 日 1992 年在全国高中数学联赛中，江西临川二中高二学生黄双调和吉安市白鹭洲中学，分别获江西赛区个人冠军和团体总分第二名。

31 日 吴玉章著作手稿《八一革命》，在吴玉章诞辰 114 周年之际，由中国人民大学吴玉章奖金基金委员会组织出版。该书写于 1928 年 5 月，存于苏联科学院社会科学情报研究所图书馆。1990 年我国著名学者彭明教授访问苏联时将书稿复印件全文带回。全书共 11.2 万字。作者用亲身经历详细记述了南昌起义的经过，并介绍了南昌起义的社会历史背景，深入分析了起义的性质、意义、经验教训等。该书对研究中国现代史和中国共产党历史具有重要价值。

31 日 《江西省广播电视》画册出版。该画册由省广播电视史志编辑部于 1991 年 12 月开始筹划，历时 1 年，是一部用图片反映江西广播电视事业 43 年（1949~1992）发展历程的资料性著述，主编刘宗一，副主编俞向党。

31 日 香港运通年投资有限公司以高于标底 10% 的价格，买下庐山"美庐"附近的 21 幢历史名人别墅使用权，期限为 50 年。其中，"191"号别墅为蒋介石早年所购买，其余多为原国民党的高级文、武职官员所有。庐山管理局审查通过已售出别墅的改造总体方案。

31 日 省社联规划领导小组、省社联评出江西省第五次（1990.1~1991.12）优秀社会科学研究成果 224 项，其中一等 10 项，二等 30 项，三等 184 项。

31 日 南昌飞机制造公司、江西铜业公司、景德镇陶瓷公司三家列入全国社会科学规划《百家大中型企业调查项目》。

31 日 经林业部批准建立的森林公园，江西省有枫树山森林公园、灵岩洞森林公园和萍乡森林公园三个。

31 日　全省农村住户人均住房面积已达20.7平方米，其中，砖木结构和钢筋混凝土结构面积为 14.9 平方米。

31 日　至年底，赣州地区输出劳力达 50 多万人，其中仅劳动部门直接组织输出的就有 35 万多人。该地区劳务输出以粤闽为重点，辐射至全国 10 个省、25 个地区，已建立 110 多个劳务网。输出的劳力已占全区农村剩余劳力的 50% 左右。

本月　修水县林业公安局分局从重从快打击各种毁林犯罪活动，成绩突出。国家林业部公安局为修水分局荣记集体二等功。

本月　由省旅游局、省新闻摄影学会、省摄影家协会、江西果喜实业（集团）公司联合举办的"江西旅游摄影大赛"评选揭晓，一等奖 2 幅，二等奖 6 幅，三等奖 12 幅，优秀奖 50 幅。

本月　南昌市少年宫钱育滇老师创作排练的地方小赣剧《娃娃鞋》参加"全国少儿戏剧录像比赛"荣获剧目全国二等奖。钱育滇老师获全国导演奖。

本月　铜鼓县卫生防疫站主管检验技师伊子达发现 7 株国内罕见的沙门氏菌，经中国医学细菌保藏管理中心复核鉴定，1 株为国际上首次发现，另 6 株属国内首次发现。

本月　文化部主办的全国第二届"群星奖"评奖活动在北京揭晓，分宜县文化馆钟家扬的作品《春雨》获金奖。

本月　1992 年林业部向全国推广 100 项科技成果中，由江西省林业部门完成的科技成果有 6 项，即赣无 I 等油茶高产优良无性系、玉山大粒棒槌柏等 6 个良种、纸浆用材毛竹林丰产培育技术、油茶生态经济模式、鲜香菇罐头生产技术、保鲜方便竹笋。

本　年

本年　江西有两篇作品获中宣部 1992 年度精神产品生产"五个一工程"入选作品奖。这两篇作品是《马克思主义普遍原理同中国具体实际相结合的第二次历史性飞跃》（作者余品华）、《经营谋略图画》（图书，江西省美术出版社）。

本年　省人事部门为专业技术人员办好十件事：选拔 430 名专家、学者和技术人员享受政府特殊津贴；做好第五批有突出贡献中青年专家的选拔和管理工作；加强专业技术队伍建设，促进中青年人才迅速成长；深化职称改革；完善人才流动制度，建立人才技术市场；组织专业技术人员进行技术支援和技术承包；促进农科教结合；加强专业技术人员的继续教育；继续解决中级以上专业技术人员家属子女农转非问题；建立专业技术人员管理卡片和人才库。

本年　泰和县大力发展优质稻生产，扩大优质稻面积。1992 年全县种植 44.7 万亩早稻，其中协优 49、威优 64 等优质稻达 10 万亩，占早稻面积的 23%。全县 40 万亩晚稻全部栽插籼优 64、籼优桂 33、二优桂 33 等优质稻种。并建立了 10 万亩双竹粘、糯稻、泰国长籼稻等出口优质稻生产基地，建立了县、乡、村三级科普网络。

本年　《上犹县志》、《金溪县志》、《湖口县志》、《彭泽县志》、《永新县志》、《横峰县志》定稿、出版。

本年　江西省出口大米 300 万吨，创汇 6000 万美元；出口优质大米 1.3 万吨，每吨卖价高于普通大米 2.5 倍。出口大米依托广州、上海、张家港等口岸，销往港澳、加拿大、澳大利亚、毛里求斯、新加坡、日本等国际市场。

本年　江西省首批经营体制综合改革试点企业江西水泥厂，水泥销量突破 90 万吨，创利税 3000 万元，其中利润 1569 万元，比 1991 年增长 83%。省建材局领导专程前往颁发特别奖金。

本年　江西国际经济技术合作公司突破传统

模式，不断开拓对外经济技术合作新领域，对外承包劳务新签合同额 709.21 万美元，营业额 1509.04 万美元，外汇增收 276.46 万美元，分别比 1991 年增长 50%、40%、23%。当前，在印尼、伊朗、德国、菲律宾、苏丹、美国、罗马尼亚等国相继承揽业务，合同金额达 572.7 万美元，营业额 1565 万美元。

本年 江西开展药品产、供、用单位的自查，共查处假劣药品案件 357 起，假劣药品 2814 种（次），价值 230.7 万元，罚款 323.9 万元。

本年 江西组织 33 万扫盲对象参加学习，其中脱盲 26 万人，超额完成省下达的任务。至此，江西省年满 15 周岁以上人口中的非文盲率由 1990 年的 88.3% 上升到 92.3%。

本年 江西省税务系统开展"征管质量年"活动，有 120 个县市（分）局实行了中层征管机构改革，113 个县（市）区实行了"上门申报纳税制度"。上门申报纳税面为 95% 以上。全省税务系统共组织各项税收（基金）收入 53.42 亿元，比 1991 年增收 4.56 亿元，超额完成国家税务总局分配的任务。

本年 南昌市郊区热心村积极招商引资，大力发展工业，全村实现总产值 1.02 亿元，成为江西省第二个亿元村。热心村以制药为龙头，以食品、营养、饮料为骨干，集工厂、科技、农场、服务为一体，拥有固定资产 6000 万元，每年上交税金逾 200 万元。

本年 省商检局率先研究出"蜂蜜中杀虫脒含量快测法"，为收购出口蜂蜜原料解决了质量难题，使江西省蜂蜜出口量剧增，达 13400 吨。

本年 江西铜业公司贵溪冶炼厂大力研究提炼稀散元素——碲的工艺取得成功。至年底，已产出品位 99.99% 的精碲 520 千克。成为国内最大的碲生产基地。

本年 国家二级企业上饶客车厂制定了"借改革促经济，实现销售超亿元，税利过千万"的快步增长目标，全年全厂生产客车、专用车 1001 辆，销售收入 1.04 亿元，创利税 1200 万元，分别比 1991 年增长 41.58%、43.2%、44.4%，经济效益居江西省客车行业首位，首次跨入"亿元

户"的行列。企业主导产品 SR6995H 型团体客车夺得了全国消费者信得过国产车金奖，产品畅销北京、南京、哈尔滨、深圳等 30 多个大中城市。

本年 省少儿活动中心获国家教委、文化部、全国妇联等 6 单位联合授予的"全国少年儿童校外教育工作先进集体"称号。

本年 从 1990 年开始启动，至 1992 年，江西省长江防护林体系建设第一期工程 17 个县（区）共完成营造林 55.26 万公顷，占一期工程建设总规模的 62.7%。其中重点工程完成 34.87 万公顷，为林业部下达计划的 3.3 倍。1992 年重点工程完成 15.50 万公顷，一般营造林完成 7.98 万公顷，经林业部组织检查，被评为全国第一名。

本年 1992 年是林业系统实施果业工程建设的第一年，经验收新增果树面积 1.29 万公顷，为年计划 1 万公顷的 129%。

本年 1992 年，巴勒斯坦领导人阿拉法特接见江西医学院—附院主治医师、援外医疗团成员万志刚。

阿拉法特接见万志刚时合影

本年 全省新建国营林场 13 个，林场总数增加到 211 个，经营面积 76.2 万公顷，比 1991 年增加 0.2 万公顷；有林地面积 31.7 万公顷，比 1991 年增加 1.2 万公顷；活立木蓄积量 2151.3 万立方米，占全省活立木蓄积量的 8.7%，比 1991 年增加 213.6 万立方米。年末国营林场职工人数为 46671 人，比 1991 年增加 147 人。国营林场全年造林（包括联营造林）8.52 万公顷，占江西省人

工造林总面积的22.9%；实现工农业总产值（按现价）4.7亿元，比1991年增长19.8%；全年总收入3.43亿元，比1991年增长33.6%。

本年 江西新增乡村林场1239个，乡村林场总数增加到13395个，经营面积173.60万公顷。其中乡办林场1761个，经营面积48.60万公顷；村办林场9161个，经营面积105.70万公顷；村民小组办林场2473个，经营面积19.30万公顷。乡村林场有林地面积147.10万公顷。年末实有林业专业劳动力69998人。全年完成造林32.89万公顷，占全省荒山造林总面积的75.6%。

本年 全省完成人工造林面积37.23万公顷、飞机播种造林6.27万公顷，迹地更新3.47万公顷；新增封山育林面积44.76万公顷；零星（四旁）植树6594.90万株；幼林抚育实际面积109万公顷、成林抚育面积27.37万公顷；低产林改造面积6.03万公顷。生产木材278.33万立方米、竹材3582.41万根；生产胶合板14.28万立方米、纤维板5.98万立方米、刨花板1.53万立方米；松香产量29187吨、松节油2136.20吨。

本年 江西森工企业完成工业总产值4.46亿元，实现销售收入10.16亿元，盈亏轧差后净利润0.22亿元，上交税金8051万元，分别比1991年增长12.9%、17.3%、170.9%和8.6%。省属森工企业实现销售收入6809.50万元，比1991年增长41.3%。

本年 昌河飞机工业公司被评为全国1992年度最大工业企业500家之一，税利总额进入全国航空工业前三名。

本年 1992年共查出各种违纪金额3.53亿元，其中应上缴财政2.68亿元，已入库2.57亿元，入库率达96%。江西省对近16万户有罚没收入的执法机关和有预算的收入的行政事业单位、盈亏大户、经济主管部门、各类流通公司，管理混乱、问题较多、自查不认真以及有群众举报的单位，进行了重点检查，检查面达62.9%，超过国务院规定的40%的要求。江西省共查出这类问题金额计2.09亿元，占违纪总金额的59%，企业单位的偷漏面在70%以上。

概　要

江西省八届人大一次会议提出了今后 5 年和 1993 年经济与社会发展的任务。会议指出，按江西经济发展速度力争高于全国平均水平、主要指标在全国排位向前移、提前 4 年实现第二步战略的目标，今后 5 年江西省经济和社会发展的主要奋斗目标的具体参数值是：国民生产总值年均递增 9%～10%，其中第一产业 4%～5%，第二产业 13%～16%，第三产业14%～16%，各行各业的经济效益都要明显提高。省八届人大二次会议通过了《关于调整江西省八五计划若干指标的决定》，把江西省国民生产总值增长速度由原定的平均每年 6% 调整到 10%，力争达到 12%。

国有企业和商贸企业的改革　11月《中共中央关于建立社会主义市场经济体制若干问题的决定》，明确了国企改革的方向和目标。国企改革是经济体制改革的重点、难点和热点。省政府《江西省全民所有制工业企业转换经营机制实施办法》指出，转换企业经营机制的核心是把企业推向市场，目标是使企业适应市场的要求，成为依法自主经营、自负盈亏、自我发展、自我约束的商品生产和经营单位。全省国企改革在历经承包制、放权让利、厂长负责制等摸索后，正在向着建立适应市场经济要求，产权清晰、权责明确、政企分开、管理科学的现代企业制度进行。11月，全省第一家上市公司江铃汽车股份有限公司完成股份制改组正式挂牌运营。省政府《关于深化商贸体制改革提高企业经济效益的决定》颁发后，全省着力解决国有和合作商贸企业机制不活、包袱太重、亏损严重、市场萎缩的问题，进一步大胆打破传统的流通格局和体制，重新构造商贸企业组织形式，组建和培育了一批有活力、有实力、有发展后劲的商贸企业。12月，全省第一家商业股份制企业——南昌洪城大厦股份有限公司成立。到年底，全省一部分国有工业企业已实行股份制、国有民营等新的经营形式。

以非公有制经济为主要内容的所有制结构调整　11月，省委九届九次全会进一步提出，建立社会主义市场经济体制的一个重要前提是实现利益主体多元化，决定今后县一级原则上不再兴办单一国家所有制企业，而要多办混合所有制的企业。省委、省政府将发展个私经济作为改革开放和增强经济发展实力的重要举措，相继推出了多项鼓励性政策规定，全省个私经济进入快速发展时期。省委、省政府作出《关于加快发展乡镇企业的决定》，充分发挥乡镇企业在市场经济发展中的先导作用。

财税体制改革 从本年起,全省着眼于理顺资本经济关系,解决深层次矛盾,建立新的运行机制,全面推进宏观管理体制改革。以税制取代原先的财政包干制,推行以增值税为主体的流转税制,其后又实行国家和地方税务局分设,建立中央税收和地方税收体系下的分税制度。逐渐扩大税收范围,相继建立了个人所得税、土地税费和财产税等征收制度。使税收征管制度进一步改进和完备,社会理财的积极性和税收的调节能力得到增强。

京九铁路的修建 南昌大桥建成 年初,国家决定动工兴建京九铁路。2月,国务院京九铁路建设领导小组成立。4月20日,京九铁路吉安—赣州—定南段开工典礼在吉安举行,江西段建设大会战由此揭开序幕。江西段新线394公里,改造复线158公里;建造特大桥21座,隧道91座,需用路基土石方近6000万方,征用土地3万多亩,拆迁面积10万平方米。年底前,南昌大桥桥面工程胜利建成。

廉政建设和反腐斗争 改革开放以来,党风廉政建设和反腐败斗争是政治生活中的一件大事。当年,中央部署加大反腐败力度,全省廉政建设和反腐败斗争按照三项工作的格局进行。一是加强领导干部的廉洁自律工作。全省各级加强干部遵纪守法、廉洁自律、廉洁从政以及推行依法行政、政务公开、"三讲"等工作;二是查办案件。全省各级纪检监察机关、政法机关、行政执法机关及有关职能部门查办案件的力度加强。尤其是加强查办党政领导机关、司法机关、行政执法机关、经济管理部门和县(处)级以上领导干部违法案件,监督金融、证券、房地产、建筑工程等领域及查办其违法违纪案件;三是纠正部门和行业不正之风。省政府专门组建了"江西省人民政府纠正行业和部门不正之风办公室",并对"纠风"工作提出实施意见,努力解决群众关心和反映强烈的突出问题。

其他重要事件 4月,中共中央政治局常委、书记处书记胡锦涛在江西考察农村、党建等工作。9月,中共中央政治局常委、全国政协主席李瑞环在江西考察。10月,中共中央政治局常委、全国人大常委会委员长乔石在江西考察。省委、省政府部署减轻农民负担,强调要把农民负担坚决控制在1992年纯收入的5%以内作为一项硬任务硬指标。江西在全国率先对各县市"两基"教育投入及经费到位情况进行审计,为教育部门增加经费1亿元,使教育事业费的增长高于财政收入的增长。经国家教委批准,南昌大学正式成立,该校是文理渗透、理工结合的综合性大学。从本年起,江西实行大、中专毕业生就业改革,由过去国家"统包统分"的分配办法改为国家安排就业与学生自主择业相结合,引导毕业生逐步进入就业市场。

全省本年主要经济指标情况 国民生产总值745.23亿元,比上年增长17.4%。第一、二、三产业产值分别为225.58亿元、282.46亿元、215亿元,各增长1.6%、28.9%和12%。地方财政收入65.67亿元,增长30.8%。农业总产值360.11亿元,增长7.3%;粮食总产量303.42亿斤,比上年减产3.1%;乡镇企业总产值586.4亿元,增长92.8%。工业总产值974.06亿元,增长38.8%。全年进出口贸易总额11.11亿美元(其中出口8.8亿美元,增长14%;进口2.28亿美元,增长78.9%);当年实际利用外资3.43亿美元,增长72.02%。年末全省总人口3966.04万人,人口自然增长率13.44‰。

1993
1月
January

公元 1993 年 1 月							农历癸酉年【鸡】						
日	一	二	三	四	五	六	日	一	二	三	四	五	六
					1 元旦	**2** 初十	**3** 十一	**4** 十二	**5** 小寒	**6** 十四	**7** 十五	**8** 十六	**9** 十七
10 十八	**11** 十九	**12** 二十	**13** 廿一	**14** 廿二	**15** 廿三	**16** 廿四	**17** 廿五	**18** 廿六	**19** 廿七	**20** 大寒	**21** 廿九	**22** 三十	**23** 春节
24 初二	**25** 初三	**26** 初四	**27** 初五	**28** 初六	**29** 初七	**30** 初八	**31** 初九						

1 日 全国 1991 年产值利税率 250 强排定。江西汽车制造厂、樟树四特酒厂和江西水上动力有限公司三家企业榜上有名。

1 日 江西省第一家私立中医精神病研究所在南昌县成立。

2 日 "汤显祖文化艺术中心"在汤显祖故里临川却家山破土动工。该中心由"四梦同林"、"迎宾村"和"娱乐村"组成。

3 日 波阳县委书记倪忠民被中央军委人民武装委员会授予"关心国防后备力量建设好书记"称号。

3 日 合资企业江西同源房地产开发有限公司首批进入南昌高新技术产业开发区，获 75 亩土地开发使用权，并投资 5000 万元人民币筹建江西火炬大厦，用作高新技术金融中心。

3 日 省委、省政府作出《关于加快发展乡镇企业的决定》。决定如下：（一）更大规模、更高速度地加快乡镇企业的发展，充分发挥乡镇企业在市场经济发展中的先导作用，是当前形势下摆在我们面前的一项突出而紧迫的任务，对于保持农村和整个社会的稳定具有重大而深远的意义；（二）全党动手，层层动员，把加快乡镇企业发展作为推动整个国民经济的一件大事来抓；（三）思想要进一步解放，手脚要进一步放开，真正形成多轮驱动、多轨运行、多路并进的发展格局；（四）千方百计筹集资金，加大对乡镇企业的投入；（五）把培养启用各类人才，作为发展乡镇企业的根本大计；（六）实行重点突破，认真组织"3135"工程；（七）依靠科技进步，促进乡镇企业上规模上水平；（八）坚持从实际出发，为乡镇企业的发展创造良好的政策环境；（九）乡镇企业要继续在竞争中开拓进取，在运行机制上不断创新；（十）实行发展乡镇企业目标责任制，建立严格的考核和奖惩制度。

4 日 九江市国营七一三厂青年工人张接安发明的撑、笠两用伞，获国家专利。

4 日 江西省著名青年赣剧演员涂玲慧应邀参加福建省文化厅和戏剧家协会联合举办的"全国部分梅花奖演员展演"活动，与其他 6 省市 7 个剧种的 8 位戏曲高手同台献艺。活动于 13 日结束。

5日　中外合资江西昌达丝绸有限公司在江西涤纶厂开业。该公司由江西涤纶厂与香港凯达发展有限公司和中国银行江西信托咨询公司共同合作经营。

7日　南昌市中西医结合医院骨科主任周成新研究的"古桥式弹性加压钢板"通过鉴定，获国家专利。

8日　中国教育电视台江西记者部宣布成立并在南昌举行揭牌典礼。

8日　九江影视创作研究所与福建电视台联袂创作摄制的电视连续剧《满天风雪》在江西茶艺馆第一次同观众见面。

8日　团省委、省乡企局联合表彰第二届江西省优秀青年乡镇企业厂长（经理），授予魏云龙等10人为明星青年乡镇企业家，应寿郎等40人为优秀青年乡镇企业厂长（经理）。

9日　江西红十字医院在省劳动卫生与职业病防治研究所挂牌成立。该院是在原省劳卫所临床部的基础上扩展成立的，设有内科、妇科、中医科、肿瘤科、职业病科、伤骨科及肛肠科。

9日　中国人民建设银行总行决定，追授阮建红"建行卫士"称号并开展学习阮建红英雄事迹活动。

9日　江西省注册审计师协会在南昌成立。

9日　在全国第三届商业执行物价、计量法规评比中，江西省南昌百货大楼获最佳单位，南昌商场、新余百货大楼获优秀单位。

9日　江西省变电建设公司承装的吉安220千伏变电站工程并网运行，吉安变电站是井冈山老区第一座高级变电站，容量达12万千伏安。

9日　江西省经济工作会议举行，讨论1993年国民经济和社会发展计划。会议于12日结束。省委书记毛致用在讲话中强调，要完成1993年的经济工作任务，关键是要进一步集中精力、形成合力抓好经济建设。省长吴官正在讲话中就落实好中央的指示精神和省委的工作部署，围绕农民增收、财政增长和后劲增强等十四个方面的问题发表意见。

10日　在文化部主办的"群星奖"评奖中，江西省作者钟家扬创作的摄影作品《春雨》，获摄影金奖，该作品还曾获全国群艺馆、文化馆、优秀艺术摄影作品展一等奖。

10日　全国拥军优属拥政爱民工作领导小组作出决定：井冈山市和其余55市（区）县为全国双拥模范城。

12日　一部反映土地革命时期革命戏剧创作的《中央苏区戏剧集》，由百花洲文艺出版社出版。

12日　江西省县域经济综合实力排定名次。省农调队宣布樟树市、丰城市、上高县、南昌县、临川县、宜丰县、高安县、德安县、奉新县、德兴市10个县（市）位居前10位。位于前10名的市县，经济结构较优，工业化程度、农产品商品率等较高，人口平均增长率较低，城乡居民收入比其他县平均水平多100多元。

宜丰县天宝乡是省老区扶助特困乡。1985年以来，省地老建办投入扶助资金130余万元，实施项目79个，使该乡的经济有了一个明显的变化，1993年全乡农民人均纯收入达989元，摆脱了贫困。图为村办工艺竹编厂生产车间

12日　江西日报社《星期刊》编辑部和公关事务所、江铃汽车集团联合举办的"92江西十大新闻"揭晓，它们是：邓小平结束南巡途经江西省指示加快改革开放步伐，举江西省之力建设昌九工业走廊、九江南昌扩大开放，外轮驶进九江港，江铃集团跻身"国家队"，香港"两会"招商引资结硕果，九江龙舟赛以舟为媒经贸丰收，江西经济增长幅度高于全国平均水平，晏军生舍己救人堪为楷模，南昌招商引资洽谈会成

交活跃轰动江西省，乡镇企业异军突起年产值增加100亿元。同时，举行庆祝江西日报社《星期刊》创刊一周年大会，省领导毛致用、朱治宏等出席颁奖大会并给中选单位授奖。

12日　江西省林业体育协会成立。在成立大会上，讨论通过协会章程，选举产生正、副主席和秘书长。

14日　江西南浦美术学院在南昌市成立。

14日　九江大化肥项目合同签字仪式在北京人民大会堂举行。省长吴官正，省长助理黄智权，国务院重大装备领导小组办公室主任李守仁，化工部副部长潘连生，中国石油化工总公司总经理盛华仁、副总经理吴协刚，经贸部部长助理刘山在，日本驻华大使馆参赞桥本诚二，意大利驻华大使馆公使，日本海外协力基金会中国总代表山根亮太郎及国务院有关部委、省有关厅局的负责人等出席大会。九江大化肥工程主要生产装置由合成氨和尿素两大部分组成，采用国际竞争性招标方式引进专利技术、工程设计、设备材料及相应的技术服务。该项目是江西省引进的最大项目，是"八五"期间国家重点建设项目之一，引进日本海外协力基金会贷款213.35亿日元，由江西省与石化总公司合资，依托九江石油化工总厂兴建，江西出资额占80%。

九江石油化工总厂化肥厂年产合成氨8万吨的主生产装置

15日　江西省农调队日前公布：1992年江西农民人均纯收入768.41元，比1992年增加65.8元，是近年来农民收入增长最快的一年。南昌市郊区人均收入1350.8元，上高、奉新、宜丰、庐山区农民人均收入达950元以上。

15日　省纪委召开常委会，认真学习讨论江泽民在6省农业和农村工作座谈会上的讲话，研究制定纪检机关落实中共中央、国务院加强农业、农村工作的重要指示和省委贯彻意见的措施。会议要求，全省广大纪检干部必须认真学习、深刻领会江泽民和李鹏关于加强农业和农村工作的重要讲话，进一步提高对新形势下加强农业基础地位的认识，纪检机关必须切实保护农民的利益。

16日　江西美术出版社和《中外管理》杂志社在北京人民大会堂召开《中国古代经营谋略图画》、《世界现代企业经营谋略图画》出版座谈会。全国政协副主席王光英及有关领导、专家学者、企业家和新闻记者共80多人出席。《世界现代企业经营谋略图画》一书获1992年度中央宣传部精神文明建设"五个一工程"一本好书奖。

16日　1992年度江西省颁发特殊津贴证书暨1993年春节慰问专家大会在省科技活动中心举行。444名专家学者获政府特殊津贴，8人获有突出贡献的中青年专家称号。

16日　九江长江大桥公路桥建成通车。桥长4460米，为4车道和两侧人行道。

17日　江西省正大律师事务所开业。该所实行独立核算、自负盈亏，不要国家编制和财政经费。省委常委、副省长舒圣佑出席开业仪式并讲话。

18日　大辉国际开发有限公司与南昌县政府在南昌举行开发中江国际娱乐岛项目及土地出让签字仪式。该项目由大辉国际开发有限公司独资兴建，开发地点位于南昌县蒋巷乡高梧村，占地面积 4500 亩左右。计划第一期项目总投资为 1.5 亿美元，包括兴建别墅度假村、高尔夫球场等 7 个项目，预计 1998 年 1 月底全部完成。

18 日 中国景德镇陶瓷展览会在印尼首都雅加达举行。这次展览由景德镇陶瓷企业集团和印尼皇朝国际大酒店联合举办。展出景德镇具有代表性的陶瓷作品 1 万多件（套）。

18 日 江西省第一条汽车专用公路——昌九公路胜利通车。昌九公路是省"七五"计划的重点建设项目，全长 112.8 公里。它的建成通车使九江外贸港、九江长江大桥和赣江南昌大桥等水陆交通枢纽一线贯通，敞开了江西北大门，缩短了南昌与长江经济开发带的距离；对促进赣、鄂、皖三省的物资流通，进一步开发旅游事业以及发展江西省远洋运输，扩大对外开放，全面振兴江西经济有着十分重要的意义。

省政协第七届委员会第一次会议在南昌举行

南昌—九江高等级汽车专用公路举行通车典礼

25 日 江西赣江造纸厂青年工人石小红创作的花鸟国画获国际"天马杯"书法绘画大赛佳作奖，并被吉林省文化艺术馆收藏。

26 日 江西医学院第一附属医院普外科副主任医师卢盛祁等主持完成的"钦微粒混悬液 T 管胆道造影"技术通过鉴定。

28 日 省政协第七届委员会第一次会议在南昌举行。704 名委员出席，省委副书记吴官正代表省委致辞，会议肯定了过去 5 年省政协的成绩以及今后 5 年的发展方向；认真贯彻落实党的十四大精神，进一步增强执行党的基本路线的自觉性和坚定性；进一步坚持和完善共产党领导的多党合作和政治协商制度，强化政协的协商监督

职能；充分发挥人民政协的优势，为江西经济建设和各项工作迈上新台阶尽智尽力；切实加强自身建设，不断提高政协工作的整体水平。叶学龄作六届政协常委会工作报告。会议通过了政协工作报告、提案审查报告和会议决议，选出 95 名常务委员，选举刘方仁为第七届省政协主席，叶学龄、吴永乐、廖延雄、戴执中、黄立圻、罗明为副主席。会议于 2 月 4 日结束。

28 日 南昌市解放路、洪都大道高架立交桥正式竣工通车。

28 日 鹰潭铁路南站货场被铁道部评为全国百万吨级红旗货场，这是全国仅有的 2 个百万吨级红旗货场之一。

28 日 高安县获全国县级矿山安全监察先进单位奖。

28 日 南昌飞机制造公司党校教师黄敬红编写的《思想政治工作活动手册》，由江西人民出版社出版发行。

29 日 省第八届人民代表大会第一次会议在南昌举行。共有 615 名人大代表出席。吴官正作省政府工作报告。报告肯定了过去 5 年江西省改革开放和经济建设的成绩，提出了今后 5 年和 1993 年经济与社会发展的任务，指出江西经济发展速度力争高于全国平均水平，主要经济指标在全国排位向前移，提前 4 年实现第二步战略目标的要求；今后 5 年江西省经济和社会发展的主要奋斗目标是：国民经济总产值年均递增 9% ～

10%，其中第一产业4%～5%，第二产业13%～16%，第三产业14%～16%，各行各业的经济效益都要明显提高，争取经济发展上一个新台阶。会议讨论并通过《政府工作报告》、《江西省一九九二年国民经济和社会发展计划执行情况与一九九三年计划的决议》、《一九九二年财政预算执行情况和一九九三年财政预算的决议》、《江西省人民代表大会常务委员会工作报告的决议》以及省高级人民法院、省人民检察院的工作报告等6项决议；选举产生了江西省出席第

毛致用在省八届人大一次会议闭幕式上讲话

江西省第八届人民代表大会第一次会议

八届全国人民代表大会第一次会议的83名代表；选出49名常务委员，选举毛致用为省八届人大常委会主任，王昭荣、陈癸尊、王国本、王仲发、胡东太为副主任；选举吴官正为省人民政府省长，舒圣佑、周慰平、舒惠国、郑良玉、黄智权、张云川、黄懋衡为副省长；选举李修源为省高级人民法院院长，阙贵善为省人民检察院检察长。

29日 江西孔雀竹制工艺品有限公司生产的"孔雀牌"日式竹凉席获第三届全国轻工业博览会优秀奖。

29日 10时许，分宜县双林镇长坑鲤鱼背山林失火。分宜县民兵李洪根、李苟根和曾任民兵班长的李苟珠为保护国家森林资源英勇献身。

30日 "八五"期间国家重点工程——京九铁路中段安徽阜阳至九江铁路全面开工。

30日 省政协副主席叶学龄在政协江西第七届委员会第一次会议上作政协江西省第六届委员会常务委员会工作报告。内容为：（一）围绕贯彻中共中央1989年14号文件和全国政协《暂行规定》，促进政治协商、民主监督的经常化、制度化；（二）围绕经济建设这个中心，充分发挥政协的服务职能；（三）围绕巩固和发展江西省的爱国统一战线，充分发挥政协的团结职能；（四）团结开拓政协工作新局面，不断把自身建设推上新台阶。

31日 江西省第一所培养小演播员、小主持人的幼儿园标准语言培训中心——江西广播艺术幼儿园在南昌成立。

31日 由华东36家地、市报联合举办的"海螺杯"散文大赛揭晓。江西省青年作者胡海林发表在《南昌晚报》的《红土地的歌》获一等奖。

31日 省长助理、省计委主任黄智权在江西省第八届人民代表大会第一次会议上作《关于江西省一九九二年国民经济和社会发展计划执行情况与一九九三年计划（草案）的报告》。报告如下：（一）1992年的计划执行情况。农业生产喜获丰收，农村经济全面发展，预计农业总产值317亿元，比1991年增长5.1%；工业生产高速增长，经济效益继续改善，全年工业总产值为632.3亿元，比1991年增长25.4%；固定资产投资大幅度增加，重点建设进一步加强，江西省固定投资首次突破100亿元，预计完成120亿元，比1991年增长31.8%；第三产业有了较快发展，各项社会事业取得了新的成绩，全年社会商品零售总额229.7亿元，物资系统销售额55亿元，江西省银行存款余额429.4亿元，贷款余额583.9亿元。（二）1993年计划安排情况：江西省农业总产值333

亿元，比 1992 年增长 5%，力争 7%；工业总产值 727 亿元，比 1992 年增长 15%，力争 18%；固定资产投资 146.8 亿元，增长 22.3%；社会商品零售总额 257 亿元；对外经济计划 8.5 亿美元，力争达到 10 亿美元；社会事业计划 20 个，其中科技重点攻关项目 8 个，重点工业性试验项目 12 个。（三）大幅度减少指令性计划，进一步扩大地市和企业投资决策权，大力培养和发展市场体系，按照省委、省政府确定的经济发展上新台阶的总体部署，抓紧制定相应规划和配套政策。

31 日 江西省第一条县级公路程控通讯网络，在新近落成的进贤公路大厦顺利开通。

31 日 省政府作出《关于深化外贸体制改革若干问题的决定》，以进一步推进江西省对外开放，充分调动各方面出口创汇的积极性，加快外向型经济的发展。决定规定，凡享有进出口经营权的出口企业，均应承担省定的出口创汇、出口收汇和上缴外汇额度的任务。

本月 江西省"八五"重点技改项目，东风制药厂千吨青霉素工程主体发酵大楼顺利竣工，4 只 60 吨大罐相继投产运行。

本月 一部全面反映江西省第一任省长邵式平生平和业绩的传记作品《邵式平传》正式出版发行。

本月 九江县马回岭镇杨柳村王家冲的几位农民在门前灰山开采石渣时，发现一天然溶洞，洞内最大的空间可容纳千余人。

本月 省委办公厅主办的综合性党刊《江西通讯》（月刊）正式出版发行。该刊面向江西各级党政干部，帮助他们更好地掌握中央和省委的最新精神，正确理解和全面贯彻党的基本路线及各项重大方针、政策；大力宣传江西，让全国进一步了解江西、认识江西。有要论摘登、要事通报、改革之声、文件选登等栏目。

本月 南昌钢铁厂实现利税总额 10889 万元，其中上缴税金 9822 万元，利润 1069 万元，人均劳动生产率在省内同行业中名列第一，并且跃升为江西省利税超亿元的大户企业。

本月 庐山管理局在庐山拍卖名人别墅 21 幢，共 4000 多平方米。拍卖使用期限 50 年，收入 510 万美元。这是全国风景名胜区第一次以拍卖房屋使用权筹集建设资金。

本月 由江西省档案馆和中央档案馆合编的《江西革命历史文件汇集》（共 7 辑 10 册，计 218 万字），全部出齐。

1993

2月
February

日	一	二	三	四	五	六	日	一	二	三	四	五	六

日	一	二	三	四	五	六	日	一	二	三	四	五	六
1 初十	**2** 十一	**3** 十二	**4** 立春	**5** 十四	**6** 元宵节	**7** 十六	**8** 十七	**9** 十八	**10** 十九	**11** 二十	**12** 廿一	**13** 廿二
14 廿三	**15** 廿四	**16** 廿五	**17** 廿六	**18** 雨水	**19** 廿八	**20** 廿九	**21** 二月大	**22** 初二	**23** 初三	**24** 初四	**25** 初五	**26** 初六	**27** 初七
28 初八												

1 日　江西为香港客商制造的 1000 方开体泥驳船，在星子县的东风造船厂下水，这是江西地方船厂生产的首组开体泥驳，也是第一艘出口船舶。这种船舶工艺先进，由 2 艘驳船合为一体，造价 200 余万元，是专为香港建造机场设计的填方工程用船。

1 日　江西省首条全长 184.5 公里的宜春至万载、上高、宜丰、铜鼓通信光缆工程开工。

1 日　江西省委政策研究室承担的《江西乡镇企业超常发展的研究报告》、《江西与沿海地区经济发展的比较研究》两项省"八五"规划的重点项目课题通过专家鉴定。其中，《江西乡镇企业超常发展的研究报告》被省委、省政府采纳，并以（1993）赣发第一号文件《关于加强发展乡镇企业的决定》下发。

2 日　省人大常委会副主任王昭荣在省八届人大一次会议上作《江西省人民代表大会常务委员会工作报告》。该报告回顾了过去 5 年的工作主要是：（一）对经济工作中的重大事项，定时作出决定或决议；（二）加快地方立法步伐，不断提高立法质量；（三）开展执法情况的检查，改进监督工作；（四）改进人事任免，依法指导换届选举；（五）加强人大制度的理论研究和宣传工作；（六）努力为代表履行职责服务；（七）加强与各级人大常委会和兄弟省市人大常委会的联系，开始同外国地方议会的往来；（八）加强自身建设，努力提高整体素质。

2 日　由华商集团（泰国）国际工置有限公司董事长戴晓云和该公司总经理邓淑芳捐资 200 万元创办的心远高级中学签字仪式在昌北举行。

2 日　江西摄影家协会和江西新闻摄影学会联合举办的《雪域西藏》纪实摄影展在南昌开幕。展出的 50 余幅图片，是江西电视台记者刘宇军 1992 年 2 月至 8 月应中央电视台之邀，担任《西藏野生动物》系列片的摄影师时拍摄的。

3 日　1000 万张江西体育发展基金奖券在江西各地上市发行。发行期 3 年。

3 日　樟树四特酒厂的四特酒系列产品全部荣获"国优"称号，该厂生产的出口"望津楼牌"樟树特曲及"四特牌"38 度、45 度、50 度四特酒经国家质量奖审定委员会批准，获银质奖章。

3日　全国首家劳动医疗康复中心在南昌市成立，由南昌市劳动局工伤、医疗保险管理处和南昌市第九医院共建。

4日　九江石化总厂与新加坡利德公司签订1993年来料加工25万吨原油的合同。

4日　民盟南昌市委会举办的江西省第一所民办商务学院——江西新亚商务学院，定于1993年春季面向社会招生。经济学家、原江西财经学院院长裘宗舜教授任名誉院长。

4日　江西诚信服饰大学在南昌成立。这所在1975年创办的全国第一所民办服装学校基础上升格的服装高等学校，已为省内外培训学生两万多人。

4日　江西红梅建筑陶瓷总厂引进年产140万平方米的彩釉墙地砖和160万平方米玻化砖两条生产线试产成功。其产品吸水率、抗折强度、表面硬度等质量都达到或超过欧洲联盟标准，合格率达到98%以上，优等品率达70%以上。引进的生产线是高安瓷厂技改项目，总投资1.3亿多元，扩建厂房5万多平方米，安装各种机械设备2000多台套。

5日　江西省第一部既有彩色图谱，又附有简洁可行、疗效显著验方的中草药专著——《中草药彩色图谱与验方》由江西科技出版社出版发行。

5日　湖北省人大常委会主任、原江西省委书记黄知真逝世。黄知真是横峰县人，1931年参加革命，1935年加入中国共产党，黄知真是第三、五、六、七届全国人民代表大会代表，中共第十、十一、十二、十三、十四次全国代表大会代表，中共第十届候补中央委员，第十一、十二届中央委员。

6日　江西省首家设有蒸气浴、治疗按摩、美容、娱乐、快餐等一条龙服务的娱乐康乐中心——南昌鄱阳湖娱乐有限公司开张。

6日　昌北开放开发区第一家股份企业南昌市昌北经济发展总公司开业。

8日　由外省作家何琼崖和江西省作者张一瑛合著的长篇小说《鄱阳湖三女杰》入选《中国大众小说大全》。

8日　江西省新长征突击手、江西新余钢铁总厂26岁的青工罗立青，被破格晋升为钳工技师，同时还光荣当选共青团十三次全国代表大会正式代表。

8日　由中国音乐家音像出版社、香港HNH国际唱片公司、珠海磁带厂联合举办的1992年"华声杯"新人新作金奖赛揭晓。九江铁路机务段李广育创作的充满湘赣边界民歌风味的通俗歌曲《桃花开了》获优秀奖，香港HNH国际唱片公司已录制成磁带发行。

8日　南昌市首家智力有偿服务型软科学企业——江西南德公司成立。

8日　江西省在全国首次建设省级地理信息系统。地理信息系统（GIS）是利用计算机存储、处理各方面地理信息，对地理环境问题进行分析、研究，为地区、部门乃至全局的经济建设、社会发展、环境保护进行科学决策的一种高科技手段。

8日　全长1396.6米的"柏年河"桥主体竣工。至此，合九铁路一期工程控制工期项目的5座桥全面竣工。

8日　江西省九江足球运动学校正式开学。该校设中专班和预备班，中专班招生纳入省体校1993年度招生计划，预备班作为中专班的重点录取对象，面向全省招生。学制三年，中专待遇。

8日　全国妇联书记处书记关涛一行3人来江西考察妇女工作。

9日　婺源县文化旅游总公司、日本株式会社世界航空旅行社合资的中日合作友好旅游宾馆，在婺源县城紫阳镇动工兴建。

9日　"八五"期间江西省公路重点建设工程——316国道"黄花线"公路改造工程动工。黄花线西起南城县黄狮渡，东接资溪县花山界，全长53公里，是江西省的东出口，沟通闽赣两省的重要通道。

9日　江西省第一家外资独资型专家医院——江西省卫协专家医疗中心成立。该中心由香港、台湾独立投资的江西华联电子有限公司兴办。江西华联电子有限公司是江西省唯一有医疗器械、办公自动化设备直接进出口权的单位。

9 日 副省长、中国国际贸易促进委员会江西分会名誉会长周慤平，参加中国国际贸易促进委员会代表团，出访印度尼西亚、马来西亚和泰国。访问于 24 日结束。

10 日 九江石化总厂研制生产的食用硫磺通过国家级质量验收标准。

10 日 最高人民法院作出决定，为吉水县人民法院记集体一等功，表彰他们在为加快改革开放和经济建设提供有效的法律保障和法律服务方面作出业绩。

10 日 江西云明非织布制品有限公司正式投产，由云山企业集团与香港朝阳有限公司合资兴建，主产高级仿丝棉。

10 日 赣东北大市场在乐平市西街口动工兴建（1994 年初竣工投入使用）。

竣工后的乐平市赣东北大市场

10 日 副总理邹家华兼任组长的国务院京九铁路建设领导小组成立。京九铁路跨越九个省市，全长 2381 公里，总投资 400 多亿元，参加建设的铁路职工 16 万多人，是中国铁路史上规模最大，投资最多，一次建设线路最长的铁路干线。

10 日 江西省林业经济技术开发公司成立，为省林业厅所属相当处级事业单位，并实行企业化管理。

10 日 抚州地区木材厂正式投产。该生产线年产 7000 立方米的硬质纤维板，由国家林业投资公司和省、地联合投资兴建。

10 日 江西省科学院 1993 年工作会议举行，该院五个研究开发中心主任、三个公司经理正式向院方签订《任期目标合同书》、《年度责任目标任务书》。该院全面实施深化体制改革方案打破按专业、学科建所的传统模式，组织以高新技术产品的研制、开发、经营为龙头的科工贸一体化研究开发中心。会议于 11 日结束。

11 日 世界鹤类基金会副会长基姆等一行 9 人抵达永修县吴城，开始对鄱阳湖进行科学考察。考察的第一天，吉姆等就看到了白鹤、白头鹤、白枕鹤、灰鹤 4 种鹤和不计其数的雁鸭，他高兴地竖起大拇指说："你们的保护工作做得太出色了！"考察团对鄱阳湖鹤类的生活、越冬习性作进一步研究，并对 1992 年美俄合作环志的白鹤作越冬地域调查，考察团还将赴都昌、余干等地进一步考察。考察活动于 14 日结束。

11 日 江西省人才市场成立。省委常委、副省长舒圣佑到会并就人才问题讲话。舒圣佑指出：要搞活经济，首先要搞活人才，使人才真正合理地流动起来，造成"此地不用才，自有用才处"的竞争局面。省人事厅厅长雷湘池介绍了省人才市场的有关情况。

11 日 省长吴官正和副省长舒圣佑会见由韩基庠先生为团长、史载哲先生为副团长的韩国大宇代表团。大宇集团公司是韩国第二大综合性集团公司，经济实力在世界排名第四十三位，拥有造船、汽车、重工、电力、机械等分公司，在世界各地设有 70 多个子公司。代表团将参观考察南昌、景德镇、九江等地。

11 日 一种新型印刷电路材料——聚酰亚胺挠性覆铜板（CPI172F），在国营五七二七厂投产。

11 日 泰和县澄江镇南门村退伍军人陈成元，被国家民政部和总政治部评为"全国军地两用人才先进个人"。

11 日 省委常委、副省长舒圣佑和省人事厅厅长雷湘池在江西省职工大厦为"江西省人才市场"揭匾。

12 日 临川县兽药厂周润民获国家科委颁发的 1992 年度国家科技成果完成者证书及"中国改革功勋"奖章，业绩被载入《中国改革功勋》丛书。

12日 在上海结束的全国信鸽竞赛品评中，江西获得本次全国信鸽品评最高级别2000公里雌组冠军、雄组亚军，鸽主分别是南昌乳品厂的万大俄和南昌市国防工办职工甘春林。

13日 在商业部主办的1992最畅销国产商品展销月活动中，"凤凰"系列相机获"金桥"奖，居榜首。该厂由于生产照相机系列、大地测绘仪器系列和显微镜系列3大系列产品，被列入国家大型光学仪器生产企业。

江西凤凰光学仪器集团公司生产的 LS930 塑料自动照相机

13日 江西星晨氟化公司与日本丸红株式会社成交3万吨萤石粉合同。该公司生产的"庐山牌"萤石粉获部优产品称号，近来共创汇2000多万美元。

13日 以省政协副主席黄立圻为组长的在赣七届全国政协委员视察组一行15人，对昌九工业走廊进行视察。视察活动于18日结束。

14日 第二十五届亚洲男子举重锦标赛在伊朗举行。江西省神力宝举重队国际健将杨磊，以抓举145公斤，挺举180公斤，总成绩325公斤，获70公斤级三枚金牌，并创亚洲纪录。

14日 南昌火车站站场扩建开工。南昌站是"大京九"铁路唯一的省城客运大站，1993年扩建站房、增建第三月台一个和建外包线工程，即南昌至青云谱双插线，三项工程计划总投资8000余万元。由上海局南昌工程总公司第四工程段和水电段等单位施工。

15日 国务院批准江铃汽车集团、庆铃汽车集团联合生产4J系列柴油发动机技术改造项目的可行性研究报告。其中，批准江铃汽车集团项目总投资为5.57亿元（含外汇5190万美元），由国家安排专项贷款3.6亿元和专项结存外汇2000万美元，其余资金和外汇由地方和企业自筹。江铃汽车集团引进美国、德国、意大利等国家的先进技术和设备进行技术改造，项目计划于1995年投产，生产规模为年总装4JA1柴油发动机6万台，年新增产值9.5亿元，利税1.8亿元。

16日 波阳县连杆厂加工的CR350连杆总成，被美国THT公司定为"雪佛莱"轿车的配套部件。

16日 江西省"团结鼓劲、建设江西"好新闻评选揭晓。共评出获奖作品30篇（件），其中《江西经济发展新格局初见端倪》、《敢于从低点起飞》、《农民徐京发捧回世界优秀农林奖》、《江西开放的热土》、《瓷都景德镇》5篇（件）获一等奖，其他25篇（件）获二等奖。

16日 高安县伍桥乡东方村小学青年教师何员生创作的国画《乡情》，获"天马杯"国际书画篆刻大赛二等奖。

16日 江西省1993年度世界银行贷款项目已拉开审计序幕，"国家造林项目"审计工作进入建设阶段。1993年世行贷款项目共13个，原概算总投资25亿元人民币，外资2.5亿美元。"吉湖农业综合开发"、"第四期农村信贷"、"PV、PⅢ"、"江西公路"等大项目已全部布置完毕。江西省从1989年开始接受世界银行贷款，

南昌火车站扩建工程段第五队干部工人在争分夺秒铺轨

世界银行官员在九江市考察卫生Ⅲ贷款项目

世界银行贷款项目，吉水县第二期农业综合开发种草养畜基地的4000亩苏丹草，赣选一号黑麦草等长势良好

至今共 21 个项目，原概算总投资 30 亿元人民币，外资 3 亿美元，到 1993 年 1 月，相继有 8 个项目建成投产，其中涉及江西省 6 县 2 场 30 万亩红壤改造一期工程已竣工。

17 日 江西省商检局成功研究出"蜂蜜虫杀虫脒含量快测法"，使江西蜂蜜出口量剧增。

17 日 崇义县竹凉席厂生产的拳头产品冬夏两用竹席，分别在南京和厦门举行的竹木制品交易会上，获质量和销售第一名。

18 日 省政府发布《江西省全民所有制工业企业转换经营机制实施办法》。该办法 7 章共 47 条，包括总则、企业经营权、企业自负盈亏的责任、企业的变更和终止、企业和政府的关系、法律责任和附则。

18 日 江西省林木种子质量检测中心和江西省林木种子质量监督检验站成立，挂靠在省林科所。

18 日 江西省首台永磁型磁共振诊断仪，在江西医学院第二附属医院正式开诊。

18 日 江西九江站破土动工。

18 日 江西省首家"企业策划部"在南昌市开业。

19 日 江西省 100 个县（市、区）领导班子换届选举工作结束。选配的 1470 名党政班子成员中，熟悉经济工作和科技知识的占 59.31%；党政一把手中直接从事过经济工作的达 77.5%；45 岁以下的中青年干部占 64.4%；40 岁以下的党政一把手占一把手总数的 23.5%；具有大专以上文化程度的达 63.87%；人大、政府、政协班子中，共选配党外干部 341 人，党政班子中选配妇女干部 145 人，跨地市交流 24 名党政一把手。

19 日 全国首届通俗文学评奖颁奖仪式在人民大会堂举行，江西省作家邱恒聪和北京作家吴振录合作的长篇小说《山帅》获一等奖。杨成武为获奖作者颁奖。

19 日 江西省陶瓷研究所承担的、国家科委下达的"现代高档民间青花瓷技术开发"重点科研项目，在景德镇市通过国家鉴定。

20 日 正在鄱阳湖考察的俄罗斯鹤类研究专家奥里格卡罗斯基博士，同鄱阳湖自然保护区的 3 名科技工作者，在鄱阳湖东部发现 4 只带环的白枕鹤，系俄罗斯达乌斯基自然保护区环志放飞的。卡罗斯基认为，这是白枕鹤环志史上的重大发现。这次发现，无论对俄罗斯还是对鄱阳湖来说，都是第一次。

20 日 一种新型电子光控"问候器"——"电子礼仪小姐"，由抚州棉纺织厂职工学校教师陈炜先研制成功。

20 日 江西红梅建筑陶瓷总厂暨中外合资江西瑞鸿有限公司 2-140 工程竣工投产。副省长张云川和省、地有关部门负责人出席竣工投产仪式。

21 日 江西工业大学电机系讲师戴文进获 1993 年度王宽诚教育基金。

21 日 经国家旅游局批准，九江中国国际旅行社、景德镇中国国际旅行社晋升为国家一类旅行社。至此，江西省一类旅行社已有三家。

21 日 江西中医学院药学系数理教研室张衍芳教授的论文《模糊数学与中医》，在"齐鲁杯"首届中医药论文交流会上获优秀奖。

21 日 一种集饮疗、进补于一体的茶叶保健产品——人参花果保健茶在婺源研制成功并投产。它具有防癌、明目、降压、利尿、消脂减肥等功效。

22 日 江西医学院与日本国佐贺医科大学正式签订协议书，建立友好校际关系。

23 日 1992 年度江西省优秀新产品评选结果揭晓。江西省共评出省级优秀产品 305 项，其中江西光学仪器总厂试制的 DC303/ME35 毫米单镜头反光电测光照相机等 36 项产品，获省优秀新产品一等奖。婺源茶校实习场试制的玫瑰茶等 98 个产品，获省优秀产品二等奖。171 项产品获省优秀产品三等奖。

23 日 南昌市化工原料厂与澳门昌达进出口公司合资经营的南昌江达化学工业有限公司在南昌成立。该公司生产出口溶解乙炔产品。

24 日 国家计委批复《江西丰城火电厂项目建议书》。丰城火电厂装机 4 台 30 万千瓦机组，总容量 120 万千瓦，年发电量 72 亿度。该厂年需 320 万吨煤炭全部由陕西省供给，铁路运输由京九铁路运输到厂。该厂整个工程总投资为 28.4 亿元，投资来源由国家能源投资公司出资 40%，江西省出资 60%，双方合资建设。该工程拟于 1994 年第一季度开工，1996 年第一台机组投入运行，1999 年全部建成。

25 日 江西省发展乡镇企业领导小组成立。省委副书记、省长吴官正任组长，省委常委、省农工委书记张逢雨，副省长舒惠国、张云川任副组长，省政府副秘书长等 18 人为成员。领导小组下设办公室，省乡企局局长沈文甫兼办公室主任。

26 日 江西铜业公司 8 名长期在生产第一线的职工被中国有色金属工业总公司评聘为首批高级技师。

26 日 在全国粮油安全保管工作表彰及动员电话会上，江西省粮食系统 11 个单位 5 名个人分别获全国保粮先进单位和劳动模范称号。

27 日 省政府批准江西省 1993 年重点组织实施 46 项技改项目，总投资为 28.3 亿元。其中，汽车工业 8 项，包括江汽总投资 5.57 亿元的 4J 系列柴油机重大技改项目，可形成年产轻型汽车 7 万辆，中高档汽车 2000 辆的生产能力；以及陶瓷系列改造 7 项等行业的重大技改项目。这批项目达标后，可新增产值 63.5 亿元，利税 13.5 亿元。

27 日 江西省土地详查全面展开。已摸清 35 个县（市、区）的土地资源情况，新余市完成市级汇总。江西省 103 个县（市、区）级土地详查外业调绘结束，县级土地详查 1993 年全部完成。自开展土地详查工作后，土地纠纷每年以 80% 的数量下降，1992 年只发生 6 起纠纷案件。

27 日 省第八届人大常委会第一次会议审议决定，设立省人大常委会外事华侨民族宗教工作委员会。

27 日 在省人民医院召开的首次科技大会上，该院心内科李华泰主任、眼科李定章主任获科技工作先进个人一等奖。李华泰等人研制的"二尖瓣分离术中自制球囊导管"获第二届北京中外科技发明铜奖。李定章的"近视眼放射状角膜切开术"在全国推广应用。

28 日 南昌针织厂正式成立进出口公司。

28 日 江西省科技工作会议召开，吴官正代表省委、省政府作题为《科技进步应当成为江西省经济发展的主要支撑力量》的讲话，指出加快江西经济发展关键在于依靠科技进步，科技工作者应当以振兴江西为己任，科技战线要以更有活力、更富有创造性的工作为加快江西经济发展作出新贡献（3 月 2 日，省政府举行科技人员授奖仪式，"五十铃引进、消化、吸收"和"复方草珊瑚含片"双获省科技进步特别一等奖，奖金各 10 万元。"维生素 C 扩建工程技术的应用"等 3 项获二等奖，奖金各 6 万元，同时还对 1992 年度国家科技进步奖（三等奖 5 项）、国家星火奖（三、四等奖共 5 项）、省科技进步二、三等奖（121 项）和星火奖（一、二、三等奖 15 项）授奖）。

28 日 东乡种猪场采用的斗墙布水折流厌氧消化新技术通过鉴定。

本月 江西百花洲文艺出版社在北京召开《国学大师丛书》出版研讨会。著名国学专家张岱年、季羡林、任继愈、王永兴、阴法鲁、石峻、庞朴与会。

本月 临川县教育局举行"杨明斋奖学基金"首次授奖大会，奖励优秀学生。

本月 经长林机械厂与天津工程机械研究所合作研制的 WY12.5 履带式液压挖掘机已研制生产成功并通过鉴定。它的挖掘力高于国内同类产品 10%。

1993

3月
March

公元 1993 年 3 月							农历癸酉年【鸡】					
日	一	二	三	四	五	六	日	一	二	三	四	五	六
1初九	**2**初十	**3**十一	**4**十二	**5**惊蛰	**6**十四	**7**十五	**8**妇女节	**9**十七	**10**十八	**11**十九	**12**二十	**13**廿一
14廿二	**15**廿三	**16**廿四	**17**廿五	**18**廿六	**19**廿七	**20**春分	**21**廿九	**22**三十	**23**三月大	**24**初二	**25**初三	**26**初四	**27**初五
28初六	**29**初七	**30**初八	**31**初九									

1日　江西省第一所私立外语学校英华外语学校开始招生。

1日　1993 年全国古典式摔跤锦标赛在山西太原举行。江西省选手熊跃辉获 68 公斤级金牌，赵风雷获 74 公斤级第三名。

2日　以生产木糖为主年产 700 吨的木糖分厂在江西第三制糖厂建成，这是江西省第一个木糖厂。该工程总投资 1500 万元，投产后将为江西食品、医药、轻化、塑料等工业综合利用提供条件，年产值可达 1100 多万元。

2日　省政府研究同意省森林工业技工学校为江西省重点技工学校。

2日　江西省石油总公司润滑油公司与江西省良种繁殖场联合兴建的南高石化产品供应站建成开业，这是当前华东地区最大的石化产品供应企业，集加油、洗车、汽车修理、停车、住宿为一体。

2日　由江西省送变电建设公司参与施工的我国第一条超高压直流输电线路——葛洲坝至上海正负 500 千伏直流输电工程，被能源部评为部优工程。

2日　南昌发电厂被能源部授予"安全文明生产双达标企业"称号。

3日　省政府、省军区发布《江西省征兵工作实施细则》。该细则共 12 章 56 条。

4日　省统计局发布关于 1992 年国民经济和社会发展的统计公报。公报从农业，工业和建筑业，固定资产投资，交通邮电，国内市场和物价，对外经济，科学、教育、文化和卫生、体育，人口与人民生活 8 个方面进行了统计。

4日　江西省九江石化总厂高级工程师朱宾仁发明一种用"减压渣油"为原料生产符合 SY1661 – 77 指标的道路沥青的简易工艺方法，获国家发明专利。

4日　江西电气器材厂研制成功 GGD 型低压开关柜，填补了江西省一项空白。

5日　高安县获全国矿山安全监察工作先进单位。

5日　南昌高新技术产业开发区通过国家审定验收，获得国务院颁制的"国家高新技术产业开发区"标牌。

5日 江西省学习雷锋先进表彰大会在省军区举行。表彰南昌市亨得利钟表眼镜销售中心等23个学雷锋活动先进集体，以及62位学雷锋先进个人。

6日 江西民星企业集团公司总经理孟枋在新闻发布会上宣布：该集团公司将提供资金设立王沚川科学奖励基金和向全社会提供1200万元经费以资助高新科研项目。

7日 瑞金县人民法院运政巡回法庭近日成立。

8日 江西省大批女干部走上领导岗位。截至当前，江西省已有副省级女干部2人，占同级干部的4.1%；江西100个县区的5套班子中有县级女干部196名，占同级干部的7.9%；其中县级党政班子中女干部113名，占同级干部的7.7%。

9日 由九江赛湖农场医院研制的"华功"牌强力药垫获得两项国家专利。

9日 林业部批复同意建立江西靖安县三爪仑国家森林公园（林造批字〔1993〕40号）。公园规划面积为18.2万亩。

10日 中国乒乓球协会公布1993年我国优秀乒乓球选手名单，江西选手张琴名列第八。

10日 修水茶厂与日本隆华株式会社合资开办的江西宁红保健茶有限公司生产大楼竣工投产。

10日 江西省县以上消费者协会已有91个，占应建立数的83%，从1992年年初到1993年2月底，共受理消费者投诉8552件，解决率达97%以上，为消费者挽回直接经济损失240多万元。

10日 江西省邮电工作会议结束。会议要求确保江西省新增市话交换机容量4万门，长途自动交换机容量1.5万路端，农话交换机容量4

亨得利钟表眼镜公司大楼

万门，长话业务电路3000路，市话放号8万部，农话装机1万部（至5月底，江西省农村1万多门自动电话投入使用。至此，开通农村自动电话40392门，农话交换机总容量达95747门；全省有138个乡镇实现电话自动化，有5131个电话用户可直拨国内和国际长途）。

10日 省政府发出通知，即日起废止"希望工程"集资（含强制性募捐）等39个农民负担项目和报刊订阅的强制摊派等8项收费（税）方法。农林特产税的平均摊派被废止。

10日 省教委、省计委联合举办江西省大、中专毕业生供需见面会。省教委、省计委强调，从1993年起实行大、中专毕业生就业改革，将过去国家"统包统分"的分配办法改为国家安排就业与学生"自主择业"相结合。

11日 省政府发出《关于切实做好治理"三乱"工作的决定》和《关于切实减轻农民负担的通知》。

11日 中国大陆的第四个SOS儿童村——南昌市SOS儿童村开工奠基。南昌SOS儿童村位于昌北，占地近60亩。村落分东、中、西三个片区，总建筑面积8000多平方米，总造价1000万元。

12日 丰城市圳头乡清溪村农民李由厢、李友德，收到从美国纽约四海诗社寄来的社员证书。李由厢的诗词《望海潮·清溪吟》及《韵入仙楼梦雨山》，被译成日、英等国文字。李友德的词《沁园春·老固新吟》被收入中国诗词学会编辑出版的《金榜集》。

12日 省政府举行新闻发布会，宣布1993年江西省开展"良种年"活动，公布江西省农、林、牧、水产方面进一步试验推广的第一批主要优良品种。

12日 景德镇六〇二所研究员刘夏石研究的"元外元技术——有限元法的新发展"通过部级鉴定。

12日 省委宣传部和省委对外宣传小组近日评选了1992年对外新闻报道优秀稿件。《江西抗洪抢险系列报道》、《热心村新事》、《江西对外开放显示勃勃生机》等获一等奖。

12日 江西首家生产 PVC 热收缩膜的企业——中外合资江富塑胶有限公司在南昌投产。

12日 上饶市在陆羽旧居茶山寺东侧，为陆羽塑了一尊 5.4 米的汉白玉雕像。

12日 江西省出席八届全国人大一次会议的代表朱治宏、张逢雨、舒圣佑、许勤、王昭荣、黄智权等 73 人乘飞机离昌赴京。

13日 婺源县普遍建立乡、村级自然保护区。有县、乡、村级自然保护区 109 处，总面积达 8000 公顷，每个保护区确定专人管理，制定群众性保护公约。

13日 以湖泊专家朱海虹研究员为首的中科院南京地理与湖泊研究所一行 8 人，抵达鄱阳湖自然保护区，开始对鄱阳湖进行 3 年的科学考察。此次考察侧重研究三峡工程对鄱阳湖自然保护区（包括候鸟保护区、沙湖鱼类产卵场保护区和蚌湖螺蚌保护区）的影响及其对策，研究项目分土质、水文、植被、软体动物四个部分。

14日 1993 年全国女子举重锦标赛暨第七届全运会女子举重预赛在南昌结束，江西选手薛娟夺得 83 公斤以上级亚军，沈玲玲以第六名的成绩取得了决赛资格。江西省运动队获"道德风尚奖"。

16日 南昌百货大楼被评为"全国执行物价计量政策法规最佳单位"、"江西省精神文明先进单位"。

16日 国家教委正式批准江西大学、江西

南昌大学

工业大学合并，名定为"南昌大学"。属文理渗透、理工结合的综合性大学。该校包括理工、文法、经贸多个专业，下设 19 个系、3 个教育部、5 个学院（食品工业学院、经贸学院、女子学院、共青学院和税务学院）。

16日 江西省工艺美术协会成立。

16日 江西省物价工作会议在新余召开。江西先后出台了粮、煤、油、铁路货运四大类调价措施。在理顺价格关系的同时，物价部门采取放开、下放、委托、实行浮动管理办法，把大批价格管理权限下放给生产者、经营者，初步形成以市场形成物价为主的价格体制。会议于 18 日结束。

18日 南昌向塘机场进入"全国十佳卫生机场"行列。

18日 江西省社会治安综合治理委员会召开电话会议，部署开展一场围歼"车匪路霸"的大规模专项斗争。省委常委、组织部部长卢秀珍讲话强调：要统一思想，充分认识这场斗争的重要意义，要广泛宣传，动员群众参战，形成强大声势。

18日 中外合作江西宏华纺织有限公司开业庆典暨"112"喷气织机生产线全面投产，标志着江纺进入一个新的发展阶段。副省长张云川和日本、香港客商出席庆典仪式。

18日 江西外汇购物中心在南昌市中山路筹建的外汇大厦开张营业。江西外汇购物中心是全国供销系统第一家全方位收取外汇的经济实体。

18日 江西医学院与日本冈山大学医学部正式签订友好校际协议。双方在平等互利的基础上，进行教学、医疗、科研等方面的广泛交流。

18日 经国家经贸部批准，江西第二家享有对外注册签约权的综合性企业——中国南昌对外工程总公司在南昌成立。该公司在伊拉克、利比亚、科威特、马里、日本等国家实施工程和技术服务项目 150 余个，派遣劳务4500 余人次，完成国外营业额 4570 万

美元，创利近千万美元。

18日 江西省第一建筑房屋开发公司挂牌，这是江西省近年来开张营业的第320家房地产开发公司。

19日 南昌飞机制造公司与巴基斯坦合资生产的K-8飞机飞抵巴基斯坦某机场。K-8飞机是由南昌飞机制造公司新近设计的一种新型教练机。曾代表中国参加世界航展，多次到国外飞行表演。

21日 南昌百特生物高新技术实业公司推出胆碱酯酶同工酶测定试剂盒和胆红素标准液两个新产品。

23日 泰和县碧溪乡发现一处大流量低钠型矿泉水。该泉常年流量如一，每秒达到0.1立方米。据鉴定，该泉水含40多种人体所需的微量元素，未含丝毫有毒元素。该村群众常年饮用，从未发生恶性病症，人均寿命达75岁。

23日 原省人大副主任、政协副主席、民盟省委名誉主委、省社联名誉主席、江西大学名誉校长、著名历史学家、教育家谷霁光在南昌逝世，终年87岁。

23日 《江西日报》报道，1955年9月至1965年5月，在解放军第一次实行军衔制度期间，全军有1600多位高级干部被授予将军军衔。按籍贯区分，江西籍的将军在全国名列第一位，有325位，几乎占全国将军总数的1/5，其中兴国县籍的54位，吉安县籍的46位，永新县籍的41位，吉水县籍的18位，泰和县籍的17位，于都县籍的16位，宁都县籍的14位，莲花县籍的13位，瑞金县籍的12位。在人民解放军57名上将中，江西兴国籍的肖华将军，授衔时只有39岁。当时全国授予中将军衔的有175名，其中江西籍的有38名，也列第一位，其中独臂将军余秋里曾担任国务院副总理、中共中央政治局委员、中顾委常委和军委总政治部主任、总后勤部部长。建国后担任过中国人民解放军各总部、各大军区、各军兵种和大单位负责人，除肖华和余秋里外，还有温玉成、赖传珠、张国华、金如柏、朱明、刘浩天、刘绍文、廖冠贤、丁盛等。

23日 林业部授予信丰县林木良种场、广

昌县盱江林场良种基地、吉安县白云山林场良种基地为全国林木良种基地先进单位称号；省林业厅为全国容器育苗先进单位。

23日 1993年中国南昌出口商品洽谈会在澳门举行。南昌取得进出口成交额5400多万美元，签订合资合作项目11个，合资总额9600多万美元，其中外商投资6000多万美元。洽谈会于27日结束。

23日 国家科委在常德召开全国星火计划成果展销会。江西省参展的31个项目获金奖，订销合同达6000多万元，名列全国第九名。

24日 江西省樟树粮油公司被评为商办工业1992年销售百强企业之一。

24日 万安水电站库区淹没区的4697户、28546人的安置任务已全部完成。移民人均耕地1.5亩，山场2亩至4亩，水面1分；移民建楼房23513间，平杂房16424间，生产和生活得到妥善安置。

24日 九江港迎来1993年第一艘外籍轮（巴拿马籍）"南荣6号"，该轮装载520吨进口机器设备，由九江港外贸码头中转，运至共青东诚木业有限公司。

25日 萍乡市陆续发现大型溶洞。上栗区的10个乡镇都有地下溶洞，现已探明的大型溶洞有36个。

25日 江西华兴律师事务所成立并开始营业。该所属辞职人员组成的合作制律师事务所，有5位具有法律专业大专以上学历、取得律师资格、有5年以上办案实践经验的工作人员为骨干，一批精通司法、金融、外经、房地产、知识产权等专业技术，能承办国内外各类法律事务的专、兼职专业人才。省人大常委会副主任王国本出席成立典礼并讲话。

25日 据江西"三二一"工程部分重点企业1993年前两个月的统计，完成工业产值11.6亿元，比1992年同期增长23.7%；实现利税2.44亿元，增幅为53.9%；列为1993年重点新增利税的15家企业净增利税1602万元，比去年同期增长85.9%。

25日 弋阳县圭峰乡、箭竹乡、旭光垦殖

场、港口镇、周潭乡一带遭受8级龙卷风袭击，造成9人死亡，105人重伤，298人轻伤；民房、厂房、校舍共倒塌758间，畜禽伤亡342头，直接经济损失达2300余万元。同日，丰城市15个乡镇遭受风暴潮和冰雹雨袭击，共有1390幢房屋被摧毁或部分倒塌，造成18人伤亡，其中死2人。

26日 省委办公厅和省政府办公厅联合发出紧急通知，要求各地立即开展清理涉及农民负担的文件。通知要求，凡是各部门当前仍然有效、仍在执行的各种涉及农民负担的文件，都必须在4月10日前清理完毕。

28日 余江县生物制品厂推出的绞股蓝茶、绞股蓝酒等系列产品近日获国家"星火计划"科技成果评选会金奖。该系列产品由纯天然绞股蓝加工而成。经国家医药总局鉴定，内含50多种皂甙和丰富的氨基酸、维生素及人体所需的微量元素，是保健长寿之佳品，故有"南方人参"的美称。

30日 深圳江西企业协会成立。截至当前，江西在深圳已设立的办事机构有21个，企业52家，职工人数达3200多人，年产值约5亿元左右，利税3000多万元。

30日 八届全国人大一次会议新闻中心举行记者招待会，邀请江西省省长吴官正、副省长舒圣佑、黄智权就江西经济增长速度、对外资、台商投资优惠政策、建设昌九走廊等问题回答了记者提问，宣布江西实行政策优惠，欢迎来赣投资合作，加速江西的经济发展。

31日 根据中央决定，江西省委和中纪委批准，省纪委、省监察厅开始合署办公。合署后，省纪委、省监察厅实行一套工作机构、两个机关名称的体制，合署后的省纪委在省委、中纪委的领导下，履行党的纪律检查和行政监察两种职能，向省委、中纪委全面负责；合署后的监察厅仍属于省政府序列，接受省政府和中纪委、监察部的双重领导，按照《中华人民共和国行政监察条例》规定的职责、权利和工作程序开展工作。

31日 都昌县周溪镇珍珠核市场，产销量占全国80%。

本月 江西汽车制造厂中日合资公司成立。合资公司命名为"江铃五十铃汽车有限公司"，首期投资3000万美元，将于4月1日起正式营运。

本月 省委组织部、宣传部，省科委、省人事厅、省科协联合发文，决定从1993年起每年3月为江西省"科技进步活动月"。

本月 江西省林科所和江西食品厂共同生产的"竹尔康"饮料在全国星火计划科技成果展销会上获金奖。

1993

4月 *April*

日	一	二	三	四	五	六	日	一	二	三	四	五	六
				1 初十	**2** 十一	**3** 十二	**4** 十三	**5** 清明	**6** 十五	**7** 十六	**8** 十七	**9** 十八	**10** 十九
11 二十	**12** 廿一	**13** 廿二	**14** 廿三	**15** 廿四	**16** 廿五	**17** 廿六	**18** 廿七	**19** 廿八	**20** 谷雨	**21** 三十	**22** 闰三月	**23** 初二	**24** 初三
25 初四	**26** 初五	**27** 初六	**28** 初七	**29** 初八	**30** 初九								

公元1993年4月　　农历癸酉年【鸡】

1日　南昌市将实行新的住房改革措施：（一）分步骤地提高公有住房租金标准，同时相应增加职工住房补贴；（二）实行住房公积金制；（三）自1991年7月1日起，市区使用的新住房或重新分配的公有旧住房，一律实行租赁保证金制度；（四）优惠出售公有住房。同时发展住房金融，改革住房管理体制，建立机构加强领导，以确保房改顺利进行。

1日　上海全面放开粮价，省政府驻上海办事处在上海开设中昌米行。

2日　省教委发出明传电报，要求各级教育部门切实做好减轻农民负担工作。电报指出，除严格按规定筹集乡、村两级办学经费外，对其余一次性集资项目要进行认真清理、报批。学校不能扩大收费项目，提高收费标准。代收费只限于课本和作业本费，凡不符合政策规定的收费、摊派，学生家长有权拒交。

2日　江西旅港同乡会一行35人，在会长王华湘，副会长周起鸿、张良琛、王忠椒率领下，回省进行友谊访问、经贸洽谈以及合资项目考察等，预计总投资5000万元人民币。

3日　九江新客运码头及客运站通过验收，交付使用，整个工程被评为优良工程。该客运站自1989年12月动工至1992年12月竣工，历时3年，整个工程造价2500万元。

九江港客运码头

3日　江西已有114个乡镇实现了电话自动化。可以直拨国内和国际长途电话，自动化程度提高到33.26%。已有60个县达到了机线设备维护的全国标准，占应达标县数的71%。

3日 省林业厅、省财政厅、省物价局联合公布江西省陆生野生动物资源保护管理费收费办法及猎捕省级重点保护、非重点保护野生动物资源保护管理费收费标准。

3日 赣州电视台拍摄的专题片《来自赣南的报道》在北美、新加坡电视台播出，并在全国对外宣传片评比中获一等奖。

4日 江西省调整大学专业结构。1993年江西省地方普通高校计划招生18500人，比1992年增加21.8%，其中国家统招生13200人，与1992年持平；委培、自费生5300人，是1992年的2.8倍，占1993年招生总数的28.6%。合并后的南昌大学新增国际贸易、国际文化交流、机械电子等20多个本、专科专业。

5日 澳门瑞纳集团董事、总经理温瑞芬，董事局主席张保罗一行在江西考察。瑞纳集团将在九江八里湖开发区内，独资或合资兴办占地2.2平方公里的瑞江工业区，生产经营电子玩具、电子手表、电脑配套元器件等，在区内玉兔山独资开发旅游区，建高尔夫球场、水上乐园。还将与江西无线电厂合作，生产国际一流的镭射音响。

6日 中国科学院学部委员、清华大学学术委员会主任潘际銮教授对南昌大学进行考察。省领导毛致用、吴官正、卢秀珍、钟起煌、黄懋衡等分别会见潘际銮教授，对他热爱江西、为江西人民作贡献的精神给予高度赞扬（15日，省委、

省委书记毛致用（右一）、省长吴官正（左一）同南昌大学校长潘际銮教授（中）交谈

省政府在南昌大学举行授聘仪式，聘任潘际銮教授为南昌大学校长）。

6日 宜黄县公安局破获一起大面积种植罂粟案（7日，3892株罂粟被烧毁）。

7日 省政府发布施行《江西省合理化建议和技术改进活动组织办法》。

7日 省委九届八次全会举行，毛致用、吴官正分别传达江泽民在党的十四届二中全会的讲话、中共中央关于调整八五计划若干指标的建议、二中全会关于党政机构改革的有关精神。省长吴官正作题为《抓住时机，加快发展》的讲话，指出要调整"八五"计划，加快发展速度，抓住沿长江开放开发和建设京九铁路的契机，进一步展开生产力布局；围绕市场需求和农民增收，进一步调整农业产业结构，强化农业的基础地位；加强能源、交通、通信等基础设施和基础工业改组改造步伐，提高经济效益，增强发展后劲；更好地利用国外境外资金，更好地组织外贸出口，尽快形成多层次、有重点、全方位的开放格局，真抓实干，切实做好1993年的经济工作。省委书记毛致用在会议结束时讲话，强调：（一）抓住机遇，深化改革，更快更好地发展，1.要强化机遇意识；2.要牢牢把握深化改革、扩大开放这个关键；3.要加强调整和优化产业结构的力度。（二）不折不扣地把加强农业和农村工作的各项措施落到实处，1.要充分认识农业、农村和农民问题的极端重要性；2.要抓紧落实稳定发展农业生产的一系列政策；3.要采取断然措施减轻农民负担；4.要围绕市场需求和农民增收积极调整农业结构；5.要加快发展农村社会化服务体系的步伐；6.要下决心抽调干部到乡村去帮助工作。（三）坚持两手抓，为改革和建设创造稳定的社会环境。（四）积极稳妥地做好机构改革的准备工作。（五）进一步搞好领导班子建设。会议于8日结束。

8日 由澳门瑞纳（集团）总裁温瑞芬和瑞纳集团董事局主席张保罗捐赠200万港币设立的温玉成教育基金会宣布成立。基金会是为纪念温玉成将军，帮助江西发展教育事业而设立的。省委书记毛致用、省长吴官正等分别会见温瑞芬一行。

8日　有"天下第一楷书"之誉的《麻姑山仙坛记》古碑暨江西最大书法碑廊，在风景名胜区南城县麻姑山落成。"天下第一楷书"《麻姑山仙坛记》古碑是唐大历六年四月，大书法家颜真卿登游麻姑山时撰写的。

8日　江西省"希望工程"新闻发布会召开。会议指出，江西省"希望工程"到当前为止，已累计收受海内外捐款共550多万元。累计资助因贫困而失学的少年（至小学毕业）2.1万多名，已建成或正在筹建的希望小学达9所。

9日　江西修水青健茶厂生产的国家专利产品——梅山牌神茶日前在国家科委举办的全国"八五"星火计划成果展示会上获金奖。梅山牌神茶是经茶叶专家和中医专家共同研制的集治病与保健为一体的纯天然高级饮品，已销往北京、上海、香港、台湾等地和日本、新加坡、加拿大等国。

9日　江西国营金坪华侨农场召开第一次归侨、侨眷代表大会，组建金坪华侨农场第一届归国侨联联合会。

9日　省委、省政府在南昌召开加快重点县的乡镇企业发展汇报交流会。会议提出，要抓住当前大好机遇，高速高效发展乡镇企业，深化改革，放宽政策，上项目，抓技术，增加投入，实现江西省乡镇企业超常发展新突破。毛致用在会上作题为《下更大的决定、以更大的气魄，高速高效发展江西省乡镇企业》的讲话，指出要进一步把我们的认识统一到高速高效发展的乡镇企业上来；要为乡镇企业高速高效发展创造更加宽松的政策环境，在深化改革中为乡镇企业发展增添新的活力；选好用好保护好企业家；在上项目，抓技术，增投入上下功夫，切实加强对乡镇企业工作的领导。吴官正在会上作题为《再鼓干劲，真抓实干，实现乡镇企业超常发展的新突破》的讲话，指出要提高认识，明确任务，巩固和推进大发展的新势头；要开阔思路，突出重点，组织实施乡镇企业发展的新突破；要加强领导，狠抓落实，开创乡镇企业工作的新局面。会议于10日结束。

10日　由江西新余钢铁总厂和上饶地区合资兴建的江西上新钢厂破土动工。上新钢厂为股份有限公司责任制全民企业，按年产10万吨钢、9万吨钢材综合能力规划设计。

10日　应美国纽约摄影学会的邀请，江西上高县组织农民摄影家赴美国举办农民摄影作品展。展出的60幅作品均是出自农民之手，带有乡土气息的摄影作品。

11日　原省委书记、省长、省顾问委员会主任赵增益的骨灰在南昌安放。赵增益2月27日21时55分在上海逝世。中共中央总书记江泽民发来唁电。中共中央政治局常委乔石、刘华清、胡锦涛打电话对赵增益逝世表示沉痛哀悼。发来唁电、唁函的还有田纪云、宋平、薄一波等领导。

11日　南昌市昌北开放开发区首批23个项目同时开工开业。

南昌市昌北开放开发区举行了首批进区项目开工、开业典礼，省市党政军领导冒雨为开工项目奠基

12日　江西省出版集团在南昌成立。该集团拥有国有资产1.24亿元，以公有制为主体、以资产为主要联结纽带，具有多层次结构，集编辑、印刷、发行、物资供应、科研为一体的法人联合体。

12日　受国家体委和东亚运动会组委会委托，由景德镇艺术瓷厂研制的230座"天泰尊"奖杯，已全部运往上海。奖杯主题纹饰以新彩白地描绘，下面为东亚运动会会徽，下面标有"第一届东亚运动会"中英文字样，背面是吉祥物"东东"图案，两侧画有与获奖项目相应的标志图案。在国际体坛上启用瓷制奖杯尚属首次。

12日　江铃轻型卡车在中国第二届"改革之光国产汽车大奖赛"中，夺得大赛最高奖——

综合大奖，并获得可靠性第一名。颁奖仪式在北京军事博物馆举行。

13日　中共中央政治局常委、书记处书记胡锦涛先后视察南昌、吉安等地市的一些县市区，调查了解农业和农村政策贯彻情况，并瞻仰

胡锦涛在南昌市郊区热心村考察

胡锦涛视察井冈山时访问群众

胡锦涛视察地处井冈山的七〇四电视台

了南昌和井冈山的革命遗址。胡锦涛说，江西14年来改革和建设取得了显著的成绩，特别是邓小平1992年视察南方的重要谈话和党的十四大以后，江西的改革开放和现代化建设加快了步伐，现在是人心齐、思路对、发展快、潜力大、前景好。

14日　国家旅游局、国家建设部等8家组成1993"拥有一片故土"旅游工程建设和开发考察团，正式确定庐山为全国"中华民族拥有一片故土"大型旅游工程的兴建之地。

14日　中外合资江西长江企业有限公司在新余成立。该公司年产可达100套大中型模具和2500吨压铸件，产值为7000万元，利税1500万元。

15日　省八届人大常委会第二次会议经过审议并根据省人大财经委的审查报告，决定批准黄智权副省长代表省政府提出的《关于调整江西省"八五"计划若干指标的建议》。

15日　江西信息广播电台开播。台址设在南昌市洪都中大道111号省广播电视中心大楼，主要覆盖南昌地区。其任务是向社会传播科技信息、商业经贸信息、证券交易信息、交通信息、天气预报等。该台还利用江西七〇二台调频103.1兆赫SCA调频副讯道播送上海、深圳股票行情。

17日　在打击"车匪路霸"斗争中，江西省共破获车匪路霸案件372起，抓获各类违法犯罪人员892名，摧毁犯罪团伙116个，缴获赃款赃物近80万元。

17日　省委党史委主办的"毛泽东在江西"大型图片展览在省摄影家协会展厅开展。展出的图片共150多幅。同时，还首次展出了江泽民、邓小平、杨尚昆、李鹏、彭真等中央领导为江西题词的手迹。

17日　1993年春季（第四十一届）全国电子产品展销订货会在南昌举行，成交额达30亿元。该会由中国电子器材总公司主办，是电子工业部成立后首次举办的元器件展销订货和整机仪器展销订货会。

18日　高安县水泥厂所产"大观楼"牌水

泥获得"中国水泥产品质量认证委员会"颁发的质量认证书。

18日 中共中央委员、国务委员陈俊生考察萍乡、九江、宜春市和宜丰、上高、高安县等地农业和乡镇企业。陈俊生在《江西农业考察报告》中肯定江西乡镇企业呈现良好的发展势头，指出当务之急是继续抓紧各项农村政策的落实；发展农业和农村经济要从当地实际出发，抓住和发挥各自的优势，加快经济发展。

19日 省政府批准实施《江西省生产资料市场发展规划》，确定在南昌、九江、鹰潭、赣州建立高层次、大规模、现代化、开放型的物资流通中心，形成赣中、赣北、赣东、赣南4大综合批发物资交易市场。

19日 江铃五十铃汽车有限公司在南昌正式成立。该公司与国际经济技术接轨生产新一代轻型卡车生产。

20日 京九铁路吉安—赣州—定南段开工典礼在吉安举行。正在江西考察工作的中共中央政治局常委胡锦涛、铁道部部长韩杼滨、原副部长尚志功、省委书记毛致用、省长吴官正等出席并讲话。京九铁路建设至此从北到南全线进入大会战。省委、省政府决定，举江西省之力，确保京九铁路江西段建设的顺利进行；动员沿线广大群众像革命战争年代支援红军那样，支援铁路建设；保证铁路建设在江西境内任何地段不受阻。

胡锦涛等领导为京九铁路吉安—赣州—定南段工程开工剪彩

20日 庐山风景区名人别墅在北京进行首次拍卖。受九江聚源建设公司委托拍卖别墅的是台湾台中总统广告公司，该公司还将择期在香港、台湾及上海各举办一场拍卖会，拍卖以投暗标、开明标方式进行，每幢别墅拍卖底价均在100万美元以上，参与竞标者必须出具1亿美元以上的资产证明。

20日 江西省整顿农村照明用电和电价，使全省农村供电时间延长，而电价下降，减轻农民负担1500万元。

21日 在宁都县翠微峰——金精山，新发现大批旅游奇景、名胜和古迹。大多为险峰奇岩、幽洞秀泉，以及瀑、潭、湖、涧等；亦有大量亭、堂、庐、阁、崖葬、崖刻、古墓葬、古寨门等古迹遗址和珍稀动植物。

21日 省外办、省教委、省公安厅代表国家外国专家管理局，向江西省首批获得聘请外国文教专家资格认可的江西农业大学等17所高校颁发认可证书。

21日 出席中国有色金属工业总公司与伊朗矿山金属部副部级合作委员会第二届会议的伊朗矿山金属部副部长克拉杜兹一行6人，到江西铜业公司贵溪冶炼厂考察。伊朗矿山金属部计划在伊朗兴建一座与贵溪冶炼厂规模相当的现代化闪速炉炼铜工厂。

22日 国务院房改领导小组批准《江西城镇住房制度改革总体方案》，即将在江西省实施。该方案重申和进一步明确了提租与补贴、推行公积金、出售公有住房、建立住房基金、鼓励合作、集资建房、发展经济实用的商品住房，加强对房改工作的领导等有关政策问题。

22日 "中华第一城"大型人文景观历史文化公园，正在庐山北麓威家镇筹建。景区计划占地约1700亩，总投资预计为人民币1.8亿元。"中华第一城"大型人文景观历史文化公园由九江市政府、庐山区威家镇与深圳市南山区"中华五千年"工程筹建指挥部联合兴建。

23 日 江西省口岸工作会议结束。会议就1993年江西将花大力气发展口岸事业,加快向国际惯例靠拢进行部署。

26 日 江西省海外互援基金会在南昌成立。该会在国内开展自愿捐赠和募捐活动,筹集资金、物资,支援江西省老区和贫困地区的经济建设;以及促进科学技术研究、文化教育、社会福利和其他公益事业的发展。

27 日 江西首届科技宣传好新闻评选结束。彭京、杨敏的通讯《崛起的"硅谷"》、肖向民的社论《加速科技成果向生产力转化》获一等奖;彭春兰的通讯《不灭的天缘》获二等奖。

27 日 国家批准建设的"八五"重点工程——江西宜春造纸厂铁路专用线建成并投入使用。

27 日 庆"五一"暨"五一劳动奖章"、"五一劳动奖状"颁奖大会在南昌举行。江西各条战线的劳动模范300多人接受全国总工会和省政府颁发的"五一劳动奖章"和"五一劳动奖状"。

27 日 江西省乡镇企业食品质量检测站通过农业部乡镇企业司审查,验收合格,承检食用植物油类等11大类产品。

28 日 豫章大学在南昌宣告成立。豫章大学是经省教委批准,由民盟江西省委主办的一所民办全日制综合性大学。白栋材应邀担任顾问,著名教育家、原北京大学校长、民盟中央副主席丁石孙教授和省人大常委会副主任、民盟江西省委主委陈癸尊任名誉校长、原江西大学名誉校长、省政协副主任戴执中教授任校长。现设医学系、现代经济管理系、国际商务系、工业工程系和农业科学工程系5个系、23个专业。

30 日 江西省首届礼仪小姐大奖赛近日在南昌举行。大赛由江西省青年联合会、江西日报社、江西电视台等单位发起,突破以往的竞赛模式,为有志于公关礼仪、影视、广告模特工作的人员提供机会。大赛协办单位可优先录用获奖人员。

本月 《江西侨联》创刊号出版发行。

本月 南昌柴油机厂4800名职工告别"铁工资",实行新的岗位技能工资制。

本月 江西省峡江二中初三学生黄莹彦在全国初中数学、物理、化学竞赛中,获得数学、物理两个全国一等奖和化学二等奖,被推荐为江西省"三好学生"。

1993

5月 *May*

公元 1993 年 5 月							农历癸酉年【鸡】						
日	一	二	三	四	五	六	日	一	二	三	四	五	六
						1 劳动节	**2** 十一	**3** 十二	**4** 青年节	**5** 立夏	**6** 十五	**7** 十六	**8** 十七
9 十八	**10** 十九	**11** 二十	**12** 廿一	**13** 廿二	**14** 廿三	**15** 廿四	**16** 廿五	**17** 廿六	**18** 廿七	**19** 廿八	**20** 廿九	**21** 小满	**22** 初二
23 初三	**24** 初四	**25** 初五	**26** 初六	**27** 初七	**28** 初八	**29** 初九	**30** 初十	**31** 十一					

1日 宜春地区档案馆接收该地区人民银行曹一宏捐赠的数件苏区时期历史资料原件，并按《档案法》规定给予了奖励。

1日 江西共青城开放开发区有江西天宇服饰有限公司、青港实业集团有限公司、公跨铁立交桥、南九公路银信加油站、共青中心小学教学楼、共青饲料厂、共青畜牧场、共青一中实验大楼、江西日报共青城记者站、江西省商检局共青办事处 10 大工程竣工，总投资约 8700 万元人民币。

1日 江西首家专门从事中介代理服务的经纪机构——江西联球经纪公司在南昌成立。

1日 万安县嵩阳大桥合龙。嵩阳大桥是一座桥涵合一工程。

1日 江西省高安县劳动安全法庭挂牌开庭。

2日 《江西日报》报道，经中国食协组织专家鉴评，进贤黄酒厂生产的"北岸"牌高级糯米酒获国家优秀产品奖。该厂采用祖传秘方、配以优质糯米酿制而成，酒液清纯爽口，回味悠长。

4日 南昌大学举行成立庆典，毛致用等省市领导出席。副省长黄懋衡在讲话中指出：南昌大学的成立，标志着江西省高等教育事业发展到了一个新的阶段。

南昌大学校牌揭牌仪式

5日 列入"八五"国家重大引进技术消化吸收国产化专项的片梭织机工程，在南昌飞机制造公司破土动工。经国务院经贸办批准，片梭织机技术引进和国产化专项由南飞公司承担。该项目总投资近 2 亿元（1995 年建成年产 ρ7100 片梭织机 300 台的能力，国产化水平不低于 60%）。

5日 中央对外宣传小组、国务院新闻办公室和广播电影电视部联合举办的全国对外宣传电视片"金桥奖"评比在北京揭晓，江西赣州地区对外文化交流协会和赣州电视台联合摄制的《来自赣南的报道》获一等奖。

6日 江西发动机总厂获全国"五一"劳动奖状。

6日 江西省1993年首批基建重点建设项目确定为33项,计划投资41.3亿元。其中浙赣铁路复线、京九铁路、江西铜业公司德兴铜矿和武山铜矿、九江大化肥工程和万安水电站收尾项目五个项目列为国家重点建设项目。

6日 省地、市档案局(馆)长会议在南昌召开。会议传达全国档案局长会议精神,讨论深化档案资料图片工作改革,更好地为经济建设服务的问题(28日,省档案局组织编辑制作的档案资料图片展板参加"江西改革开放十五年成果展览"。省档案馆编印《江西省档案馆简明指南》,系统地介绍馆藏民国档案、资料的内容和全宗名称等,在年度目标管理考评中,宜春、新余等地、市档案部门目标管理的总计分高居榜首,进入所在地区目标管理先进单位行列)。

7日 万安水电厂二期工程近日安装完毕并投入使用。这个具有九十年代国际先进水平的输变设备,在担负江西省南北电网主要电力枢纽中将产生巨大的经济效益。

万安水电厂二期22万伏大型高压全封闭绝缘变电站

8日 反映朱德元帅的丰功伟绩的二十四集电视连续剧《朱德在南昌》,其中三集在南昌开拍。朱德的女儿朱敏将在剧中亮相。

8日 分宜县特种合金厂开发试制的一号稀土硅铁合金在分宜县通过省级技术鉴定。

8日 通过对中科院古脊柱动物与古人类研究所在江西乐平市涌山镇涌峰岩洞试掘的碎骨片化石和几件石英质打击痕迹的石器的考古论证,确认涌峰岩洞口为旧石器时代遗址,其时栖生的人类与云南元谋猿人大致同一时期。该遗址被列入江西省重点文物保护单位。

8日 南康县龙华、浮石、龙回、三益等8个乡镇遭到一场特大龙卷风袭击。风力达到11级至12级。造成8人丧生、5人重伤,其中一家6人遇难。

8日 林业部批复同意建立庐山山南、南昌市梅岭、安远县三百山、九江市马祖山、湖口县鄱阳湖5处为国家森林公园。

8日 省林业厅发出《关于在江西省林业系统严禁种植罂粟的通知》。

8日 省广播电视厅受到省政府通报表彰,并获1992年省直机关目标管理先进单位单项奖。1992年江西电视新闻被中央电视台采用419条,其中上"新闻联播"112条,被中央人民广播电台采用的广播新闻条数也多于往年。

9日 首届东亚运动会的田径赛在上海举行。江西省运动员毕忠(男子链球)、龚国华(男子十项全能)、闵春凤(女子铁饼)代表国家队参加比赛。

10日 弋阳县公安局通讯科在贵阳召开的全国公安通信网"三优"会上获全国公安通信网优秀集体奖。

12日 省人大内务司法委员会妇女儿童组成立。

12日 农工民主党南昌市委员会主办的民办江西光明中西医结合学院成立。该学院的前身是民办江西光明中医函授学院。

13日 省委宣传部、省新闻出版局批准《中国技术监督》驻江西记者站在南昌成立。

13日 江西警察学会在南昌正式成立。

13日 晚9时30分,坐落在南昌市中山路的万寿宫商城发生特大火灾,毁坏建筑面积2.9万平方米,灾情殃及156户780人。伤6人,重伤1人,直接经济损失350万元。

13日 安远县在三百山东江源头"第一瀑"的峭壁上,发现一株乐东拟单性木兰的雌雄两性单株。该树种当前在地球上已极为罕见。

13 日 江西重型机床厂生产的 ZX32 钻铣床成为全国最大的钻铣床供应商,产量突破两万台。该钻铣床已运销 5000 台到 42 个国家和地区,出口机床台数跃至全国第一。

14 日 江西籍游泳选手罗萍,在上海举行的东亚运动会女子 800 米自由泳的比赛中获金牌。闵春凤夺铁饼金牌。

15 日 江西省旅游局召开部分地、市旅游局长,一、二类旅行社总经理会议。会议提出加强对出国(境)旅游管理,并提出具体要求。

15 日 第九届江西省报纸好新闻评选揭晓:《江西日报》记者刘德灿、翁学仁、曹达真的《"江中"人均利税 20 万,省政府同意重奖 300 万》,范运昌的《毋忘农民——一封学生来信引起丰城一场大讨论》,徐景权、邓志刚的《驻外使节看江西》获一等奖。

15 日 江西永修山下渡公路大桥建成,该大桥全长 377.9 米,共 12 个墩台。

16 日 江西书画院国家一级美术师谢牛获日本国日中艺术交流中心颁发的金牌,奖励他对中日文化艺术交流作出的贡献。

16 日~6 月 30 日 江西百泽、百成实业有限公司,南昌市土产进出口公司与俄罗斯联邦梅基辛市地铁车厢机械股份有限公司签订了易货贸易合同,金额为 1.2 亿美元。其中 400 万美元合同 1993 年履行完毕。俄方用 600 辆兹尔自卸车换取江西省的旅游鞋、牛仔裤、工艺品、针棉服装、轻工、家电、卷烟等产品,分三批在 10 月底前易货完毕。

17 日 庐山区赛阳乡南城村党支部书记杜世忠发现庐山古代佛教胜地罗汉寺和罗汉洞,为旅游胜地庐山又添新景点。

18 日 江西省各级法院陆续对一批在公路上抢劫赃物的车匪路霸做出判决,26 名犯罪分子被依法判处死刑或无期徒刑。

18 日 江西省地市委书记、专员、市长会议在南昌召开。会议传达中共中央总书记江泽民在华东六省一市经济工作座谈会上的讲话精神;分析当前江西省经济形势,研究如何进一步贯彻邓小平南巡重要谈话和党的十四大精神,通过深化改革,解决当前江西深层次经济问题,促使江西省经济工作更快更好地向前发展。省委书记毛致用在会上讲话:(一)面对前进过程中出现的新情况,在工作指导上要把握好几个要领。(二)高度重视农业和农村工作,千方百计确保 1993 年农业全面丰收。(三)科学地把握金融调控的方向和力度,千方百计解决好资金紧缺的问题。(四)进一步加强勤政廉政建设,保证经济建设的健康发展。

18 日 新余水泥厂 9 万吨水泥生产线竣工,使该厂年产白水泥由 3 万吨跃升到 20 万吨,新余市成为全国白水泥生产基地的基础。

18 日 上饶全良液酒厂生产的"全良液酒"在第二届曼谷国际名酒博览会上夺得国际金奖,获白酒第一名。

18 日 南城县医院院长曾灿荣、新建县医院院长李金瑞、泰和县医院院长彭邦雄和信丰县医院院长宋国铭,被卫生部评为优秀县医院院长称号。

18 日 九四河东联合医院在丰城市挂牌开诊。这家军地联办医院是解放军九四医院与丰城市血防站携手创办的。

19 日 庐山在 1993 年全 1994 年两年兴建石门涧高架悬索桥,开通往返于五老峰与三叠泉高架轻轨电动游览车,在大林路旁建魔幻城堡、旋转式观景台,在芦林地带建毛泽东登庐山石碑亭,引进苏州民间灯饰品,年年定期在花径举办苏州灯会等 6 大园林景点。

20 日 澳门瑞纳集团总裁温瑞芬女士一行

省委书记毛致用(左二)在江西宾馆会见澳门瑞纳集团贵宾一行

访问南昌大学。温瑞芬对南昌大学温玉成学院建设的选址进行实地考察并被聘为南昌大学（电子工程专业）客座教授。

20日 临川县连城乡小学邹亚平、曾耿华、许龙夫、王慧敏、黄宏五名同学在全国奥林匹克小学数学竞赛中以总分550分的决赛成绩，获团体总分第一名，获一等奖。

20日 距南昌市30多公里、有"鹭鸟王国"之称的象山林场日前被批准为省级森林公园。同时获准的还有：三清（德兴市）、广昌和百丈峰（新余市渝水区）3个森林公园。

21日 江西省与澳门瑞纳集团经济合作项目签字仪式和温瑞芬、张保罗夫妇向江西省灾区捐赠仪式在江西宾馆6楼圆厅举行。此次签订合同、协议项目8个，总投资26亿元。向灾区捐赠人民币160万元。

江西省与澳门瑞纳集团经济合作项目签字仪式

21日 上高县建成年产600吨金属镁生产线。

22日 江西光学仪器总厂生产的凤凰牌照相机系列产品，被中国保护消费者基金会授予"1993年度推荐产品"称号。其产品作为全国10佳产品之一，首批向社会推荐。

22日 德兴市委、市政府决定筹建中国铜文化博物馆。德兴铜矿总储量达15亿吨以上，为亚洲第一，属世界特大型铜矿。

22日 江西省环境保护局发布1992年江西省环境状况公报。公报包括环境污染状况、生态环境状况、防治环境污染、强化环境管理、国际交流等方面内容。

23日 日本国冈山县教育委员会教育长森崎岩之一行10人对江西进行友好访问。

24日 江西省水产工作会议发布信息：江西省水产实现超常规发展，淡水水产品总产量名列全国第五位。

24日 1993江西九江招商洽谈会在香港举行。在洽谈会上推出527个经济技术合作项目，吸引20多个国家和地区的2400多名客商前来洽谈，签约151项，总投资12.6亿美元，其中外资额9.8亿美元。洽谈会于28日结束。

25日 南昌县武阳乡大仪小学三年级学生、少先队员杨文红，因抢救触电少年而献出自己年仅9岁的生命。共青团南昌县委授予他"赖宁式好少年"称号。

25日 中外合资江西丽华实业有限公司成立庆典及所属丽华大厦奠基仪式在南昌人民广场举行，该公司是由南昌洪城大厦和香港大寰（集团）有限公司合资兴办。正在兴建的公司所属江西丽华大厦位于南昌人民广场西南侧原服务大楼旧址上。

26日 泰国武装部队最高司令瓦拉那上将及夫人一行12人，由江西省军区司令员冯金茂少将等陪同在江西省参观访问。访问于27日结束。

26日 江西省荒山造林决战大会在南昌召开，会议提出：决战今冬明春，消灭600万亩宜林荒山，提前一年实现江西省荒山造林的战略目标。毛致用、吴官正、张逢雨、舒惠国等出席动员大会。会议由副省长舒惠国主持，毛致用作题为《要有决战意识、决战措施、决战作风》的讲话。吴官正讲话分为3个部分：（一）明确任务，落实措施，打好荒山造林的决胜战；（二）既抓造林又抓提高，把林业办为高效益产业；（三）把兴林致富愿望变成群众的实际行动。张逢雨就荒山造林决战作了具体部署。

27日 湖口县凰村乡凰村农民近日在老屋岭门口坂上捉到一只体型似羊、嘴巴似驴的野生动物鬣羚，属国家二级保护动物。

28日 1993江西省利用外资新闻发布会暨项目洽谈会在深圳举行。此次洽谈会签订合同37个，外资金额1557万美元；签订意向书58项，协议外资额1.3亿美元。洽谈会于29日结束。

29日 江西省名茶评比近日在茶乡婺源揭晓。修水的"秀峰"茶、婺源的"天珍银梭"等13个名茶新品种被评为江西省优质名茶。

30日 江西茶业开发公司举行新闻发布会，推行新研制成功、国内外首创降解尼古丁的高科技产品"神龙解烟茶"。

30日 万安水电站正式下闸蓄水。

31日 玉山县瑾山小学教师童报春代表江西参加全国小学教学优化课教学竞赛，获一等奖。

本月 《足球俱乐部》杂志在南昌创刊出版。该杂志由南昌百花洲文艺出版社主办，国家体育运动委员会体育信息研究所协办。国际足联主席阿维兰热博士专电祝贺《足球俱乐部》创刊。

本月 江西省城乡建设环境保护厅改称江西省建设厅，环保局和人防办划归省政府直接领导。

本月 贵溪金描实业公司新建硒鼓生产线。

本月 江西修水名茶再获殊荣，获首届中国农业博览会银奖。

本月 林业部批复同意将江西省婺源县灵岩洞森林公园晋升为国家森林公园。灵岩洞早在唐代就为道教传教之地，植物资源丰富，自唐以来游人刻墨2000余处。

婺源县灵岩洞森林公园一景

1993
6月
June

公元 1993 年 6 月						农历癸酉年【鸡】					
日	一	二	三	四	五	六	日	一	二	三	四	五	六
		1 儿童节	**2** 十三	**3** 十四	**4** 十五	**5** 十六	**6** 芒种	**7** 十八	**8** 十九	**9** 二十	**10** 廿一	**11** 廿二	**12** 廿三
13 廿四	**14** 廿五	**15** 廿六	**16** 廿七	**17** 廿八	**18** 廿九	**19** 三十	**20** 五月小	**21** 夏至	**22** 初三	**23** 初四	**24** 端午节	**25** 初六	**26** 初七
27 初八	**28** 初九	**29** 初十	**30** 十一										

1日 景德镇陶瓷烧炼再次变革——一次性无匣烧制成功。一次性无匣烧制在有千年制瓷历史的景德镇尚属首次，表明景瓷窑炉烧炼技术已达到世界先进水平。

被轻工部列为全国日用陶瓷样板厂的景德镇瓷厂，引进国际先进制瓷工艺和设备，产品器型规整，透明度好，釉面光滑，接近并达到国际高档日用瓷标准

2日 在上海炭素厂召开的1993年全国冶金炭素企业安全年会上，新余钢铁总厂炭素厂被冶金工业部授予全国冶金炭素企业安全先进单位。

2日 省长吴官正作序、副省长兼省计委主任黄智权主编的《江西省经济开发现在与未来》一书，已由中国经济管理出版社出版。全书78万字，彩图50余幅，为江西的经济发展提供了可靠性数据和权威性资料。

2日 靖安县印刷版材厂与北京华通实用技术研究所合作，成功开发出阳图型PS版，通过省级技术鉴定。

3日 在1993全国数学奥林匹克（初中段）联赛中，南城一中的10名参赛学生全部获奖，团体总分居江西赛区榜首。

3日 湖口县双钟水产场钩业二队张权生夫妇，在流泗镇附近的龙潭口捕获到一条形似鳊鱼的胭脂鱼，身长30公分，宽4公分，重0.55公斤，属国家禁止捕杀的二级保护野生动物。

3日 赣县江口镇优新村第四村民小组村民，在拆除自己一栋旧房时发现墙缝中藏有13张苏区公债券。其中中华苏维埃共和国革命战争公债券（第二期）券面壹元的1张，伍角的2张；中华苏维埃共和国经济建设公债券（第四期）券面伍元的7张，叁元的2张，贰元的1张。

3日 安福县横龙乡翠竹寺遗址中，出土一

口清康熙年间（1662～1723）铸造的铁质古钟，上铸铭文 323 字，内含异体字 9 个，简体字 26 个 32 字，占铭文全文的 10%。其中"师"等 14 字，与现代我国法定通用的规范简体字完全相同。早在 300 多年前，简体字就在民间使用。

3 日 俄罗斯现代音乐舞蹈团抵达南昌，首场在南昌航空学院演出。此后先后在井冈山、大余、宁都、九江、景德镇等县市演出。

4 日 上午，江西中医院西医外科成功地进行了巨型肿瘤切除手术，一块重达 7.5 公斤的巨大囊性肿块从患者腹中取出。

4 日 经国务院批准，赣州海关筹建。建成后可结束江西南部进出口绕道南昌、广州、深圳等地海关报关验关的历史，使整个江西腹地都可尽得进出南门之便利。

4 日 上饶市郊居民家中发现巨大旱龟，龟身长 70 公分，龟壳 46.5×40 公分，呈椭圆形，高 17 公分，重 9.25 公斤。龟背颜色为青铜色，底部为土黄色。据鉴定，此龟龟龄在千年以上。

5 日 由中国科学院紫金山天文台发现的、国际编号为 3028 号的小行星，经国际天文台联合会小行星命名委员会批准，正式命名为"张果喜星"。省政府和紫金山天文台在南昌联合举行命名仪式。

张果喜在命名仪式上

发现"张果喜星"的紫金山天文台专家（从右至左）张家祥、张和祺、汪琦在命名大会上

5 日 中外合资江西英特中介服务有限公司在九江开业，该公司属国际经济中介公司。

5 日 宜黄凤岗镇发现 20 世纪 30 年代著名佛教居士、法相宗的代表人物欧阳竟无的故居。

6 日 江西金美天然色素厂在铜鼓县投产，年产高纯度栀子黄天然色素 30 吨。

7 日 连续四年获全国青少年科学创造发明奖的江西省高坑矿小学课外小组被国家教委评为全国农村中小学课外科技小星火计划活动先进集体。

7 日 万安建行被建设银行总行授予"全国建设银行筹资金杯奖"。

7 日 南昌至北京 69/70 次特快列车联合车队开始运行，开创了全国铁路系统集客运、检车和乘警为一体的风险经营责任承包新尝试。

7 日 省林业厅颁布《江西省第一批珍贵树种名录》，珍贵树种共 125 种，其中国家一级珍贵树种 6 种，国家二级珍贵树种 20 种，省级珍贵树种 99 种。

7 日 伊朗、美国、加拿大、德国、法国、韩国、印度、古巴等国驻上海领事馆馆员及领事夫人一行 15 人，参观访问了景德镇市。他们参观了景德镇陶瓷馆、省陶研所和景德镇瓷厂、艺术瓷厂、雕塑瓷厂等企业。

8 日 赣县白鹭乡发现一口距今 1800 多年的东汉葫芦井。葫芦井的发现对研究赣南古代的地理、环境、气候特点和自然条件有重要价值。

8 日 萍乡市湘东区排上乡珠小学少先队大队部被评为"全国学雷锋少先队先进集体"的称号。

8 日 江西长泰挖掘机有限公司，由江西长林机械厂、泰国泰金发展有限公司、中国银行江西信托咨询公司新余办事处 3 方协商，在南昌签字成立，公司设在新余市。

8 日 江西省民办科技实业家协会在南昌成立，有 65 个民办科技团体近 2000 名会员。

8 日 南昌经济技术开发区昌北开放开发区建区 1 年来，共批准发照项目 200 个，总投资 11.85 亿元，其中 44 个"三资"企业的投资额占 72%，引进外资 3.5 亿元，30 多家企业已开工开业，10 家企业投产，一批基础设施建设项目投入使用。

8 日 江西豫章混凝土构件公司正式成立。

8 日 江西省信访工作会议在南昌召开。会议传达学习全国信访工作会议精神和中央领导最近对信访工作的重要指示，总结交流江西省信访工作的情况和经验，研究部署今后信访工作。

9 日 省委书记毛致用在江西省贯彻实施《全民所有制工业企业转换经营机制条例》情况汇报会上讲话指出：要进一步提高认识，更自觉地抓紧抓好企业改革这个中心环节；要继续加快政府职能的转变，为企业改革创造良好的外部条件；国有企业要通过自身努力，积极主动地转换经营机制；要进一步加强领导，切实保证企业改革目标的顺利实现。

9 日 我国第一台缆索挤紧机近日在铁道部九江船舶修造厂制成，它是用于大跨度悬索吊桥的架缆专用设备。

10 日 庐山宾馆周恩来总理纪念室对游客开放。纪念室共分 4 部分，展示了周恩来在中国民主革命和社会主义建设的长期历程中所作出的杰出贡献。

10 日 由南昌有色冶金设计研究院设计、中国有色工业华昌工程承包公司承建的庐山石门涧悬桥建成。该桥全长 105 米，宽 2.5 米，桥下谷深 50 米，两条主索各由 156 根高强钢丝组成。

11 日 首届全国省级以上党报读者来信好作品评选在南京揭晓。《江西日报》记者王良好采写的《上帝的血泪控诉》获三等奖。

11 日 江西日报社赣州分社挂牌仪式在赣州举行。这是继九江分社之后，江西日报在地（市）设立的第二个分社。

11 日 抚州市一中语文教研组组长、高级教师李景华，先后被编入《中等教育名师大典》、《中国当代中教名师辞典》和《中国中学骨干教师辞典》三部教育名人辞典。

11 日 江西省残疾人联合会第二次代表大会在省军区举行。大会授予丰城市、吉安市等 5 个县（市、区）为"残疾人工作先进县（市、区）"；会议审议和通过了省残联第一届主席团工作报告；选举产生了江西省残疾人联合会第二届主席团、执行理事会。舒圣佑任残联第二届主席团主席，陈继邦为省残联执行理事会理事长。会议于 12 日结束。

12 日 省政府办公厅主办、省幼教培训中心编辑出版的幼教杂志——《井冈山幼苗》创刊，面向全国发行。

12 日 省政府召开电话会议，要求各地继续加强领导，尽快控制和消灭血吸虫病和地方病。

13 日 玉山县在群力乡三学寺处探明一座储量分布为 1.5 平方公里的大理石矿山。该矿山的大理石质地优良，花纹美丽，颜色墨黑，并含有多种古生物化石。国内当前仅发现 3 处这样的矿点。

13 日 据江西、福建地震台网测定：寻乌县城西北、信丰与安远县交界处分别发生 3.3 级、3.1 级地震。

15 日 全国第五届报纸副刊好作品评选在湖北宜昌揭晓。《江西日报》文艺处选送的杂文《换个市场眼光如何》（作者省三）获一等奖；散文《逛石狮》（作者李峰）获三等奖。

16 日 峡江县金江乡庙下村委会唐家村村背的紫云峰混交林中发现一片天然橄榄林。这片橄榄林将该树种的地域分布向北推进数百公里。

16 日 国务院学位委员会中医组的专家王永炎、周仲瑛、时振卢、熊曼琪、王灿辉等教授来赣，参加省教委组织的"江西中医学院申报中医内科博士点及博士生导师评审会"。专家认为，该院中医内科专业已具备培养博士研究生的条件和能力，并同意该专业申报博士学位授予点及博士生导师。

16 日 应日本岐阜县厅知事梶原拓的邀请，以副省长舒圣佑为团长的江西省政府代表团一行 7 人，对日本岐阜进行为期 6 天的友好访问。

17 日 南昌县莲塘二中初三（1）班学生喻钢获全国初中化学大赛一等奖。

17 日 华东交通大学童非体育学院成立。前世界著名体操运动员童非被聘为该学院院长，同时还被聘为华东交通大学对外经济学院名誉院长和体育客座教授。

18 日 在第八届全国戏曲电视剧评奖会上，江西电视台摄制的三集高安采茶戏电视剧《孙成打酒》获多本剧二等奖。

18 日 南昌市人民广场荣和电视广告墙落成。该墙由 100 台 28 英寸彩色电视屏幕组成，面积达 30 平方米。

18 日 高安县新街陶瓷厂与英国本森银行佳宾公司合资组建江西中英陶瓷有限公司（7 月 14 日，英方 532 万美元现汇股金到位）。

18 日 为纪念江西省与日本岐阜县缔结友好省县 5 周年，双方商定在南昌市湾里区联合建设 100.7 公顷的中日友谊林，总投资 2000 万日元，由日方承担 1300 万日元（8 月，中日友谊林在湾里区洗前湖动工兴建，全部绿化造林工程计划 3 年内完工）。

18 日 赣州市肢残青年运动员在参加全国残疾人田径赛跳高比赛中，以 1.86 米的成绩，打破 1.81 米的世界纪录。

19 日 同抢劫银行歹徒搏斗英勇献身的阮建红烈士命名大会在南昌举行。省委副书记朱治宏、副省长黄智权、建设银行总行副行长刘淑兰等出席大会。中国人民建设银行总行和中银总行分别追授阮建红为"建行卫士"、"金融卫士"称号。省政府批准她为革命烈士。

20 日 由南昌市几所重点中学的退休教师创办的私立南昌宝灵高级中学正式成立。江西籍原全国政协副主席王恩茂为该校题写校名。

20 日 江西运动员彭林武在 1993 年中国摩托艇超级明星对抗赛首站比赛中获得两项第一。

20 日 1992 年度"草珊瑚"杯中央新闻单位驻赣记者联谊会好新闻评选发奖大会在南昌举行。《丰城发现大型隋代龙窑》、《江西制定措施减轻农民负担》和《江西对外开放迈大步》等获一等奖；《江西四面敞开八面来风》等获二等奖；《江西加紧建设"昌九"工业走廊》等获三等奖。

20 日 截至当日，江西省工商银行储蓄存款 102.1 亿元，比 1992 年初净增 9.6 亿元。省长吴官正致信表示祝贺。

20 日 省八届人大常委会三次会议通过《江西省特种行业治安管理条例》，该条例共 8 章 42 条。

20 日 江西省首次高山广播电视台站工作会议在南昌召开。会议主要研究和讨论改善高山台站管理和广播电视节目传送问题。会议重申高山台站在人事、行政、经费、事业建设管理等方面以地市为主、省厅为辅，在节目传送、技术规划、技术维护、技术培训和系统运行管理等方面以省广电厅为主、地市为辅的原则。

21 日 在首届全国省、自治区党报新闻奖评选会上，《江西日报》的《珍稀濒危植物在庐山有乐园》（作者刘益川）、《行田村小菜走出国门赚大钱》（作者钟瑜、李滇敏、李金元）获二等奖，《毋忘农民》（作者范运昌）获三等奖。

22 日 经有关水文地质专家实地考证，在贵溪余家乡罗湾村的李家村和球源村坂上村发现温泉。这两处温泉均属低度温泉，平均温度在 20℃左右。

22 日 副省长黄智权会见由日本国会众议院议员渡边嘉藏委派的日本"中国研修生高等技能学院"事务局次长渡边嘉山及各务原、笠松、铁工组合三协会的 21 位日本朋友，并与他们一道参加"江西省赴日研修生联谊会"成立庆典。

22 日 都昌县高品质原砂资源储量居全国之冠，达 200 亿吨。该铸造型砂厂日装砂达到 3800 吨能力。

23 日 在中国金属学会焦化环保、能源、检测专题学术研讨会上，江西新余钢铁总厂焦化主任工程师潘晚牯撰写的《炼焦生产污染物 BAP 的存在形式及现阶段防治对策》一文，获优秀论文奖。

23 日 省政协组织的江西省第三届"宣传中国共产党领导的多党合作和政治协商制度好新闻"评选揭晓。《江西日报》选送的《喜看政协增界别》（作者练炼）等 6 篇作品获一等奖；另有 8 篇作品获二等奖；10 篇作品获三等奖。

24 日 宁都县发挥地理优势，大力开发高效益创汇果业——脐橙。该县沿 319 国道及主要公路干线种植脐橙 3.2 万亩，已形成连藤结瓜式的百里万亩脐橙带。

24 日 广昌县把贯穿全县南北的 206 国道线，开发成为荷绿花红百里飘香的莲花带，成为风景旅游线，广昌通心白莲畅销东南亚。

25日 省委宣传部召开"五个一工程"座谈暨表彰会,向荣获1992年度全国"五个一工程"奖的作者颁奖。

26日 靖安县林业局技术人员吴同春等人研究出的一种新的板栗育苗新方法——板栗胚根硬枝嫁接法,通过省级鉴定。

26日 余江县张济众天然药物医院中医师张海水,把祖传秘方与现代医学有机结合起来的3项发明——速效胃肠病药甲、麝香按摩液、速效按摩棒获国家专利。

27日 江西省铜业公司贵溪冶炼厂建起了我国第一条碲生产线,并正式投产,本年内产量可超过全国碲的总产量,将成为我国最大的碲生产基地。

28日 江西农业大学成立农业科技市场和林学院、畜牧兽医学院、职业师范学院、成人教育学院四所学院。

28日 民办海联大学宣告成立。全国人大常委会副委员长孙起孟、雷洁琼、卢嘉锡,全国政协副主席钱伟长等为海联大学题词。该大学是由江西海外联谊会主办,各民主党派江西省委协办的全日制民办综合大学。它以培养经济建设人才为办学导向,以直接服务生产第一线及第三产业的新兴系科为重点,以知名专家、学者、民主党派成员和海外、港台仁人志士为办学力量。该校下设15个学院,共有70多个学科。

28日 新余市建设银行向社会推出建行万事达、维萨信用卡,并开通POS自动授权系统。

28日 江西医学院高科技医疗中心成立。

30日 江西省社科规划领导小组、省委宣传部公布省社会科学研究"八五"后期(1994~1995)规划课题,共72项,其中重点38项。

30日 江西省检察机关上半年查处贪污贿赂案件共立案侦查358件,其中大要案140件,比1992年同期增加33.3%,为国家和集体挽回经济损失1561余万元。

30日 新钢中板厂通过QC攻关等系列活动,上半年生产中板77481吨,产品合格率达99.62%,综合成材率达86.09%。产量、连铸成材率和工序能耗等,32项中厚板工序晋升等级考核指标,均达国家特级。

30日 江西省劳动部门深化三项制度改革。截至月底,江西省劳务市场已形成网络,整个劳动制度从综合配套着眼,从强化法制入手,使劳动力管理、社会保险走向法制化。

30日 江西省以清理非银行金融机构为重点,进一步整顿金融秩序,坚决贯彻中央关于加强宏观调控的重大决策,取得较好效果。截至月底,江西省城乡居民储蓄存款比1992年末增加37.97亿元,货币净回笼2.4亿元;江西省凡由人民银行投资或行政挂靠人民银行的非银行金融机构均已与人民银行脱钩。

本月 1983年至1993年《江西省新志书》的编纂已出版县(市)志54部,占全国同类总数的1/10,名列全国第三位。共98个分册5000万字的《江西省志》首本分册已问世,六个分册待印,年内可出版。

本月 景德镇建成一座由明清世俗建筑群组成的明清园并对外开放。它由散落在婺源、安徽等地的古作坊以及明清典型世俗建筑迁建并通过规划组合而成,集中了一批陶瓷史、科技史、艺术史、文化史的实物史料。

1993

7月
July

公元 1993 年 7 月							农历癸酉年【鸡】					
日	一	二	三	四	五	六	日	一	二	三	四	五	六
				1 建党节	**2** 十三	**3** 十四	**4** 十五	**5** 十六	**6** 十七	**7** 小暑	**8** 十九	**9** 二十	**10** 廿一
11 廿二	**12** 廿三	**13** 廿四	**14** 廿五	**15** 廿六	**16** 廿七	**17** 廿八	**18** 廿九	**19** 六月大	**20** 初二	**21** 初三	**22** 初四	**23** 大暑	**24** 初六
25 初七	**26** 初八	**27** 初九	**28** 初十	**29** 十一	**30** 十二	**31** 十三							

1 日 向吉铁路开通临运。向吉铁路（向塘至吉安）全长 147.5 公里。途经丰城、樟树、新干、峡江、吉水、吉安市 6 县市，总投资 3.29 亿元。

1 日 省直机关工委主办的《风范》杂志创刊，向全国公开发行。省委书记毛致用题词"树勤政之风，当廉政模范"，省长吴官正撰写了题为《祝贺与希望》的文章。

2 日 在全国摩托艇赛上，江西摩托艇运动员彭林武获 OSY－400 级 5 公里环圈赛冠军，并以 2 分 46 秒 47 的单圈（1250 米）速度夺得最快圈速杯。另一位 19 岁江西女将夏颖获得第三名。

2 日 省政府召开资金协调会，研究落实 1993 年对乡镇企业的资金投入问题。省长吴官正主持会议并讲话，强调乡镇企业一定要开拓视野，选准项目；同时，加快资金周转，提高资金效益，提高产销率，降低成本资金。1993 年 1 月至 6 月，江西省乡镇企业新扩改项目固定资产投入共落实资金 12.4 亿元，其中银行贷款 3.1 亿元，各级财政扶持 5455 万元，引进外资 2.7 亿元。

2 日 江西首家冷却液厂在新干县界埠乡投产，其产品经企业试用检测，达到和超过进口产品水平。

3 日 江西美术出版社编辑出版的《世界现代企业经营谋略图画》一书，获 1992 年度中宣部"五个一工程"和"一部好书"奖。江西省新闻出版局重奖有关人员，组织奖 4 万元，编辑奖 1 万元。

4 日 江西乌石山铁矿汪永光、杨峰合写的镧基稀土硅铁专业论文《碳热"一步法"冶炼（镧基）稀土硅铁的试验与应用效果分析》在全国第七次稀土运用技术交流会上，获优秀论文奖。

4 日 南昌卷烟厂生产的首批 840 箱（兰山牌）卷烟启运荷兰。南昌卷烟厂被中国烟草进出口公司列为中国出口卷烟生产基地。

5 日 江西省萍乡市劳动就业训练中心、九江市就业训练中心、南城县就业训练中心分别被国家劳动部命名为首批全国重点训练中心。

5 日 江州造船厂为新加坡江州船务私人有限公司建造的 230TEV 集装箱船"安达"号，在上海举行交船签字仪式。该船是由中国船舶及海洋工程设计研究院设计的钢质船体、单螺旋桨、柴油机驱动的 230 标准箱集装箱，船体总长 92.50 米，型宽 17.60 米，型深 7.6 米，设计吃水 5.40 米，服务航速可达 12.5 节，可在无限航区航行。

6 日　国务委员、国家防汛抗旱总指挥部总指挥陈俊生致电省委书记毛致用、省长吴官正，转达国务院领导对江西遭受洪涝灾害的关心；高度赞扬江西省人民奋力开展抗洪抢险斗争；并向参加抗洪抢险的驻赣解放军、武警部队表示慰问。同日，国家防汛抗旱总指挥部致信省政府、省防汛抗旱总指挥部，向战斗在防汛抢险第一线的同志表示亲切慰问。

6 日　国家自然科学家基金委员会生命科学部 1993 年基金项目评审会在南昌结束。省委书记毛致用、副书记朱治宏、副省长周慈平、国家自然科学基金委员会副主任梁栋材到会祝贺，中科院学部委员吴建屏、唐崇惕等与全国各地的 160 多位专家、学者参加评审，评出 250 多项国家自然科学基金资助项目。

6 日　经省政府批准，上饶县沙溪镇、寻溪乡、朝阳乡、秦峰乡、罗桥乡、石狮乡王家坝村划归上饶市管辖。两县市政府举行了移接交仪式。上饶市行政区域的面积由原来的 64.3 平方公里扩大到 338.47 平方公里，人口由 17.6 万增加到 31.37 万。

6 日　省文化厅干部彭劲松应邀参加在泰国曼谷举行的亚太艺术教育会议。彭劲松在会上宣读自己的论文《论科学地选择舞蹈学生与戏剧训练功的改进》。

7 日　南昌大学数学系陈历耕副教授编撰的《近代数学史话》一书由东北大学出版社出版。

7 日　省高级人民法院驻省文化厅执行室成立。文化市场的管理和对违法者的处理、处罚仍由文化部门行使；在处理、处罚决定生效而当事人拒不履行的情况下，该执行室根据省文化厅的申请，并经执行庭审查立案后，依法执行。省委、省人大、省政府、省政法委及有关部门负责人出席挂牌仪式。

7 日　中共中央总书记江泽民打电话给省长吴官正，询问江西雨情、汛情和灾情，勉励江西省人民树立信心，搞好生产自救。

8 日　南昌陆军学院举行大型军事汇报表演暨 93 届部队学员和复旦大学最后一期入军校参加一年军政训练大学生毕（结）业典礼。国家教委副主任张天保、解放军总参谋部院校二局副局长于清吉、南京军区副司令员何其宗，以及省领导出席观看表演，并向参加军政训练的 723 名复旦大学学生和千余名部队学员颁发毕（结）业证书和预备役军官合格证书。张天保、何其宗在讲话中鼓励部队学员和复旦大学学生时刻牢记党的教导和人民的期望，坚定政治信念，努力把自己锻炼成为社会主义事业忠实的保卫者、建设者和接班人。

9 日　泰和县文物工作者在该县南溪乡发现明代萧执著《国录集》善本书，属民国八年版。

9 日　省委、省政府召开紧急电话会议。会议要求全省人民紧急行动起来，全力以赴，在继续抓好抗洪抢险的同时，及时开展和组织好生产自救，确保 1993 年农业增产增收目标的实现。张逢雨代表省委、省政府就当前抗洪抢险和生产自救作具体部署，要求各级党委和政府认真做好以下工作：自力更生，艰苦奋斗，全力组织好生产自救；牢固树立抗灾夺丰收的思想，确保 1993 年增产增收的目标实现；千方百计广开门路，组织好下半年增产增收活动；各行各业密切配合，支援抗灾夺丰收；加强领导，精心组织好抗洪救灾工作。

9 日　省委发布《关于在当前形势下进一步端正党风反对腐败的通知》。通知如下：（一）切实减轻农民负担，坚决制止各种形式的乱摊派、乱集资、乱收费；（二）坚决制止党政机关干部用公款大吃大喝、挥霍浪费；（三）严禁党政机关及其工作人员在公务活动中接受和赠送礼金有价证券，违法者坚决追究查处；（四）严禁以各种名义公费出国（境）旅游；（五）继续下大力气纠正利用职权吃拿卡要、敲诈勒索、不给好处不办事、给了好处乱办事等部门、行业的不正之风；（六）切实解决利用权力经商、垄断经营、甚至搞权钱交易的问题；（七）严格控制社会集团购买力；（八）端正党风，反对腐败，关键是要在查处违纪违法案件上下功夫；（九）大力开展增产节约、增收节支活动。

10 日 纪念"湖口起义"80 周年活动在南昌举行。省市 300 多名各界人士参加。"湖口起义"是 1913 年 7 月 12 日李烈钧、杨赓笙在湖口县领导的著名的讨伐袁世凯起义，是当时反袁护国武装斗争的先导，省政协副主席、省委统战部长叶学龄在纪念大会上指出，要学习革命先行者，始终不渝地坚持中国共产党的领导，致力振兴中华，加快社会主义市场经济建设进程。

10 日 李烈钧教育基金会在南昌成立。省领导朱治宏等及海内外 300 多人前往祝贺，李烈钧之子、民革中央副主席、全国政协副秘书长李赣骝等参加会议。全国政协原副主席杨成武、全国人大常委会副委员长李沛瑶应邀担任基金会名誉会长，陈癸尊、黄贤度、罗明任顾问。该基金会的宗旨是高举"爱我中华、兴教育人"的旗帜，弘扬李烈钧将军热爱祖国、开创共和、不畏强权、泽被黎庶的丰功伟绩，为促进江西省教育振兴服务。基金会主办的"协和中学"正在筹备，杨成武为"协和中学"题写校名，朱学范为基金会题名。

10 日 中国著名专家、江西中医学院教授魏稼指导，黄延龄教授主编的近 70 万字的《无创痛针灸学》一书出版发行。

11 日 团中央、国家民委联合授予铅山县太源畲族乡团委"全国各族青年团结进步先进集体"称号。

11 日 江西仪器厂研制的电缆电视系统产品通过鉴定。

11 日 在第二届亚洲铁人三项赛上，江西老铁人高清泉获季军。

11 日 省电力局通过开展电力为农业、为农民、为农村经济服务的活动，改善了农村用电状况。江西省村级通电率已达 95%，并有近半数行政村每月用电时间达 24 天，电价合理，两年来共减轻用电负担 2800 万元。

12 日 江西省预算内企业实现利税大幅度增长，比 1992 年同期增长 39.4%，"321"工程成为效益增长的"台柱"。"321"工程要求冶金、卷烟、江铃汽车各实现利税 5 亿元；医药行业、农垦企业各实现利税超 2 亿元；江西水泥厂、江西发动机总厂、上饶客车厂等 15 户企业共新增利税 1 亿元以上。

14 日 一座大型高品位银矿在江西德兴市发现。银储量达 1800 多吨，每吨矿石含银约 490 克。

14 日 广电部批准江西省租用东方红 3 号通讯卫星转发器，传送江西人民广播电台、江西电视台节目。

15 日 南昌家电有限公司年初以来，采取措施强化管理，制定一整套完善的质量管理制度，使齐洛瓦冰箱开箱合格率达 99%，各项指标达到国家 A 级标准。截至当日，已生产冰箱、冰柜 5 万余台，创产值 6000 万元，利税近 500 万元，均比 1992 年同期增长 3 倍。

16 日 1993 年度中国五百家最佳经济效益工业企业评选揭晓。樟树四特酒厂成为江西省饮料制造获奖企业。

17 日 纽约江西协进会在纽约市人街成立，该市各界华人代表 200 余人出席成立大会。中国驻纽约代理总领事曹丕忠到会祝贺，希望协进会为支持和促进中国特别是江西的经济建设作出贡献，纽约市市长丁金斯发来贺函，并派代表参加成立大会。纽约市曼哈顿区区长签署命令，定该

省侨联洪侨大学题名揭牌仪式，全国人大常委会副委员长卢嘉锡为洪侨大学揭牌

日为"江西协进会日"。江西省侨联向大会发去传真贺信。协进会执行理事谢小禾在成立会上指出,成立协进会旨在推动和加强纽约地区江西人与江西老家在经济、贸易、科技、文化教育和旅游等领域的资讯联系和实务以及人才交流,促进江西的招商引资工作,同时为生活在纽约的1000多名江西人提供切实的服务。

19日 一种能治疗神经损伤类疾病的新药——神经生产因子提取工艺及产品,由江西长生科技实业总公司研制成功,并获国家专利。

19日 省委、省政府召开地市分管农业的书记、专员、市长会议,研究部署下半年农业和农村工作。会议要求各级党委和政府振作精神,带领群众搞好生产自救,千方百计实现江西省粮食总产150亿公斤,棉花合同定购320万担,乡镇企业产值500亿元,实现农民人均增收70元的目标,促进农村经济的全面发展。

19日 首届"楚雄杯"全国少数民族讲普通话比赛在昆明举行,江西选手李大文、马珏参赛的小品《没她不行》获二等奖。

20日 1993年江西招商引资暨贸易洽谈会在香港举行。江西代表团团长、副省长郑良玉主持洽谈会,美、韩、加、日、意等10多个国家和地区的客商1000多人出席。洽谈会共签订利用外资项目510个,外资额22.666亿美元(其中合同项目246个,金额5.4512亿美元),进出口贸易成交额5495万美元,其中出口成交额5009万美元。洽谈会于28日结束。

20日 省委书记毛致用在江西省地市分管农业书记、专员(市长)会议上作题为《努力实现农业"三个确保"目标,促进经济社会全局稳定》的重要讲话。讲话强调:(一)加强和改善宏观调控,首先要继续高度重视农业;(二)完成和超额完成1993年各项经济工作任务,要把实现农业的"三个确保"当作首要目标;(三)各地县要更自觉地把农业和农村工作摆在经济工作的首位,农村工作的其他各项任务,包括植树造林、水利、冬修、冬季生产、老区建设、社会治安,尤其是计划生育工作,都要按照原定的目标要求抓紧、抓好。

20日 江西省首届青年奥林匹克技能竞赛举行。这次竞赛共有江西省10个地市及江铃集团、江光总厂、新钢总厂和技校共14个代表队参赛。获得工种第一名的选手将组成江西代表团,参加首届中国青年奥林匹克技能竞赛。

20日 省政府举行新闻发布会,宣布江西上半年国民经济发展状况。江西上半年国民生产总值264.04亿元,按可比价格计算,比1992年同期增长15.1%。主要表现在:农业结构继续优化,春收农作物获得较好收成;工业生产持续高速增长,经济效益逐步好转;固定资产投资大幅度增长,基础产业投资进一步加大;城乡市场销售繁荣活跃,物价总水平波动上升;财政收入继续增加,信贷规模控制较好;城镇居民生活水平继续提高,改革和开放继续迈出新步伐。

20日 台湾佛陀教育基金会董事长净空法师赠送《四库全书荟要》仪式在江西师大进行。《四库全书荟要》系从《四库全书》中撷取精华编成,共468种500册,该丛书于乾隆年间编成后只抄录两部供皇帝御览,后来,一部毁于八国联军兵火,一部被带到台湾。这次净空法师赠给江西师大的是唯一一珍本的影印本。

20日 省科协等单位在省科技活动中心及省政府第三会议室主办"美国EDS公司CAD/CAE/CAM软件演示会"。江西省大专院校、科研院所、大中型企业的技术人员及省直机关的领导干部共600人观看演示,吴官正对该公司的演示表示感谢,并要求有关部门一定要抓几个点,通过点上的示范推动计算机在江西省的应用。演示会于22日结束。

21日 我国首家社会保险事业巡回法庭在九江市社会保险局成立。

21日 江西共青垦殖场《鹅鸭工程技术配套及示范项目》通过省级鉴定验收。该项目属省科委1990年国家级星火计划,是江西省农业综合开发和农业工业化工程。

21日 省政府发布《江西省人民政府关于治理城市道路卫生的通知》。该通知要求各级政府在1993年下半年以改善城市道路卫生为突破口,促进城市卫生面貌的改观。

21日　樟树、信丰、永新、铅山、分宜、修水6县（市），被确定为"八五"第二批商品粮基地，加入全国百余个商品粮基地建设县的"国家队"行列。

22日　万安县文物工作者在该县窑头乡城江村鸡公台山顶上，发现一座清代古牌。古牌上的题词系根据宋代大诗人苏东坡遗墨所作。

23日　江西上饶客车厂女子体操队在全国青少年体操锦标赛上获团体亚军。龚玮艳获平衡木第一名、自由体操第二名、全能第三名。万盈获男子跳马第三名。

23日　林业部授予江西省赣州林业学校为全国林业成人教育先进单位称号。

23日　江西省新编地方志举办优秀成果首次评奖活动，《新余市志》、《丰城县志》、《宜春市志》、《宜丰县志》、《铅山县志》、《修水县志》、《新干县志》7部志书获一等奖。《玉山县志》获对修志事业贡献突出荣誉奖。

23日　省社科院副院长、农业考古学家陈文华赴日本，参加日本"东亚稻作起源和古代稻作文化"国际学术讨论会，并在作贺大学和奈良县檀原考古所作题为《中国稻作起源和东传日本》的学术报告。

24日　江西共青进出口公司莫斯科分公司——中国"鸭鸭"贸易拓展公司宣告成立。

24日　台湾制香行家陈世忠先生举家迁居宁都县刘坑乡土围村，与私营企业主宁桂生合作经营江西汛德制香有限公司。从台湾运进的5套制香设备全部投产，共60多吨卫生香正发往台湾。

24日　美国田纳西州孟菲斯儿童研究院，WHO世界卫生组织流感研究中心负责人罗伯特·韦伯斯特博士一行，就江西医学院与美方首例人类流感病毒流行病学研究合作项目，进行检查和指导。

24日　省委书记毛致用视察德安县丰林企业公司，并称赞该公司为"乡镇企业的典范"（1994年9月，丰林企业集团被国家计委列为全国100个小城镇建设试点单位之一）。

25日　全国妇联副主席、全国人大常委玛依努尔·卡斯木来赣考察妇女工作。

26日　一座距今1700余年的大型晋墓抢救保护修复工程在吉水县竣工。该墓被考古界誉为"江南第一墓"。

27日　江西赣江制药厂经国家经贸委批准，获进出口自营权，成为我国当前出口维生素C最大生产基地之一。

27日　省乡企局、省经委、省体改委、省税务局联合制定《江西省乡镇企业股份合作制试行办法》（8月25日，省乡企局发出《关于加快发展股份合作制企业的通知》，要求各地市把推行股份合作制作为乡镇企业新一轮发展的战略措施来抓，全年新增、改造股份合作制企业4.6万家，入股资金24.2亿元。至年末，股份合作制企业累计达5.4万家）。

28日　受到省长吴官正赞扬的见义勇为好学生郑水荣被免试保送到中国科技大学工业管理工程专业深造。

28日　新余钢铁总厂第二型钢厂一次性轧制中型螺纹钢获得成功，填补了江西省中型螺纹钢生产的一项空白。

28日　安福县严田镇杨梅林狮子岭脚下发现一处有400多年历史、占地面积2000多平方米的塔林。共有佛塔20多座，坐北朝南，2层6面，1.5米高，是历代主持圆寂的墓葬群。其中有大量的碑刻碑文以及各种图案组成的坐化缸。该塔林的发现，对研究当地明清两代的佛教文化，具有重大参考价值，特别对佛教徒的葬式、葬具提供了实物证据。

28日　由罗政球经过两年时间搜集资料写作的我国第一部全面反映"八一"南昌起义的全景式纪实长卷——《浴血的太阳》在百花洲文艺出版社出版发行。该书以"文革"争夺建军日事件为序幕，横揽国际风云，纵入历史深层，以大量鲜为人知的内幕材料和过去未曾涉及或言而不详的史料，多视角、多侧面、多层次地描述了震惊中外的"八一"南昌起义的始末。

28日　省高招委全体委员会议召开。会议确定1993年普通高校中专招生最低录取控制分数线和有关政策规定。国家统招的各类各层次最低录取分数线为：重点及第一批：理工类 503 分、文史类 462 分、外语类 462 分（单科 86 分）；一般本科：理工类 489 分、文史类 457 分、外语类 455 分（单科 74 分）；省属专科：理工类 485 分、文史类 453 分、外语类 451 分（单科 72 分）。

30 日 中国音乐文学学会、中国音乐家协会《词刊》编辑部联合举办的第四届全国青年歌词创作奖评选在京揭晓，瑞昌市青年田信国的词作《明天的风景》获创作奖。

31 日 江西德兴铜矿列入国家计生委公布的 1992 年度"全国城市计划生育工作先进集体"。

31 日 中国共产党的优秀党员、久经考验的共产主义忠诚战士，原中共中央顾问委员会委员、中央纪委常委、五届全国人大常委会委员、省委书记、省长、省政协主席方志纯在南昌病逝，终年 88 岁。方志纯是弋阳县人，1924 年加入中国共产党，参加"八一"南昌起义、创建赣东北革命根据地和闽赣边游击战争。抗战时期先后在延安和苏联学习，回国时在新疆被军阀盛世才投入监狱。解放战争时期在中央社会部工作。解放后奉派回赣，"文革"中曾受到林彪、"四人帮"的残酷迫害。方志纯的遗体在南昌火化。江泽民、李鹏、乔石、朱镕基、刘华清、胡锦涛等发来唁电。江西省党政军领导和各界群众到江西人民医院为方志纯送行。

31 日 瑞金县蔬菜、肉食以品种多、品质优等特点进入国际市场，着力实施创汇型"菜篮子工程"，1992 年创汇额达 500 多万美元。1993 年头 7 个月出口蔬菜、肉类、蛋类等共 2.1 万吨，创汇 600 多万美元。该县与日本、新加坡、中国香港等 13 家外商签订了 5000 吨蔬菜、肉类销售合同。

31 日 1993 年头 7 个月，江西省新签利用外资项目 882 个，引进外资 69986 万美元，比 1992 年同期增长 3.25 倍。利用外资较好的有：南昌市 32557 万美元，九江市 9154 万美元，赣州地区 4905 万美元，省直 10497 万美元。

31 日 京九铁路江西段 1.5 万名建设者克服困难，打破常规，工程取得突破性进展。至今完成投资额 6 亿多元，建设折合成桥 1100 米，隧道折合成洞 1260 米，涵渠 3651 米，完成路基土石方 379 万立方米，提供用地 15504 亩，临时租用地 3526 亩，拆迁房屋 240514 平方米。京九铁路总线长 2370 公里，在江西省境内长达 705.6 公里，约占京九铁路全长的 1/3。

31 日 截至七月底，江西省农垦三资企业创产值 3 亿多元，利税 2000 多万元，出口供货总额 7000 多万元，占农垦系统出口总额的 30%。他们破除合作"吃亏论"，树立外商发财我也富的新观念；大胆吸收国外管理经验，尊重外商在三资企业中的决策权；在吸收国外管理办法的同时，积极发扬"艰苦奋斗，勇于开拓"的农垦精神。

本月 江西堆花特曲被世界名优产品质量评选委员会授予银奖。

本月 江西省广电厅主办的《江西广播电视》月刊创刊。该刊为指导工作的综合性刊物，以宣传为中心，全面反映采编播控、事业建设、技术维护、社会管理、队伍建设等情况。

本月 江西标力建筑设计有限公司开业，该公司由江西省建筑设计院第一设计所和香港标力中国地产有限公司联合出资开办。

本月 《争鸣》、《江西社会科学》、《企业经济》等社会科学期刊，被推举参加 9 月在北京举办的 1978 年至 1993 年中国报刊业发展成就博览会。

1993

8月
August

公元 1993 年 8 月							农历癸酉年【鸡】						
日	一	二	三	四	五	六	日	一	二	三	四	五	六
1 建军节	**2** 十五	**3** 十六	**4** 十七	**5** 十八	**6** 十九	**7** 立秋	**8** 廿一	**9** 廿二	**10** 廿三	**11** 廿四	**12** 廿五	**13** 廿六	**14** 廿七
15 廿八	**16** 廿九	**17** 三十	**18** 七月小	**19** 初二	**20** 初三	**21** 初四	**22** 初五	**23** 处暑	**24** 初七	**25** 初八	**26** 初九	**27** 初十	**28** 十一
29 十二	**30** 十三	**31** 十四											

1 日 南昌钢铁厂建厂 35 周年，该厂现已建设成为焦铁、钢材、金属制品等工序齐全的地方骨干联合企业，1989 年跻身中国 500 家最大工业企业之列。

2 日 九江县在一本家藏《宗谱》中发现宋代著名诗人、学者苏东坡、朱熹为当时华林书院各题长诗一首。考其内容、时间，与史书、辞典相符；据县内外文史部门考证，其为佚诗。

2 日 南昌铁路科研所研制成功的微机水位监测显示记录仪通过技术鉴定，获省级优秀科技项目奖，并申报国家专利。

3 日 瑞金县人民法院干部曾维东和青年作者严帆合著的长篇史话著作《毛泽东的足迹——旧居，革命活动遗址史话》近日由北京群众出版社出版发行，该著共 23 万字。

4 日 湖口县捞出沉入鄱阳湖中的一批历代兵器。包括春秋战国时期越国兵器青铜矛、汉代青铜剑、明代青铜偃月刀及铁钺、清朝湘军水师留下的火铳、马刀，"湖口起义"时的枪支、炮筒炮弹，计 50 余件。这批历代兵器反映古代和近代战争兵器的发展。国家旅游局已批准筹建鄱阳湖鞋山水上古战场，收藏这批兵器。

5 日 宁冈县有计划地新建纪念设施，维修革命根据地的旧居旧址。计有 70 多处，其中国家重点文物保护单位 13 处，省级文物保护单位两处。宁冈县委、县政府陆续兴建了烈士陵园、纪念亭等一批纪念设施，对闻名遐迩的八角楼、龙江书院、古城会议等 30 余处旧居、旧址先后进行了维修。

5 日 南昌市少年宫合唱团赴京参加 1993 首届中国童声合唱，获"首届中国童声合唱节优秀合唱团"称号，又应邀与中国电影乐团合作参加大型纪录影片《中国出了个毛泽东》的录音制作。

6 日 省政府批准赣州林业学校为江西省省级重点中专学校。

7 日 江西省机电化工科技开发总公司的科力牌铅蓄电池"一加灵"添加剂和科力牌 FSA-60 系列汽、柴、重油"燃油王"添加剂，获首届中国科学技术博览会金奖。

8 日 省委组织部在南昌举行《江西党建》创刊 40 周年纪念大会，省委宣传部部长钟起煌出席并讲话。

8日　南昌市少年宫与香港观兴贸易公司合作扩建工程动工。工程占地面积1650平方米，主楼10层，包括演出厅、体育杂技厅及美术、科技、游艺、音乐等专业教室。

8日　京九铁路信丰火车站动工。该站是赣南段最先开工的大站，已列为创部优项目。

9日　具有耐磨性强、耐酸性高等特点的新产品——稀土耐热钢在赣南铸造厂试制成功，并获国家1993年度新产品奖。

10日　世界银行贷款的江西省红壤开发项目区内，桃、李、梨等落叶水果丰收。至本月上旬，项目区已为市场提供各类水果350万公斤，产值达700多万元。本年落叶水果将为项目区内每个专业户带来四五百元收入。

11日　省政府办公厅转发省林业厅等部门《关于深入开展保护野生动物执法检查严厉打击违法犯罪活动的报告》。

12日　国家烟草专卖局和中国烟草总公司筹资50万元支援江西省灾区人民恢复生产，重建家园（13日，省政府发出感谢电）。

12日　国家科委火炬计划实施5周年，评出先进高新技术企业、火炬计划优秀项目、火炬计划先进个人，江西省两家企业、两个项目、5人登榜。江中制药厂、国营万平无线电器厂被评为先进高新技术企业；江西制药厂研制生产的硫酸小诺霉素、江西东风制药厂研制生产的膜反映器技术生产6APA12其年合成青霉素被评为火炬计划优秀项目；万迪璋、王平、肖有水、廖敢、钟虹光被评为火炬计划先进个人。

13日　萍乡市农民李培鑫撰写的论文《萍乡傩的起源、发展及其民间信仰与现状》荣获学术论文全国大赛二等奖。

13日　在浙赣复线重点建设工程小港口中桥为跨度为12米钢筋混凝土桥梁架设成功。这种薄型大跨度的主梁与人行道整体结构梁，在全国铁路桥梁中第一次使用。

14日　万安县文物工作者发现明代天启元年（1621）铁铸香炉一只。香炉置于该村刘氏总祠——庆远堂上厅内。

14日　赣澳合资江西国际贸易中心大厦，由澳门瑞纳集团、中国银行江西省分行、南昌市政府合资兴建。筹建工作已经开始。该大厦总投资约1亿美元，其中瑞纳集团承担70%。国贸中心大厦占地约30亩，由五星级酒楼、高级公寓和主体楼3部分组成，高68层，由美国PBI公司设计。

14日　省委宣传部召开中央驻赣新闻单位、江西省市新闻单位负责人会议。学习讨论中宣部、新闻出版署《关于加强新闻队伍职业道德建设，禁止"有偿新闻"的通知》。会议强调，加强新闻队伍职业道德建设，坚决禁止"有偿新闻"。省委常委、省委宣传部部长钟起煌就学习、宣传、贯彻落实好丁关根的讲话和通知精神讲话，并要求要切实按通知要求，把加强职业道德建设、禁止有偿新闻摆上各新闻单位重要议事日程，做到经常有研究、有布置、有检查、有总结；要一级抓一级，一抓到底，抓出实效。

16日　贵溪啤酒厂生产的10度龙虎山牌啤酒达国家优级啤酒标准，获国优称号。

16日　华东城市环保故事大赛在上海市举行。南昌市环保局代表队参赛作品《蛇案》获故事创作一等奖，南昌三中李晶同学获演讲二等奖。会议于20日结束。

17日　省经委召开会议，讨论研究清理在建项目，落实国家专项贷款计划等问题。对江西省1000多个在建技改项目进行清理、分类和排队，初步审定停缓建技改项目60多个。

17日　省八届人大常委会第四次会议在南昌召开，到会代表45人。会议通过《江西省农业承包合同管理条例》，通过关于批准江西省1992年财政决算的决议，通过人事任免名单等9项议程。会议决定：接受舒惠国辞去省政府副省长的请求，报省八届人民代表大会第二次会议备案。会议于20日结束。

18日　江西恒丰酒厂生产的牛头牌52度纯粮大曲酒，在日本东京第五届国际名酒博览会上，夺得金奖。该酒1984年来多次获部优、省优名酒称号。

18日　江西首家彩报《声屏大世界》报创刊，

该报为 4 开 8 版，由《江西广播电视报》主办。

18 日 高科技产品——薄膜触摸式按键开关，在安义县安达电子公司投产。

19 日 新华社南昌电，近 3 年来，江西省为各级政府及部门选配党外干部 749 人，其中担任副县（处）级以上领导职务的 188 人，全省已有 81% 的县（市、区）选配了党外副县长及县长助理。3 年来江西省县级政府部门中已有 37 名党外干部从副职提拔为正职。

19 日 中国南方青铜器暨殷商文明国际学术研讨会在南昌揭幕。这是江西省文物考古和历史学界首次举办的大规模国际学术研讨活动。出席研讨会的海内外专家、学者共 108 名。集中讨论了中国南方青铜文明和整个商代的历史与文化等。

19 日 中外合资南昌赛福尔物业有限公司成立，省市领导毛致用、吴官正、王富中等出席仪式。它坐落在距南昌火车站约 50 米的黄金地段，大厦 42 层，总建筑面积 8 万平方米，采用 20 世纪 90 年代国内外最先进的设备装修。

20 日 省政府颁布《江西省人民政府关于修改〈江西省集体矿山企业和个体采矿矿产资源监督管理暂行办法〉和〈江西省村镇规划建设管理暂行办法〉部分条款的决定》。

20 日 省长吴官正签发《江西省流动人口计划生育管理办法》。该办法共 29 条。

20 日 七运会四川赛区的比赛进入第五天。在男子小口径自选步枪 3×400 米项目比赛中，江西省运动员刘骏以 1246.2 环的成绩夺得金牌。

21 日 控制京九线吉赣定段建设的关键工程吉安赣江双线特大桥，第一根通过溶润的水中钻孔桩——29 号墩 9 号桩灌注成功。吉安赣江特大桥石灰岩洞群基础施工科研项目取得初步成果。

京九线吉安赣江双线特大桥施工现场

22 日 江西省高校党建工作会议在南昌召开。会议由省委组织部、省委宣传部、省教委党组联合召开。会议研究新形势下进一步加强和改进高校党建和思想政治工作问题。省委常委、宣传部部长钟起煌作题为《以建设有中国特色社会主义的理论为指导，切实加强和改进高校党建和思想政治工作》的报告。省委副书记卢秀珍讲话强调：高校要完成培养又红又专的社会主义建设者和接班人的根本任务，必须全面贯彻落实党的基本路线和教育方针，坚持两手抓。会议于 24 日结束。

24 日 江西国药厂药物研究所研制成功的健身保肝茶在修水县健身茶厂投入生产。

24 日 江西省工会第九次代表大会召开。出席会议的有江西各地的 609 名省工会九大代表。大会选举产生了省总工会第九届委员会，刘金标当选为主席。大会指出：坚持以邓小平建设有中国特色社会主义理论和党的基本路线为指导，全面履行工会职能，努力把工会建设成为充满生机和活力，职工群众充分信赖的组织。大会于 27 日结束。

25 日 景德镇市壁画厂高级工艺美术师李松泉设计创作的大型陶瓷壁画《童话世界》制作成功。该画长 37.2 米，宽 1.75 米，由 3000 块面砖组成。

25 日 江西省首次"农科教人员突出贡献奖"表彰大会在南昌举行，省委领导为 724 名获奖者颁奖。这次获奖的项目共 138 项，分推广应用和管理两个类别，包括土肥、栽培、植保、育种、畜牧、水产、能源、水利、气象等 24 个专业，创经济效益累计达 50 多亿元；获奖的 12 项管理培训类受教育万人以上的有 9 项。"奉新县 17 座小水电站联合优化调度研究"项目获一等奖，年发电量增加 390 万度，增幅为 4.7%。该项目已在 11 个县推广应用。

25 日 由中国世界华文文学研究会主办、南昌大学当代文学研究所负责筹办的第六届世界华文文学国际研讨会在庐山举行。150 位来自海内外的著名作家、诗人和专家、学者，共探华人文学的发展走向和创作繁荣大计。这是江西省历史上规模最大、规格最高的一次国际性学术会议。会议于 27 日结束。

26日 国家体委、全国侨联、国家旅游总局和外交部联合主办的1993年"炎黄杯"世界华侨、华人龙舟系列赛（江西赛区）在九江举行。此次系列赛分湖南岳阳、江西九江、北京3个赛区，有20余支海外华侨华人龙舟队男女运动员近1000人参赛。赛间还举办了大型贸易洽谈会。活动于28日结束。

27日 江西省地市委书记、专员市长会议在南昌举行。会议要求各地一定要切实加强领导班子思想作风建设，深入开展反腐败斗争，促进江西省经济更快更好发展。省委书记毛致用在讲话中指出：要切实加强学习，用邓小平建设有中国特色社会主义理论武装头脑；严格执行民主集中制原则，保证组织上行动上的高度统一；深入开展反腐败斗争，进一步推进党风廉政建设；从深化改革中找出路，促进经济既快又好地发展；高度重视维护社会政治稳定，狠抓社会治安综合治理；扎扎实实抓好基层组织建设，使各项工作真正在基层落实。

全省地市委书记、专员市长会议

27日 国务委员罗干和泰国总理川·立派，在北京燕莎饭店出席中泰经济合作项目签字仪式，其中有南昌昌北开放开发区兴建的皮革鞋业项目。该项目是由泰商郑明如、戴晓云发起的股份制企业，总投资1.2亿美元，建成后年产值可达60亿元人民币，可安排1万人就业。副省长郑良玉和泰国中华商会主席郑明如分别代表中泰双方在协议书上签字。

28日 国家经贸委与国家税务局等部门，共同下达江西省国家级重点新产品试产计划21项。这些新产品在三年试产期间，预计可创销售收入6.01亿元，利税1.82亿元，创汇、节汇2.49亿美元。

28日 江西电视台制作的《中国江西》电视片在美国《东方卫星电视》播出，每两周播出1小时，为期1年。该片集新闻、专题、文艺为一体，全面介绍江西省政治、经济、风土人情和人文景观。

28日 江西省农业首届"双十佳"评选活动揭晓，江西飞碟电器厂、国营枫树山林场等被评为"十佳企业"；遂川县五指峰林场、赣州木材厂等被评为优秀企业。

28日 由九江国棉一厂与香港润汕贸易有限公司合资兴建的牛仔布生产线建成投产。

28日 萍乡发电厂至跑马萍变电站第一条220KV输电线工程及变电站配套间隔正式建成并移交使用。

28日 在1993中国井冈山经贸洽谈会暨旅游周中，商品成交总额达7.01亿元；零售额达170余万元；利用外资签约14项，合资总金额480.8万美元；达成协议10项，协议金额567万美元。

30日 江西师大代表队在第二届全国大学生田径锦标赛中获得优异成绩。数学系刘海滨勇夺男子甲组十项全能金牌，历史系康小妹获女子甲组七项全能铜牌。

31日 铁道部第四勘测设计院承担的京九铁路阜（阳）九（江）段及武汉至麻城联络站，吉（安）赣（州）段站前施工设计提前完成。

31日 江西省松枯梢病调查从1992年7月开始，至本月底结束。此次调查工作涉及11个地市的105个县（市、区），松林面积135.57万公顷，占全省应调查面积的58.8%。其中，11个地市均发现松枯梢病危害，涉及38个县（市、区），主要受害树种为湿地松、火炬松，总计受害面积2388.6公顷。马尾松、黄山松也被感染，但面积小，受害轻微。

31 日 泰国商人陈泰生、戴晓云在南昌向新闻界宣布：10 月下旬，华商鞋业城和江西华商国际大厦将奠基。鞋业城位于南昌昌北，占地 62 万平方米，是亚洲较大的皮革鞋业企业。江西华商国际大厦建筑面积 20 万平方米，由两幢大楼组成，最高一幢楼高 219 米。

本月 截至 8 月，江西建材工业系统内国有建材企业完成工业总产值 8.23 亿元，实现利税总额 22239 万元，分别比 1992 年同期增长 22.97% 和 149.79%。

本月 截至 8 月，江西省各级法院共受理贪污、贿赂、挪用公款、投机倒把、诈骗、偷税抗税等严重经济犯罪案件 291 起，审结 267 起，判决 348 人。

本月 根据国务院《关于开展全国第三产业普查工作的通知》，成立江西省第三产业普查协调小组，下设办公室，挂靠省统计局。小组负责组织实施江西省首次第三产业普查工作，普查年份为 1991 年度和 1992 年度。

本月 江西省 1992 年度乡镇财政收支审计结束。共审计 252 个乡镇，查出违纪金额 1397 万元。

1993
9月
September

公元 1993 年 9 月							农历癸酉年【鸡】						
日	一	二	三	四	五	六	日	一	二	三	四	五	六
			1 十五	**2** 十六	**3** 十七	**4** 十八	**5** 十九	**6** 二十	**7** 白露	**8** 廿二	**9** 廿三	**10** 廿四	**11** 廿五
12 廿六	**13** 廿七	**14** 廿八	**15** 廿九	**16** 八月小	**17** 初二	**18** 初三	**19** 初四	**20** 初五	**21** 初六	**22** 初七	**23** 秋分	**24** 初九	**25** 初十
26 十一	**27** 十二	**28** 十三	**29** 十四	**30** 中秋节									

1日 南昌市政重点工程新溪桥立交桥全面通车。新溪桥是南昌市线路最复杂、范围最大的公铁立交桥。

1日 江西省文史研究馆举行大型座谈会，庆祝建馆40周年。副省长黄懋衡和省政协副主席叶学龄到会祝贺。

2日 京九铁路赣南段第一座工程用电站正式建成发电。该发电站位于京九铁路赣南段大坝头，总装机容量为2000千瓦。

2日 江西云山文具厂投资450万元开发的以废旧报纸为主要原材料的纸杆铅笔新品种，被列入国家级星火计划开发项目。

3日 由河南省书画院、《书法研究》杂志编辑部联合举办的1992"希望杯"中国硬笔书法大赛在河南省郑州市揭晓。江西共青羽绒厂青年职工查宝玉创作的硬笔书法作品荣获最佳优秀奖。

3日 江西省森林覆盖率已达40.3%，仅次于台湾、福建，名列全国第三。

4日 赣州市文化馆阳春创作的长篇传记小说《蒋经国外传》（第一部），由台湾新潮出版社出版。

4日 吉安县政府着手对民族英雄文天祥墓进行全面维修。文天祥墓立于元至元年间，明弘治年重修时形成规模，清雍正年间再修，历经数百年（11月21日维修竣工，并举行了竣工和对外开放典礼）。

4日 江西省青少年纪念毛泽东诞辰100周年读书活动拉开序幕。270多万名青少年报名参加纪念毛泽东诞辰100周年读书活动，这次读书活动的主题书为《中国有个毛泽东》。该书经中共中央文献研究室和国家新闻出版署审批，由江西人民出版社出版发行。

4日 江西省综合治理委员会通报：江西省已破获车匪路霸案件1497起，摧毁犯罪团伙456个，抓获违法犯罪分子3098人，缴获一批赃款赃物。

5日 江西省减轻农民负担工作会议召开。会议要求各地认真落实兑现已经明确的减轻农民负担的各项具体政策，实现1993年全省农民人均负担总额控制在1992年人均纯收入的5%以内。

5日　南昌市开通2.6万门程控电话，市内电话宣告全面程控化。

5日　宜丰县发现三座墓址，均系汉代古墓。墓砖分别呈网线、车轮和同心圈状。一墓已毁、一墓已掩、另一墓较为完整。

5日　宁都县妙灵山上发现始建于元朝初年和明朝年间的两座石塔。

5日　定南县境内发现一只六眼金龟。龟身长14厘米，宽10厘米，厚4.5厘米，体重325克，龟背为淡褐色，边缘呈荷叶裙边状，行走时四脚直立。

6日　在人民大会堂举行的全国群众体育先进单位暨先进个人表彰会上，江西的"红星"企业集团等60个集体和30名个人被授予全国先进群体及先进个人，井冈山市被授予"全国体育先进县"称号。

6日　省教科所理论研究室主任、副研究员徐章英和南昌师范高级教师顾力兵提出的"智力工程"并研制发明的计算机辅助教学系统——"教学反馈测试与分析系统"，获国家专利。

6日　中共中央派遣江西省委副书记朱治宏为中国共产党代表，出访法国，参加法国共产党党报《人道报》报节的庆祝活动。

7日　景德镇市华意电器总公司率先引进开发"无氟制冷"冰箱——无公害"绿色电冰箱"，获得成功。该产品生产线已被联合国选定为新制冷工质示范线。该项目引进最新技术，采用R134a为新制冷工质，利用澳大利亚政府贷款，总投资为4亿元，获国家环保局"首届中国环境保护工业产品生活品博览会"评定为"最有推广价值的无公害产品"。

7日　省委常委、副省长黄智权率团赴新加坡举行招商引资暨贸易洽谈会。

7日　江西林怀山在七运会北京赛区体操男子个人全能决赛中，夺得铜牌。

7日　省委宣传部、省教委、省教育工会在南昌举行庆祝教师节暨优秀教师表彰大会。周定康、刘谷来、顾顺生、陈萍等19人获全国优秀教师称号，沈一鸣等16人被评选为全国优秀教育工作者。吴官正、钟起煌出席大会，并向获得表彰的优秀教师、优秀教育工作者颁发荣誉证书。

8日　玉山县群力乡祝宅发现大片珊瑚石结构地层。法国、瑞典、美国、澳大利亚的6名专家与中国专家一道到该地考察，认为这里良好的地层剖面有可能成为国际地质时代的标准。

来自法国、瑞典、美国、澳大利亚的6名专家与中国专家一道在玉山县考察

8日　江西电视台制作的"中国江西"第一期通过GT卫星播出，江西电视节目可覆盖北美。

8日　江西地质工程勘察院成功地开展"QC小组"系列活动，被全国工程建设质量奖审定委员会命名为"工程建设优秀质量管理小组"。

8日　国家计委批复井冈山（吉安）火电厂项目书。这是江西省"九五"期间电力建设的重大项目。工程建设规模2×30万千瓦，总投资19亿元，该工程可缓解吉安、赣州西地区电力紧缺的状况。

9日　以泰国中华总商会常务会董庄锡鸿先生为团长、常务会董吴宏丰先生和陈亨廷先生为副团长的泰国中华总商会访赣团，来江西省考察访问。江西和访赣团共同确定的合作项目有：泰方在南昌家电有限公司内建设年产10万台汽车空调器生产线；泰方与抚州富奇汽车制造厂合作开发丰田"陆地巡洋舰"80吉普车底盘及车身附件，年产规模为1万台；泰方与江西发动机总厂合资生产客车（大巴、中巴）底盘，年产规模为4000台；泰方与江西汽车工程塑料厂合资生产摩托车塑料部件；与江西良茂大厦合资，对其进行改造；与江西长江机械公司合资进行三轮车组装等。

9日　"省门第一路"高坊岭至向塘机场公路拓宽改造工程日前建成。该工程是昌九公路的配套工程，全长8.1公里，总投资1600万元。

路面、路基宽由原来的 9 米、11 米分别增到 12 米、15 米。

10 日 江西省大力发展集市贸易。1993 年上半年农村集市贸易总额达 30.6 亿元，比去年同期净增 19.7%。边远老区的农副产品专业市场发展到 275 个，各类专业市场 500 个。全省集市总数达 2600 个，比 1992 年增加 112 个。

10 日 省政府批准成立吉安河东、赣州黄金岭经济开发区和抚州金巢工业开发区为省级开发区。至此，江西共有国家级、省级开发区 14 个。

10 日 第一部系统研究朱熹和王安石教育思想体系的专著《朱熹教育思想研究》、《王安石教育思想研究》由江西教育出版社出版，这是"江西古代教育研究丛书"率先出版的两部，并且被列入国家"八五"计划的重要图书。由该社出版的《中国语言学大辞典》还夺得了"中国图书奖"二等奖。该社出版的图书，还参加了在荷兰鹿特丹举行的中国文化节等活动。

10 日 一支由中国与美国考古学家组成的联合考古队赴乐平市郊洪岩洞进行考古发掘。先后发掘乐平市洪岩洞、万年县王洞和蝙蝠洞三处洞穴遗址。通过科学考察、考古发掘及多学科的综合研究，合作项目确定中国史前稻谷的起源地及最早被培育成功的时间寻找新的考古证据，并进一步探讨人类为何选择及如何培育稻谷这一课题。

10 日 第九届全国"庐山杯"钓鱼赛和全国三大国际钓鱼赛之一的"鸭鸭杯"邀请赛在共青城举行。日本、泰国、俄罗斯和港、澳、台及各省（市）、自治区的垂钓高手云集共青城，同奏友谊、发展之曲。

11 日 南昌石油开发公司北洲油库竣工投产。

11 日 一种新型两用核不育水稻——短光敏核不育材料，经宜春农业专科学校高级农艺师高一枝带领的课题组定向选育成功。这种新型稻的发现，为两系杂交稻的研究与应用提供了一种新的种质资源，解决了两系杂交稻大面积应用困难的难题。

11 日 农业部决定对乡镇企业发展好、对社会贡献大的 200 个县（市）、300 个乡（镇）和 500 个企业给予表彰。江西省有 6 个县、7 个乡（镇）和 11 个企业获表彰。

12 日 玉山轴承厂"三清"牌深沟球轴承获首届中国科技之星国际博览会金奖。

13 日 京九铁路控制工程工期项目——九江十里河大桥基础工程全部完工。

13 日 1993 年江西招商引资暨贸易洽谈会在新加坡举行。共签订利用外资项目 135 项，总金额 16.24 亿美元；外资金额 10.41 亿美元。其中合同项目 92 项，外资金额 4.18 亿美元；协议项目 21 项，外资金额 4.79 亿美元；意向项目 22 项，外资金额 1.5 亿美元。进出口贸易成交 1500 万美元。洽谈会于 17 日结束。

14 日 江西省杂文学会主办的省三杂文研讨会在南昌举行。省三（原名孙庆佶）是江西省一位较有影响的杂文作者。近年来，他在创作实践中提出"轻杂文"理论。他的杂文集《白鼻金刚》收录了杂文随笔、幽默小品 170 余篇，约 20 万字。

14 日 江西籍拳击运动员潘峰获七运会拳击赛 67 公斤级比赛冠军。

14 日 国家技术监督局发布第二号国家监督抽查产品质量公报，江西省二季度被抽查的 37 种产品质量合格率为 72%，比全国平均合格率高出 6 个百分点，列全国第八位。

14 日 南昌航宇集团研制开发的三大类 20 多种微波系列产品样机，通过微波界 70 多位专家、学者、教授的评审鉴定。

15 日 中国东方航空公司引进的首架福克-100 型飞机落户南昌向塘机场。该飞机载客 108 人，全电子设备操纵，各项技术指标、安全性能均具世界先进水平。第二架、第三架福克飞机，也将陆续落户江西。

15 日 全国妇联作出决定，追授原中国人民建设银行新余市分行营业部代办员阮建红烈士"全国三八红旗手"称号，并号召全国各级妇联组织学习阮建红烈士的英雄事迹。

15 日 省建设厅批准南昌市西湖区市政养

护管理所为市政工程"三级资质"单位。

15日 受农业部委托,北京农学院专家考察组在星子县进行综合考察后认为:地处庐山自然保护区内的星子县兽用中草药实验站可望在近年内建设成为我国南方兽用中草药实验中心。星子县兽用中草药实验站是江西省唯一的兽用中草药实验基地。

15日 江西省建立农民负担监控机制。这一机制有以下特点:(一)将各职能部门及有关单位联成监督网络,并充分发挥其监督作用。(二)建立专项举报制度,把农民负担置于广大群众的监督之下。(三)设立农民负担观察点。

15日 著名科学家、教育家吴有训的家乡江西高安县石溪村石溪小学竣工并交付使用。这所小学是由回乡探亲的台胞吴有浙、吴成灿、吴少华和吴宗尧共同捐赠12万元建造。

15日 省人大内务司法委员会与省妇女儿童工作协调委员会在南昌联合召开贯彻实施《妇女权益保障法》工作会议。

17日 团省委、省青少年发展基金会举行"全国首届希望工程园丁奖"江西获奖代表颁奖仪式。副省长黄懋衡出席并接见获奖教师。永新希望小学校长李先德、宁冈希望小学校长范光明被授予"全国希望工程园丁奖"称号。

17日 第六届华东地区画报工作交流会在南昌召开。省委常委、省委宣传部长钟起煌到会祝贺并讲话。

17日 一种现代电子技术与传统服装相结合的新型安全防范专利新产品——"金威"牌电子自卫防身服,在赣县宏翔制衣厂研制开发成功,并获中国爱迪生杯金奖。

17日 1992年3月,南昌市园林处花卉技师在山野采得的一批兰花最近放花,从中发现20多株"素心兰"。素心兰花瓣翠绿,叶丛刚健挺拔,姿色俊秀,花期7月至9月,香味纯正,属兰花中的佼佼者。

17日 台湾红十字会向江西捐赠233吨大米和一批药品,价值折合人民币42.6万元,用以援助洪涝灾区。

17日 以欧共体驻华使团一等秘书艾克乐

为首的7人专家工作组抵达南昌。根据协议,欧共体方面将无偿援助520万美元,对南昌市郊新建县厚田乡和南昌县富山乡罕见的亚热带沙化土地进行治理开发。

18日 江西高新技术开发试点工程正式启动。首选项目——ß–内酰胺类半合成抗生素系列产品开发工程签字仪式在省科委举行。工程由省医药总公司负责,分别在东风制药厂、黎明制药厂、江西国药厂实施。项目总投资4300万元人民币。预计两年建成投产后,可年新增产值3亿元,利税4000万元。

18日 中日合作"德兴铜矿废水处理"项目,在德兴铜矿全面展开。该项目由日本国际协力事业团同中国有色总公司合作。

18日 省工商联组织承办的华东地区工商联第七届商品交易会(简称"赣交会")在南昌举行。参加交易活动的有十个省230个市县近万人。交易会于21日结束。

19日 宜丰县棠浦镇出土一批四铢半两古钱,重3.65公斤古钱,完整的有1263枚,其中铁半两276枚。经考证,这批古钱属西汉早期文帝五年(前175)后至武帝元狩五年(前118)所铸。

19日 宁都中学高二(六)班学生彭芳被吉林大学物理系少年班录取,成为宁都县第一名少年女大学生。

19日 农业部对全国农业系统工业企业的产品销售、固定资产净值、实现利税总额等10项经济指标进行全面考核,江西共青羽绒厂被评为全国农业系统十大指标第一企业。

19日 安福县江南乡大坡良种场煤矿十三号井内发现鳞木化石。该化石距今约2.6亿年且完整、高大,在国内实属罕见。它的发现,对我国二叠纪的地质、植物、气候等方面的研究有较高的参考价值。

20日 中国工商银行向江铃汽车集团发放贷款4000万美元签字仪式在南昌举行。

20日 在首届中国科技之星国际博览会荣膺金奖的江西省创新产品——天霓牌神龙解烟茶,在西安举行西北5省新闻发布会。

21日 由中国记协、中国残联及中国残疾人事业新闻宣传促进会联合举办的第二届"中国残疾人事业好新闻"评选在北京揭晓,江西省有3篇作品获奖。其中,《江西日报》推荐的通讯《盲人告状记》(作者汪天水)获二等奖。

21日 赣南科技城挂牌运作。至8月下旬,全区已成立各种形式的技术贸易机构238个,从业人员2056人,技术合作项目达320个,可新增产值1.7亿元,利税4000万元。

21日 经国家经济贸易委员会、对外贸易经济合作部批准,江西制氧机厂、江西长江化工厂和国营第八五九厂3家企业被批准为机电产品出口基地和扩大出口生产企业。至此,江西有机电产品出口基地7家、扩大出口企业20家。

21日 南昌大学王福如主持的"发电机相间故障新型保护装置的研究"被选入《中国发明》画册。《中国发明》画册由中国发明协会、中国新闻社编辑,香港中国新闻社出版。

21日 江西省首家爱婴医院顺利通过实地考核。这家爱婴医院由省妇幼保健医院按照全球统一标准促使母乳喂养成功的十点措施创建。

21日 中国秦汉史研究会、江西师范大学联合举办的中国秦汉史研究会第六届年会暨国际学术讨论会在南昌召开。日、美、韩等国及国内17个省市的知名专家和学者120人参加。会议围绕秦汉时期江南地区的经济与文化进行了研讨。会议于25日结束。

22日 南昌豫章中学高三学生霍焱获国家教委举办的"全国小歌手比赛"一等奖。

22日 据省文化厅统计,江西省已有业余演出团队100多个,歌厅、舞厅、卡拉OK厅1600多家,音像出版发行单位94家,音像出租、出售、放映点2380多家,游乐场20多家,电影发行公司98家,国营、集体批发书店115家,个体零售书店1500多家。

22日 《江西日报》报道,香港协宝房地产开发公司拟投资900万美元,与南昌市梅岭垦殖场联手,在梅岭兴建一处由100幢别墅组成的别墅群。

23日 江西省青年摄影家李瞻创作的彩色影作《山泉叮咚》在国际摄影年赛上,获第二名。

23日 吉安赣江公路大桥正式动工兴建。桥长为1577米,宽为19米。该桥的建设,引入股份制试点。

23日 江西省畜牧良种场生产的牛冷冻精液被农业部授予推荐产品称号。

24日 龙南县发现一只描绘有滕王阁图案和书有《滕王阁序》、《滕王阁诗》全文的古瓷瓶,经鉴定为明代制作、《滕王阁序》一文有数处与现版本文句有异。

24日 投资500万元兴建的鹰潭市区街道、铁路交叉通道——西门通道工程竣工通车。鹰潭成为江西省第一个实现公路、铁路全面立交化的城市。

24日 波阳县鄱阳镇生产的鱼钩年产量达6000万枚,占全国总产量的50%以上。

25日 江西省风景园林学会在庐山召开成立大会,建设部城建司、中国风景园林学会发来贺信、贺电。

25日 南昌电力开关厂开发生产的GCKI系列电动机、JYN2－10型手车式交流金属封闭开关设备(开关柜)和JYN1－35型手车式交流金属封闭开关设备(开关柜)三种新产品,填补了省内空白。

25日 新华社九江常驻记者办事处正式成立。省委常委、副省长舒圣佑专程到场祝贺。

25日 泰和县境内发现一座古墓葬。墓呈长方形砌体,三室相连;墓顶结构为拱状,墓壁现有车马纹印,图案清晰可见。经鉴定是商周时期古文化遗址。

25日 省农村社会经济调查队成立10周年纪念会举行。舒惠国、黄智权出席纪念会。

25日 香港凯达发展有限公司与南昌钢铁厂合作成立中外合作江西海达钢铁有限公司。

26日 新干县沂江乡沂江村土医生刘昌群编写190万字大型中医专著《实用中医脑病学》一书,并被载入国家《名医辞典》。

26日 江西省第一条中外合资药材街在新干县城破土兴建。

26 日 江西新钢总厂 600 平方米高炉易地大修工程竣工投产。高炉建成投产后，可年增产生铁 30 万吨，创经济效益 1.5 亿元。

26 日 南昌罐头啤酒厂生产的新一代 11 度亨达啤酒，获"首届新加坡国际名优产品博览会金奖"。

27 日 建国以来江西省首届法院系统文艺汇演在省军区礼堂降下帷幕。

27 日 为纪念毛泽东同志诞辰 100 周年，吉安地委宣传部、地区文联联合举办了"毛泽东像章展览"。这次展出的像章，是从地区文联杨焕明收藏的 1100 余枚像章中精选出来的珍品。

27 日 南昌市卫生防疫站引进的"沙门氏菌致突变试验"新技术通过验收。

27 日 经国务院批准，江东机床厂成为国家基础机械特定振兴企业。该厂是机械工业部铣床制造重点国有企业之一。

27 日 江西省林业职工医院更名为"江西省和平医院"，医院级别、人员编制及隶属关系不变。

27 日 省政协七届三次常委会在南昌举行。会议有两项议程：学习讨论贯彻中共中央关于加强宏观调控的文件精神；协商讨论发展个体私营经济问题。会议听取了省委常委、副省长舒圣佑关于江西省贯彻中央有关文件情况的通报。省政协副主席叶学龄讲话。强调政协要做好三个方面的工作：（一）协助党委和政府用中央的精神来统一广大干部群众的思想认识。（二）围绕加强和改善宏观调控搞好调查研究。（三）努力搞好局部支持全局。会议于 29 日结束。

27 日 1978 年至 1993 年中国报刊业发展成就博览会在北京开幕，10 月 4 日结束。《江西日报》有四块板面参展。

28 日 江西展览中心建成投入使用。黄智权、叶学龄等参加了新大地购物大世界的开业典礼。

29 日 资溪县高田乡 55 岁的农民画家方兆水，在文化部举办的"纪念毛泽东同志诞辰 100 周年中国书画作品精选"大赛中获奖，并被文化部收藏、编入大型豪华纪念册。

29 日 省委宣传部、省人大科教文卫委员会、省科委、省司法厅联合举办《中华人民共和国科技进步法》颁布实施新闻发布会。江西省将正式贯彻实施《中华人民共和国科技进步法》。该法是全国科技事业的第一部基本法律，对提高全民科技意识、促进科技工作作出规范化、法制化的规定自 10 月 1 日起实施。

29 日 江西省火电建设公司青年画家蔡群创作的《钢筋铁骨》近日在北京"首届全国中国画展览"中获银牌。

30 日 江西省老年书画研究会与井冈山市文化局联合举办的"纪念毛泽东同志诞辰 100 周年书画展"在井冈山市文化中心展出。

30 日 南昌大学首届军训大学生 1800 余人组成 20 个方队举行军训阅兵仪式。省委常委、省军区司令员冯金茂少将及省军区参谋长李彩銮大校检阅了大学生的军训成果。

30 日 江西上新钢厂投产出钢。该厂是由上饶市和新余钢铁总厂合资兴建的，设计规模为年产 10 万吨钢、9 万吨材，预计年销售收入 3.15 亿元，年利税总额 5400 万元。

本月 九江第一楼高 23 层、建筑总面积为 3.1 万平方米的"联盛大厦"开工兴建。

本月 云山企业集团成员厂家江西凤凰山葡萄酒厂生产的凤鸟牌野生中华猕猴桃汁饮料获 1993 年新加坡国际饮料博览会金奖。

本月 在全国第一批水土保持执法试点县验收评比中，安福县以综合得分 96.3 分被评为全国水土保持先进单位。

本月 南昌市少年宫优秀教师余贞一获南昌市首届陈香梅教育教师奖，奖金 4000 元。

本月 江西有色冶炼加工总厂列入国家统计局 1993 年中国 100 家最大有色金属冶炼企业行列，按利税总额排序居第五十位。

本月 江西文物考古研究所会同北京大学考古系对丰城县洪州窑遗址进行调查和发掘，出土大批各类器物。其中晋代的镂空香薰、南朝时期的叶脉纹青瓷碗、以双线刻划的双层莲瓣纹青瓷碗、莲瓣纹青瓷碗、莲瓣纹青瓷杯和隋代龙窑窑炉遗迹等，均系首次发现。

1993

10月
October

公元1993年10月　　农历癸酉年【鸡】

日	一	二	三	四	五	六	日	一	二	三	四	五	六
					1 国庆节	**2** 十七	**3** 十八	**4** 十九	**5** 二十	**6** 廿一	**7** 廿二	**8** 寒露	**9** 廿四
10 廿五	**11** 廿六	**12** 廿七	**13** 廿八	**14** 廿九	**15** 九月大	**16** 初二	**17** 初三	**18** 初四	**19** 初五	**20** 初六	**21** 初七	**22** 初八	**23** 霜降
24 初十	**25** 十一	**26** 十二	**27** 十三	**28** 十四	**29** 十五	**30** 十六	**31** 十七						

1日　当天正式建成通车的上海杨浦大桥的桥身以及斜拉索塔分别采用了新余钢铁总厂生产的2800吨钢绞线和200吨PC预应力钢丝。

2日　江西省第一个获国家自然科学基金委员会国际合作局资助的项目——《江西省老区农村人蛔虫种群生态学研究》，经批准由江西医学院与世界卫生组织土源性蠕虫病合作中心、英国格拉斯哥大学进行国际合作研究。

2日　新华社报道，从1986年以来，福建的南平，浙江的衢州、金华、丽水，江西的上饶、抚州、景德镇、鹰潭和安徽的黄山市的九地市共建经济区，共签订经济技术协作项目1315项，新增产值逾40亿元，相互引进人才近万人，协作物资折算总金额约28亿元。

3日　截至8月底，江西省重点抓的20户盈利大户的建材企业累计实现利润8329万元，27种重点抓的建材产品有18种比1992年同期增长，其中釉面砖、人造水晶等产品产量名列全国前茅。

4日　省委统战部转发中央统战部《关于制止各地撤并市、县工商联机构的通知》。

4日　红十字会与红新月会国际联合会救灾代理彼得丹姆，对江西灾区进行为期5天的灾情评估和实地考察。

5日　江西省委党史资料征集委员会编纂的大型画册《毛泽东在江西》面世。画册收入近150幅照片，展示了毛泽东在中国共产党成立初期及第二次国内革命战争时期在江西的革命活动，以及建国后关心江西的建设与发展，多次在江西主持中央重要会议并视察工作的史实。

5日　宜丰县石花尖乡资源清查队在官山自然保护区龙坑内发现两根长约7米~8米，胸径分别为11.7厘米和9.5厘米的苦竹。

6日　在"中国成都93儿童教育国际博览会"上，江西省送展的"神童"智力玩具和在此基础上改型的与"神童"机配合使用的教学机，分获博展会第一名、第二名，并被该会指定为推荐产品。

6日　省政府召开地市出口工作座谈会。会议要求：江西省上下要增强出口创汇意识，千方百计采取得力措施，确保完成1993年出口创汇85亿美元的任务。

6日 中外合资赣新电视有限公司生产的"赣新"牌彩电，荣获国家名牌商业榜"十佳"。该厂研制开发出29寸大屏幕高清晰度彩电；多种彩电的日产量由400台增加到1000台；上半年实现产值2.82亿元，销售收入2.2亿元，创利税1921.4万元，名列江西省电子行业榜首。

6日 省政府在赣州召开江西省个体采煤清理整顿现场会，推广赣州地区依法治矿的经验。该地区依法整顿了高桥煤矿矿区内的241个非法小煤窑。会议还通报指出，当前江西省省属以上矿区开采的小煤窑有1250个，其中无证开采的1173个。

7日 世界银行贷款项目官员珍妮特·霍南女士和江昆尼博士到德安，对卫生贷款资金发放5年来，在规划、分配、使用和实施等方面的落实情况及该县的防疫、保健、医疗等进行考察。

7日 国务院贫困地区经济开发小组和中国残联等部门拨出康复扶贫专项贴息贷款1亿元，在全国500个县开展康复扶贫。其中拨款300万元在江西省的上饶县、大余县等14个县（市、区）进行康复扶贫试点。该项贴息贷款两年周转一次，扶持农村康复后的残疾人参加生产劳动，脱贫致富。

8日 江西医学院口腔医学系张永福教授等完成的"舌癌联合根治术后鼻唇沟皮瓣即刻修复舌缺损术"在庐山通过省卫生厅的科技成果鉴定。

8日 全国首次毛泽东诗词暨中华传统诗词学术会议在上饶举行。这次会议由海内外135家单位共同发起。杨成武、莫文骅、臧克家、阮章竞等为纪念活动赋诗题词，美、英、法、日、港澳台等国家、地区的知名人士为大会发来贺信、贺电。

9日 红星企业集团星卫公司生产的"培力"牌纯天然湿纸巾被中华国产精品推展会认定为"国产精品"。

9日 一种新型建筑防水材料——ITFK－Ⅱ型防水胶及其施工技术，在抚州研制成功。

9日 应江西省国际经济技术合作公司的邀请，哥伦比亚企业家旅行团一行7人对江西省进行为期5天的参观访问。旅行团先后访问了九江、景德镇、南昌等地区及一些企业。经双方洽谈，共达成纸张、棉纱、冰箱除臭器、液压千斤顶、轮胎、12马力手扶拖拉机、凿岩机等8项合作协议，成交金额达52万美元。

10日 江西省唯一的大型石油化工企业九江石油化工总厂，日前经国家有关部门批准认定为大型企业。

10日 南昌大桥西岸最后一段5.97米梁顺利推到位。至此，全长578米，重量3.5万吨，横跨12个桥墩的顶推梁宣告胜利建成。

11日 京九铁路建设的重点控制工程——肖万隧道群胜利贯通。肖万隧道群位于吉（安）赣（州）段的泰和县老营盘山区，是全线隧道的集结地，由肖家、万背等为期4座隧道组成。

承担施工的铁道部大桥局五处不断技术革新，创造了15天完成一段24米梁体的好成绩

11日 景德镇第四届国际陶瓷节在景德镇市举行。陶瓷节首次向中外嘉宾展出1993年刚出土的明代宣德御瓷稀世珍品。为期4天的陶瓷节上经贸成交额29304万元，对外签订经济技术合作项目28个，引进资金2303万美元。

11日 为期4天的中国大中型企业对外经济技术合作洽谈会在深圳举行。江西省80人组成的代表团参加洽谈会。洽谈会共推出涉及电力、交通、建材、电子、电器、化工、轻工、医药、工程机械等领域的14个大中型企业重点项目参加洽谈。共签订利用外资的合同、协议、意向项目15个，总投资额9.4亿美元，引进外资5.1亿美元，其中合同项目2个，外资额2900万美元。

12日 江西发动机总厂被国务院批准为国家大型企业。

12日 铜鼓县发现7株沙门氏菌，1株为国际上首次发现，被选为国家标准菌种，另6株属国内首次发现。

12日 江西省寄生虫病研究所和日本——中国、东亚血吸虫病研究援助团在南昌签订血吸虫病合作研究协议书。

12日 《经济参考报》召开江西省大中型企业厂长（经理）座谈会。江西省名列全国500家大型企业之列的厂长（经理）参加会议。省委书记毛致用在会上提出，解决经济发展中的矛盾和问题，根本出路在于深化改革，加快建立社会主义市场经济体制。改革越是抓得好，越能推动经济的顺利发展。工业战线要继续保持好的势头，首先要把更多的精力用到抓改革、促发展上来。

12日 南昌大学学术委员会成立。该委员会由53名成员组成，潘际銮任主任，吴志强任副主任。

13日 安福县严田镇农民李荣贵发明的摩托车载货架获国家发明专利、实用新型专利和外观设计专利3项发明专利证书。

13日 省政府召开当前工业生产及深化企业改革情况汇报会。会议要求，进一步解放思想、振奋精神、深化改革、克服困难，继续保持工业生产良好发展势头，全面完成和超额完成1993年各项任务，并为明年更快更好发展做好准备。省委书记毛致用在会上讲话，他提出了四点意见：（一）按照建立社会主义市场经济体制的要求，进一步深化改革；（二）继续坚持放开搞活政策，进一步调动和发挥广大干部群众发展经济的积极性；（三）有一个好的精神状态，用积极的态度解决发展中遇到的困难；（四）进一步增强工业意识，切实加强对工业的领导。

13日 中日专家联合考察江西省武夷山自然保护区。日方人员有：日本国立科学博物馆研究员土居祥兑、博士研究员中池敏之等6人；中方人员有：中国科学研究院昆明植物研究所教授臧穆等2人、上海自然博物馆副研究员刘仲苓等4人、台湾淡江大学副教授吴嘉丽、北京农业大学副教授彭友良。该考察队对武夷山自然保护区

的真菌、苔藓、蕨类、种子植物等进行了野外考察，认为该保护区生态环境具有很高的研究价值。

13日 香港新闻界采访团一行15人访问江西。访问团的新闻机构有：《文汇报》、《大公报》、《新晚报》、《经济导报》、《商报》、中国新闻社、中国通讯社及新华社香港分社等。采访团先后采访了南昌市热心村、江西汽车制造厂、共青垦殖场，游览了南昌、九江、庐山和鄱阳湖的风景名胜。

14日 当前，江西省内河航道通航50吨级船舶的7级以上航道达1746公里，等外航道3192公里，300吨级船舶的6级以上的航道也有了零的突破。

14日 江西省卫生防疫站、南昌市医学科学研究所完成的"肠杆菌科噬菌诊断技术"科研项目，被卫生部列为1993年向农村和基层推广的10项医药卫生技术项目。在卫生部10年百项医药技术成果推广计划实施中的头3年，江西省已有3项科研成果向全国推广。

14日 为纪念毛泽东诞辰100周年，景德镇市陶瓷美术技艺人员设计创作的100套（件）陶瓷珍品纪念瓷即日问世。毛泽东的亲属邵华称"这一批作品档次很高，确有新意，每一件都是艺术珍品"。

14日 中共中央政治局常委、全国人大常委会委员长乔石考察南昌市政建设、企业、昌九工业走廊和农业开发项目，强调抓住机遇的关键是踏踏实实深化改革，希望江西继续开拓进取，

乔石与省人大常委会主要领导及机关委办负责人合影留念

乔石视察共青城

全国人大常委会委员长乔石（中）在进贤县文港镇视察毛笔厂

乔石在九江市农村考察

扎实工作，始终坚持两个文明一起抓的方针，使经济建设和其他各项事业都得到更大的发展。

15日 景德镇市与摩洛哥王国萨非市结成友好城市签字仪式在景德镇合资宾馆举行。以市政委员会主席（市长）埃勒·芒达尼·巴希尔为团长的摩洛哥王国萨非市政府代表团一行12人

于12日还参加了第四届国际陶瓷节活动。

16日 亚洲最大的鞋革生产基地华商鞋城在南昌市昌北奠基。鞋城总投资1.2亿美元、年产值为7亿美元。李鹏、李岚清、马万祺为鞋城题词。同日，省政府决定聘请南昌华商鞋城建设

南昌华商鞋城奠基典礼仪式

发起人之一、泰国中华总商会主席郑明如博士为江西省政府经济顾问。同时，南昌市政府授予郑明如先生南昌市荣誉市民的称号。

17日 105国道吉安境内往南昌方向的117公里二级路面全线修复撤卡。这是江西省里程最长的高等级水泥路面。

17日 全国内部审计工作经验交流会及学术研讨会在武汉召开。会上，江铃汽车集团公司、红星企业集团、上饶地区粮食局被评为全国内部审计工作先进单位；省水利厅徐声龙、樟树粮油公司周多能、长征机器厂何念祖、修水县供销社吴让益被评为全国内部审计先进个人。

18日 江西医学院完成的OIL－GATE化学钳技术与化学依从性离子性通道的研究，被列入第六次国家自然科学奖候选奖励项目。

18日 江西东方制药厂生产的抗生类药注射用氨苄青霉素钠在全国名、优、新医药、器械、保健品博览会上获金奖。

18日 杨尚昆题写书名的《井冈之子——陈正人》一书，由江西人民出版社出版发行。该书对陈正人的生平作了全面介绍，选录了陈正人的部分文稿，汇集了陈正人生前好友及亲属的纪念文章。

18日 江西期货有限公司的第一笔期货交易成交。副省长郑良玉参加该公司的开盘仪式。

18日 中央国家机关工作人员捐资兴建的永新希望小学、宁冈希望小学分别举行落成仪式。李鹏总理题写校名。

宁冈县希望小学教学楼

18日 美国国际合作委员会主席、美国国家银行董事、中国旅游协会名誉顾问美籍华人陈香梅女士和助手郝福满先生一行，来南昌进行访问（19日，省委书记毛致用会见陈香梅女士一行）。

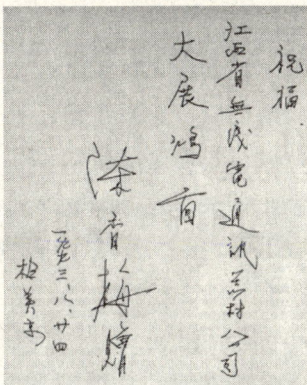

陈香梅题词

陈香梅女士（前排右三）、美国杰富利集团总裁黄惠珍女士（右三）、美国英达国际公司总裁耿志远先生与江西省通讯设备赴美考察团全体成员合影

19日 为纪念毛泽东诞辰100周年，省军区原参谋长、中国近代军事史学会理事刘子明主编的《江西革命史》大型历史画册，由江西美术出版社推出，张震上将为该书题写书名。该画册反映了江西革命斗争历史风貌，展示了中国共产党和毛泽东、朱德、周恩来、刘少奇、邓小平等老一辈无产阶级革命家在江西领导中国革命斗争的业绩。时间跨度自五四运动至江西解放长达30余年，收入珍贵历史图片和旧居、遗址、人物、文物等照片1100余幅。同时，由省委党史研究室编撰的《毛泽东在江西》一书，已由中共党史出版社编辑出版，面向全国发行。11月6日，在南昌举行首发式。

19日 经专家确认，在江西中医学院图书馆馆藏中医药古籍版本中，发现的中医古籍《韩氏痘疹藏书》一书为"国内孤本"。还鉴定出70种古籍善本，其中明代刻本18种。

20日 为缅怀毛泽东的丰功伟绩，展示毛泽东生前在庐山创作、书写的光辉诗篇，庐山管理局决定在芦林湖畔小游园处兴建一座毛泽东诗碑园，该工程占地面积近3亩，投资近70万元。

20日 省征兵办公室、省监察厅联合发出《关于加强廉政建设，坚决纠正征兵工作中的不正之风的决定》，要求各级兵役机关和征兵接兵人员狠刹"利用征兵工作乱收费、以权谋私、索贿受贿"的歪风，确保今冬征兵质量。对违反规定者，将严肃处理。

20日 农业部在井冈山召开为期3天的中国红壤一期项目竣工表彰大会。红壤一期项目的建设任务40万亩，有75%在江西。江西开发区内的30多万亩红壤一扫昔日的荒芜与贫瘠，变成了绿树成阴、瓜果飘香的果园。会议授予江西农业联合开发总公司等17个单位项目建设先进集体和单项建设先进单位，授予68人先进工作者称号，金溪县等17个单位获项目执行建设合格单位证书。

20日 少先队江西省第二次代表大会在南昌召开，会议选举产生了少先队江西省第二届工作委员会，王文才任名誉主任，陈卫民任主任，邱明生、刘润保任副主任。

21日 广播电影电视部、江西省委联合主办的《井冈山》电影首映式在全国政协礼堂举行。该片是北京电影制片厂和江西电影制片厂联合摄制的一部彩色立体宽银幕革命历史巨片。全国政协副主席赛福鼎·艾则孜等领导参加首映式。

22日　九江水泥船厂建成了国内第一条“水上乐园”水泥船。该船为厦门轮渡公司建造。

22日　萍乡钢铁厂林其东、刘万杰等5人发明的“竖炉法生产褐铁矿球团的工艺和设备”获国家发明专利，在第七届全国发明会展览会上获铜奖。

24日　副省长周懋平会见了联合国助理秘书长、联合国儿童基金会副执行主任项普女士偕丈夫以及联合国儿童基金会驻华代表处代表等一行6人。

25日　国家经济贸易委员会授予江西铜业公司贵溪冶炼厂等10家企业为全国工业污染防治十佳企业称号。贵溪冶炼厂曾于1992年获全国环境保护先进企业。

25日　九江港外贸码头提前6天完成1993年度各项经济指标，超计划创利润200万元。

26日　萍乡汽车离合器厂成为国内生产膜片离合器品种最多、产量最大的专业厂家。这种膜片簧汽车离合器具有国际先进水平。

26日　全国双学双比、巾帼建功活动（江西片）研讨会在南昌举行。全国妇联副主席、书记处第一书记黄启璪主持会议并讲话。与会人员到上高、丰城、新余、井冈山、吉安、抚州等地及共青城、江西桑海集团公司参观访问。

26日　英国土壤营养学家达奇和人类社会学家特帕考察分宜县亚林中心。他们重点考察了杉木二代人工林萌芽与实生苗更新实验、轮栽实验林、营养循环与水文效应定位研究等课题，演示了叶片采样技术。

28日　省八届人大常委会第五次会议在南昌举行。省委书记、省人大常委会主任毛致用主持会议。大会通过《江西省实施〈中华人民共和国残疾人保障法〉办法》、《江西省实施〈中华人民共和国归侨侨眷权益保护法〉办法》共8章42条、《江西省国防教育条例》共18条、《关于批准法制工作委员会关于1980年到1982年颁布的地方性法规处理意见报告的决定》等相关条例，通过人事任免名单。会议于11月1日结束。

29日　王沚川科学奖励基金委员会首次奖励优秀科技成果和优秀大学生。共评选出12项优秀成果和9名优秀大学生。获一等奖的是：宝丰“871”猪用浓缩系列技术（孟枋等研究），低浓度镉环境污染的猪、鸭、鸡监测及应用研究（樊璞等研制）。奖金总额为1.2万元。

29日　中国质量管理协会授予江西光学仪器总厂生产的凤凰牌照相机“1993年度全国用户满意产品”称号。

29日　省政府在南昌举行命名表彰大会，表彰优秀企业家和有突出贡献的科技人员。200名优秀厂长（经理）获“江西省优秀乡镇企业家”称号，其中20名获“江西省最佳乡镇企业家”称号，100名作出了突出贡献的乡镇企业专业技术人员受到表彰。省委常委张逢雨到会讲话，勉励广大乡镇企业干部职工开阔眼界，勇于开拓进取，努力把自己的企业办成素质高、竞争力强、效益好的企业和企业集团，为江西省乡镇企业的更快发展再创新业，再立新功（30日，《江西日报》发表《向乡镇企业功臣学习》的社论）。

29日　全国人大内务司法检查组到江西检查《妇女权益保障法》实施情况并分别到九江、景德镇、宜春、南昌4个城市和共青城、奉新、江西汽车制造公司进行实地考察。

29日　由南京西开往广州的211次列车从上饶市九都站出发，首次从新铺设的下行线驶向朱家坑站，“九都—朱家坑”站双线正式开通。

30日　中国优质白酒精品推荐活动在北京揭晓。樟树四特酒厂生产的“四特”54度、38度均获“驰名白酒精品”称号。

30日　江西省新钢总厂获冶金部授予的“全国卫生先进单位”称号。

30日　江西省乡镇企业协会在南昌市召开成立大会。大会选举沈文甫为会长、曾荣荀等12人为副会长，任命黄学群为秘书长。

31日　安义县大力推广的“双低”油菜，被列为全国第一个“双低”油菜繁育制种、生产重点基地县。

本月 国家农业开发办公室、林业部第一期油茶林低改项目验收组对江西省第一期油茶林低改工程进行竣工验收。赣县、遂川、莲花、上饶、宜黄、万载、分宜、渝水、上栗9个县（市、区）自1990年起列入全国第一期油茶低产林改造重点开发项目以来，共完成1.86万公顷，占国家下达江西省第一期油茶低改任务16666.67公顷的111.6%。1990年（低改第一年）产油73.30万公斤，1991年产油110.55万公斤，比1990年增长50.8%；1992年产油186.30万公斤，比1991年增长68.5%；3年实现平均每公顷产油112.5公斤，共计新增产值2880.25万元（包括茶油、茶壳、茶桔饼的产值），平均每公顷新增产值1728.15元。按每公顷投资900元计算，投资与效益与之比约为1:2。

本月 南昌八达农用运输车辆厂生产的TY－1608农用运输车通过国家机械电子工业部3万公里可靠性试验，获国家认证。

本月 安福县首家农民股份制企业——赣英红土壤开发实业公司，被命名为"中国科学院千烟洲试验站赣英科技推广分站"。

1993

11月
November

公元 1993 年 11 月							农历癸酉年【鸡】					
日	一	二	三	四	五	六	日	一	二	三	四	五	六
1 十八	**2** 十九	**3** 二十	**4** 廿一	**5** 廿二	**6** 廿三	**7** 立冬	**8** 廿五	**9** 廿六	**10** 廿七	**11** 廿八	**12** 廿九	**13** 三十
14 十月小	**15** 初二	**16** 初三	**17** 初四	**18** 初五	**19** 初六	**20** 初七	**21** 初八	**22** 小雪	**23** 初十	**24** 十一	**25** 十二	**26** 十三	**27** 十四
28 十五	**29** 十六	**30** 十七										

1 日　宜丰县粮油综合开发公司被国家粮食储备局命名为江西宜丰国家粮食储备库。

1 日　井冈山被国家体委授予"全国体育先进市"称号。

1 日　全南新华书店获全国"社会主义好"图书发行工作先进单位。

1 日　进出福建省的第二通道横南铁路动工兴建。该铁路总投资为 20.20 亿元人民币，计划1996 年底建成通车。该铁路北起江西境内浙赣线横峰站，经铅山县，穿武夷山脉，经大安到武夷山市，顺崇阳溪、建溪而下，经建阳、建瓯至南平市接外福线的南平南站，全长 251.506 公里，其中新建干线 222.223 公里。

2 日　江西省新华书店图书音像批销中心举行《邓小平文选》第三卷首发式。省委书记毛致用等出席首发式并讲话。

2 日　江西省第五届高校科研成果汇报会举行。汇报会上，"8501 硅素植物生长调节剂及其在甘蔗的应用"等 24 项优秀科研成果，"孔子、儒学与中国现代化"等 96 项优秀社科成果及有关人员获得表彰。副省长黄懋衡到会，就高校科研进一步走向社会的问题讲了话。汇报会于 4 日结束。

3 日　江西省首家真丝乔其立绒厂第一期工程在金溪县双塘镇动工。

3 日　江西省邮电印刷厂和香港万里山有限公司共同投资兴建的合资企业——鸿万记录纸有限公司开业。

5 日　省委发出《关于贯彻中共中央关于学习〈邓小平文选〉第三卷的决定的通知》。该通知要求，要充分认识学习《邓小平文选》第三卷的重大意义；要把《邓小平文选》第三卷的学习摆在党的思想建设和干部理论教育的主要地位；要切实加强对学习的领导；要全面深入领会《邓小平文选》第三卷的精神实质；要通过学习进一步加快江西省改革开放和社会主义现代化建设步伐。

5 日　南昌市老福山——坛子口立交桥胜利通车。工程的总设计师、总工程师、施工总指挥、有功人员等 8 名建设者为工程剪彩。该桥北起汽车站，南至九四医院，上层为高架桥，中层为环桥。主桥面宽 15.88 米，桥面为 4 车道，流量可达每小时 6000 辆。该桥高杆灯高达 48 米。

5 日　省委召开常委会议，通报江西省加强党风廉政建设、深入开展反腐败斗争的情况，总结开展反腐败斗争的经验，部署下一步工作，传达中共中央总书记江泽民最近关于加强党的建设、深入开展反腐败斗争的指示。

5 日　副省长黄智权会见九江大化肥工程 30 万吨合成氨项目总承包商日本东洋工程公司社长上床珍彦一行。该项目引进日本海外协力基金贷款 213.35 亿日元，由江西省与中国石化总公司合资，依托九江石化总厂兴建，是江西省引进外资规模最大的项目。

5 日　国务院妇女儿童委员会办公室副主任、全国妇联儿童工作部部长李启民率全国三优工程试点工作专家顾问小组一行 8 人，到分宜县进行优生优育优教工程试点检查评估。

6 日　省长吴官正发布省政府令，颁布实施《江西省公路路政管理办法》。该办法共 28 条。

7 日　应江西省政府邀请，以议长古川利雄为顾问、副知事筱田伸夫为团长的日本岐阜县友好访问团一行 79 人到赣访问。吴官正、舒圣佑等会见客人。9 日，副省长周慭平与访问团会谈，双方决定 1994 年举办 9 项交流活动签署会谈备忘录。

7 日　赣州市决定，将赣南化工厂租赁给个人经营 10 年，承租方为中外合资的赣州利达金属有限公司法人代表王锡青。承租方全面继承该厂债权、债务，10 年内消化认定全部亏损及应当承担的银行利息。

7 日　江西省地市县委书记、专员、市县长会议举行。会议传达贯彻中央农村工作会议和全国乡镇企业会议精神，研究全面加强农业农村工作问题。毛致用、吴官正先后作《抓住机遇，加快发展，全面推进江西省农村社会主义市场经济建设》和《乘发展社会主义市场经济之势，努力实现"三高"农业和乡镇企业的新突破》的报告，要求各地确保农业基础地位不动摇，确保农民的生产积极性不下降，确保农村经济的发展势头不减弱，将江西省的农业和农村经济推上一个新台阶。与会者会前赴吉安地区作参观考察。会议于 9 日结束。

8 日　江西经济广播电台开播庆典仪式在青山湖宾馆举行。省委常委、宣传部长，省人大常委会副主任，中央驻赣新闻单位等社会各界人士共 300 多人出席庆典仪式。该台于 11 月 7 日正式开播，广播节目内容有新闻、服务、音乐、综艺、谈心等 9 个直播板块节目，推行主持人中心制，实行新闻、信息、滚动播出，全时段主持人直播，开通热线电话，听众参与直播等形式。该台对内是江西人民广播电台一个部门，对外是独立单位，实行独立核算、自收自支、自负盈亏、企业化管理和全员聘任制。该台覆盖范围可达南昌市、鹰潭、吉安、宜春、九江等地（市）。全国人大常委会副委员长王光英为该台书写台名。

江西经济广播电台开播庆典

8 日　江西经济管理干部学院教师熊巍俊被国家人事部、国家教委授予"全国优秀教师"称号。

8 日　谭泽民创办的野生植物物资源研究所主编的《赣北九江县木本植物志要》及《九江县森林植物研究所标兵室代号》，被国际植物分类学会注册认可。

8 日　江西省首家采用股份合作制形式的城镇供水企业——泰和自来水有限公司挂牌成立。

8 日　1993 年深度报道竞赛评比在南昌揭晓。《江西日报》选送的《九江米市能否再度辉煌》（作者李新科、涂大浪）获特等奖。

9 日 以"稀土之乡"驰名的龙南县被编入由海峡之声广播电台主编、中国海风出版社出版的《中国名乡大全》一书。

9 日 中国乒乓球队在副总教练蔡振华的带领下在江西省体育馆作专场答谢表演赛。

9 日 江西省教育学会、教育经济研究会举办市场经济与教育改革研讨会。

9 日 萍乡市林业局玉女峰林场承包给当地农民的小煤矿,由于通风不良发生井下瓦斯爆炸,死亡 17 人,重伤 1 人。

10 日 萍乡钢铁厂竖炉法焙烧褐铁矿球团技术获国家专利。

10 日 省政府批转省林业厅《领导干部执行森林采伐限额情况的监督核查办法》的报告。

10 日 宜春市在江西省率先进行股份制试点,大力发展股份制、股份合作制企业,以国有、集体、乡办三种类型的代表进行股份合作制改造,加速企业产权明晰化,促进经济发展。全市已经运转的 1200 多家股份制企业,有 90 多家已扭亏为盈。

10 日 为呼应京九铁路提前贯通,省政府办公厅发出《关于抓紧京九铁路省内沿线小城镇规划建设的通知》,并转发省建设厅《关于江西省京九线铁路沿线小城镇规划建设专业技术实施要点》。通知要求从 1994 年起,把京九铁路沿线小城镇的规划和建设纳入有关地(市)和省政府有关部门的目标管理,力争做到沿线小城镇的规划建设与铁路建设同步进行,依靠交通优势建成新的工贸集结点和经济增长支撑点。

11 日 宜丰县桥西乡潭港村人民调解委员会被国家司法部授予"全国先进基层调解委员会"称号。

11 日 由庐山植物园副研究员张伯熙发现并研究开发成功的新型植物生根促进剂在当代专利科技成果转让博览会上获金奖。

11 日 萍乡市硅酸盐研究所与萍乡发电厂共同研制的粉煤灰泡沫玻璃通过技术鉴定。

12 日 在景德镇市珠山明朝御窑厂故址清理发掘出来的 126 件成化官窑瓷器在香港徐氏艺术馆展出。

12 日 南昌市工商银行广场储蓄所以 1992 年底储蓄存款余额 1.722 亿元,居第七十八位,进入全国"百佳"行列,也是在江西省金融系统第一个跨入亿元的储蓄所。

12 日 在江苏无锡市召开的第五届全国新闻摄影理论年会上,江西日报摄影记者赖厚祥撰写的新闻摄影论文《市场经济对摄影记者的震荡》,获全国新闻摄影学术研究成果奖。

13 日 上犹县双溪乡发现一处保存完整的西晋摩崖石刻,距今已有 1600 多年历史。

13 日 宁都县翠微峰方圆数十里的群崖之壁中,发现多座明清时期的崖葬悬墓。

13 日 婺源县在开发文公山景区修葺朱熹四世祖母墓时,从墓后的黄土中发掘两块明代的墓碑。

13 日 首届中国相声节在安徽省合肥市闭幕。江西省相声演员江文虎、廖兵创作演出的相声《看看想想》夺得"金玫瑰"节目二等奖、"金玫瑰"表演二等奖、"金玫瑰"创作三等奖。

14 日 为纪念毛泽东诞辰 100 周年,省人大常委会副主任王国本主编的《中华苏维埃共和国辞典》一书,由北京学苑出版社出版发行。

15 日 江西省第一条 400 米标准塑胶跑道建成,经国家体委验收合格,投入使用。

16 日 江西清江中学获全国青少年卫星搭载番茄种子对比种植实验三等奖。

16 日 婺源县思口乡油墨厂开发生产的"文公"牌 TY 型系列乳化油墨——蜡纸打字、誉印两用油墨四通速印高级油墨,获江西省 1993 年新产品一等奖,畅销全国 20 个省、市。

16 日 省委办公厅、省政府办公厅、省委宣传部和省新闻出版局联合下发《关于对省直党政部门主办的报刊进行清理和加强管理的通知》。该通知要求,省直党政部门主办的报刊除可保留并办好一种国内统一刊号或省内刊号的报刊外,其他报刊原则上要合并、裁判、停办;今后一段时期内不再新批报刊。

17 日 江西社会科学院王永独立完成的国家社会科学基金课题《江西老区社会保障研究》,通过国家鉴定。

17 日 中国兵器工业总公司九江国营第五七二七厂生产的印刷电路用覆铜箔层板（FR－4），通过美国 UL 公司认可。

17 日 江西籍老红军李立捐献革命文物仪式在省博物馆举行。李立曾任中共中央中南局常委、组织部长、省长、全国政协常委等职。捐献的文物包括一柄法制手枪、29 发子弹、一条子弹皮带和一支美式卡宾枪等，分别是李立在 1935 年长征途中和 1945 年抗战时期缴获的。

17 日 江西省林业公路管理总站成立，为省林业厅下属事业单位，暂定编制 5 名，原经费渠道不变。

18 日 婺源县秋口镇农民方根源发现稀有的野生苦丁茶 2000 多株。苦丁茶是一种濒临灭绝的非常珍贵的稀有植物。

18 日 中外合资江西华达钢铁有限公司挂牌暨试产开机典礼在鹰潭市郊举行。

19 日 江西省考古队在京九铁路赣州段沙石镇竹园下村发现商周古人遗址。有"柱洞"（古人建房立柱用的洞）一个，墓葬两处，灰坑 12 个，陶片几十种，文化堆积层约一米左右。已出土的部分文物中有石簇、石（石奔），陶制器皿有鼎、篓盆、缸等。这一发现填补了中国南部地区吴城文化和岭南文化流向的"断层"空白。

19 日 江西红梅建筑陶瓷总厂晋升为国家大型一类企业。

19 日 南昌大桥胜利合龙。该桥是构成连接昌北、新建县的桥梁和 105、320、216 国道的枢纽。

19 日 省政府批准陈红招为革命烈士。陈红招系崇义县杰坝乡黄沙珠玉坑村人。1993 年 1 月 31 日该村发生山林火灾，陈红招在扑火战斗中牺牲，年仅 15 岁。

19 日 在江西中医学院举行的 1993 雷大贞医学教育奖学金颁奖大会上，江西医学院、江西中医学院等 9 所医学院校共 62 名学生领取了奖学金和证书。

20 日 江西临川贡酒获 1993 马来西亚国际博览会银奖。

20 日 南昌大学举行"王氏奖学金"首届颁奖大会，20 名大学生获得奖学金和证书。"王氏奖学金"是旅美华侨王鸿宾先生为发展祖国教育事业，鼓励青年努力学习而设立的。

20 日 鹰潭市龙虎山上清镇圣井山区发现大批已在当地消失多年的国家二级保护动物——娃娃鱼。

20 日 厄立特里亚国防部部长佩特罗斯率军事代表团在国防部外事局副局长罗斌少将陪同下，来江西参观访问。代表团参观了南昌飞机制造公司，观看了飞行表演，并参观了滕王阁。参观访问于 21 日结束访问。

21 日 《井冈山精神教育丛书》由江西人民出版社出版发行。该书是省委党史资料征集委员会组织几十位专家学者，精心编撰的一套融思想性、知识性、可读性为一体的丛书，共 10 册。

22 日 省委九届九次全会举行，传达学习江泽民在中共十四届三中全会的讲话和中共中央《关于建立社会主义市场经济体制若干问题的决定》。会议要求深刻领会中央全会精神，进一步增强加快改革与发展的历史责任感和紧迫感，坚持在深化改革中加快经济发展；勇于实践，加快全省建立社会主义市场经济体制的进程；切实加强和改善党的领导，为发展社会主义市场经济提供政治保证。会议于 24 日结束。

省委九届九次全体会议

22日　江西首家上市公司江铃汽车股份有限公司在南昌市挂牌运营，同时召开创立大会暨首届股东大会。该公司的成立，是江西省转换企业经营机制的一个重大突破，是江西省深化改革取得的一个重大成果。

22日　江西省召开国防科技工业科技工作者代表大会。会议总结了40多年来江西国防科技工业推动科技进步的经验，表彰了一批对国防科技工业有较大贡献的科技工作者，研究在新形势下调动科技人员积极性和创造性，进一步解放和发展科技第一生产力，更好地为国防现代化建设和经济建设作贡献。会议于23日结束。

22日　为实现在2000年消除碘缺乏病目标，江西省开始对碘缺乏病区开展重点检查，这次检查是在各地自查基础上进行的重点抽查。检查工作至12月完成。

22日　省地市、省直主要领导干部读书班和县（区）委主要领导干部读书班举行开学典礼。省委书记毛致用和省委副书记、省长吴官正强调，各级领导干部一定要认真学习《邓小平文选》第三卷，用建设有中国特色社会主义理论武装头脑，进一步提高思想理论水平，提高贯彻执行党的基本路线的自觉性、坚定性，尽心尽力做好各项工作，推动江西省改革开放和现代化建设不断发展。

省委常委集中学习《邓小平文选》第三卷

23日　建设部授予庐山"全国环境卫生先进风景名胜区"称号。

23日　抚州市第二人民医院副院长、中医主治医师唐学游撰写的《脑郁初探》荣获首届"生命杯"世界传统医学优秀论文成果奖。

23日　经国家环保局"中华环保世纪行"

活动对环境噪声自动监测仪器和自动显示装置综合评议、打分，江西红声器材厂生产的"星球"牌HS6280型超声分析仪器和"星球"牌HS6290型噪声采集器分获总分第一名、第二名。

24日　铁道部京九办向担负吉安到定南段施工任务的铁道建筑总公司发来贺电，祝贺全段工程取得突破性进展，提前两个月完成了1993年的施工任务，受到国务院领导的高度评价。

吉水铁路大桥

25日　九江市工商银行王升鉴撰写的《谈专业银行政策性与商业性业务的划分标准》一文，被评为中国社会经济决策咨询中心最高决策咨询奖一等奖。

26日　南昌电信局利用瑞士政府第三批混合贷款2850万瑞士法郎，引进瑞士亚斯康公司8万门程控电话交换系统，首期4.4万门开通。此次江西省与瑞士亚斯康公司的第二次友好合作商定，第三次合作将利用瑞士政府贴息贷款1亿瑞士法郎引进40万门程控电话扩容工程。

26日　江西省建筑装饰协会召开成立大会暨第一次代表大会。大会通过《江西省建筑装饰协会章程》，选举第一届理事会、常务理事会。吴景柏当选为名誉理事长，王儒明当选为理事长，舒基鼎当选为副理事长兼秘书长。

26日　九江长江大桥304台安装在三大拱上的减震器成功安装完毕。

26日　团中央、中国青年企业家协会在北京召开全国优秀青年企业家表彰大会，江西省南昌商场总经理李树、新余前卫化工厂厂长唐爱拳、上饶国泰商厦经理吕美庆、九江钢厂厂长罗立功、鹰潭面粉厂厂长邓绍聪5位青年企业家获得"全国优秀青年企业家"称号。

26日 江西电缆厂试产成功交联聚乙烯绝缘高压电力缆，经检验部门测试完全符合国家标准，江西省线缆厂家结束无法生产10KV－35KV高压电缆的历史。

27日 我国第一个鱼类种质资源人工生态库在兴国县建成并通过验收。兴国红鲤鱼是全国鱼类优质品种之一。

27日 为纪念我国近代科技界先驱、"工程师之父"詹天佑光辉的一生，婺源县着手铸塑詹天佑铜像及工程师纪念柱。铜像为站立全身像，总高5.8米，身高3.5米，力求表现詹天佑爱国自强的民族气节和求实严谨的治学精神（铜像于1994年4月26日詹天佑诞辰日建成揭幕）。

27日 自1991年7月，省委、省政府批准景德镇市外向型发展经济以来，该市出口产品达13大类，近百个品种；创汇额8000万美元，占全市国民生产总值1/4；引进外资1.4亿元，兴办近百家较高起点的三资企业。日用陶瓷、制冷设备、电子陶瓷和元器件、建筑陶瓷、汽车、医药化工产品等几大类产品，产值均达亿元，成为出口支柱产业。全市产品出口比例已由1991年的28%提高到35%。

28日 "江西改革开放十五年成果展览"在江西省展览馆开展。展览由省委宣传部、省体改委、省经贸厅联合举办，共有270余个单位参加。这次成果展是为纪念党的十一届三中全会召

江西省展览馆外景

开15周年，展示江西省改革开放的巨大成就，宣传邓小平建设有中国特色社会主义的理论，宣传党的十四大和十四届三中全会精神而举办的。

28日 "洪昌"号装载1800吨货物直达海口，首航成功。该轮是江西轮船公司和上海洪昌实业公司等联合出资购买的。船上装备了先进的导航雷达和航行自动记录仪，具有马力大、速度快、技术先进等特点。

28日 经省政府和华中电力集团公司批准，江西省电力公司成立，这是华中电力集团公司紧密层第三个挂牌营业的省级公司成员。

28日 省政府在三清山召开现场办公会，同意上饶地区设立三清山旅游经济开发区。开发区范围包括中心景区及其外围的德兴市畈大乡、玉山县怀玉乡、三清乡、南山乡、紫湖乡，面积约400平方公里，人口约3.5万人。

29日 江西省考古研究所与德安县博物馆联合对棺山古墓和陈家墩商周遗址进行发掘，并获得一批文物。棺山古墓群以汉代墓为最多，出土了青铜剑、青铜弩机等文物100多件。其中一座汉墓在前室的右角有一条通向墓外7米多长的排水沟，陈家墩商周遗址已发掘500平方米，在水井内发现一件完整的商代"折肩来颈圆环底大罐"和30多件完整和可复原的汲水器物。

29日 在第七届全国运动会期间，万年县政府被国家体委授予"全国群众体育先进单位"称号，是这次全国受表彰的6个县级政府之一。

29日 在北京举办的"1993中华全国集邮展览"中，江西选送的5部邮集、两部文献全部获奖。其中，新余市杨石修的《拱桥》邮集获金奖；南昌市王新生的《解放区时的毛泽东》邮集获银奖；南昌市曹杉林的《世界语》邮集获铜奖，江西省集邮协会会刊《江西集邮》获铜奖。

29日 德兴市万村和龙头山境内发现特大型花岗岩矿藏，总储藏量达5亿立方，颜色有芝麻白、杜鹃红、将军红等10多种。

29日 江西省国有商业小型企业

推行"国有民营"。江西有2500多个国有小型商业企业，已有1700多家实行"国有民营"，占总数的65%以上。

本月 由江西中医学院副教授陈日新、教授杨扶国与江中保健品公司共同研制的人体脂肪测定仪在南昌通过鉴定。

本月 由江西省宜春地区漫画学会、铜鼓县文化馆与定江村文化站联合主办的"定江杯"全国漫画大赛评选揭晓，江西张明的《救生圈》与北京朱根华的《愿小苗天天向上》同获一等奖。

1993
12月
December

1993

公元 1993 年 12 月							农历癸酉年【鸡】					
日	一	二	三	四	五	六	日	一	二	三	四	五	六
			1 十八	**2** 十九	**3** 二十	**4** 廿一	**5** 廿二	**6** 廿三	**7** 大雪	**8** 廿五	**9** 廿六	**10** 廿七	**11** 廿八
12 廿九	**13** 十一月大	**14** 初二	**15** 初三	**16** 初四	**17** 初五	**18** 初六	**19** 初七	**20** 初八	**21** 初九	**22** 冬至	**23** 十一	**24** 十二	**25** 十三
26 十四	**27** 十五	**28** 十六	**29** 十七	**30** 十八	**31** 十九								

1 日 江西省首家公开发行的江铃股票在深圳证券交易所，正式挂牌交易。这是深圳上市的第 65 家股票，也是当日上市的第二家公司。江铃股总股本为 4.94 亿股，国家股为 3.96 亿股，新增发行 9800 万股，每股溢价 3.6 元发行，向社会公开发行 8820 万股。

1 日 南昌奥特电子光源厂开发的"低压钠灯电子镇流器"和"全保护荧光灯电子镇流器"获国家专利产品。

2 日 宁都县黄陂镇山堂村发现毛泽东 1931 年的一篇没写完的诗稿和一份文件的手稿。这两份手稿是当年毛泽东转移时来不及销毁的草稿，现已寄中国历史博物馆鉴藏。

2 日 江西省邮政汽车运输局开通"南昌—广州"自办汽车集装箱邮路。这条邮路为全国汽车集装箱邮路"金华—南昌—广州"干线中的一段，是继"上海—合肥—郑州"自办汽车集装箱邮路后的又一条全国自办汽车集装箱邮路。

2 日 经省档案局考评验收，省税务局机关档案晋升特级先进单位。跨入全国档案管理先进行列。

2 日 江西省自行建造的第一艘旅游船在江州造船厂下水。船名取为"维多利亚一号"的旅游船深 3.50 米，上下分为 5 层，设有起居甲板、游步甲板和观景甲板等，集观景、摄像、游乐、食宿于一体。

2 日 由团中央，国家经贸委、计委、科委、科协，中国发明协会联合举办的中国第二届青年科技博览会结束。上饶客车厂研制的上饶牌 SR6700、SR6590 型轻型客车，分别获科技成果金奖和新星奖，这是江西客车行业唯一推荐入选并获奖的轻型客车。南昌飞机制造公司工学院研制的多功能康复舒乐椅和家（汽车）用电子脉冲按摩仪，也分别获团金奖和新星奖。

3 日 乐平市新型卫生洁具厂试制成功的"MSC"高光冷瓷无机玻璃钢浴盆，通过鉴定并被列入江西省 1993 年第二批新产品试制项目计划。

3 日 经省纺织品质量监督检测中心检测，井冈山棉纺织厂开发的纯棉贡缎大提花坯布，各项物理质量指标均符合一等品标准。

3 日 全套引进设备的江西省重点工程——九江化纤厂2万吨黏胶短纤维项目，通过达标验收，考核结果产品质量合格率和一级品率均达100%。

九江化纤厂2万吨黏胶短纤维项目达标验收剪彩仪式

4 日 江西省利用加拿大贴息贷款4400万美元，引进该国北方电讯公司DMS程控电话交换机项目签字仪式在南昌举行。这笔贷款引进程控电话交换机32万门，用于赣州、吉安、抚州、萍乡、宜黄、鹰潭、上饶、景德镇8个地市31县（市）程控电话建设。

5 日 江西新余钢铁总厂实现"产钢百万吨，利税5亿元"目标，跨入全国年产钢百万吨大企业行列。

6 日 铜鼓县采取预防为主的有效措施，建立健全系统的防护网络，使全县自1980年以来的13年未发生一起脊髓灰质炎，消灭了小儿麻痹症。

6 日 黎川县荷源乡发现621矿石。是一种可用于现代都市高级建筑装饰材料的矿石。

7 日 婺源县被正式列为全国50个生态农业试点县之一。

8 日 南昌机场与北京、上海等机场一道，在全国共建精神文明口岸活动中获全国"文明口岸"称号，南昌边检站与南昌卫检局、南昌海关与南昌动植检测局被评为全国结对共建先进单位。

8 日 江西省纪念毛泽东诞辰100周年学术研讨会在南昌召开。与会者围绕"坚持和发展毛泽东思想，用邓小平建设有中国特色社会主义理论指导各方面工作"这一主题，进行交流和研讨。研讨会于9日结束。

9 日 九江石化总厂发挥自身优势，大力兴办第三产业，安置了大批富余人员，减轻了企业负担，提高全厂经济效益。到11月底，全厂成立具有法人资格的经济实体11个，分流职工108人，总厂全员生产率提高27.69%。

9 日 新余钢铁总厂第三型钢厂成功地轧制出直径6.5毫米的盘元，江西省开始走上能生产高速线材的轨道。

10 日 安福县连村乡葛溪村发现一批涉及明代英烈刘球的珍贵史料。其中有刘球后裔保留的修撰于清咸丰年间的《茨溪刘氏族谱》，保存完整的"国祠堂"大理石碑刻以及忠节祠牌坊巨石基石等。

10 日 据江西省粮油进出口公司统计，至当日已出口大米28万吨，比1992年同期增长7%，创汇4500万美元，约占全国出口大米的30%。省粮油进出口公司还对日出口食用糯米1.3万吨。

10 日 萍乡市中级人民法院对被告人李文初、罗珍兰、赖昌钊等11人绑架儿童案进行公开审理，判处被告人李文初、罗珍兰死刑，剥夺政治权利终身；判处被告人赖昌钊死刑，缓期两年执行，剥夺政治权利终身；判处被告人刘胜桂无期徒刑，剥夺政治权利终身；分别判处王维春等其他7名被告人有期徒刑。

11 日 南昌陆军学院召开全院学员大会，宣布3名学员由大专队（中专）升为本科（大专）队学习；1名学员由大专降为中专队学习；11名学员因成绩差等原因被淘汰离院。这是该院在全军院校中率先实行升留格、淘汰制，以利于人才冒尖及教学质量的提高。

11日　南昌洪城大厦股份有限公司在南昌成立，这是江西省第一家商业股份制企业。

洪城大厦商场

12日　在全省地矿工作会议上，省地矿局赣东北大队被省政府授予"地质勘查功勋单位"称号。

12日　林业部授予景德镇市枫树山林场、安远县、永新县、宜黄县为世界银行贷款国家造林项目先进单位。

12日　林业部决定表彰全国国营林场100佳单位。江西五指峰林场、九连山林场、枫树山林场、芦溪岭林场、小叶桅林场五个国营林场列入100佳之中。

13日　在全国畅销国产商品展销评奖活动中，凤凰牌照相机获1993全国畅销国产商品"金桥奖"。

14日　在中国佛教禅家名刹马祖道场——靖安县宝峰禅寺，举行马祖塔落成暨大雄宝殿奠基典礼法会。来自海内外的贵宾、佛门弟子近万人，庆祝宝峰禅寺（法林寺）再现庄严福地。

14日　省八届人大常委会第六次会议在南昌举行。会议通过《江西省文化市场管理条例》、《南昌市城市绿化管理规定》、《江西省人民代表大会常务委员会制定地方性法规条例修正案》等决定和条例以及人事任免名单。

15日　工商银行南昌市洪都大道办事处被江西省工商银行列为"金融系统职业道德建设试点单位"。

15日　中央国家机关十大杰出青年评选在北京揭晓，驻江西省的武警水电二总队八支队三连上尉指导员钟美良当选为中央国家机关十大青年。

15日　江西城乡全面展开的消除小儿脊髓灰质炎，在强化免疫大会战第一轮接种中，有362万4岁以下儿童接种强化免疫。这次活动体现的政府行为与社会广泛参与，即接种期限科学，含铁锌氨基酸，被中华医学会微量元素学会评为优质产品金奖。

17日　国家计委批准年产130万吨瑞昌水泥厂立项报告。

18日　国家经贸委、国家税务总局下达江西省15项重点新产品试产项目，并给予2年至8年减免税扶持。这批项目包括江西电线电缆总厂的"物理高发泡射频同轴电缆"、江西制药厂的"克拉维酸及制剂安克菌片"等高新技术产品。

18日　南昌大桥桥面工程胜利建成。该桥是世界银行贷款、国际招标的我国第一座双层立体分流城市公路大桥，桥长2780米，桥面上层宽23米，总造价2.5亿元。

即将竣工的南昌大桥

18日　横南铁路上饶至永平线暨上饶站改建扩建工程破土动工。省长吴官正和国家计委、铁道部、上海铁路局、浙赣复线指挥部以及福建南平地区、省直属有关部门领导到现场祝贺。该铁路线长286公里，总投资20.02亿元，计划于1996年建成通车。

18日 经国家经贸委、国家税务总局、海关总署严格审定，江西红声器材厂被批准列为全国"四十户企业（集团）技术中心"之一，并享受国家50万元拨款的资助。

18日 著名龙尾砚雕刻家、婺源县工艺雕刻厂厂长胡中泰制作的"尹庙残碑砚"被韩国客商以1.8万元人民币买下，创江西省商品砚最高价纪录。

18日 省委宣传部、省公安厅、省总工会、团省委、省妇联、江西日报社、江西电视台、江西人民广播电台、江西法制报社联合主办的"江西十大杰出民警"、"江西十大模范警属"评选揭晓。钟田力、林列如、李永红、林冲、雷在新、曾广辉、杨红、刘玉汪、乐新荣、邱维当选为"江西十大杰出民警"；罗云华、吴保兰、倪荷花、龙禄玲、严高萍、黄凤娥、高芙蓉、杜雪华、高水仙、廖秋桂当选为"江西十大模范警属"。

20日 江西电影制片厂与南昌飞机制造公司联合拍摄的第一部反映我国航空工业发展的8集电视连续剧《天缘》在中央电视台播出。该剧生动地描述了两代人对事业和爱情的追求，再现了我国航空工业走过的一段艰难曲折的历程，是江西省精神文明建设"五个一工程"的一部重头戏。

20日 江西省烟草公司已实现工商税利5.6亿元，提前完成省政府下达的任务目标。

20日 中日科技合作项目——《九江综合开发规划》顺利出台，并交付实施，这是日本首次无偿援助我国内陆城市关于地域性开发规划社会课题项目。

20日 南昌塑料八厂提前实现年产值过亿元的目标，进入全国塑料百强的企业。

20日 省经委重点新产品试制、开发项目——JS500型搅拌机，在省建筑机械厂通过技术鉴定。

21日 江西省地方志编修10周年庆祝大会在南昌召开。会议由省政府秘书长朱英培主持，省长兼省地方志编委会主任吴官正出席会议并讲话。会议主要议程是总结10年来江西省地方志编修工作经验，表彰21位江西省地方志编修事业优秀工作者。10年来，江西省正式出版市、县志55部，省志专志4部、年鉴20部和一大批其他志书，并整理出版了一批旧志。

21日 我国第一条万吨有机硅生产线在永修星火化工厂建成试车投产，线总投资10727万元。该厂已生产出有机硅单体、中间体和有机硅系列产品70多个，其中有机硅201早基硅油获部优秀产品奖。

22日 《党史文苑》第六期发表了近百名江西籍开国将军纪念毛泽东诞辰100周年的题词。在1604名开国将军中，江西籍将军有325名。

22日 江西东诚木业厂有限公司正式投产。该公司由共青垦殖场与香港东诚拓展有限公司合资2600万美元兴建，投产后可年产3万立方米华丽板、美耐板和PVC板，产品80%返销国际市场。年产值可达3000万美元，预计3年即可收回全部投资。

22日 国务院、中央军委正式批准新建南昌昌北民用机场。场址确定在南昌市新建县乐化乡谈家村附近。机场建设规模为：飞行区按4D级设计，航站区按满足2005年旅客吞吐量要求设计，工程总投资约6.75亿元，由国家民航总局与地方共同负担。

23日 省政协在南昌举行纪念毛泽东诞辰100周年座谈会。省政协副主席叶学龄主持会议并讲话。省政协副席吴永乐、黄立析、罗明，省委统战部部长梅亦龙和省政协原副主席杨永峰等及省政协部分委员，各民主党派省委会和省工商联负责人，无党派爱国人士80多人出席会议。会议强调，深切缅怀毛泽东，最重要的是要坚持和发展毛泽东思想，用毛泽东思想的最新成果——邓小平关于建设有中国特色的社会主义理论来武装头脑和指导实践；认真学习《邓小平文选》第三卷和中共十四届三中全会的决定，团结一切可以团结的力量，为加快社会主义现代化建设事业作出新贡献。

23日 省委办公厅、省政府办公厅印发《关于在省直部门、大专院校、科研单位开展对口帮扶乡镇企业工作的通知》,省机械厅等49个单位对石城等16个潜力大县和南昌市郊区等14个实力大县开展定点挂钩、对口帮扶工作。江西省3家乡镇企业年产值首超亿元。其中,江西洪城制药厂1.57亿元,江西昌盛轻工业品有限公司1.472亿元,江西东方制药厂1.01亿元。

24日 江西省国际经贸学会在南昌宣告成立。省长吴官正、副省长周慈平、国家体改委副主任王仕元、国务院经济发展中心副总干事何方、外经贸部副部长王文东、石广生等为学会题词。该学会是专门研究国际经贸理论与实践问题的群众性学术团体,首批发展团体会员60个,个人会员215个。

25日 学部委员、南昌大学校长潘际銮教授宣布:经国务院学位委员会第十二次会议批准,南昌大学为博士学位授予单位,金属塑性加工专业为博士学位授予点,扶名福教授和李凤仪教授为博士生导师,马克思主义理论教育、现代汉语、微生物等9个专业为硕士学位授予点。

25日 江西省农业大学刘安国教授主持撰写的《莲腐败病病原镰刀菌的分离和鉴定》,被国际《植物病理学评论》杂志收录。

26日 中国围棋协会主办的1993年度全国"应氏杯业余围棋大赛"举行。九江市民政塑料厂工人梅亮获本次大赛优胜奖。

26日 江西省谱牒研究会在南昌成立。该会对记述古代氏族世系的谱牒和姓氏源流进行研究,揭示历代家庭兴衰及规律,展示历代人口变迁及规律。

26日 江西电视台与中央电视台合作拍摄大型电视纪录片《庐山》,并第一次举办两期大型综合文艺节目《正大综艺》。其中,当日播放的第192期《正大综艺》是纪念毛泽东诞辰100周年特别节目。

28日 经中国人民银行总行批准,江西省首家非银行金融机构——江铃汽车集团财务公司在南昌成立,江铃汽车集团实行产业资本同金融资本相结合。

28日 鹰厦线电气化铁路开通。该改造工程总投资14亿元,完成电气化改造的输送能力将比原来提高近1倍,并将使万吨公里的运输成本下降27%。

28日 江中制药厂应用高新技术与中国科学院共同研制开发出"抗血栓新药蚓激酶胶囊",通过技术鉴定。该药用于治疗缺血性、血栓性疾病总有效率为93.73%,显效率73.60%。

28日 截至当日,江西铜业公司已全面完成1993年生产任务,其中电解铜突破8.6万吨,硫酸37万吨,硫精矿110万吨,铅精矿4000吨,锌精矿4000吨,并生产黄金2.5吨,白银30多吨,实现利税4.1亿元。

28日 鄱阳湖鸟类环志站科研人员在鄱阳湖保护区内发现一只环志的东方白鹳。该鸟右脚上套有一红色塑料环,环长6.2CM,环号为48。世界上仅俄罗斯和日本的鸟类专家环志过此类鸟。

28日 江西省第二期地市县和省直单位主要领导干部学习《邓小平文选》第三卷读书班,在省委党校结业。省委常委、组织部部长舒惠国出席了该期读书班结业典礼并讲话。

29日 高安举行撤县设市庆祝大会。高安是江西省粮、棉、油三项综合生产大县和重要的工业原料生产基地,综合经济实力名列江西省10强县前茅,现有人口72万人。

29日 江西省国际经济技术合作公司成立10周年座谈会召开。该公司1983年成立,10年来,完成对外承包劳务营业额1.16亿美元,外汇净收入7700万美元,派出承包工程和劳务人员11460人次。该公司相继在赞比亚、美国、博茨瓦纳、哥伦比亚、波兰、俄罗斯、日本、中国香港设立办事处,打开了国际市场经营窗口。

29日 江西19名教师荣获曾宪梓教育基金会1993年高等师范院校教师奖,其中江西师范大学薛妮珍、杨鑫辉分别获一、二等奖,另外17人获三等奖。

30日 江西省交通稽查征费局获"全国车购费征收工作先进单位"称号。

30日 在珠海1993国际美容保健技术产品交流会上，江西省江中保健品公司生产的"江中"牌奶粉伴侣获金奖。

31日 省教委宣布，江西省高校1993年新增硕士授予点26个，江西有100个硕士授予点。南昌大学、江西农大、江西师大、江西医学院、华东交大等11所高校均有硕士授予资格。

31日 全国政协副主席钱伟长为婺源天佑中学题写校名。该校原名婺源二中，系江西省重点中学，为纪念我国"工程师之父"詹天佑光辉的一生，以"天佑精神"激励广大学生勤勉求知，经省政府批准，该校正式更名为天佑中学。

本月 在香港国际食品博览会上，江西天野食品开发公司的产品"天野"牌南酸枣汁获金奖。

本月 为纪念毛泽东诞辰100周年，江西人民广播电台、江西电视台开办系列文艺、专题节目。电台制作并播出《星星之火，可以燎原》、《毛主席走遍祖国大地》、《伟大情怀——毛泽东诗词歌曲欣赏》3部6集系列音乐节目。举办音乐节目《心中流淌的歌》；在《今日又相逢》专栏开办系列文艺节目《爱在心中》。电视台还摄制了《永远的爱——毛泽东和少先队员》、《存亡之道——毛泽东军事思想漫谈》等系列片。

本 年

本年 新余市无缝钢管公司与新加坡百林（中国）投资有限公司合资兴建江西星宇金属管材有限公司。公司产品广泛应用于石油、化工、冶金、建筑、机械加工行业。

中外合资江西星宇金属管材有限公司合同签字仪式

本年 江西冶金总公司年产钢148万吨，材115万吨。分别比1992年增长11.3%和4.5%，实现利税突破7亿元，比1992年净增2亿多元，创历史最高纪录。

本年 江西省重点县市工业部门解放思想、努力开拓，工业实现持续快速健康发展。全省40

多个重点县市1993年完成工业总产值180亿元，比1992年增长30%以上。赣州市、吉安市、丰城市、宜春市、德安县5个县市产值突破10亿元。财政收入"亿元县市"有赣州、吉安、丰城、宜春、上饶、樟树、南昌、南康八个县（市）。

本年 在泰国举办的1993中国优质农产品及科技成果设备展览会上，江西省广昌通心白莲和广昌利用莲副产品莲芯科学配制的"翠叶"牌莲薏茶均获金奖。

本年 在全国新科技成果专利技术、专利产品博览会上，江西会昌精制米食公司"高富"牌江西米粉获金奖。该公司生产的"高富"牌米粉远销美国、加拿大、澳大利亚和东南亚等国际市场。该公司引进外资合作扩建两条生产线，年产米粉1600吨。

本年 江西良友畜牧有限公司出口瘦肉型商品猪4217头，销售种猪1120头，利润85万元、创汇50多万美元。该公司建场6年多来，一直采取严格封闭式管理和防疫措施，生猪存活率高达97%以上。该公司种猪品种发展到五个血源，皆为世界优良品种。

本年 南昌市优化农业内部结构，在全国率先推广双低油菜 25.5 万亩，占总面积的 21.3%。安义县全部实行双低化，成为全国第一个双低油菜生产基地。

本年 全省农村储蓄净增 31 亿元，余额突破 130 亿元，人均已达 870 元，相当于以往 4 年的年均增长总和。张逢雨、郑良玉等省领导表示祝贺。农村储蓄已占全省各行城乡储蓄总额的 41.3%。

本年 丰城矿务局提出了"减人提效，减亏增盈"的总目标，实现"三个超额"、"十个创历史"、"七个名列江西省第一"，被评为全国安全先进矿井，受到煤炭部和省煤炭厅的表扬，全局销售总收入突破 3 亿元，企业减亏 1000 多万元。

本年 江西省对外承包工程和劳务合作新签合同（协议）额 1935.69 万美元，完成营业额 2560.75 万美元，外汇净收入 523.04 万美元，实现利润 389.29 万美元。分别比 1992 年增长 240%、154%、178%、192%。接受国际无偿援助资金 430.6 万美元，协议资金 537 万美元，批准海外非贸易性企业立项 8 个，总投资 429 万美元。

本年 南昌市郊区 1993 年新办"三资"企业 60 家、实际进资 2722 万美元、外贸供货总额达 22795 万美元，分别比 1992 年增长 33.3%、100% 和 123.7%。

本年 赣江制药厂 1993 年完成利税 2000 多万元，成为全国同行业中的利税大户，各项经济指标创历史最高水平。1992 年该厂曾被评为"全国医药百强"单位。

本年 《江西省人事志》、《余江县志》、《安远县志》、《南康县志》、《瑞昌县续志》、《江西省石油化学工业志》、《江西省纺织工业志》、《新余市志》、《江西省粮食志》、《新建县志》、《德兴县志》、《抚州市志》、《瑞金县志》、《泰和县志》、《会昌县志》、《宜黄县志》、《婺源县志》、《分宜县志》、《上饶县志》、《都昌县志》、《黎川县志》、《永丰县志》定稿。

本年 上饶机械厂与南京水泥设计研究院合作研制的新一代熟料输送机 SDBF 系列产品列入国家科委"八五"期间国家重点新产品计划，并出口泰国、巴基斯坦等国家。

本年 江西省完成人工造林 21.54 万公顷，飞机播种造林 2.79 万公顷，迹地更新 3.25 万公顷；新增封山育林面积 31.99 万公顷；零星（四旁）植树 6986.90 万株；幼林抚育实际面积 105.29 万公顷；成林抚育面积 18.27 万公顷；低产林改造面积 11.73 万公顷；疏林补植面积 5.68 万公顷。生产木材 263.42 万立方米、竹材 2179.05 万根；松香 31056 吨、松节油 3501 吨；胶合板 18.76 万立方米、纤维板 7.86 万立方米、刨花板 4.12 万立方米。

本年 林业部从活立木总蓄积、社会总产值、产品销售收入、利润总额和固定资产原值 5 个方面，对全国 4180 个国营林场的综合经济实力进行排序，评选出全国林业系统国营林场 500 强。江西有 31 个国营林场跻身 500 强行列。其中排在前 100 名的有全南县小叶岽林场、景德镇市枫树山林场、赣州地区九连山林场、遂川县五指峰林场、永新县七溪岭林场、信丰县金盆山林场和吉安地区武功山林场 7 个林场。

本年 林业部公布 1993 年林产工业名优产品名单。江西樟脑厂的"雪松"牌精制天然樟脑粉、赣州木材厂的"天岩"牌马尾松胶合板被评为国家优质产品；安远化工厂的"龙山"牌脂松香等 12 个产品为部优产品。

本年 瑞昌一中美术教师陶俊生的剪纸"清谷"入选"中国民间艺术展"，并被送往瑞典码尔摩市展出。

本年 赣州星星摩托车齿轮集团完成齿轮生产量 2115 万件，居全国同行业第三位。

本年 在本年度英国宝石鉴定师资格证书考试中，省地矿局宝石公司珠宝鉴定师郭孝明，获代表英国宝石协会最高荣誉的证书——商贸奖。

本年 南昌市郊区在招商引资、兴办三资企业和出口贸易等方面大为长进。1993 年乡镇企业出口创汇企业由 1992 年的 16 家发展到 22 家，出口交货值由上年的 9732 万元增加到 2.2 亿万元，居全省县级第一位，分别比 1992 年增长

37.5%和126.5%。

本年 湖口糟鱼继1992年获全国水产品优质奖后，1993年又被农业部评为1993全国星火计划金奖。这是全省水产行业中唯一获此殊荣的中外合资企业。

本年 全省水产品产量突破50万吨，比1992年增长21%；渔业产值达22.7亿元，比1992年增长30%，占农业产值的比重由5.4%提高到6.4%；农民来自渔业的人均纯收入也有增加。渔业商品率达80%以上。各类批发市场和集市贸易日趋活跃。

本年 江西昌盛轻工业品联营有限公司创产值1.05亿元。省乡镇企业局通过对该公司进行严格审核，确认其为全省首家年产值过亿元的乡镇企业。该公司把加工和贸易集于一身，产品形成8大系列几千个品种，成为南昌市郊区顺外村实力最强的企业。

本年 赣州地区加大招商引资力度，新批三资企业160家，合同外资额达10744.7万美元，

利用外资2181.5万美元，三资企业出口创汇929.5万美元，分别比1992年增长55.34%、65.85%、97.89%和81.14%。

本年 赣州市水东乡乡镇企业总产值达1.27亿元，实现利税1295万元，成为赣州地区第一个乡镇工业产值超亿元、税利上千万的乡。全乡产值上千万元的企业有3家，产值上百万元的有20多家。

本年 日本三菱公司、松下公司电气株式会社驻江西省直销商——江西外贸空调总汇销售各式空调8000台，实现销售收入2300万元，成为江西省规模最大的专业空调销售企业。

本年 江西省自然科学学会专业人才的智力优势，正日益发挥，到1993年底，江西省已有省级自然科学学会115个，会员14.49万人。

本年 新余市渝水区财政收入达4502万元，比1992年净增1230.7万元，增长37.3%，首次净增超过1000万元，增长幅度高于江西省6至7个百分点。

1994 年

概 要

本年国民经济和社会发展的主要任务是：国民生产总值比上年增长 12%，力争 14%；工农业总产值增长 18%，其中农业增长 5%，工业增长 23%；地方财政收入增长 12%，力争 14%；省政府确定，1994 年人口出生率控制在 19.8‰以内，人口增加数控制在 79 万人以内；计划生育率保证在 72.50% 以上。省委、省政府按照中央批准的《江西省党政机构改革方案》和省人大通过的省政府机构设置方案部署机构改革工作。机构改革的总目标是转变职能、理顺关系、精兵简政、提高效率，以解决党政机关存在的机构臃肿、层次重叠、人浮于事、效率低下等问题。全省组织省、地、县三级机关干部 1.8 万余人下农村蹲点。省政府作出《关于深化对外贸易体制改革，加快发展对外贸易的决定》，要求加快国有外经贸企业经营机制的转换，加强国有资产管理，建立新型的外经贸国有资产管理和经营体制，发展和完善大经贸格局，培植扩大出口创汇新的增长点。

"主攻工业"的决策　　1 月召开的全省经济工作会议明确提出"立足农业，主攻工业"的发展思路。强调"主攻工业"首先是为了适应现代化的要求；二是深化江西的发展思路，农业的现代化需要强有力的工业支持；三是为了改变全省工业建设的现状，江西的"差距主要在工业"，"发展经济的潜力和希望在把工业搞上去"，"工业能否上得去，是加快全省经济发展的关键"；四是国内外环境的改变和全省基础设施建设的重大进展是"不可多得的工业发展的机遇"。因此，省委、省政府决定"把加快工业发展上升为整个经济发展的总体战略"，并指出"立足农业、主攻工业不是权宜之计，不是短期工作目标，而是长期性、战略性的发展思路"，要求各级党委和政府务必把工作重点调整到这上面来。统一思想，找出本地、本部门主攻的方向和着眼点，订出计划，落实措施，务求实效。省政府召开会议研究九五重大技改项目的准备工作，指出要从江西工业如何跨世纪的战略高度，按照国家产业政策和本省产业结构调整方向，提出更多更好的重大技改项目。全省九五技术改造要力争上 100 个大项目，投入 200 亿元，新增 500 亿元产值，为工业经济上台阶打下扎实基础。

"一试点两推开"　　省政府《关于我省一九九四年深化工业企业改革工作的实施意见》要求加快转换企业经营机制，建立国有资产监管体系；加快"一试点两推开"（在国有大中型企业进行公司制试点，在城镇集体企业推开股份合作制，在国有小型工业企业推开国有民营改革）步伐，建立现代企业制度；调整企业组织结构，促进生产要素优化组合。同时发出三个文件：《关于批转省体改委、省经委制定的江西省国有独资公司试点意见的通知》、《江西省国有小型工业企业试行国有民营暂行规定》、《江西省城镇集体所有制企业股份合作制暂行规定》。

金融体制改革　在财税改革深入进行的同时，从整顿金融秩序入手的金融体制改革逐步深化。在整顿秩序方面，省委、省政府着力整治曾经出现的金融混乱状况，严令各级政府决不干涉商业银行依法开展正常的金融活动，全省不准乱办金融企业、乱设金融机构、乱集资和违法管理金融、地方政府为融资活动担保、搞假破产真逃债（时称"六不准"）；在深化改革方面，着力强化中央银行的调控和监管职能。在全省各地市县设置政策性银行即农业发展银行，并将政策性业务与商业性业务相分离，把国有专业银行相继转为商业银行。

医疗保险制度改革　4月，九江市被国务院确定为全国医疗保险制度改革的两个试点城市之一，率先进行社会统筹医疗基金与职工个人医疗账户相结合的医疗保险制度改革，对公费、劳保医疗按照统一的新制度政策同步进行改革，取得明显成效。

开发区的清理整顿　省政府对各地开发区进行检查清理，撤销地市审批的开发区 17 个，并规定乡镇一律、县原则上不兴办开发区。经过清理，全省共有各类开发区 14 个。其中，以南昌高新技术产业开发区和昌北开发区规模最大，南昌高新技术产业开发区正逐步形成电子信息、机电一体化、生物工程、现代化工、新材料、现代农业和食品工业为支柱的产业分布格局，并对全省高新技术的发展起着辐射、示范和牵动的作用。

综合成就　年初，山江湖工程被列入《中国 21 世纪议程》，在联合国与中国政府联合举行的国际高级圆桌会上，受到许多国际组织和国家代表的肯定，并表示要予以援助。江西 32 个县市被列为粮棉大县，其中粮食大县 20 个，棉花大县 6 个。从本年起，国家每年给每个粮棉大县安排一定数额的专项贷款发展经济，连续实施 5 年。南昌昌北民用机场、九景一级汽车专用公路（九江至景德镇）、上饶大坳水利工程、瑞昌水泥厂、丰城电厂、南昌火车站等一批重大基本建设项目得到国家批准，总投资约 84 亿元。年底全省又有 58 家企业被确认为大中型企业。至此，江西已有国家批准的特大型企业 1 家，大型企业 82 家，省批准的中型企业 286 家。江西省大中型企业合计 368 家（不含部属企业）。

其他重要事件　当年，停业亏损多年的国有企业泰和县联合收割机厂被拍卖给一家私营企业，首开全省私营企业收购国有企业先河。全省开始实施"百万山羊发展计划"。全省市场价格总水平涨幅过高，通货膨胀压力加剧，零售物价总水平上涨 23.9%，居民生活消费价格总水平上升 26.9%。一些国有企业生产经营困难较大。根据国家统计局综合评价，江西省当年社会发展水平名列全国第 19 位，增长速度为全国第一，但全省的社会发展水平仍然低于全国平均水平。经国务院批准，江西新增 18 个县对外国人开放。外国人持有效证件，即可前往这些地区旅行。根据国家规定，全省开始实行职工平均每周工作 44 小时的新工时制度。

全省本年主要经济指标情况　国民生产总值 983.67 亿元，比上年增长 18%，为 1980 年的 4 倍，提前 6 年翻了两番。国内生产总值为 1039.27 亿元，其中第一产业增加值 314.35 亿元，增长 5.7%；第二产业增加值 338.23 亿元，增长 28.7%；第三产业增加值 295.58 亿元，增长 15%。农业总产值 527.86 亿元，增长 10.2%；粮食总产量 320.7 亿斤，增长 5.7%。工业总产值 1570.87 亿元，增长 57.7%。财政收入 88.6 亿元，增长 34.9%，其中地方财政收入（按分税制体制口径）49.20 亿元。进出口贸易总额 13.82 亿美元，其中出口 10.66 亿美元，增长 20.6%；当年实际利用外资 4.52 亿美元，增长 31%。零售物价总水平上涨 23.9%，居民生活消费价格总水平上升 26.9%。年末全省总人口 4015.45 万人，人口自然增长率 12.38‰。

1994 1月 January

公元1994年1月							农历甲戌年【狗】						
日	一	二	三	四	五	六	日	一	二	三	四	五	六
						1 元旦	2 廿一	3 廿二	4 廿三	5 小寒	6 廿五	7 廿六	8 廿七
9 廿八	10 廿九	11 三十	12 十二月小	13 初二	14 初三	15 初四	16 初五	17 初六	18 初七	19 腊八节	20 大寒	21 初十	22 十一
23 十二	24 十三	25 十四	26 十五	27 十六	28 十七	29 十八	30 十九	31 二十					

1日　国家级火炬计划——应用膜反应器生产6-APA（6-氨基青霉烷酸），在东风制药厂获得成功。将两项高新技术——基因工程菌、膜技术同时应用于制药工业生产6-APA，是全国运用此类技术生产的第一个厂。

1日　江西一批重大基本建设项目得到国家批准。国务院、中央军委和国家计委、铁道部分别批复新建南昌昌北4D级民用机场、九江至景德镇建一级汽车专用公路（含湖口大桥）、上饶大坳水利工程、瑞昌水泥厂项目建议书和丰城电厂可行性研究报告、南昌火车站设计方案。这6个项目总投资84亿元左右，将陆续开工建设。

南昌火车站改建工程于1994年7月1日正式开工

1日　国家"八五"期间重点工程项目，萍乡发电厂扩建2×12.5MW机组工程，先用19个月时间建成第一台机组后，又用3个月时间将第二台机组快速建成，并于1993年12月30日并网发电，提前6个月完成了上级下达的工期目标。

1日　江西省首次文化市场工作会议在南昌召开。改革开放以来，江西省文化市场发展迅速，当前已形成包括文化娱乐、音像、书报刊、演出、美术、电影、中外文化交流、文化艺术培训在内的综合性文化市场体系。省委常委、宣传部部长钟起煌到会讲话，强调文化市场的建设要坚持邓小平建设有中国特色社会主义理论为指导，体现爱国主义、集体主义、社会主义精神；做到高扬主旋律，兼顾多样化，注重社会效益与经济效益相统一。

2日　南丰县塑料厂研制的SMC系列座椅是一种纤维增强的聚酯热固性玻璃钢复方材料制品，强度高、不变形、不褪色、耐老化、可日晒雨淋及阻燃等，可广泛运用于体育场、火车站、汽车站、礼堂、酒吧等场所。

3日　江西省高级职业学校在南昌成立。该校中外合作属江西省民办院校，共设有12个专业，于1994年春季开始招收第一批学生。

4日　1993年年底，在全国新科技成果专利技术、专利产品博览会上，会昌精制米食公司的"高富"牌江西米粉获金奖。

4日　泰和县组织专家对乌骨鸡进行近一年全面的抽样检测，制定了泰和乌骨鸡系列标准，共分3大系列100多个项目，涉及孵化、饲养、分级、检验方法等方面，科学界定了乌骨鸡的特性及独特功效，详细阐述了它的饲养方法和防病措施，把乌骨鸡的生产和加工纳入了标准化、科学化的轨道。

4日　江西省光学仪器总厂生产的"凤凰"牌照相机获"1993全国畅销国产商品展销月活动'金桥奖'"。

4日　省委召开常委会，听取省纪委、省检察院党组关于前一段反腐败工作情况和查办大案要案的工作，要求各地进一步提高认识，加强领导，坚持不懈地把反腐败斗争抓紧抓好。

5日　江西有色地质勘探局在江西省某地首次查明一个超大型金矿田，已探明的黄金储量近百吨，潜在经济价值逾百亿元，相当江西省建国40多年来，探明岩金储量的总和。专家认为，该金矿田储量有望突破200吨而成为我国和东亚少有的特大金矿。

5日　江西省确定进行组建省冶金、医药、农垦三家国有资产经营公司；组建江西新余钢铁总厂等30家企业为国有独资有限责任公司试点企业。

5日　广丰县桐畈小学在1993年全国小学数学奥林匹克竞赛中获团体奖。黄娟和蒋昌月获一等奖；颜琳、杨尧等9名同学获二等奖。

5日　湖口县流泗镇镇办企业九江曲轴厂，被农业部授予先进乡镇企业称号。该厂1993年曾被评为"农业双十佳"企业。

5日　省人大常委会和省政府联合在南昌召开贯彻《江西省实施〈中华人民共和国归侨、侨眷权益保护法〉办法》座谈会。省委、省人大常委会和省政府有关部门负责人及归侨、侨眷知名

人士100余人参加座谈。

5日　省肺科医院引进先进科学治疗方法，成功地进行了首例肺癌切除和支气管成形手术。

6日　江西省经济工作会议在南昌举行。这次会议的主题是加快改革和建立社会主义市场经济体制，明确提出"立足农业，主攻工业"的发展思路。会议于10日结束。

6日　省林业厅抽调部分地、县林业内审干部组成3个审计小组分赴赣州、抚州、吉安3个地区对1993年林业"两费"（育林费、维简费）征收情况进行审计调查，于25日结束。共审计8个县22个木竹经营、加工单位，查出少提漏征金额共58.40万元，其中应收缴资金14.10万元，实际收缴金额12.10万元。

7日　《中华工商时报》1993年底在向千辆北京"面的"司机发出的4000多份问卷共设21个问题，73个选择小项，进行质量抽样调查。调查结果，在全国9种微型车中，昌河汽车得分第一。之后，昌河汽车又获得全国消费者协会"国产汽车信得过产品质量金奖"。

7日　江西农业大学章士美教授主编的《中国经济昆虫志——华翅目（二）》一书获得国家自然科学基金会优秀研究成果专著出版基金资助。

7日　省纪委在南昌召开地市纪委书记、监察局长会议，传达江泽民总书记和中纪委书记尉健行、省委书记毛致用关于反腐败斗争工作的讲话，传达了中纪委、监察部《关于坚持不懈地抓紧抓好中央近期反腐败斗争三项工作的通知》。会议于8日结束。

8日　全国林业和绿化工作会结束，江西省被林业部第三次授予"造林成绩优异省"称号。大余、遂川、德兴、奉新、安远、永新、宜黄等县市及景德镇枫树林山林场分别被林业部评为全国森林资源林政管理先进单位和世行贷款国家造林项目先进单位。

8日　中央办公厅在毛主席纪念堂举办以"东方红"为主题的大型书画展。江西省共有13幅作品参展。

8日　江西省闲置设备调剂市场在南昌市昌

北开发区开业。该市场由南昌市工商行政管理局昌北开发区分局与中外合资洪港房地产开发有限公司建材分公司联合开办。

8日 南城县华昌氢氧源焊割有限公司试制的第三代微型氢氧焊割机 WDH－5A 型通过省级鉴定，该产品以水电解产生的氢氧混合气做热源，重量仅为 25 公斤，220V 照明电源即可工作，便于远离气源的边远山区，偏僻农村及一般家庭使用。

8日 江西省新闻出版学校建校工程开工。该校隶属于江西省新闻出版局，是全国新闻出版系统 3 所全日制中专学校之一。学校新址占地 53.64 亩，将于 1994 年完成并交付。征地和建校首期工程需 110 万元，建校首期工程有 4 栋主要建筑。

9日 应南昌市政府的邀请，美国国际合作

吴官正在江西宾馆七楼圆厅会见陈香梅女士

委员会主席、美国国家银行董事、著名美籍华人陈香梅女士及美中航运公司董事长郝福海先生、美国国际科技公司总裁希蕾先生一行 5 人在江西考察访问，省长吴官正会见了第二次访问江西的陈香梅女士一行。会见时，副省长周慈平、省政府秘书长朱英培及有关方面负责人在座。

9日 民建樟树支部在中央统战部、国家民委等联合开展的智力支边扶贫先进集体和先进个人竞赛评比活动中被评为"全国智力支边扶贫先进集体"。

9日 大型电视系列片《诗人毛泽东》在九江举行首映式。该片由海南影业公司、潇湘电影制片厂、九江市委、市政府联合拍摄。

9日 由景德镇陶瓷学院研究开发，修水瓷厂制作的"中国炊具之王"——高耐热保健陶瓷炊具系列产品，获 1993 年度中国高新技术新产品博览会金奖。

修水瓷厂高耐热瓷炊具

9日 江西省财政工作会议结束。会议强调：江西省各地要全力以赴搞好财政改革，努力增收节支，实现财政收支平衡。要加强国有资产管理，防止国有资产流失，提高企业经济效益。并抓好财税队伍建设，造就一支勤政廉政的财税队伍。

10日 吉安地区中级人民法院离休干部、江西省钱币学会理事龙吉昌和王宝珍编著的《珍稀奇趣钱币博览》一书，由江西人民出版社出版发行。

10日 九江大化肥装置的配套工程——年产 1500 万条编织袋生产线近日在九江石化总厂投入试生产。该编织袋双层结构，生产经拉丝、吹塑、圆织、热切、印刷、缝纫、套袋、封切、打包等工序，有较高自动化程度。

10日 总投资 13.8 亿元，全长 130 多公里的昌九高速公路和南昌大桥已全部建成。毛致用、吴官正、朱治宏、卢秀珍等出席通车典礼。两大工程的建成，将促进南昌、九江和昌九工业走廊的建设，促进江西省对外开放和经济既快又好地发展。

南昌大桥、昌九高速公路通车典礼

11日 瑞昌市获文化部命名的 57 个"中国

民间艺术之乡"之一的称号。在包括民间绘画、剪纸、木刻年画、泥塑等艺术方面均较繁荣。

11日 "七五"全国啤酒建设重点项目之一，江西省当前最大的啤酒技改项目——南昌罐头啤酒厂年产5万吨啤酒扩建工程通过验收。该生产线于1986年破土动工，工程总投资1.378亿元，共安装设备1072台（套），麦芽粉碎、糖化、过滤、灌装等主要设备均从瑞士、德国、日本等国引进。截至1993年底，该生产线共生产啤酒95182吨，实现销售收入10342万元，共创利收2572万元。

11日 江西省农村医学教育的"红色证书工程"在江西省各地展开。截至1994年年初，江西省已有1.8万多名乡村医生接受正规化、系统化的在岗函授培训。据统计，在江西省2.1万多名乡村医生中，学医不到1年的有56%以上，学医不到半年的达30%，甚至出现半盲医。根据卫生部的有关要求，于1991年开始实施红色证书工程，要求凡进入乡村医生队伍的必须经过3年以上的正规化培训。据此，江西力争到"八五"期末，达到80%的乡村医生经过培训能获得卫生职业技术学校的毕业证书或省卫生厅颁发的乡村医生岗位培训合格证书。当前，江西省有17所卫生职业技术学校在承担这一工程的实施任务。

11日 鹰潭铁路公安分处打击文物走私斗争受到了国家文物局的表彰。鹰潭铁路公安分处的干警从1985年至今，共查获走私文物3500余件，其中一级文物1件，二级文物20余件，三级文物200余件。

11日 在江西共青城召开的昌九高速公路昌蛟段竣工表彰大会上，副省长黄智权宣布奖励参加建设的筑路大军216万元，奖励省交通厅正副厅长和昌蛟公路总指挥蒲日新3000元。

11日 省政府在景德镇市召开现场办公会，吴官正、黄智权、张云川出席会议并考察了陶瓷企业和重点建设工程。会议重点研究了陶瓷改造和改革方面的问题，对华意、昌河、电厂、机场等技改和基建项目提出了明确要求，强调景德镇市要进一步增强历史责任感和紧迫感，深化改革，加快技改，强化管理，提高效益，尽快把陶瓷搞上去，加速经济发展，重振瓷都雄风，促进全市经济持续、快速、健康发展，力争提前6年"翻两番"。

11日 省政府举行国民经济发展情况新闻发布会。据统计，1993年江西省国民生产总值达686亿元，增加额首破100亿元；工农业总产值首破1000亿元，比上年增长27.1%；人均国民生产总值增加额首破300元；完成社会固定资产投资增幅、城镇居民人均生活费收入增幅、年末城乡居民储蓄存款增加额、财政收入增加额以及外贸出口总额、实际利用外资等都创出历史最好成绩。农业上实施大力发展"三高"农业和乡镇企业界主攻战略，农村经济结构大大优化，正向效益型农业转变。

12日 省商业厅与香港谢瑞麟珠宝集团合资建设的谢瑞麟国际商业大厦意向书签字仪式在南昌举行。副省长郑良玉、省长助理蒋仲平，香港谢瑞麟珠宝（集团）有限公司主席谢瑞麟先生一行出席了签字仪式。江西谢瑞麟国际商业大厦是省政府确定的"八五"重点建设项目。大厦选址在南昌市北京西路2号院，初步规划占地面积1.25万平方米，建设面积16.8万平方米，高40层（含地下2层），总投资约8亿元人民币，分两期进行，第一期投资2.59亿元人民币，建筑面积8.3万平方米，将建成多功能、高档次、现代化的大型综合商业大厦（注：该大厦最终未能建成）。

12日 由江西、云南、广东、海南、北京、天津、深圳等省市的14家企业发起创立的江西运通股份有限公司在南昌正式筹建。该公司将通过对江西省"宁红保健茶"等名牌产品、经济效益好的经济实体参股改造，引进和募集省内外资金，加快江西企业股份制改革。

13日 峡江县戈坪乡庄头岭村民小组30户农民成为全县最后一批用上电的农户。至此，全县村组通电率达100%，是吉安地区第一个消灭无电村的县。

13日 江西农业大学近3年推广科技成果累计为社会创经济效益达12.06亿元，从1990年至1993年该校在省内1521.7万亩，云南、福建等外省2150万亩的土地上推广成果，总计新增产值 6.54 亿元，利税 4.62 亿元，节支 8004.67 万元，投入产出比为 1:6.7。

14 日 江西国药厂转换企业经营机制，发挥进出口经营权的优势，瞄准国际市场，1993 年出口创汇 600 余万美元。外销药品占全厂收入的 45%。该厂生产的柠檬酸、土霉素盐、洁霉素、强的松龙、维生素 C 等产品均以质量好、信誉高，出口中国香港、台湾和韩国、东南亚及欧美等地区。

14 日 经国务院批准，江西省最近又有 541 名专家、学者、技术人员获准享受 1993 年国务院颁发的政府特殊津贴，其中享受一档特殊津贴（每月 100 元）的有 116 人；享受二档特殊津贴（每月 50 元）的有 425 人。自 1990 年党中央、国务院决定向有突出贡献的专家、学者和技术人员颁发政府特殊津贴以来，江西省已有四批 1034 人获荣。与此同时，江西省从 1992 年开始，每年还从省财政拨出专款，开展了省政府特殊津贴工作。

15 日 靖安县三爪仑森林公园被列为 20 所国家重点森林公园之一。

15 日 江西饲料厂研制开发的宝丰 871 猪用浓缩饲料系列成果，转化成产品，已销往广东、安徽、浙江、北京、天津、河北丰南等地，年产量可达 4 万吨。占江西省浓缩料总销量的一半。成为农业部所属国有饲料头号企业，成为全国饲料行业唯一的国家级科技成果推广依托单位。

15 日 江西省 1994 届高中毕业会考在全省各地开考，共有 74575 名考生分别在 329 个考点、2677 个考场内参加考试。这是自 1992 年起实行普通高中毕业会考制度以来，江西首轮高中阶段会考的最后一年会考，考试科目为政治、语文、数学三科。

15 日 庐山南麓太乙将军风景旅游区总体开发规划，通过专家评审。该旅游区景点景观有太乙峰、太乙石、九奇峰、云雾谷、火焰山、白鹤涧、仙帚泉彩虹瀑布、息肩亭、九奇亭、金龙瀑布、双龙岗等。景区内还有 18 处国民党军政要人的别墅遗址，其中，蒋介石的"桂庄"、蔡廷锴的"三柳巢"依原样修复。按照总体规划，太乙景区将逐步开发成为旅游观光和避暑度假的胜地。

15 日 万载县百合保健食品厂依靠科技进步开发适销对路产品，先后与上海市食品工业研究所等科研单位合作研制开发出百合纯粉、百合晶、百合饮料等三大系列共 12 个产品，远销东南亚、西欧及港澳（1993 年，该厂与南昌大学食品学院合作，研制开发了百合果肉饮料、百合果茶和百合奶三个新产品）。

16 日 经中华国产精品推展会研究和消费者评价认定，共青羽绒厂生产的"鸭鸭牌"羽绒系列产品被评为国产精品。

16 日 南昌飞机制造公司生产的长江 750、洪都 125 系列摩托车行销各地，销量上升（1993 年摩托车销售收入比上年增加 6000 万元。获当年全国营销知识竞赛暨市场营销优胜企业称号）。

16 日 我国南方最大的桉树纸浆林试验基地在赣南老区建成，缓解了木材纸浆工业原料不足的问题。

16 日 在第二届香港国际优质产品博览会上，江西乳品厂生产的"英雄牌"全脂甜奶粉获金奖（1993 年该厂奶粉产量达 2050 吨）。

17 日 江西省近三年达国家开发项目有 83 项，通过省级鉴定的新产品 2485 项，1993 年完成试制项目鉴定 600 项，试产 666 项列入国家级 21 项重点试产项目中心，有 10 项达国际水平。

17 日 余干县体改委干部高伟青在中国书画人才艺术研修中心召开的全国硬笔书法人才艺术交流会上获硬笔书法比赛特等奖。

17 日 受省委、省政府委托，省民政厅组织 7 个走访慰问组，分赴赣州、吉安、上饶、九江、抚州、宜春、南昌 7 个地市，并为慰问对象下拨经费 26 万元，下拨救灾棉被 700 余床，救灾棉衣 2000 余件。

17 日 省公安处局长会议在南昌召开。省委副书记朱治宏，省委常委、副省长舒圣佑到会看望代表并讲话。会议传达全国政法工作会议和全国公安厅局长会议精神，总结 1993 年的江西省公安工作。会议强调，要全力维护政治稳定，促进社会安定团结，深入开展反腐败斗争，全面加强公安队伍和武警部队建设，为改革开放和现代化建设作出新贡献。会议于 20 日结束。

18日 省政协七届四次常委会在南昌举行。省政协副主席叶学龄主持会议，副主席吴永乐、廖延雄、戴执中、黄立圻、罗明等出席会议。会议共有10项议程，通过了关于召开政协江西省第七届委员会第二次会议的决定以及人事任免事项。会议于22日结束。

18日 鹰潭赣东商城正式竣工开业。该商城是江西最大的小商品交易批发市场。工程总投资6000万元，商城占地82亩，建筑面积9.2万平方，有各类营业房1600多间，住宅230套。

18日 江西省社会治安综合治理委员会召开1994年第一次全体委员会议。会议审定了1994年度省社会治安综合治理目标管理责任状，及1994年度省直系统、部门社会治安综合治理目标管理责任状，对1993年度全省综合治理目标管理进行了考评。会议强调，各级党委和政府要继续坚持"两手抓"，"两手硬"的战略方针，推动社会治安综合治理的深入发展，维护江西省社会政治稳定，保障改革开放和经济建设的顺利进行。省委副书记、省综治委主任朱治宏主持会议并讲话。

18日 省委、省政府在南昌召开江西省计划生育工作会议。会议强调，春季计划生育工作是全年计划生育工作的基础，通报了江西省八个行政村人口出生情况调查，总结分析了1993年的工作。省委书记毛致用、省长吴官正出席并讲话，指出："发展经济，实现小康，必须把人口控制在一定的水平之内"。

19日 宜春钽铌矿是国家出口钽铌精矿的骨干企业，1993年，该矿创汇80多万美元。

19日 丰城市博览馆在江西省文物考古研究所和北京大学考古系有关专家的协助下，发掘两座隋唐龙窑和一座罕见的东汉陶器圆窑遗迹，出土各类窑具和青瓷器7000余件。为研究古代瓷业烧制工艺提供了实物资料验证。洪河窑规模大、面积广，在东汉晚期就能烧造出比较成熟的瓷器。

19日 以全国总工会副主席江家福为团长的全国总工会"送温暖"慰问团抵达南昌。省委副书记朱治宏，省委常委、副省长舒圣佑到省职工大厦看望江家福一行，双方进行了亲切交谈。慰问团一行首先到南昌飞机制造公司和南昌电动工具厂的特困职工家里进行慰问，并分送了慰问金（20日到25日，慰问团还到南昌、赣州、吉安等地的特困职工家庭慰问）。

19日 在安福县山庄乡大智村明代岩刻群景区发现一处古槠木"同根树"奇观。大智岩刻群延绵近1.5公里，为明代成化年间礼部尚书兼翰林学士彭华的大型功德刻石群。在其中一块"鸡冠石"上，生长着两株树龄约700年的古槠木，两树共形成约30度的夹角。

20日 省政协七届四次常委会开始分组讨论发展乡镇企业问题。强调发展乡镇企业，必须上规模、上档次，要不断提高乡镇企业的管理水平，加速对乡镇企业人才的培养。

21日 在中国科学技术协会、共青团中央、中华全国总工会、中国质量管理协会联合开展的全国全面质量管理暨TQC成果评比活动中，东风纺器厂质量管理小组被命名为"1993全国优秀质量管理小组"的称号。

21日 国务院同意建设部、国家文物局关于第三批国家历史文化名城的报告。在这次新批准的历史文化名城中，赣州荣列其中。位于江西南部的赣州不仅存有宋代城墙，还有舍利塔、文庙、王阳明讲学的新安书院、爱莲书院、宋代的通天岩石窟等。

21日 1994年江西公路春运今日起至3月11日止，客流量约有2600多万人次。国营、集体、个体预计投入营运客车共8000多辆，客流量和营运客车分别比1993年增加5%和10%以上。

21日 省民政系统和农技部门利用各地优抚服务组织网络和智力优势，在老区实施"优抚对象脱贫致富奔小康"工程，250万优抚对象中，已有80%告别贫困，开始走上致富路。

22日 国家文物局推出10个历史圣地作为"优秀社会教育基地"，井冈山革命博物馆被列为"优秀社会教育基地"之一。

22日 大茅山企业集团境内储藏着1亿多立方米花岗岩，有将军红、翡翠红、碧血红、白衣芝麻红等10多种颜色，符合天然饰面石材要求。大茅山企业集团有计划地对花岗岩资源进行开采利用，产品销售上海、浙江等省市。

23 日　合九铁路一期工程全线铺通。该工程全长 179 公里，担负施工的铁四局自 1992 年 6 月进点施工以来，用一年半时间完成一期工程。二期工程线下部分也已完成 60% 以上，年底可望铺轨至九江。

23 日　高安市文化馆干部刘小平创作的"鸥龟曳街，鲧何所焉"隶书作品被选入《国际现代书画缘刻家大辞典》，获世界铜奖艺术家称号。

23 日　抚州地区人民医院医师饶玉阶撰写的《农村医学科普工作亟待加强》论文，在全国第二届医学科普先进表彰大会上被评为中华医学会"十佳"优秀论文奖。

24 日　省委宣传部、省人大教科文卫委、省军区政治部、省教委、省司法厅、省政府法制局联合在南昌召开《江西省国防教育条例》新闻发布会。省人大副主任陈癸尊、省军区政治部主任范军分别在会上讲话。省委宣传部副部长黄庆来主持会议。省人大、省政府、省军区有关方面负责人出席会议。会议要求各地、各部门要把学习、宣传、贯彻《江西省国防教育条例》作为一项重要任务来抓。

24 日　南昌市委、市政府、江西电视台、海南影业公司联合录制的 12 集电视连续剧《子夜枪声》，在南昌首映。该剧以 1926 年至 1927 年北伐革命的胜利，到蒋介石、汪精卫叛变革命后，在中国共产党领导下举行"八一"起义这一大起大落的历史为背景，展现了在历史紧要关头，中国共产党向国民党反动派打响第一枪，建立人民军队的伟大壮举。

24 日　江西省社会治安综合治理委员会在南昌举行表彰大会，奖励 1993 年度江西省社会治安综合治理目标管理先进单位和单项工作成绩显著的单位。抚州地区、景德镇市、新余市为 1993 年度江西省社会治安综合治理目标管理先进单位；同时授予南昌市开展"严打"专项斗争，鹰潭市组织追捕逃犯，宜春地区、九江市、上饶地区加强基层基础建设，赣州地区预防调处纠纷械斗，吉安地区法制宣传教育，萍乡市青少年法制教育单项工作成绩显著奖。省委副书记、省综治委主任朱治宏主持大会并讲话。他指出：各地、各部门、各单位要深入贯彻"谁主管、谁负责"的原则，切实加强内部单位的治安防范、管理，防止发生重大治安问题，真正做到"看好自己的门，管好自己的人，办好自己的事"，维护治安稳定。

25 日　省人大常委会在南昌召开地方立法工作联系协调会。省人大副主任陈癸尊、王国本到会讲话。会议要求各单位、各部门的主要负责人应当亲自参与立法工作，及时研究解决立法工作中存在的困难和问题，确保立法任务按期完成。

25 日　省委书记毛致用、省长吴官正率领省级班子成员及省直机关干部、武警战士共 300 余人，来到新建县溪霞乡，参加义务植树活动。

毛致用、吴官正等省领导在新溪桥乡参加义务植树

25 日　第三届全国烹饪技术比赛江西组委会召开大会，表彰在 1993 年第三届全国烹饪技术比赛中为江西省争得荣誉的参赛队和选手。

26 日　《江西日报》晚刊《赣江大众报》出版试刊号。试刊号内容丰富，文章短小，体现了群众性、生活性、娱乐性的特色。试刊号共印刷了 25 万份，数百名大中学生走上街头，参加卖报行列。

27 日　江西省大力组织实施国家科技成果重点推广计划项目，连续 3 年被评为推广应用先进者，1 月 12 日又获推广应用特等奖。到 1993 年 12 月底，江西省共组织实施重点推广计划项目 150 项。已验收项目 30 个，年新增产值 11627 万元，利税 6021 万元，其中 16 项获省科技进步奖。

27 日　江西省中级法院院长会议结束。会议要求：坚持党对法院工作的领导，全面发挥各项审判工作的职能作用，为加快建立社会主义市场经济体制，促进江西省经济建设的高速发展作出更大的贡献。

28日 南昌宏声无线电传呼台开通。该台引进美国摩托罗拉全套设备，具有自动、人工传呼功能，服务项目包括寻呼、追呼、江西省联网、股市行情和市场经济信息等。

28日 江西省首家生产饲料添加剂预混料的中外合资企业——江西洪康饲料添加剂有限公司正式投产。该公司由澳大利亚食得美（STOCMIX）动物营养保健公司、新加坡然斯康公司和中方投资兴建，可生产禽、畜、水产等饲料添加剂20多种，年产值可达4000多万元。

28日 江西省房地产开发经营机构全面检查工作日前结束。通过历时8个月的检查整顿，加强了房地产市场的宏观管理，促进了房地产业的健康发展。开发公司数量得到控制；促进了土地合理使用；强化了开发公司资金到位率；招商引资有所增加；控制了旅游宾馆、别墅建设，加大了住宅建设比例；进一步提高了纳税的自觉性。

28日 江西省红十字会将红十字会红新会国际联合会捐赠给我国水灾区灾民度寒冬的5000条新棉被陆续送往上饶、宜春、九江等重灾区。

28日 全南县农村先后办起98家集购书、销书、存书、租书、借书业务于一体的"书籍银行"，丰富了当地农民的文化娱乐生活，为农民提供了致富信息。

28日 省劳动厅、省总工会、团省委、省教委等10个部门联合举办的首届江西省青年奥林匹克技能竞赛，经过6个月，于当日落幕。这是江西省首次采用国际奥林匹克技能竞赛的标准。各地市数万名青年工人参加了岗位练兵和选拔赛，100多名青工参加车工、钳工、木模制作、女式服装、砌砖工、抹灰工、家具制作、餐厅服务八个工种的决赛。8名"状元"获江西省"五一劳动奖章"和"新长征突击手"称号，53名技术能手受表彰。

29日 《余江县志》获全国新编地方志优秀成果二等奖。

29日 兴国医药公司主动为农民致富奔小康铺路搭桥，积极扶持农民开发中药材资源，取得良好的经济效益和社会效益，被国家中医药管理局授予"全国中药材生产收购工作先进集体"光荣称号。

31日 省林业厅批准建立宜春市明月山、南康县南山省级森林公园。

31日 江西省金融工作会议召开。会议对1994年金融改革和发展作了部署，五大银行及保险公司分别安排了1994年的工作。会议要求金融系统加强内部廉政建设和改进工作作风；各级政府要用社会主义市场经济的全新观念来看待金融工作，更加重视和支持金融工作。省人民银行、省工商银行、省农业银行、省建设银行、中国银行江西省分行的行长分别就金融改革发了言。会议于2月3日结束。

31日 九江市决定围绕建立社会主义市场经济体制的目标和农民增收的重点，抓住沿江开发和京九铁路建设良机促进农村经济的全面发展。从1994年起，用五年时间，努力建设好全市农业"八大优质商品基地"：商品粮基地、商品棉基地、商品油基地、水产品基地、畜禽基地、林业基地、蚕桑基地和果业基地。

本月 江西省计量局等5家单位联合发出通知，决定对零售商品称重实行新规定。对当场称重，以重量标注的定量包装食品、金银饰品，按物种、价格、称量分类，确定了不允许超过的计量负偏差。

1994

2月

February

公元 1994 年 2 月							农历甲戌年【狗】					
日	一	二	三	四	五	六	日	一	二	三	四	五	六
	1 廿一	**2** 廿二	**3** 廿三	**4** 立春	**5** 廿五	**6** 廿六	**7** 廿七	**8** 廿八	**9** 廿九	**10** 春节	**11** 初二	**12** 初三
13 初四	**14** 初五	**15** 初六	**16** 初七	**17** 初八	**18** 初九	**19** 雨水	**20** 十一	**21** 十二	**22** 十三	**23** 十四	**24** 元宵节	**25** 十六	**26** 十七
27 十八	**28** 十九											

1日 江西省 PAD 分组交换网点全国 DPN－100 节点机骨干网联网成功并顺利接轨。分组交换数据通信技术快速、准确、保密、方便。它的接轨成功，标志着江西省数据通信水平又上一个新台阶，给江西国民经济带来更大的经济效益和社会效益。

1日 江洲造船厂和江西华赣公司联合开发的新型产品——金刚石压机，在江洲造船厂研制完成，并首次试压成功。这台油缸直径、吨位大的金刚石压机，是为合成人造金刚石而研制的。

1日 由台商独资经营的江西菲哥实业发展有限公司在南昌首次推出系列防盗产品。该公司已研究开发出汽车防抢防盗器、防抢防盗手提箱、雷神小金库、镇暴警卫手电筒、防抢帆布袋、安检防盗器等防盗产品。

1日 1993 年全国百家无假冒伪劣商品商场及江西省用户最满意企业双奖挂牌仪式在南昌商场举行。

1日 1993 年国家自然科学奖评奖揭晓。江西医学院秦达意博士的《油膜隔离法化学箝技术与化学依从性离子通道的研究》获四等奖。该奖每两年评一次，1994 年是第六次，这次获奖的 52 个项目中，有 5 项为地方省市所有。

1日 崇仁县公安局、兴国县公安局、丰城市公安局被授予全国优秀公安局称号。南昌市公安局交警支队民警钟田力、宜丰县公安局局长刘玉清、崇义县公安局看守所所长林列如被授予全国特级优秀人民警察称号。萍乡市公安局曾广辉等 20 名民警被授予全国优秀人民警察称号。

1日 省人事局处长会议举行。会议要求以邓小平建设有中国特色社会主义的理论为指导，以经济建设为中心，结合江西实际，加大改革力度，加快改革步伐，努力建立与社会主义市场经济体制相配套的人事管理体制。省委常委、副省长舒圣佑到会并讲话。会议于 3 日结束。

2日 宁冈县医药公司开发研制成新型天然保健茶绞股蓝茶，生产能力为日产 27 万袋，产品在广东、上海、山东、湖南等地畅销。1993 年，井冈山会师保健饮料厂生产的绞股蓝茶产值为 180 万元。

2日 宜春地区港袁经贸公司酿酒厂开发成功一种黑米营养滋补酒。该产品名为"宫廷春"。

3日 国务院学位委员会第十二次会议批准，江西省新增硕士点26个。这26个点是：南昌大学的马克思主义理论教育（马克思主义原理）、中国现当代文学、现代汉语、无机化学、微生物学、材料物理、电力电子技术、水力发电工程；南昌大学中德联合研究院的食品工程；江西农业大学的农业经济及管理、森林经济学；江西师范大学的思想政治教育、专门史（经济史）应用教学、光学、计算机软件；江西医学院的内科学（呼吸系病）、内科学（血液病）、眼科学、肿瘤学；江西财经学院的政治经济学、投资经济；华东地质学院的水文地质与工程地质；南方冶金学院的工程测量；华东交通大学的会计学、铁道牵引电气化与自动化。至此，江西共有博士点一个，硕士点100个。

3日 庆祝《赣江大众报》创刊和1993年江西十大新闻颁奖大会在南昌举行。大会由江西日报《星期刊》编辑部和江西省果喜实业（集团）公司联合举办，评选出张果喜星闪耀太空、京九铁路江西段全线动工、南昌大学成立并成为博士学位授予单位、昌九高速公路单幅通车等十大新闻。省领导卢秀珍、马世昌等出席会议。省委常委、省委宣传部部长钟起煌讲话指出：举办这次活动，发动江西省读者评选的办法，激励大家"爱我江西"是一种很好的宣传思想工作形式，今后应继续坚持下去。

4日 在全国建设工作会议上，抚州市被建设部授予1993年度全国城市环境综合整治优秀城市；九江市获1993年度全国城市环境综合整治江西省地级市第一名。

4日 省财政厅、省物价局、省绿化委员会颁发《江西省义务植树绿化费收缴和使用管理办法》。

4日 黎川县陶瓷职业中学校长、高级教师余世源发明的"孔雀开屏电子灯饰陶瓷工艺品"在哈尔滨当代专利科技转让博览会上获金奖。

5日 省政协、省委统战部联合举行各界人士迎春茶话会。在南昌的省政协常委和全国政协委员、全国人大部分代表、省各民主党派、工商联负责人、无党派人士、各界代表人士共200余人参加会议。会议指出，要认真贯彻全国和江西省统战工作会议精神，不断巩固和扩大最广泛的爱国统一战线。

6日 德国援助江西省山江湖项目可行性研究顺利完成。该报告称，德援山江湖项目为期10年。前期3年，预计德方无偿援助700万马克（合人民币3500万元）。建立山江湖发展研究中心，配置世界一流装备，强大技术力量，为山江湖开发提供宏观决策，技术支撑，开展广泛的国际交流合作。

7日 江西红星制药厂先后投资600万元用于更新改造主要生产设备和技术。技改后，葡萄糖年产量由2500吨提高到5500吨；各种药片年生产能力由23亿元增加到40亿元。葡萄糖和片剂产量均居江西省第一，并步入"中国500家最大医药工业企业"行列。

7日 中国信鸽南方六省一市的南方区华兴杯信鸽比赛和品评颁奖会在福建结束。江西省信鸽协会获700公里雌组品评冠军、1500公里雌组品评亚军、1000公里单鸽比赛冠军和500公里团体赛第三名。

8日 南昌市中西医结合医院率先推出合约单位医疗信用卡。此卡发至合约单位的卫生所。来院看病的患者持此卡，可对诊断是否明确、治疗是否及时准确、对医院服务态度是否满意、医院收费是否合理等进行评价。

8日 抚州电机厂在产品结构调整中，依靠自身技术优势，跻身于国家Y2系列低压三相异步电动机的设计行列，在上海完成联合设计，样机试制已全面铺开，成为我国当前生产的Y系列电机的换代产品。

9日 南康县龙回乡发现大量珍稀飞禽——猴面鹰。猴面鹰属国家珍稀二类保护动物。

9日 宜黄县利用世界银行贷款，三年来营造速生丰产林8.13万亩，造林成活率平均为97.2%，幼林最高单株已达3.9米。该县被评为"全国世界银行贷款国家造林项目先进县"。

9日 经交通部批准，九江港外贸码头二期工程即江西省第一座大型集装箱专用码头投入兴建。该工程建设5000吨级海轮泊位一个，年吞吐能力 33 万吨，总投资为 6500 万元，计划 1994 年动工，3 年内建成。

12 日 南昌县广福汽车站建成并投入使用。该站地处 105 国道，南通赣州，北接南昌，靠近向塘飞机场和京九铁路，总建筑面积为 860 平方米，站房实际投资 17 万余元，属江西档次最高的区乡站。

13 日 吉安县在固江山中发现一方清代官印，黄铜质，方形直纽。印高 2 厘米，长 7.5 厘米，宽 4.5 厘米，印文 4 行 20 字。右两行文为"夏口厅分防县丞之条记"。左两行为"篆文对照"。

14 日 省政府函复省广播电视厅同意成立"江西广播电视学校"，校址设在南昌。为普通中专，由江西省广播电视厅领导和主管。

14 日 南昌飞机制造公司生产的长江 750 摩托车，在 1993 年全国汽车摩托车产品评价调查活动中，以用户对设计、质量、性能、售后服务、产品知名度和厂家信誉等方面的认可和肯定，获"中国公认名牌摩托车"称号。

14 日 江西省最大、最高的橡胶大坝在吉水县螺滩电站竣工。该大坝高 72.5 米，宽 120 米，大坝内水位可升高 2.5 米，可增加装机容量 5000 千瓦，每年可增加发电量 1370 万千瓦时。

14 日 省政府在新余市召开两地两市（吉安、宜春、新余、萍乡）经济工作座谈会。吴官正、张逢雨、舒圣佑等领导出席会议并讲话。会议号召全省干群进一步解放思想、抓住机遇、深化改革、扩大开放，坚持两手抓两手都要硬的方针，共同努力把江西的两个文明建设搞好。座谈会于 15 日结束。

15 日 永新县喷雾机厂技术工人夏喜信两项发明——花篮形多方位送风电扇和自动拨电插头获国家专利。

15 日 樟树粮油公司深化内部改革，转换企业经营机制，积极参与竞争，受到共青团中央和贸易部表彰，被评为"全国文明经营先进单位"。

15 日 玉山县"青湖"板鸭厂生产的"青湖"板鸭，在 1993 年泰国"中国优质农产品及科技成果设备展览会"上获金奖。"青湖"板鸭已销往北京、上海、南京等 10 多个大城市。

17 日 曾被封为"圣鱼"的"宫廷荷包红鲤鱼"，新春佳节前夕由江西婺源县首次大批量运入京城，并在人民大会堂举行了"宫廷荷包红鲤鱼"文化展示会。该鱼在婺源县已有 400 多年的养殖历史，是全国第一个通过审定的淡水养殖鱼类优良品种，具有肉质细嫩、汤鲜味美、肥而不腻、香而无腥、营养丰富等特点。1985 年钓鱼台国宾馆将此鱼列入国宴招待贵宾。

17 日 丰城电厂建设工程奠基仪式在丰城市赣江大桥举行。出席仪式的有省领导和省有关部门、宜春地区、丰城市等单位负责人以及建设单位的职工共 600 多人。该厂静态投资 42 亿元，计划建成 4 台 30 万千瓦机组，共计 120 万千瓦装机。

17 日 南昌新安实业公司和南昌洪盛实业开发公司与加拿大百佳企业有限公司共同投资 800 余万元兴办的中外合资江西洪中制药有限公司在南昌市成立。该公司采用国内外先进设备和生产工艺，对江西几代老中医、老专家研究出来的具有国内先进水平的乙肝药物系列、美容口服液系列、抗衰老保健系列等中成药产品秘方偏方加以开发，形成规模生产。

18 日 江西省最大的股份制乡镇企业——江西信江铜制品有限公司在贵溪成立。该公司由贵溪县滨江乡企业总公司、江西铜业公司等五个单位合股举办，生产和经营铜母线等 20 多种产品。投产后，每年可加工铜 2 万多吨，产值可达 1.6 亿元，利税可达 3000 多万元。

19 日 省政府在南昌召开三资企业现场办公会，研究如何加大招商力度，进一步拓展利用外资的广度和深度。会议要求，政府各部门要支持配合，注意加强重点项目的调度，切忌扯皮、推诿。

19 日 江西省股份制改革联审领导小组批准东方红实业股份有限公司正式成立，该公司是江西省第一家股份制水泥企业。

19 日 省八届人大常委会第八次会议在省人大常委会会议厅举行。会议通过《江西省实施〈中华人民共和国妇女权益保障法〉办法》、《江西省人民代表大会常委会关于修改〈江西省森林防火条例修正案〉的决定》；通过省人大常委会工作报告，决定提请省八届二次会议审议；通过省八届人大二次会议主席团和秘书长名单（草案），决定提请省八届人大二次会议预备会议选举；通过省八届人大二次会议议程（草案），决定提请省八届人大二次会议预备会议审议通过；通过人事任免名单。会议于22日结束。

20日 省委、省政府作出决策：兴建南昌—樟树—吉安—赣州—赣粤边境高速公路。这是继京九铁路之后又一条贯穿江西南北的运输大动脉，是北接长江黄金水道，南连广东和港澳的又一条大通道，有利于对全方位地扩大江西对外开放，促进经济持续、快速、健康发展。公路全长580公里，为四车道全封闭全立交，总投资约为105亿元，计划10年左右完成。

建设中的赣粤高速公路

21日 国家农业部部长刘江在江西省考察，督促检查中央"两会"精神贯彻和春耕生产情况。

23日 省政协第七届委员会第二次会议在南昌举行。会上通过了省政协七届二次会议决议，增选朱治宏为省政协主席，梅亦龙、江国镇、厉志成为省政协副主席。会议于28日结束。

23日 省政府系统普及办公自动化知识领导干部培训班在江西驻京办事处举行。这次培训班由省政府办公厅和国务院办公厅秘书一局共同举办，江西各地市秘书长参加了培训。培训班于3月4日结束。

24日 昌九工业走廊内的永修、九江两县开通移动电话。至此，"走廊"内5县2市区在江西率先实现了移动电话化。

24日 省政府办公厅发出实施新工时制度的通知。通知指出：从3月1日起，全省机关、团体、企业事业单位（包括国有、集体、私营、个体、外资、中外合资等各类所有制）全部实行职工每日工作8小时，平均每周工作44小时的工时制度。

省长吴官正在省八届人民代表大会第二次会议上

25日 省长吴官正在省八届人大第二次会议上作政府工作报告。会议通过《关于江西省人民政府工作报告的决议》、《关于江西省一九九三年国民经济和社会发展计划执行情况与一九九四年计划的决议》、《关于江西省人大常委会工作报告的决议》、《关于江西省一九九三年财政预算执行情况和一九九四年财政预算的决议》、《关于江西省高级人民法院工作报告的决议》、《关于江西省人民检察院工作报告的决议》。省计委主任王明善作《关于江西省一九九三年国民经济和社会发展计划执行情况和一九九四年计划（草案）的报告》；省财政厅厅长华桐作《关于江西省一九九三年财政预算执行情况和一九九四年财政预算（草案）的报告》。副主任王昭荣作《江西省人大常委会工作报告》；李修源院长作《江西省高级人民法院工作报告》；阙贵善检察长作《江西省人民检察院工作报告》。大会共收到10名以上代表联名提出的议案43件，收到建议、批评和意见145件。会议于3月1日结束。

25日 国家审计署和人事部决定：授予南昌市审计局、瑞金县审计局"全国审计机关先进集体"称号；授予都昌县审计局局长彭纪芳"全国审计机关先进工作者"称号。

25日 以千叶靖男为团长的日本消灭脊灰促进团考察江西省1993年至1994年脊灰强化免疫工作。经考察团随机抽查和核对的结果证明，应予强化免疫的对象，免疫接种的各类资料齐全、清楚、准确，完全符合世界卫生组织和国家卫生部的要求。于3月2日结束。

26日 中国科学院上海有机化学研究所和江西荣欣技术公司及其成员企业南昌九洲精细化工厂联合研制的高科技新产品——荣欣化油器清洗剂。投入批量生产后，很快打入赣、琼、桂、湘等省区市场。

26日 中国财贸工会、团中央等联合主办的第二届全国十佳营业员评选活动揭晓。高安县大城供销社范春生被评为十佳营业员之一。

27日 省委宣传部、省教委、省军区政治部、省总工会、共青团省委决定，在全省范围内迅速广泛开展向济南军区某团通信连班长、见危相助、勇斗歹徒的徐洪刚学习的活动。通知要求全省有关部门、各部队、各级工会组织和共青团组织、各级各类学校，迅速行动起来，采取多种形式开展向徐洪刚学习的活动，把学习徐洪刚同经常性的爱国主义、集体主义、社会主义和革命英雄主义的思想教育结合起来。

28日 省委、省政府召开电话会议，要求各地加强领导、集中力量，迅速掀起春耕备耕生产热潮，努力夺取1994年农业全面丰收。会议强调：要稳定粮食面，积极落实增产措施，确保完成总产150亿公斤以上。

28日 中外合作江西华康药业有限公司宣称，为促进江西中药饮片、中药成药在东南亚地区的销售，提高中药在海外的声誉而努力。该公司是江西省首家以传统的中药饮片加工生产与外方进行合作的企业。

28日 省政协七届二次会议同意刘方仁辞去七届省政协主席职务。

本月 广泛应用于农作物的双色反光膜在江西长峰塑胶有限公司正式投产，产品销往新疆、湖北、上海等地。该产品具有增加叶绿素含量和瓜果糖粉，抑制病虫害和杂草生长，保温、保湿，改善果品着色，降低烂果率和裂果等作用，被广泛应用于蔬菜、烟叶、药材、甘蔗、西瓜、葡萄、草莓、花生等作物的覆盖，比普通膜亩增产13.5%。

1994
3月
March

公元 1994 年 3 月							农历甲戌年【狗】						
日	一	二	三	四	五	六	日	一	二	三	四	五	六
	1 二十	**2** 廿一	**3** 廿二	**4** 廿三	**5** 廿四		**6** 惊蛰	**7** 廿六	**8** 妇女节	**9** 廿八	**10** 廿九	**11** 三十	**12** 二月大
13 初二	**14** 初三	**15** 初四	**16** 初五	**17** 初六	**18** 初七	**19** 初八	**20** 初九	**21** 春分	**22** 十一	**23** 十二	**24** 十三	**25** 十四	**26** 十五
27 十六	**28** 十七	**29** 十八	**30** 十九	**31** 二十									

1 日　出席江西省八届人大二次会议的各地市专员、市长与省长吴官正签订了 1994 年计划生育工作目标责任书。该签字仪式是在江西省计划生育工作座谈会上进行的。省计生委主任陈梅芳通报了 1993 年人口计划执行情况。省政府确定：1994 年人口出生数要控制在 79 万人以内，出生率保证控制在 19.8‰ 以内，计生率保证在 72.5% 以上。省委书记毛致用出席会议并讲话，要求各级党委和政府始终把计划生育工作摆到重要位置上，做到"决心不动摇，温度不下降，政策不改变，工作不放松"，力争在近几年内使江西的计划生育工作进入全国先进行列。

1 日　由九江市公安交警车辆管理所、赣北汽车运输公司职业培训学校合作，共同筹建的汽车驾驶员红外线桩考仪考场，在赣北汽车运输公司职业培训学校正式安装调试完毕并投入使用，该考场采用国内首创的"移动式"电脑桩考系统，占地面积 2500 多个平方米，主要由电脑控制室、电子显示牌、考车及场地装置组成。

2 日　江西省对外经贸工作会议召开。会议指出：以扩大出口创汇和提高经济效益为中心，深化外贸体制改革，增强自我发展原动力，抓住机遇，迎接挑战，保持江西对外经贸持续、快速、健康发展。会议要求全省经贸战线应有责任感、紧迫感和危机感，解放思想，振奋精神，乘势而上。会议于 4 日结束。

3 日　昌九高速公路拓宽及与长江大桥连接高速公路工程开工。该工程总投资 9.5 亿元，拓宽工程 3 年建成，连接高速公路两年建成。

昌九高速公路拓宽及与长江大桥连接高速公路工程开工典礼在共青城举行

3 日　南城千余农户根据各自生产经营的需

要，从县内外聘请200多名能人充当"经营致富顾问"。这些"顾问"多为企业厂长、经理、致富能人及科技人员。期限分常年和季节性两种。服务内容包括提供技术、信息，参与经营管理及产品促销等。

3日　江西省综合治理委员会在南昌召开各界人士座谈会。纪念中央作出"关于加强社会治安综合治理决定"3周年，省公安厅和省委政法委负责人简要总结了1993年江西省公安工作和综治工作成绩，分析了1994年的治安形势，提出了奋斗目标。

3日　赣南老区第一所希望小学在原江西省军区司令部旧址——兴国县五里亭乡筲箕村落成。该校由中国青少年发展基金会发起，中国化工进出口总公司捐助16万元，五里亭乡自筹14万元兴建，1993年6月破土动工，总建筑面积为860平方米。

3日　省政府在南昌召开江西省深化工业企业改革工作会议。总结交流深化企业改革工作的情况和经验，研究落实1994年企业改革的各项任务和措施。会议强调，要抓住机遇，深化改革，扩大开放，促进发展，保持稳定。

4日　临川县建筑安装工程公司获1993年上海市建筑质量最高奖——"白玉兰"杯奖和"样板房工程"称号。

4日　省政府、省军区在南昌举行命名表彰大会，授予万安县武术村基干民兵班长、退伍军人刘世法"雷锋式模范民兵"荣誉称号，给万安县棉津乡漂神村基干民兵肖瑞华记一等功。

4日　江西省宣传思想工作会议在南昌召开。会议传达贯彻全国宣传思想工作会议精神，坚持以邓小平建设有中国特色社会主义理论为指导，研究部署在新形势下加强和改进宣传思想工作。会议指出：要认清形势，进一步增强做好宣传思想工作的使命感和责任感；要把握全局，突出重点，全面落实宣传思想工作的任务；要加强领导，振奋精神，把宣传思想工作提高到一个新水平。会议于8日结束。

5日　在南昌高新技术产业开发区被批准为国家级开发区一周年之际，省长吴官正率领省市领导和省直、南昌市有关部门的负责人来到现场办公。

6日　林业部确定靖安三爪仑国家森林公园为示范公园。

6日　江西省新闻出版工作会议在南昌召开。省出版系统和新华书店的100多人参加会议。会议要求各地依法加强报刊、图书、音像的行政管理；积极深化改革，加快转换经营机制；努力提高赣版图书总体质量。会议于8日结束。

7日　亚洲妇女劳工协会访问团一行8人来赣、到南昌、共青城等地进行为期3天的访问参观。

7日　由中央电视台海外中心与江西电视台、庐山风景名胜区管理局共同策划筹拍专题性的电视系列片《庐山》（12集）首播式在南昌青山湖宾馆举行。省委副书记卢秀珍、省委常委、宣传部部长钟起煌、中央电视台台长杨伟光等出席首播式。

8日　共青团中央、国家教委和中国科协联合作出《关于授予"中学生实践技能奖章"和"中学生实践技能标兵"称号的决定》。江西欧阳海华等12名中学生获全国"中学生实践技能奖章"，胡少诚等5名中学生获"中学生实践技能标兵"称号。

9日　经国家教委考试中心批准，南昌大学被授予"剑桥商务英语证书考点"（简称BEC），承担全部考务工作，同时承担应试者考前培训任务。

11日　省政府在鹰潭召开两地一市（上饶、抚州、鹰潭）经济工作座谈会。会议要求进一步解放思想，抓住机遇，深化改革，振奋精神，迎难而上，促进经济更快更好地发展。会议于12日结束。

12日　省经委、省林业厅发出关于宜春地区木材厂技改工程项目竣工验收的批复，从1994年1月1日起正式交付生产使用。该项目由年产有胶纤维板2000立方米改造提高到3500立方米，夹板门由5万扇提高到15万扇，总投资为337万元。

12日　全国绿化委员会召开的"全国部门造林绿化三百佳单位"中，江西有10个单位受到表彰。它们是萍乡矿务局林场、江西省井冈山企业集团、奉新联合造纸厂、江西铜业公司、盘古山钨矿、江西瑞金化工厂、华东交通大学、高安上游水库管理局、江西水泥厂、320国道1015-1056万载至宜春段。

12日 南京军区司令员固辉中将、后勤部部长王传武少将率军区工作组自即日起至13日来鹰潭市检查驻鹰潭部队和民兵预备役工作。

14日 近日经林业部批准,宁冈县列为全国造林工程试点县。工程总投资9900多万元,其中60%以劳动积累的形式投入。建成后,该县林业产值可达1.9亿元。

15日 上饶地区文联副编审胡润芝获世界名人评审委员会等11个权威美术新闻团体颁发的"世界书画名人"、"世界铜奖艺术家"称号。

15日 1994年全国服装春季交易会在南昌市举行。此次交易会汇聚了新疆、上海、福建、贵州、湖北、江苏等地60多家企业的产品。参展品种有男女式春秋套装、女式时装大衣、衬衫、牛仔服系列、裙装、男女夹克衫及各式童装等数千个品种,3天总成交额为8966万元。

16日 在深圳举行的第十三届中国优秀新闻摄制作品评选中,江西画报社记者赵国兰拍摄的《马俊仁——马家军主将》获金牌奖。

16日 赣江专用面粉有限公司在吉安河东经济开发区动工兴建。该公司投资4622万元,年产专用面粉4万吨,属中外合资项目,预计1995年5月建成投产。

17日 九江口岸被国家口岸办,评为1993年度全国先进口岸单位。

18日 第十一届中国戏剧梅花奖评选揭晓,江西赣南采茶戏剧团女演员张曼君、龙红获梅花奖。

18日 1956年创办的江西青年报社更名为江西省青少年报刊社。该报刊社受到团中央领导的称赞,杂志《涉世之初》获华东地区和江西省期刊评选两个一等奖。

18日 吉安市白鹭州书院"云章阁"发现若干份1915年间"江西省立第六中学学生测试卷"及"大字习字帖"和一些当时出版的破损的《大江日报》残页,学生的正楷毛笔习字帖及

7个学生的试卷。这批试卷等文物的发现,为研究吉安教育的发展提供史料。

19日 江西省饲料公司与江西澳通实业公司、香港三联国际轻工有限公司合作,邀请美国防霉专家安尼妥司大药厂克·利查生博士和安尼妥司(马)有限公司总裁徐秀生先生来南昌讲学并进行技术交流。

20日 国家"八五"重点工程、京九铁路九江长江大桥正桥下行线五副控枕器全部安装完毕。专家评定此项技术在国内桥梁界尚属首次采用,具有体积小、投资少、重量轻、易于安装及维修等特点。

21日 万年县酱醋厂生产的"万年陈醋"获泰国优质农产品及科技成果金质奖和香港国际食品博览会银质奖。

21日 "彭泽鲫"是彭泽县的地方特种水产品,1990年获农业部科技成果奖。该品种已散布到江苏、安徽、福建、湖南、湖北、广东等10省。"彭泽鲫"具有抗病能力强、生长速度快、头小体大、味道鲜美、营养价值高等特点。

22日 省政府第十八次常务会讨论通过省建设厅提出的《江西省工程建设施工招标投标管理办法》。

25日 江西省山江湖开发治理领导机构自1985年7月成立以来,对全省山江湖区内的环境、社会、经济进行综合开发和治理工程被首批列入我国政府《二十一世纪议程》,其中64个优先项目是从全国各省、市、自治区及各部委提出的550个重点项目中反复选出来的,这些项目将向国际发布,以进一步得到国际组织和有关国家的支持。

25日 在湖南和山东结束的全国少年儿童游泳年龄组比赛中,江西小将陶俊勇获12岁年龄组50米、100米蝶泳和蝶泳全能三项冠军。唐跃获15岁至17岁组200米蝶泳银牌;邹锟获10岁组100米蝶泳第二名;尹万利和余高岚分别获10岁组蝶泳全能和仰泳全能铜牌。

26日 江西省机电化工科技开发总公司和深圳科力化学工业有限公司联合开发研制的高新技术产品"一加灵",被列为1993年度国家级新产品,获首届中国科学技术博览会金奖。并通过

"94年国家火炬计划推广项目"的评审。

27日 中国文物报社在全国500余项考古发掘项目中，评选出"1993全国十大考古新发现"。丰城市洪州窑址，被列为第六位。

28日 国内贸易部市场建设管理司、全国商品市场检测中心等单位联合对1993年商品的全国市场状况进行调查，依据商品的销售量、市场覆盖率、消费者意见等指标和情况，综合评价出江西草珊瑚企业集团公司的草珊瑚牙膏在同类商品中全国市场占有率排行第三名，被评为全国最畅销商品。

28日 江西省城乡建设规划设计院受省政府委托规划设计的《龙虎山风景名胜区总体规划》在鹰潭市龙虎山通过评审，全国各地的专家和有关人士50多人参加了论证评审会。这次评审的内容包括龙虎山风景名胜区的规划依据、界定、总体布局、风景资源与环境保护、自然植被抚育与绿化等9个方面共25个专题。评审会于30日结束。

28日 南京军区人防工作会议在上海举行。南京军区司令员、军区人防委主任固辉中将在会上讲话强调：人防工作要自觉服从、服务于大局，积极为国家的改革、发展和稳定作出新贡献。副省长张云川作题为《抓住机遇，深化改革，促进江西省人防事业加快发展》的专题发言。会议于31日结束。

29日 南昌市蔬菜科学研究所研制的优良品种——"赣椒一号"（即早杂二号）辣椒，由北京科学教育电影制片厂拍摄成长达20分钟的农业科教片。"赣椒一号"被国家科委确认为国家重大科技成果。

29日 省长吴官正颁布《江西省科学技术进步奖励办法》。该办法在2月21日的省政府第十六次常务会讨论通过，共15条。

30日 万安赣江大桥动工兴建。大桥全长706米，三级通航，总投资3414.4万元，计划于1996年3月竣工。

30日 省委常委集中学习社会主义市场经济理论和基本知识，为期两天。毛致用主持，吴官正、朱治宏、卢秀珍和省委常委参加了学习和讨论。常委们认真阅读邓小平关于建立社会主义市场经济体制的论述，阅读和观看了有关市场经济的书籍和录像，黄智权作《关于深化改革的几个问题》和华桐作《关于财税体制改革的几个问题》的专题发言。

31日 省人大常委会召开会议，传达八届全国人大二次会议精神。副主任王昭荣主持会议，副主任陈癸尊，传达大会精神。省人大、省法院、省检察院副处以上干部140人出席会议。

31日 全国农机系统第五届优质服务活动总结表彰大会结束。吉安地区农机总公司被国内贸易部授予全国同行业优质服务先进单位，成为江西该行业保持全国先进称号的"三连冠"单位。

本月 九江股份制试点。截至本月底，已有共青鸭鸭羽绒、江西轻机等七家股份有限公司由江西省股份制改革联审小组批准筹建，股本金达4.3355亿。有限责任公司已达58家，股本9317.5万元。

本月 解放军九四医院肛肠外科主任胡阶林，攻克原位肛门再造技术难关。他与助手已先后为60多位患者通过手术重建会阴原位肛门，解除了患者的极大痛苦。这一技术被医学界称为"胡阶林术"。

本月 泰和县老营盘水管局从北京引进10万粒虹鳟鱼发眼卵，孵化出4万尾鱼苗。该鱼多在流水中实行集约式饲养，1平方米最高生产量可达100公斤。

本月 新余市渝水区农业银行新余铁路地区储蓄所所长吴金玉，获"全国农业银行十佳储蓄员"称号。

本月 由南昌硬质合金厂职工医院医师聂生保撰写的《脊髓灰骨炎后遗症下肢畸形的手术方法与治疗特点》的论文被世界传统医学优秀论文大奖赛组委会评为优秀论文，并被收入《优秀论文集》（英文版）一书。

本月 丰城市"丽村酒"在北京通过鉴定，获国家优质产品奖。这是继樟树"四特酒"之后，获国家奖的又一种白酒。

1994
4月
April

公元 1994 年 4 月							农历甲戌年【狗】					
日	一	二	三	四	五	六	日	一	二	三	四	五	六
					1 廿一	**2** 廿二	**3** 廿三	**4** 廿四	**5** 清明	**6** 廿六	**7** 廿七	**8** 廿八	**9** 廿九
10 三十	**11** 三月大	**12** 初二	**13** 初三	**14** 初四	**15** 初五	**16** 初六	**17** 初七	**18** 初八	**19** 初九	**20** 谷雨	**21** 十一	**22** 十二	**23** 十三
24 十四	**25** 十五	**26** 十六	**27** 十七	**28** 十八	**29** 十九	**30** 二十							

1 日　政协江西省委在南昌召开大会，传达全国人大、全国政协八届二次会议精神。会议要求：全省各级政协要抓好"两会"精神的传达贯彻，推动政协工作迈上新台阶；要认真传达和学习"两会"精神，并与学习《邓小平文选》第三卷和中共中央《关于建立社会主义市场经济体制若干问题的决定》紧密结合起来，积极为改革、发展、稳定服务；进一步加强政协的自身建设。

1 日　公安部为鹰潭铁路公安分处鹰潭公安派出所记集体一等功。鹰潭站是浙赣、皖赣、鹰厦线交汇点。1993 年一年，该所共破获各类刑事案件 82 起，其中重大案件 52 起，抓获杀人、持枪抢劫、盗窃、通缉在逃犯 105 名，收缴赃款赃物价值 107 万余元。

1 日　《赣江大众报》正式出刊。该报以"直面大众"、"服务百姓"为创办宗旨。该报编辑记者曾上街开展直销宣传活动。

1 日　位于赣江东岸、吉水县城 105 国道一侧的"江南第一墓"，正式对外开放。该墓距今有 1700 余年，占地 7 亩，似大地主庄园"坞堡"式艺术建筑。1991 年 8 月被发现后，国家、省、地、

县投资 50 多万元进行抢救、搬迁和修复工作。

1 日　靖安三爪仑国家森林公园被林业部确定为 20 处国家森林公园为示范森林公园之一。

2 日　江铃汽车集团公司向省青少年发展基金会捐款 43 万元用于希望工程建设。

3 日　江西省中药材技工学校以"保存国粹，振兴中药"为办学宗旨，积极为企业培养全能型技术人才，被国家劳动部评为"国家级重点技校"。

3 日　1993 年省政府授予"有突出贡献一线工人"称号的靖安公路段养路工陈列君，被载入《1994 年中国人物年鉴》。

3 日　全国旅游政研、法规、信息工作座谈会在南昌举行。国家旅游局副局长何光暐在书面讲话中强调：各级从事旅游调研、旅游信息工作的机关，要深入调查研究，及时、准确地提供有价值的旅游管理和经营等多方面的信息。会议于 5 日结束。

3 日　中国龙虎山诗会在鹰潭召开。出席会议的有国内外著名诗人词人、书画美术家及新闻界人士百余人。全国人大常委会副委员长卢嘉锡

为中国龙虎山诗会题写会标。原中顾委委员、原中共中央纪委书记、中华诗词学会副会长强晓初，中华诗词学会副会长兼秘书长孙轶青，副秘书长王澍，北大著名教授、诗人陈贻焮等，以及日中友好汉诗汉字协会副理事长棚桥筐先生等出席诗会。日本、新加坡、香港、澳门等海外名家与大陆名家欢聚一堂，同登龙虎山赏情观景，吟诗泼墨抒怀，为振兴中华诗词、推动诗词书画创作繁荣而畅所欲言。这次诗会共收到诗画作品280余幅。诗会为期4天。

4日 上饶地区青山横黛生长的"灵芝"——婺源绿茶和上饶白眉茶，被海内外人士誉为"上饶茗茶宝一对"。婺源绿茶，历史悠久，先后获得4枚"巴拿马赛会"金奖。当今，采用现代化新工艺，深加工的婺源绿茶，远销40多个国家和地区。上饶白眉在20多年前曾跻身全国特级名茶之列，1993年获新加坡国际饮料食品博览会金奖。

5日 江西省学习《邓小平文选》第三卷党

省领导参加学习《邓小平文选》第三卷领导干部读书班开学典礼

政主要领导干部读书班在省委党校举行开学典礼。参加读书班学习的有部分地、市和省直单位及县（市、区）主要负责人共80余人。卢秀珍在开学典礼上讲话要求：进一步提高对学习建设有中国特色社会主义理论重要性的认识，增强学习的自觉性；认真研读原著，在系统学习的基础上，把握精神实质；发扬理论联系实际的作风，

把学习理论与总结经验结合起来，把学习《邓小平文选》第三卷与学习中共中央《关于建立社会主义市场经济体制若干问题的决定》结合起来，把学习《邓小平文选》第三卷与学习邓小平的科学态度、创造精神和革命风格结合起来。

5日 江西光学仪器总厂与日本精工株式会社签订合同，每月为日方提供先进的电子钢片快门2万套，成为国家第一个大批生产出口照相机心脏部件、向素有"相机王国"之称的日本出口高档相机关键部件的厂家。

5日 鹰潭市剧作家姜朝皋创作的大型历史剧《贵人遗香》，获全国第四届文化剧作奖。

6日 江西大力抓好以村党支部为核心的村级组织建设和整顿农村后进党支部工作，原有的2014个后进村党支部，已有383个跨入先进村支部行列，1227个有明显进步，后进村支部转化率达79.9%。省委书记毛致用指出：江西省村级建设和整顿农村后进党支部工作，要在提高广大干部群众思想觉悟的基础上，建设好一个强有力的党支部，找到一条可行的致富路，培育好一个能办实事的经济实体，落实一套管理和服务的制度。

6日 九江市直属机关300多名干部为"给农业'升温'、为农民增收"，奔赴农村，协助各地抓好春耕生产和"一上（乡镇企业）一下（计划生育）工作"，实施"一年突破一个重点，一年新上一个台阶"的战略。

6日 为推进中文信息处理普及化进程，江西著名的汉字编程专家万仁芳研制出具有本民族特色的"中华汉字速成输入键盘"，已申请发明专利，并在南昌通过鉴定。

6日 1994年全国跳水冠军赛（乙级赛区）4月1日在南京降下帷幕。江西年仅12岁的跳水小将钟洪敏，在男子组比赛中，以一米跳板191.45分，三米跳台354.40分，全能总分545.85分的成绩获银牌。比钟洪敏小一岁的危立、鲍畅在女子组比赛中，以406.65分和372.90分分别获第二名和第三名。

6日 九江市举办为期两天的科技信息发布会。国内部分高等院校、科研院所及国家、省、市科技市场、专利局（所）等近50个单位出席大会，提供3000多条最新科技成果信息。签订技术转让合同68项，成交额1880万元。

6日 全国报纸理论宣传研究会在成都举行成立大会暨首届年会。会议以江泽民在全国思想宣传工作会议上的讲话精神为指针，着重就社会主义市场经济条件下如何增强和改进报纸理论宣传工作进行了广泛探讨和交流。会议评选出1992年、1993年优秀文章，江西日报《从市场经济的视角看农民负担》等6篇作品获奖。会议于11日结束。

7日 省政府发出通知，在江西省范围内开展物价大检查。通知规定：检查的范围包括所有企业、个体工商户和有收费行为的行政事业单位；检查的时限为1993年下半年以来发生的价格违法行为，重大的可追溯到1992年下半年；检查的重点是与人民生活密切相关的基本生活必需品和服务价格。

7日 婺源县推出八大专项1994年文物古迹游。即詹天佑诞辰纪念暨工程师节、婺源文物馆精品人展、文公故里和朱熹遗墨巡礼游等。其中"詹天佑诞辰纪念活动"被列入联合国"国际科学与和平周"中国组委会1994年系列活动之一。

7日 省纪委第八次全体会议举行，讨论深入开展反腐败斗争问题。决议按照抓好领导干部廉洁自律、查处大案要案和纠正行业不正之风三项工作的格局，把反腐败斗争深入、持久、更有成效地进行下去。会议于9日结束。

7日 江西省工业经济协会在南昌成立。钱家铭担任会长。该协会是由从事工业经济管理和工业经济研究的专家、学者、省直有关部门及行署、省辖市政府、经委等部门代表，国有大中型企业、江西省工业行业协会、工业经济研究团体等组成的联合性团体。创始会员单位113个，其中工业行业协会、大中型企业占42.2%。

8日 江西省江洲造船厂劳动服务公司专为湖口渡口建造的首艘内河汽渡船在瑞昌正式签字交货。全船总长61米，设计排水量563吨，可同时装载20辆解放牌汽车，并可供60吨平板车行驶。

8日 省物价局、省财政厅转发财政部、国家计划委员会《关于收取林业保护建设费的通知》和《关于林业保护建设费收费标准的通知》。

8日 省政府召开江西省工业企业扭亏增盈工作会议，贯彻落实全国工交系统扭亏增盈工作电话会议精神，动员江西省工交战线的广大职工，振奋精神，立足于企业自身，打一场工业扭亏增盈攻坚仗，促进江西经济既快又好地向前发展。会议强调：要进一步落实销售政策，搞好限产压库促销；要加强对市场的调查，扩大回笼贷款。会议于9日结束。

8日 由南昌高新技术产业开发区江西日月明公司主办、南昌大学等8家单位协办的焊接新技术交流及演示会在南昌举行。这次演示的焊接技术设备都具有世界一流水平。国内的70多位厂商、120多位客户参加了这次交流演示会。交流演示会于9日结束。

8日 国务委员彭珮云在九江、南昌考察职工医疗制度改革试点和计划生育情况。九江市是国务院确定的全国职工医疗制度改革两个试点城市之一。于12日结束。

9日 中共中央政治局委员、国务委员李铁映视察白鹿洞书院时，指示国家文物局拨款15万元给白鹿洞书院，增加宋、明理学和经、史、子、集及书院发展史有关方面的藏书。九江市政府拨款7万元给白鹿洞书院以解决藏书的配套设施。

9日 江西电缆厂研制的35KV及以下交联聚乙烯绝缘电力电缆和塑料绝缘屏蔽控制电缆两项新产品，经国家电线电缆质量监督检验中心和机械部上海电缆研究所全性能检测，各项性能符合国家有关标准要求，通过了鉴定。

9日 解放军九四医院南京军区心血管内科中心，成功施行首例室性心动过速射频消融术。该中心主治医师黄国民采用国际上这一先进新兴技术施行治疗，使患者的长年顽疾得到根除。

9日 在南京举行的"东渡杯"九四华东青春歌手电视大赛中，江西选手李洁夺通俗唱法金奖第一名。

10日　1985年建立的国家瑞昌长江四大家鱼（青、草、鲢、鳙）原种场初步设计方案被农业部水产司在九江审定通过。这是一家捞取长江鱼苗选育原种的生产基地，每年捞取鱼苗3000万至4000万尾，选育后备亲鱼原种5万尾。据上海水产学院考种研究，长江水系的天然鱼苗比人工繁殖苗生长速度快5%～10%。瑞昌国家级原种场有100亩水面，每年选育的后备亲鱼可达30万尾。

10日　精工亚洲羽毛球锦标赛五个单项的决赛在上海结束。江西名将刘军获亚军。

10日　全国拳击精英赛在南京闭幕。江西名将潘峰在75公斤级的比赛中获金牌。

10日　以色列国发展研究中心执行主任德费纳·斯奇沃兹一行来赣考察山江湖开发治理工程。19日，吴官正接见了客人，表示决心用50年时间把山江湖区建设成经济繁荣、富裕安康、山清水秀、环境优美的生态经济区。

10日　日本荣昌株式会社与江西果喜集团合作，在日本成立木雕部，为扩大对日贸易开拓了新的领域。该社成立10年米，为促进江西省产品对日本的出口发挥了积极作用，累计交易额达1200万美元。

11日　江西首家柑橘良种脱毒无病苗木繁育基地在上犹县建立。已建100亩无病菌苗圃、50亩母本园和增殖圃、700亩示范区的苗木基地，形成每年培育150万株优良柑橘苗木的规模。

11日　被国家轻工业部确定为我国最大的日用玻璃所需的原料——硅砂基地在湖口开工建设。该基地总投资为3346.48万元，年产硅砂80万吨。

11日　《新干县志》获1993年全国首届新编地方志优秀成果评选活动一等奖。

12日　省八届人大常委会第八次会议在南昌召开，到会代表47人。会议共有10项议程：通过《江西省实施〈中华人民共和国未成年人保护法〉办法》、《江西省实施〈中华人民共和国水土保持法〉办法》、《关于批准〈南昌市城乡集市贸易市场管理条例修正案〉的决定》和有关人事任免名单。会议于16日结束。

12日　我国桥梁史上最长、载荷最大的牵索挂篮，在大桥局船舶工程总公司制造成功，开创了中国建桥史的新篇章。牵索挂篮是应用于武汉长江公路正桥斜拉桥，浇注箱梁节段混凝土的施工结构，一次悬臂浇注长8米、宽29.4米的混凝土，重约500吨，创下"牵索挂篮长度"和"挂篮施工荷载"两项全国之最。

13日　南宋爱国名相江万里的研究专集《南宋爱国名相江万里》付梓。海内外各界近千名知名人士为该书题词、赋诗、捐款。该书共160多篇，近30万字，其中不少是珍本、孤本，涉及宋代的政治、经济、军事、文学、哲学、社会生活等领域。

14日　国家烟草专卖局、中国烟草总公司作出嘉奖决定，授予江西省烟草专卖局（公司）为"1993年度烟草行业扭亏增盈先进单位"称号，局长（经理）获奖1000元。

14日　景德镇市配合1994年中国文物古迹游，推出八大具有陶瓷特色的旅游项目。它们是陶瓷古迹游、古陶瓷鉴赏、古陶瓷仿制研修、古瓷名画仿绘、皇家用瓷制作考察、古迹遗址游等。

14日　铁道部大桥局谷城桥梁厂提前200多天建成年产轨枕30万根的九江制枕厂，创造出我国一条轨枕线生产建成投产、形成设计生产能力最短的新纪录。该厂将用两年时间为京九铁路阜九段生产50万根轨枕，以确保京九铁路1995年底全线贯通。

14日　江西铜业公司建成数字微波通信网，成为我国有色系统第一家具有综合业务处理能力全数字化专用通信网络的企业。此项数字微波通信系统技术成果，通过中国有色金属工业总公司的鉴定。数字微波系统的开通，为该公司进行生产经营管理、科学决策及国内外市场接轨提供了强有力的通信手段，预计年创利400多万元。

14日　中国银行全国存款工作会议当日起至16日在南昌召开。会议认为：1993年中国银行存款工作取得了显著成绩，实现各项人民币存款超 2000 亿元、储蓄存款超亿元、外币储蓄存款超 80 亿美元的奋斗目标。其中各项人民币存款比 1993 年末增长 31.66%，高出国家银行平均增幅 8.6 个百分点。

15 日　江发集团公司与台湾合资生产的新一代"江发"牌农用运输车获国家专利证书。该产品是江发集团公司投资 203 万美元，引进台湾中邦公司驾驶室模具生产线合资生产的设计达到国际 20 世纪 80 年代中期水平。公司已形成年产新一代"江发"牌农用运输车 1 万辆的生产规模。

16 日　侧壁式超浅吃水充气船"正兴一号"在湖口造船厂通过检测验收。该船具有航速快、稳性好、吃水浅、操作灵活等优点，适用于江河湖海，特别适宜于水浅流急的内河航运开发。

16 日　丰城市圳头乡清溪村农民诗人李由厢欣喜地收到从美国纽约四海诗社寄来的用稿通知书，他创作的《耕》、《读》、《渔》、《樵》四首诗被编入该社编辑出版的《全球当代诗词选集续编》一书，向世界发行。

17 日　经国家地矿部、卫生部、轻工部鉴定，乐安县生产的"天雅"矿泉水，含有 13 种有益人体健康的微量元素和成分被指定为第十二届亚运会中国体育代表专用矿泉水。

17 日　省绿委作出关于开展争创造林绿化最佳村、最佳乡、最佳县、最佳城市活动的决定。规定从 1994 年起，在江西省开展"四佳"活动，每年评选成绩优异的 200 个村、50 个乡、十个县、一个地级城市（简称 2511 工程），授予荣誉称号。

18 日　江西 96% 的县市加入了水电建设行列，共建水电站 5127 座，年实际发电量达 23 亿度，供 67.2% 的县乡工农业生产和农村城镇生活用电重担。

18 日　省 8 地市 26 县利用法国兴业银行贷款，由阿克泰尔 TAZSEL 公司贴息 3000 万美元，引进 S1240 程控交换设备合同签字仪式在南昌举行。省委常委、副省长黄智权出席并讲话。该项目合同金额为 2290 万美元，用于九江、赣州等 8 地市 26 县的程控电话工程，引进交换设备市话 12 万门、长途 6 万路端、中继 2 万路端。整个项目预计 1995 年 11 月全部开通投产。

18 日　江西信江铜制品有限公司在贵溪正式开工兴建。省委书记毛致用为公司题名。该公司由江西铜业公司、贵溪冶炼厂劳动服务公司、贵溪县滨江企业总公司、江西广信工贸总公司、江铜南方总公司 5 家单位共同出资兴办。1995 年上半年建成后，可年产铜及铜合金系列管材 3500 吨，铜棒 1000 吨和铜母线 1500 吨，新增产值 15750 万元，上缴利税 3000 万元。

18 日　共青羽绒厂生产的鸭鸭羽绒系列产品，同茅台酒、红塔山香烟、健力宝饮料、青岛啤酒、上海英雄钢笔等全国老字号名牌商品一起，被评为中国名牌最佳品牌奖，"鸭鸭"牌居第十五位。

18 日　井冈山茨坪林场场长叶为芬、原永新县科技副县长孙华、原遂川县科技副县长陈金印等从事科技扶贫获首次"振华科技扶贫奖励基金"服务奖。该基金是由香港学者协会倡导发起，由香港各界捐资设立的。该奖设项目奖和服务奖两项，主要奖励在井冈山区、大别山区和陕北老区从事科技扶贫的有功人员。

19 日　全国第一家由农民组建的特优稻米开发公司——兴华特种稻米开发公司申报的五彩特优稻米开发及推广项目，经国家科委研究决定，列为江西 1994 年国家级"星火"计划。该系列"彩色优质米"，已销到全国 30 个省、市、自治区，并打入国际市场。

20 日　据国务院学位委员会第十二次会议情况通报，江西财经学院院长宋醒民教授已被批准为经济学博士生导师。

20 日　经国家农业综合开发办公室批准，"赣北优质高产棉基地"建设实施，总投资 1900 万元，其中国家投资 1000 万元，地方配套 900 万元，要求在一年内，都昌、奉新等 4 县和省棉科所建设棉花原种繁殖基地 2400 亩、棉花良种繁育基地 2 万亩、高产优质商品棉基地 6 万亩。

21 日　省委召开常委会议，听取乡镇企业发展情况和国有工业企业扭亏情况的汇报。会议要求：继续坚持乡镇企业大发展大提高方针，高度重视切实抓好企业扭亏增盈工作。会议强调：加快发展乡镇企业是促进发展、保持稳定的需要，是财政增收和农民增收的战略措施，是江西省解决要钱与要粮矛盾的有效途径；发展乡镇企业一定要在发展股份合作制和外向型经济上取得新的实质性的进展。

21日 省政府召开1993年度科学技术奖励

在江西省科学技术奖励大会上，省党政军领导给获奖的科技人员发奖

大会。125个项目获奖，其中省科技进步奖109项，星火奖16项，有12项达到国际先进水平，59项为国内先进水平；获奖人员625人，45岁以下者占56%，最大者80岁。

22日 瑞金县林业局助理工程师罗振瑞论文《瑞金县飞播林主要混交树种生长模型研建与生长节律动态分析》，被联合国粮农组织收入世界三大农业文献数据库。

23日 由邓小平题写碑名的"井冈山革命烈士纪念碑"加紧筹建。纪念碑位于井冈山革命烈士陵园中轴线的最高处，占地250平方米，碑高30米，以亚金铜建筑，由中国人民解放军军事博物馆设计，总造价500万元。预计在创建井冈山革命根据地70周年之前完工。

23日 江西省利税首户、全国20家产钢百万吨冶金企业之一的新余钢铁总厂获国家经贸委授予的进出口经营权，成为江西省第一家享有外贸自主权的钢铁企业，该厂可直接参

井冈山革命烈士纪念碑

邓小平手迹

与国际竞争，并可每年节约进出口业务代理费40万美元。

23日 省人大常委会颁布《江西省实施〈中华人民共和国水土保持法〉办法》，共6章38条。

25日 武警江西总队医院内科主治医师贾秋萍撰写的《通腑宁脑胶囊治疗原发性桥脑出血17例疗效分析》学术论文，获世界传统医学优秀论文成果奖，并被收入《首届"生命力杯"世界传统医学成果汇编》（英文版）一书。该组委会还邀请她参加在美国举行的"世界传统医学学术研讨会暨优秀论文颁奖大会和国际传统医药优秀成果展销会"。

25日 国家建设部在合肥召开全国城市园林绿化工作会议，会议命名了全国第二批园林城市和1993年园林绿化先进城市。景德镇、九江、赣州三个城市被命名为全国园林绿化先进城市。

景德镇市园林化单位——洋湖水厂

25日 庐山管理局推出4条旅游线路。它们是"宋词碑刻线"、"徐霞客旅游线"、"历代名人旅居线"、"寺、塔、碑、亭线"。这四条古迹旅游线集中体现了庐山文物古迹的精华。

26日 詹天佑诞辰133周年纪念活动暨科技成果洽谈会在婺源举行，这是1994年中国科学与和平系列活动之一。全国工程技术界、企业界、新闻界人士近千人与会。中国发明家协会会长武衡、原装甲兵中将副司令员邓家泰、全国人大常委许勤、江西省省长助理孙用和等出席会议，并为詹天佑铜像揭幕。中国科技馆、民盟中

央、发明家协会及各地科研机构汇集 3000 多项科技成果资料供会议交流。婺源县政府被授予"国际科学与和平贡献奖",该县林业科技推广站站长郑磐基获詹天佑诞辰纪念工程师科技成果奖。

26 日 全国普教仪器供应工作会议及展销活动在南昌市省展览中心举行。73 个省、市、厂家代表团的 3000 余名代表参加这次活动。千余家教学仪器厂家生产的 1.8 万多个规格、1300 多种产品参加展销。

26 日 省委宣传部机关党委在全体职工中开展向"希望工程 1+1 助学行动"捐款活动。省委常委、宣传部部长钟起煌倡议并带头捐款而展开的。截至当日,捐款数达 7800 余元,平均每人 100 元以上。这批款将送往老革命根据地希望小学。

26 日 江西省社联五届四次理事会在南昌召开。有关部门 100 多人参加会议。省社联名誉主席周銮书作了题为《弘扬主旋律,面向主战场,为进一步繁荣和发展我省社会科学事业而努力》的工作报告。会议提出:要以科学的理论武装人,更有效地为"两个文明"服务。会议选举李国强接任省社联主席。会议于 27 日结束。

26 日 江西省文联五届七次常委(扩大)会议在南昌举行。会议要求各级文联在新形势下,牢牢把握宣传思想工作的根本指针,抓住机遇,深化改革,努力繁荣文艺创作。会议作出了筹备成立江西省企业文学艺术工作者协会的决定,增补王秀凡为省文联副主席。于 27 日结束。

27 日 省委常委、副省长黄智权在南昌大学向高校师生作形势报告,南昌大学、江西师大、江西农大、江西医学院、江西中医学院、江西财院、南昌航院和南昌水专等校数百名师生参加。报告会由省委宣传部、省教委组织。

27 日 我国第一届中华少儿美术作品大赛揭晓,上饶市第五小学二(2)班潘璐同学的吹塑版画《静物》、四(5)班邵亮同学的吹塑版画《春到小镇》获一等奖。

27 日 新一届省绿委组成,副省长郑良玉为主任,省军区副司令员仲清、省长助理孙用

和、省政府副秘书长徐俊如、省林业厅厅长欧阳绍仪、省建设厅厅长吴景柏为副主任,办公室仍设在省林业厅。

27 日 省政府在赣南召开现场办公会,舒圣佑主持。省政府有关部门负责人,赣州地委书记刘培均、行署专员邱禄鑫及有关部门的同志参加会议。会议强调:要在 20 世纪末,或稍长一点儿时间内,把赣州地区建设成农业大区、工业强区、财政富区,必须进一步解放思想,深化改革,振奋精神,艰苦奋斗。会议于 28 日结束。

27 日 省委书记毛致用当日起至 29 日在景德镇市调查研究时强调:采取切实措施,搞好工业企业生产经营:(一)深化企业内部改革,推进企业"转机建制";(二)把"促销"作为工业生产的重中之重,切实抓紧抓好;(三)加快大项目和新的增长点的投产扩产,努力把"蛋糕"做大;(四)要切实抓好亏损企业的扭亏增盈。

28 日 江西省庆祝"五一"劳动节暨表彰大会在南昌举行。省领导同全省各地的"五一"劳动奖章获得者、劳动模范及工会先进工作者共 300 多人,共庆"五一"国际劳动节。省委副书记卢秀珍讲话指出:我们要继续大力宣传劳动模范、先进人物的模范事迹,以他们为榜样,积极开展"学先进、赶先进"的活动,充分发挥他们的骨干、桥梁和带头作用。

28 日 由台湾实业家叶宏荣先生独资兴建的"伯爵山庄娱乐城"在南昌市湾里区开工。该娱乐城占地面积 1.2 万平方米,总建筑面积 1 万平方米,共 12 栋 24 套,总投资 80 万美元。

28 日 在 1994 杭州中国"星火"计划国际研讨会上,景德镇板鸡和湖口糟鱼获金奖。研讨会由国家科委、对外经贸部和联合国开发计划署共同举办。

28 日 江西省最大的私营铜加工企业——新余市胡氏铜业公司正式开业,私营企业主胡炳华从流通领域向实业发展。该公司利用再生铜资源,年产 2000 吨左右各种规格的铜棒系列产品,年产值可达三四千万元。

28 日 国营八三四厂生产的华声牌程控电

话交换机被中国社会调查事务所列入1994年度中国公认名牌产品。

29日 省委宣传部、省教委、省教育工会、团省委在南昌联合召开"江西省十大杰出青年教师"表彰会。省委宣传部副部长黄庆来宣布关于表彰江西省十大杰出青年教师的决定，团省委副书记冯桃莲宣布授予江西省十大杰出青年教师"新长征突击手"称号的决定。十大杰出青年教师是：江风益、康宇、黄玉明、曾存马、刘更生、应明生、苏斌、姚新、唐晓红、梁明仁。

29日 江西省首家路桥股份制企业——吉安路桥股份有限公司成立。该公司是经省股份制改革联审小组批准设立的定向募集股份的规范化股份制企业，是省内交通基础设施项目与股份制接轨运行的首家规范化股份有限公司。

30日 省长吴官正在奉新、靖安、宜丰等县考察，重点调查了解乡镇企业的发展情况。先后察看了19家企业及种植业、养殖业基地，听取了县、乡领导有关经济工作情况的汇报。勉励大家要从当地实际情况出发，不断总结经验，创造性地工作，使乡镇企业更快更好地发展，人民生活有更大的改善，社会得到更加全面的进步。

30日 全国第五届陶瓷艺术设计创作评比在江苏省宜兴市举行。江西、江苏、湖南、福建、山东、浙江、北京、天津等15个省市的87家陶瓷工厂、艺术院校、研究所创制的1041件（套）陶瓷艺术作品，经专家评选有106件（套）精品分获一、二、三等奖。其中，景德镇获奖28个，一等奖四个，获奖总数名列第二。

本月 庐山宾馆是庐山旅游集团公司所辖四大涉外宾馆之一。近年来，该宾馆充分利用庐山工行支持的300万元网点设施贷款，狠抓服务硬件设施建设，强化内部管理，获晋升为国家三星级的宾馆。

本月 全国建筑装饰材料博览会在北京举行。中国瓷都洁具厂生产的高级卫生洁具陶瓷获金奖。该产品胚体强度大，釉面硬度高，耐冷热冲击性能好，吸水率和节省率均低于国家标准。

本月 九江市被国务院确定为全国医疗保险制度改革的两个试点城市之一，率先进行社会统筹医疗基金与职工个人医疗账户相结合的医疗保险制度改革。

1994

5月 May

公元 1994 年 5 月　　农历甲戌年【狗】

日	一	二	三	四	五	六	日	一	二	三	四	五	六
1 劳动节	2 廿二	3 廿三	4 青年节	5 廿五	6 立夏	7 廿七	8 廿八	9 廿九	10 三十	11 四月小	12 初二	13 初三	14 初四
15 初五	16 初六	17 初七	18 初八	19 初九	20 初十	21 小满	22 十二	23 十三	24 十四	25 十五	26 十六	27 十七	28 十八
29 十九	30 二十	31 廿一											

1 日　第九届全国戏曲电视剧"天安奖"在宁波揭晓。赣剧《竹乡姐妹》、《荆钗记》分别获二、三等奖。

2 日　江西红星机械厂参与设计的全国统型新型系列饲料粉碎机被国家机械工业部授予科学技术进步二等奖。

2 日　新华社北京报道，庐山旋转观景台落成。该台坐落在海拔 1260 米的牯牛岭上。

2 日　省政府召开江西省安全生产紧急电话会议，通报了 5 月 1 日丰城矿务局平湖煤矿重大瓦斯爆炸事故和新余电厂建设工地重大工伤事故的情况。会议强调各地区、各部门和企业要认真吸取教训，抓教育，搞整改，坚持把"安全第一、预防为主"的方针落到实处，采取有效措施，落实安全生产责任制，确保安全生产。吴官正、舒圣佑、张云川等出席会议并讲话。

3 日　江西省举行纪念五四运动 75 周年暨表彰大会，江西省市各界青年 1000 多人参加会议。省委副书记卢秀珍在讲话中指出：当代青年在改革开放和现代化建设的宏伟大业中，要高举五四运动的光荣旗帜，勇敢肩负起历史赋予的重任，

谱写迈向 21 世纪的新篇章。大会表彰了 15 名"见义勇为青年英雄"和 33 名"见义勇为好青年"。并举行了江西省青年志愿者服务队和青年文明号的授旗、授牌仪式。

3 日　南昌大学与美国纽约州立大学正式签订友好合作协议，并为进一步密切两校间的学术与文化交流，举行了互聘教授仪式。

4 日　全国小学生汉语拼音知识大奖赛揭晓，上饶市第六小学二年级学生王睿获二等奖。

4 日　国内唯一定点生产舷外机的江西水上动力有限公司，开发出新产品 BC－500 型玻璃钢艇。经有关部门鉴定，各项指标均符合国家标准。该艇采用浮箱代替艇体骨架的无肋骨式结构，并借鉴美国 V 型底滑行艇的线型设计，是国内当前最先进的船艇，可广泛运用于运输、水上巡逻、抗洪抢险、水面管理、水上体育运动、水上游览等方面。

4 日　"五四"前夕，由铁道部十七局三处担负施工的京九铁路江西泰和赣江特大桥获团中央"青年文明号工程"称号。该工程合格率一次性为 100%，优良率达 95% 以上，多次受到铁道

部京九办的表彰。

4日 江西省青年干部培养教育工作和锻炼成长交流会在南昌召开。江西各条战线、各部门、各单位的青年干部代表和部分省直机关下派挂职锻炼的处级青年干部，各地市、省直各单位组织、人事部门的负责同志共200余人出席会议。会议提出：在改革和建设实践中培养造就一代新人。会议于6日结束。

5日 江西省党政机关与所办经济实体脱钩工作会议结束。省委、省政府把党政机关与所办经济实体脱钩工作，作为反腐倡廉的重要组成部分来抓。该项工作在11个地市全面展开，取得阶段性成果，此后脱钩工作重点是抓好"三不准"机关的划转和撤并工作。

6日 江西省红十字会和南昌市红十字会在南昌市举行纪念大会，纪念中国红十字会成立90周年、纪念"五八"世界红十字日。副省长、省红十字会会长黄懋衡，省政协副主席、省红十字会名誉会长罗明出席大会。省红十字会、省卫生厅表彰了江西省首次获无偿献血银质奖章者何为；南昌市红十字会、市卫生局表彰了1993年度无偿献血30个先进集体。

6日 省委、省政府在上高县召开为期两天的江西省计划生育工作会议，部署1994年计划生育工作的两大任务，加强村级计生工作，抓好夏季计生孕前服务，努力提高江西省计生工作水平。

7日 中国航空技术进出口公司与巴基斯坦签订合同，南昌飞机制造公司向巴基斯坦出售6架K-8飞机，从1994年7月起陆续交付。K-8飞机曾于1992年参加新加坡航展的飞行表演，并在孟加拉、缅甸作了飞行表演，1993年参加了泰国航展的飞行表演，均获成功。

7日 当天是第二十六届"世界电信日"，江西省邮电管理局在全国首次发行一套以周恩来总理肖像为内容的"人民的好总理"电话磁卡。这套磁卡共5枚，总面值190元，发行量1万套。

8日 万年县裕同珍珠保健茶厂生产的珍珠保健茶，获"1993中国中老年生活保健精品奖"，并被江西省九运会指定为专利标志产品。

8日 南昌百货大楼新营业楼正式开业。该大楼是当前江西省面积最大、功能最全、设备最

南昌百货大楼营业厅

南昌百货大楼夜景

好，集休闲、购物、娱乐为一体的综合性商厦，也是江西省第一家使用电子监控装置的商场。开业当日销售额达200万元，比平日销售额翻了5番，创历史最高纪录。

8日 省长吴官正看了新华社关于《中宣部召开首都新闻单位座谈会，提出新闻界也要警钟长鸣》的报道后，就加强江西省新闻队伍职业道

德建设问题作了批示，要求江西省新闻工作者保持清醒头脑，努力改造主观世界，加强职业道德修养，把职业道德建设作为新闻界反腐倡廉的一项重要内容来抓。并确定 5 月为新闻界"职业道德教育活动月"。

9 日 在江西柘林地区发现大湖坪、小庐山及黄荆洞等多处可开发的抽水蓄能电站站址。大湖坪发电水头达 717 米，可装机容量为 325 万千瓦；小庐山发电水头 147.5 米，可装机容量为 180 万千瓦；黄荆洞发电水头 317.5 米，可装机容量 380 万千瓦。

9 日 铁道部大桥局船舶工程总公司依靠科技进步，5 年来连创 9 项全国之最：多用途浮箱、九江长江大桥双层吊索塔架、缆索挤紧机、主缆吊机、缆索缠丝机、顶推钢导梁、牵索挂篮、50 米跨 300 吨架桥机、100 米高的仿埃菲尔铁塔。

10 日 信丰县河连山林场自然保护区发现人工古杉群落，这片古杉共有 54 株，经专家考证，系东晋时人工营造，已有 1600 多年历史，属发现最早的人工古杉群落。这一发现，将我国人工营造杉木始于唐元和年间的结论，向前推移了 400 多年。在这群古杉中，有一株高 40 多米、胸径 3.45 米、立木材积近 50 立方米的巨杉，堪称"杉树王"。

10 日 省委组织部、宣传部、省纪委在南昌召开党员教育工作会议。会议讨论和修改了《江西省党员教育三年规划》。省委副书记卢秀珍到会讲话指出：当前必须加强党员教育，提高党员素质，增强党组织战斗力，为推动江西省改革开放和经济发展做出新的贡献。会议于 12 日结束。

10 日 省法院召开宣判大会，公开宣判一批严重危害社会治安和破坏经济秩序的犯罪分子。这次集中宣判有利于维护社会稳定，巩固和发展安定团结的大好形势，保证改革开放和经济建设的顺利进行。

11 日 中国红十字会总会与中华全国新闻工作者协会联合组织的首届全国红十字好新闻作品评选揭晓。江西获奖的作品有：《江西卫生报》的 1993 年纪念"五八"世界红十字日专版和江西人民广播电台《晚霞血样红》获二等奖；《江西日报》的《我省建立公路干线急救网》和江西电视台《国际联合会救灾代表在江西考察》获三等奖。

12 日 京九铁路吉赣定段铺轨基地在吉安火车站建成。该基地占地 230 亩，设有 15 股道，整个轨排生产过程全部实现自动化流水线作业，24 小时生产轨排 6 公里至 8 公里，最高可达 10 公里，储存轨排可达 70 公里。

12 日 江新造船厂与日本、韩国等中外 20 多家船厂参加的国际招标中，签订了总数 26 艘中的 8109B、160GT 两型渔轮共 16 艘的合同，产值达 6000 多万元。

12 日 日中友好协会会员、日本作家池上正治在中国比较文学教学研究会有关人员陪同下来金溪县陆坊乡青田村，考察南宋理学家陆象山墓地。

12 日 省委宣传部、省委党校、省委讲师团、省政府教育委员会、省社科院、省社联 6 家发起，正式成立"江西省建设有中国特色社会主义理论研究会"。

12 日 由省记协、省新闻学会组织的首届江西新闻奖评选会在萍乡举行。分别评选出 1993 年江西省报纸系统一、二、三等奖获奖作品。《江西日报》有 7 篇获一等奖，9 篇获二等奖，3 篇获三等奖，好版面 3 块。

13 日 中外合资江西赣北银河化学制品有限公司与国家有关院校合作生产的凯安牌 JG3 合成制动液，经交通部及国家技术监督局全面检测，达到了现行国际通用的 DOT－3 标准，超过从日本进口的同类产品。

13 日 省市宣传、教育、体育、民政和残联等部门联合在南昌召开"全国助残日"座谈会。与会者围绕第四次全国助残日的主题"我们同行——为'远南'残疾人运动会献爱心"开展座谈。江西著名残疾游泳运动员黄建平代表运动员发言，省残联等 7 家单位，向"远南"运动会捐款 6 万元。

13 日 江西医学院况明星副教授等人进行的"心阻抗图"和"微电脑非线性心功能仪"

通过省科委、省卫生厅、省医院管理局组织的鉴定。

13日 1月和3月,吉安市第四职业中学高三美术专业学生左奔发明的"一种变阻器装置"和"防臭鞋底",获"中国专利局专利证书"及1994年第四届全国发明成果洽谈展销金奖。他本人获中国专利局颁发的"中国发明家证书"。

14日 经上海铁路局检查评定,南昌铁路西站江边货场获"1993年度路局级文明货场称号"。

14日 由中国散文诗学会主办的"回答人生"中国散文诗大赛在北京揭晓,万安县委组织部李桂平的作品《中国路》获一等奖。

14日 外交部参观团来到江西,先后到庐山、九江、共青、南昌等地参观休养。21日,省领导会见参观团全体成员。

14日 乐安县在金竹乡芳草村发现由近20条瀑布组成的大面积瀑布群。该瀑布群落差最大的30余米,小的十几米,分布集中。当地正在制定规划,准备在瀑布群一带建立旅游、疗养区。

14日 东南大学建筑博士张十庆根据考古资料制图,南昌市天源工艺品厂十几位工匠历时3年,用黄杨木精心雕琢而成的唐、宋、元、明、清五代滕王阁模型,在滕王阁二楼南厅展出。该模型均为三重飞檐,二层回廊。

15日 中国人民保险公司江西分公司在全国人保货运保险清算工作表彰会上获一等奖。

16日 湖口县江桥乡八桥村村民彭细苟等人捕获一只体重150余公斤、外型似羊、头似马、耳似驴、脚似牛、尾短小的怪动物,经专家辨认,系国家二级保护动物,原名鬣羚,别名岩驴或苏门羚。

16日 靖安县中沅乡向务村乡村医生郑业斌、仁首乡石上村涂永弟、官庄乡桥下村刘立安3人被国家卫生部健康报、中国农村卫生工作者协会联合授予"全国优秀乡村医生"称号。

16日 由八届全国人大常委聂大江、楚庄,七届全国人大常委李宣化率领的全国人大教科文卫委员会执法检查组一行9人,对江西省进行为期9天的文物执法检查。在省人大常委会副主任陈癸尊等陪同下,检查组检查南昌、景德镇、井冈山和吉安等地的革命文物和历史文物的保护情况。

16日 由全国人大常委会委员张明远带队的全国特殊教育检查团一行6人自即日起至对江西省特殊教育进行检查,先后到南昌市、新余市、新建县、上高县等地,深入到南昌市盲童学校、聋哑学校等8所特殊教育学校和4所中、小学校。对南昌市把特殊教育纳入法制轨道表示满意,并赞扬南昌市幼儿师范学校、盲校、聋校在江西省起到了示范、辐射作用。

18日 省委党史资料征集委员会、永新县委编纂的《刘俊秀专集》一书已由中央文献出版社出版发行。

18日 对婺源县承担研究的《薄膜大棚覆盖茶园》课题通过上饶地区科委会同有关专家,进行技术鉴定并获通过。

18日 江西太平洋融峰花岗岩开发有限公司,在铅山县太源畲族乡投资600万元落户。从6月1日起,这家台商独资企业将在太源畲族乡进行30年的花岗岩开采、加工和销售业务。

18日 江西省汽车工业办公室与省机械工业供销总公司自即日起至20日在省科技活动中心联合举办1994汽车展销会。此次展销会汇集了桑塔纳、昌河、东风六平柴、五十铃等32个厂家48个品种的国产车。10个省、市的200多名代表参加展销会,成交额达1600余万元。

18日 在丹东举办的第二届中国科技之星国际博览会上,赣州木材厂"天岩"牌混凝土用酚醛树脂胶合板模板和江西味津食品有限公司味津猪肉系列食品,获金奖。

19日 省林业厅发出《关于对江西省木、竹经营加工单位统一实行许可证制度的通知》。

20日 江铃汽车集团公司、南昌齿轮厂实行跨行业强强联合,共图发展。这是江西省顺应建立社会主义市场经济和企业进一步发展的客观要求,按照国家产业政策,优化配置生产要素,以拳头产品为龙头,集结群体优势,培植支柱产业,实行工业结构调整的一项重要措施。

20日 省委、省政府在德兴市召开全省乡镇企业会议。各地市委书记、专员、市长、28个重点县的主要领导以及省直有关部门负责人与会。省长吴官正、省委常委张逢雨为1993年度先进乡镇企业界、先进单位颁奖，副省长郑良玉作总结讲话。上饶地区等17个单位获高速高效发展奖，新干县等22个单位获单项特别奖，宜春地区等118个单位获规模经济奖牌。会议于22日结束。

21日 景德镇市电瓷电器公司研制的SF_6断路器用瓷套，通过技术鉴定，经专家认证，该产品达到同类产品的先进水平，可替代国外进口产品。

21日 《全国物理化学学报》编委会成立10周年纪念会当日起至25日在江西师范大学召开。会议总结了过去10年的工作，讨论了今后的办刊方针，研讨了物理化学的发展问题。

22日 刚出版的1993年《中国科技成果大全》一书，收录了江西省交通科研所的《公路路况评价系统研究》、《旧桥加固技术研究》、《基桩质量动态检测方法应用研究》等8项科研成果。

22日 湖口县残联获全国残疾人三项康复先进集体。

23日 南昌市西郊的梅岭被林业部批准为国家级森林公园。梅岭有99座山峰、50多个人工湖。森林公园内有30多个旅游景点，200多个自然景观和人文景观，拥有20万亩森林，森林覆盖率达48.8%，有600多种植物和300多种野生动物，其中不少是国家一、二类保护动物，珍稀鸟类有24种。

23日 广东今日（集团）"生命核能"营养液江西地区总经销权以55万元转让给省供销社总公司。这是建国以来数额最大的一宗个人与企业间的知识产权交易。

23日 江西师范大学、南昌大学、《江西日报》读书专版和文化广场专版等42家学术、新闻单位联合发起召开的"赣文化与21世纪"学术研讨会当日起至25日在南昌举行。会议的中心议题是：赣文化应以怎样的风采迎接21世纪？省人大常委会和有关单位领导及专家、学者、师生代表200多人出席会议。会上举行了富有浓郁赣文化特色的展览、话剧、晚会等多种形式的活动。

24日 在解放军副总参谋长徐惠滋中将和国防部外事局局长傅加平少将陪同下，泰国军队最高司令瓦拉那·阿披乍里上将一行乘专机抵达九江。瓦拉那上将访问了景德镇，参观了景德镇雕塑瓷厂、艺术瓷厂和陶瓷研究所。

24日 江西师范大学举行中国著名科学家、教育家、原中正大学首任校长胡先骕诞辰100周年纪念会。胡先骕（1894~1968），新建县人，是中国植物分类学的奠基人。

24日 国务院政策研究室和省政府在南昌联合召开为期3天的粮棉主产区经济发展研讨会，山东、江苏、浙江、河北、河南、黑龙江、吉林、湖北、安徽、江西等省代表、专家，国务院政研室及江西省领导出席。会议认为要把粮棉主产区经济发展作为系统工程来抓，改变长期以来一些地方形成的"粮棉大县、工业小县、财政穷县"的格局，既要保持粮棉稳定增产，又要促进农民和财政收入较快增长，实现农村奔小康的目标。

25日 由江西博力实业总公司投资，省食品质量检测中心监制，江西省第一条"博力太空水"生产线正式投入批量生产，日产量达6万瓶。

25日 1994年前四个月江西出口货物总额为2.05亿美元，比1993年同期增长35.4%，高出全国平均增长速度六个百分点。

25日 江西省党校工作会议在南昌召开。省委党校校长卢秀珍作题为《解放思想，实事求是，在深化改革中开创党校工作的新局面》的报告。省委副书记、省长吴官正作重要讲话强调：各级党委务必把办好党校作为加强党的自身建设的重要一环来抓，要指导党校围绕全党工作的大局，把握正确的办学方向；要及时研究解决党校工作中的重大问题。各地市委的分管书记和党校校长、部分县级党校校长和企业党校校长、省直有关部门的负责同志和省委党校、校委委员共60

多人参加会议。于 27 日结束。

25 日 由国家体委主办、省体委、省电视台和南昌倍驰电子电光源公司承办的 1994 年"倍驰电光杯"全国健美操锦标赛在省体育馆举行。这是江西省第一次举办的健美和健美操比赛。全国的 40 多支队伍、共 224 位选手,参加这次全国最高水平的角逐。比赛于 30 日结束。

25 日 经国务院委托,由国务院发展研究中心局长佐牧等六位著名专家学者组成的京九铁路沿线经济战略及投资机会考察小组,自即日起至 6 月 3 日对江西沿线地市进行考察。专家们认为,江西应抓住机遇,以路为主,全面滚动,使江西经济形成鱼骨型的新的经济生长带。

26 日 江西省科协编纂的关于曾炯博士纪念文集,由江西科技出版社出版。

26 日 江西省对台经济工作会议在南昌召开。江西对台经济工作截至 3 月底,共批准台商投资项目 460 个,项目总投资额 6.5 亿美元。江西对台贸易额仅 1993 年一年就达 554 万美元。昌九工业走廊已成为台商投资热点。

27 日 九江船舶工业学校青年教师王明伦的传略及学术研究成果已被载入《中国社会科学家大辞典》,王明伦已发表教育研究译著一本、论文 50 多篇。

27 日 在《小学生报》等全国 12 家新闻出版单位联合举办的《国际少儿友谊书信集》征文竞赛中,江西南昌市站前路小学五(7)班学生杨柳获一等奖。

27 日 新西兰纳皮尔市市长爱伦·迪克率领的纳皮尔市政府代表团一行 5 人,在抚州进行友好访问。

27 日 全国政协副主席、中央统战部部长王兆国在江西作为期 5 天的考察。此前,最高人民检察院检察长张思卿也在南昌、吉安、九江调研,张思卿指出必须进一步贯彻"严打"方针,依法从重从快严厉打击严重刑事犯罪活动,严厉打击贪污贿赂等经济犯罪活动,突出查办大案要案,把反腐败斗争坚持不懈地抓下去。

27 日 全国人大常委、全国人大法律委员会副主任项淳一为组长的全国人大法律委员会调查组,来江西征求对《城市房地产管理法(草案)》的意见和《地方组织法》、《选举法》的修改意见。

30 日 江西省职工思想政治工作研究会第八次年会在南昌召开。会议传达了中国职工思想政治工作研究会第八次年会精神,表彰了 1993 年度江西省思想政治工作优秀企业、个人和优秀职工思想政治工作研究会及先进工作者,产生了新一届领导机构,聘请江西省领导卢秀珍、舒惠国、张云川担任省思研会顾问,钟起煌为名誉会长。会议于 31 日结束。

30 日 全国人大常委会、全国人大财经委副主任委员张绪武、全国人大财经委委员黄达等 7 人组成的全国人大财经委《统计法》执法检查组抵达南昌,从当日起至 6 月 4 日对江西的执法工作进行检查。

31 日 省工商行政管理局和省经纪人协会在南昌召开全省首次经纪人、经纪组织代表座谈会。参加座谈会的代表通过学习《江西省经纪人中介活动管理暂行办法》以及暂行办法的实施意见,增强了依法经营、照章纳税的意识,经纪人行业在逐步走向公开化、规范化、法制化。会议于 6 月 1 日结束。

本月 第二届全国省、自治区党报新闻奖评选会在湖北省宜昌结束。参加本次评选会的有 26 家省、自治区党委机关报的代表。会议共评选出 1993 年度获奖作品 140 篇。《江西日报》的《九江米市能否再度辉煌》获一等奖,《南城农副产品"未产先销"》获二等奖,《大事要抓住不放》、《一要坚决二要慎重务必搞准》、《市委常委的笔记本》获三等奖,1993 年 10 月 12 日一版获好版面奖。

本月 省军队转业干部安置工作小组、省委组织部、省人事厅等 11 个部门联合下发《关于转业军官自谋职业创办经济实体的暂行规定》。规定对不要政府安排、自谋职业的转业军官创办经济实体,在场地、资金、办照等方面给予优惠政策。

本月 江西乳品厂获中国社会经济调查研究中心颁发的"'英雄'牌全脂甜奶粉 1993 年全国消费者信得过产品""信誉杯"奖。

本月 江西对各地贯彻实施环境保护法律法规情况进行重点检查。检查团先后对南昌市、九江市、鹰潭市、景德镇市、新余市、上饶和赣州地区及所辖2市、14县、61家企业的工业环境污染问题进行了检查。检查团强调：搞好环境保护，要广泛开展"三废"综合利用，综合技改大力推广采用无污染或少污染的先进生产工艺、技术和设备。

本月 省计委、省经贸厅、昌九办和共青、桑海开发区等单位组成的代表团，参加了外经贸部和香港贸发局首次在港举办的1994年中国贸易投资洽谈会。江西此次参会以昌九工业走廊为主，共接待港、澳、台和国外客商150多人，签订合资、合作项目合同、协议21项，外资金额3亿美元，达成意向性投资项目6项，完成外贸出口合同金额300万美元。

本月 万安县文物办收藏的"一九三〇年江西红军赤色游击大队部布告"、"一九三三年江西省苏维埃政府训令及统计调查表格"，通过国家文物局专家鉴定，被确认为全国稀有并具有特别重要价值和代表性的一级文物。

本月 江西省综合统计数据库基本建成，并与国家统计局综合司联网。

本月 在北京举办的首届中国制浆纸制品暨印刷器材博览会上，抚州造纸厂生产的主导产品B等强韧牛皮箱板纸获银杯奖。

1994
6月
June

公元 1994 年 6 月　　农历甲戌年【狗】

日	一	二	三	四	五	六	日	一	二	三	四	五	六
			1 儿童节	**2** 廿三	**3** 廿四	**4** 廿五	**5** 廿六	**6** 芒种	**7** 廿八	**8** 廿九	**9** 五月大	**10** 初二	**11** 初三
12 初四	**13** 端午节	**14** 初六	**15** 初七	**16** 初八	**17** 初九	**18** 初十	**19** 十一	**20** 十二	**21** 十三	**22** 夏至	**23** 十五	**24** 十六	**25** 十七
26 十八	**27** 十九	**28** 二十	**29** 廿一	**30** 廿二									

1 日　国家教委派员来井冈山，向井冈山中小学生捐赠共计 9000 多册"中华书库"经典书籍。这批价值 2.5 万元的书籍是国家教委向井冈山中小学捐赠的第一批图书。

1 日　1994 年全国田径锦标赛暨亚洲运动会选拔赛在北京揭幕。江西运动健将、亚洲链球纪录创造者毕忠以 72.46 米成绩获第一名；新秀吴永清、王超以 64.08 米和 63.14 米成绩分别获第四名和第五名。

3 日　临川县残疾青年刘普华，被团中央、国家工商局、中国个协授予"全国青年个体劳动者先进个人"荣誉称号。

3 日　德兴市龙头乡农民王世开家中的一把画有宋代理学家朱熹讲学图像的康熙五彩壶，经文物专家考证，此壶制作于 1710 年至 1780 年间，为高级官窑细瓷，通高 18.8 厘米，口径为 9.2 厘米，足径 11.8 厘米，直口圆唇，丰肩圆腹，椭圆形曲柄。该壶的发现对研究清代康熙五彩瓷的艺术发展和演变提供了实物证据。

3 日　余江制药厂开发的新产品"钩藤茶"，获国家专利证书。

3 日　斯洛文尼亚共和国副总理兼外交部部长洛伊泽·佩泰尔莱在江西进行为期两天的访问。

吴官正同斯洛文尼亚副总理洛伊泽·佩泰尔莱亲切交谈

4 日　省政府召开会议，研究九五重大技改项目的准备工作。会议指出，要从江西工业如何跨世纪的战略高度，按照国家产业政策和江西省产业结构调整方向，提出更多更好的重大技改项目；江西省九五技术改造要力争上 100 个大项目，投入 200 亿元，新增 500 亿元产值。

5 日 为纪念《江西日报》创刊 45 周年，江西首张彩报出版问世。该报采用北大方正集团最新推出的彩色电子出版系统，制作、排版、印刷全套工序均由《江西日报》自行操作完成，江西省报业发展开始进入新的领域。

5 日 我国著名科普作家高士其的一份手迹，在萍乡市荷尧乡荷尧村第四村民组黄乃恒家中被发现。这首诗共 8 行，用毛笔书写在长 30 厘米、宽 25 厘米的黄色宣纸上，内容如下：

> 同班情谊深 阔别半世纪
> 今朝重相会 依稀话故旧
> 劝君莫自弃 前途犹可冀
> 为国多珍重 他日庆升平

5 日 斯洛文尼亚电台、电视台、斯通社记者专门采访省委常委、副省长黄智权。

5 日 1993 年度全国电子行业优秀企业金桥奖评选结果在京揭晓，江西的国营八九七厂入选十佳之列，获金桥奖。

6 日 贵溪化肥厂年产 24 万吨的国产化磷铵

全国四大磷铵复合肥生产基地之一的贵溪化肥厂于 1991 年建成，总投资 4.76 亿元，年产磷铵 24 万吨

生产装置，通过国家验收。这套装置是我国"七五"重点建设项目，也是国家重点消化吸收外国先进技术，设备国产化科技攻关项目和我国第一套大型磷铵装置国产化工程，整套装置获 1991 年国家重大装备攻关成果一等奖。

6 日 南昌瑞伦电气设备制造公司研制成功的 ZN28－10 真空断路器，列入国家机械工业部 1994 年科技发展规划。该公司同时引进丹麦技术开发的多米诺（DOMTNO）组合式开关柜也开始批量生产。

6 日 应日本国冈山县知事长野土郎的邀请，经国务院批准，以黄懋衡副省长为团长的江西省科技友好访问团一行 6 人，前往日本冈山县进行为期一周的友好访问。

7 日 南昌机场增加南昌至深圳包机航线。该航班由深圳航空公司 B737－300 型飞机每周二、六飞行。

7 日 弋阳县樟树墩乡大坝刘家村发现苏区时期标语 5 条，内容为"参加少共国际团来拥护中国共产党"、"为创造两个少共国际团而奋斗"等，这些标语为赤红色，刷写于 1929 年底。是研究赣东北革命历史的宝贵资料。

8 日 由江中制药厂投资组建的海南绿世界化妆品有限公司，其产品"绿世界晚露"、"绿世界仙人掌"洗面奶等 5 个产品在 1994 年第十八届亚洲美容美发大赛中获金奖。

10 日 药用活性钙中试顺利通过鉴定。其系列产品开始投入批量生产。

10 日 省政府令第 32 号，发布施行《江西省林地保护管理试行办法》。

13 日 第五届亚太国际贸易博览会举行，"广昌通心白莲"和"莲薏茶"分别获金奖。该博览会由联合国亚洲及太平洋经济社会委员会和中国国际贸易促进委员会共同举办，有 30 个国家参加。

13 日 京九铁路阜（阳）九（江）段南大门——九江长江大桥，开始铺设上行线钢轨。九江长江大桥进入最后的决战阶段。该桥全长 7675 米，是当前国内最长的一条桥上无缝线路。其铁路引桥无枕无碴，大面积采用硫磺砂浆锚固螺栓来扣紧垫板及正、护轨的新技术。桥下行线 6 月 30 日铺轨竣工，上行线计划 8 月底钢轨铺通。京九铁路九江长江大桥下行线铺轨竣工。大桥由 155 个桥孔组成。其中引桥为 144 孔，主桥为 11 孔，总投资为 7 亿多元。

13 日 省八届人大常委会第九次会议在南昌召开。会议通过了《江西省河道管理条例》、《江西省食盐加碘消除碘缺乏危害管理条例》和关于批准《南昌市文化市场管理暂行条例修正案》等决定以及人事任免事项。会议于 17 日结束。

14 日　民盟中央副主席吴修平在江西视察民盟工作。5 月 14 日至 18 日，吴修平一行 3 人参加在上饶举行的民盟华东地区宣传工作座谈会；5 月 19 日至 20 日，在南昌先后参加民盟江西省委常委座谈会、部分盟员、民盟省直基层组织负责人、民盟江西省委座谈会和南昌市委机关干部座谈会。吴修平传达了民盟中央的有关精神，就如何充分调动盟员的积极性，服从服务于改革、发展、稳定的大局讲了话。

14 日　南昌市第十七中学举行 90 级西藏班毕业典礼。该校从 1985 年开始接受培养西藏人才的教育援藏任务，9 年来累计招收藏族学生 427 人，已培养 5 届毕业生共 243 人。

14 日　国家科委青年志愿者科技扶贫服务队在井冈山开展为期 5 天的科技扶贫。该队志愿为井冈山一个科技培训基地、三个科技项目、九项支柱产业的技术开发提供协作服务。

15 日　建设部发出表彰通知，赣州市的庄书亮、宜丰县的郭桂芳、南昌市的陈成禄获"全国园林绿化先进个人"称号。

16 日　经省林业厅批准会昌山被列为省级重点森林公园。会昌山因毛泽东曾登其山写下《清平乐·会昌》的光辉诗篇而闻名于世。会昌山森林公园的总体规划设计已完成送审。

16 日　法国财团利安水务、杜美思集团主席莫智和先生同南昌市副市长查俊如签订了第一个合作项目——昌北牛行水厂。该厂由南昌市自来水公司和中法水务投资有限公司合作经营，合作期为 30 年，准备建成一个日供水 20 万立方米的中型水厂。首期工程 1995 年动工，1996 年投产，双方各投资一半，总投资为 1.5 亿元。

17 日　安远县高云山乡铁峰附近发现一棵长年滴水的奇松。该树树冠如盖，高约 15 米，树身要两人方能合抱，有五个松尾，其中一尾直指云天，两尾向两旁延伸。

17 日　寻乌斗晏电站自 1992 年开工以来，已完成工程总量的 50%，预计 1995 年底竣工投产。该电站竣工后，每年可创 4000 万元的直接经济效益。

全国第二大县办电站——装机 3.75 万千瓦的寻乌县斗晏水电站的一角

寻乌县引入外资进行股份合作兴建的斗晏水电站

17 日　中外合资江西果王饮料有限公司在云山建成。首批推出的马蹄饮料、功夫茶、莱斯米露等天然饮料已投放市场。该公司位于昌九走廊经济技术开发区，第一期投资 1115 万元，以生产各类果汁、奶制品、蔬菜汁、茶饮料、矿泉水等系列饮料为主。

17 日　省委、省政府召开江西省抗洪救灾紧急电话会议，继续通报水情、灾情，部署抢险工作。8 日以来，江西平均降雨量达 278 毫米，有 31 个县市超过 300 毫米，其中 14 个县市超过 400 毫米，以玉山县的 480 毫米为最大，五大江河先后超过警戒线，各类水库蓄水暴满，江西 20 座大型水库中有 16 座开闸泄洪以减少洪水造成的严重灾害。会议要求各地全力以赴投入抗洪抢险，减轻灾害，并帮助群众搞好生产自救。

17日 香港茶艺中心理事长叶惠民一行，在南昌伊甸园茶庄举行报告会并作茶艺表演。会后，叶惠民等赴婺源、景德镇等地对茶叶生产及茶具进行考察。

19日 承担江西省重点科研项目——高纯稀土产品分析方法研究的江西省分析测试中心在国内首次建立了测定高纯（尤其99.999%纯度以上）稀土产品分析新方法。有关专家鉴定后认为，该分析方法属国内领先，其技术指标达到国际水平。

21日 应日本岐阜县县厅和县议会的邀请，以省人大常委会副主任王仲发为团长的江西省人大常委会友好访问团，前往日本岐阜县，进行为期6天的友好访问。

21日 为期一周的全国第四次政报协作会在南昌结束。24个省、区的60多位代表和国务院办公厅秘书局的有关同志在会上交流了政报工作的经验和体会，探索了新形势下进一步办好政报，为改革开放和经济建设服务的新思路、新办法。

21日 省政府令第33号，公布施行《江西省野生植物资源保护管理暂行办法》。

21日 1994年江西利用外资新闻发布会在深圳市举行。这次发布会是自1991年以来由省政府在深圳举办的第四次大型招商活动，旨在进一步加强与港澳台地区和东南亚国家工商界的友谊与合作，促进经贸往来，加快江西省招商引资的步伐。发布会上推出430多个项目招商。两天来，签订利用外资合同项目126个，总投资3.95亿美元，其中外资额1.88亿美元。京九铁路沿线以及交通、能源等基础设施项目成为外商投资重点。

22日 18名成功的企业经理人员被授予"1993中国经营大师"称号。江西省果喜集团公司董事长兼总经理张果喜获此称号。该评选活动受国务院发展研究中心委托，由中国第三产业杂志社、中国发展出版社举办。

24日 中国第三代长江豪华旅游船在江西瑞昌问世，首制船"维多利亚一号"在江洲造船厂交货。这是该厂为重庆长江轮船公司承建的六条同型号旅游船的第一艘。该船长87.50米，宽14.40米，深3.50米，载客量152人，航速每小时28公里，由长江船舶设计院设计。

27日 国务院妇女儿童工作委员会研究决定：授予赣州市、分宜县为"全国儿童工作先进市、县"称号，并颁发"热爱儿童"荣誉奖牌。

27日 省有关部门批准地处宜春市洪江乡的明月山为省级重点森林公园。

27日 经林业部批准，弋阳县森林苗圃被列为全国示范苗圃。

27日 省卫生厅先后下发《关于加强霍乱防治工作的通知》、《关于切实做好汛期防病治病工作的紧急通知》。通知要求：各级卫生行政部门和医疗卫生单位立即行动起来，广泛开展爱国卫生运动和切实做好汛期防病治病工作。

27日 在玉山县少华乡棠梨山村石头山发现储量亿吨以上的特大白云石矿。经省地矿局赣东北地质大队取样化验，矿石氧化镁（MgO）含量达到23.1%。该矿的氧化镁（MgO）含量品位高，超过了国家规定标准的3.1个百分点。

27日 农业部、国家计委将进贤、吉安二个县列入国家"八五"第三批商品粮基地县，总投资1000万元，分两年实施完成；将波阳、永修两个县列入国家"八五"第三批棉花商品生产基地县，总投资800万元，分两年实施完成。

27日 "首届中国房地产综合效益百强企业"评选结果揭晓，江西省中房（集团）南昌房地产开发总公司、南昌市政工程开发公司中选。据统计，百强企业所完成商品房投资额占全国商品房总投资的24%，销售额占全国总销售额的35%。

28日 《首届中国·国际电话卡展览——1994南昌》在南昌展览馆举办。全国30个省市，日本、德国、韩国、新加坡等国家和香港、台湾地区的电话卡参加展览。邮电部副部长刘平源、副省长张云川参观了展览。这次首展通过电话磁卡的方寸之间，向世人介绍中国的政治、历史、名胜、科学、文化、艺术和风土人情，进行国际间的磁卡交流活动。

28 日　江西省图书馆新馆举行部分馆室对外开放仪式。该馆具有 70 多年历史，收藏文献资料 240 万册，其中古籍图书 56 万余册，宋元明清各代珍善本古籍 1200 种。

坐落在青山湖畔的江西省图书馆，总投资 2400 万元，建筑面积 22200 平方米，藏书达 300 万册

29 日　省直机关工委召开省直机关 1992 年至 1993 年度"创先争优"活动总结表彰大会。会议表彰了在各条战线的改革和建设事业中作出贡献的 100 个先进基层党组织、281 名优秀共产党员和 98 名优秀党务工作者。省纪委、省委办公厅、省委宣传部等有关部门负责人、省直各单位机关党组织负责人及党员代表 1000 余人参加了大会。

30 日　江西新余钢铁有限责任公司成立。

30 日　1994 年是全国人大成立 40 周年。省人大组织部分在南昌的专家学者，对新时期人大的地位、作用及完善人大制度进行研讨座谈。

30 日　1994 年上半年，瑞金铅笔厂出口铅笔 3220 余万支，占总产量的 70%。产品远销美国、墨西哥等 10 余个国家和地区。其中"802 印花皮头铅笔"获"产品出口免检"称号。

本月　丰城市泉港农贸市场竣工交付使用。该市场 9000 平方米，可容纳 8000 人进行交易，属江西乡镇一级大型集贸市场。

本月　财政部副部长兼国家农业综合开发办主任李延龄考察江西农业开发情况。李延龄先后到丰城、吉安、井冈山、安福、高安、奉新等县市，考察赣中南农业综合开发、赣北优质高产棉花开发项目和药湖农业综合开发项目。

1994
7月
July

公元 1994 年 7 月							农历甲戌年【狗】						
日	一	二	三	四	五	六	日	一	二	三	四	五	六
					1 建党节	**2** 廿四	**3** 廿五	**4** 廿六	**5** 廿七	**6** 廿八	**7** 小暑	**8** 三十	**9** 六月小
10 初二	**11** 初三	**12** 初四	**13** 初五	**14** 初六	**15** 初七	**16** 初八	**17** 初九	**18** 初十	**19** 十一	**20** 十二	**21** 十三	**22** 十四	**23** 大暑
24 十六	**25** 十七	**26** 十八	**27** 十九	**28** 二十	**29** 廿一	**30** 廿二	**31** 廿三						

1日 庐山举行毛泽东诗碑园落成典礼，省委书记毛致用题写了园名，副省长周慈平出席典礼并为诗碑园揭幕。这是当前中国最大的花岗石建筑的伟人诗碑园，占地 4400 平方米，总投资 150 万元。

1日 我国首列高架电力游览车在庐山开通，为游览三叠泉的中外客人带来极大便利。高架电力游览车工程由庐山风景名胜区管理局与湖南株洲高新技术开发区共同投资 800 万元建成，其轨线支架采用全钢结构，轨线全长 1600 余米，高低差 160 米，单程运行用时 10 余分钟。共有 8 节车厢，每次可运载游客 70 名。

2日 省政府召开生产救灾紧急电话会议，进一步动员全省广大干部群众，再接再厉，全面搞好生产救灾，确保 1994 年国民经济计划和农村各项工作任务的全面完成。副省长郑良玉在会上讲话指出：各地要坚定信心，克服困难，牢固树立抗灾夺丰收的思想；抓紧抢修水毁工程，为下半年的抗灾夺丰收打下扎实的基础；抓好生产自救，夺取 1994 年农业丰收；大力发展乡镇企业和多种经营，广开增收门路，努力实现农民增收目标；切实搞好重灾区的群众生活安排；进一步加强对救灾工作的领导。

2日 江西省社会治安综合治理委员会举行会议，研究加强农村社会治安综合治理措施和审议《江西省社会治安综合治理领导责任制实施办法》，决定把抓好社会治安综合治理，确保一方平安作为各级党政领导干部的任期目标之一，与其政绩考核、职级晋升和奖惩直接挂钩。

3日 万安县百加乡刘超平家发现一批祖传珍贵古籍，明朝大收藏家项子京家珍藏翻刻的北宋米南宫的《弘文馆本十七贴》墨本最为珍贵。《弘文馆本十七贴》原是唐贞观二十年，由唐太宗诏勒弘文馆大学士，依据太宗早年苦心搜求得到王羲之的两篇草书原迹而摹勒校刊存馆传世的副本。

3日 经国家文物局专家组鉴定，瑞金革命纪念馆收藏的文物中，有 22 件被确认为国家一级文物。其中有 1931 年 11 月第一次全国苏维埃代表大会使用过的座钟、1932 年 4 月至 1934 年 10 月中华苏维埃共和国中央执行委员会使用过的电话机等。

3日 应全国青联的邀请，以阿娜·拉松为团长的瑞典"青年面临21世纪"代表团一行4人，在环球旅行37个国家后来到中国访问，于当日抵达南昌。8日，省青联主席、团省委书记黄建盛会见代表团一行，双方就共同关心的问题进行了广泛热烈的交谈，并就加强江西省青年与瑞典青年的友好交流达成共识。

3日 中共中央军委副主席张震为百花洲出版社出版的《爱我中华三部曲》丛书题词"爱我中华，卫我中华，兴我中华"。该社向江泽民、李鹏等党和国家领导赠送了这套丛书。

3日 省人大财经委、省工商行政管理局联合召开为期3天的实施《中华人民共和国公司法》新闻发布会。省人大副主任王仲发和副省长郑良玉出席会议并分别讲话。

3日 中日联合裸子植物考察团由团长土居祥兑（日本）、副团长刘仲苓（中国）率队一行10人到江西省武夷山自然保护区进行考察研究。

4日 上海市市长黄菊率市政府经济代表团在南昌与省长吴官正等商谈经济合作事宜。黄菊表示要加强沪赣合作，发挥上海的中心城市功能作用，为整个长江流域服务，使长江流域经济带实现经济共同繁荣；代表上海市委、市政府对江西遭受特大洪灾表示慰问，并捐款100万元。吴官正代表省委、省政府感谢上海多年来对江西的帮助和支持，江西将努力加强与沿江省市尤其是作为龙头的上海市的经济合作，使赣沪两地共同发展，共同繁荣；赞同上海在转移、介绍劳动密集型的外资企业以及发展金融业和航运业等方面进行实质性合作。两省市有关部门负责同志进行

由上海市市长黄菊率领的上海市政府经济代表团与江西省省长吴官正等共商经济合作事宜

了对口座谈。

4日 "砚石皇后"紫金石在玉山县南山乡被发现。据行家鉴定，此石坚而发墨、硬而润笔、泽而保潮，为雕琢砚台的上乘原料。

4日 国家计委、轻工部、国家投资开发总公司决定投资开发江西湖口玻璃硅砂基地，总投资约为3000万元，该基地是长江流域最大的硅砂基地。

5日 省委宣传部举行省直厅局级干部形势报告会，收听国务院副总理兼外交部部长钱其琛所作的《关于国际形势和我国对外关系的报告》录音。

6日 在赣东北上饶地区的山林中出现国家一级保护动物——云豹，这是当地政府十几年来坚持植树造林，保护野生动植物工作取得成效的一个标志。

山林小霸王——云豹

6日 经考证，古典文学巨著《红楼梦》的作者曹雪芹祖籍在江西省豫章武阳渡（即今南昌县武阳乡曹家村），这一观点是红学研究得出的共识，不存在争议。据武阳曹氏族谱记载，曹雪芹上十四代先祖曹孝庆为宗中奉大夫兼隆兴都（今豫章府）转运使，其子曹善翁迁至津东（今武阳乡曹家村）。曹雪芹祖父曹鼎望曾任翰林院庶吉士、江西广信府知府，清康熙年间曾回武阳曹家寻根访祖，并留下令曹村世代传诵的祖堂题壁《七律》。

6日 在北京举行的第五届亚太国际贸易博览会上，余江沼革厂生产的翔美牌羊皮，牛皮系列女鞋获博览会金奖。

7日 德兴市文物工作者发现一批中共闽浙赣省委、省苏维埃政府1934年下发的历史文件，其中有"中共闽浙赣省委通知"、"中共闽浙赣省委妇女部通知"、闽浙赣省苏维埃政府印发的"各县苏维埃十二月份工作总结"及中共闽

浙赣省委宣传部印发的"福建事迹宣传大纲"等七份保存完整的革命历史文件原件。共4万字。

7日 国有第七四六厂建成一条发光二极管芯片生产线,已投入批量生产。

7日 国务院办公厅转发国家计委《关于建设高产优质高效农业示范区和扶持粮棉大县发展经济的报告》,江西省32个县(市)被列为粮棉大县,其中粮食大县26个:丰城、南昌、余干、泰和、安福、新干、吉水、崇仁、奉新、宜丰、宁都、弋阳、上高、临川、贵溪、黎川、樟树、吉安、新建、进贤、瑞金、万年、波阳、乐平、南城、余江;棉花大县6个:彭泽、永修、九江、高安、都昌、渝水区。

8日 中宣部1993年度精神文明建设"五个一工程"奖揭晓。江西申报的5项作品全部获奖,省委宣传部获组织工作奖。

8日 由国际航空联合会举办的"94年国际少年儿童航空绘画比赛",在意大利的特伦托揭晓,赣州师范学校赣县籍学生杨坚坚的参赛作品《飞行拯救生命》获13岁至16岁年龄组第一名。

8日 江西国药有限公司成立,这个有近40年历史的国有大中型企业告别旧体制,建立医药国有独资公司现代企业制度。

8日 新余市华新大酒店挂上二星级"涉外旅游饭店"匾牌。它是赣西地区第一家星级宾馆。

8日 省委、省政府召开地市委书记、专员市长会议,毛致用、吴官正、朱治宏、卢秀珍、黄懋衡等出席会议并讲话。会议传达全国教育工作会议精神和江泽民、李鹏在会上的讲话,部署下半年经济工作。会议强调要以更多的注意力认真解决群众关心的突出问题,以更大的决心抓好经济工作。会议于9日结束。

9日 副省长郑良玉在南昌接见赴京载誉而归的"全国少生快富模范家庭"代表赵高科。

11日 宁都县书画艺术家火石的一幅融古代甲骨文与现代书法为一体的书法作品《咏梅》在中国现代文学会艺术部主办的《世界书画展》获《世界铜奖艺术家》称号。

11日 国家经贸委,外经贸部联合发起的1993年度全国机电产品出口先进单位评选揭晓,江西省八九七厂榜上有名,该厂1993年出口创汇1010万美元,列全国同行业首位。

11日 宜黄县决定修复曹山寺(又名曹山宝积寺)。全国政协副主席、中国佛协名誉会长赵朴初为曹山宝积寺题写墨宝。该寺由唐代高僧本寂禅师创建,距今1123年。1985年,省政府将其遗址列为江西重点风景名胜区。

11日 省林业厅、省林业设计院等单位的12位专家、学者组成的评审小组,审定通过瑞昌市青山省级森林公园的总体规划。该公园规划面积为52.4平方公里,分11大景区,以山体、植被、溶洞群等自然景观为主。

11日 省委常委,省政府副省长、党组成员,集中学习《邓小平文选》第三卷有关科学技术的重要论述,学习现代科学技术基础知识,并联系实际进行讨论。毛致用讲话指出:牢固树立"科学技术是第一生产力"的观念,切实把经济建设、社会发展转移到依靠科技进步和提高劳动者素质的轨道上来,充分发挥科技进步对经济发展的推动作用。学习为期3天。

12日 宁都县洛口乡柯月明发明的"预制接合型压差式沼气发生器",获首届中国金榜技术与产品博览会金奖。

12日 赣南地区已开发出麦饭石系列产品11个,产品远销香港、东南亚等地。麦饭石是一种天然药石,它含有18种人体所需的有益元素。

12日 深圳江铃汽车工业有限公司开发生产的NHR前、后制动分泵,日本海利斯面包车前分泵,三菱吉普车制动总泵等四种共1.3万件产品在深圳蛇口港装船,首次出口日本。

12日 国家经贸委和中国贸促会主办的首届全国城镇集体企业成果展览会召开。江西展团获展览组织奖和展览设计奖。

13日 南昌市出台《南昌市劳动力市场管理条例》。该条例已由省八届人大常委会第九次会议批准施行。

13日 有关专家在会昌县清溪乡山区考察树种资源时,发现珍稀濒危植物突托腊梅。突托腊梅属常绿灌木，常呈丛生状态，主干不明显，顶端弯曲，叶片宽大美丽，树高约 2.0 米至 2.5 米，果实形似寺庙古钟状，在 6 月中旬成熟。

14 日 新干县林业工人姜维富开发的江南第一代苹果"辽富赣、大岭红"，1994 年进入投产期第一年就喜获丰收，亩产达 2800 多公斤。

14 日 省政府颁布《江西省人民政府关于表彰社会主义精神文明建设先进单位的决定》。《决定》要求：全省各级政府、企事业单位和广大干部群众，要认真贯彻执行党的十四大和十四届三中全会精神，学先进，赶先进，把精神文明建设提高到新的水平。

15 日 高安市腐竹厂的国优产品"大观楼"牌腐竹，在北京有中国、美国、日本、韩国、巴基斯坦等 30 多个国家和地区的 5000 多家企业参加的第五届亚太国际贸易博览会上获金奖证书和奖杯。

15 日 副省长周慇平会见日本五十铃第二批协力企业代表团。该代表团由日本五十铃汽车株式会社、伊藤忠商事株式会社及其 17 家汽车零件生产厂家组成，共 32 人。此次来访进一步考察江铃汽车集团公司，加强与江西汽车工业企业的合作。

15 日 省卫生厅召开地市卫生局长会议，要求各地进一步抓好医德医风，搞好饮食卫生。会议传达了全国卫生系统职业道德建设工作会议和救灾防病电话会议精神，传达了省政府领导的讲话。

15 日 海军"鹰潭舰"退出现役，并将陈列在海军青岛博物馆展览。

15 日 在第五届亚太国际贸易博览会上，丰城市罗山乡生产的罗峰茶获金奖。

15 日 红星企业集团机械厂研制的微粉碎机新产品获得成功，各种性能指标均符合设计要求，填补了江西微粉碎生产的空白。

15 日 九〇四高级彩瓷涂料，在九江市庐山区兴兴涂料厂研制成功，并获国家专利局。该涂料是一种可代替瓷砖饰面，外观高雅豪华的新型高科技装饰材料。

17 日 全国青年志愿者行动研讨会在江西召开。各省市团委负责宣传工作的 60 余名代表参加了会议。会议强调：大力开展青年志愿者行动，培养跨世纪的一代新人。会议收到了各地代表交来的论文、经验总结等 60 余篇。

18 日 宜黄县新丰乡东门村和石板村小组村民在海拔约 700 米的十八排山上发现一片 300 亩左右的野生甜茶林。这种茶树只有在气温、日照条件适宜的深山之中才会生长，除叶子外，枝干皆可切片泡茶。

19 日 共青服装大厦与日本罗克丝株式会社正式签订合同，共同组建一家合资企业——鸭鸭罗克丝服装有限公司。该企业主要生产名牌夹克衫等出口服装，一期年产服装 5 万套至 10 万套，年产值 1000 万元以上。后期年产出口服装 20 万套，年产值 4000 万元。

19 日 省文化厅、省文联联合召开 1994 年的江西省戏剧创作研讨会。全省地（市）戏剧研究所的专家和在第三届玉茗花戏剧节获奖剧目的编辑和导演共 30 余人参加了会议。省委常委、宣传部部长钟起煌到会并讲话，要求通过充分发挥文艺的多种功能来熏陶、感染、教育、鼓舞人民，促进社会的进步和发展。

19 日 省高院在南昌召开中级法院院长会议，专题研究解决当前执法不严问题的措施。会议要求：各级法院必须严格执行民事诉讼法关于案件管辖规定和审判业务职能分工的规定；必须严格依法适用强制措施，严禁以抓人质促审理、保执行；上级法院和各级领导必须加强经济审判监督和检查指导工作，严肃查处办案中违法违纪事件。会议于 20 日结束。

19 日 1994 年上海首届世界名烟名酒博览会召开，南昌卷烟厂参展的四个牌号卷烟全部获奖，其中"金圣"、"南方"牌卷烟获得金奖。

20 日 新华社上海电，景德镇陶瓷珍品名人名作展示会在上海举行。展示会汇集了著名国家级陶瓷美术大师的作品，有王锡梁的粉彩人物花瓶、张松茂的粉彩梅花萝卜瓶和许多高级美术师的大作等。该展示会由轻工总会陶瓷工业科学研究所和上海前进进修学院共同举办。

20 日 京九铁路吉安至赣粤省界段铺轨典礼在吉安赣江特大桥工地举行,铁道部部长韩杼滨、副部长孙永福、原副部长尚志功,省领导毛致用、吴官正、舒圣佑等出席典礼。该段长346公里,是京九全线十大段中地质条件最差、任务最艰巨的路段。

铁道部及省领导与铁十一局铺架队青年突击队员合影

21 日 江西水上动力有限公司开发出新产品BC－500型玻璃钢艇,经有关部门鉴定,各项指标符合国家标准。该艇采用浮箱代替艇体骨架的无肋骨式结构,并借鉴国外V型底滑行艇的线型设计,是国内当前最先进的玻璃钢船艇。

21 日 经国家文物局组成的专家组鉴定,江西横峰县博物馆收藏的原闽浙赣省苏维埃政府赠给当年葛源区苏维埃政府及全体工农群众的一块石碑、原中共闽浙赣省委宣传部画室的两幅漫画3件文物,被确认为国家一级文物。并确定中共闽浙赣省委旧址、闽浙赣省苏维埃政府旧址为国家级文物保护单位。

21 日 南昌大学新闻系8名师生组队参加"韬奋新苗大学生老少边穷行"暑期社会实践活动启程。这次活动由中国新闻教育学会和《改革月报》社联合举办。南昌大学新闻系师生将深入余江、贵溪、宜丰、高安等地进行为期25天的调查采访。

22 日 1994年中国(深圳)旅游景点与酒店招商会在深圳举行,招商会展出了由江西湖口县旅游局和鞋山风景名胜管理处联合筹办的鄱阳湖口风景名胜区古战场旅游开发项目。展出了鄱阳湖六大名胜、四大奇观、八大文化为一体的综合型立体式江湖景观群资料照片、古战场旅游开发总体规划及水产旅游产品。

22 日 全国双拥工作领导小组决定,以民政部、总政治部的名义授予136个市(区)县为全国双拥模范城(县)。江西新余市、南昌市、井冈山市、横峰县被授予"全国双拥模范城(县)"荣誉称号。

22 日 江西省社会治安综合治理委员会、省纪律检查委员会、省委组织部、省人事厅、省监察厅联合颁发《江西省社会治安综合治理领导责任制实施办法》。

22 日 由南昌大学赣文化研究中心、江西省电视台联合组摄制电视风光片《佳山胜水弥陀寺》在武宁开拍。

23 日 香港嘉汉木业集团有限公司宣布:即将在江西省五个有其投资的合资企业内,推行ISO9000企业管理模式。ISO9000是国际标准化组织于1987年所颁布的质量保证系列。推行该系列,企业有望建立起完整的质量保证管理体系。

23 日 开业国际(香港)有限公司董事长、江西籍人士于义荣向江西民办海联大学捐献50万元人民币,作为海联大学的奖学基金。

23 日 1994年北京中日友好龙舟邀请赛在北京十三陵水库九龙游乐园举行。江西省共青城鸭鸭女子龙舟队夺得600米直道竞速和800米直道竞速冠军。

23 日 日本高松市弦打小学访问团29人访问南昌市育新学校。育新学校与弦打小学于1991年7月结为友好学校。访问团参观游览了滕王阁、庐山等名胜。

24 日 江西省地质工程总公司副总工程师章北熊在天津举行的全国工程建设质量管理小组诊断师考评会上,获首批国家级"质量诊断师"称号。

24 日 由七〇一研究所设计、江新造船厂建造的中国首艘新型高速巡逻艇质量评审会暨交船签字仪式在该厂举行。该艇操纵可靠灵活,航速最高41.8节/小时(78.5公里/小时),在中国同类型船舶中处于领先地位。

24日 云山企业集团文具厂推出的纸杆铅笔，1993年获全国星火计划成果金奖，1994年又在浙江杭州举行的全国星火计划成果展览会再次获金奖。

26日 国家外经贸部和德国经济合作部在中德政府年会上商定，批准德国无偿援助江西省山江湖区域开发项目预可性报告，项目执行期十年。第一期三年，援助金额为600万马克，内容为建立山江湖区域发展中心；在赣南山区建立三个小流域开发治理示范区；设立山江湖区域开发发展基金。

26日 省委办公厅、省政府办公厅发出通知，要求各地进一步做好减轻农民负担工作，依法加强对农民负担的监督管理。

26日 水稻生产又一次革命的两系杂交水稻F131S两用核不育系春季制种获得成功，各项指标达到99.68%以上，这项高科技成果是由赣州地区农科所高级农艺师张瑞祥和他的攻关小组经过几年努力培育成功的。该水稻达到国内同类研究先进水平，与三系杂交稻相比，平均亩产可增产100公斤以上。

长势良好的杂交水稻

26日 金溪县黄通乡发现大型重晶石矿。经测试，矿石中硫酸钡含量达95%以上，无其他杂质、无任何腐蚀，几项主要工业指标均达到或超过美国标准，是油气钻井泥浆加重剂的优质材料。

26日 在国务院研究室和卫生部联合召开的中国农村合作医疗制度改革研讨会上，永修县被确定为全国14个合作医疗制度改革试点县（市）之一，试点时间从1994年7月至1997年7月通过试点研究成果，为制定全国农村合作医疗保健制度管理条例提供依据。

26日 省人大常委会主任和省政府省长联席会议在南昌举行。会议着重研究了如何全面保质保量地完成1994年立法计划的问题。省人大常委会法工委主任盛宝璋和省政府法制局局长邹德基分别汇报了1994年上半年立法的执行情况和下半年的打算。会议强调下半年的立法工作以突出经济立法为重点。

27日 江西省第一座生态公厕在赣州市赣州公园破土动工。生态公厕是建设部推广的一种运用生态学原理设计建造的新型公共厕所，其主要结构为：地下建有沼气池，屋顶种植花草。

27日 香港红十字会再次向江西捐赠价值11万元港币的解热镇痛剂、抗生素等治疗药品。

28日 南昌市洪城大市场拉开建设序幕。该市场选址南昌市洪城路南，位于司马庙立交桥与南昌大桥中间，规划占地1700亩，20世纪末建成。市场集汽配、建材、粮油、旧货、蔬菜、水果和各种生产资料与生活资料为一体，成为江南最大的商品综合批发市场。

29日 于都县郊绿山墟北500米处在建房施工时发现4000多枚古钱币，经考证，种类多达100多种，其中年代最早的为秦朝，最晚的为西夏王盛云宝，钱文书件有楷、行、草、篆等。

30日 江西制药厂"克拉维酸钾及其制剂的开发"项目被确定为国家级工业性试验项目，取得中规模生产一次性成功。

31日 "全国亿万儿童绘祖国"江西卷活动在八一起义纪念馆主楼前举行。这次活动由全国少工委发起，为歌颂祖国建设成就及改革开放的成果，展现新一代少年儿童全面发展的时代风貌而举行。

31日 景德镇电厂技改扩建工程第一台12.5万千瓦机组并网发电。至此，江西省电网拥有11台同类大型机组，发电装机容量首次突破

400万千瓦。

31日 国营八四九零厂新开发的HYA市内通信电缆和物理高发泡通讯，其技术水平与质量档次经国家科委、国家外专家专利局、国家技术监督局审定，被列为国家级新产品。

31日 昌九高速公路建设工程通过国家交通部验收，被评为优质工程。

本月 江西省统计科学研究奖励基金成立，同时制定《江西省统计科学奖励条例》和《江西省统计科学研究章程》。

本月 江西省森工技校与南京林业大学函授学院签订协议联合举办大专班，分设人造板、林业会计（电算化）两个专业，学制三年。学完教学大纲规定的全部课程、经考试成绩合格者，准予毕业，由南京林业大学颁发国家承认学历的大专毕业证书。1994年即招收学生101名。

1994

8月

August

公元 1994 年 8 月							农历甲戌年【狗】						
日	一	二	三	四	五	六	日	一	二	三	四	五	六
1 建军节	**2** 廿五	**3** 廿六	**4** 廿七	**5** 廿八	**6** 廿九		**7** 七月大	**8** 立秋	**9** 初三	**10** 初四	**11** 初五	**12** 初六	**13** 初七
14 初八	**15** 初九	**16** 初十	**17** 十一	**18** 十二	**19** 十三	**20** 十四	**21** 十五	**22** 十六	**23** 处暑	**24** 十八	**25** 十九	**26** 二十	**27** 廿一
28 廿二	**29** 廿三	**30** 廿四	**31** 廿五										

1日 日本冈山县农业交流团抵达南昌，对江西省进行为期4天的农业进行考察和交流。交流团参观江西农业大学、省农业科学院、庐山植物院等单位，并同有关专家就农业问题进行交流，了解江西省农业发展状况，扩大两省在农业领域的交流与合作。

1日 省人大常委会、省政府联合在南昌召开立法工作协调会，省直部、委、厅、局、办和有关部门负责人100余人出席会议。省委常委、副省长舒圣佑，省人大常委会副主任王昭荣、王国本分别在会上讲话，讲话要求进一步提高认识，加强领导，落实措施，确保完成1994年的立法计划。

1日 南昌市改革公费医疗管理办法，把以公费医疗管理部门和享受单位管理为主，适当与医院和个人挂钩的管理形式改为以医疗单位管理为主，财政、享受单位主动配合，适当与个人挂钩的管理形式。

1日 江西省首家航模运动器材专营公司暨航模俱乐部在南昌成立。俱乐部集体育、娱乐、科技于一体，通过各种航模表演，让航模运动走向市场，走向社会，使航模大众化。

1日 在北京奥林匹克体育馆举行的全国首届业余铜管乐队表演大赛上，江西省武警总队军乐队列为第五名获三等奖。该乐队是江西省唯一进京参加复赛的铜管乐队。

2日 江西省精神文明建设"五个一工程"表彰会在南昌举行。省委常委、宣传部部长钟起煌主持会议并讲话。省委宣传部获中宣部授予的组织工作奖。赣南采茶剧团演出的歌舞剧《山歌情》，北京电影制片厂、江西电影制片厂联合摄制的电影《井冈山》，江西电影制片厂、南昌飞

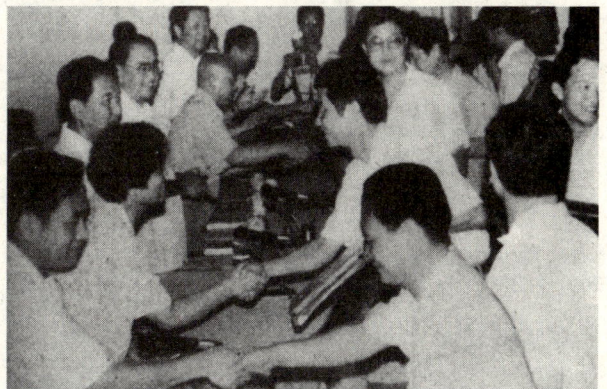

省领导向"五个一工程"获奖者颁奖

机制造公司联合摄制的电视剧《天缘》，江西人民出版社出版、钟起煌主编的图书《中国有个毛泽东》（青年版、少年版）以及刘孚威等三人撰写的理论文章《论毛泽东邓小平的开拓创新精神》全部获奖。

3日　鹰潭市中医院被国家中医药管理局批准为全国示范性中医院。

3日　省委、省政府在九江召开棉花中后期管理工作会议。会议要求：加强领导，增加投入，抓好棉花中后期管理，夺取1994年棉花大丰收，使棉花产量跃上新台阶。

4日　由国家经贸委和中国贸促会联合主办的首届全国城镇集体企业成果展览会在北京结束。江西省城镇集体企业的富有时代特征和地方特色的展厅设计以及丰富多彩的名、特、优、新产品，赢得大会组织奖、设计奖。

4日　昌河飞机工业公司直八主桨毂制造技术与应用研究、铝合金异型材超长腔铭酸阳板化工艺研究和NX－1型扭矩信号发出器通过鉴定。专家们认为，这三项成果在许多方面处于国内领先水平。

4日　黏土拉丝坩埚在江西坩埚厂正式投产，这是一种新型的玻璃，搪瓷熔具是该厂继石墨坩埚之后又一个生产技术项目。

5日　南昌十中刘扬等10名中小学生获首届宋庆龄奖学金。宋庆龄奖学金由国家教委和中国福利会共同设立的国家级奖学金，每三年进行一次。这次全国共有299名中小学生获奖。

5日　江西省第一支县级巡逻警察队伍在安义县宣告正式成立。巡警大队共有37人采取徒步为主，自行车、机动车相结合的方式，实行警区责任制。

6日　江西省世界银行贷款林业项目建设领导小组成立，副省长郑良玉为组长，省长助理孙用和、省林业厅厅长欧阳绍仪为副组长，有关厅局负责人为成员，办公室设在省林业厅。

6日　由上海市长宁区税务局、中国小主人书法俱乐部发起并主办的"2000年税收——中国小主人书法大赛"在上海市揭晓。南昌市有12名小朋友获奖。其中金奖1枚，银奖5枚，铜奖6枚。南昌市站前路小学四（1）班学生周鹏获金奖。

6日　江西省农村基层组织建设座谈会召开。会议对几年来各地农村基层组织建设的经验进行了总结、交流，对今后工作作了部署。会议要求，加强农村基层组织建设，要紧紧抓住健全村级班子、发展村级经济这两个主要着力点，真正把加强农村基层组织建设的各项工作落到实处，进一步发展农村工作大好形势。座谈会于7日结束。

7日　一种B型含钒高铬合金球在德安水泥厂铸造分厂投入批量生产。

8日　省政府召开各地、市分管工业的副专员、副市长、经委主任和省直有关部门主要负责人参加的江西工业经济形势分析会。分析会要求通过正确分析和认识当前工业经济出现和面临的新形势，进一步统一思想，振奋精神，克服困难，继续保持工业生产既快又好的发展势头。

8日　江西赣江制药厂与香港凯达发展有限公司共同投资980万美元兴建的江西赣达制药有限公司年产1000吨VC工程竣工投产。赣达VC工程年产量达到4500吨，居全国第二。

8日　景德镇市在光田乡龙源村皖赣分区委所在地召开皖赣边苏区创建60周年纪念大会。代表们参观了革命旧址，召开了学术研讨会。皖赣边苏区当年中心所在地设在浮梁县程家山，包括皖赣两省边区14个县市。

8日　江西省镇长协会在井冈山正式成立。这是服务于小城镇建设的省级群众性社团组织。成立省级镇长协会，加强各镇之间的交流、联系与合作，提高小城镇规划建设管理的整体水平，促进农村城市化进程。

8日　江西省第一建筑有限责任公司正式成立。这是一家进行现代企业制度创新的大型企业。

8日　万安水电站专业支行被建设总行第三次授予"全国重点项目财务资金管理经办达标先进行"称号。

8日　江南最大的室内市场——江西省安义商城开业。

8日 江西省第一部详细记述钨钽铌工业的百科全书已由中共中央党校出版社出版发行。

8日 解放军陆军指挥学院在江西设立函授分院,在江西省人民武装学校内正式挂牌办公。陆军学院是我军唯一一所中级合成军队指挥院校,也是全军唯一一所设有武装指挥专业的中级军事院校。函授分院将于本年秋季起面向江西省招生。

8日 省委、省政府召开省农村经济形势分析会。会议强调:抓住时机,趁势而上,咬住关键,巩固和发展上半年的好势头,坚持不懈地把下半年各项农村工作抓紧、抓实、抓好,实现1994年农业各项任务目标。

8日 中共中央政治局常委、全国人大常委会委员长乔石先后视察了九江长江大桥和京九线客站建设工地、景德镇瓷厂、华意压缩机厂、瓷都洁具厂、景德镇雕塑瓷厂、昌河飞机工业公司和井冈山市等地。视察于15日结束。

8日 10时10分,一架银色飞机降落在向塘机场,南京航空有限公司南京至南昌航班正式开通。

9日 都昌县造船厂自行设计制造的1200吨海货轮顺利下水交付使用。这是江西地方船厂自行设计制造的一艘最大海货轮。

9日 两座明代正德年间的夫妻墓在鹰潭出土。出土的有两块墓碑、一面铜镜、一枚银钗。墓葬属贵溪鹰潭桂氏之墓,楷书"明正德十四年十二月"等字样。

10日 宜春市明月山森林公园、宁都县翠微峰森林公园被国家林业部批准为国家级森林公园。明月山公园包括"明月山风光"、"酌江溶洞"、"慈化寺"、"宜春八景"等风景名胜。

11日 江西省第一家年产500吨的食用羧甲基纤维素钠(简称食用CMC)生产线,在彭泽县棉船油化厂投入生产。羧甲基纤维素钠被广泛用于食品、日用化工及制药业等行业,是食品加工中的添加剂。总投资1006万元。

11日 省八届人大常委会举行十次会议。会议将通过关于设立省人大常委会环境与资源保护工作委员会的决定;《江西省会议管理条例》、

《江西省实施〈中华人民共和国工会法〉办法》;关于批准《南昌市政工程设施管理条例》的决定;1993年财政决算的决议和调整1994年江西省财政收入预算的决定;江西省人大常委会关于省政府机构设置方案的决定和人事任免名单。

12日 兴国县城岗乡发现一处日流量为60吨的优质天然矿泉水。经有关单位测试表明,该矿泉水属低矿化度重碳酸钠钙型偏硅酸矿泉水,所含18种元素全部符合国家标准,具有较高的开发利用价值。

12日 金溪县清秋保健食品厂厂长朱鸿,研究发明的保健醋——清秋特醋获国家专利。

13日 宜春市秀江街退伍战士黄勇萍,在面积100厘米×60厘米的石板上篆刻了《邓小平文选》第三卷中《我们对香港问题的基本立场》一文。篆文1651个字,耗时近三个月。

15日 省人大常委会副主任王昭荣受毛致用主任的委托,主持了下午的第三次全体会议。会议通过了《江西省会计管理条例(草案修改二稿)》、《江西省实施〈中华人民共和国工会法〉办法(草案修改二稿)》;通过了关于批准《南昌市市政工程设施管理条例》的决定(草案);批准1993年财政决算的决议(草案);批准调整1994年江西省财政收入预算的决定(草案);通过了省人大常委会关于省政府机构设置方案的决定(草案);通过了省人大常委会主任毛致用、省长吴官正和省人民检察院检察长阙贵善分别提请的人事任免名单等。

15日 江西省八届人大常委会十次会议闭幕会议决定任命:吴会清为省人大会常委会办公厅副主任;沈亚平为省人大常委会法制工作委员会副主任;吴辉为省人大常委会选举任免联络工作委员会副主任;郑云平为省人大常委会外事华侨民族宗教工作委员会副主任;龚三堂为省人大常委会环境与资源保护工作委员会副主任。同时通过的任免名单还有:华桐任为江西省地方税务局局长;康宏扬任省国家安全厅厅长;毕必胜任省对外贸易经济合作厅厅长;戴子钧任省工商行政管理局局长。决定免去:卢德荣的省对外经济贸易厅厅长职务;郭建章的省工商行政管理局局

长职务。

15日　北京牡丹电子集团公司在全国展开"牡丹电视优质服务万里行"活动。万里行南线4分队当日来到南昌，接受用户咨询和投诉，宣传消费者权益保护法，并进行牡丹牌电视机质量追寻调查。

15日　江医二附属血管外科首次为一例先天性颈动脉瘤患者作颈动脉瘤切除加血管重建手术，获得成功。

15日　省国税务局正式成立，江西省国家和地方两个税务机构的分设工作已初步完成。省委常委、副省长黄智权，省人大常委会副主任王仲发前往祝贺并讲话。国家税务总局发了贺电。

15日　江西省农村社会治安综合治理工作会议在南昌召开。会议议题是：传达贯彻全国农村社会治安综合治理工作会议精神，研究解决农村社会治安的突出问题，部署开展集中整治农村治安工作，促进农村改革、发展和稳定。会议于17日结束。

15日　中央电视台青少部和江西电视台青少部联合在南昌举办首届全国少年脑力奥林匹克大赛（音乐能力部分比赛）。本届比赛是第二届国际少年脑力奥林匹克大赛（音乐能力部分）的中国选拔赛，10名15岁以下的少年聚集江西电视台演播厅，进行全国总决赛，获奖的选手将获得参加国际比赛的资格。

16日　宜丰县西部海拔1482米的麻姑尖发现我国珍稀草本植物。

17日　省政协分别在井冈山和庐山召开地区联络处和省辖市政协工作座谈会，总结交流近两年来各地、市及所属县（区）政协工作的新情况、新经验；就新形势下如何进一步做好政协工作等问题进行了座谈；按全国政协要求征求了对《全国政协关于政治协商民主监督的暂行规定》的修改意见。

18日　靖安县西岭、中源等高山林区发现国家一级珍稀树种红豆杉近1万棵。其中最大的树径达1米，高约30米。红豆杉树种材质极佳，千年不朽，其叶、皮、根均可提取高效抗癌物质。

18日　省委、省政府召开省直机关副厅级以上干部动员大会，部署省直机构改革工作。省人事厅厅长雷湘池对省直机构改革方案作了说明。

18日　赣江制药有限责任公司宣告成立。该公司由江西赣江制药厂改制组建而成的国有独资公司，是国家大型企业，是我国最大的维生素C生产和出口基地之一，1993年跻身"中国100家最大医药工业企业"和"中国中西制药50家精华企业"行列。

18日　抚州地区邮电局168全自动声讯信息服务系统在抚州市开通。这是省邮电管理局最新引进的多功能全自动语音信息服务设备，具有20世纪90年代先进水平，通过公众电话网，向电话用户提供信息咨询服务。

18日　长江以南最大的木材专业市场——江南木材市场投入使用。该市场由遂川县投资，包括两个大型木材交易场和一个储木场，占地100多亩。已有湘、赣、粤三省10多个县市的木竹制品进入市场。市场年成交量可达10万多立方米，成交额可突破亿元。

18日　南昌县乡镇企业东西合作示范工业小区、万载县鹅峰工业经济小区、南昌市郊区乡镇科技园区、玉山县城西乡镇工业区、新余市城东乡镇工业小区，被农业部列为全国第一批乡镇企业东西合作示范区。

18日　全国最大的氨基酸生产基地——鹰潭九鼎氨基酸有限公司年产50吨氨基酸技改项目竣工。

19日　全国劳模、九江国棉一厂青年女职工马玉霞接到省高招办录取通知书。这是当前江西省纺织史中唯一的少数民族（回族）女劳模跨入大学生的行列。

19日　赣西北地区生产能力最大、设备最先进的轧钢公司——九江华瑞轧钢（香港）有限公司投入批量生产。公司设计生产普通钢材5000吨以上，并可根据用户需要生产各种规格的钢材及1吨以下的各种钢件。

19日　奥林匹克大厦在南昌奠基。该大厦坐落在南昌市福州路，由省体委和海南中立装饰工程有限公司（香港独资）联合兴建。总投资4000万元，建筑面积4万平方米，由一个群楼和两座塔楼组成。

19日 江西清代十大著名医学家之一——黄官绣的钦赐翰林牌匾，在宜黄县棠阴镇君山村被发现。

19日 抚州市二中教师吴德恒的一副对联作品被中国国际文学艺术作品博览会评为农副业书法类特级作品。

21日 湖口县合金厂生产的稀土铁合金，第一批20吨的铁合金运销台湾。

21日 在浮梁县兴田乡发现当年皖赣红军独立师使用的大刀、短剑、土铳和手雷，红军被服厂工人缝制军服用的针线袋，一幅红色革命标语。这些物品属皖赣边区革命斗争的珍贵史料。

22日 江西省委党史资料征集委员会编纂的《邓小平在江西》一书，由北京中共党史出版社出版发行。该书分图片、文字资料两部分。其中收集邓小平在江西的有关珍贵图片资料46幅，包括照片、旧居、题字和书信等。文字资料30多篇。

邓小平在江西

22日 江西省工业扭亏增盈暨双增双节经验交流会议召开。会议要求：进一步提高认识，加强领导，开拓市场，抓住重点，深化改革，把扭亏增盈和双增双节的各项指标落到实处，全面完成江西省1994年工业生产各项任务。

22日 万安窑头下肖村农民在唐山坡上挖土时，发现一座汉墓。

24日 省政府召开治理公路"三乱"电话会议，要求各地进一步贯彻国务院关于禁止在公路上乱设站卡、乱罚款、乱收费的通知精神，采取坚决措施有效制止公路"三乱"的回潮，巩固和发展江西省治理公路"三乱"成果。舒圣佑在会上讲话强调：各地立即行动起来，认真查处"三乱"行为。

24日 由省教委批准成立的民办江西职业外国语学院，1994年秋季正式挂牌成立。这是江西省第一所民办职业外国语高等院校。

25日 由晏广保个人捐资的江西省第十五所希望小学——南昌县第一希望小学，在广福乡漳溪村动工。

25日 为纪念修水、铜鼓、宜丰、奉新四县在"第五次反'围剿'"斗争中壮烈牺牲在西塔苏区的革命烈士，奉新县西塔乡重建了革命烈士纪念碑。纪念碑上铭刻着111名革命烈士的英名和英雄事迹。原红军十七师师长肖克将军为此碑题词。

26日 省社联、江西日报社、省广播电视厅联合在南昌召开走向21世纪兴赣《隆中对》征文揭幕暨社会主义市场经济知识竞赛颁奖大会，为江西经济上新台阶、奏响跨世纪创业曲出谋献策。

26日 日本五十铃自动车株式会社、伊藤忠商事株式会社及其19家汽车零件生产厂家共38人组成。江西考察江铃汽车集团公司，加强与江西汽车工业企业的合作。副省长周慭平会见日本五十铃协力企业第三批代表团。

27日 省委、省政府召开的教育工作会议在南昌开幕。会议由省委副书记朱治宏主持，传达全国教育工作会议精神，贯彻《中国教育改革和发展纲要》的实施意见。省委书记毛致用在会上作了重要讲话，省委副书记，省长吴官正在会上作了题为《认真贯彻全国教育工作会议精神全面落实教育优先发展的战略》主题报告。

27日 江西省委、省政府召开江西省教育工作会议，传达全国教育工作会议精神，学习江泽民、李鹏、李岚清在全国教育工作会议上的讲话，研究制定江西至2000年教育事业发展规划及贯彻《中国教育改革和发展纲要》。会议于29日结束。

29日 东乡县孝冈镇一小五（3）班学生胡亚军发明制作的"剥甘蔗叶器"在第七届全国青少年发明创造比赛和科学讨论会上，荣获小学组创造发明一等奖、中国青少年小发明小论文竞赛金奖、茅以升科技教育奖。

29日 江西省教育工作会议闭幕。会议学习了中央领导和省委、省政府领导的重要讲话、报告，对提交的《江西省贯彻〈中国教育改革和发展纲要〉的实施意见》（征求意见稿）、《江西省二〇〇〇年教育事业发展规划》（征求意见稿）、《关于进一步加强和改进江西省学校德育工作的意见》（征求意见稿）三个文件进行了认真讨论。省委常委、副省长舒圣佑主持闭幕式，副省长黄懋衡作了总结讲话。

30日 省政府召开江西省老建扶贫工作会议，研究部署《八七扶贫攻坚计划》的实施工作，动员江西省干部群众进一步关心、支持、参与老区建设和扶贫开发，确保《八七扶贫攻坚计划》各项目标如期实现。省领导毛致用、吴官正、朱治宏等出席会议。会议于31日结束。

31日 省委、省政府召开农业生产电话会议，要求确保实现并超额完成1994年农业生产各项计划目标。

本月 在中国名牌产品认定暨明星企业评选活动中，昌河飞机工业公司被评为"中国明星企业"，昌河牌微型客车被评为"中国名牌产品"。

昌河飞机工业公司的微型车总装生产线

本月 我国第一部系统的半翅目昆虫学专著——《中国半翅目昆虫生物学》著作，由江西高校出版社出版发行。

1994
9月
September

公元1994年9月						农历甲戌年【狗】					
日	一	二	三	四	五	六	日	一	二	三	四	五	六
				1 廿六	**2** 廿七	**3** 廿八	**4** 廿九	**5** 三十	**6** 八月小	**7** 初二	**8** 白露	**9** 初四	**10** 初五
11 初六	**12** 初七	**13** 初八	**14** 初九	**15** 初十	**16** 十一	**17** 十二	**18** 十三	**19** 十四	**20** 中秋节	**21** 十六	**22** 十七	**23** 秋分	**24** 十九
25 二十	**26** 廿一	**27** 廿二	**28** 廿三	**29** 廿四	**30** 廿五								

1日 "1994年全国畅销国产商品展销月"活动江西主会场揭幕式在南昌百货大楼举行。南昌百货大楼股份有限公司、洪城大厦股份有限公司、南昌商场和九江购物中心等8家商场为参展单位。

1日 省委党校举行秋季开学典礼。省委副书记、省委党校校长卢秀珍出席并讲话强调，要进一步深入学好《邓小平文选》第三卷，用建设有中国特色社会主义的理论首先武装好各级领导干部。参加开学典礼的有地厅级干部进修班、县处级干部进修班、青年干部政治理论培训班和理论班的学员共300余人。

1日 江西省无线寻呼省城网工程启动，江西进入全国无线寻呼业先进行列。

2日 江西省九运会体操比赛结束。全部比赛27枚金牌南昌队获16枚，九江队获6枚，景德镇队获2枚，新余队、抚州队和宜春队各获1枚。

3日 华东6省1市统战部长联席会在南昌召开。会议就搞好党派工作和党外干部的安排等问题进行座谈和探讨。会议进行了两天。

4日 江西省九运会航海模型比赛结束。共青团代表队获3枚金牌，省直系统代表队获两枚金牌，火车头体协和粮食系统各获1枚金牌。

4日 省人大常委会视察组一行20人，对贯彻实施《中华人民共和国矿山安全法》进行为期5天的专题视察。视察组先后视察了德兴铜矿和乐平矿务局所属煤矿。视察于8日结束。

5日 省外贸出口工作电话会议提出明确要求，做到"三个不动摇"：出口创汇10亿美元的任务不动摇；省委、省政府下达的效益指标不动摇；利用外资签约10亿美元（实际进资4.5亿美元）、争取5亿美元的目标任务不动摇。

5日 省蚕桑工程座谈会提出，要继续以建设"三高"蚕业为目标，第一期工程的目标任务将提前一年于1994年内完成。制定第二期蚕桑发展规划，把"蚕茧富民，丝绸兴县"作为振兴农村经济的重要项目常抓不懈，把蚕桑工程的实施提高到一个新水平。

6日 万安县五丰中洲村一村民挖土时，于地表一米处发现一批窖藏铜钱。初步清理，出土的铜钱有汉五铁、王莽货泉、唐开元通宝、乾元重宝、宋朝各帝年号钱，还有金代正隆元宝等。

6日 在武宁县涅溪乡梅林村的玉清宫遗墟中，发现道教全真教祖师吕洞宾修炼得道的石碑刊载及若干遗迹。

6日 江西冶金与信越、兼松稀土贸易十周年举行庆祝活动。日本信越化学株式会社和兼松株式会社代表团抵南昌出席活动。

6日 全国11城市第九次统战理论研讨会在南昌举行。沈阳、成都、西安、武汉、郑州、长沙、南宁、海口、昆明、济南、南昌及特邀大连市委统战部，共30余人参加会议。会议共收到论文21篇。中央统战部、省委统战部的负责同志莅会指导。会议于10日结束。

7日 江西省第一个国家级住宅试点小区"西苑生活小区"在九江开发区兴建。

7日 江西省29名长期在边远山区从事教育工作和为老区贫困县教育发展作出了突出贡献的中小学教师，被团中央、中国青少年发展基金会命名为"希望工程园丁"。

8日 纪念邓小平为《经济参考报》题词"开发信息资源，服务四化建设"发表10周年座谈会在南昌举行，总结办报经验，展望发展前景。省委书记毛致用出席并讲话。

8日 江西省法制新闻协会在南昌成立。王朝章当选会长。

8日 江西省儿童医院院长、江西医学院儿科系主任徐本源教授，被英国剑桥国际传记中心授予国际名人荣誉称号。他的名字被载入1995年春季出版的《医学界国际名人录》（第二版）。

8日 江西省人民医院整形外科成功地为一名先天性双耳廓未发育的畸形患者施行成形手术。

8日 安福县山庄乡荣溪村发现一棵长有4根树干的罕见古杉树。高27米，胸围2.1米，蓄积量达12.35立方米，树龄在800年以上。

9日 中国社会发展成就展览江西馆预展在省体育馆举行。江西馆分三部分：（一）综合部分；（二）社会事业各领域发展成就部分；（三）展示未来部分。省领导毛致用、朱治宏、卢秀珍等领导参观预展（江西馆于9月12日移

到北京，23日正式开馆。在北京展出期间，党和国家领导人江泽民、李鹏、刘华清、胡锦涛、宋健等分别观看江西分馆。展览获得优秀奖）。

9日 江西籍中国运动员罗萍在第七届世界游泳锦标赛女子800米自由泳预赛中，创8分32秒40的亚洲新纪录。

10日 第六届远东及南太平洋地区残疾人运动会在北京闭幕。江西省有10名选手参赛，取得4金10银3铜。王超雄获男子盲人 B_1（全盲）级100米和200米跑金牌；范天勇获男子肢残 A_5/A_7 级200米跑金牌；周健潮获男子卧举67.5公斤级金牌。

10日 省政府发出《关于进一步加强物价管理，保持物价基本稳定》的通知。通知要求：（一）统一思想，坚决贯彻落实国务院稳定物价的各项措施；（二）坚决做到1994年内不再出台新的调价措施；（三）抓好农业生产，增加有效供给；（四）切实抓好"米袋子"和"菜篮子"，保证粮、油和副食品供应。

10日 省人大财经委举行《中华人民共和国消费权益保护法》和《全国人民代表大会常务委员会关于惩治生产、销售伪劣商品犯罪的决定》执法检查新闻发布会。

10日 "1994上海国际食品博览会"举办。参加这次博览会的有众多国家和地区，在数千种参展食品中，"景德板鸡"以其独特的口感风味，夺得金奖。这是它第三次在国际性食品博览会上夺魁。

12日 由中国质量管理协会用户委员会组织进行的全国国产汽车用户评价活动公布评价结果：江铃轻卡以车型美观、性能优越、价格合理、售后服务佳，获本次评价活动的最高奖——用户满意品牌。

12日 美国国际合作委员会主席陈香梅、美中航运分公司董事长郝福满一行抵江西访问。副省长周慈平会见并宴请陈香梅一行。

12日 江西京九沿线农业开发正式进入实施阶段。首批入选的3万头奶牛工程、云山千亩丰产猕猴桃园综合开发、德安万亩四季鲜果园示范基地、南康县甜柚基地综合开发示范、赤湖湖

泊网围鱼蟹混养大面积开发、兴国甘蔗高糖高产系统工程基地建设、赣州市水东水产基地建设七大项目在省科委举行项目实施签字仪式。副省长黄懋衡出席签字仪式并讲话。

12日 省委、省政府在南昌召开全省棉花工作会议。要求不折不扣地执行国务院的指示，树立全局观念，做到江西省政令统一，认识一致，同心协力，齐抓共管，确保1994年棉花收购任务保质保量地完成。省委书记毛致用、省长吴官正出席会议并讲话强调：1994年棉花收购，原定235万担要确保完成，不能有丝毫的犹豫和动摇；明年的棉花面积要保持250万亩，靠科学技术提高单产，争取尽快实现江西省棉花产量400万担。会议于13日结束。

13日 华东6省1市机关党建工作交流会在南昌召开。省委副书记卢秀珍出席会议，中共中央组织部、中央国家工委派员到会指导。

14日 副省长黄智权率领省政府代表团一行6人离昌赴斯洛文尼亚共和国进行为期6天的友好访问。

14日 省政府召开全省农资流通体制改革工作会议。会议强调，要认真把好农资流通体制主体关。化肥经营的主渠道是各级农资公司及基层供销社，县及县以下农业"三站"及企业自销是辅渠道，其他任何单位和个人一律不得经营化肥。

14日 由香港华润（集团）有限公司捐资35万元在遂川县堆子前镇陂田村兴建的希望小学竣工。省委书记毛致用亲笔题写"遂川华润希望小学"校名。

15日 江西省市各界1200多人在南昌纪念人民代表大会成立40周年。省委书记、省人大常委会主任毛致用主持纪念大会并讲话。省人大常委会副主任王昭荣作题为《坚持和完善人民代表大会制度，积极推进社会主义民主政治建设》的报告。

15日 省政府召开全省打击走私工作会议，部署进一步打私工作。会议要求各地坚决堵截走私货流向江西省的源头，切断向江西省贩私的渠道，端掉藏私的窝点，坚决打击走私贩私犯罪活动。

15日 省社联、省政协文史资料委员会、省古籍整理编辑室、省诗词学会、省社科院历史所、修水县政协联合在南昌召开陈宝箴、陈三立学术研讨会。省人大副主任陈癸尊到会讲话。

15日 省委、省政府在宜春召开地市委书记、专员市长会议，总结1994年以来的经济工作，重点围绕农业增产、农民增收、工业增效、财政增长，研究和部署今冬明春的工作，并为明年的发展做准备。省委书记毛致用在讲话指出：（一）必须正确把握当前农业形势；（二）进一步抓住有利时机，全面加快农业和农村经济的发展；（三）及早动手，为明年全面加快农业发展做好准备。吴官正围绕"四增"，进一步加快县域经济发展和当前及明年工作作了部署。会议于17日结束。

16日 江西供水设备厂研制成功BYG小型通用节能型自动气压供水设备，经国家级专家鉴定属国内首创，达到20世纪90年代国际先进水平，填补了江西省空白。

16日 14时20分，台湾海峡（北纬23.0度，东经118.5度）发生7.3级地震。江西省普遍有震感，南昌地区反映震感明显。

19日 全省地市物价局长会议召开，提出要坚决遏制物价过快上涨势头，努力把物价涨幅降下来，是今后几个月经济工作的中心任务。

19日 1994年中国井冈山经贸洽谈暨商品交易会在吉安市举行。"井交会"共实现商品成交额7.08亿元，签订利用外资合同九项，总投资达3220万美元。

19日 《中国信息报》、《经济日报》发布1994年度中国500家最大企业（按销售收入）。中国工业企业500家利税大户排序，新余钢铁有限责任公司排第五十五名，居全国冶金企业第十九位；利税大户排序第九十三名，居全国冶金企业第二十九位。南昌钢铁有限责任公司排第三百四十三名，居全国冶金企业第六十六位；利税大户排序第三百七十七位，居全国冶金第六十四位。

20日 省政府新聘8位省政府参事、省文史研究馆馆员。省长吴官正、副省长舒圣佑向新参事、新馆员颁发聘书。并提出三条建议：一是省政府负责每年至少向参事、馆员通报一次江西情况，形成制度；二是组织参事、馆员多下去参观、考察；三是参事、馆员运用自己的知识和经验加强对后一代进行爱国主义教育。

20 日 以副省长周慈平为团长的江西省代表团离赣赴马来西亚参加招商引资贸易洽谈会。这是江西省继 1993 年在新加坡首次举行"两会"以后的又一次招商活动。23 日，代表团在马来西亚明阁酒店举行记者招待会，介绍江西省投资环境等有关情况。30 日，"两会"结束，这次共签约 166 份，利用外资项目总金额 10.49 亿美元，外资额 7.15 亿美元。

21 日 江西省九江船舶工业学校、江西省煤炭工业学校、南昌气象学校、江西省电力学校、江西地质学校共 5 所学校被国家教委公布为国家重点普通中等专业学校。

21 日 首批 6 架 K-8 飞机销往巴基斯坦的交付仪式在南昌飞机制造公司举行，省军区政委郑仕超、省长助理蒋仲平等出席。K-8 飞机从 1986 年 8 月起开始研制，于 1990 年 11 月首飞成功。该机是一种适应 20 世纪 90 年代培训飞机员需要的新一代基础喷气教练机。

22 日 1994 年全国体操冠军赛在上饶举行。全国部分省市、体院及解放军等 20 个参赛单位共 144 名选手参加比赛。

23 日 江西省艺术团一行 13 人结束在日本冈山国际艺术节的友好访问演出返昌。

24 日 江西省地市审计局长座谈会在南昌召开。会议要求各级审计机关继续突出审计重点，努力抓出审计成果，全面完成全年审计任务；大胆探索与经济体制改革相适应的审计工作新路子，提高审计工作的时效性和综合性。

24 日 江西省第二届普通高校大学生文艺汇演在江西师大举行。共评出一等奖 4 个、二等奖 26 个、三等奖 19 个，团体一、二、三等奖共 9 个。汇演于 27 日结束。

25 日 林业部在北京农业展览馆主办 1994 年首届全国林业名、特、优新产品博览会。江西参展产品共获 31 块奖牌，其中富林木地板、天岩牌胶合板、电缆松香等八个产品获金奖，胶股蓝茶等 20 个产品获银奖，金、银牌总数居全国第一名；江西省林业厅获博览会组织奖。展览会期间，江泽民、李鹏等先后参观江西展厅。博览会于 10 月 5 日结束。

26 日 全国"百优"乡邮员评选活动揭晓。玉山县紫湖邮电所乡邮员彭日良获全国"百优"乡邮员称号，邮电部和省邮电管理局分别颁发荣誉证书和给予嘉奖。

26 日 江西省社科规划办公室召开省直各有关科研单位负责人会议，研究开展 1994 年度国家社科规划课题申报工作。根据限额申报，按 4:1 比例入选的精神，江西申报 26 项，经审查，有 6 项批准列入国家 1994 年度社会科学规划课题。

27 日 江西省精神文明重在建设现场会在宜丰县召开。会议指出，精神文明建设必须坚定不移地为经济建设服务，为改革开放服务。各地要在总结经验的基础上，进一步提高创建水平，把群众性精神文明建设活动不断推向深入。会议于 28 日结束。

28 日 省政府召开江西省金融系统电话会议，要求各地坚决纠正任意压票、退票、受理无理拒付的行为，迅速扭转银行结算秩序混乱局面，以支持和促进江西省经济持续、稳定、健康发展。

28 日 105 国道南昌—吉安段二级水泥路面全线通车，全长 225 公里。

30 日 省政府举行外籍专家表彰大会。副省长黄懋衡向获得江西"友谊奖"的江西医学院美籍教师芬尼·由因女士等 12 位外籍专家颁发了荣誉证书和奖品。江西医学院外籍教师芬尼·由因女士代表外籍专家发了言。

本月 由江西、福建、广东、湖南、湖北五省林业技工学校抽调专业教师共同编撰的营林专业（工种）的《森林植物》、《气象》、《森林生态》、《测量》、《土壤》、《林木培育》、《森林调查》、《森林保护》、《营林机具》、《林业法律法规》10 门课程教材完成，并由中国科学技术出版社出版发行，供各种林业技校教学使用。

本月 九江县马回岭镇富民村民在修建昌九高速公路复线时发现殷商时期遗址。挖掘出青铜器、陶罐、钵、瓦砾数百件及古村落遗址，距遗址数百米处，同时发现古汉墓群。

1994

10月
October

公元 1994 年 10 月							农历甲戌年【狗】						
日	一	二	三	四	五	六	日	一	二	三	四	五	六
						1 国庆节	2 廿七	3 廿八	4 廿九	5 九月小	6 初二	7 初三	8 寒露
9 初五	10 初六	11 初七	12 初八	13 重阳节	14 初十	15 十一	16 十二	17 十三	18 十四	19 十五	20 十六	21 十七	22 十八
23 霜降	24 二十	25 廿一	26 廿二	27 廿三	28 廿四	29 廿五	30 廿六	31 廿七					

2 日　鹰潭铜材加工 TSPT 平行软线产品通过美国 UL 机构认证。

2 日　江西省田径运动员毕忠、闵春凤（女），游泳运动员罗萍（女），花样游泳运动员傅豫玲等 8 名运动员参加在日本广岛举行的第十二届亚运会。获 7 枚金牌，两枚银牌，1 枚铜牌。

3 日　南昌市郊区湖坊村农民创建的江西乡镇企业系统首家大型现代企业集团——江西东方企业集团成立。毛致用、吴官正、卢秀珍等领导

南昌市郊区东方制药厂的工程技术人员在德国德波殊公司考察制药设备

到湖坊村为该集团挂牌揭幕，为集团下属企业江西东方力可生制药有限公司投产剪彩。

3 日　江西荣昌氢氧焊割设备有限公司研制生产的水电解氢氧焊割机被国家环保局列为 1994 年国家环保最佳实用技术推广计划项目，列入国家"八五"重点新技术和重点节能产品。

4 日　日本海津町町长平野义明一行抵南昌。在南昌作为期 4 天的友好访问。

5 日　《傅抱石作品选》邮票首发式暨傅抱石诞辰 90 周年纪念大会在新余市举行，发行的《傅抱石作品选》特种邮票一套六枚。内容分别

江西东方企业集团成立暨东方力可生制药有限公司投产庆典大会

为：听泉图，洗手图、大涤草堂图、擘阮图、虎跑、山阴道上。新余市文联胡志亮著的《傅抱石传》一书，也正式出版发行。

6日 由农业部、中国农科院以及江苏、山东、新疆、河北、河南、山西、辽宁、湖北等地知名专家、学者组成的"全国棉花专家顾问组"一行15人，自即日起至9日在江西参观、考察、指导棉花生产。

6日 中纪委副书记、监察部部长曹庆泽在江西省就1995年如何深入开展反腐败问题进行一周调查研究。他强调：纪检监察机关要充分发挥监督职能，保证党的十四届四中全会决定提出的各项任务的贯彻落实。

7日 以乃丝蓬·宏育副府尹为首的泰国南邦府经济考察团一行飞抵南昌，对江西省进行为期6天的友好访问。省长吴官正会见了乃丝蓬·宏育一行。

吴官正（右一）会见泰国南邦府副府尹一行

7日 首届华东地区报纸编校质量奖评选结果在山东威海揭晓，经华东地区优秀报刊评审委员会全体评委选出了一、二、三等奖共72个。《江西日报》获一等奖；《赣江大众报》、《信息日报》、《赣南》获二等奖；《家庭医生报》、《江西广播电视报》获三等奖。

7日 以河本昭子为团长的日本凤山县女性海外研修团一行13人抵达南昌，先后参观庐山、共青城等地，于10日离赣。

7日 省委九届十次全委会议在南昌举行。会议传达、贯彻中共十四届四中全会精神。会议强调：要充分认识中共十四届四中全会的重大意义，以高度的责任感和紧迫感抓好党的建设；要紧紧抓住突出环节，切实解决组织建设方面的几个重大问题；要在加强组织建设工作的同时继续抓紧抓好党的思想建设和作风建设，要精心组织、扎实工作，认真抓好党的十四届四中全会精神的贯彻落实。会议于8日结束。

7日 华东地区第六次人大财经工作座谈会在南昌召开。全国人大常委会委员、全国人大财经委员莫文祥，全国人大财经委员于志贤出席会议并作重要讲话。副省长周慙平向与会代表介绍江西经济发展情况及今后发展的设想；省人大财纪委副主任委员孙瑞林代表省人大财经委介绍江西省坚持和完善人民代表大会制度，努力做好人大财经工作的经验。会议于8日结束。

9日 江西省纪检委第九次全体会议在南昌市举行。全会传达、学习、贯彻了中共十四届四中全会和省委九届十次全体会议，以及中纪委四次全会精神。会议要求各级纪委、纪检监察机关和全体纪检监察干部认真学习、深刻领会、全面贯彻中共十四届四中全会精神。从实际出发，认真制定落实会议精神的具体措施，并按照省委九届十次全会和中纪委四次全会的要求，作出工作部署，围绕抓落实，认真做好各自的工作。

9日 江西省第十届美术作品展览暨第八届全国美术作品展览江西作品展在省展览中心举行。共展出油画、国画、版画、漆画、雕塑等335件，其中有96件作品入选第八届全国美展。

9日 江西省20岁的小将傅豫玲在亚运会花样游泳比赛中与队友李敏一道，以177.652分的成绩，获双人赛亚军。在全国名列前3名。

9日 江西省陶瓷"八五"重点技改工程——景德镇为民瓷厂高档釉中彩瓷技改工程，窑炉竣工点火。这一技改工程，为国内陶瓷行业开创出了国际市场上最受欢迎的无铅镉溶出釉中彩瓷新产品。主要引进德国内奇公司的高压注浆成型和旋转式施釉的工艺技术和设备，以及雷德哈姆窑炉公司的一条釉中彩高温快烧烤花窑。项目总投资7434万元（其中外汇545万美元）投产后，可年产600万件的高档釉中彩45头西餐具、15头咖啡具（其中高档出口510万件），年新增销售收入 6489.7 万元，利税 2577 万元，出口创汇 1210 万元，成为中国最大的出口瓷样板厂。

10 日　在弋阳县中畈乡芳家墩村的探花石山场发现两棵南方红豆杉。红豆杉为常绿乔木，属国家珍贵保持树种。据县志记载，两棵南方红豆杉有 100 多年历史，胸径分别为 60 厘米和 80 厘米。其中一棵高达 29.9 米，为当前林业专著和调查资料中最高记录 15 米的两倍。

10 日　"药都"樟树发现大量优质花岗石矿，该矿经省地质科学研究所地质矿产勘察公司勘查，主要有四个系列六个品种，其中樟树绿、樟树红为省内外少见名贵品种。经测算，地质储量有 1.12 亿立方米，达到超大型规模。

10 日　省政府召开成品油流通体制改革工作会议，出席会议的有地（市）副专员、副市长，省地（市）计委、经委、工商部门的领导，省地（市）石油公司的经理。省长助理蒋仲平作工作报告。会议于 11 日结束。

10 日　中国科学院、紫金山天文台、北京天文馆、南京大学天文系等单位的专家到宜春市，对坐落在市区的鼓楼实地考察并对有关科研报告进行验收，确认宜春鼓楼为中国现存最早的地方时间工作天文台，在南宋嘉定十二年（1219）由袁州知府腾强恕建造。它是集测时、守时、授时三项工作于一体的专门从事时间工作的地方天文台遗址。这一发现，对挖掘我国古代优秀的科学文化遗产、丰富世界古天文学的内容，均具有重要意义。

11 日　省长吴官正到资溪、黎川、石城、会昌、寻乌、安远、上犹、崇义、泰和等县考察农业开发项目，走访农民家庭听取意见和要求，并与县、乡、村干部商讨加快县域经济发展的办法。吴官正在考察中强调，要认真贯彻落实党的十四届四中全会精神，坚持两手抓、两手都要硬，把抓好党的建设同发展社会生产力有机结合起来，围绕农业增产、农民增收、工业增效、财政增长，进一步加快县域经济的发展。

11 日　江西省 32 岁的老将姜荣在亚运会男子自选步枪 60 发卧射团体赛中，与另两名队友以 1777 环的总成绩摘取团体金牌。

11 日　中国瓷都景德镇置镇 990 周年庆典暨第五届国际陶瓷节在景德镇开幕。中共中央政治局委员、全国人大常委会委员长乔石为景德镇置镇 990 周年题词"千年瓷都，再创辉煌"。开幕式上，宣布了陶艺《冬栖》、《花恋》、唐人诗意《碗》等 8 件作品获陈设艺术瓷一等奖，《春潮》15 头咖啡具等两套件作品获日用瓷一等奖。张松茂、王瑞良、王思怀等 24 人为陶瓷世家，受到表彰。

乔石（左三）在景德镇瓷厂考察

12 日　省委副书记、省政协主席朱治宏在景德镇考察重点建设项目和技改工程时强调，要依靠科技进步，更好地推进改革开放和经济发展。

12 日　安福县地方志工作者在该县洲湖镇竹溪发现《金陵李氏族谱》，全谱约 30 万字，纂于明万历己丑（1589）。这一发现为研究南唐政治社会情况及金陵李氏的兴衰播迁提供了珍贵史料。

12 日　江西省赛艇名将刘显斌和其他 3 名选手一起在广岛亚运会上以 6 分 23 秒 30 的成绩，夺得男子四人单浆赛艇金牌。另一名将潘峰在男子 71 公斤级拳击半决赛中击败外国选手，成为中国队唯一打进决赛的拳击运动员。

13 日　省委、省政府在南昌召开乡镇企业工作会议。会议强调，发展乡镇企业是振兴江西省经济的战略重点和江西经济加快发展的主要增长点，要继续坚持大发展、大提高的方针；乡镇企业一定要向产业化发展；发展乡镇企业要同加快小城镇建设紧密结合起来，要大力发展股份合作企业和个体、私营经济；要千方百计增加对乡镇企业的投入。省委书记毛致用出席会议并讲话。

13 日 省委书记毛致用在抚州地区进行为期4天的调查研究，先后深入抚州、临川、崇仁、东乡等县（市、区）农村，了解农村情况，并和地、县、乡、村干部群众进行座谈，沿途要求各级党委和政府要进一步加强农村基层组织建设，促进农村经济全面发展。

14 日 中国首台软管泵在贵溪冶炼厂试制成功。这种能在混合液中输送直径7毫米～12毫米固态粒子的新型泵，结构独特适合于多种固液混合体、高黏度流体输送，是解决矿山湿选及冶金、化工等行业固液混合体管道运输的主要设备。

15 日 在10月2日至15日广岛举行的第十二届亚运会上，江西运动员罗萍、毕忠、刘显斌、张秉贵、姜荣、闵春风夺得7金。

15 日 省政府组织由六个厅局长带队的工作组分赴江西省各地开展督促、检查、指导各地税收、财务、物价三大检查工作，并帮助解决大检查中遇到的实际问题。

15 日 1994年"江西十大杰出青年"评选揭晓，他们是朱旺生、肖优芝、林建华、欧阳海华、罗斌、姜红、倪先平、黄建平、郭泽浔、廖进球。

16 日 香港地区江西籍政协委员一行8人返回南昌，开始一年一度的视察工作。委员们赴鹰潭市、德兴市及红星企业集团等地进行为期10天的视察。

16 日 由议长尤素夫·拉扎·吉拉尼率领的巴基斯坦国民议会代表团一行8人，对江西省进行为期3天的正式友好访问。省委书记、省人大常委会主任毛致用宴请了代表团一行。

毛致用（右二）在南昌会见巴基斯坦国民议会议长尤素夫·拉扎·吉拉尼（左二）

17 日 1994年秋季全国百货商品交易会在南昌开幕。展出面积7100平方米，参展商品3万多种。

18 日 瑞金举行撤县设市庆典大会。该县是5月18日，经国务院批准，改市建制原瑞金县的行政区域转为瑞金市的行政区域。

18 日 红星企业集团青年电工饶晓毛发明的"多用方便桌"和"箱式鞋架"两产品获国家专利，其中"多用方便桌"在科技成果转让博

"江西十大杰出青年"罗斌组建的江西高峰陶瓷集团公司

览会中被评为银奖。

18日 在武汉举行的全国首届职工模特大赛上，江西时装表演艺术团组成的"江铃"代表队获大赛团体一等奖。两人入选"十佳"，一人入选"十优"。

18日 铁路"再取华东"重点工程项目——浙赣线上的沙溪—舒家—灵溪—十里间双线全线开通，投入营运。

18日 鹰潭大桥建成通车。大桥全长1520米，总投资达1163万元。

19日 南康县向阳村鸭铺寨发现恐龙蛋和恐龙骨化石。经中国科学院古脊椎动物与古人类研究所科技处验证属实。此次发现，对恐龙在地球上的分布进化和绝迹的研究有着极为珍贵的参考价值。

19日 向吉铁路由地方交国家铁路部门接管。

19日 全国建设系统精神文明工作会议暨建设职工政研会第四次年会在九江召开。国家建设部部长侯捷、副部长叶如棠、李振东出席会议。侯捷、叶如棠、李振东一行并在南昌、九江、抚州等地考察城市建设工作。

南昌银三角

20日 樟树第二十五次全国药材交流大会开幕。参加药交会的厂家达3000多家，到会客商近3万多人。省长助理蒋仲平参加了开幕式。

20日 省八届人大常委会十一次会议在南昌举行。省委书记、省人大常委会主任毛致用主持了会议，会议的议程有13项。省人大常委会各工作部门负责人及省政府有关部门负责人列席了会议。会议通过了《江西省实施〈中华人民共和国矿山安全法〉办法》、《江西省广播电视管理条例》、《江西省实施〈中华人民共和国村民委员会组织法〉（试行）办法》。会议决定任命钱梓弘为省经济贸易委员会主任；刘初浔为省农业厅厅长；池宝库为省审计厅厅长。会议于24日结束。

21日 全国首家审判史专业性陈列馆——中华苏维埃共和国审判史陈列馆在瑞金市开馆。

21日 鹰潭市生化厂氨基酸项目被列入化工部"九五"百家重点发展项目规划，这是该市市属工业首次挤进国家级的重点技改项目。

22日 九江市1994年该市种植的120万亩棉花，平均单产可达90公斤以上，在全国名列前茅；皮棉总产可达200万担以上。

22日 资溪县达到卫生部颁布的消灭丝虫病标准，成为江西第一个消灭丝虫病的县。

22日 经国家轻工部五金检测中心和江西机械研究所检测，湖口县镀锌铁丝厂研制开发的棉花专用热镀锌低碳钢丝的产品技术指标达国际领先水平。

22日 江西省民主党派和教育、出版、理论、文化等各界代表200多人，在南昌纪念著名作家、教育家、出版家、杰出的爱国主义者，已故全国政协副主席、民进中央主席叶圣陶先生诞辰100周年。

22日 南昌县被评为1993年全国粮食、棉花、油料、肉类总量百强县之一。

24日 为期两天的江西省第二届家禽交易会在南昌开幕。全国16个省市的代表及美国等国家和台湾、香港地区的客商300多人参加了交易会。期间共签订合同450份，成交额1080万元。

25 日　省长吴官正签发《江西省 1994 年冬季征兵命令》，强调要坚持执行征兵政策规定，决不能让不合格的青年到部队去。

25 日　江西省"扫黄"工作会议在南昌召开。会议对江西"扫黄"工作作出部署：近期内在江西省开展一次有重点、有力度的"扫黄"、"打非"集中行动，以净化文化环境，维护社会稳定，推进江西省的社会主义物质文明和精神文明建设。

25 日　南昌柴油机有限责任公司热镀分厂工具小组在全国质量"双代会"上，获中国科协、中国质协、全国总工会、共青团中央联合授予并命名的全国"优秀质量信得过"班组荣誉奖。

25 日　铁路"再取华东"重点工程项目——浙赣线上的西村—张坊—宣风—珠亭山—芦溪五站四区段双线全线开通，投入营运。

26 日　联合国技术信息促进系统（TIPS）中国分部向江西师范大学发出信函，祝贺该校计算机科学系薛锦云教授获该部 1994 年度"发明创新科技之星"奖。

26 日　进贤县李渡酒厂在南昌举行新闻发布会李渡高粱酒获"1994 乌兰巴托国际博览会金奖"。省政协副主席叶学龄到会祝贺并讲话。

27 日　在中日友好协会会长孙平化陪同下，日本冈山县知事长野士郎一行 57 人访问江西省。省长吴官正会见了日本冈山县知事长野士郎一行。

省长吴官正会见日本冈山县知事长野士郎一行

27 日　宜春市林区发现两棵珍稀濒危树种。经宜春地区林科所副研究员郑庆衍与俞志雄教授考证，确认是一新树种，已正式命名为华木莲属的华木莲，系木兰科。

28 日　赣南师范学院黄漠军撰写的学术论文《历史地科学地发展地看待毛泽东文艺思想》，在北京召开的全国"新世纪中国新文学的新崛起"首届研讨会上获文艺理论研究一等奖。

29 日　江西省规模最大，纳税最多的个体私营企业——赣南金达有限公司的董事长欧阳建芳获"中国优秀民营企业家"称号。

30 日　在广交会上，江西省金额突破 1.47 亿美元，比上届秋交会增长 24.47%，江西省交易团由 36 家参展单位组成，在六个行业馆的 44 个摊位上，展出样品 20 大类，出口商品 3000 余种，共接待海外客商 5000 人次，其中新客户 6 成以上，江西的有色金属、服装、针棉制品、米制品、橘子罐头、干果菜、箱包等商品成交势头好。

30 日　由国防大学捐资 20 万元兴建的"万安县八一希望小学"在万安县宝山乡奠基，这是解放军捐建江西的第一所希望小学。万安县八一希望小学是在万安县山区特困乡——宝山乡狮岩小学的基础上新建扩建的，总投资 42.5 万元，其中地方配套集资 22.5 万元。新建一栋 2 层教学楼，一栋教师办公及师生宿舍楼，使用面积为 1000 平方米。新校舍建成后，可招生七个班 300 余名学生，为 150 余名山区小学生解决住宿问题。

31 日　中国当代国画大师黄秋园 80 诞辰之际，黄秋园纪念馆在其旧居落成开馆。省政协副主席、省委统战部部长及美术界、文化界人士出席揭幕仪式。中国美术家协会、中央美院及国内外一些著名美术家发来电致贺词、贺电，并敬献花篮。

31 日　在江西黄岗山垦殖场境内海拔 1445 公尺的石花尖密林中发现珍稀动物——山魈，属猴的一种，尾短，脸蓝，鼻红，嘴有白须，全身毛黑褐色，腹部白色。

31 日　九江市血吸虫病防治工作有一个县 66 个乡（镇、场）达到消灭血吸虫病标准，有四个县（区）41 个乡（镇、场）达到基本消灭血吸虫病标准，病人数大幅下降，钉螺面积压缩到33.4万亩。该市血防领导小组被评为全国先进集体，彭泽县连续两年获全国血防试点一等奖。

31日 南昌银三角立交桥和昌抚公路改建工程正式开工。银三角立交桥位于南昌市以南15公里处的高坊岭，是105、320、316三条国道的汇点，是省城南大门的重要公路交通枢纽。昌抚公路自高坊岭经下方、温家圳至抚州市，全长82.3公里。预计1996年底建成通车。

31日 省政府召开会议专题研究加快公路建设问题。要求确保江西"八五"期间公路建设有一个大的发展，1995年实现省至地、地至县通沥青油路的目标。

31日 江西省第二十次民政会议在南昌召开。会议提出，民政工作改革与发展的基本思想是：以解放思想为先导，以保障人民群众基本生活权益为基本任务，以农村社会保障为重点，以狠抓基层、强化基层为突破口，大力发展民政经济，加强自力建设，全面推进各项民政事业的发展。会议于11月2日结束。

本月 国营万载县试验林场与该县岭东乡荷岭村联营营造的银杏人工林开始挂果，面积约14公顷。这片银杏林是1992年栽植的，是江西省第一片面积较大已开始结果的银杏人工林。

本月 高安市伍侨乡东方村小学青年教师何园生创作的国画《乡音》，获中国文联主办的中国书画艺术博览大赛一等奖。该画已入选《中国当代书画精品选》，并由中央音乐学院出版社和中国书画社联合出版。

本月 江西电视台拍摄的戏曲电视剧《孙成打酒》，获14届全国优秀电视剧"飞天奖"、短篇戏曲剧二等奖。这项评选在北京揭晓。

1994

11月
November

公元 1994 年 11 月						农历甲戌年【狗】					
日	一	二	三	四	五	六	日	一	二	三	四	五	六
		1 廿八	**2** 廿九	**3** 十月大	**4** 初二	**5** 初三	**6** 初四	**7** 立冬	**8** 初六	**9** 初七	**10** 初八	**11** 初九	**12** 初十
13 十一	**14** 十二	**15** 十三	**16** 十四	**17** 十五	**18** 十六	**19** 十七	**20** 十八	**21** 十九	**22** 小雪	**23** 廿一	**24** 廿二	**25** 廿三	**26** 廿四
27 廿五	**28** 廿六	**29** 廿七	**30** 廿八								

1 日 "江西省十佳女性"评选揭晓。他们是宋广伦、罗善华、邓希平、邹菊华、鲁纯葆、胡银凤、罗萍、司马燕、聂水兰、郑美容。十佳女性同时被授予江西省"三八"红旗手称号。

1 日 省政府在吉安召开为期两天的油菜移栽现场会。会议强调,要坚定不移地实现三个目标不动摇:冬种面积 3050 万亩,覆盖率达 90%以上的目标不动摇;油菜播种面积 1300 万亩、单产 50 公斤、总产 65 万吨的目标不动摇;"双低"优质油菜面积 500 万亩,其它冬作物优质品率达 50%以上的目标不动摇。

1 日 世界银行和国家卫生部组成的联合督导团,分别深入到波阳、余干县血吸虫病疫区现场,对江西自 1992 年实施世界银行贷款血吸虫病控制项目进行为期 6 天的检查督导。

2 日 新余钢铁有限责任公司被国务院列入全国百户现代企业制度试点企业,为建立现代企业制度探索经验。

3 日 省政府在南昌召开残疾人工作会议。会议就加强残联建设,安排部署"八五"末期的工作,促进江西残疾人事业更快发展总结交流经验。会议确定了 1995 年的目标和任务,并对江西省参加远南残疾人运动会的获奖运动员颁发了奖金和证书。会议于 5 日结束。

3 日 《江西日报》晚刊《赣江大众报》首届"赣江笔会"自即日起至 6 日在南昌举行。"赣江笔会"是一次高层次、大规模、新形式的文化、新闻活动。原文化部部长、全国政协常委、著名作家王蒙,全国文联执行副主席、著名诗人李莫,中国作协党组书记唐达成,北京中国画研究院院长刘勃舒以及著名作家、画家、记者等 30 余人出席笔会。

4 日 《王震在抚州》一书首发式在抚州举行。原国家主席杨尚昆和国家副主席荣毅仁分别为本书题词,省委书记毛致用作序。该书收集了在抚州期间的文献资料,还收录了一些干部专家和普通工作人员的回忆文章。

5 日 省政府致电德安县委、县政府,热烈祝贺该县超额完成 1994 年棉花订购任务。截至 11 月 4 日,该县已收购皮棉 10.3968 万担,占全年收购任务的 100.55%。

5日 永新、宁冈、遂川、井冈山三县一市新建沥青油路全线开通。该路全长192公里，均处在500里井冈范围的罗霄山脉中段，有利于促进井冈老区旅游业和经济的发展。

5日 中国戏剧家协会举办的戏剧文学最高奖"曹禺戏剧文学奖"首届评选揭晓。在评定的14个优秀剧本奖中，江西省的《山歌情》、《贵人遗香》两个剧本获奖。

5日 曾多次被武警总部、江西省总队、地区支队树为"标兵中队"的武警玉山县中队，再次被武警总部授予"全国十佳县中队"光荣称号。

7日 南昌市与日本国高松市共建中日友好会馆，南昌市市长洪大诚和高松市市长助信男在南昌宾馆举行会馆协议签字仪式。

7日 1994年全国移动靶射击锦标赛在广西省南宁市举行。由张照军、胡德胜、徐剑组成的江西省男队在10米移动靶标准速射（30＋30）的比赛中获团体第三名；1994年刚入队的新秀夏芬获女子10米移动靶射击（20＋20）的第七名。

8日 武警江西总队医院眼科正式成立。

8日 靖安县被林业部命名为第一批"全国科技兴林示范县"。

8日 省计委召开江西地市计委主任座谈会，研究和讨论此后15年经济和社会发展中长期规划

武警江西省总队医院门诊大楼

的基本思路。会议要求立足当前，着眼长远，切实把这项工作抓紧抓好。

8日 九江至景德镇高速公路九江至湖口

省领导为九景高速公路九湖段、湖口大桥、九江金三角立交桥工程奠基培土

段、湖口大桥、九江金三角立交桥三大工程奠基和开工典礼同时举行。金三角两桥一路项目静态总投资23.6亿元。

9日 在国家体委召开的全国"田径之乡"命名大会上，赣州市、樟树市被授予全国"田径之乡"。

9日 经国家教委批准，江西煤炭学校晋升为国家级重点中专。

9日 赣州地区第一部山志——《翠微峰志》由江西人民出版社出版发行。

10日 江西省国家安全厅正式挂牌成立。省委书记毛致用和国家安全部领导为江西省国家安全厅揭牌、授牌。康宏扬为江西省国家安全厅厅长。

10日 国家公安部与《经济日报》、《工人日报》、《法制日报》等单位联合举办的全国"热心消防百名优秀企业家"评选活动揭晓，江西汽车集团公司副总经理刘善波、新余钢铁有限责任公司总经理施嘉良、萍乡发电厂厂长胡亦忠获金奖。

10日 省委召开农村基层组织建设工作会议，传达贯彻中共十四届四中全会和全国农村基层组织建设工作会议精神，总结交流、研究布置江西农村基层组织建设工作。会议强调，要深刻领会中央文件精神，把加强农村基层组织建设的思想认识再提高一步；要切实把握工作重点，明确责任，强化措施，把加强农村基层组织建设的领导水平再提高一步；要坚持围绕经济建设这个中心抓农村基层组织建设，促进江西农村朝着小康目标迈进一大步。

10 日 省人大常委会召开《中华人民共和国消费权益保护法》、《全国人民代表大会常务委员会关于惩治生产、销售伪劣商品犯罪的决定》执法检查组全体成员会议。副主任王昭荣、陈癸尊、胡东太，副省长郑良玉及检察组全体成员出席会议。12 月 16 日进行执法检查总结会。

11 日 赣南采茶戏《山歌情》获国家舞台艺术政府奖文华奖，省京剧团《贵人遗香》获第四届文华奖文华新剧目奖。姜朝皋等 9 人分别获文华剧作奖、导演奖、音乐创作奖、表演奖等单项奖。

11 日 省委在南昌召开江西各民主党派、工商联、无党派知名人士情况通报会，传达学习全国农村基层组织建设工作会议精神，通报省委关于贯彻落实这次会议的意见，并听取大家的意见。

12 日 直八运输型直升机在景德镇通过设计定型审查。总参谋部、国防科工委、空军、陆航、航空工业总公司、江西省及景德镇市的领导、专家参加了直八设计定型审查会议，并观看了直八运输型直升机四个科目的水上飞行表演。直八运输型直升飞机是昌河飞机工业公司和中国直升机设计研究所共同研制和生产的单旋翼带尾桨式多用途大型直升机。

12 日 省委常委按照中央办公厅的通知要求，集中时间认真学习新近修订出版的《邓小平文选》第一卷、第二卷。这次学习采取自学原著、开展讨论的方法，通过理论联系实际，开展热烈讨论，畅谈学习体会。

13 日 为期 7 天的江西省第九届运动会在上饶闭幕。国家体委主任伍绍祖、省委书记毛致用为省九运会题词。伍绍祖的题词是"祝江西省

江西省九运会主席台

九运会圆满成功"；毛致用题词是"发展体育事业服务经济建设"。本届运动会有 11 个地市、29 个系统的 40 个代表团，3232 名运动员和 965 名裁判员参赛，全部参赛人员达 7014 人。31 个项目共决出 716 枚金牌、650 枚银牌和 588 枚铜牌。先后有 5 人 10 次超 9 项世界纪录，有两人两次超两项全国青年纪录，有 17 人 43 次破 21 项江西省纪录，有 190 人 252 次破 77 项江西省少年纪录。南昌、景德镇、九江、上饶、宜春、新余获地市组金牌前 6 名，邮电、银鹰、前卫、电力、法院、省直获系统组金牌前 6 名。

13 日 江西地矿局九一二队在贵溪县境内探明一处中型银矿床贵溪鲍家银矿床。该矿床埋藏浅，矿体厚大，矿石品位高，可选性能好，并伴生一定储量的铅、锌、镉、硫等元素。

13 日 江西电工厂自行研制成功的 CPD-15B 新型机械转向式电瓶叉车获国家专利。

14 日 省委书记毛致用到新建县象山乡和南昌县蒋巷乡，看望熊焕逊、刘士新等种粮大户。毛致用对他们把余粮全部卖给国家给予充分的肯定和鼓励，并要求省市有关部门做好服务工作，积极为种粮大户排忧解难，促进江西粮食生产登上新台阶。毛致用专程到萍乡市察看大棚蔬菜生产时指出，发展大棚蔬菜生产，确实起到了"服务城市、富裕农民"的作用，希望认真总结经验，搞得更好。

14 日 彭泽县 1994 年总产皮棉可望达到 48 万担。截至当日，已入库皮棉 32.0346 万担，超额完成 1994 年棉花订购任务。省政府致电祝贺。

15 日 经省委领导批准，原由省委办公厅主办的综合性月刊《江西通讯》，从 1995 年元月起，确定为省委机关刊物。省委书记毛致用题词"当好省委喉舌，做群众良师益友"。

15 日 省政府召开全省土地使用制度改革工作会议，传达贯彻全国土地使用制度改革工作会议精神，研究部署深化土地改革、切实保护耕地资源、培育和规范土地市场等问题。会议要求加快这项改革步伐，促进土地资源的开发利用，为江西省国民经济的持续、快速、健康发展作出贡献。会议于 17 日结束。

15 日　江西省爱国主义教育基地命名大会在井冈山茨坪举行。省委副书记卢秀珍等为16

卢秀珍等为井冈山爱国主义教育基地揭牌

安源工人俱乐部旧址

上饶集中营革命烈士纪念馆

"吃水不忘挖井人"，老一辈无产阶级革命家在瑞金红井旁对青少年进行革命传统教育

井冈山小学坚持对学生进行革命传统教育

个省级基地授"江西省爱国主义教育基地"牌。16个省级基地是：南昌八一起义纪念馆、江西革命烈士纪念堂、安源路矿工人纪念馆（含萍乡革命烈士纪念馆）、井冈山革命烈士博物馆、井冈山革命烈士陵园、瑞金中央革命根据地纪念馆、庐山、方志敏革命烈士墓、江西省博物馆、上饶集中营旧址、上饶集中营革命烈士陵园、文天祥纪念馆、永新三湾革命旧址、宁冈井冈山会师纪念馆、景德镇陶瓷历史博物馆、王安石纪念馆。

17 日　国家计委正式批准丰城电厂开工。丰城电厂是江西省电力建设的重点工程，总装机为4X30万千瓦，总投资45.2858亿元。

18 日　由林业部组织的江西"灭荒"检查验收结束。自1989年起，6年来江西省平均每年造林600万亩左右，至1994年春，已提前一年完成了荒山造林任务。经过严格检查，江西的荒山造林达到林业部颁布的标准，顺利通过验收。

18 日　在土耳其伊斯坦布尔举行的第八届世界女子举重锦标赛上，江西周美虹分别获70公斤挺举、总成绩两枚金牌和抓举铜牌并创挺举世界纪录。

19日 中国图片社创业与开拓编委会编纂出版的《创业开拓风采录》第一辑，已向全国公开发行，靖安公路段养路工陈列君先进事迹已载入该书"创业开拓篇"。

19日 内蒙古自治区主席乌力吉一行8人抵达江西，进行为期6天的考察访问。20日，省长吴官正、乌力吉主席等两省区政府领导在滨江宾馆举行会谈。双方就如何开辟税源、加强财政管理、银行为经济建设服务、扭亏增盈等方面情况进行了交流。同时，相互探讨了进一步加强两省区横向经济联合的意向。

19日 省纪委就原南昌市市长助理、昌北开放开发区管委会副主任殷庭佳收受贿赂问题发出通报。通报说，殷庭佳以权谋私、收受贿赂，省纪委根据中央纪委《关于共产党员在经济方面违法违纪党纪处分的若干规定》，决定开除其党籍。南昌市政府按有关规定和程序，已开除其公职。司法机关正式追究其刑事责任。通报要求广大党员干部从中吸取深刻教训，正确使用手中的权力，坚持全心全意为人民服务的宗旨，自觉抵制拜金主义、个人主义和腐朽生活方式的侵蚀。

20日 由经济学家荷夫、食品工程专家阿特勒和丁霄霖组成的联邦德国技术合作公司考察团抵达南昌对德方给中德联合研究院的600万马克政府援款和建立中的试车间项目进行为期3天的考察。

20日 全国人大常委会副委员长、民盟中央主席、著名社会学家费孝通先后3天考察江西铜业公司贵溪冶炼厂、贵溪县西窑乡乡镇企业、赣东商城和鹰潭眼镜市场。

22日 南昌市干家前巷小学少先队大队获团中央全国少工委授予的"邹鹰大队"光荣称号。

22日 景德镇市委、市政府向为继承发展千年窑艺作出贡献的24户"陶瓷世家"授匾。

23日 全国人大常委会副委员长、民盟中央主席费孝通，全国政协委员王艮仲一行，在省委书记毛致用、省人大副主任陈癸尊陪同下来鹰潭视察。

23日 第五次江西省高校党建工作会议在南昌召开。会议认真学习了中共十四届四中全会精神，研究今后一个时期高校党建和思想政治工作。会议于24日结束。

24日 九江市收购皮棉135.65万担，超额完成1994年棉花订购任务。省政府致电祝贺。

25日 港事顾问、香港联侨企业有限公司董事长黄保欣一行抵昌，对江西进行考察访问。

25日 省八届人大常委会第十二次会议在南昌举行。会议通过了《江西省食品卫生监督行政处罚办法》、《江西省义务教育经费筹措和使用管理办法》、《江西省进出口商品检验监督管理条例》、《江西省产品质量监督管理条例》、《江西省实施〈中华人民共和国野生动物保护法〉办法》。会议于30日结束。

27日 第九届全国连环画报刊评奖在北京揭晓，江西美术出版社主办的《小猕猴智力画刊》获"金环奖"。

27日 全国"三优工程"试点（即把生育、抚育、教育儿童三者有机结合起来）与《儿童规划纲要》衔接工作交流会在分宜县召开。会议总结交流了开展"三优工程"试点工作的经验，围绕全面实施《九十年代中国儿童发展规划纲要》进行研究和探讨。国务院妇女儿童工作委员会办公室主任、全国妇联副主席刘海荣出席会议并作重要讲话。会议于29日结束。

28日 江西省统一战线理论研究会第三次会员代表大会在南昌召开。会议听取了第二届理事会会长杨永峰作的工作报告，选举产生了第三届理事会及其领导机构，修改通过了《江西省统一战线理论研究会章程》，讨论通过了《关于今后一个时期我省统一战线理论研究的规划》。梅亦龙当选为第三届理事会会长。会议于29日结束。

28日 南昌市第二届招商引资洽谈会在南昌召开。洽谈会为期3天。洽谈会共正式签订合同99项，投资总额1.7亿美元，合同外资额1亿美元；签订意向性协议128项，协议投资额3亿美元，协议外资额2.04亿美元。在已签约的项目中，总投资在300万美元以上的项目有44个，1000万美元以上的项目有6个。

29 日 省直机关加强党的建设经验交流会在南昌召开。会议总结交流了加强机关党建工作的经验，研究了深入学习、贯彻中共十四届四中全会精神，切实加强和改进机关党的建设问题。

30 日 省政府召开血吸虫病地方病防治工作会议。会议指出，要按照国家的法律、法规办事，严厉打击、坚决取缔私盐、劣质盐、无碘盐和不合格的碘盐冲销碘缺乏病区；抓好新婚育龄妇女、孕妇、初生儿～2 岁婴儿补碘工作和3 岁～14 岁儿童口服碘油丸补碘工作；卫生防疫部门要加强碘盐监督、监测，努力控制病情回升。会议要求各地务必把关系到人民群众切身利益的血吸虫病、碘缺乏病、脊髓灰质炎的防治工作抓好，为保障人民健康和经济发展作出应有的贡献。省委领导和各地市主管血防工作的专员、市长出席了会议，并与省政府签订了血防工作责任状。

30 日 经中央书画院院士审核委员会审定特批准授予乐平市副市长张保增"中央书画院院士"称号。这是自 1980 年以来江西第一位获"中央书画院院士"殊荣的人。

30 日 京九线吉（安）老（营盘）段胜利按期铺通，京九南段铺轨正式打开。吉老段全长74 公里。

本月 常务副省长舒圣佑，副省长黄智权在省统计局的报告上批示，同意分批解决江西省乡镇统计员"聘干"指示。此后，乡镇、统计人员聘干分批进行。

1994

12月

December

公元 1994 年 12 月							农历甲戌年【狗】					
日	一	二	三	四	五	六	日	一	二	三	四	五	六
				1 廿九	**2** 三十	**3** 十一月小	**4** 初二	**5** 初三	**6** 初四	**7** 大雪	**8** 初六	**9** 初七	**10** 初八
11 初九	**12** 初十	**13** 十一	**14** 十二	**15** 十三	**16** 十四	**17** 十五	**18** 十六	**19** 十七	**20** 十八	**21** 十九	**22** 冬至	**23** 廿一	**24** 廿二
25 廿三	**26** 廿四	**27** 廿五	**28** 廿六	**29** 廿七	**30** 廿八	**31** 廿九							

1 日 江西省第一艘 500 吨级首航石油驳船在波阳县饶河下水。

2 日 首届中华科技精品博览会上彭泽桃花源曲酒厂研制、生产的"陶令老窖"获金杯。

3 日 省人大常委会发布第 22 号公告,公布《江西省实施〈中华人民共和国野生动物保护法〉办法》。

4 日 零点,南昌、九江电话网升位正式割接开通。至此,南昌、九江两市及所属县市区电话号码均由六位升至七位。副省长、南昌九江电

南昌、九江本地电话网扩网升位圆满成功,南昌地区电话网监控中心在进行电话升位技术操作

话扩网升位总指挥黄智权出席开通仪式。

5 日 省委副书记朱治宏、卢秀珍,副省长黄懋衡,前往省委保育院为儿童喂服糖丸。前来江西督导、检查消灭脊灰强化免疫工作的世界卫生组织官员、国家卫生部专家和省卫生厅负责人也参加了这一活动。

5 日 在高安市钧山发现北宋著名历史学家刘恕的父亲刘涣创建的"西涧书院"旧址。

5 日 1994 年全国高中化学竞赛江西赛区成绩揭晓,临川二中团体总分居江西第一。

5 日 省邮电管理局和中国惠普有限公司技术合作协议签字仪式在江西宾馆举行,江西省实施的"邮电金融计算机网络"即"绿卡"工程开始启动。

6 日 省林业厅印发《江西省白僵菌生产、使用管理办法》。

6 日 省个体私营经济工作会议暨表彰先进会议在南昌召开,为期两天。舒圣佑主持会议。省委领导为 30 名先进个体工商户和先进私营企业授奖。

7 日 省文化厅、省文联联合召开"五个一

工程"影视创作规划会。会议强调，要加强影视创作的整体规划，突出创作重点，努力形成拳头产品。会议要求文化艺术界加强研究江西的创作优势和文化特点，形成自己有影响的创作群体；文艺作品在表现时代主旋律的同时，也要广泛地反映生活，把更多更好的精神食粮奉献给人民群众。会议于9日结束。

8日　省政府召开电话会议，动员各级政府和有关部门迅速行动起来，采取坚决有力的措施，严厉打击制售伪劣药品犯罪行为，依法查处违法违纪案件；全面整顿和规范药品生产经营秩序，切实加强药品和医药市场管理。

8日　江西省报纸行业协会正式成立。钟起煌任名誉会长，周金广任会长，刘国藏、邓伟平、王仁扬、张小石、殷定生任副会长，陈长庚任秘书长。

8日　省委、省政府在南昌召开经济工作会议，传达贯彻中央经济工作会议精神，全面分析当前的经济形势，统一思想认识，研究1995年的经济工作，进一步处理好改革、发展、稳定的关系，把江西省改革开放和经济建设进一步推向前进。省委书记毛致用在会上作题为《认真贯彻落实中央经济工作会议精神，关键在于各级领导统一思想认识》的讲话。省长吴官正作题为《认清形势，扎实工作，继续朝着第二步战略目标迈出坚实的步伐》的讲话。会议于11日结束。

9日　公安部发布命令，追授寻乌县公安局派出所指导员林志华为全国公安系统二级英雄模范称号。在此之前，省政府已批准他为革命烈士。

9日　铁路"再取华东"重点工程项目——浙赣线上的下镇至玉山段双线全线开通并投入营运。下镇至玉山县铁路双线，全长17.66公里。

11日　江西省党管武装工作座谈会在南昌举行。会议总结了一年来江西省党管武装工作取得的成绩，提出了新形势下加强党管武装工作的任务。会议要求，各级党委要认真学习贯彻中共十四届四中全会精神，着眼于改革、发展、稳定的大局，贯彻落实党中央、中央军委关于国防后备力量建设的指示，进一步强化党管武装的意识，自觉地把民兵预备役工作放在建立社会主义市场体制的大背景下来通盘考虑；不断探索新形势下党管武装的新路子，使之更好地适应发展社会主义市场经济的新要求；在进一步加强党的建设、加强经济建设的同时，继续加强党管武装工作，高标准地抓好江西省的后备力量建设。

12日　南昌大学与南昌航空工业学院正式签订合作办学协议书。根据两校协议，在隶属关系和拨款渠道不变的情况下，组成两校合作办学领导小组，本着资源共享、优势互补、互惠互利、共同发展的原则，就研究生培养、本科生教学、科研工作、科技开发、教师互聘以及实验室、图书馆开放和加强党政管理工作等方面开展合作。

12日　省政府召开发展乡镇企业、潜力大县会议。省领导及各地市委书记、专员市长、各地市乡镇企业局长、21个潜力大县（市）的县（市）委书记、县（市）长及省直有关部门的负责同志参加了会议。会议强调，要继续为乡镇企业大发展大提高创造较为宽松的政策环境。会议要求全省上下认清形势，抓住机遇，坚持乡镇企业大发展大提高的方针不动摇，并把乡镇企业大发展大提高引到以提高经济效益为中心的轨道上来，力争乡镇企业在全国位次继续前移。

江西省发展乡镇企业、潜力大县会议

14日　百花洲文艺出版社出版的《爱我中华三部曲》丛书由《爱国情》、《辱国恨》和《强国愤》三册组成，被中共中央机关列为爱国主义教育活动用书之一。

14日　副省长黄懋衡会见并宴请了美国纽约江西协进会会长罗泰来先生。

14日　省妇女第八次代表大会在南昌召开。大会表彰"江西省十佳女性"，通过了于玉梅代表省妇联第七届执行委员会所作的《抓住大好时机，团结江西省妇女为实现平等发展的目标而奋斗》的工作报告。通过了省妇女"八大"代表向全省妇女发出的倡议书。大会选举产生了江西省妇联第八届领导机构。金祖光当选为主席，于玉梅、罗筱玉、许苏卉当选为副主席。

15日 分宜县儿童少年工作1991年列为全国"三优"（优生、优育、优教）工程重点试点县。自1988年以来，已连续三届被评为全国先进县。

15日 总投资近2亿元的国家"八五"重大引进项目之一、"八五"纺机"重中之重"的电梭织机工程总装生产线投入运行，首次洪都·苏尔寿片梭机引进散件总装在南昌飞机制造公司获得成功。省政府、航空航天部、纺织总会领导和苏尔寿·鲁蒂公司的代表到现场祝贺并参加剪彩仪式。该片梭织机是世界上最先进的梭织机之一，以适用性广、织幅宽、能耗小、噪音低、可靠性好、综合经济技术效益突出而著名。这一技术一直由瑞士苏尔寿·鲁蒂公司独家占有。

16日 省政府、省军区联合发布《江西省民兵工作条例实施细则》。共10章54条。

16日 省人大常委会、省教委、省政府法制局联合召开《江西省义务教育经费筹措和使用管理办法》新闻发布会。副主任陈癸尊、胡东太出席会议。同日，陈癸尊副主任发表《认真学习和贯彻实施〈江西省义务教育经费筹措和使用管理办法〉》，大力推动全省义务教育事业向前发展的广播电视讲话。

16日 解放军九四医院举行庆祝该院命名40周年活动。张震、迟浩田、傅全有、固辉等领导分别题词祝贺。该院已由一个小型医院发展成为集医疗、科研、教学为一体的综合性中心医院。

16日 江西省一座规模大，档次高的"人民影城"在赣州市正式开业。该影城总建筑面积达1.23万平方米。共计11层，是一座融电影、娱乐、购物、吃住于一体的综合娱乐城。

17日 省长吴官正先后到乐平、婺源、波阳等县（市）的乡村、农户、企业、学校考察时强调，要大力发展"三高"农业，加大发展特色工业力度，促进县域经济的更快发展。

18日 副省长舒圣佑率江西省招商考察团赴香港进行招商引资活动。招商活动期间，共签

江西省在香港进行招商引资活动新闻发布会和项目签字仪式

订合同项目103个，项目总投资3.5亿多美元，其中含外资2.139美元，占总投资的60.9%。

18日 铁道部大桥局华中桥梁工程总公司承建的我国第一座铁路混凝土槽形连续桥梁在弋阳浙赣复线葛水河上顺利合拢，大桥主体工程竣工。此桥为三跨一联三向预应力混凝土连续槽形梁，是铁道部指定的科研和试验项目。

18日 全省县以上城市实现电话交换程控化、长途传输数字化。至此，全省县以上通信基础设施进入国际先进水平。邮电部致电祝贺，省委书记毛致用、省长吴官正分别为此题词"经济推动通信，通信带动经济"、"发展江西通信，振兴江西经济"。

18日 江西九江长江中上游生态防护林体系造林工程已被国家计委立项。这是利用德国政府援款建设长江中上游生态防护林工程的项

目，项目区包括九江市所辖的瑞昌、九江、湖口、彭泽、德安、永修6个县市，总规模为建设生态防护林3万公顷，建立林业科技推广培训中心7个，中心苗圃6个，修筑改造林区公路120公里。项目建设工期为5年，总投资9900万元。

18日 德安水泥厂扩建20万吨道路水泥生产线投产成功。该厂水泥生产能力达到30万吨。

18日 高安市筠阳镇凤凰村山下自然村农民李金明从市场买回一只巨龟，重15公斤，长58厘米，宽46.5厘米，据有关人士考证，该龟龄期在千年以上。

18日 由赣南公路发展总公司和香港万利达发展有限公司联合投资修建的105国道赣州至流坽水泥路竣工通车。这是江西省第一条由中外合资修建的公路工程项目。

19日 江西省《关于事业单位人事制度综合改革试点工作的意见》出台，在江西省各地、市、县和省直有关单位开展试点，这是建立健全与社会主义市场经济体制相适应的新型的人事管理制度的重大举措。意见要求根据事业单位不同的性质、职能和经费来源情况，大体划为"自收自支（含企业化管理）、差额预算、全额预算"三种类型，实行分类管理，在坚持党管干部的原则下，实行多形式的聘任制。

19日 中央人民广播电台、中国残疾人联合会共同举办的第二届全国各地电台残疾人专题节目展播活动在京揭晓。江西省杨伊文、刘夫吉、邹晓晖共同采写的《三九没有寒天》获三等奖。

19日 林业部、财政部联合在景德镇市召开世界银行贷款"森林资源发展和保护项目"实施启动会。这次世行贷款"森林资源发展和保护项目"是继"国家造林项目"之后的又一个大型林业工程，既有集约经营人工用材林的内容，又有建设多功能防护林的内容，还有生物多样性保护内容。该项目贷款涉及16个省区的200多个县、几万个造林实体。在世行贷款造林新项目中，江西省确定营林规模为5.2万公顷，总投资2亿元，其中利用世界银行信贷资金约1.2亿元。

19日 在"江南宋城——赣州文化研讨会"上，应邀前来参加赣州宋城文化节的国家文物考古专家称，"赣州宋城墙和福寿沟是国家文物古迹的一件孤品"。

赣州市宋代古城

赣州市宋代城墙

赣州市宋代下水道——福寿沟

19日 1994年中国赣州宋城文化节在赣州举行。省委、省政府、省政协的领导以及海内外各界人士和客商 1000 多人参加了文化节的活动。李铁映、雷洁琼、王光英、李沛瑶、薄一波、杨成武、宋任穷、王首道及省内外著名学者、专家为文化节题词祝贺。文化节期间，赣州市与外商洽谈签订招商引资合同项目 46 个。签约总额达 8000 多万美元。

20 日 江西省老区建设扶贫开发 15 周年成果展在省革命烈士纪念堂举行。15 年中，国家和省共投入扶贫资金 31.2 亿元；江西省未解决温饱的农村人口由 1985 年的 620 多万人，减少到 1993 年的 354 万人；特困乡特困户的人均收入由 1985 年的不足 150 元，提高到 1993 年的 590 多元。

21 日 省八届人大常委会第十三次会议在南昌举行。会议通过《江西省个体工商户与私营企业条例》、《江西省国有企业职工失业保险条例》、《江西省实施〈中华人民共和国城市居民委员会组织法〉办法》、《江西省实施〈中华人民共和国农业技术推广法〉办法》；通过省人大常委会关于修改《江西省征收排污经费办法》的决定、省人大常委会关于召开江西省第八届人大第三次会议的决定；通过人事任免名单。

22 日 京九线南昌至向塘 K_1 至 K_{24} 段增建第二线工程正式开通使用。

22 日 省组织工作会议在南昌召开。会议主要任务是：全面贯彻落实全国组织工作会议精神，研究和布置培养选拔德才兼备的领导干部，加强各级领导班子建设工作。省委副书记卢秀珍作题为《以抓紧培养选拔德才兼备的领导干部和抓好领导班子建设为突破口，推动我省党的各项建设工作迈上一个新台阶》的报告。会议于 24 日结束。

23 日 江西省"十佳"记者编辑表彰会举行。首批"十佳"记者编辑是杨玲玲、严力、郭佳胜、黄其庄、王军、袁建平、吴歌今、蒋文杰、刘水金、许庚元。

23 日 省政协七届九次常委会在南昌闭会。省政协副主席廖延雄主持了第三次全体会议，会议通过了副主席兼秘书长江国镇关于召开政协江西省第七届委员会第三次会议的决定和人事任命事项。

24 日 临川县建筑安装工程公司承建的上海市宝山区新联房地产公司老城改造 9 号房工程，经上海建筑联合协会专家评定，获上海建筑最高奖"白玉兰杯"。

25 日 江西医学院青年讲师刘志刚主持完成的《蜱抗原诱导的宿主——寄生虫免疫相互作用的研究》课题，通过江西省卫生厅组织的国内有关专家教授通讯评审，达到国际先进水平。

26 日 在昆明召开的第二次全国 1∶50000 区域地质调查优秀图幅展评会上，江西省地矿局选送的九个图幅全部获奖。其中地矿调研队完成的《库桥幅》、《青云镇幅》、《油田幅》和赣西地调队完成的《铜鼓幅》四个图幅获部优，其余五个图幅获荣誉图幅奖。

27 日 省体育大队成立江西省体操训练管理中心，并于 1995 年 1 月 23 日正式运作。

27 日 中国宁波保税管委会、江西省农资集团公司在南昌召开宁波保税区"江西投资介绍会"，介绍宁波保税区的优越自然环境。副省长郑良玉会见以宁波市委常委、副市长谢建邦为团长，宁波保税区管委会副主任宋越舜为副团长的中国宁波保税区"1994 江西投资介绍会"代表团一行。

27 日 景德镇市华意电器集团获国家环保局授予的"双绿色电冰箱"中国环境标志产品证书。

27 日 江西省地市委农村基层组织建设办公室主任会议召开。会议强调，加强村级建设要抓住两个着力点（村级班子建设和经济发展）和落实三项措施。一是要尽快组织抽调万名干部下乡包村；二是要在启动后进村发展村级经济亿元资金的筹集上狠抓落实；三是要加强对下派干部的选拔和村建办及驻村蹲点工作。会议于 28 日结束。

28 日 一条具有 20 世纪 90 年代初世界先进水平的多功能丝绸印染生产线在江西丝绸厂正式建成投产。该项目是纺织工业总会"精、深、高"专项贷款项目。总投资 2546.8 万元，从德国、意大利、瑞士等国家引进 9 台（套）现代化印染关键设备。

28 日 第八届中国图书奖评选工作在北京

揭晓,全国共有 91 个图书获此殊荣,其中江西教育出版社出版的《文化语言学》和江西美术出版社出版的《中国戏曲脸谱艺术》获奖。

29 日 省总工会九届三次委员(扩大)会议在南昌召开。会议提出,动员全省职工,为深化改革、加快江西省经济发展步伐做出新的贡献。省总工会主席作题为《突出重点,探索新路,在改革发展稳定中发挥更大作用》的报告。

30 日 我国规模最大的六甲基二硅氮烷(简称 HMDS)生产线在丰城市有机硅有限公司竣工投产。

31 日 江西省社科规划领导小组、省社联

评出第六次(1992 年 1 月至 1993 年 12 月)优秀社会科学成果 195 项,其中一等奖 11 项,二等奖 44 项,三等奖 140 项。

本月 经文化部首届公共图书馆评估委员会考评、评估、定级委员会评定,具有 60 年历史的庐山图书馆为全国一级图书馆。该馆开发利用文献资料实行开放式服务还被文化部授予"全国文明图书馆"称号。

本月 婺源县首创的"自然保护小区"建设获世界发明者协会国际联合会颁发的"世界发明奖"。该县已按此模式建成自然保护小区 181 个,其中乡级 13 个,村级 168 个。

本 年

本年 江西在全国率先推出《江西省义务教育经费筹措和使用管理办法》,将省政府历年来开通的 12 条筹措经费渠道以法规形式确定下来。

本年 国家医药管理局原局长齐谋甲、江西省医药管理局局长郭月秋视察东亚制药厂。

国家医药管理局原局长齐谋甲(右一)、江西省医药管理局局长郭月秋(左一)视察东亚制药厂

本年 《江西省电力工业志》、《江西省交通志》、《铜鼓县志续编》、《江西省科学技术志》、《江西省钨钽铌工业志》、《江西省建筑业志》、《江西省劳改劳教志》、《江西省环境保护志》、

《龙南县志》、《吉安县志》、《广昌县志》、《江西省动植志》、《江西省铁路志》定稿,大部分县志已出版。

本年 江西星晨氟化公司成立,该公司是江西省最大的矿山化工联合企业。

本年 全省"八五"县级森林资源调查工作从 1993 年开始至 1994 年 12 月,外业、内业全部完成。江西省森林资源状况有明显改善。无林地面积由上期(1989 年)的 214.87 万公顷下降到 41.71 万公顷;有林地面积由 667.29 万公顷上升到 849.06 万公顷;森林覆盖率由 41% 上升到 52%;活立木蓄积量由 2.3 亿立方米上升到 2.47 亿立方米。

本年 全省完成人工造林 22.99 万公顷,飞机播种造林 2.20 万公顷,迹地更新 3.56 万公顷;新增封山育林面积 29.23 万公顷;零星(四旁)植树 7356 万株;幼林抚育实际面积 97.83 万公顷;成林抚育面积 30.99 万公顷;低产林改造面积 18.30 万公顷。江西省基本消灭荒山,提前一年实现荒山造林规划目标,获中共中央、国务院授予"实现荒山造林绿化规划省"称号。

本年 全省完成木材生产 268.73 万立方米,竹材 3199.84 万根;生产锯材 27.69 万吨、胶合

板 25.80 万立方米、纤维板 7.19 万立方米、刨花板 4.92 万立方米；松香产量 31418 吨、松节油 3216 吨、樟脑 385 吨、活性炭 1029 吨。

本年 省军区教导大队大队长谷建勇被评为"全国抗洪模范"。

本年 创利税大户企业之一的江西水泥厂，1994 年的水泥产量和销量首次突破 100 万吨大关，成为全国十大水泥年产量超百万吨的企业之一，全年实现销售收入 3.19 亿元，上缴利税 4767 万元，分别比 1992 年增长 24.81% 和 43.2%。

本年 龙南县新华书店获国家总店颁发的"图书发行团体优胜奖"和中国关心下一代委员会、团中央等七家组织的"庆祝建国 45 周年读书活动先进单位"称号。

本年 南昌大学"超晶格结构研究"获省科技进步一等奖。该项目曾于 1990 年、1992 年、1994 年先后三次获省自然科学基金资助。

策划编辑：柏裕江

责任编辑：刘彦青　阮宏波

装帧设计：肖　辉

责任校对：书林翰海校对公司

图书在版编目（CIP）数据

中华人民共和国 江西日史/中华人民共和国日史编辑委员会江西编辑室编.
—北京：人民出版社，2008.9
ISBN 978 - 7 - 01 - 007244 - 9

Ⅰ. 中…　Ⅱ. 中…　Ⅲ. ①中国 - 现代史②江西省 - 地方史 - 1949 ~ 2005
Ⅳ. K27

中国版本图书馆 CIP 数据核字（2008）第 130970 号

中华人民共和国
江 西 日 史
ZHONGHUARENMINGONGHEGUO
JIANGXI RISHI
第 六 卷
（1990 ~ 1994）

中华人民共和国日史编辑委员会江西编辑室　编

名誉主编：孙家正　李金华　张文彬
　　　　　张承钧　李永田

主　　编：孙用和　蒋仲平　魏丕植
　　　　　管志仁　沈谦芳

副 主 编：符　伟　杨德保　廖世槐
　　　　　罗益昌　张翊华

人民出版社 出版发行
（100706　北京朝阳门内大街 166 号）

北京中文天地文化艺术有限公司排版
北京盛通印刷股份有限公司印刷　新华书店经销

2008 年 9 月第 1 版　2008 年 9 月北京第 1 次印刷
开本：889 毫米 × 1194 毫米　1/16　印张：25.25
字数：680 千字　印数：0,001 - 3,000 套

ISBN 978 - 7 - 01 - 007244 - 9　　（全八卷）定价：1860.00 元

邮购地址 100706　北京朝阳门内大街 166 号
人民东方图书销售中心　电话：（010）65250042　65289539